A. B. Marx
Ludwig van Beethoven · Leben und Schaffen

Adolf Bernhard Marx

Ludwig van Beethoven

Leben und Schaffen

2 Bände in 1 Band

1979
Georg Olms Verlag
Hildesheim · New York

Nachdruck der Ausgabe Berlin 1859
Printed in Germany
Herstellung: Strauss & Cramer GmbH, 6945 Hirschberg 2
ISBN 3 487 06720 X

Ludwig van Beethoven.

Erster Band.

Ludwig van Beethoven

Leben und Schaffen

von

Adolf Bernhard Marx.

***

In zwei Theilen, mit Beilagen und Bemerkungen über den Vortrag
Beethovenscher Werke.

Erster Band.

Das Recht der Herausgabe in englischer und französischer Uebersetzung hat der
Verfasser sich vorbehalten.

Berlin.
Verlag von Otto Janke.
1859.

Entd. Stat. Hall. London.

Seiner geliebten Gattin

Therese,

der beglückenden Gefährtin im Leben und allem Schaffen,

der Freundin

Beethoven's, Bach's, Händel's und Gluck's,

widmet dies Buch

der Verfasser.

Inhalt des ersten Bandes.

Erstes Buch. 1770 bis 1804.

Seite

Beethoven 3

Jugend 5

Abkunft. Familienleben. Erster Unterricht. Neefe's Einfluß. Erste Kompositionen. Virtuosität. Sterkel. Unterrichtgeben. Mozart.

Lehrjahre 21

Haydn als erster Lehrer. Schenk. Albrechtsberger tritt an Haydns Stelle.
Haydns Einfluß. Nebenlehrer. G. van Swietens Haus.

In die Welt 33

Karakter des jungen Beethoven. Die Biographen Fetis, Lenz, Oulibicheff.
Fürst und Fürstin Lichnowski. Beethovens freie Fantasie. Himmel. Louis-
Ferdinand. Wölfl. Steibelt.

Die Vorgänger 46

Händels, Seb. Bachs, Haydns, Mozarts Karakteristik. Ihr Einfluß auf Beethoven. Gluck. Mehül. Cherubini.

Die kleinen Arbeiten und die Form 64

Trio's aus 1786. Variationen. Gelineck. Bagatellen. Märsche. Variationen
zur Eroica. Vierhändige Sonate. Gesänge. Die Sonaten Op. 49 und 79. Die
Variationen No. 36. — Begriff der Kunstform. Uebersicht der Formentwickelung.
Die Formbrecher-Theorie.

Der Eintritt in die Laufbahn 99

Lebensziel Beethovens im Vergleich mit dem Mozarts und Haydns. Ziel der
Letztern .Ihre Klaviermusik. Ihre Symphonien. Die Trio's Op. 1. Trio Op. 11.
Quintett Op. 16. Karakter des Klaviers. Sonaten Op. 2. Grundbegriff drei-
und viersätziger Form. Sonaten Op. 10.

Beethovens Stellung 137

Lichnowski's Haus. Beethovens Sinnesart. Theilnahme an Politik. Unab-
hängigkeit und Selbstgefühl. Seine Freunde. Seine Liebe. Julia Guicciardi.
Fantasie. Sonate Op. 27. Stephan Breuning. Thätigkeit. Unterrichtgeben.
Lebensgewohnheiten.

Das Verhängniß 165

Schwinden des Gehörs. Selbstmordgedanken. Vereinsamung. Argwohn und
Reizbarkeit. Nachtheil für Spiel und Direktion. Fetis und Oulibicheffs Irrthü-

mer. Einfluß auf Komposition. Urphänomen des Tonlebens. Sonaten Op. 14.
Beethovens Erläuterungen über sie. Sonate Op. 13. Adelaide. Sonaten Op. 22,
54, 53. Sonate Op. 26. Sonate Op. 28. Sonaten Op. 31. Psychologische Ent=
wickelung in der Musik.

Chorische Werke 198

Konzerte Op. 15, 19, 37. Karakteristik des Konzerts. Quatuors Op. 18. Ka=
rakteristik des Quartetts. Quintett Op. 29. Septuor Op. 20. Gli uomini di
Prometeo. Symphonie C dur Op. 21. Beethovens Orchester. Oulibicheffs Irrthü=
mer und Lenz Sommersprosse. Berlioz. Symphonie D dur Op. 36.

Zweites Buch. 1804 bis 1818.

Heldenweihe 239

Beethovens Anerkennung. Die Kunstgenossen. Clementi. Die alte Kritik.
Beethovens Lebenseinrichtung. Seine Brüder. Sein Testament. Das Oratorium
Christus am Oelberg. Beethovens Republikanismus. Die Sinfonia eroica wird
geschrieben. Beethovens Zorn über Napoleons Verrätherei gegen die Republik.
Idee des Werks und Ausführung.

Die Sinfonia eroica und die Idealmusik 275

Musik als Tonspiel. Gefühlssphäre der Musik. Dramatik und Objektivität
in der Instrumentalmusik. Richard Wagners Auslegung der Eroica. Beethovens
Auslassung über den zweiten Satz. Oulibicheffs Auffassung. Fetis. Berlioz.
Französische Hypothese.

Die Zukunft vor dem Richterstuhl der Vergangenheit 297

Der Fortschritt des Geistes. Ries. Die Kritik. Berlioz. Lenz. Oulibicheff=
Thersites.

Rück- und Umschau 308

Tonspiel. Das Tripelkonzert Op. 56. Horn=Sonate Op. 17. Sonaten mit
Violin Op. 30. Musik der Stimmung. Sonate Op. 7. Rückblick auf die So=
nate Op. 28. Beethovens Melodie, Rhythmus, Modulation. Energie, als Grund=
zug seines Karakters. Vergleich mit Händel. Sonate mit Violin Op. 47. Fan=
tasie Op. 77. Noch einmal die Formfrage. Gellerts Lieder, Op. 32. Beethovens
Glaubensartikel.

Leonore 326

Der Musiker und die Oper. Gluck und seine Nachfolger. Beethovens Stand=
punkt. Das Operngedicht. Sein Lebenspunkt für Beethoven. Die erste Ouver=
türe. Sie wird zurückgelegt. Mißverständniß über Originalität. Zweite und
dritte Ouvertüre. Erste Gestalt der Oper. Sie fällt. Die Kritik. Umgestal=
tung, Darstellung der neugestalteten Oper. Abermaliger Fall.

Fidelio-Leonore 354

Dritte Aufführung der Oper. Großer Erfolg. Die vier Ouvertüren. Ihre
Karakteristik. Die zwei Opernprinzipe, das gluckische und das mozartische. Beetho=
ven, der Nachfolger Mozarts. Karakteristik der beethovenschen Oper. Anträge
zu neuen Opern. Melusine. Die Bürgschaft.

Erstes Buch.

1770 — 1804.

Beethoven.

Das Leben des Mannes sind seine Thaten, des Künstlers seine
Schöpfungen. Die äußerlichen Vorgänge, Zustände, Verhältnisse
sind nur Träger und allerdings Bedingungen jenes eigentlichen
Lebens; sie können an sich unbedeutend erscheinen, ja, bei Männern
geistiger That können sie kaum anders, da der innerlichen Arbeit
nicht Wechsel und Bewegung, sondern Einfachheit und Stille des
äußerlichen Daseins gemäß sind. Bei wem aber wäre dies zutreffender,
als bei dem Tondichter, dem nicht blos das Schaffen ein innerlicher
Vorgang ist, sondern auch der Gegenstand des Schaffens? Dem
Maler bietet sich die schaubare Welt ringsumher mit ihrer beseligten
Gestaltenfülle, mit ihrem Licht- und Farbenzauberspiel als Stoff
seines Schaffens; der Musiker muß diese Welt in sein Inneres
hineinnehmen, um aus ihm heraus sie neubeseelt wiederzugebären.

So war es Nothwendigkeit, daß das Leben des innerlichsten
Tondichters, Beethovens, nach außen sich am stillsten und einfachsten gestalte; nicht jene bunten Reisebilder hat es aufzuweisen,
die Händels und Mozarts Jugend in Italien, Frankreich, England
erheiterten, nicht den Kampf zweier Volks- und Kunstprinzipe, der
um Glucks hohe That die geistreichsten Köpfe Frankreichs gegen-
einanderschaarte, seine Spaltung, noch heut' unentschieden, in den
Hof und das königliche Paar hineinriß. Nicht jenen behagens- und

1*

schimmervollen Ueberfluß kennt es, in dem Spätere geboren wurden, oder den Andere zu erwerben und zu genießen verstanden. In unscheinbarer Enge begann Beethoven seinen Lebenslauf. Besitzlos in die Welt hinaustretend, unerzogen für die Welt, lernte er nicht, zu besitzen und sich ein sicher freies Dasein zu bauen. Damit seine Sendung sich vollziehe, mußte noch ein unheimlich Geschick in den innern Organismus zerstörend eingreifen, tiefste Stille, Einsamkeit von innen heraus um ihn her auszubreiten.

Nichts ist hier Zufall oder Schuld; nirgends vielleicht hat sich der nothwendige Einklang der Lebensverhältnisse mit der Lebensbestimmung gegen allen äußern Anschein klarer herausgestellt, als an diesem Beethoven. Was Andere gehemmt und gebunden hätte für immer, ihn mußt' es stählen und freimachen; diese Stille des Lebens, in der Andere verdumpft wären, für ihn belebte sie sich mit Gesichten, mit Schmerzen und Entzückungen überschwänglicher Fülle und unabsehbaren Wechsels; selbst jene Zerrüttung, die jeden andern Musiker tückisch gleich zaubergewaltigem Fluch innerlich ertödtet hätte, geheimnißvoller Segen ward sie ihm, unverstandene Weihe für den in ihn gelegten Beruf. Dieser Segen hat in ihm gewebt und gearbeitet, unbegriffen und qualvoll wie das eiserne Joch auf dem Nacken des Propheten. Sicherlich hat er ihn auch gelabt mit Ahnungen und Bestätigungen, wie sie nur dem Künstler zu Theil werden.

Schließt nun dieses äußerlich so einfache, oft so getrübte Leben eine Ueberfülle geistiger Anschauungen und Thaten in sich, vollbringt die Tonkunst in ihm einen jener Momente, in denen das Alte sich vollendet und aus ihm die neue Idee verklärend emporschwebt: so darf man voraussehn, daß auch das an sich Unscheinbare, vom Geistesstral getroffen und durchdrungen, seine wahre Bedeutung und Würdigkeit empfangen wird.

Jugend.

Ludwig van Beethoven ward seinem Vater Johann, einem Sänger in der Kapelle des zu Bonn hofhaltenden Kurfürsten Max Franz, Erzbischofs von Köln, am 17. Dezember 1770 geboren. Der Vater, unruhig und unbefriedigt in seiner dunkeln, kümmerlich ausgestatteten Stellung, hatte sich wenigstens den allgemeinsten Lebenstrost, die Ehe, nicht versagen mögen; er hatte am 12. November 1767 die Wittwe des churfürstlichen Kammerdieners Laym, die damals einundzwanzigjährige, kräftige Maria Magdalena Keferich heimgeführt. Sie gebar ihm 1769 einen ersten Sohn, der bald nach der Geburt verschied, dann den Ludwig, dann, am 8. April 1774, einen dritten Sohn, Kaspar Anton Karl, und am 2. Oktober 1776 den letzten, Nikolaus Johann.

Da saß nun der arme Musikus mit dem für seine Mittel viel zu zahlreichen Hausstand in seiner engen dunkeln Wohnung im Graus'schen Haus in der Bonngasse, in ängstigender Dürftigkeit, aus einer Verlegenheit in die andere fallend, oft am Nothwendigsten Mangel leidend. Gutmüthig von Natur, reizbar, wie Musiker eben sind, gedrängt und gestachelt durch unablässige Noth, ward er herausfahrend gegen die Seinigen, zum Jähzorn geneigt, dann wieder durch den Anblick der Kinder und den Zuspruch der guten, verständigen Gattin leicht beschwichtigt und erheitert; in schlimmsten

Tagen suchte der Arme Trost und Vergessen im Glase. War Ruhe im Haus' und er übte sich am Klavier im Gesange, so blieb der nun vierjährige Ludwig gewiß nicht fern; kein Spiel und kein Spiel= gesell hielt ihn dann ab, er mußte zum Vater. Da drängt' er sich, so nah' es ging, an seine Seite, lauschte still und bewegungslos und ernst dem Gesang, der ihn entzückte, und bat, so oft der Va= ter schließen wollte, so dringlich und unwiderstehlich, nur noch ein klein wenig zu singen. Dann nahm der Vater sein Kind auf den Schooß und sang wieder „schmeichelnd hold", faßte die kleine Hand in seine und ließ ihn die Melodie, die er sang, mitspielen. Das war dem Kind' eine Lust ohne Gleichen! es war nicht vom Klavier wegzubringen, bald gelang es ihm, die Melodie selbst zusammenzu= finden. Fünf Jahr*) war er alt, da beschloß der Vater, ihm förm= lichen Unterricht auf Klavier und Geige zu geben.

Guter Wille war auf beiden Seiten vorhanden; aber der reicht nicht aus. Der Vater mag ohnehin kein sonderlicher Musiker und Lehrer gewesen sein, wenigstens hat er sich in keiner Hinsicht einen Ruf gemacht. Nun mischte sich aber, verzeihlich in der Lage des Bedrängten, der Gedanke hinein, in dem Knaben einen Gehülfen für Erwerb zu erziehn, um die jüngern Brüder besser durchzubrin= gen und den unablässigen Forderungen des Hausstandes einigerma= ßen zu genügen. Das hatte Eile; der Knabe sollte üben, viel, un= ablässig üben, festhaltende Strenge, jähzornige Wallungen wechselten mit natürlicher Güte und heimlicher Reue aprilhaft. Auf der an= dern Seite mochte der kräftige, eigenwillige, unruhige Knabe wohl nach seiner Weise gern Musik machen; aber zu vorgeschriebenen und unablässigen Uebungen war er schwer zu bringen. Sie und das ganze Benehmen des Lehrenden verleideten ihm fast die Musik und

---

*) Die Dedikation der ersten drei Sonaten (in der Speyerschen Blumenlese herausgegeben) an den Kurfürsten Maximilian Friedrich bezeichnet das vierte Jahr für den Anfang musikalischer Beschäftigung; vielleicht sind jene Spiele dazu= gerechnet.

verhärteten ihn, gegenüber dem wankelmüthigen Vater, dessen Schwä=
chen dem scharfen Kinderauge nicht entgehn mochten. Nur die fromme,
liebekräftige Mutter, „die (sagt Beethoven später) mit meiner Stör=
rigkeit so viel Geduld hatte," an der das Kind mit einer noch im
Mannesalter nachwirkenden Innigkeit hing, wußte das hartgewordene
Herz ihm zu schmelzen; mit der Erweichung kehrte dann die Liebe
zurück zu dem süßen Spiel der Töne.

Noch ein Labungsquell floß der oft beklemmten Familie. Das
war die Erinnerung an den Großvater, ebenfalls Ludwig geheißen,
väterlicher Seite. Der (wahrscheinlich aus Maestricht gebürtig, —
jedenfalls deutet der Familienname van Beethoven auf niederlän=
dischen Ursprung) war im Dienste des Kurfürsten, Max Friedrich,
von Köln Bassist auf dem von jenem errichteten Nationaltheater ge=
wesen und oft, z. B. in dem Singspiel „L'amore Artigiano" und
dem „Deserteur" von Monsigny mit Beifall aufgetreten, ja, er hatte
es bis zum kurfürstlichen Kapellmeister gebracht. Persönlichen Ein=
fluß kann er auf den Enkel nicht gehabt haben, da er schon am
24. Dezember 1773 gestorben war; aber in der vergrößerenden Kin=
dererinnerung lebte der Großvater Kapellmeister fort, mag oft in die
Dunkelheit und Dürftigkeit des gegenwärtigen Zustands hineinge=
glänzt, oft in den schwankenden Träumereien, wie Knaben sich von
ihrer Zukunft machen, mitgespielt haben.

Das also war das musikalische Nest, in dem Ludwig van Beetho=
ven die ersten Lebenskräfte sammelte, die ersten Anregungen für seine
Kunst empfing. Was sonst noch auf ihn eingewirkt, um, vielleicht
ihm selber unbewußt, in seinen spätern Erregungen und Gesichten
mitzuspielen, wer weiß es? Er hat viel Gesang um sich her ge=
habt, vielleicht noch den bewunderten Großvater gehört. Gewiß ist
der Knabe nach Knabenart neugierig auch in den Kirchen herumge=
schweift. Daß er kirchlich=konfessionell erzogen oder angeregt worden
wäre, wie vor ihm Haydn und Mozart, ist in der Nähe des voltai=
risirten Frankreich und unter einem Erzbischof, der ein National=

theater gründet oder beschützt, nicht anzunehmen; nirgends, auch nicht in seinen Werken, zeigt sich davon eine Spur. Betrat er denn die Kirchen, so konnte die anregende katholische Weise nicht anders als mysterienartig auf seine Phantasie wirken; und ist sie nicht ein Mysterium? Sicherlich hat der bonner Knabe mehr als einmal jenem Bittgang nach der Minoritenkirche in der Rheingasse sich angeschlossen, dem Tausende der Landbewohner und der städtischen Jugend unter lauten Gebetsprüchen und einfältigem, kräftig rhythmisirten Wechselgesang*) der Männer und Frauen oder des Vorsängers und Kinderchors am Feste der heiligen Maria von Kevlaar zusammenströmen, am vergoldeten blumengeschmückten Gitter von der Geistlichkeit würdig empfangen, Gebet und Gesang aber für sich allein in der übervollen Kirche vollendend. Anklänge — oder sinnverwandte Klänge finden sich in den spätern Tongebilden.

Ist dies nur Vermuthung, so fehlt es für jene Zeit auch nicht an willkührlichen Erdichtungen. Die Einen wollten, allen Kirchenbüchern zum Trotz, unsern Beethoven zu einem Niederländer machen, — als wenn er nicht durch und durch Deutscher und nur in Deutschland möglich wär'! Andere (Franzosen) hoffen anzuziehn, wenn sie ihn für einen natürlichen Sohn Friedrich Wilhelm II. ausgeben. Leider ist dieser König vor 1770 niemals in Bonn, und Beethovens Mutter ist niemals auswärts gewesen. Ihm selber war dies Gerede gleichwohl empfindlich genug, daß er noch in der spätesten Zeit, am 7. Dezember 1826 (am 7. Oktober seinem Freunde Schindler in die Feder diktirt) dem Dr. Wegeler antwortete: „Du schreibst mir, daß ich irgendwo als natürlicher Sohn des verstorbenen Königs von Preußen angeführt worden bin. Man hat mir davon vor langer Zeit ebenfalls gesagt. Ich habe mir aber zum Grundsatze gemacht, nie weder etwas über mich zu schreiben, noch irgend etwas zu beantworten, was über mich geschrieben worden.

---

*) S. Berliner allg. musf. Ztg., Jahrgang 7, S. 327.

Ich überlasse Dir daher gern, die Rechtschaffenheit meiner Aeltern, und meiner Mutter insbesondre, der Welt bekannt zu machen."

Unschuldiger wenigstens ist eine andre Mythe aus der Kinderzeit. Wenn, erzählt Quatremère Disjonval in seiner Arachnologie, der kleine Beethoven sich mit seiner Geige hinaufflüchtete in eine staubige Bodenkammer, wo zerbrochene Möbel und defekte Notenhefte nebeneinander schlummerten, um ganz einsam zu spielen, habe sich eine gewaltige Kreuzspinne herabgelassen auf die Geige und zugehört, bis einmal die Mutter dazugekommen und das Thier getödtet, zum großen Leidwesen des kleinen Virtuosen. Das Geschichtchen ist bekanntlich mehrmals wahr. Beethoven wollte später nichts davon wissen; er habe damals, meint er, so abscheulich gekratzt, daß eher die ganze Naturgeschichte vor ihm davongelaufen wäre.

Sollte gleichwohl aus der Musik des Kleinen etwas werden, so mußte, das sah der Vater und besser vielleicht die Mutter ein, ein andrer und tüchtiger Lehrer für den nun siebenjährigen Knaben herbeigeschafft werden. Der fand sich in dem Hautboisten, nachherigen Kapellmeister im ersten baierischen Regimente, Pfeiffer, einem geschätzten Musiker und selbst Tonsetzer. Beethoven hat noch spät versichert, daß er diesem Manne das Meiste verdanke, hat ihn auch, der in seinem Alter in Dürftigkeit gesunken war, nach Kräften mit Geld unterstützt. Ihm folgte der Hof-Organist und Kammermusikus van der Eden, ein ausgezeichneter Klavierspieler, der den Knaben erst unentgeldlich unterwies, dann ihm auf Kosten des Kurfürsten täglich eine Lehrstunde gab und ihn neben dem Klavier auch im Orgelspiel unterrichtete. Der Knabe machte so rasche Fortschritte, daß er sich oft in der Kapelle und in den Gemächern des Kurfürsten hören lassen durfte und stets Beifall fand.

Nach Edens Tode ward der Hof-Organist Christian Gottlob Neefe, zuvor Musikdirektor bei der Großmannschen Schauspielergesellschaft, mit dem Unterrichte beauftragt. Neefe war es, der den

nun neunjährigen Knaben zum Komponiren anleitete, auch mit
Seb. Bachs Klavierfachen bekannt machte; schon mit elf Jahren soll
der Kleine das wohl temporirte Klavier bewundernswürdig gespielt
haben. Beethoven selber meint später, wenig oder nichts von Neefe
gelernt zu haben und klagt besonders über zu harte Kritik der ersten
Kompositionsversuche. Hierin darf man vielleicht dem wissentlich nie
ungerechten oder unwahren Künstler nicht unbedingt Glauben beimessen, der auch den spätern Lehrern zu eigenwillig gegenüber stand,
als daß er nicht leicht dazu gekommen wäre, den Lehrzwang und
das kritische Messer schärfer zu empfinden, als die Wohlthat der
Leitung. Jedenfalls zeugen die ersten Tonstücke, mit denen der Knabe
schon im elften Jahr' in die Oeffentlichkeit trat, von einem, vielleicht
nicht tiefwirkenden, aber praktisch (nach damaliger Musikweise) geschickt fördernden und zustutzenden Leiter. Von diesen Erstlingen,
— neun Variationen über einen Marsch, einige Lieder (unter andern das von Klaudius: „Wenn jemand eine Reise thut"), drei Kla-
viersonaten, — sind die letztern entschieden das Bedeutendste*). Sie
stehen dem Gehalt nach ziemlich auf gleicher (wenigstens nicht höherer) Stufe mit den Tonstücken der meisten damaligen Klavierkom-
ponisten, der Sterkel, Wanhall, kurz der sogenannten „Heiligen-
Römischen-Reichskomponisten" im Südwesten unsers Vaterlandes.
Dabei sind sie aber so sicher und ebenmäßig gestaltet, wie man von
keinem sich selbst überlassenen Knaben, am wenigsten von einem störrigen Feuerkopf wie Beethoven, erwarten kann. Die Vermuthung
ist wenigstens nicht grundlos, daß Neefe's Leitung und selbst seine
unmittelbar eingreifende Hand, vielleicht zum Verdrusse des jungen
Tonsetzers, hier mit im Spiele gewesen sei; man konnte dem Knaben mehr Eigenthümlichkeit, aber unmöglich so klar und festgebildete
Form zutrauen. Dann aber ist Neefe's Leitung, mag sie auch Ei-

---

*) Sie sind 1783 herausgegeben; auf dem Titel ist der Komponist als
„elfjährigen" bezeichnet, so daß sie 178⅔ gesetzt sein mußten.

genthümliches zu Gunsten der Form geopfert haben, für die ganze
Zukunft Beethovens eine wahrhaft unschätzbare Wohlthat gewesen,
deren Einfluß sich später erweisen wird.

In derselben Zeit gewann er sich durch eine andere Komposition seinen ersten Gönner und Beförderer. Der Graf Waldstein,
Liebling und steter Begleiter des jungen Erzbischof-Kurfürsten, Freund
der Musik und selbst geschickter Klavierspieler (Beethoven hat ihm
später aus Dankbarkeit die Sonate Op. 53 gewidmet, auch artige
Variationen zu vier Händen über ein Thema des Grafen geschrieben) hatte zum Karneval mit andern jungen Adlichen ein Ritterballet eingerichtet und Beethoven mußte dazu die Musik liefern.
Alles lief gut ab, die Musik gefiel und Waldstein ward von da an
der thätige Gönner das jungen Künstlers, den er, den Namen des
Kurfürsten vorschiebend (weil Privatgaben vielleicht abgelehnt worden wären) mit Geld unterstützte, den er durch Verwendung bei
dem Kurfürsten 1785 zu der (eigentlich ganz unnöthigen, nur zu
Gunsten Beethovens neugeschaffenen) Stellung eines zweiten Hof-
organisten neben Neefe förderte und bei jeder Gelegenheit anregte,
aus dem Stegreif am Klavier zu variiren, oder gegebene Themate
durchzuführen. Daß es mit dem Dienste nicht sehr ernst genommen
ward, erkennt man in einem Vorgang in der Kapelle selbst, der zugleich für Beethovens spätere Weise vorbedeutend ist. In der ka-
tholischen Kirche werden bekanntlich in der Charwoche während dreier
Tage die Lamentationen des Propheten Jeremias vorgetragen, kleine
Sätze von vier bis sechs Zeilen; der Vortrag geschieht in gesang-
artiger Rede (das alte choraliter legere) in freiem sprachlichem
Rhythmus. Die Tonfolge bildet sich aus vier auf einander folgenden Stufen, wobei stets auf der Terz mehrere Worte, ja ganze
Sätze gesprochen werden und einen Ruhepunkt bilden, den der Begleiter am Instrument mit einem freien Harmoniegang ausfüllt;
dann wendet der Sänger sich zur ersten Stufe zurück. Die Begleitung geschieht, da die Orgel an diesen Tagen nicht gebraucht

wird, am Klavier. Nun geschah es an einem der Tage, daß Beet=
hoven den sonst tonfesten Sänger Heller, der sich mit seiner Sicher=
heit brüsten mochte, fragte: ob er ihm gestatten wollte, ihn „heraus=
zuwerfen?" Heller ist mit dem Versuch einverstanden, und jetzt modu=
lirt der neugebackne Organist, indem er die erste Stufe stets in der
Oberstimme festhält, so wunderfam darauf los, daß Heller richtig
sich nicht mehr zum ersten Ton zurückfinden kann. Zeugen sind der
Musikdirektor und der erste Violinist des Kurfürsten, Lucchesi und
Franz Ries, die das Spiel laut bewundern. Den geistreichen und
muthwilligen Erzbischof (er war beiläufig ein Bruder Josephs II.
und so wenig konfessionell, daß er kein Args gehabt, den Protestan=
ten Neefe vom Theater hinweg zum Organisten an seiner Kapelle
zu berufen) ergötzte der Musikerspaß ebenfalls; doch empfahl er für
die Zukunft einfachere Begleitung. Beethoven gedachte dieses Künstler=
muthwillens noch spät nicht ohne Wohlgefallen.

Neben Neefe's Unterricht waren gewiß Graf Waldsteins An=
regungen zur Variation und Durchführung gegebener Themate aus
dem Stegreif dem jungen Künstler höchst förderfam; sie gaben nicht
blos Anlaß zur Kompositionsübung, sie hoben auch den Jüngling
aus der dunkeln Stellung empor, in der er geboren war, und
weckten das Selbstgefühl in ihm, die Theilnahme hervorragender
Persönlichkeiten erworben zu haben und ihre Gunst durch seine Kunst
vergelten zu können. In dieser Lage ließ er sich stets gern be=
reitwillig finden, in Gesellschaften zu spielen, was sich später sehr
ändern sollte. Besonders ergötzte er sich und die Zuhörer mit Ver=
suchen, den Karakter und die Weise bekannter Persönlichkeiten in
seinen Phantasien zu zeichnen; im Knabenspiel meldete sich schon
jener Drang, Bestimmtes in der Musik zu offenbaren, die Kunst
der Töne über das Spiel mit Anregungen in die Sphäre hellern
Bewußtseins hinauszuheben. Manches Jahr und manches Werk
trat zwischen diese Vorspiele und ihre Bewährung.

Uebrigens wurde sein Spiel damals, wie es scheint, besonders der ungewöhnlichen Fertigkeit wegen bewundert, war aber noch rauh und hart; er hatte sich beim Orgelspiel verwöhnt, auch noch keinen feinen Spieler gehört. Jetzt fand sich auch dazu Gelegenheit. Die Kapelle machte eine Fahrt nach Aschaffenburg und nahm den jungen Beethoven mit. In Aschaffenburg traf man mit Sterkel zusammen, dem fruchtbaren, nach damaliger Weise eleganten, wenn auch nicht tiefen Komponisten, dessen Klavierspiel eben so leicht und gefällig war, wie seine Komposition. Beethoven wurde durch Ries und die Brüder Romberg vorgestellt und hörte Sterkels Spiel mit gespanntester Aufmerksamkeit an; diese Vortragsweise war ihm ganz neu. Als darauf die Rede auf Variationen kam, die Sterkel über Righini's „Vieni amore" gesetzt hatte und für so schwer hielt, daß er zweifelte, ob der junge Künstler sie spielen könne (wer einmal sterkelsche Konzerte gespielt, hat den Maaßstab für jenes Urtheil in der Hand) setzte Beethoven sich an das Klavier und spielte nicht nur jene Variationen aus dem Gedächtnisse, sondern setzte noch andere eben so schwere aus dem Stegreif hinzu, und diese zu allgemeiner Ueberraschung in der angenehmen sterkelschen Manier und nach dessen Spielweise.

Zu derselben Zeit mußte der funfzehnjährige Virtuos vor dem Kurfürsten ein neues Trio von Pleyel vom Blatt spielen. Dies geschah ohne Anstoß, obgleich im Adagio in der Klavierpartie zwei Takte fehlten; Beethoven hatte das gleich bemerkt und die Lücke kunstgerecht ausgefüllt; erst nach dem Schlusse brachten die Andern es zur Sprache. Der Kurfürst, stets durch seine Leistungen erfreut, ernannte ihn zu seinem Kammermusikus.

Auch dem Wunsche des Vaters konnte nun entsprochen werden; der Sohn, jetzt schon von Kunstgenossen und Liebhabern hochgeschätzt, fand Gelegenheit, Unterricht zu ertheilen und das Seine zum Haushalt beizusteuern. Aber das war ihm unerträgliche Last und ist es stets geblieben; begreiflicherweise zogen Komposition und Spiel ihn ungleich mehr an. Dann aber scheint ihm systematisches

Verfahren, ohne das man im Lehren nicht sicher wirkt und weit kommt, überhaupt fremd, ja abstoßend gewesen zu sein; er hat es auch in der eignen Schulbildung nicht gar weit gebracht, z. B. so wenig Latein gelernt, daß er, der in katholischer Familie Geborne, später zur Komposition seiner ersten Messe der Unterlage einer wörtlichen Ueber= setzung und der Vorzeichnung des Sylbenmaßes und Accents be= durfte. Dies hatte seinen Grund keineswegs in einseitiger Rich= tung auf Musik; mehr als die meisten Musiker seiner Zeit trach= tete er, seinen Gesichtskreis an den vaterländischen und englischen Dichtern, ja an den Werken der Griechen und Römer, namentlich Homers (die Odyssee), Plato's und Plutarchs, die er in Uebersetzun= gen las, an Geschichte und Theilnahme für die politischen Bewe= gungen zu erweitern. Aber das Alles mußte ihm, so scheint es, in künstlerischer Weise, mit heftiger Hinwendung bald auf das Eine, bald auf das Andre zufällig ihm Nahetretende zukommen. Sein Leben war schon damals nach innen gekehrtes Schauen. Die eigne Entwickelungsweise widerstrebte dem Beruf und Geschäft des Leh= rens, zu dem eigne Bedürftigkeit weniger, als der Gedanke an seine Familie, besonders die arme Mutter, bewegen konnte.

Das Opfer sollte sogleich seinen Lohn finden. Er wurde Leh= rer des jüngsten Sohns und der Tochter (Eleonore hieß die milde, gütige, deren Namen einst die Oper ihm in die Seele zurückführen sollte) im Hause der verwittweten Hofräthin von Breuning. Hier trat er aus der Dürftigkeit und Beschränktheit des väterlichen Hauses in einen Kreis sittiger, wahrhaft gebildeter Menschen, die das Leben im Wohlstande heiter zu genießen, zwanglos und fein zu= gleich untereinander zu verkehren wußten. Man muß den Druck niedrer Verhältnisse auf ein zum Aufschwung erwecktes Gemüth an sich selber erfahren, oder zu lebhaftester Anschauung gebracht haben, um den Gegensatz zu fassen, der nach allen Seiten hin und ganz absichtslos hier vor den Geist des scheuen Jünglings trat, Personen und Zustände mit dem Schimmer eines höhern Daseins umgoß,

nicht blos in seiner verklärenden Phantasie, sondern auch in seinem
dankbaren Gemüthe. Denn in diesem Kreise sah er sich mit Ach=
tung und Antheil aufgenommen, bald mit Liebe, gleich einem Kinde
des Hauses, behandelt. Das erweichte sein oft starr und trotzig
Herz, er fühlte seinen Werth erkannt, sich nicht blos als Künstler
und Unterhalter, wie bei den vornehmen Gönnern, nein als Men=
schen mit all seinen Vorzügen und Schwächen wohlgelitten, in die
seiner würdige Sphäre des Lebens gehoben. Ueber sein ganzes Le=
ben hin bewahrte er dem breuningschen Hause und dem spätern
Gatten Eleonorens, geheimen Medizinalrath Dr. Wegeler aus Koblenz,
getreueste, zärtliche Liebe. Wie viel Einfluß aber diese zweite Ju=
gend auf Beethovens ganzes Leben gehabt, erräth man einigermaßen,
wenn man durch das ganze spätere Leben und die Werke hindurch
den unausschöpflichen Born von Liebe, von herziger Einfalt und
Treue strömen sieht, dessen man neben der Energie des Willens,
neben der tiefen Versenkung in die Nachtseite des Lebens, neben
Allem, was Beethoven gewesen, gethan und gelitten, sich kaum
versehen haben sollte.

Die Mutter gewann mütterliche Macht über seine oft störrige
Laune; sie entwaffnete ihn, wenn er „seinen Raptus hatte" (wie
sie es nannte) durch Freundlichkeit und Geduld, und wußte dann ihn
zu lenken. Oft, wenn er gegenüber, beim österreichischen Gesandt=
ten, Grafen Westphal, unterrichten soll und gar zu gern in der Fa=
milie geblieben wäre, treibt sie ihn fort zu seiner Pflicht. Dann
geht er mißmuthig, ut iniquae mentis asellus, sagt Wegeler*), kehrt
aber noch vor Westphals Hausthür um und verspricht morgen lie=
ber zwei Stunden zu geben; heut sei's ihm unmöglich.

---

*) Wegeler und Ferdinand Ries, der höchlichst um Beethoven verdiente
Schindler (der irrig in seiner Biographie meint, durch meine Schuld eines
Beethovenschen Briefs verlustig gegangen zu sein) und Seyfried seien hier als
bekannte Hauptquellen für Beethovens Biographie genannt.

In diesem Hause war es, wo Beethoven mit deutscher Literatur namentlich mit den bessern Gedichten bekannt wurde. Nach Zeit und Ort kann man annehmen, daß Klopstock unter den Dichtern der bonner und der nächsten Zeit ihm vorangestanden und zeitig Einfluß auf ihn geübt; dem dunkeln Drang seiner Jugend stand wohl kein Dichter näher und verwandter; noch spät zieht sich der Hauch jener erhabenen Ueberschwänglichkeit Klopstocks, der Wort und Gedanke bisweilen zum bloßen Hall und Schall des Unaussprechlichen werden, durch Beethovens Modulation und den geheimnißvollen Nachtklang seiner Instrumentation; noch spät gedenkt er (wie Rochlitz aus dem Jahre 1822 erzählt) von Goethe redend, des Lieblings seiner Jugend: „Er (Goethe) hat den Klopstock bei mir todt gemacht. Sie wundern sich? nun lachen Sie? . . . . Aha, daß ich den Klopstock gelesen habe! Ich habe mich Jahrelang mit ihm getragen, wenn ich spazieren ging, und sonst. Ei nun, verstanden hab' ich ihn freilich nicht überall. Er springt so herum; er fängt auch immer gar zu weit von oben herunter an; immer Maestoso! Des dur! Nicht? Aber er ist doch groß und hebt die Seele. Wo ich ihn nicht verstand, da rieth ich doch, — so ungefähr . . . ." Mag Rochlitz die Redeweise nach eigner Art ein wenig umgefärbt haben; die Schilderung ist für Klopstock und Beethoven zutreffend.

Im traulichen Kreise des breuningschen Hauses sollte denn auch das Herz des Jünglings zum erstenmal von zärtlicherer Neigung berührt werden. Jeannette d'Honrath war die Zauberin, eine junge Kölnerin, die oft mehrere Wochen bei Breunings weilte. Die schöne lebhafte Blondine von gefälliger Bildung, die sich lebhaft für Musik interessirte und selber recht anmuthig sang, führte nicht blos Beethoven, sondern auch seinen Freund Steffen (Stephan von Breuning) artig genug „an diesem Zauberfädchen, das sich nicht zerreißen läßt," wie er selber später gesungen, herum; und wenn sie dann nach Köln zurück mußte und der arme Musiker allzuherz-

brechend über die Trennung seufzte, sang sie ihm mit neckischer
Zärtlichkeit das damals beliebte

> Mich heute noch von dir zu trennen,
> Und dieses nicht verhindern können,
> Ist zu empfindlich für mein Herz!

während sie selber ihr Herzchen an einen österreichischen Werbeoffi-
zier verschenkte, der später es bis zum General oder Gouverneur
gebracht.

Bedeutsam trat der Winter 1786, 1787 in das Leben des
jungen Künstlers; er führte ihn auf kurze Zeit nach Wien, dem
Schauplatz seiner Thaten, und zu Mozart, dessen Kompositionen
ihn damals schon entzückt hatten. Der Jüngling spielte dem Meister
auf dessen Begehr etwas vor, was dieser (wie Jahn in seiner Biographie Mozarts „aus guter Quelle" mittheilt) für ein ausgelern-
tes Parabestück hielt und ziemlich kühl belobte. Beethoven, der das
merkte, bat ihn darauf um ein Thema zu freier Fantasie und, wie
er stets vortrefflich zu spielen pflegte, wenn er gereizt war, ange-
feuert durch die Gegenwart des hochverehrten Meisters, erging er sich
nun in einer Weise auf dem Klavier, daß Mozart, dessen Aufmerksamkeit und Spannung immer wuchs, endlich sachte zu den im Ne-
benzimmer weilenden Freunden ging und lebhaft sagte: „Auf den
gebt Acht, der wird einmal in der Welt von sich reden machen.",
Mozart sollte es nicht erleben, aber sein Wahrspruch erfüllte sich
noch in demselben Jahrzehnt. Die musikalische Wunderseherei hat
dieses an sich bedeutsame Ereigniß zu heben getrachtet, indem sie zu-
dichtete: Mozart habe nach dem ersten Spiel halblaut gesagt, „warte,
dich wollen wir fangen!" und ihm ein Thema gegeben, das zugleich
al rovescio (von hinten nach vorn) oder in der Verkehrung (in
entgegengesetzter Richtung aller Schritte) als sein eignes Gegenstück
zu brauchen gewesen, Beethoven aber habe die List durchschaut und
das Thema sogleich als prächtige Doppelfuge länger als drei Vier-
telstunden durchgeführt. Allein er verstand, wie Schindler aussagt

und die frühern Werke, wie die spätern Studien bezeugen, damals nichts von den Künsten des Kontrapunkts. Das Bedeutsame jenes Vorgangs beruht auch nicht darauf, daß er in einer damals um ein halbes Jahrhundert veralteten Mode mit Schulkünsten parabirt, sondern es liegt darin: daß ein Genius den andern erkannt hat.

Beethoven mußte nach Bonn zurück; aber gewiß schwebten seine Träume, seine Wünsche, so lieb ihm Bonn war und blieb, nach der Kaiserstadt zurück, die damals aller Größen im Reiche der Tonkunst, Glucks, Haydns, Mozarts geweihte Stätte war. Ein neues Ereigniß trat dazu. Haydn selber, damals höher geschätzt als Mozart, kam auf der ersten Rückreise aus England zur freudigen Aufregung aller Musiker und Kunstfreunde im Juli 1792 durch Bonn. Die kurfürstliche Kapelle gab ihm - in Godesberg ein festliches Frühmahl, und hier soll nach Dr. Wegelers Mittheilungen der Meister eine von Beethoven ihm vorgelegte Kantate mit Lob und Ermunterung, so fortzufahren, aufgenommen haben, wiewohl die Ausführung wegen Schwierigkeiten in den Partieen der Blasinstrumente nicht stattfinden können. Schindler, der langjährige Freund Beethovens, hat von demselben kein Wort über ein solches Jugendwerk vernommen, wohl aber, daß zu seinen höchsten Versuchen in freier Schreibart ein Trio gehöre; dasselbe ist als nachgelassenes Werk bei Dunst in Frankfurt erschienen; sein zweiter Satz ist ein Scherzo, das erste in der Reihe dieser von Beethoven gepflanzten Gattung.

Beethoven achtete stets die bonner Zeit für seine glücklichste. Gut, anhänglich, naturliebend, wie er war, hielten tausend Wurzelfäden der Erinnerung an der Heimath ihn fest. Dort hatte er die Lust der ersten Jugend und die Noth des gedrückten Ursprungs durchjubelt und durchseufzt; dort seine Kraft zuerst geprobt und durch sie sich aus der Schwüle der ärmlichen Herkunft emporgehoben zu einem gemäßern Lebenskreise; dort hatte er erste Anerkennung und erste Gunst und Liebe gefunden; dort hatten sich seine Jugendfreundschaften, die unwandelbaren für's Leben, geknüpft, kannte Jedermann

ihn und er Jedermann; selbst sein linkisches Benehmen, seine unge=
geschickteckigen, im Kampf von Verlegenheit und Stolz oft schroffen
Bewegungen, all' diese kleinen und peinlichen Makel früher Ver=
säumniß, sie konnten hier nicht so drückend empfunden werden, wie
in der polirten Großstadt. Es ist die unschätzbare Wohlthat kleiner
Städte für die Unschuldzeit des Lebens, daß sie die Menschen ein=
ander näher rückt, weil ihrer nicht allzuviel bei einander wohnen;
man schaut sich menschlicher theilnehmend an, während die Groß=
stadt, dies Gewimmel von Hunderttausenden, die unerkannt vorüber
strömen, zur Gleichgültigkeit gegen den Menschen erzieht. Dieser
Zug volksmäßig heiterer Liebe zum Menschen lebte fort in Beethoven,
webt bald hier bald da an seinen Tongebilden mit, giebt ihm Treu
und Glauben und den vollen warmen Herzschlag für jenes

> Seid umschlungen Millionen!
> Diesen Kuß der ganzen Welt!

das der Weltmensch nur als Unermeßlichkeitsphrase belächeln kann,
er aber, feuertrunken in Menschenliebe, hinaussingen einst sollte als
letzten Wahlspruch seines vereinsamten Lebens.

Er selber giebt beredt Zeugniß von dieser unvergänglichen Liebe
für seine Jugendzeit in einem Briefe an seinen Freund Wegeler,
vom 29. Juni 1800.

„Mein guter, lieber Wegeler? Wie sehr danke ich Dir für Dein
Andenken an mich; ich habe es so wenig verdient und um Dich zu
verdienen gesucht, und doch bist Du so sehr gut und läßt Dich durch
nichts, selbst durch meine unverzeihliche Nachlässigkeit nicht abhalten,
bleibst immer der treue, gute, biedere Freund. Daß ich Dich und
überhaupt Euch, die Ihr mir einst so lieb und theuer waret, ver=
gessen könnte, nein, das glaubt nicht; es giebt Augenblicke, wo ich
mich selbst nach Euch sehne, ja bei Euch einige Zeit zu verweilen
wünsche. Mein Vaterland, die schöne Gegend, in der ich das Licht
der Welt erblickte, ist noch immer so schön und deutlich vor meinen
Augen, als da ich Euch verließ; kurz ich werde die Zeit als eine

der glücklichsten Begebenheiten meines Lebens betrachten, wo ich Euch wiedersehen und unsern Vater Rhein begrüßen kann. Wann dies sein wird, kann ich Dir noch nicht bestimmen. Soviel will ich Euch sagen, daß Ihr mich nur recht groß wiedersehen werdet; nicht als Künstler sollt Ihr mich größer, sondern auch als Menschen sollt Ihr mich besser, vollkommener finden, und ist dann der Wohlstand etwas besser in unserm Vaterlande, dann soll meine Kunst sich nur zum Besten der Armen zeigen. O glückseliger Augenblick! wie glücklich halte ich mich, daß ich dich herbeischaffen, dich selbst schaffen kann!"

Aber er mußte weg von Bonn; und er sollte es nimmer wiedersehn.

Lehrjahre.

Haydns Durchzug durch Bonn mag den Anstoß gegeben haben, oder nicht; in demselben Jahre, 1792, wurde Beethoven auf Kosten des Kurfürsten, den Graf Waldstein dafür gestimmt hatte, nach Wien gesendet, um dort unter Joseph Haydn Komposition zu studiren. Mozart war seit einem Jahre geschieden, folglich konnte keine bessere Wahl getroffen werden, — wenn es wahr wäre, daß ein großer Komponist schon in dieser Eigenschaft einen guten Lehrer abgäb'. Allein abgesehn davon, daß neben der Fachgeschicklichkeit dem Kompositionslehrer auch pädagogische Befähigung so nöthig ist, wie jedem andern Lehrer, sollte sich auch zeigen, daß Jünger und Meister, wie nah' auch das Zimmerchen des erstern in der Vorstadt Leimgrube dem Sitze Haydns in derselben Stadt lag, doch dem Geiste nach in verschiednen Zonen weilten; sehr früh, wenngleich Anfangs unbewußt und mehr fühlbar als nachweislich, machte sich zwischen dem vollendeten und dem beginnenden Künstler die Verschiedenheit der Richtungen geltend, in denen das Leben der beiden Vortrefflichen auseinanderging.

Der zweiundzwanzigjährige Schüler brachte nicht blos sein Talent, er brachte eine gar nicht gering anzuschlagende Summe von Fertigkeiten aus der Bonner Vorschule mit; allerdings auch das Selbstbewußtsein und die Selbständigkeit eines schon zu gewisser

Reife gediehenen und erprobten Geistes, Eigenschaften, naturgemäß und ersprießlich, für den Erfolg so später Schulung aber leicht von bedenklichem Einflusse. Wie Haydn den Unterricht begonnen und geleitet, ist nicht bekannt; man weiß nur, daß er sich fortwährend mit dem Schüler zufrieden erklärt. Aber bald sollte der Schüler mit dem Meister unzufrieden werden.

Zufällig stieß nämlich Beethoven bei der Rückkehr vom Lehrer auf den ihm bekannten und geschätzten Komponisten des Dorfbarbiers, Johannes Schenk, einen unterrichteten und wohldenkenden Mann. Schenk warf mit höflicher Aufmerksamkeit einen flüchtigen Blick in das Notenheft voll Beethovenscher Uebungen, und zeigte dem jungen Manne mancherlei Unrichtigkeiten, während Beethoven versicherte, Haydn habe die letzten Sätze so eben durchkorrigirt. Es wurde zurückgeblättert, und überall fanden sich unverbesserte Fehler. Mag nun Haydn sich wirklich der Vernachläßigung schuldig gemacht, oder die Verbesserung nicht nöthig befunden haben, — manche Fehler darf ein Lehrer bisweilen übergehn, um die volle Achtsamkeit auf dringendere Momente zu lenken; genug, Beethoven, in seiner rasch entschlossenen und von Haus' aus zum Argwohn geneigten Weise faßte Verdacht gegen Haydn, wollte sofort seinen Unterricht verlassen, und konnte kaum bewogen werden, Haydn's zweite Reise nach England abzuwarten, um bei schicklichem Anlaß aus seiner Lehre in die Albrechtsbergers überzugehn.

Haydn trug wohl einen zu großen Schatz von Herzensheiterkeit und Güte und kindlicher Frömmigkeit (seine Werke und sein Leben beweisen's) in sich und war als gewissenhafter Mann allzu sicher anerkannt, als daß sein Charakter beargwohnt werden dürfte. Seltsam trat gleichwohl an ihm da und dort, wenn auch in etwas späterer Zeit, ein Mangel an innerer Uebereinstimmung mit seinem Jünger hervor, der nicht etwa als Neid zu deuten ist (was hätte den auf dem Gipfel des Ruhmes feststehenden, in sich selber befriedigend abgeschlossenen Meister dazu stimmen können?) sondern nur als

Fremdheit gegen das, was im jungen Künstler emporwuchs. Schon das Wesen und äußerliche Benehmen des jungen Mannes scheint ihm imponirt zu haben. Im Gegensatz zu der untergeordneten Stellung, die sich Mozart, Haydn und so viele andre Musiker jener und der frühern Zeit gefallen ließen, behauptete Beethoven sich von Anfang an in einer selbstständigern und unabhängigern Lage; gegenüber der kindlichen Laune und Redseligkeit, die seinen beiden großen Vorgängern, besonders dem liebenswürdigen Mozart eigen war, zeigte sich an Beethoven eine Straffheit, ein verschloffener Ernst, eine innerliche Hoheit, die Folge und Ausdruck der ernstern Geistes- und Kunstrichtung waren. Haydn nannte den jungen Mann oft den „Großmogul," ein Scherzname, der sich unter den Musikern verbreitete. Als um dieselbe Zeit, im Winter 1795, in einer Abend-gesellschaft beim Fürsten Lichnowski Beethoven im Beisein Haydns seine Trio's op. 1 vortrug, rieth ihm dieser, das dritte, aus C moll, lieber nicht zu veröffentlichen. Sicherlich war der Rath in Wohl-meinenheit gegeben, denn eben dieses Trio geht so entschieden aus den freundlichen Instrumentspielen Haydns zu einem höhern Ernst über, daß der ältere Meister aus seiner Bahn und seinen künstle-rischen Absichten hätte ausschreiten müssen, um anders zu urtheilen. Bei Beethoven setzte sich aber die Vorstellung fest, Haydn wolle ihm nicht wohl, oder sei ihm gar neidisch. Diese Mißstimmung wirkte weiter, obgleich der große Werth der Haydnschen Kompositionen und die Würdigkeit des Mannes nicht verkannt wurden. Beethoven wid-mete dem Meister seine Sonaten op. 2, war aber nicht zu bewe-gen, sich bei der Widmung nach Haydn's Wunsch dessen Schüler zu nennen, sondern erklärte nach seiner Weise kurz angebunden: er habe nichts von ihm gelernt, was er noch fünf Jahr später gegen Ries wiederholte. Ja, als um 1801 Haydn das damals erschienene Septuor von Beethoven höchlich und gewiß aufrichtig belobte, er-wiederte der Komponist halb artig, halb spöttisch: das Septuor sei noch lange keine Schöpfung; worauf denn doch Haydn bei aller

Anspruchlosigkeit etwas gereizt bemerkte: „Die hätten Sie auch nicht schreiben können, denn Sie sind ein Atheist."

Der gute Schenk dagegen blieb in Beethovens Andenken, wenngleich die persönlichen Beziehungen gelockert wurden. „So traf es sich (erzählt Schindler) daß, als ich mit Beethoven eines Tages, es war zu Anfang des Frühlings 1824, über den Graben ging, uns der alte Herr Schenk begegnete, damals schon ein hoher Sechsziger. Beethoven, außer sich vor Freude, diesen alten Freund noch unter den Lebenden zu sehn, ergriff seine Hand, eilte mit ihm in das nahgelegne Gasthaus „zum Jägerhorn" und zwar in das hinterste Zimmer, das einer Katakombe gleich am helllichten Tag erleuchtet werden muß. Dort schlossen wir uns ein, und Beethoven fing nun an, alle Falten seines Herzens seinem verehrten Korrektor aufzudecken. Redselig wie selten tauchten eine Menge Geschichten und Anekdoten aus jener längst vergangenen Zeit auf, so auch jene Vorfälle mit Haydn, und der nun auch zur Majestät im Reiche der Tonkunst emporgestiegne Beethoven überhäufte den bescheidenen, in Dürftigkeit lebenden Komponisten des „Dorfbarbiers" mit dem innigsten Danke für seine ihm damals bewiesene Freundschaft. Die Trennung zwischen beiden nach jener denkwürdigen Stunde war höchst rührend, gleichsam für's Leben; und wirklich sahen sie sich nicht wieder."

Nach Haydn war also Albrechtsberger Beethovens Lehrer geworden. Zwei Jahre blieb Beethoven in seiner Lehre. Seyfried, sechs Jahr jünger als Beethoven, mit einundzwanzig Jahren Kapellmeister bei dem Theater an der Wien, von 1803 an, wo nicht noch früher, bis an's Lebensende Beethovens Freund, hat einen Theil der Beethovenschen Studien herausgegeben, genug, um den Gang derselben zu beurtheilen. Albrechtsberger, damals bald sechszigjährig, früher fleißiger Tonsetzer, besonders von Kirchenmusik, geschickter Kontrapunktist, dem (wie er selber von sich sagte) unabsichtlich Alles zum Fugenthema ward, scheint Beethoven nach herkömmlicher Weise mit den alten fünf Gattungen des Kontrapunkts *) haben beginnen zu lassen; der Schüler hat fleißig gearbeitet, dabei aber nicht aufgehört, zu raisonniren; seine Randglossen würzen dem Leser die Seyfriedschen Mittheilungen, wie sie ihm die Arbeit gewürzt haben mögen. Bei diesem Durchgange,

den Albrechtsberger nach den wunderlichen Distinktionen der alten Schule nur „der galanten Schreibart" gestatten will, ruft Beethoven: „Lachet, Freunde, über diese Galanterie!" Er zeigt sich selbständig beobachtend, aber keineswegs nach Regelabweichungen lüstern. „Viele behaupten (heißt es an einer Stelle) jeder Minorsatz (Moll) müsse nothwendig auch ebenso endigen. Nego! Im Gegentheil finde ich, daß eben in den weichen Tonleitern die große Terz am Schlusse von herrlicher, ungemein beruhigender Wirkung sei; ..... ist mir doch dabei zu Muthe, als wenn ich zum milden Silberglanz des flimmernden Abendsterns aufschaue." Anderswo bemerkt er: „Die vielen nachschlagenden Quinten gelten für keinen Fehler. Sonderbar! meine Wenigkeit kann platterdings kein Wohlgefallen daran finden." Und bei dem Vorsatze, von einer andern sogenannten Lizenz (Ausnahme von der allgemeinen Regel oder Bemerkung) keinen Gebrauch zu machen, spöttelt er: „Die Herren Philister werden mir nichts anhaben können und nolens volens mich pardonniren müssen."

Nach den Uebungen der einfachen alten fünf Kontrapunkt-Gattungen werden Nachahmungssätze gearbeitet, schablonenartig, aber sorgfältig und oft anziehend. Dann kommt, nach alter Art vor der leichtern und ergiebigern vier= und dreistimmigen, die zweistimmige

---

*) Erst von da an (S. 87 des seyfriedschen Buchs) scheinen Beethoven's Uebungen zu beginnen, S. 88 findet sich die erste Randglosse; die voranstehende Elementar = und Harmonielehre mag Seyfried zugefügt haben, um seinem Buche die Anwendbarkeit als Lehrbuch zuzuwenden. Es kommt nichts darauf an.

Fuge, elend bearbeitet. Der Jünger fühlt die Misere und klagt: „Vor der Hand heißt's also, in einen sauern Apfel beißen und mit dem langweiligen **Pas de deux** sich abstrappeziren!" Und wenn nach der Durchführung unvermeidlich eine Stimme fortleiern muß, ruft er aus: „Ist nicht gut und klingt gemein; man nennt's einen Haarbeutel!..... detto Haarbeutel! Helf was helfen kann!.... es kann ja kein Teufel mich zwingen, nur solche Kadenzen zu bringen!"

Nun kommen dreistimmige Fugen, darunter eine für zwei Violinen und Violoncell, gut gearbeitet und lebhaft, bis hierher elende Themata (wahrscheinlich vom Lehrer schulmäßig gegeben) und nirgends, mit Ausnahme der vorerwähnten, eine Spur von Talent; hierauf gute Schularbeiten in der vierstimmigen Fuge; dann werden die Singfuge schlendrianmäßig (der Text tritt als zufällige Bürde her) die Fuge zum Choral, Fuge im Kontrapunkt der Dezime und Duodezime, Doppel= und dreifache Fuge und Kanon trocken durchgearbeitet. Das war die Schule für den, der berufen war, die innere Dramatik der Musik (die Polyphonie) in den freieren Kunstformen auf den Gipfel zu führen. Kein Wunder, daß er in der ersten Periode seines Schaffens diesen Formen fern geblieben ist, mehr, als manchem Werke gut war. Erst später sollte sein trotzdem bewiesener Schulfleiß Frucht tragen.

Seltsam klingt aus dieser Schulzeit seine Folgsamkeit und seine Freisinnigkeit nach; er fühlt hindurch was die alte Schule Wahrhaftes zum Grunde hat, und ist sich zugleich des höhern Gesetzes in seinem innern Schauen und Wollen bewußt, wenn er auch nicht den Beruf findet, beides zur vollen Klarheit zu bringen. Im Allgemeinen behauptet er: Religion und Generalbaß seien in sich abgeschlossene Dinge, über die man nicht weiter disputiren solle. Dann aber, wenn sein Schüler Ferdinand Ries ihm einmal gelegentlich eine Quintenfolge in einem der ersten Quatuors zeigt, fragt er: was das schade? Ries: es sei aber doch falsch! — „wer das sage?" — Alle Theoretiker, Fux, Albrechtsberger u. s. w.

— „Nun so sage Ich (fiel der Entscheid), daß es recht ist." Und
wenn ihm noch in spätern Jahren Afterkritiker sogenannte grammatische Verstöße zum Vorwurfe machten, rieb er sich wohl seelen-
vergnügt die Hände und rief hellauflachend: „Ja, ja! da staunen sie
und stecken die Köpfe zusammen, weil sie es noch in keinem Gene-
ralbaßbuche gefunden." Er beruhte auf „dem Gesetz, das mit ihm
geboren," einem Spätern, der geistig zu seinen Füßen gesessen, war
die Verpflichtung aufbewahrt, den Einklang dieses Rechts mit der
geläuterten und begriffenen Satzung zu zeigen.

Ist dies nun die Schule Beethovens? — Nein! muß geantwortet werden, ohne dem fördernden Bemühen des alten Lehrers im
Mindesten zu nahe zu treten. Was ihm zur klaren Entfaltung
seines Geistes in der Musik das Nächstnöthige war und was sich,
bereits in jenen Jugendwerken wohlangelegt, in der jetzigen Periode
gleich in meisterlicher Vollendung zeigen sollte: die Gestaltung, die
Kunstform, davon hat ihm Albrechtsberger, die wenigen polyphonen
Formen ausgenommen, die Beethoven erst viel später verwendet,
nichts gewiesen, — wenigstens nach den umständlichen Seyfriedschen
Mittheilungen und der Richtung des Lehrers zu urtheilen, der früher
zwar Quartette u. s. w. und auch eine Operette geschrieben, nach
eigner Aeußerung aber „der galanten Schreibart" (den neuern Gestaltungen) keineswegs zugeneigt war. Abermals wird man auf den
Einfluß Neefes und wahrscheinlich auch Haydns hingewiesen, der,
wenn auch nicht Begründer, doch erster hervorragender Meister in
jenen Formen war, die Beethoven seinem Geiste gemäß fand. Daß
ein energisch Schauen und Streben sich dieser Formen auch ohne
fremden Beistand bemächtigen kann, wird man nicht unmöglich
nennen dürfen; denn wer ermißt die Macht und den Drang eines
Genius? Allein man berge sich nicht den eigentlichen Gehalt dieser
Annahme. Diese Formen sind nicht mehr und nicht weniger, als
die geschichtliche Entwickelung des Musikinhalts selber; sie sind nicht
etwa willkührliche, dem Inhalt fremde oder gar feindlich entgegen-

gesetzte Satzungen oder Herkömmlichkeiten (wie kann man solche
Vorstellungen mit der hohen Bestimmung aller wahren Künstler
von Bach bis Beethoven, ihre Vorgänger und Nachfolger mitge=
rechnet, die allesammt in diesen Formen geschaffen haben, zusammen=
bringen?) sondern die logische Nothwendigkeit, der fortschreitende
dialektische Prozeß des Musik schaffenden Geistes; daher sind sie, ist
keine einzelne derselben weder von irgend einem Einzelnen geschaffen,
noch ist ihnen irgendwo die Gränze gesetzt, über die jene Dialektik
des Musikgeistes nicht hinauskönnte.   Und endlich genügt dem
Künstler für seinen Beruf nicht äußerliche Kenntnißnahme, nicht Er=
gründung des gedanklichen Inhalts der Formen; er muß sie seinem
Geist angeeignet haben, als wären sie ihm angeboren zu freiestem
Schalten.   In solcher Vollendung tritt aber Beethoven gleich mit
den ersten Werken vor uns; er ist namentlich der neuern und
freiern Sonaten= und Rondoformen gleich in derselben Weise mächtig,
in der sie aus den Händen Haydns und Mozarts hervorgegangen
waren; dem Standpunkte dieser Meister schließt sich seine Form,
das heißt sein geistig Weben und Gestalten, mit Nothwendigkeit an;
aber sogleich führt eben dies geistige Weben, das die Kunst in ihm
fortsetzt, wie zuvor in Mozart, Haydn und deren Vorgängern, neuen
Inhalt und damit Erweiterung und Aenderung der Formen herbei,
— und zwar schon von den ersten Werken an.   Dazu gehörte
meisterliche Herrschaft.   Sie ohne Beihülfe Anderer, oder den Auf=
wand jahrelanger Arbeit errungen zu haben, würde fast einem
Wunder gleichkommen, dergleichen weder Mozart, noch Göthe, noch
Raphael an sich erlebt haben.   Wenn gleichwohl Beethoven selbst,
so wenig wie Seyfried (der nur über die Albrechtsbergersche Lehre
ausführlich berichtet) der Einführung in die Formen gedenkt und in
seiner kurzangebundenen Weise nur ablehnt, von Haydn etwas ge=
lernt zu haben (der gerade hier der bewährteste Führer sein konnte),
wie er den frühern Einfluß Neefes in Abrede stellt: so darf man
(wenigstens mit nicht minderer Glaubwürdigkeit, als jene wunder=

bare schnellvollzogene Selbsterleuchtung verdient) den Grund nur darin suchen, daß gerade dieser auf das Ganze gehende und vorzugsweise künstlerische Lehrtheil seinem Geist unbemerkter, gleichsam als etwas Selbstverständliches einging, während die abstrakten, zunächst unkünstlerisch auftretenden Lehren der Harmonik und des Kontrapunkts sich als ein Fremderes merkbar machten.

Wie man sich auch hierüber entscheiden mag, die Formfrage ist von Anfang an in ihrer ganzen Wichtigkeit bei Beethoven zur Erörterung gekommen, und bei ihm mehr, als bei irgend einem andern Tonkünstler. Fast sein Lebenlang wurde Formlosigkeit ihm zum Vorwurfe gemacht; und seltsam rückte dieser Vorwurf mit seiner Entwickelung weiter, man hatte die Meisterschaft der Gestaltung an ganzen Reihen früherer Werke gepriesen und wandte nun den Vorwurf gegen die spätern. Daneben erstand dann in neuester Zeit die Vorstellung: Beethovens Verdienst beruhe gerade darin, „die Form zerbrochen" zu haben. Beiden Aussprüchen liegt derselbe Irrthum zum Grunde: die Form vom Inhalt zu trennen, sie als etwas ein für allemal Festgestelltes, dem Inhalt fremdes oder gar zwängend und feindlich Gegenüberstehendes anzusehn, während sie nichts Anderes als Gestaltung dieses Inhalts, und ohne sie nichts als nebelhaft unbestimmtes Schwanken und Schweben der Seele vorhanden ist, ohne faßbaren Inhalt und ohne andere Wirkung, als gleiche traumhafte und folgenlose Regungen und Wallungen. Beethoven hat bestimmten Inhalt zu offenbaren gehabt und darum bestimmte Formen; aber diese Formen sind ihm nicht äußerliche Spaliere und Schranken geworden, wie dem unerweckten handwerkerlichen Tonsetzer, oder wie die Formeln eines Philosophen für nachsprechende Schüler, sondern sein Geist hat sich in ihnen lebendig befunden, sich in ihnen erkannt, da sie nur der Vernunft der Sache, die in ihm selber gewaltet, entspringen und mit der eignen Entwickelung sie selber weiter entfaltet. Beides kann nicht begreifen, wer die Form als ein Aeußerliches auffaßt. Kein Musiker aber gab mehr Anregung zu dieser Erörterung, als Beethoven, in dem die reine Musik ihre weitest gehende Vollendung, mithin die weiteste Mannigfaltig= keit und Ausgestaltung ihrer Formen erlebte; seine Werke zeigen ihn in diesem Sinn als den Vollender der Form, — wenn auch nicht als den Beschließer. Es wird hierauf noch zurückzukommen sein.

Neben oder nach Albrechtsberger ertheilte Salieri, der be= kannte Opernkomponist (Beethoven dem Geiste nach noch ungleich ferner stehend, als seinem Meister Gluck) dem Jüngling Anweisung über Behandlung der Singstimmen und dramatische Musik. Daß die letztere aus dem Munde des nur auf der Oberfläche athmenden Italieners bei dem von Anfang an auf das Tiefe und Wahre hin= gewandten, durchaus deutschen Künstler nur geringes Gewicht haben konnten, begreift sich. Aber auch die Bemerkungen über Stimm= behandlung beachtete er zu wenig, wie er auch später auf die Be= merkungen der Sänger wenig gab.) Beide Lehrer klagten über die Eigenwilligkeit, mit der der Schüler sich manchen Theilen der Lei= tung entzöge, und sagten voraus, daß er das jetzt Zurückgewiesene mit eignem Schaden würde nachkaufen oder entbehren müssen. Un= ermüdlich war dagegen derselbe so starr verschlossene Jünger, sich über den Mechanismus der Instrumente Rath zu holen; die treff= lichen Musiker Kraft und Linke machten ihn mit dem Violoncell, Punto mit dem Horn, Frieblowsky mit der Klarinette bekannt, noch um das Jahr 1800 nahm er bei Krumpholz Violinstunden, wiewohl er schon damals die Fähigkeit, rein zu spielen, einbüßte.

Ungemein förderlich ward ihm neben dem eigentlichen Unter= richt die Gelegenheit, gute Musik zu hören und an ihrer Ausfüh= rung Theil zu nehmen. Hier ist vor Allem das van Swietensche Haus zu nennen.

Gottfried, Baron van Swieten, Musikliebhaber und selbst Komponist von acht Symphonien („so steif wie er selbst", sagt Haydn) und andern Sachen, hatte in Berlin Gelegenheit gefunden, Werke von Seb. Bach und Händel kennen zu lernen; die erstere

Richtung war durch Bachs Söhne Friedemann und Emanuel und durch seine Schüler Kirnberger und Agrikola vertreten und befestigt, von Händel waren der Messias, Judas Makkabäus und das Alexanderfest mehrmals zur Aufführung gekommen. Van Swieten hatte sich dieser Musik mit großer Entschiedenheit zugewendet und bei seiner Rückkehr nach Wien schon in Mozarts Zeit und unter dessen Mitbethätigung in seinem Hause Zusammenkünfte zur Ausführung von Gesang- und Instrumentalsätzen jener Meister und anderer, namentlich auch älterer Italiener, bis zu Palestrina hinauf, eingerichtet. Mozart war geschieden; jetzt wurde Beethoven bei van Swieten eingeführt und nahm an den musikalischen Zusammenkünften Theil. Hier lernte er die genannten Meister kennen und kam von dem unersättlichen Musikliebhaber nicht leicht los, bevor er nicht nach allem Vorausgegangenen noch ein halb Dutzend Fugen von Seb. Bach „zum Abendsegen" gespielt; jetzt kam ihm also Neefe's Schule zu statten. Wie eifervoll es bei dem alten Herrn zugegangen, bezeugt noch eines der an Beethoven erlassenen Billets, das Schindler aufbewahrt hat: „Wenn Sie künftigen Mittwoch nicht verhindert sind, so wünsche ich Sie um halb neun Uhr Abends mit der Schlafhaube im Sack bei mir zu sehen."

Solche Zumuthungen und Ausnutzungen, die hier wenigstens ihren Entgeld im zugeführten Bildungsstoff fanden, mögen dem jungen Künstler übergenug gekommen sein und ihn oft ermüdet haben. „Er kam dann (erzählt Ries, der 1800 Beethovens Schüler ward) düster und verstimmt zu mir zurück und beklagte sich: man zwinge ihn zum Spiel, wenn auch das Blut unter den Nägeln ihm brenne. Allmählig entspann sich ein Gespräch, worin ich ihn freundlich zu unterhalten und zu beruhigen suchte. War dieser Zweck erreicht, so ließ ich die Unterredung fallen. Ich setzte mich an den Schreibtisch, und Beethoven mußte, wenn er wieder mit mir sprechen wollte, sich auf den vor dem Klavier stehenden Stuhl setzen. Bald griff er nun, oft noch abgewandt mit unbestimmter Hand, ein Paar

Afkorde, aus denen sich dann nach und nach die schönsten Melodien entwickelten. Ueber sein Spiel durfte ich nichts, oder nur wenig, gleichsam im Vorübergehn, sagen. Beethoven ging nun gänzlich umgestimmt fort, und kam immer gern wieder zurück. Der Wider= wille blieb jedoch (die Anmuthungen zum Musiziren mögen oft genug sein innerlich Weben gestört haben) und ward oft für ihn Quell der größten Zerwürfnisse mit seinen Freunden."

Ein Zeugniß aus der Swietenschen Zeit und über die Ein= drücke, die er dort empfangen, ist Beethovens Ausspruch über Hän= del: „Händel ist der unerreichte Meister aller Meister. Gehet hin und lernt, mit wenig Mitteln so große Wirkungen hervorzubringen."

———————

In die Welt.

Ein Schattenriß, der den Wegeler-Riesschen Notizen beigegeben ist, zeigt Beethoven, wie er in seinem sechszehnten Jahre war, als er vor Mozart gestanden. Die Mode von 1786 hat ihm ein klein Zöpfchen hinten angebunden, das einzige, das ihm jemals angehangen. Das Profil ist offen, die Stirn gut aber noch gemäßigt in ihrer Entwickelung, die Augen scheinen vordringend, der Mund scheint, wie bei heißen Gemüthern öfters, leicht geöffnet, die Nase, das ganze Antlitz emporgerichtet.

Jetzt war aus dem Jüngling ein junger Mann geworden; fünfundzwanzig Jahre zählte er, als er in die Welt hinaustrat. Sein Körperbau war gedrungen, nicht groß (fünf Fuß vier Zoll,) starkknochig, voll Rüstigkeit, ein Bild der Kraft; von Krankheit scheint damals noch nicht die Rede zu sein. Sein Haupt hatte sich mit dunkelm Haargebüsch bedeckt, das ungeordnet, mehr mähnenartig als lockig umherlag, die Stirn war breiter und vordringender über den dunkeln Augen gelagert, die nun schon tiefer und verschlossener zurücktraten, die Nase war kräftig mehr in die Breite entwickelt, als vordringend, von deutschem, nicht römischem Profilschnitt, wie die meisten Künstlernasen. Der Mund war wohlgebildet.

So trat er seine öffentliche Laufbahn an, gut, offen, anhäng= lich, strebend, voll Selbstgefühl, ganz durchdrungen von dem, was

3

in ihm lebte. Er konnte heiter sein bis zum Muthwillen, ihm stand
Witz, Satyre, Sarkasmus zu Gebot; aber im tiefsten Grunde lebte
der Ernst seines hohen Berufs, dessen ganze Fülle er selbst noch
weit entfernt sein mußte zu überschauen, wie der Fortschritt in seinen
Werken unwidersprechlich zeigt.*) Das war es, was Haydn gefühlt,

---

*) Dieser Fortschritt tritt bei Beethoven (mehr, wie bei irgend einem andern
Tonkünstler) so bedeutend hervor, daß er Biographen und Beurtheiler verleitet
hat, drei Perioden, — und zwar karakteristisch unterschiedene, nicht blos Zeitab-
schnitte, wie sie Schindler zu besserer Uebersicht macht, von der Geburt bis 1800,
von da bis Oktober 1813, von da bis zum Tode 1827, — oder Manieren,
oder Style zu unterscheiden. Voran steht hierin Fétis (in seiner allgemeinen
Biographie der Musiker), der Beethoven aus dem bornirten französischen Gesichtspunkte betrachtet, wie wenn man Logarithmen als gemeine Zahlen handhaben
wollte. Er nimmt drei Manieren, oder vielmehr zwei entgegengesetzte Systeme
an, das eine, beruhend auf den allen Musikern gemeinsamen Grundsätzen der
Harmonie und Ansprüchen des Gehörs, das andre außerhalb der musikalischen
Grammatik stehende, ihm allein bekannte. Ihm schließt sich der geistreiche, aber
durchaus französirte Oulibicheff an. Er faßt, ohne Ahnung von deutscher Art
und Kunst, Beethoven in der ersten Periode einfach als Nachfolger von Haydn
und Mozart auf, der dann in der zweiten dem reinen Musikinhalt einen musik-
fremden allgemein geistigen beigesellt und in der dritten einen Abdruck seiner
selbst (l'abstraction de son moi) gegeben habe, eine Folge von trostlosen Gedanken, eine tiefe Versunkenheit in unfruchtbare Träumereien und trockne Leiden,
die die Musik nicht ausdrücken könne; auch er kommt dann zu der Bemerkung,
die zweite und dritte Periode seien im Grunde eine. Der idealitätlose französische Standpunkt konnte nicht anders urtheilen. Einen höhern nimmt unstreitig,
Beethoven gegenüber, Lenz ein, der in Verehrung und schriftstellerischer Thätigkeit für ihn unerschöpflich, für den wahren Inhalt des Tondichters verschlossen
ist, nur leider nicht nöthig befunden hat, sich tiefere Sachkunde eigen zu machen,
deßwegen mit seinen Anschauungen allzu oft im unbestimmten Allgemeinen
schwimmt und besonders dadurch sich selbst hemmt, daß auch er den falschen Begriff von Form nicht überwunden hat, ein Irrthum, der allerdings auch nicht
wenig Theoretiker und Praktiker gefangen hält, den aber die fortgeschrittene Wissenschaft und die Gesammtheit aller wahren Künstler vor und nach Beethoven
weit hinter sich gelassen. Auch Lenz sieht in der Form ein dem Inhalt Ent-
gegengesetztes, allenfalls ein Spalier, an dem der Theoretiker die kleinen jungen
Tonsetzlinge laufen lehrt. Er setzt drei Perioden fest, deren Gränzen er von
Op. 1 bis 20, 20 bis 100, 100 (alles „in runden Zahlen") bis zu Ende ab-
steckt. Der ersten Periode giebt er als Inhalt „das aller Kunst und Wissenschaft
inwohnende Element der traditionellen Doktrin; — der zweiten „die in der Geschichte menschlichen Geistes überall auftretenden Unabhängigkeitskämpfe gegen die

als er ihn Großmogul nannte, das fühlte auch Seyfried heraus,
der Beethovens Manieren stets kalt und wenig gewinnend nennt
und meint; seine lebhaftesten Bewegungen hätten sich in der Regel
durch nichts auf seinem Marmorantlitze verrathen; er habe Opern
von Cherubini und Mehül, die er sehr schätzte, bis zu Ende gehört,
aber unbeweglich wie ein Bild, habe die Musik ihm nicht gefallen,
so sei er schweigend nach dem ersten Akte davongegangen. Aus
nicht viel späterer Zeit spricht derselbe Zeuge, der unterdeß Beet=
hoven schon näher getreten war[*]), aus: .... „und wenn ich den
Meister der Töne als einen Stern erster Größe am musikalischen
Horizont lange schon verehrte, so mußte ich das engelreine Gemüth,
den seelenguten, kindlich offenherzigen, mit Theilnahme und Wohl=
wollen Alles umfassenden Menschen stündlich nur lieber noch ge=
winnen."

Dieser Gegensatz von Verschlossenheit nach außen hin im Verein
mit Offenheit des Gemüths für alle wahrhaften Empfindungen und
Neigungen ist von den Knabenjahren her ein hervorstechender Zug
in Beethovens Karakter, ein Zeichen seiner tief angelegten, mächtig
und ernstlich in sich arbeitenden Natur, die sich von den ersten
Werken an bewähren sollte. Wenn Ries in kindlicher Auffassung

---

Tradition, die Auflehnungen des sich allein genug fühlenden Menschen gegen die
Realität", — der dritten „das durch die bestandenen Kämpfe freigekämpfte In=
dividuum, das sich bisher suchte und nun gefunden hat, fesselfrei sich überlassen;
in dem köstlichsten der Besitze, in dem Besitze seiner selbst; von dem befremd=
lichen Erstaunen seiner Zeitgenossen, von der Bewunderung ... umgeben." —
Humoristisch genug straft sich Lenz's Versäumniß tiefern Eindringens dadurch,
daß seine Perioden gerade solche todte Abschränkungen sind, fremd und feindlich
in das ununterbrochen fortströmende Leben eingeschoben, wie er sich die Kunst=
formen vorstellt. Jede andere Periodik hätte gleiches Schicksal gehabt; das Leben
widerstrebt (wie Lenz aus der Formenlehre selbst hätte lernen können) jedem
Eingriffe von außen.

*) Dies war wenigstens seit 1802 der Fall; die dritte, fünfte und sechste
Symphonie, das Violin=Konzert, die Pianoforte=Konzerte aus G dur, Es dur und
C moll, Christus am Oelberg und Leonore sind zuerst mit Seyfrieds Orchester
(Theater an der Wien) aufgeführt worden.

(er war 1800 bis 1805, von seinem 15ten Jahre an als Beet=
hovens Schüler in seiner Nähe) anmerkt: dem Meister sei nichts
verhaßter gewesen, als „Sensiblerie," dieses Aufkitzeln und Auf=
päppeln und Schaustellen weicher, zarter Empfindsamkeit, womit ein
neuerer Komponist in unserer zerflossenen Gesellschaft so viel Glück
gemacht: so liegt darin derselbe Gegensatz vor; diese wunderlich und
doch treffend benannte „Sensiblerie" war ihm verhaßt, während und
weil die tiefste und zarteste Empfindung keinem Tondichter mehr zu
eigen war, als ihm.

Ging aber dieser verschlossenen Natur das feste Herz zu wär=
mern Pulsen auf, ward der Geist von einer dieser idealen An=
schauungen erhoben, die sein eigenthümliches Leben waren: so ver=
breitete sein Lächeln den Glanz seiner Grundgüte über das ganze
Gesicht, so richtete seine Gestalt sich hoch auf, das Auge trat erwei=
tert vor und rollte, den Stern fast immer nach oben gewandt,
leuchtend umher, oder starrte gefesselt auf einen Punkt, Alles an
ihm sprach die innere Erregung aus. „Diese Momente plötzlicher
Begeisterung (erzählt Schindler) überraschten ihn öfters in der hei=
tersten Gesellschaft, aber auch auf der Straße, und erregten ge=
wöhnlich die gespannteste Aufmerksamkeit aller Vorübergehenden.
Was in ihm vorging, prägte sich nur in seinem leuchtenden Auge
und Gesicht aus, niemals aber gestikulirte er, weder mit dem Kopfe
noch mit den Händen."

Und dieser nach geistiger Begabung und energischem Streben,
schon nach der bedeutsamen Erscheinung hervorragenden Persönlich=
keit stand die aufregende Kunst der Töne in ihren beiden Wirksam=
keiten, der schöpferischen und darstellenden Seite, zu Gebot, und
das der Musik erschlossene, für Musik eben erst durch Haydn
und Mozart höher gebildete Wien sollte in ihm eine neue Le=
bensepoche feiern! In der That, seiner Kraft war der gün=
stigste Schauplatz eröffnet, es vereinigte sich in ihm und um ihn
Alles, auf daß seine Bestimmung sich erfülle. Denn Beides muß,

wenn Hohes vollbracht werden soll, zusammentreffen: der rechte Mann und die gemäßen Verhältnisse; es ist titanischer Uebermuth, anzunehmen, des Menschen, des Einzelnen Kraft und Wille vermöge und vollbringe Alles selber und allein, da doch jedem Einzelnen so viel andere Strebungen und Kräfte gegenüberstehen. Auch das sollte sich zu tragischem Triumph an Beethoven offenbaren; an dem, was er ward und that, haben noch ganz andere Kräfte mitgearbeitet, als die seines Wollens und Strebens.

Beethoven als Spieler und Komponist und in der schon früh geübten Kraft der freien Fantasie, in welcher Schöpfung und Ausübung zusammenschmelzen zum vollendeten Kunstereigniß, war nothwendig den Wienern, war dem musikliebenden und musikgebildeten reichen Adel Wiens doppelt und dreifach willkommen. Ueberall fand er offene Häuser und Herzen, denn überall brachte er den Genuß und die Erhebung, die gerade dieser Welt die gemäßesten und willkommensten waren.

Unter allen stand das Haus des Fürsten Karl Lichnowski nach eigner Bedeutung und seinem Einfluß auf Beethoven voran. Der Fürst war Schüler und Freund Mozarts gewesen und wurde treuer Freund Beethovens; die Fürstin, treffliche Klavierspielerin, nahm sich des jungen Künstlers in gleichem Sinn' an, wie früher die wohlwollende und einsichtige Hofräthin Breuning. „Mit großmütterlicher Liebe," spricht Beethoven sich später aus, „hat man mich dort erziehen wollen, und die Fürstin Christiane hätte eine Glasglocke über mich machen lassen wollen, damit kein Unwürdiger mich berühre." Das edle Paar hatte begriffen, welche Bedeutung Beethoven in der von ihnen beiden geliebten und einsichtig geübten Kunst habe. Zehn bis zwölf Jahre lang blieb dieses Haus für Beethoven eine wohlthätige Stätte, er für das Haus die edelste Zier und Lebenserfrischung.

Man zog Beethoven zu den Musiken, die im fürstlichen Hause veranstaltet wurden, namentlich zu den jeden Freitag-Morgen statt-

findenden Quartett-Unterhaltungen, bei denen die trefflichen Musiker
Schuppanzigh, Sina, Weiß für beide Geigen und Bratsche,
Kraft und Link abwechselnd für Violoncell gegen Honorirung mit-
wirkten. Beethoven betheiligte sich vor Allem als Spieler, dann
als Komponist. Hier war es, wo er eine schwere Bach'sche Komposition, die ein ungarischer Graf ihm in der Handschrift vorlegte,
meisterlich vom Blatt spielte. Hier spielte er ein andermal ein ihm
unbekanntes Quartett von Förster ebenfalls aus der Handschrift
vom Blatt. Im zweiten Theil des ersten Satzes kommt das Violoncell heraus und schweigt; da erhebt sich Beethoven und singt,
indem er zugleich seine Partie fortführt, die fehlende Stimme hinein. Man kannte und bewunderte längst seine Virtuosität im Ueber-
winden der größten Schwierigkeiten; diese Ergänzung einer ausblei-
benden Stimme in einem unbekannten Werke regte Alle zu lauter
Verwunderung an. Beethoven lächelte und sagte einfach: „so mußte
die Baßstimme sein, sonst hätte der Autor keine Komposition verstanden." Bald wurde er die Seele dieses Quartett-Vereins. Mit
welcher Energie er als Spieler hier seine Aufgabe auffaßte, zeigte
sich auch später bei Gelegenheit öffentlicher Aufführungen. Seine
Konzerte in Cmoll, G- und Esdur trug er, wie Seyfried als
Augenzeuge berichtet, aus leeren Stimmblättern vor; auch Mozart
hat das öfter gethan; aber welch' ein Unterschied zwischen seinen
und Beethovens Konzerten, besonders denen aus G und Es! Von
seinem ersten Konzerte (Op. 15, Cdur, wahrscheinlich 1800 geschrieben, da Beethoven es am 5. Januar 1801 dem Musikhändler
Hofmeister zum Verlag anbietet) kam das Finale erst am Nachmittag des vorletzten Tags in die Feder; der Komponist schrieb unter
heftiger Kolik auf einzelnen Blättern, die eins nach dem andern ins
Vorzimmer gingen, wo vier Kopisten ihrer warteten. Bei der ersten
Probe stand aber das Klavier gegen die Bläser einen Halbton zu
tief; folglich — führte Beethoven seine Partie einen Halbton höher,
in Cisdur, aus. Auch von diesem Konzerte kam die Hauptpartie

(die Pianoforte=Stimme) erst nach der Aufführung zum Vorschein. „Es war mir kaum möglich (schreibt Beethoven am 22. April 1801 an seinen Verleger Hofmeister in Leipzig) daran zu denken, was ich Ihnen zu schicken hatte. Dabei ist es vielleicht das einzige Genie= mäßige, was an mir ist, daß meine Sachen sich nicht immer in der besten Ordnung befinden, und doch Niemand im Stande ist, da zu helfen, als ich selbst. So z. B. war zu dem Konzerte in der Par= titur die Klavierstimme, meiner Gewohnheit nach, nicht geschrieben, und ich schrieb sie erst jetzt, daher Sie dieselbe auch in meiner eigenen, nicht gar zu lesbaren Handschrift erhalten.“

Bedeutsamer war, was er in freier Fantasie leistete. Mit der freien Fantasie hat es ein eigen Bewenden. Wenn wirkliche Kom= positionen in stillen Weihestunden entstehn, in denen der Geist sich ganz und ungestört und ohne Rücksicht auf äußerliche Zufälligkeiten ihnen hingiebt: so fodert jene Leistung neben der schöpferischen Gabe, neben der geistigen Gewandtheit im künstlerischen Gestalten noch die Geschicklichkeit des Spiels und unter dem Spiel das Fest= halten des schöpferischen Gedankens, der ergriffenen Form, der be= seelenden, einheitvollen Stimmung. Und darüber hinaus muß die Zerstreuung gebannt bleiben, die sich leicht aus dem Beisein der Zuhörer erzeugt, man muß ihr Dasein ganz vergessen, oder aus demselben erhöhte Spannkraft gewinnen. Was Virtuosen und Di= lettanten gewöhnlich als freie Fantasie darbieten, weiß allerdings von dieser Fülle der Aufgabe nichts; es ist eine leichtgefügte Kette von herkömmlichen Redensarten und Lieblingsgängen des Fantaseurs. So faßte Beethoven die Sache nicht an. Er hatte das unabsicht= lich bekannt, als er 1797 auf einer Reise nach Leipzig und Berlin (an beiden Orten mit gerechter Würdigung aufgenommen) in letzterer Stadt mit Himmel zusammentraf, auf dessen Wunsch improvisirte und nun auch ihn höflich ersuchte, etwas zum Besten zu geben. Himmel setzte sich wohlgemuth zurecht und ließ los, was er nur an melodieusen Redensarten, flinken Läufern und glatten Arpeggien zu=

sammenraffen konnte, bis endlich Beethoven, der in gutem Glauben das Alles für bloßes Präludiren hielt (war doch selbst in Himmels ausgearbeiteten Werken keine feste Durchführung und tiefgreifende Richtung!) endlich ungeduldig ausrief: „Nun so fangen Sie doch einmal an!“ Himmel war aber schon fertig. Er wurde dem Beethoven feind; Beethoven aber urtheilte harmlos von ihm: er besitze ein ganz artiges Talent und sein Spiel sei elegant und angenehm, wenngleich er dem Prinzen Louis Ferdinand hierin nachstehe. Diesem aber sagte er würdigend und würdig; er spiele gar nicht prinzlich oder königlich, sondern wie ein tüchtiger Klavierspieler; ihm galt die Sache, nicht die Schale, wäre sie auch vergoldet.

In Wien traf Beethovens Improvisation auf gewichtigere Nebenbuhlerschaft. Zuerst ist der Pianist Wölfl zu nennen, dem er um dieselbe Zeit zu einem Wettkampf bei Freiherrn v. Wetzlar gegenübergestellt wurde. Jeder trug seine neuesten Kompositionen vor, dann improvisirten sie einer um den andern, auch vierhändig an zwei Flügeln über gegebene Themate. Technisch standen beide, wie Seyfried berichtet (der wahrscheinlich bei dem Wettkampfe zugegen, jedenfalls mit den Leistungen beider bekannt war), einander gleich, obgleich Wölfl (für dessen Fertigkeit uns Nachgebornen seine Sonate „Non plus ultra“ Maaßstab sein kann) den Vortheil der größern Hand hatte, die ihm Dezimengriffe so leicht machte wie Andern Oktaven. Im Fantasiren verleugnete Beethoven schon damals nicht seinen mehr zum unheimlich Düstern hinneigenden Karakter; schwelgte er einmal im unermeßlichen Tonreiche, dann war er auch enthoben dem Irdischen, der Geist trieb zu Kraftäußerungen, daß das Instrument kaum genügt, versank dann in andachtvolle Stille. Wölfl dagegen blieb sich immer gleich, nie flach (—) aber stets klar und eben deßwegen der Mehrzahl zugänglicher; stets wußt' er mit wohlgeordneten Melodien und Passagen zu unterhalten. Wer Hummel gehört hat, wird verstehn, was damit gesagt ist.

Schärfer war das Zusammentreffen mit Steibelt, dem glatten

Techniker aus Berlin. Steibelt hatte sich in Paris bereits einen großen Namen gemacht, an den er selber glaubte, wie die Berliner an Alles, was von Paris kommt, zu glauben pflegen. Er traf um 1799 oder 1800 in Wien ein, ohne der Mühe werth zu achten, Beethoven seinen Besuch zu machen. Sie trafen bei Graf Fries zusammen. Beethoven trug sein neues Trio Op. 11 (das 1799 herausgegeben ist) zum erstenmal vor. Steibelt hört es mit einer Art von Herablassung an, macht Beethoven einige Komplimente und hält sich seines Siegs gewiß. Er spielt ein Quintett von eigener Komposition, fantasirt und macht besonders mit seinem damals neuen, später überall gebrauchten Tremolo Effekt; Beethoven ist nicht mehr zum Spielen zu bringen. Acht Tage darauf ist wieder „Assemblée" bei Grafen Fries und sind beide Nebenbuhler (das waren sie denn nach dem Maaßstabe der „Gesellschaft"!) wieder geladen. Steibelt tritt abermals mit einem Quintett auf und erntet großen Beifall; dann ergeht er sich in einer brillanten Im- provisation, — der man nur leider anfühlen konnte, daß sie einstu- dirt war, — in der er dreist und unhöflich genug das Thema zum Grunde legt, das Beethoven im Finale seines Trio variirt hatte. „Dies empörte Beethovens Verehrer und ihn selbst; er mußte nun an's Klavier, um zu fantasiren, ging auf seine gewöhnliche, ich möchte sagen ungezogene Art an's Instrument, wie halb hingestoßen, nahm im Vorbeigehn die Violoncellstimme des Steibeltschen Quin- tetts mit, legte sie verkehrt auf's Pult und trommelte mit einem Finger von den ersten Takten ein Thema heraus. Nun einmal ge- reizt, fantasirt er so, daß Steibelt den Saal verläßt, ehe Beet- hoven aufhört, und nie wieder mit ihm zusammentreffen mag."

So erzählt Ries. Schindler macht darauf aufmerksam, daß Ries sehr jung zu Beethoven gekommen sei, daher mit unreifen Augen gesehn und augenblickliche Aeußerungen zu ernst genommen habe; namentlich will er die „Unart" oder Ungezogenheit nicht gel- ten lassen, die Beethoven vorgerückt wird. Allein bei aller Achtung,

die Schindlers Mittheilungen und Ansichten und seine Verdienste
um Beethoven verdienen, kann man doch nicht übersehn', daß Ries
bei seiner Ankunft sechszehn Jahre zählte und sich stets bedacht und
gutartig, namentlich seinem Meister treu ergeben gezeigt hat; einen
solchen Vorgang zu beobachten, oder den Bericht davon aufzufassen,
war er gewiß fähig. Nur sein, wenn auch argloses Urtheil muß
man bestreiten, daß Beethovens Benehmen ungezogen gewesen sei.
Ein abgeschliffener Karakter, ein Mann der „Gesellschaft," gewohnt,
sich zu beherrschen, unfähig leidenschaftlicher Aufwallungen, oder dar=
auf eingerichtet, sie zu verbergen, hätte sich allerdings glatter und
inoffensiver genommen, als Beethoven mit seinem hohen Selbstgefühl,
mit seinem ihm ganz wohlanständigen Freimuth und mit dieser Ge=
neigtheit zu schnellen und heftigen Aufwallungen, die so tief erregten
Gemüthern eigen sein müssen. Ihr wollt, kann man den Tadlern
zurufen, das Feuer ohne den Rauch! beruhigt euch! Diese Auf=
wallungen sind das Recht mächtiger Karaktere, denn sie sind noth=
wendige Folgen des Naturells, — und sie strafen sich selber innerlich.
Schindler selbst bemerkt von seinem verewigten Freunde, „daß seine
äußere Haltung zuweilen (nur zuweilen?) des feinen Schliffs er=
mangelte," und findet den nächsten Grund sehr richtig „zunächst in
seiner gewaltigen Natur, die alle Schranken durchbrach und, alle
Salon=Konvenienzen bei Seite schiebend, fessellos einhergehn wollte.

Merkwürdiger als die vermeintliche Ungezogenheit, die dem oft
so schroffen Wesen Beethovens nichts weniger als widerspricht, ist
der Uebergang aus äußerlicher Gereiztheit zu schöpferischen Ton=
ergüssen. Dergleichen erklärt sich nur, wenn man festhält, daß der
Grundgehalt seines Lebens Musik, Schaffen in Tönen war, alles
andere gleichsam nur episodisch in sein Leben hinein trat, um augen=
blicklich vor jenem zu verschwinden. So begab es sich nach einer
Ries ertheilten Lehrstunde, daß er über Fugenthemate sprach, wäh=
rend Ries vor dem Instrumente saß und das erste Fugenthema
aus Grauns Tod Jesu spielte. Noch im Reden faßt Beethoven,

neben Ries sitzend, mit der Linken hinüber, spielt das Thema nach, bringt die Rechte dazu und arbeitet es nun ohne Unterbrechung wohl eine halbe Stunde lang durch, in der unbequemsten Stellung, die er in solcher Vertiefung gar nicht empfindet. „Dies Fanta= siren," sagt Ries, „war freilich das Außerordentlichste, was man hören konnte, besonders wenn er gut gelaunt oder gereizt war. Alle Künstler, die ich je fantasiren hörte, erreichten bei weitem nicht die Höhe, auf welcher Beethoven in diesem Zweige der Ausübung stand. Der Reichthum der Ideen, die sich ihm aufdrangen, die Launen, denen er sich hingab, die Verschiedenheit der Behandlung, die Schwierigkeiten, die sich darboten oder von ihm herbeigeführt wurden, waren unerschöpflich."

Allerdings muß die Fantasie eines Solchen, wie Beethoven war, auf die Hörer eine Macht ausgeübt haben, der selbst die Aus= führung der durchdachtesten Komposition nicht gleichkommen konnte. Die vollkommene Einheit der innerlichen Erweckung mit der Dar= stellung am Instrumente, diese Ursprünglichkeit, die Kühnheit des Unternehmens, deren Erregung sich vom Fantasirenden auf die Hörer übertragen muß, die Spannung auf das durchaus Unberechen= bare, selbst die Flüchtigkeit und Unwiederbringlichkeit einer solchen Geistererscheinung: das Alles muß zu einer Wirkung zusammenge= schmolzen sein, der in ihrer Art nichts gleich kommen konnte. Was eigentlich in einer solchen Stunde vorgegangen, kann das Wort des Erzählers, sei er auch so liebevoll, ergriffen und sachkundig, wie unsre Zeugen, nicht aussprechen; nur die niedergeschriebenen Werke lassen einen Schluß auf den Inhalt jener Ergüsse machen. Ries und Seyfried können Wölfl, Dussek, Louis=Ferdinand, Hummel, Weber, Kalkbrenner, Moscheles gehört haben; Beethoven mit Eben= bürtigen, z. B. Mozart, zu vergleichen, dazu geben nur die beider= seitigen Werke, und zwar hauptsächlich ihre Klavierwerke, den Maaß= stab an die Hand.

Das Alles ist in die Lüfte verweht. Die Werke sind geblieben, in ihnen lebt Beethoven fort. Auch für sie war das Lichnowskische Haus bedeutsam. Hier wurden sie zuerst der Oeffentlichkeit entgegengeführt; und wenn das dem fürstlichen Hause Genuß und Auszeichnung gewährte, so gereicht es auf der andern Seite dem beginnenden Künstler zur erwünschtesten, fast unersetzlichen Förderung, seinen Eintritt in die Welt an befreundeter Stätte, vor gebildeten Theilnehmern bewirken zu können; der Fürst aber war Beides, Freund und Kenner; seine Zustimmung bestärkte namentlich Beethoven bei manchem damals gemachten Anspruch an die Technik des Pianisten. Hier auch war es, wo Haydn die ersten drei Trios hörte und das dritte so argwohnerregend (S. 23) mißverstand; hier, wo Beethoven ihm die drei Sonaten vorspielte, die Haydn — aber nicht dem Lehrer Haydn gewidmet werden sollten; hier nahm Graf Apponi Gelegenheit, bei Beethoven ein Quatuor zu bestellen, statt dessen das Trio Op. 3 und das aus einem Oktett (nach Schindlers Urtheil meisterlich) eingerichtete Quintett Op. 4 erstehen sollte. Hier also trat Beethoven die Laufbahn an, auf der er in bleibenden Schöpfungen seinen Inhalt hervorarbeiten sollte, um von dieser befreundeten Stätte, von diesem Wien aus zuerst das deutsche Vaterland, dann die ganze seiner Kunst zugewendete Welt zu erfüllen und zu erheben und eine Seite der Kunst zu vollenden in dem Sinne, daß wohl die Ausbreitung seiner Idee und die Freude an vielen Schöpfungen verwandten Inhalts, nicht aber der Fortschritt zu einer neuen und höhern Idee vorauszusehen ist.

Das aber, wie der Mensch sich herausarbeite, — wie der Künstler in fortschreitenden Offenbarungen, die ihm und durch ihn der Welt werden, — wie die Kunst selber sich vollende Schritt für Schritt in vernunftnothwendiger Folge aller der Werke, die die Berufenen als eine einige Schaar von Arbeitern, vollführen, jeder an der ihm gewiesenen Stelle: das ist der antheilwürdigste Anblick, den der Lebenslauf des Künstlers oder der Kunst selber gewähren kann. Nur im Zusammenhange des Ganzen ist der Einzelne vollkommen zu begreifen und zu würdigen, da jeder Einzelne nur ein Glied des Ganzen ist, in untrennbarem Zusammenhange mit den Vorausgehenden als seinen Voraussetzungen und mit den Nachfolgern, die ihn fortsetzen. „Das einzelne Werk (sagt Savigny in der Vorrede zu seinem System des heutigen röm. Rechts) ist so vergänglich, wie der einzelne Mensch in seiner sichtbaren Erscheinung; aber unvergänglich ist der durch die Lebensalter der Einzelnen fortschreitende Gedanke, der uns Alle, die wir mit Ernst und Liebe arbeiten, zu einer großen, bleibenden Gemeinschaft verbindet, und worin jeder, auch der geringste Beitrag des Einzelnen sein dauerndes Leben findet."

Welche Stelle war in dieser großen bleibenden Gemeinschaft Beethoven zugewiesen? wer zunächst hat ihm die Bahn dahin geöffnet? —

Die Vorgänger.

———

Zwei Künstlerpaare sind es besonders, die Beethoven vorgeleuchtet und seine Bahn ihm gewiesen haben: von fern her Händel und Bach, in unmittelbarer Nähe der Zeitgenossenschaft Haydn und Mozart. „Mozart, Händel und Bach (erzählt Seyfried) waren seine Lieblinge; wenn Etwas auf seinem Pulte lag, waren es sicher Kompositionen von einem dieser Meister." „Daß Sie (schreibt Beethoven am 15. Januar 1801 an Hofmeister in Leipzig) Sebastian Bachs Werke herausgeben wollen, ist etwas, das meinem Herzen, das ganz für die hohe große Kunst dieses Urvaters der Harmonie schlägt, recht wohl thut." Sein Urtheil über Händel (wenngleich es vom Bericht-Erstatter ein wenig umgefärbt oder zugestutzt sein mag) ist S. 32 mitgetheilt. Von beiden Künstlerpaaren standen Händel und Bach, die eigentlichen Begründer der freien deutschen Tonkunst, Beethoven nicht nur der Zeit nach, sondern auch durch Ziel und Form ihres Wirkens begreiflicherweise ferner, als das andere Paar.

(Händel, den Beethoven in van Swietens Hause kennen gelernt, hatte bekanntlich unter Zachau's tüchtiger Leitung die Schule eines norddeutschen protestantischen Kirchenkomponisten musterhaft durchgearbeitet, darauf in Deutschland, Italien und England den glänzendsten Schauplatz für Komposition betreten und sich in der

Oper, in den damals faſt ausnahmslos herrſchenden italiſchen Formen und Zielen, den weiteſten Wirkenskreis und höchſten Ruhm erworben. Allein, obgleich der Fortſchritt auf dieſem Gebiete nicht ihm, ſondern dem jüngern Zeitgenoſſen, Gluck, beſchieden war: es lebte in dem von Italien bewunderten Deutſchen ein Etwas, das ihn mit der Oper und der ganzen Kunſt Italiens nicht in Frieden laſſen konnte. Das war ſein proteſtantiſcher — ſagen wir, ächt⸗ lutheriſcher Sinn, voll Wahrhaftigkeit und Aufrichtigkeit, voll uner⸗ ſchreckbaren, ja unbändigen Triebes nach Unabhängigkeit, voll Freu⸗ digkeit und Rüſtigkeit, das für wahr Erkannte und Empfundene thatſächlich hinzuſtellen. Das verrieth ſich in den Opern ſelber gerade in den bedeutendſten Sätzen, die mitten im welſchen Spiel unvorhergeſehn Ernſt machen; dies war der eigentliche Grund jener Zerwürfniſſe mit den Opern⸗Sängerinnen und Kaſtraten und ihrem Anhang unter dem Adel Englands, die ihn auf der Bühne ſtürzten und auf die heimathliche Jugendbahn zurückführten, auf Kirchen⸗ muſik, zu jenen Oratorien und Kantaten, die ihn unſterblich gemacht haben.

Erſt außerhalb der Schranken, die ihn in der italiſchen Oper beengt und verſtrickt hatten, konnte ſich die volle Kraft des gewal⸗ tigen Deutſchen entfalten. Man darf ſich dabei nicht in jenen eben⸗ falls beſchränkten Geſichtskreis einſperren, der in Händel nichts als den Kirchenkomponiſten erblicken läßt, unter dem unbeſtimmten Na⸗ men Oratorium nichts als kirchliche Werke verſtanden wiſſen will. Händel war nicht ein Mann der Kirche, ſondern der Mann des Volkes. Mit dem Volke, namentlich ſeiner Zeit in Deutſchland und England, hatte er auch Glaubensſinn und Glaubensfreudigkeit, hierin ganz lutheriſcher Deutſcher, gemeinſam; aber eben ſo hoch ſchlug ihm, wie irgend einem hochherzigen Britten bei dem Gedanken an ſein Vaterland und ſein Recht, das Herz für Freiheit, für Sieg und Trauer des Volks, für alles Große, das im Volksleben, für alles Edle und Tiefſinnige, das in der Bruſt des Menſchen hervor⸗

tritt. Man muß, will man ihn kennzeichnen, nicht blos die Gebete, die Glaubens= und Preischöre der Kirchenmusiken, des Messias, nicht blos jenen Wechselgesang Maria's und Christi auf dem Gang zur Kreuzigung*) vernehmen, der alle Abgründe des Leids und die unerschöpflichen Brunnen der Erbarmung und heiligen Liebe auf= deckt, die mit dem Ermatten zum Tode ringt — und was sonst noch hier zu erwähnen bleibt. Man muß daneben jenes titanische Bild des verschmachtenden Volkes stellen, das „nicht trinken konnte des Wassers, denn der Strom war Blut," man muß den verzweiflungs= starken Ruf der Makkabäer um „Freiheit oder Tod," den süßen Liebestraum, den Angstruf Semele's vernommen haben und den bacchischen Chor und den Weckeruf zur Rache, der den König Alexan= der vom lustumkränzten Lager emporreißt. Wer zählt die Bilder, alttestamentarischer Großheit und Glut und vaterländischer Innig= keit und Treue voll, zusammen, die der Deutsche geschaffen im An= schaun und unter dem frischen Luftzug brittischer Freiheit und Selbstgewißheit? Wie viel oder wie wenig auch von den Händelschen Schätzen zu Beethoven gelangt sein mag, es mußte genügen, ihn an dem großen Vorbilde sich selber fühlen und erkennen zu lehren.

Was im Jüngern durch das Vorbild des Aeltern erstarken konnte, war jene selbstgewisse Schlagkräftigkeit, die gerad aufs Ziel bringt, die bei Händel Grundzug seines Künstlerthums ist und bei Beethoven nirgends stärker, als in der Cmoll-Symphonie und im Gesangtheil der neunten Symphonie ihr Gepräge zurückgelassen hat. Aber mehr nicht. Die Wege, die Zeiten, fast der gesammte Inhalt beider Geister lagen zu weit auseinander, sogar ihr Wirkenskreis, der bis zu Beethovens Lebensmitte für Händel sich nicht über Nord= deutschland hinaus (die frühere Thätigkeit in Italien und England bei Seite gelassen) erstreckt hat.

Händel fand seinen Beruf in Oper, Oratorium und Kirchen=

---

*) In der Passion, von Brocke gedichtet.

musik; seine Instrumentalmusik kommt daneben nicht in Betracht.
Er ist fast ausschließlich Gesangkomponist, das Wort sein beständiger
Kamerad, dieses Wort in voller Mächtigkeit und der ganzen Bedeu=
tung im Ton zu beseelen, die der Karakter des Redenden und die
Verhältnisse hineinlegen, das war seine Kraft und Lust. Daher
und nach seinem ganzen Wesen ist er durchaus positiv, giebt er
ganz klar und vollständig aus, was er klar und bestimmt gefaßt hat.
Dann ist er fertig; es ist nichts in ihm und kein Räthsel in der
Brust des Hörers zurückgeblieben, er hat Alles hingestellt, wie der
Bildhauer sein Marmorbild. Hierin findet er auch die einzige, ganz
unvergleichliche Kraft, jedes Bild mit wenig Zügen, — wie es ihm
nun gerade vor dem Geiste stand, unbekümmert um Alles, was noch
dahinter und daneben sein könnte, — fertig hinzustellen, hierin an
die kecke Faust eines Rubens oder Michelangelo erinnernd. Wer ihn
da schalten sehen will, im Vollbehagen des Meisters in seiner Werk=
stätte, der muß in seinen Allegro e Pensiesoso hinein, wo die
mannigfaltigsten Stimmungen, Karaktere, Lebensbilder auf den
schnellen Wink des Tonmeisters in vollsaftigster Natürlichkeit und
wärmster Beseelung vor uns treten und einander ablösen, daß man
athemlos dem Entschwundenen nachlauscht und schon, wie im phan=
tastisch=gaukelnden Traumgesicht, von der nächsten Erscheinung in die
fernsten Zonen entführt wird.

Von alle dem das Entgegengesetzte findet sich in Beethoven.
Er ist, so tief er auch dereinst das Wort sollte schätzen lernen, so
Herrliches ihm im Gesange verliehen worden, vorzugsweise Instru=
mental=Komponist. In der Instrumentenwelt war sein Reich ihm
gewiesen, sie zur Höhe des Daseins zu führen, indem er sie dem
bewußtern Geist erschlösse, war seine Sendung. Dem Bewußtsein
ringt sich aber das instrumentale Leben entgegen wortlos, — wort=
los, das heißt ohne das Organ, das der Geist aus sich selber für
sein helleres Bewußtsein geschaffen. In diesem Leben waltet also
nothwendig ein ewig Räthsel und ewig Sehnen; es wird niemals

fertig, es verstummt, und nach dem reichsten Ergusse blickt man noch hinaus in räthselhafte Fernen, wie am schimmernden Nachthimmel unentwirrbare Sternbilder in Lichtmeere zusammenfließen. So das Wesen der Instrumentalwelt, so das Wesen Beethovens; anders konnte der Vollender und Herrscher jener Welt nicht sein, als von ihrem Wesen voll. Neben all seiner Energie, die sich so bestimmungssicher, so klar und heiter emporringt, bleibt noch jene tiefe Räthselnacht im Hintergrunde, von hellern und entschwindendern Sternen durchschimmert, die mehr zu fragen scheinen, als zu antworten. Daher kann er oft kein Ende finden, — wo ist in der Tiefe der Natur und der Menschenseele der unterste Grund des Daseins? Daher ruft er kurz vor seinem Scheiden: „Ist es mir doch, als hätt' ich kaum einige Noten geschrieben!" Nur für einzelne, entscheidungsschwere Augenblicke ward ihm in seiner hohen Messe. — also im Geleit des Worts, die schlagfertige Entschiedenheit Händels verliehen, so wie Bach in einigen Chören seiner matthäischen Passion.

Sebastian Bach war ihm ohnehin verwandter, in mysteriöser Wahlverwandtschaft der Seelen, muß man bei der Entferntheit der Zeiten und Standpunkte sagen.

Während Händel seine glanzvolle Laufbahn von Halle begann, von Hamburg nach Italien, von da nach England nahm, sich dort die Freundschaft der Großen, die Hochschätzung der Höchstgestellten, ein zweites Vaterland gewann, ohne jemals seinem ersten weniger anzugehören, weilte sein nur um ein Jahr jüngerer Zeitgenosse Sebastian im engern Vaterlande Thüringen, das lange schon seine Musikämter von Gliedern der Familie reich besetzt sah. Ein Paar flüchtige Reisen, nach Dresden, nach Berlin . . . . ausgenommen verließ er das musikfrohe Gebiet nur, um ganz in der Nähe, in Leipzig, seine bleibende Stätte zu nehmen, nachdem er mancherlei Kirchenmusikämter, in Weimar und Köthen Konzertmeister= und Kapellmeister= und Musik=Direktorats=Stellen zu verwalten gehabt.

Anspruchslos, wie seine amtliche, war seine Stellung im Leben. Zwar Bewunderung seiner Leistungen (besonders als Orgel= und Klavierspieler), hohe Verehrung von Seiten der Einsichtigen, billige „Consideration der Großen" ward ihm zu Theil; aber wie unschein= bar wäre sein Auftreten in Dresden etwa neben dem vergoldeten Oberkapellmeister Hasse gewesen, wie unvortheilhaft vielleicht hätte sich seine gedrungene Bürgergestalt neben der großen, vollentwickelten, weltfreien Händels ausgenommen, — der Gründe gehabt zu haben scheint, einem Zusammentreffen mit dem fast unheimlich mächtigen Kantor auszuweichen.

Niemals hat ein Volk zwei solche Tonmeister nebeneinander besessen, wie unser Volk den Bach und den Händel; und niemals einen wie den Bach. Es soll damit aber nicht äußerlich seine Größe gegen andre Größen gemessen werden, sondern er als Ein= ziger in seiner Art und Stellung bezeichnet sein, wie es später Beet= hoven in der seinigen war.

Bach. bedurfte nicht des Glanzes und der Fülle des Weltlebens, das für seinen großen Kunstgenossen unentbehrliches Element war. Er führte sein innerlich Leben einzig in der Tonwelt, in der er, was aus dem kirchlichen Volksgesang und aus den Kunststrebungen vom Mittelalter herüber angelegt und herangebewegt worden, zu voll= enden und mit seinem Geiste zu erfüllen hatte. Was so herange= wachsen und durch ihn gezeitigt war, das Alles legte er dann auf den Stufen des Altars nieder, dessen treuer und erleuchteter Diener er vor allem Andern war. Das Licht aber, das ihn erleuchtete, das war kein andres, als das Licht des Evangeliums, dessen Wort er als ein heiliges und unerschöpfliches aufnahm und von den kirch= lichen Liedern erweckter Dichter seiner und früherer Zeit umranken ließ, wie vom Rebstock die Ulme. Was er so gelesen und in sich hineingenommen, das sollte nicht sowohl in Tönen ausgesprochen, gleichsam verkörpert werden; es wurde ausgelegt, die Tonweise hob den tiefern Sinn des Worts, die unausgesprochene Fülle desselben

4*

hervor, in ihr kam das Wort zum vollen Leben, wie es im Munde
des Redenden durch Stimme, Geberde, Blick und innere Bewegt=
heit erst vollständiger Ausdruck des Gefühls wird. Wie Luther in
seinem Katechismus unter der wiederkehrenden Frage: „Was ist
das?" die Glaubensgebote nach ihrer äußerlichen Fülle, so legt Bach
das Wort aus nach seiner innerlichen Tiefe. Wer das noch nicht
an ihm erkannt hat, muß es in der einfachsten und zugleich wort=
mächtigsten Gestalt beobachten, in den Rezitativen der matthäischen
Passion und andern. Nicht=Verstehende, gewohnt, im Rezitativ nur
„Deklamation" zu finden, bemessenes Hersagen des Textes, um nur
schnell darüber hinweg auf die Hauptsache (die Arie, oder was es
sonst geben soll) zu kommen, haben daher das Bach'sche Rezitativ
nicht für das rechte und natürliche, sondern für übertrieben und
unnatürlich erachtet. Aus ihrem Standpunkte mit Recht; denn Er
redete gewaltig und nicht wie die Schriftgelehrten, die sich darob
entsetzen. Was sich aber in der einzelnen Stimme des Rezitativs
regte, das durchdrang im Chor jede der vier oder acht vereinten
Stimmen; alle waren vom Leben erfüllt und weissagten, was das
Wort in sie gelegt hatte.

Dies war Ziel und Kern des Bach'schen Lebens, die Macht
dazu konnte einzig tiefste Versenkung in die Schrift und vollkommene
Herrschaft über die Kunst, das durchdringendste untrügliche Gefühl
von ihrem Wesen und Weben bis in ihre einfachste Gliederung
hinein (denn jeder Tonschritt mußte treffende Wahrheit sein) ver=
leihen. In dieser Erkenntniß und jener Beherrschung, im Verein
mit rücksichtslosester Treue, hat Bach nicht seines Gleichen gehabt.

Neben jenem höchsten Schauplatz seines Wirkens bot ihm die
Orgel den zweiten, ebenfalls seinem Kirchenamt angehörigen. Den
Gottesdienst in würdigster Fülle und Feier einzuleiten, bis Alle zur
Gemeine sich zusammengefunden und alle Gemüther, vom Staub
des Lebens draußen gereinigt, sich in sich gesammelt hatten, die
Wölbungen des weiten Doms (was wußt' er auf seiner Orgelbank

von den bescheidenen Leipziger Maaßen?) mit Klangwellen, wie mit einem heiligern Weihrauch durchgießen und erschüttern durch uner= schöpflich immer neu sich gebärende Machtfülle, bis die Gemüther und die Luft selber vom Sakrament der Andacht ganz ausgefüllt waren: das hat bis auf diese Stunde niemand wieder und niemand vor ihm vermocht, wie er; der gleichen Kraft würde gleiche Zeit und gleiche Lebensgrundlage fehlen. Das ist gewesen.

Was sich sonst hier anschließt in entferntern Lagerungen an Orchester= und Klaviermusik bis zu Tänzen und scherzhaften Kan= taten, Instrumentalsolo's und sogar einer Operette, darf hier kaum erwähnt werden; Alles nimmt seinen gebührenden Theil an der Bestimmung und Weise, die vom Kern aus im Meister sich entfaltet hatten.

Von dieser unabsehlichen Fülle kann dem Beethoven nur der kleinste Theil nahegebracht worden sein, wahrscheinlich nicht viel mehr, als das wohltemperirte Klavier, die verbreitetste Sammlung Bach'scher Kompositionen, die der elfjährige Knabe studiren und der zweiundzwanzigjährige Jüngling dem unersättlichen van Swieten bis in die Nacht hinein vorspielen mußte. Es ist nicht abzusehn, we= nigstens kein Anzeichen dafür bekannt, daß Bach'scher Kirchengesang zu ihm gedrungen wäre; nicht die leiseste Spur in Beethovens eignen Werken deutet dahin; vielmehr spricht Alles dafür, daß dem Jüngern, wär' er zu jenen Werken gelangt, die volle Sympathie dafür, wie die evangelisch-kirchliche Grundlage, gemangelt haben würde. Die unbedingte Gebundenheit Bachs an das Wort, das ihm die Fülle der glückseligen Botschaft (des Evangeliums) einschloß, und das Hinausverlangen Beethovens vom Wort hinweg zu dem Unaussprechlichen: beide Richtungen konnten nicht leicht miteinander- gehen; sie waren Zweige desselben Baums, aber nach entgegenge= setzten Richtungen gewachsen, wie die Mystik der Offenbarung und die der Natur. Aber die Wurzel beider ist dieselbe.

Wie weit oder wie beschränkt auch das Gleichniß gelten darf,

es weiſet auf die innere Verwandtſchaft der beiden Künſtler und
auf den Einfluß des Vorangegangenen. Dieſer Einfluß zeigte ſich
in der erſten Lebenshälfte Beethovens gar nicht; erſt als jenes Ver=
hängniß ohne Gleichen für einen Muſiker ihn immer unbedingter
aus der heitern Welt in ſein einſames Innere wies und einſchloß,
erſt da trat er hervor, da wurde die Verwandtſchaft klar, wie wohl
bisweilen Eltern erſt in den ſchärfergeſpannten Zügen des entſchla=
fenen Kindes ihr eigen Antlitz wiedererkennen. Bei Beethoven aber
bedeutet der Anblick tieferes Erwecktſein; es war die Zeit, wo er
ſich ſelber tiefer erkannt.

Soll äußerlich bezeichnet werden, was hier vorgegangen, ſo iſt
es zweierlei. Das Erſte iſt die beiden Meiſtern, und keinem dritten
gemeinſame Energie der Modulationsentfaltung. Ihnen ſtellen ſich
Akkorde und Tonarten nicht nach Einfällen oder augenblicklichen An=
trieben, oder Laune nebeneinander, ſondern ſie entwickeln ſich orga=
niſch aus einander nach einem Geſetze*), das in der tiefſten Natur
des Tonlebens oder in der Idee des beſondern Werkes begründet
iſt. Dieſe organiſche Entwickelung vollführt ſich aber mit der Macht
einer Natur= oder Vernunftnothwendigkeit in ſo gränzunbewußter
Fülle, wie keine Laune, keine äußerliche Praktik abreichen kann; da=
her in beiden Meiſtern kürzergewöhnte Augen Abſchweifung und
Verirrung zu erblicken gemeint, wo ſie das tiefſte Geſetz der Har=
monik hätten erkennen ſollen. Als Zweites iſt die völlige Unge=
bundenheit zu bezeichnen, in der beide Meiſter ihre Stimmen mit
und gegen einander durch die Räume der Akkorde führen, ganz un=
bekümmert um augenblicklichen Anſtoß und Reibung einer gegen die
andre. Denn beiden war bewußt, daß das Leben der Muſik in der
Melodie — oder in mehrern Melodien nebeneinander fließe, und
daß vor Allem daran liege, dieſes Leben in ſeinem Fluß und wahren
Gehalt ungeſtört und unverfälſcht zu erhalten, gleichwie dem Men=

---

*) Hierüber und über das Folgende giebt die Kompoſitionslehre Nachweis.

schen erste Pflicht ist, vor Allem sich selber und seinem Berufe treu
zu bleiben, mag er dann auch, wenn es nicht anders sein kann, da
oder dort anstoßen. Denn es muß Aergerniß geben — und dann
Versöhnung. Der Lohn dieser Unverzagtheit zeigt sich sogleich im
Reichthum und in der Tiefe der Melodie.

Nicht weiter läßt sich der Einfluß Bachs verfolgen, und auch
so weit ist er Beethoven wohl kaum bewußt geworden. Er hat ihn,
wie Händel auf sich wirken lassen, es ist davon so viel als eben
gekonnt, in seine Natur übergegangen, von einem auf bestimmte Aneignung oder gar Anschließung zielenden Studium ist gar nicht zu
reden. Ein solches hätte vor Allem an Händel erkennen lassen, mit
welcher Sorgfalt dieser wahre Singmeister den Umfang und Karakter
der verschiedenen Stimmklassen und überhaupt die Natur und Vor-
theile der Singstimme beobachtete. Gerade hier aber sollte sich
Beethoven, besonders in den spätern, ihm eigensten und tiefsten Werken rücksichtsloser zeigen, als irgend ein Tonsetzer. Er fühlte sich
zunächst dem Instrumentalen und nicht dem Vokalen zugewiesen und
hat sich darin nicht getäuscht. Mag man immerhin die Spuren
jener Vernachlässigung häufig genug, namentlich in der neunten
Symphonie und der zweiten Masse finden; es fragt sich, ob auf anderm Wege gerade diese Werke hätten vollendet werden können? —
Vergebens wird der Tonsatzkundige Aenderungen zu Gunsten der
Stimme versuchen; jede würde die Eigenthümlichkeit des Werkes
antasten.

Eben so wenig zeigt sich in Beethovens Fugensätzen, die sich
mehren und ausbreiten, je höher er sich vollendet, eine Spur von
wahrem Studium Bachs oder Händels. Aus dem Löblichen, was
er in dieser Richtung aus Albrechtsbergers Schule gewonnen, sollte
ganz etwas Anderes und Eigenthümliches werden, als Fugen im
Sinne jener Alten.

Inzwischen hatte die Strömung der Zeit auch die Kunst auf
andre Pfade geführt. Längst hatten Kirche und Kirchlichkeit aufge-

hört, Mittelpunkt des Daseins zu sein, oder auch nur jene Geltung zu behaupten, die Bach umgab. Das vielseitige, vielgestaltige Leben machte sich nach allen Richtungen Bahn und regte sich dazu behender und freier; der Mensch mit allem Menschlichen, der Einzelne mit seinem Anspruch auf volles Lebensrecht trat heraus in die weithin nach allen Seiten geöffnete Welt. Die Kunst konnte sich nicht fernhalten. Das Alles machte sich nicht in Einem Tag und durch Einen Mann. Es hatte seine Triebe und lange vor Bach und Händel in ihnen selber angesetzt, war aber' zu voller Blütenpracht erst in jenem andern Künstlerpaar, in Haydn und Mozart, gekommen, die oben (S. 46) als nächste Vergänger Beethovens genannt worden.

Dieses freudige Erwachen der Welt, diese Lust an ihr hat vollsten Ausdruck in Joseph Haydn gefunden, den Vater der neuen Musik, der in seinem an Freuden und Werken satten Leben (er lebte von 1732 bis 1809) Mozart geboren werden und sterben sah und Beethoven, den Vollender, leiten konnte, bis sie gegenseitig fühlten, wie sich ihr Wege trennten. Haydns Hauptwerke sind volles Zeugniß von der ihm gewordenen Bestimmung. Noch einmal ersteht vor seinen Augen die Welt, er sieht (in der Schöpfung) mit unbestimmtem Schauer aus dem Chaos sie allmählig sich herauswinden in schnell entstehenden, schnell entschwindenden Gestaltungsversuchen, er ist Zeuge jedes Schöpfungsmoments von jenem blendenden „Es ward Licht" durch alle Reiche der beseelten Natur hindurch bis zum Erstehen und zur Weihe des ersten Menschenpaares; überall ist er mit liebevoller Freude zugegen und singt in den Engelchören unerschöpflich das frohe Lob jedes Schöpfungstages. Und nachdem so die Welt und der sittliche Liebesbund des Menschen hervorgetreten, begleitet Haydn (in den Jahreszeiten) den heitern Verein hinaus aus in das unschuldsvolle Naturleben und lebt mit ihm das volle Jahr durch alle Wechsel hinaus, theilt mit den harmlosen Geschöpfen alle Mühe und alle Lust und findet überall, auch in der Winternoth und in der Angst des erschütternden Unwetters, überall

Quellen der Freude und frohen frommen Dankes. Da zeigt sich die volle Wahrheit des Worts, das Mozart über Haydn ausgesprochen: „Keiner kann Alles, schäkern und erschüttern, Lachen erregen und tiefe Rührung, und alles gleich gut, wie Joseph Haydn." Gleichviel, durch welchen scheinbar äußerlichen Zufall Haydn an diese Werke gekommen, gleichviel, daß er hin und wieder mit Einzelheiten im Gedicht nicht zufrieden war: die Bedeutsamkeit der Werke für Haydns Lebensaufgabe steht klar da; man darf wagen, sie providenziell zu nennen, da sie nothwendig waren zur Erfüllung jener Aufgabe.

(Was wäre noch von seinen sonstigen Werken zu erzählen! von seinen 118 (oder wahrscheinlich an 140) Symphonien, von seinen 83 (wenigstens 83) Quatuors, von seinen 15 Messen, 19 Opern und allem Sonstigen! Man hat in neuerer Zeit seine Symphonien einförmig an Inhalt gefunden. Gewiß ist das wahr; alle sind erfüllt von dem einen Gefühl der Freude, der Lebenslust, der unerschöpflichen Lust, jene Freude auszutönen, zu verbreiten unter allen Menschen. Sie stets zu erfreun, ihnen aufzuspielen zu allen Festen und jeder Lust des engen Wirbeltanzes, in dem das glückliche Volk der Kleinen sein anspruchloses Leben dahinbringt, das war Haydns, noch des kindlichen Greifes, einzig glückseliger Beruf. Man hat seine Messen nicht kirchlich gefunden und es höhnisch belächelt, wenn er einst, „in tempore belli" (wie er selbst darüber geschrieben) das fromme Agnus dei mit fernen Kanonenschlägen (Pauken) begleitet, damit die Hörer des nahenden Feindes gedächten und inniger um Frieden beteten. Er stand aber auch hier inmitten des kindlichern, naturnähern Volks unserer Südmarken, und gar nicht außerhalb der dem Volkssinn nahe bleibenden Kirche seiner Zeit und seines Landes.

Wie man auch über das Einzelne seiner Werke sich entscheide: zwei große Resultate stehn fest. Er war es, der die dem Inhalt der neuern Kunst eignen Formen, — Sonaten- und Rondoform, Sonate, Quartett und Symphonie, — hervorgearbeitet hat aus den

frühern unzulänglichen Anfängen, daß seine großen Nachfolger auf
diesem Grunde weiter und höher bauen konnten. Mozart hat ihn
seinen Vater genannt und freudig eingestanden, daß er erst von ihm
gelernt, wie ein Quartett geschrieben werden müsse. Daß Beethoven
die Wohlthat nicht so klar erkannt, ist aus der größern Entfernung
der Standpunkte, aus dem Zwischentritt Mozarts, dem Beethoven
sich verwandter fühlte, begreiflich, selbst wenn jenes Mißverständniß,
dessen S. 22 gedacht, nicht eingetreten wäre.

Das zweite Resultat des Haydnschen Lebens und seiner unerschöpflichen Musik ist die wahre Begründung der Instrumentation.
Wie Außerordentliches auch schon Bach in Orchesterwerken, dem
gedanklichen Inhalte nach, geleistet, wie tiefgefühlte Züge von In-
strumentenwahl und Wirkung sich in seinen und Glucks Werken
finden: die volle — man darf sagen: systematische Durchdringung
des Orchesters bis in den Karakter jedes Instruments, und wiederum
das Zusammenfassen aller Einzelnheiten zu einem stets harmonisch geordneten Ganzen ist Haydn, erst ihm, und nur Einem, dem Beethoven,
in tieferm Sinne, verliehen gewesen. Auch hier trifft Mozarts Wort
zu, wenn man den spätern Beethoven bei Seite läßt.

Und nun Mozart! der gesegnetste mit jenem verhängnißvollen
Segen, dessen Erscheinen im Menschen man Genie nennt! Was der
Genius zu bringen getrieben ist, liegt so weit hinaus über den Gesichtskreis der Zeitgenossen, daß nothwendig die Größe der Gabe
mit der Größe der Anerkennung und Förderung im umgekehrten
Verhältnisse stehn muß. Die Erkenntniß hinkt dem beflügelten Ein-
herschritte des Genies mit blödem Aug' und lahmen Gliedern an
Krücken nach und es nistet ein geheimer unüberwindlicher Widerwille
im Gemüthe der hinten zurückbleibenden Menge, der den Abstand
von dem, der da will „anders sein als wir," vergrößert und verlängert und dem verhängnißvoll Berufenen Last und Kampf erschwert, oft sein ganzes Leben verbitternd durchzieht. Die Menschen
bedürfen in der Oede ihres stockenden und versumpfenden Lebens-

ſtroms des erlöſenden und emporſchwingenden Genius und rufen ihn
an; tritt er nun vor ſie hin, ſo vermögen ſie wieder nicht, ihn zu
erkennen, und er wandelt einſam ohne Gaſtgeſchenk durch das Leben,
der Paria der Geſellſchaft. Iſt er dann dem Daſein entſchwun=
gen, ja, dann vielleicht jubeln ſie ihm nach und werfen ihm ihre
verwelkten Kränze nach — und die reichſten Gaben legen ſie dem
Talent zu Füßen, das ſie mit den Broſamen des Entſchwundenen
füttert. —

Von Zärtlichkeit troff ſchon die feine Seele des Kindes, von
Liebebedürfniß gegen Jeden, der ihm nahte, daß es in helle Thränen
ausbrach, wenn man im Scherz ſagte, man hab' es nicht lieb. Eben
ſo früh waren Tonſinn, Muſikfreude, Schaffensdrang erwacht und
wuchſen unter der ſorgſamen Pflege des verſtändigen Vaters, bis ſie
den Geiſt und allmählig das Leben des Wunderkindes ganz aus=
füllten. So begabt, klug geleitet, daß er in ſeiner Kunſt kaum der
Lehre zu bedürfen ſchien, ſich Alles gleichſam unbewußt aneignete,
ward der Knabe von Kaiſern und Königinnen mit Liebkoſungen empfan=
gen, die Verwunderung von Deutſchland und England, Frankreich
und Italien, um dann all die Bitterkeiten auszukoſten, denen innere
Ueberlegenheit und äußere Bedürftigkeit ausgeſetzt ſein können. Wie=
viel Entbehrungen und Verlegenheiten, wieviel demüthige Dienſtan=
erbietungen und Abfertigungen von oben herab, welch' einen Sumpf
von Unwürdigkeiten bis zu pöbelhaften Schimpfworten und Aergerm
von Seiten des Salzburger Erzbiſchofs und ſeines lakaienhaften
Kammerherrn (Jahn in ſeiner Biographie Mozarts hat darüber
nur allzuweit berichten müſſen) hat der einſt Verhätſchelte und
ſpäter Vergötterte zu durchwaten gehabt! wie oft mag er des her=
ben Worts ſeines Vaters: „Denn die Menſchen ſind alle Böſe=
wichter!" gedacht haben! Das Alles konnte weder ſein liebevolles
Herz erkälten, noch den unerſchöpflichen Drang des Schaffens hem=
men, noch das durchaus gerechte Selbſtbewußtſein ſchwächen, daß er
in ſeiner Kunſt Alles vermöge, was er wolle. Ein Kind im Ge=

müth', im Leben, in Menschen= und Weltkenntniß und Geistesbildung,
allseitig begabt und vollendet in seiner Kunst, eilte er flüchtigen
Schrittes durch die tausend Unternehmungen, von einer Schöpfung
zur andern, keiner Gelegenheit sich versagend, vom Schreibtisch in
die Konzerte, von den Konzertreisen zu Opernkompositionen und Auf=
führungen, dann wieder zum Dienst, zum Unterrichtgeben, zu seiner
unter allerlei kleinen Treulosigkeiten treugeliebten Konstanze zurück.
Denn wenigstens ein Weib und liebe Kinder waren ihm für das
kurzgemeßne Leben vergönnt worden. Ueberallhin hatte der schnell
vorüberfliegende Genius Blüten und Kränze verstreut, eh' er uns
verlassen mußte.

Diese Liebesfülle für die Menschen, bei dem Fern= und Fremd=
bleiben von ihrem realen Treiben, diese Flüchtigkeit des Lebens und
Schaffens im Verein mit allhinreichender Begabung, diese nicht von
einem Zweiten, weder vor ihm noch nach ihm offenbarte Musikkraft,
die für ausgebreitete Geistesentwickelung nach andern Seiten hin
nicht Raum, kaum das Bedürfniß zuzulassen schien: das erklärt das
Grundwesen seines Schaffens. Man darf bei der höchsten Verehrung
und Liebe, die für alle Zeit ihm gebühren, aussprechen: daß er
nach allen Seiten hin unschätzbare Gaben des genialen Vermögens
gespendet, nirgends aber das Tiefste gegeben, das in jeder der be=
sondern Richtungen zu erreichen war. Bezeichnend ist für diese
Stellung, die Mozart unter den andern Großen hat einnehmen müf=
sen, daß Gluck, sein Zeitgenoß und Vorgänger auf dem Felde, das
ihm die höchste Schaubühne geworden, in der Oper, nur vorüber=
gehenden und keineswegs tiefen Einfluß auf ihn geübt. Dieser Ein=
fluß erscheint in der frühesten künstlerisch großen Oper, im Idome=
neus, im erhabnen Schwung einiger Chöre und Rezitative, nachher
nicht mehr. Was aber das Wesentliche bei Gluck ist, diese Drama=
tik, das In=Eins von Handlung, Wort und Musik (gleichviel ob
Gluck, wie man ihm oft vorgeworfen, der Handlung und dem Worte
zu viel von der Musik geopfert, oder nicht, — denn das wäre nicht

bindend gewesen) das ist von Mozart so wenig, wie von den Spä=
tern festgehalten worden, dazu hätte tiefe und umfassendere Geistes=
kultur der unvergleichlichen, Gluck weit überlegnen Musikbegabung
zu Hülfe kommen müssen. Es scheint aber Universalität mit voll=
kommner Vertiefung auch hier unvereinbar gewesen. Auch das hat
offenbar mitgewirkt für den Standpunkt der Mozartischen Oper, daß
er frühzeitig den unmittelbaren Einfluß Italiens aufgenommen und
von ihm aus seiner Oper eine Zwischenstellung zwischen der italischen
und derjenigen Stellung gegeben hat, die der deutschen Oper nach
ureignem deutschen Sinne gebührt, wenn sie auch bis jetzt nicht er=
rungen sein mag. Beethoven hat der Hauptsache nach die Wahrheit
wohl erkannt, wenn er ausspricht: „Mozarts größtes Werk bleibt die
Zauberflöte; denn hier erst zeigt er sich als deutscher Meister. Don
Juan hat noch ganz den italienischen Zuschnitt, und überdies sollte
die heilge Kunst (man vergesse nicht, daß wir ihn durch Seyfrieds
Mund vernehmen) nie zur Folie eines so scandalösen Sujets sich
entwürdigen lassen." Es war das Schicksal Deutschlands, seine po=
litische Splitterung und Verkommenheit und das damit zusammen=
hängende Schielen und Hinüberhängen der Höfe und bevorzugten
Stände nach dem Ausländischen, das Händel hinausgedrängt nach
Italien und England; und es war der Idealismus des deutschen
Geistes im Verein mit jener Richtung, der Gluck nach Frankreich
und jetzt Mozart nach Italien gewiesen, um die französische und
italische Oper ideal zu verklären.

Derselbe Sinn bestimmte naturgemäß den Standpunkt aller
Mozartischen Gebilde. Seine 33 Symphonien, seine noch satzreiche=
ren Cassationen (Ständchen mit einer beliebigen Anzahl verschiedener
Sätze) und Serenaden waren, wie seine zahlreichen Konzerte, zunächst
den Konzerten in Wien und auf Reisen, oder überhaupt der musika=
lischen edlern Unterhaltung gewidmet; so gleichfalls seine übrigen
Instrumentalwerke. Wir, in der Atmosphäre Mozarts oder gar
Beethovens aufgewachsen, mit seinen und Haydns Vorgängern auf

gleicher Bahn erst später historisch-kühl bekannt geworden, sind kaum im Stande, seine Höhe gegenüber seiner Zeit zu ermessen und uns in die Genügsamkeit und das Lebensmaaß jener friedselig stillen Zeit zurückzuversetzen, die wir den stürmisch tiefaufgeregten Bewegungen hingegeben sind, welche vom Ende des vorigen Jahrhunderts in das jetzige hineinschlagen, alle Richtungen des Lebens neu bestimmen und ihr Ziel noch nicht erreicht haben. Jene Freuden- und Liebesspiele, denen Haydn und Mozart sich unschuldvoll, ja in höchster Berechtigung hingaben, sie konnten schon Beethoven nicht mehr genügen, mußten sich ihm versagen. Aber das Herz hatte Mozarts Liebeswärme, Mozarts ideal-zartes Walten ihm tiefer erweckt und inniger durchwärmt; und das blieb ihm ewig in dankbarem Angedenken.

Dies also sind Beethovens Vorgänger, die ihm die Bahn eröffnet haben.

Es ist bemerkenswerth, daß sich von einem Einflusse Glucks, der sogar noch Beethovens ersten Besuch in Wien erlebt hat (er lebte bekanntlich von 1714 bis 1787) nicht die leiseste Spur findet, sein Name selbst findet sich in keinem Berichte der Zeugen mit Beethoven in Verbindung gebracht. Allerdings war Gluck in Wien längst fremd geworden, seine Opern sind Beethoven auf der Bühne nicht entgegengetreten. Entscheidender mag wohl die Verschiedenheit der Richtungen gewirkt haben; was hätte den Instrumentalisten Beethoven zu jenem Redner und Dramatiker hinziehn sollen, der beim Beginn einer Oper betete: daß er vergessen möge, Musiker zu sein, um sich ganz dem Drama hinzugeben?

Ausdrücklich erwähnt wird Beethovens Theilnahme an Mehuls und Cherubini's Opern, deren Aufführungen er im Theater an der Wien mit gespanntester Aufmerksamkeit, aber unbeweglicher Miene bis zu Ende beigewohnt; man hat sogar die cherubinische Opernweise maaßgebend für den Fidelio (damals Leonore genannt) finden wollen. Die Thatsache der Theilnahme zu bezweifeln, ist kein Anlaß, gewiß läßt auch jedes Werk, das ein Künstler mit Achtsamkeit begleitet, irgend einen Eindruck zurück, der, wenngleich unbewußt und unnachweislich, fortwirken mag. Mehr aber ist nicht anzunehmen. Mehul, in seinem dramatischen Werke (dem Joseph) schwacher Nachfolger von Gluck, in seinen größern Opern noch schwächer, im Grunde nur schwacher Schablonen-Komponist, konnte nur in jenem Werk' anregen. Cherubini, Italiener nach Geburt und erster Bildung, angezogen durch Gluck (dem er gleichwohl die aulidische Iphigenie auf gut italienisch nachkomponirt hat) gekräftigt und erhoben am Studium deutscher, namentlich Haydnscher Musik, dann in seinem glücklichsten Werke, dem Wasserträger, ganz auf dem Boden der französischen Operette, zuletzt Nachahmer seines Schülers Auber, den er vordem nicht gar hoch geschätzt: Cherubini kann mit seinem Glanz und Geschick Beethoven angezogen und beschäftigt haben. „Cherubini (sagt Beethoven bei Seyfried) ist mir unter allen lebenden Operkomponisten der achtungswertheste. Auch mit seiner Auffassung des Requiem bin ich ganz einverstanden und will mir, komm' ich nur einmal dazu, selbst eins zu schreiben, Manches ad notam nehmen." Das kann Beethoven (die Seyfried'sche Fassung abgerechnet) gesagt haben; beiläufig würde die Erwähnung des Cherubinischen Requiem auf eine spätere Zeit, nach der Komposition der Leonore, deuten. Daß aber der Eklektiker Cherubini, bei all' seinem großen Talent „kühl bis ans Herz hinan," für Leonore Vorbild gewesen, das ist nicht wahr.

Beethoven ist der Nachfolger Haydns und Mozarts.

———

Die kleinen Arbeiten und die Form.

Die Erstlinge Beethovens sind schon S. 10 erwähnt; sie gehören der Zeit um 1783 an. Als erstes Werk (Op. 1) sind jene drei Trio's eingeschrieben, die die Spaltung zwischen Haydn und Beethoven bloßlegten; sie sind im Jahre 1795 erschienen.

Was hat Beethoven in der Zeit von 1783 bis 1795 geschrieben? — Diese Frage, die zuerst Lenz aufgeworfen, ist vollkommen berechtigt; es ist undenkbar, daß sein Trieb zum Schaffen, daß auch nur die äußerliche Nothwendigkeit, zu erwerben, ihn zwölf Jahre hätten feiern lassen. Sein ganzes Leben zeigt vielmehr unermüdliche Thätigkeit, und zwar in der Komposition. Von jenen zahlreichen und weiten Ausflügen, die Mozart einen beträchtlichen Theil seiner Zeit und Sammlung gekostet (wiewohl er auf Reisen und unter allen Nebenbeschäftigungen niemals zu schaffen aufgehört) ist in Beethovens ganzem Leben nicht die Rede. Seit seiner Uebersiedelung nach Wien im Jahre 1792 hat er 1797 eine kurze Reise nach Leipzig und Wien gemacht, später, 1806, ein ungarisches Bad, Preßburg und Ofen, noch später, 1812, Teplitz besucht, außerdem Wien nicht verlassen; Unterricht hat er wenig gegeben, seine Konzerte haben ihm in Vergleich mit den zahlreichen Aufführungen, die Mozart und andre Künstler unternommen, ebenfalls nicht große Zeitopfer auferlegt; auch das Spiel in Gesellschaften war ihm zwar oft ermüdend, nicht aber störend.

Man muß annehmen, daß innerhalb dieser anscheinend stillen Zeit Mancherlei gesetzt worden, das nicht — oder nicht sofort in die Oeffentlichkeit gekommen ist, später aber unter den nach seinem Tode — oder auch unter den von ihm selbst herausgegebenen Werken eine Stelle gefunden hat. Nur wenige von diesen der künstlerischen Bedeutung nach kleinen Arbeiten (mit denen auch spätere gleichartige zusammenzufassen sind) reizen zu eingehender Betrachtung; sie finden sich im Verzeichniß der sämmtlichen Werke im Anhang' aufgezeichnet.

Aus ihrer Reihe sind vorerst die die im Jahre 1786, also in Beethovens sechszehntem Lebensjahre komponirten, nach seinem Tode bei Dunst in Frankfurt herausgegebenen kleinen

Zwei Trios für Piano, Violin und Violoncell aus Bdur und Cdur,

zu nennen, auf deren eines Beethovens Aeußerung S. 18 geht. Auch die S. 11 erwähnten vierhändigen Variationen über ein Thema des Grafen Waldstein können der bonner Zeit angehören. Dann zeigen sich aus dem Jahre 1793

Variationen für Piano und Violin über das Thema aus Figaro: „Se vuol ballare signor Contino,"

die mit doppeltem Faden noch an Bonn hängen. Dem Gehalt nach stehn sie den Erstlingen aus Bonn ungleich näher, als jenen gereiften und saftigen Früchten, die sich zwei und drei Jahre später zeigen sollten; auch in der Person des Künstlers walten noch die untergeordneten Interessen seiner Jugend vor, er hat noch die Absicht, seine technische Ueberlegenheit über die „Klaviermeister" zu zeigen. Die andre Beziehung auf Bonn spricht sich in der Widmung an Eleonore von Breuning, seine Jugendfreundin und Schülerin, aus. „Die Variationen," schreibt er ihr bei der Uebersendung. „werden etwas schwer zu spielen sein, besonders die Triller im Coda,

Sie haben nur die Triller zu machen, die übrigen Noten laffen Sie aus, weil fie in der Violinſtimme vorkommen. Nie würde ich ſo etwas geſetzt haben," (man ſoll in Politik und Kunſt niemals „Niemals" ſagen; was hat er ſpäter neben Trillern zu ſpielen gegeben, z. B. in den Sonaten Op. 53 und 106!) „ich wollte aber die hieſigen Klaviermeiſter in Verlegenheit ſetzen; manche ſind meine Todfeinde; ich wollte mich an ihnen rächen; ich wußte, man würde ihnen die Variationen vorlegen, wo die Herren ſich dann übel dabei produziren würden."

Aus dem folgenden Jahre ſchreiben ſich her

Variationen für Piano über Righini's Vieni amore, über daſſelbe Thema, das Sterkel (S. 13) variirt und er aus dem Stegreife weiter bearbeitet hatte; ſind im gedruckten Werk Erinnerungen enthalten? — Dann

Variationen für Piano über ein Thema aus Rothkäppchen: „Es war einmal ein alter Mann,"
und

Variationen für Piano über einen ruſſiſchen Tanz, aus dem Ballet: das Waldmädchen,

die der Gräfin Brown gewidmet wurden. Beethoven hatte damals die Phantaſie, ein Reiter zu ſein, und der Graf ſchenkte ihm für die Widmung ein ſchönes Reitpferd. Es wurde auch ein Paarmal geritten, dann vergeſſen, bis der Diener den ſäumigen Reiter mit einer ſo beträchtlichen Haferrechnung überraſchte, daß die Reitluſt verging.

Nehmen wir dieſe Variationen mit der Mehrzahl der ſelbſtändig gegebnen variirten Themate zuſammen, — die Variationen, welche Theile größerer Werke ſind, bei Seite gelaſſen, — ſo kann man ihnen insgeſammt keinen höhern künſtleriſchen Werth beimeſſen. Beethoven hat dieſes Feld, auf dem er ſpäter das Tiefſte geben ſollte, was bis auf dieſe Stunde ſich darauf gefunden, überaus fleißig angebaut; man zählt in der Reihe ſeiner Werke neun

(Op. 34, 35, 44, 66, 76, 87, 105 [sechs variirte Themata in zwei Heften] 107 [zehn variirte Themata in fünf Heften] 120, außerdem noch dreiundzwanzig variirte Themata.] Alle diese Arbeiten, jene später zu betrachtenden Ausnahmen ausgeschlossen, sind bloße Figuralvariationen, die keinen höhern Zweck haben und erfüllen können, als leichte Unterhaltung der Liebhaber nach ihrem und ihrer Zeit Verlangen und Vermögen. Vergleicht man sie mit dem, was Mozart in gleicher Richtung gegeben (z. B. mit den zwölf variirten Themata in Band 8 der Härtel'schen Ausgabe, mit den Variationen, die als Finale der Adur- und Ddur-Sonaten dienen, mit den vierhändigen aus Gdur), so muß man erkennen, daß die beethoven'schen Variationen (wohlverstanden: die Mehrzahl!) keinen höhern Standpunkt einnehmen, als die mozartischen, daß vielmehr die letztern ihnen oft an Anmuth und Klarheit (auf diesem Standpunkte beachtenswerthe Eigenschaften) häufig voranstehn, während allerdings bei Beethoven bisweilen neuere Spielformen und reichere Spielfülle hervortreten. Einen Anhalt zu genauer eingehendem Vergleiche würden, wenn ein solcher lohnte, die Arbeiten beider Künstler über dasselbe Thema (une fièvre brulante) bieten; entscheidender sind die drei bezeichneten von Mozart. Ja, eine der beethoven'schen Arbeiten, die **Variationen** über Rule Brittannie für Pianoforte, dürfte man, ohne zu freveln, einem seiner „Raptus"-Anfälle (S. 15) zuschreiben; sie bringen mancherlei so Widerhaariges ohne tiefer Ergebniß, als hätte Jemand anders den profunden Beethoven nachahmen wollen, und nur seine „Airs" ihm abgesehn. — In den **Variationen für Piano,** Op. 34 aus Fdur hat Beethoven sinnreich auf einen Fortschritt in der Form gedacht; er weiset jeder Variation eine andere Tonart zu, der ersten (nach dem Thema in Fdur) Ddur, der zweiten Bdur, der dritten Gdur, der vierten (tempo di Minuetto) Esdur, der fünften (tempo di Marcia), der sechsten Fdur. Dies Werkchen, dem man neben so bedeutenden Vorgängern (es ist vor oder in dem Jahr 1803 heraus-

gegeben) unmöglich höhern Werth beimessen kann, scheint gleichwohl
dem Komponisten lieb gewesen zu sein. Ries, damals Beethovens
Klavierschüler, erzählt, Beethoven habe ihn die letzte Variation wohl
zehnmal wiederholen lassen, ohne mit dem Ausdruck der Kadenz
(fünf Takte vor dem Schlusse) zufrieden zu sein, obwohl er meint,
die Sache so gut gemacht zu haben wie der Meister selber.

Seltsam sollte Beethoven übrigens in diesen niedern Sphären,
wo er selber „die Klaviermeister" und ihre Gesellen gewissermaßen
als seines Gleichen ansieht, geneckt werden. Er klagt bereits im
Jahr 1793, und später, daß, wenn er Abends fantasirt habe, „Der
und Jener" viele von seinen Eigenheiten ablausche, aufschreibe
und sich dann damit als seiner eignen Erfindung brüste. Er nennt
geradezu den Abbé Gelinek, diesen so unermüdlichen wie gleichför=
migen Variationenschmidt, dem kein mögliches Thema hat entgehn
können, ohne mit den üblichen Frangen und Gimpen behängt und
aus den ewig bereitstehenden Farbennäpfen bestrichen zu werden. Der
habe von dieser Jagd auf „Ideen" förmlich Métier gemacht und sich
dazu stets in seiner Nähe einquartirt. Es war das einer von den
Beweggründen für Beethoven, seine Wohnungen auf freien Plätzen
oder auf der Bastei zu suchen.

Man wird vielleicht nicht allzuviel wagen, wenn man manches
später erschienene Werk einer frühern Zeit beimißt, aus der Beetho=
ven es vorerst zurückzuhalten es für gut befunden. Solche Ver=
muthungen stützen sich vor Allem oder einzig auf den Gehalt der
Werke. Zwar hat jeder Künstler, selbst in der Zeit seiner Reife,
Ungleiches geleistet, Beethoven ebenfalls, wiewohl sich an ihm als
Grundsatz eine Gewissenhaftigkeit in der Vollendung seiner Arbeiten
kund giebt, die nicht allen seines Gleichen eigen war. Aber der
Abstand eines Werks von den gleichzeitigen oder frühern Leistungen
kann nicht so weit gehn, daß man den Künstler nicht irgendwie
herausfände; selbst in den kleinsten Gebilden, in den

Bagatelles und **Nouvelles bagatelles,**

Op. 33, 112, 126,

(theils gleichsam Federproben, theils reizende, theils geniale flüchtige Bildchen) zeigt sich irgendwo der Beethoven, und bisweilen in Genieblitzen, die nur ihm eigen waren; selbst in einer Kleinigkeit, wie in den um 1804 geschriebenen drei

vierhändigen Märschen, Op. 45,

die die Stammväter und Vorbilder der ganzen Reihe artiger Märsche sind, womit F. Ries seiner Zeit die Liebhaber unterhalten, selbst da zeigt sich noch ein Abglanz von der Weise des Meisters. Trifft man nun auf Arbeiten, die ganz herausfallen aus der Bahn, die der Künstler bis dahin durchmessen: so muß man sich wohl entschließen, sie früherer Zeit, wo nicht gar fremder Feder zuzuschreiben.

Hierbei kommt nicht in Betracht, daß Beethoven bisweilen geneigt war, Alles, was er gerade vollendet, in Druck zu geben; wie er z. B. seinem Verleger in Leipzig, Hofmeister, auf dessen Bitte um Verlagsartikel unter dem 15. Dezember 1800 Septuor, Symphonie, Konzert und Sonate auf einmal anbietet. Er schreibt: „Was der Herr Bruder (mein geliebter Herr Bruder in der Tonkunst" redet er Hofmeister, der bekanntlich auch Komponist war, an) von mir bekommen können, ist 1. ein Septett per il Violino, Viola, Violoncello, Contrabasso, Clarinetto, Corno, Fagotto, tutti obligati, denn ich kann gar nichts Unobligates schreiben, weil ich schon mit einem obligaten Accompagnement auf die Welt gekommen bin" . . . . . . „Das ist Alles, was ich für den Augenblick hergeben kann. Ein wenig später können Sie ein Quintett für Geigeninstrumente haben, wie auch vielleicht Quartette und andere Sachen, die ich jetzt nicht bei mir habe." Denn es ist hier von Werken die Rede, die mit höchster Ehre gegeben werden konnten. Gar wohl aber konnte Beethoven bisweilen durch freundschaftliche Rücksichten bewogen, bisweilen

durch ökonomische Verlegenheit gedrängt werden, Arbeiten zu unter=
nehmen (man blicke auf die übergroße Reihe der Variationen), denen
er sich sonst nicht unterzogen hätte, oder zu frühern Arbeiten zurück=
zugreifen, die seinem jetzigen Standpunkte nicht gemäß waren. Daß
er sich bisweilen, in Rücksicht auf Erwerb, sogar zu Arbeiten ent=
schließen mußte, die ihm künstlerisch nicht so nahe lagen, und liebere
Unternehmungen zurückstellen, wird sich weiterhin zeigen. Jene An=
nahme, wie unerfreulich sie auch sei, hat wenigstens nichts an sich
Undenkbares.

Als Beispiel für den ersten dieser Fälle mögen die

Variationen für Piano „mit einer Fuge," über ein
Thema aus dem Finale der Sinfonia eroica, Op. 35,

genannt sein, aus dem Jahr 1804, dem Grafen Moritz Lichnowsky
zugeeignet. Die Widmung und die hochgeachtete Firma des Verlags
(Breitkopf und Härtel) lassen dem Gedanken an Unterschiebung keinen
Zutritt; aber eben so schwer läßt sich annehmen, daß Beethoven
diese Arbeit aus künstlerischem Antriebe und mit künstlerischer Hin=
gebung unternommen haben sollte.

Was, vor Allem, hätte ihn, von reinkünstlerischem Standpunkte
her, bewegen können, ein bedeutsames Thema (oder vielmehr zwei,
wie sich zeigen wird) aus einer seiner größten Compositionen unmit=
telbar nach deren Vollendung und Aufführung noch einmal zu bear=
beiten, und zwar in derselben, schon in der Symphonie gebrauchten
Form? — Begreiflicher wird man schon hier finden, daß ihn be=
sondere Vorliebe des befreundeten Hauses für die Symphonie, die
sich möglicherweise an das Thema des Finale gehängt, zu der neuen
Bearbeitung bewogen.

Nun aber zeigen sich noch eigenthümliche Aeußerungen und Wen=
dungen am Werke selber, dergleichen man sonst an Beethovenschen
Arbeiten nicht findet. Auf dem Titel ist bemerkt: „mit einer Fuge,"

beiläufig im Werk' als „alla fuga" überschrieben; wo findet man dergleichen auf andern Beethovenschen Titeln, z. B. von Op. 59 No. 3., Op. 102 No. 2., Op. 106, 110, 120? Beethoven hatte nicht Ursach auf dergleichen Werth zu legen.

Die Komposition ferner beginnt mit einer Einleitung: „Introduzione col Basso del Tema" überschrieben; aber dieser Baß des Thema's ist nichts anderes, als das Thema des Simphonie=Finale selber. In der Symphonie wird dieses Thema mit wechselnden Gegenstimmen mehrmals durchgeführt, zum drittenmal mit dem hier

in der Oberstimme angeführten Gegensatze. In der Einleitung der Variationen tritt vor Allem schon das Thema (der sogenannte Baß des Thema's) seltsam auf. Aus den kurz anpochenden und anregenden Tönen des ersten Theils (Achtel, mit drei Achtelpausen dazwischen, erst von den Saiten=Instrumenten allein pizzicato gegeben, bei der Wiederholung mit piano nachschlagenden Vierteln der Flöten, Klarinetten und Fagotte) sind aushaltende Halbtaktnoten geworden. Dann wird aus dem Original der Wechsel von Taktpausen und dem in Achteln dreimal nachschlagenden B beibehalten, der in der Symphonie die Macht des Orchesters wach pocht und die Erwartung spannt, in der Variationen=Einleitung aber schon deswegen nicht gleiche Bedeutung hat, weil (wie sich weiterhin zeigt) ein ganz anderer Satz als Hauptgedanke eingeführt werden soll, nämlich der oben angeführte sanfte Gegensatz, zu dem jenes aufschreckende Pochen gar keine Beziehung hat.

Darauf wird das Thema unter einer Gegenstimme in Achtelbewegung, nicht eben bedeutend aufgeführt, desgleichen mit zwei einander ablösenden Gegenstimmen, endlich vierstimmig; diese drei Va=

riationen oder Durchführungen sind mit „a due, a tre, a quattro"
bezeichnet, als wenn bei Beethoven auf dergleichen gesehen würde.
Die Bearbeitung a tre, von der hier —

bei A der Anfang steht, ist formell der ersten Ausführung oder Variation im Original nachgebildet, aber nur formell; die beiden Gegenstimmen geben ganz allgemeine Phrasen, während die des Originals mahnende Fortwirkungen jenes dreimaligen B sind, also ganz
spezifischer, dem Ganzen entsprungner und angehöriger Ausdruck dessen, was sich hier begeben soll. Das a quattro endlich bietet der
rechten Hand Gestaltungen, wie diese, —

Begleitungsfiguren für zwei Saiteninstrumente, unbequem aber und
wirkungslos für das Klavier (das Zeitmaaß ist Allegretto vivace)
und hier ohne ersichtlichen Grund; man hätte nach dem Vorgang
der beiden ersten Gestaltungen vier obligate Stimmen (weil ich schon
mit einem obligaten Accompagnement auf die Welt gekommen bin,
sagt Beethoven) oder eine einfache aber hinströmende oder kräftig
schlagende Darstellung erwarten sollen.

Nach dieser, ein Thema und drei Variationen enthaltenden Einleitung kommt nun endlich das andere Thema, auf das es eigentlich
gemünzt war, nämlich der oben S. 71 gewiesene Gegensatz und wird
acht mal variirt, in den ersten vier Variationen rein figurativ, in
der fünften melodiemäßig. In der sechsten wird das Esdur-Thema
fast Ton für Ton beibehalten, durch die Harmonie aber als Cmoll
behandelt; der erste Theil schließt in der Unter-Dominante, Fmoll,

der zweite in Es dur. In den beiden letzten Variationen wird das Thema kanonisch (all' ottava) und fugenartig behandelt. Zuletzt wird auf das Poco Andante des Symphonie-Finale zurückgegangen und der ganze Schluß des Originals ausgemünzt.

Es genügt an der formellen Darstellung, um den Standpunkt der Arbeit zu bezeichnen; auch war kein tieferer Inhalt aufzuweisen. So hat Beethoven in jener Zeit aus wahrhaft künstlerischem An-triebe nicht geschrieben.

Ein zweites Beispiel giebt die

Sonate zu vier Händen, Op. 6.

(Sonate facile überschrieben) die 1797 bei Witzendorf in Wien er-schienen ist. Sie hat zwei Sätze in D dur, den ersten in Sonaten-ben andern in Rondoform, und steht den kleinen vierhändigen So-naten Mozarts in D dur und B dur nach Form und Gehalt, wenn auch nicht gleich, doch näher, als jenen ersten Sonaten Beethovens aus der bonner Zeit. Man darf annehmen, daß sie unter dem Einflusse Mozarts zum Unterrichtzwecke für angehende Pianoforte-Schüler, vielleicht auf Bestellung, gesetzt ist. Jedenfalls scheint dies glaublicher, als daß Beethoven dergleichen nach den ein und zwei Jahr ältern Trios Op. 1. den Sonaten Op. 2. und der G moll-So-nate Op. 5, No. 2 noch aus freier künstlerischer Bewegung hätte schreiben können. Die Opuszahlen sind zwar, wie Schindler geltend macht, kein sicherer Beweis für die Kompositionszeit. Da aber der-selbe, Beethoven nächststehende Zeuge, bemerkt, daß Beethoven zur Feile größerer Werke den dritten Theil der Kompositionszeit zu ver-wenden pflegte und nur manche Werke zum Zweck strengerer Durch-arbeit öfters mehrere Jahre zurückgehalten (was beides auf die kleine, ganz oberflächliche Sonate nicht paßt), so muß dieselbe jedenfalls nach den Trios (1795) und Sonaten (1796) verfaßt sein.

Auf den zweiten der oben (S. 70) angenommenen Ausnahms-fälle, daß Beethoven bisweilen frühere Werke in Perioden hergegeben,

in die sie kein Recht haben zu treten, weiset unter Anderm ein Lie=
derheft hin,

Gesänge und Lieder (acht Lieder)

das als Op. 52 erschienen ist und jenes Wanderlied von Claudius,
„Wenn jemand eine Reise thut," aus der Knabenzeit bringt, dessen
S. 10 gedacht worden.   Auch die übrigen Gesänge deuten der Mehr=
zahl nach auf dieselbe oder doch sehr frühe Zeit; sie sind allesammt
natürlich und artig gesungen, einige, z. B. das Mailied „Wie herr=
lich leuchtet" von Goethe, deuten auf höhere Entwickelung, wenn
auch das genannte Lied nicht an den Schwung des Gedichts hinan=
reicht. Und warum hätte Beethoven nicht mit Wohlgefallen sein
erstes Jugendlied dem Vergessen entreißen sollen? — Daß aber
diese Gesänge Zeitgenossen, oder vielmehr Nachfolger der gellertschen
Gesänge oder der Adelaide sein sollten, ist schwer zu glauben.

Auf dieselbe Kathegorie scheinen die

> zwei leichten **Sonaten für Piano** aus G moll und G dur,
> Op. 49.

und die

Sonatine aus G dur, Op. 79.

hinzudeuten. Die Werkzahl weiset denselben ihre Stelle nach den
Fantasie=Sonaten, nach den ersten Quartetten, den ersten zwei Sym=
phonien und dem Septuor, der Sonatine noch viel vorgerückter an.
Und was enthalten sie?

Die G moll=Sonate bringt ein kleinlich Andante in Sonaten=
form, ohne Bedeutsamkeit oder Aufschwung, ohne Arbeit, ohne die
mindeste Betheiligung jenes Klangsinns und jener Spiellust, die sich
im ersten Jahrfünft der Kompositionslaufbahn bereits so reich in
Beethoven entfaltet haben; dann ein weit ausgesponnen Rondo ge=
ringen Gehalts, beide Sätze durchaus homophon, während Beethoven
schon von Op. 1 an immer abgeneigter erscheint, den Faden seiner
Komposition einer einzigen Hauptstimme, mit Unterordnung der übri=
gen Stimmen zu bloßer Begleitung, anzuvertrauen und kaum einen

Satz ohne das dramatische Spiel von Gegenstimmen (Polyphonie)
durchläßt. Die G dur-Sonate bilden ein nüchterner Sonatensatz
und ein „Tempo di Minuetto," beide G dur. Und diese Menuett
ist keine andere, als die aus dem Septuor, das als Op. 20
herausgegeben ist; nur der Schluß ist wie hier bei A.

angedeutet, vereinfältigt und dafür mit einem Zöpfchen (B) entschä-
digt. Damit aber kein Zweifel der Entlehnung bleibe, wird bei der
Wiederholung (in der höhern Oktav, NB!) der Menuettschluß aus
dem Septuor (C) noch nachgebracht. Allerdings scheint es eben so
räthselhaft, wie Beethoven bei dem einheitvollen, vollblühenden Septuor (1801 erschienen) auf eine dürftige Jugendarbeit zurückgegangen
sein sollte, um — eine Menuett zu finden, die im Septuor als
eingeboren, in Einem Gusse mit dem Ganzen auftritt, als daß er
um einer geringen Sonate willen (zu der er hundert gleichwüchsige
Menuette mit Leichtigkeit hätte schreiben können) das unermeßlich
höher stehende Septuor geplündert und den entlehnten Satz ohne
Grund verringert haben sollte. —

Die Sonatine giebt ein „Presto alla tedesca," flach, aber
rührig (wenn nur die Durchführung des kukukartigen Schlußsatzes
im zweiten Theile nicht gar zu flach wäre) ein kleines (innerlich
kleines) Andante, G moll, und ein wienerisch lustiges Finale.

Alle drei Kompositionen stehen den drei Sonaten aus den Knabenjahren (1781) entschieden näher, als den 1795 und 1796 herausgegebenen Trios und Sonaten; oder vielmehr sie sind von letztern
so unermeßlich weit entfernt, daß Niemand, ohne den Titel zu kennen, für beiderlei Arbeiten denselben Verfasser annehmen würde. Es
scheint glaublicher, daß Beethoven sich bewogen gefunden, in Ermangelung andrer Kompositionen auch gelegentlich einmal Jugendarbeiten

herzugeben (wiewohl dabei der Umstand mit der Menuett unaufge-
klärt bleibt) als daß er in der Erfindung, ja in der Arbeit selbst
(die dem ausgebildeten Musiker allezeit ohne Weiteres zu Gebot steht)
so zonenweite Rückschritte (und gleich darauf wieder Vorschritte) gethan habe.

Doch genug — oder schon zu viel von diesen Kleinigkeiten,
denen noch gar Mancherlei (zahlreiche Tänze, Lieder, zum Theil von
lieblichem Reiz und Bedeutung u. s. w.) beizufügen wäre. Es ist
Zeit, Beethoven an seinem, ihm eignen Werke zu sehn.

Zuvor aber noch eine Betrachtung, die für das Weitere Manchem aufklärend werden könnte.

Wenn also, kann man fragen, eine ganze Reihe beethovenscher
Werke mit seinem Maaßstabe gemessen, von geringem Werthe sind,
welche Bedeutung haben sie für ihn selber gehabt? und welche, die
Unterhaltung unerwähnt, die Viele in ihnen gefunden, für uns?

Die Antwort lautet: sie sind (soweit sie nicht, wie zahlreiche
Arrangements eigner Werke für andre Instrumente, bloße Erwerbs-
arbeiten sind) nothwendig gewesen zu seiner eignen Entwickelung.
Dies ist das Wesentliche. Nebenbei haben sie ihn in nahen Bezug
mit den weitern Kreisen des Publikums gesetzt, denen die höhern
Gaben allzuhoch hingen. So allein konnte das Publikum am Meister und dieser mit jenem aufgewachsen, ein so naturgemäßes Verhältniß, daß es für die Laufbahn des Künstlers kaum entbehrlich
scheint und manches Talent durch den Mangel daran schon gehemmt
worden ist.

Das Wesentliche aber ist, wie gesagt, die Entwickelung des
Künstlers selber. Diese Entwickelung, — es muß für diejenigen
ausgesprochen werden, die das Genie für eine Art von Zauberwesen,
enthoben den allgemein menschlichen Bedingungen, und seine Gebilde
ganz einfach für Wunder ansehn, über die nicht weiter nachzudenken
sei, — diese Entwickelung ist der höchsten Anlage, ist für die schöpferische Thätigkeit des Genies ebenso gewiß unentbehrlich, wie für

jebe geringere. Und fie kann fich nicht auf eine allgemeine Bethä=
tigung und Uebung der geiftigen Kraft, ohne beftimmtere Richtung,
beschränken, sondern muß ganz scharf auf diejenige bestimmte Thä=
tigkeit hinarbeiten, in der gewirkt werden soll. Wäre dem anders,
so könnte ja jeder erweckte und im Allgemeinen entwickelte Geist
alles Beliebige leiften; Raphael hätte dichten können, wie Sophokles,
Mozart malen wie Raphael. Sie haben es aber nicht einmal wol=
len können, denn ihre Neigung und Energie war anderswohin ge=
richtet. Ja, in derselben Kunft vermögen selbft die Größten nicht,
was sie nicht erworben haben; Mozart hat nicht die Bestimmung
und Entwickelung der Gluckschen Dramatik oder der chorischen Kraft
Händels, Beethoven nicht deffen Sangesfähigkeit oder die Fugenmacht
Bachs erreichen können und wollen, so wie umgekehrt jene nicht
haben befitzen oder nur wollen können, was erft Mozart und
Beethoven erreichbar war. Diese Erinnerung ift leider nicht so
überflüffig, als fie scheint: Schwärmerei und Trägheit find unab=
läffig bemüht, die naheliegende Wahrheit zu verschleiern und die
Geifter in ihre Befinnungslofigkeit hineinzulocken, trotz allem Augen=
schein und allen Lehren der Geschichte.

Die Entwickelung des Mufikers muß also den Geift des Künft=
lers ganz scharf, und zwar nicht blos theoretisch, sondern praktisch
in das mufikalische Gestalten einführen; er muß dieser Kraft des
Gestaltens vollkommen mächtig werden.

Nun: ein großer Theil der Beethovenschen Entwickelung liegt
in diesen frühen und kleinen Arbeiten; und das ift ihre wesentliche
Bedeutung.

Sie geben fogar Fingerzeige für die dem Künftler gewiesenen
Richtungen, indem fie diesen ganz anpassend vorarbeiten. Vorwie=
gend ift die Menge der Variation. Und in der That ift gerade
diese Form für den Karakter der Beethovenschen Schöpfung entschei=
bender, wie für irgend einen Künftler; er hat nicht nur zahlreiche
felbftändige Themate mit Variationen gegeben, er bedient fich auch

der Form häufig im Zusammenhang größerer Werke; ja, indem er seinen Gedanken überall treu und innig nachhängt, mit ihnen weiter lebt, bleiben sie ihm nicht dieselben, wandeln sie sich gleich lebenden Organismen innerlich um, — und so durchdringt die Idee der Variation auch da seine Gebilde, wo die Variationenform selber nicht vorhanden ist. Nächst dieser Form ist fleißig die Rondo= und Sonatenform, weniger emsig die Fugenform angebaut; die Folgen werden sich im Verlaufe des Künstlerlebens ergeben.

Damit es aber nicht an einem handgreiflichen Fingerzeig fehle, daß Beethoven sogar mit Vorbedacht auf Arbeiten eingegangen ist, bei denen seine Kräfte prüfen und zu erhöhn erster Zweck war, hat er ein eigenthümlich Werk hinterlassen müssen:

32 Variationen für Piano, No. 36,

aus dem Jahr 1806 oder 1807, wo er schon die drei ersten Symphonien, seine Oper Leonore, bedeutende Klavierwerke (unter andern die spiel= und glanzvolle Sonate Op. 53) die ersten Quartette u. s. w. gegeben hatte. Aber wo hört der Künstler auf, zu lernen? und wo hat er sich genug gethan? — Zu diesem merkwürdigen Werke hat Beethoven sich ein eigen Thema gemacht, einen Satz von acht Takten, energisch gebildet und kurz genug gehalten, um ohne Ermüden des Tonsetzers und Spielers zweiunddreißig Variationen zuzulassen; die Bildung des Satzes begünstigt die Entfaltung von Spielformen, auf die es hier abgesehn ist. Es werden nämlich nur Spielmotive durchgeführt und förmlich ausgenutzt, daß man bisweilen eher einen tüchtigen Spieler und „Klaviermeister", als Beethoven für den Verfasser halten sollte; aber war Beethoven nicht jenes auch? und hat er sich nicht früh schon mit jenen herumschlagen müssen? So führt gleich die erste Variation dieses Motiv

leicht, geschmackvoll und energisch durch; aber die zweite Variation bringt es für die Linke und die dritte für beide Hände wieder. So benutzt die achte Variation ein Spielmotiv für beide Hände, das die siebente zuvor der Linken gegeben, nimmt die einundzwanzigste Variation das Motiv der vorhergehenden aus der Linken in die Rechte. Das ganze Werk ist erfüllt von der Energie des selbstgewissen Meisters, der genau weiß, was er will; es trägt überall das Beethovensche Gepräge — und gleichwohl nirgends, weder im Ganzen noch Einzelnen ein Zeichen tiefern oder gar idealen Antriebs; der Meister hat eben prüfen und bewähren wollen, was er dem Spielbegehr des Instruments bieten könne. Aehnliche Arbeiten haben vor ihm Bach und Händel in ihrer Art (Bach mit vorherrschender Richtung auf Kanonik), nach ihm Mendelssohn in seinen meisterlich feingearbeiteten, wenn auch etwas einförmigen Variations sérieuses gegeben; er selber sollte die Aufgabe in höherm Styl später wieder aufnehmen.

Bevor wir ihm in sein wahres Gebiet folgen, dürft' es wenigstens für die, welche nicht Gelegenheit genommen haben, sich mit der Kompositionslehre näher bekannt zu machen, förderlich sein, sich einen raschen Ueberblick über die Gestaltungen zu verschaffen, in denen Beethoven sich offenbaren wird. Welche Wichtigkeit — man muß sagen: Unentbehrlichkeit — und Bedeutung die Kunstform, die Formen für den Künstler haben, darüber kann der außerhalb der Kunst stehende Dilettant, irre gemacht vielleicht von eben so kunstfremden Theoretikern, denen selber die Form ein Aeußerliches und deßhalb Zwingendes und Hemmendes geworden ist, sich unrichtige Vorstellungen machen, der Künstler nicht. Dem Künstler ist die Form nicht Gegensatz von Inhalt, sondern Gestaltung des Inhalts, mithin von demselben in der Wirklichkeit untrennbar Eins; nur der Verstand kann sie betrachtend scheiden, wie er an der untrennbareinen Erscheinung des Menschen Seele und Körper unterscheidet.

Was formlos im Geiste des Menschen vorhanden, das sind Regungen, Vorstellungen, die flüchtig entstehn, kaum angedeutet entschwunden sind, unfeste, unklare, unerfaßbare Vorgänge. Sie sind im Geiste, was im Weltall die kosmische Materie: der an sich gestalt= lose, bestimmungslose Stoff, der aber Alles wird, indem er (gleich= viel aus welcher Macht) zu Diesem und Jenem sich bestimmt, in einem Gegensatz — oder in viele auseinander tritt, und damit sich gestaltet. Denn Gestalt — Form gewinnen, ist nichts Anderes als: sich bestimmen, ein für sich Seiendes, von Anderm Geschiednes wer= den. Im Anfang war das Chaos. Daraus schuf, nach uralter Sage, Gott Himmel und Erde, schied das Licht von der Finsterniß. In solchen Gegensätzen bestimmte sich, gestaltete sich die Welt, die zuvor das Hegelsche All=Nichts war, dem das Werden fehlte.

Auch für die Kunst ist also die Form nicht des Inhalts Ge= gensatz, sondern dessen Bestimmung; ihr Gegensatz ist die Formlo= sigkeit, die nicht gestaltete, also nicht bestimmte und ihrem Wesen nach gar nicht bestimmbare Summe von Schallen, Klängen, Tönen, Lauten, rhythmischen Verhältnissen, die vorhanden sein und dem Geiste folgenlos vorüberschweben können. Man blicke auf die Tastatur, da liegen alle Töne bereit, die das Klavier bietet. Sie alle, und was sonst das Instrument zu geben vermag, sind nicht Musik, son= dern nur der Stoff, aus dem Musik werden kann. Was muß nun mit diesem Stoffe geschehn, damit er Musik werde? Unser Geist muß, künstlerisch erregt, ihn sich aneignen, in ihm und durch ihn sich künstlerisch bestimmen; wir müssen bestimmte Reihen dieser Töne aussondern und als ein für sich Bestehendes abschließen; wir müs= sen die Reihenfolge der Töne so oder anders (diatonisch, akkordisch, u. s. w.) bestimmen, den einzelnen Tönen diese, jene Zeitdauer, Stärke zumessen, kurz wir müssen die zuvor bestimmungslos dalie= gende Masse nach dem Antrieb' unsers Geistes gestalten. Damit wird sie Musik.

Wo findet sich aber das Gesetz für dieses Gestalten oder Schaffen? —

Wo anders, als im eignen Geiste des Künstlers? und für jeden

Künstler, in jedem einzelnen Falle, wo anders als im jedesmaligen Anhalte, der diesen Geist eben erfüllt und bewegt? Denn was der Künstler schaffen, hervorbringen soll, muß ja wohl zuvor in ihm vorhanden sein, kann nicht anderswoher genommen werden; sonst wär' seine Thätigkeit ja kein Schaffen oder Neubilden, sondern nur Wiederbringen oder Wiederholen.

Der künstlerische Geist ist also für sein Wirken eigner Gesetzgeber, er ist frei, sonst wäre sein Werk nicht das seinige; nur in sich selber, im Grundwesen des menschlichen Geistes, in der Vernunft, findet er seinen Bestimmungsgrund. Die Vernunft des Künstlers fodert und bewirkt diese vollkommene Einheit von Inhalt und Gestaltung; denn sie ist in jedem Menschen nur eine, muß also vor Allem auf Einheit in sich selber dringen. Sie ist die wahre Gestalterin. Sobald wir diesen Gedanken festhalten, ist der Schlüssel über das Wesen der Form und das Verhältniß des Künstlers zu den neuzubildenden oder bereits vorhandnen Kunstformen in unsern Händen.

Diese zugleich freie und vernunftgemäße Bethätigung ist selbstverständlich Beruf und Recht nicht dieses oder jenes, sondern eines jeden Künstlers; jeder ist hingewiesen auf dieses zugleich freie und vernünftige Wirken. Hieraus folgt sogleich, daß Jeder im Gestalten frei von jedem Andern ist, nicht gebunden an die Gestaltungsweise irgend eines Andern oder aller Andern; Jeder kann möglicherweise durchaus seinen eignen Weg gehn, und zwar in jedem einzelnen Unternehmen.

Hiermit scheint eine Unermeßlichkeit von Wegen und Formen sich zu öffnen. In der That müßte sie das Ergebniß der freien Bewegung Aller sein, wären nicht die Aufgaben, die sich den Künstlern stellen, und die Menschen selber nach geistigem Gehalt, nach Richtung und Stimmung einander so vielfach nahe gestellt und verwandt. Gleiche oder ähnlich geartete Menschen bei gleichen oder ähnlichen Aufgaben müssen gerade vermöge der Freiheit, mit der jeber von ihnen seinem Antriebe folgt, zu denselben oder einander nahe liegenden Wegen und Formen gelangen, selbst wenn sie gar nichts von einander wüßten. Dies letztere kann aber im Künstler= leben nicht lange und nicht ausgedehnt statthaben; schon die Luft an der Kunst reizt zur Theilnahme für fremde Werke; es bedarf kaum der Lehrer oder Rathgeber, oder der Nöthigung, am fremden Werke sich selber aufzuklären.

So liegt es denn in der Natur der Sache, daß die möglicher= weise unberechenbar verschiednen Gestaltungen in eine gewisse Anzahl von Gruppen zusammentreten von mehr oder weniger übereinkom= mendem Inhalt, folglich von mehr oder weniger zusammentreffender Bildung. Die verschiedenen Bildungen werden Kunstformen ge= nannt. Verschiedne Gruppen solcher Formen können in gewissen Grundzügen des Inhalts und der Gestaltung einander näher und von andern gesonderter stehn; diese zusammengenommen bilden dann im Kunstgebiete besondere Klassen oder Gattungen der Gestaltung. Innerhalb derselben Gruppe müssen aber nothwendig die einzelnen Werke neben dem ihnen Gemeinsamen auch noch ihren besondern Gehalt haben, sonst wären sie bloße Wiederholungen schon vorhand= ner Werke; dieser ihnen eigenthümliche Gehalt muß nothwendig zu einer Gestaltung führen, die von der allgemeinen eben so und eben so viel abweicht, wie der besondere Inhalt vom gemeinsamen. Der Künstler kann also innerhalb einer der schon vorhandenen Kunst= formen schaffen, ohne damit der künstlerischen Freiheit irgend ver= lustig zu gehn; er tritt in die vorhandne Kunstform, weil und soweit er sie seiner Aufgabe gemäß findet, er verläßt oder ändert sie, so= bald der eigne stets freie Geist es will. Dieses Wollen, dieses Bestimmen zu einer Form und ihrem Aufgeben oder Aendern tritt im Künstler als Trieb seines Gemüths hervor; der Geist und der jedesmalige Inhalt — der Gott nach antiker Vorstellung — der ihn erfüllt, ist das Bestimmende; darin aber erweist sich die Ver= nünftigkeit und Freiheit der Formbestimmung.

Die Summe nun der in irgend einem Zeitpunkte, z. B. bis auf heut' oder bis auf Beethoven vorhandnen Kunstformen ist weder das Werk noch das ausschließliche Eigenthum eines Einzelnen; alle bis dahin thätig gewesenen Künstler haben daran mitgearbeitet, jeder von ihnen und jeder nachfolgende jenem Trieb' und vernünftiger Erkenntniß folgend, jeder für sein jedesmaliges Werk eine bereits vorhandne Form bis auf einen gewissen Punkt gemäß findend oder nicht, und dann sie mit Vernunftnothwendigkeit aufgebend oder abändernd. In Beidem, im Ergreifen und Verlassen, waltet die künstlerische Freiheit und Vernünftigkeit; widervernünftig wär' es, wollte der Künstler die gemäße Form aus Originalitätssucht, weil sie schon vorhanden, meiden, oder der ungemäßen sich aus Aengstlichkeit und Unselbständigkeit unterwerfen. Beides hat kein wahrer Künstler auf sich genommen; jeder hat die bis zu ihm vorhandnen Formen verwendet oder verlassen, wie der Geist ihn trieb. Selbst mit Vorherbestimmung und Behagen ist das oft geschehn; Seb. Bach hat in seiner „Kunst der Fuge" eine Fuge in stilo francese, Mozart den Anfang einer Suite (Ouvertüre) dans le style de Mr. Händel und die erste Elviren-Arie in Don Juan (Ddur) auch in Händels oder Scarlattis' „Manier", Beethoven seine letzte Ouvertüre, Op. 124 im Jahr 1822, also nicht etwa in der Studienzeit, sondern auf der Höhe des Lebens, ebenfalls mit Vorbewußtsein (sogar von außen her, durch Schindlers Rath entschieden) in händelscher Weise geschrieben.

Wenn daher Beethoven (wie schon S. 29 gesagt worden) eine Zeitlang der Vorwurf gemacht worden, er schreibe „formlos", so liegt der Grund darin, daß man seine Form ganz äußerlich, ohne Rücksicht auf den neuen ihm gegebenen Inhalt, mit der der Vorgänger verglichen und die Abweichungen, statt ihre innere Nothwendigkeit zu erkennen, für Verirrungen und „Formlosigkeiten" gehalten hat. Und wenn man umgekehrt in späterer Zeit ihm dieselben Abweichungen von der Form der Vorgänger, das Hinausschreiten über die eignen frühern Werke zum Verdienst angerechnet hat, so ist die Wahrnehmung zwar durchaus richtig, deckt aber nichts auf, als was im Wesen der Kunst und des Künstlers und im Fortschritt beider nothwendig begründet und an allen Künstlern je nach dem Maaß und Bedürfniß ihrer geistigen Bewegung sichtbar ist. Man würdigt Beethoven nicht hoch genug, wenn man einzig dieses Hinausgehn über bisherige Formen als entscheidendes Moment hervorhebt. *)

---

*) Es liegt dabei stets die falsche Vorstellung zu Grunde, daß die Form nichts anders, als ein von außen Gegebnes, unfrei Machendes, ein Zwang sei, dem der Künstler sich entziehn oder trotzen müsse. Vor Andern ist es besonders Lenz, der in dieser Vorstellung unersättlich schwelgt. Ihm ist die Kunstform ein pedantisches Herkommen, eine Fessel, die gebrochen und mit Verachtung weggeworfen werden müsse; in der Formwissenschaft erblickt er besten Falls, statt in ihr die Logik der Kunst zu erkennen, eine Grammatik, also die Lehre einer unabänderlich gegebnen und geschlossenen Sprache, dem künftigen Vollender derselben winkt nach seiner Ansicht die Palme des trefflichen Grammatikers Zumpt. Jeden Augenblick muß in seinen sonst so verdienstlichen Schriften (B. et ses trois styles, Biographie, B. eine Kunststudie) Beethoven gegen diesen Windmühlen-Riesen Form und dessen Helfershelfer, die formbackenden Zwerge, die Lanze einlegen — wobei nur vergessen wird, daß niemand anders, als die Künstler selber, Beethoven mit eingeschlossen, dieses „Herkommen" geschaffen und in ihm ihre sichernde Stellung gefunden haben, ohne daran ihre Freiheit zu verlieren. Anders erscheint dies in Lenzens Vorstellung. „Wie Götz von Berlichingen auf der Rathsversammlung zu Heilbronn rüttelt Beethoven an den geschlossenen Thüren des Zunftzwangs in der Kunst, daß sie aus ihren Angeln weichen und dem Licht des Tages freien Zutritt gestatten müssen..... All' die säuberlich numerirten Kästchen und Schächtelchen einer musikalischen Wissenschaft, welche sich schämen soll, für die Theorie des Schönen zu gelten, die Hebammenhülfe der Schulen, der Opernzopf, das Liedzöpfchen, der Sonaten- und Quartettzopf, der Ouvertüren- und Symphonienzopf, das Niet- und Nagelfeste des ganzen eisernen Inventariums, der historisch gegebne Schutthaufen der Kunst, war unter die Stampfe Beethovens gerathen und erlag hier der unwiderstehlichen Gewalt des Geistes, um den Anforderungen des selbstberechtigten Schönen Platz zu machen." Anderswo ist von Beethovens „genialen Auflehnungen gegen alle traditionelle Form überhaupt" zu lesen, ja Beethoven erscheint ihm wohl gar voll Uebermuth und Schadenfreude, gleich einem keck-aufsätzigen Schüler, gegen „Satzung" und Gesetzkundige. So, wenn der Meister $^2/_4$ und $^3/_4$ mischt — „was die Musikmagister zu seiner Herzensfreude recht erstaunte und den genialen Mann von den Kunstgenossen schier steinigen ließ. Seht auf's Papier, mochte der große Geist mehr als einmal geantwortet haben, daß es in euren dummen Ohren wie zwei Viertel klingt, ist mir

Loslassen von Formen kann auch Willkühr oder Originalitätsfucht, oder Unwissenheit und Ungeschick in der Form sein. Dies Loslassen für sich allein genommen, ist also nicht Freiheit, nicht Künstlerthum.

ganz lieb." So, in Bezug auf die Menuett der B dur=Symphonie: „die alte Magister sammt ihren respektiven Schulgebäuden weg= und hinreißende minuetto... In einem Raptus des vollmächtigsten Genies wird hier die alte Menuett gründ= lich verspottet und nur zum Zeichen des Beethoven=Sieges über einen neuen Begriff der Name der alten (Minuetto) stehen gelassen, wie der Waidmann das Fell des getödteten Gethiers an die Wand nagelt".

Nehmen wir an, daß Beethoven von andern Vorstellungen und Trieben bewegt worden, als von der Luft an Windmühlenkämpfen; denn Theorien und „Magister", wie Lenz sie sich vorphantasirt, existiren gar nicht, höchstens Rezen= senten alten Zuschnitts, wie Lenz deren aus der alten musikalischen Zeitung und andern Journalen zusammengelesen, können zu seinem Bilde gesessen haben.

Die Sache verdiente keine Erwähnung, wenn nicht in neuester Zeit diese „Formbrecher=Theorie" von solchen geprebigt und an die mißverständliche Auffas= sung Beethovens geknüpft worden wäre, denen sie zum Schirm eigner Form, versäumniß dienen soll. Wie milb und sinnig ein Künstler die Sache anschaut, giebt Lenz selber in einem Briefe von Liszt an ihn aus dem Jahr 1852 ban= kenswerth zu lesen, der zunächst an die lenzische Vorstellung von drei Stylen Beet= hovens anknüpft, von dieser aber auf die tiefgreifenden Begriffe von Form und Freiheit übergeht.

„Sil m'appartenait de cathégoriser les divers termes de la pensée du grand maître, je ne m'arreterais guère à la division des trois styles, mais prenant simplement acte des questions soulevées jusqu'ici, je pose- rais franchement la grande question, qui est l'axe de la critique et de l'estétique musicale au point, où nous a conduit Beethoven: à savoir, en combien la forme traditionelle ou convenue est nécessairement dé- terminante pour l'organisme de la pensée? Ma solution de cette question, telle qu'elle se dégage de l'oeuvre de Beethoven même, me conduirait à partager cette oeuvre non pas en trois styles ou periodes, mais en deux cathégories: la première, celle où la forme traditionelle et conve- nue contient et régit la pensée du maître: et la seconde, celle où sa pensée étend, brise, recrée et façonne au gré de ses besoins et de ses inspirations la forme et le style. Sans doute en procédant ainsi nous arrivons en droite ligne à ces incessants problèmes de l'autorité et de la liberté. Mais pourquoi nous effraiyeraient-ils? Dans la région des arts libéraux ils n'entreraient heureusement aucun des dangers et des des- astres que leurs oscillations occasionnent dans le monde politique et social, car dans le domaine du beau le genie seul fait autorité, et par là, le dualisme disparaissant, les notions d'autorité et de liberté sont

Einen höhern Beruf hatte Beethoven zu erfüllen. Als wahrer, ge=
bildeter und getreuer Künstler ging er auf die vor ihm geschaffenen
Formen ein und vollendete sie, indem er mit seiner ganzen Energie
sie füllte. Wo sie aber nicht seinem geistigen Inhalt entsprachen,
da ging er über sie hinaus, erweiternd oder neue Formen schaffend,
— ja bis dorthin, wo die Bestimmtheit der Formen entschwinden
muß, weil der Geistesblick des todesnahen Künstlers in hinüber= und
zurücklangenden Ahnungen dahinstirbt vor den unabreichbaren Fernen,
die den letzten Horizont, aus Lichtnebeln und Dämmerung gewebt,
des Menschen bilden.

Welche Formen also, war S. 79 die Frage, die hier schärfer
gestellt wird, sind es, in die Beethovens wichtigste Thätigkeit ein=
treten sollte? Zu welchem Punkte war der Gedanke der Form,
wenn auch nicht in den Lehrbüchern, doch in den Kunstwerken, also
thatsächlich, entwickelt?

Dies sei mit flüchtigen Umrissen hier bezeichnet, ehe die künst=
lerische und Lebenslaufbahn des Meisters weiter verfolgt wird.

1. Jede musikalische Schöpfung entwickelt sich gleich den Or=
ganismen der Natur aus einem Keim, der aber schon, wie die Keim=
bläschen oder Zellen des Pflanzen= und Thierreichs, Gestaltung, Ver=
einigung von zwei oder mehr Einzelheiten, (Tönen, Akkorden, rhyth=
mischen Momenten), Organismus sein muß, um Organismen den
Ursprung geben zu können. Ein solcher Keim wird Motiv genannt;
auf einem oder mehr Motiven beruht jede Komposition; zur An=
schauung für Neulinge diene dieses Motiv,

aus dem der erste Satz von Beethovens Cmoll=Symphonie großen=

---

ramenées à leur identité primitive. Manzoni en définissant le génie
„une plus forte empreinte de la Divinité" a éloquémment exprimé cette
même vérité.

theils erwachsen ist. Das Motiv kann Keim eines Tonwerks sein, aber es ist nicht selber ein Tonwerk denn es ist ihm noch keine Folge gegeben, es hat noch nicht fortgelebt.

2. Das Motiv kann in mancherlei Weisen, nach mancherlei Richtungen wiederholt, fortgeführt werden. Hier spricht sich schon bleibende Theilnahme des Geistes aus; er hat das Motiv nicht blos gefaßt, sondern er beschäftigt sich auch damit, er bildet daraus, wenngleich zunächst ohne bestimmtes Ziel, ohne bestimmten Willen; es ist sein Spiel, das er mit dem Motive treibt. Diese Gestaltung hat den Namen Gang erhalten; die erste, beste soge= nannte Passage aus einer Sonate, eine gleichartig motivirte Akkord= folge kann als Beispiel dienen.

Der Gang ist Fortbewegung des Motivs, aber in sich selber ziellos; er hört irgendwo auf, wie Alles irgend einmal aufhören muß, weil Kraft, Zeit oder Lust ausgeht, oder irgend ein äußerlich Ziel erreicht ist; in sich selber hat er kein Ziel. Er ist Tongestal= tung, aber noch nicht Tonwerk, weil er ziellos, also an sich unselb= ständig und unfertig ist; er kann Theil eines Tonwerks sein, nicht mehr.

3. Daher hat der Gang in sich selber keine Befriedigung, das Fortgehn sucht vielmehr Befriedigung. Indem der Geist Befriedi= gung sucht, muß er bestimmen, was ihn befriedigen kann, muß er sich bestimmen für dieses ihn Befriedigende. Er hebt also aus allem ihm möglicherweise Vorschwebenden einen Theil heraus und schließt ihn ab als das, was ihn befriedigt. Dieser Abschluß ist nicht ein äußerlich motivirtes Aufhören oder Ablassen, weil man nicht weiter mag oder kann, wie bei dem Gang', es ist ein innerlich bestimmtes. Dieses hier Abgeschlossene — nicht mehr und nicht weniger und nichts Anderes — hat man gewollt, und das ist hiermit festgesetzt.

Ein solches in sich eines und festgeschlossenes Gebilde heißt Satz. Er ist die erste selbständige, nämlich an sich selber bestehen

und befriedigen könnende Tongestaltung, kann, wär' er auch nichts
Bedeutenderes, als diese

geringen Beispiele, möglicherweise für sich allein ein Tonwerk sein.
Welche Bedingungen für den Abschluß eines Satzes nach dem Wesen
der Musik zu erfüllen sind, sagt die Kompositionslehre.

Gang und Satz sind die beiden Grundgestaltungen oder Grund=
formen aller Musik; es kann keine dritte geben außer der einen,
die Befriedigung, und der andern, die nicht Befriedigung in sich trägt.

Beiläufig kann man hier schon gewahr werden, daß die Form an
sich selber keinen Zwang übt. Zwang fände statt, wenn Jemand
(wer?) dem Komponisten sagte: Du sollst Gänge, oder: Du sollst Sätze
bilden. Die Wissenschaft von den Formen gebietet weder dies noch An=
deres, sie weiset nur die vorhandenen oder möglichen Gestaltungen auf
und spricht ihren Sinn aus, Wahl und Verwendung überläßt sie dem
Ausübenden. Einzig dies ist vom Anfang bis zum Ende ihr Geschäft;
selbst das Urtheil über Werke und Komponisten liegt außerhalb ihrem
Gebiete, findet aber allerdings in ihr einen kaum zu entbehrenden Anhalt.

4. Da es ungezählt viel Motive und Verwendungsarten für
das Motiv (auch Wechsel und Verknüpfung verschiedener Motive)
giebt so sind auch ungezählt viel Gänge und Sätze möglich.

Zwei oder mehr Sätze können in blos äußerlicher Anreihung
einander folgen, entweder ganz zusammenhanglos oder mit einem
gewissen Maaße von Beziehung auf einander, durch Gleichheit des
Rhythmus, der Tonart u. s. w., wie das vorstehende Beispiel zeigt.

Es können aber auch zwei Sätze in engere Beziehung zu ein=
ander treten, indem der eine Satz durch unvollständigen Abschluß
auf einen zweiten hindrängt, in dem volle Befriedigung gegeben und
vollkommner Abschluß erreicht werden soll, oder indem unter gleicher

Form der erste Satz sogar seinen Gegensatz (das ihm, z. B. der Tonrichtung nach, Entgegengesetzte und doch ihm Entsprungene und Eigene) hervorruft, mithin, wie dieses kleine Beispiel zeigt,

beide Sätze zu einander in engster Beziehung stehn.

Ein solches Satzpaar heißt Periode, die verbundenen Sätze heißen Vorder- und Nachsatz. Möglicherweise können auch vier (zweimal zwei!) ja drei und mehr als vier Sätze zu einer Periode zusammentreten; die Zweizahl der Sätze ist Urgestalt der Periode und ihrer schärfsten Ausprägung in Satz und Gegensatz am günstigsten.

Die lockere Folge von Sätzen gewährt die ersten und einfachsten zusammengesetzten Kunstformen. Bei Gelegenheit der Periode ist zum Vorschein gekommen, daß ein Satz auch minder vollkommen und minder befriedigend schließen kann, damit aber auf ein Weiteres, auf einen folgenden Satz hinweiset, der vollkommne Befriedigung und vollkommnen Abschluß bringen werde.

Zum letztenmale sei die Gespensterseherei des Formzwangs zur Ruhe gebracht. Nicht einmal vollkommner Abschluß oder Nachfolge eines ihn bringenden Satzes ist befohlen oder Herkommens, wiewohl das Verlangen danach in den meisten Fällen naturgemäß sich meldet. Das goethesche wunderschöne Gedicht „Der untreue Knabe" giebt in seinem Abbrechen

„Die wend't sich —"

ein glorreich Beispiel der Abweichung, deren auch in der Musik von Seb. Bach her genug zum Vorschein gekommen sind.

5. Die Sätze schon, die sich in der Periode zusammenstellen, sind Theile des Ganzen, jeder vollkommen oder weniger vollkommen in sich abgeschlossen. In ganz gleicher Weise schreitet die Komposition zur Bildung und Verbindung größerer Theile eines Ganzen.

Auch die Periode kann bei der ungezählten Vielheit möglicher Ge=
staltungen den in ihrem ersten Satz' angelegten Inhalt nicht er=
schöpfen; ihr kann eine zweite Periode folgen, entweder fremden
Inhalts (das wäre blos äußerliches Aneinanderreihen, wie oben bei
dem Satz' erwähnt worden) oder von verwandtem, an ihren eignen
anknüpfenden, ihm selber entsproßnem Inhalte.

Im letztern Fall' ist ein Tonwerk oder Satz von zwei Thei=
len erwachsen, deren jeder entweder Satz oder Periode sein kann.
Man muß sich (dies sei hier ein= für allemal bemerkt) gefallen lassen,
daß der Ausdruck „Satz" für immer größere Tongebilde, die mehr
oder weniger selbständig ein Zusammengehöriges, in sich Abgeschlosse=
nes sind, als Benennung dient.

6. Die Energie des zweitheiligen Satzes beruht darauf, daß
der zweite Theil seinen Inhalt aus dem ersten nimmt. Ihre höchste
Stufe erreicht sie offenbar, wenn der ganze Inhalt des ersten Theils
vollständig wiederkehrt. Dies kann aber, da der zweite Theil doch
irgend einen eigenen, wenngleich aus dem ersten hervorgebildeten
Inhalt haben muß (sonst wär' er bloße Wiederholung des ersten
Theils, kein besonderer zweiter), nur durch einen neuen Fortschritt
geschehn; es muß nach dem zweiten Theil der erste wiederholt wer=
den, so daß nun drei Theile dastehn. So ist aus dem zweithei=
ligen der dreitheilige Satz entstanden. Hiermit ist nicht blos
größere Ausdehnung, sondern auch festeste Abrundung errungen;
denn man ist zum Ursprung des Ganzen in vollständigster Dar=
stellung zurückgekehrt. Nenne man den ersten Theil **A** den zweiten
B, so zeigt dieses Schema

Theil 1.	Theil 2.	Theil 3.
A	**B**	**A**

den Bau des Ganzen in seiner Vollständigkeit und energischen Be=
festigung.

7. Alle bisher aufgewiesenen selbständigen Gestaltungen haben
in ihrer kräftigsten Bildung einen einheitvollen, einigen Inhalt, der

in Satz= oder Periodenform, in Zwei= oder Dreitheiligkeit her=
vortritt. Sie alle werden von der Kompositionslehre unter dem
Namen Liedsatz zusammengefaßt, gleichviel, ob sie für Darstellung
durch Gesang oder durch Instrument bestimmt sind; ihr Karakterzug
ist nächst der Form die Einheit des Inhalts.

Ihrem wesentlichen Inhalte kann, ohne daß damit der Begriff
aufgehoben würde, noch beiläufig ein Nebensatz zugefügt werden, —
entweder zu Anfang als Einleitung, oder zum Schluß' als An=
hang. Es kann die Schlußformel (jene Verbindung von Harmo=
nien, die nach der Natur der Musik den Schluß eines Satzes bil=
den) verbreitert, wiederholt, ja zu einer selbständigen Gestalt, zu
einem Schlußsatze melodisch=harmonisch=rhythmisch ausgebildet und
damit das Ganze — in dreitheiliger Form also der dritte Theil,
vielleicht (weil ja der erste Theil die Hauptsache und der dritte nur
seine Wiederholung ist) vorbedeutend auch der erste Theil — fester
abgerundet werden.

8. Jeder Satz (Periode, Liedsatz ein für allemal inbegriffen)
kann vermöge der Unerschöpflichkeit musikalischer Gestaltung mehr=
mals, vielmals umgestaltet und mit einer Reihe solcher Umgestal=
tungen zu einem größern Ganzen zusammengefaßt werden. Bekannt=
lich heißt ein solches Tonwerk: Variationen und der zum Grunde
liegende Satz: Thema.

9. Es ist schon gesagt, daß verschiedne Sätze und Perioden
aneinandergereiht werden können; dasselbe gilt von zwei= oder drei=
theiligen Liedsätzen. Soll die Verbindung nicht blos äußerlich ge=
schehn, so muß irgend etwas die innere Einheit feststellen. Dieses
Etwas kann nicht zunächst in der Gestaltungsweise liegen, da jeder
Liedsatz die (wenngleich nicht ausnahmlose) Bestimmung in sich
trägt, sich für sich abzuschließen; es kann also nur im Inhalte ge=
funden werden, indem ein Theil desselben als Hauptsache, als das
Wesentliche, Vollbefriedigende und Entscheidende gefaßt wird, wie
im dreitheiligen Liedsatze der erste Theil. In der Verknüpfung von

Liedsätzen kann nur der erste Liedsatz Hauptsache sein, da er zuerst Komponisten und Hörer gefaßt und sich in ihnen festgesetzt hat. Der zweite Liedsatz muß deßhalb naturnothwendig zunächst nur als Abweichung, Abfall vom ersten gefaßt werden; der erste wird daher Hauptsatz genannt, der zweite hat herkömmlich den Namen Trio. Die Dreitheiligkeit kehrt, wie dieses Schema zeigt,

HS   T   HS

wieder, nur für erweiterte Verhältnisse; das Ganze kann möglicher= weise 6 bis 9 Theile fassen.

Man kann diese Form abermals erweitern, indem man von der Wiederholung des Hauptsatzes zu einem zweiten Trio vorschrei= tet, worauf nothwendig der Hauptsatz, wie dieses Schema zeigt,

HS   T 1   HS   T 2   HS

nochmals wiederkehrt.

10. Man muß schon inne geworden sein, daß den vorstehen= den Verknüpfungen verschiedener Liedsätze das feste innere und zu= gleich äußerlich ausgeprägte Band fehlt, das sie zu einer geschlosse= nen und ohne Zerrüttung des Ganzen unauflöslichen Einheit ver= knüpft; möglicherweise könnte man das Trio weglassen, oder sogar mit dem Trio schließen (wenn auch mit geringerer Befriedigung) ohne den Hauptsatz — oder mehr als einen Theil, vielleicht nur eine Andeutung von ihm wiederzubringen. Offenbar deutet aber die vorige Form schon auf die neue. Es soll von einem Liedsatze, der als Hauptsatz gilt, abgegangen, über ihn hinausgegangen werden, — einstweilen unbestimmt wohin oder wie; da er aber als Hauptsatz gelten soll, muß man zu ihm zurückkehren. Und dies Alles — oder wenigstens die Rückkehr soll in unauflöslicher Einheit geschehn. Diese neue Art heißt Rondo. Sie umfaßt verschiedene Arten.

10a. Nach dem Hauptsatze drängt es den Komponisten weiter, er hat noch etwas auszusprechen: was? — das ist ihm selber noch unklar, also etwas Unbestimmtes. Die Form des Unbestimmten ist aber (S. 87) der Gang; nach dem Hauptsatze folgt ein Gang.

Allein das Unbestimmte, in sich Ziellose und Unabgeschlossene kann nicht schließen, zumal nach einem Hauptsatze, der in sich befriedigend und Hauptsache des Ganzen ist. Folglich muß der Gang zum Hauptsatze zurückführen; er thut das, indem er (in der Regel, nicht ohne Ausnahme) sich auf den Ton lenkt, (es ist die Oberdominante) der — oder dessen Harmonie in den Hauptton, nämlich den Ton des Hauptsatzes, hineindrängt, auf demselben, vielleicht mit energischer Ansammlung oder Entwickelung von Harmonien (Orgelpunkt) weilt, und dann den Tonstrom mächtiger in den Hauptsatz zurücklenkt.

Dies ist die erste Rondoform; sie ist wegen ihrer unbestimmten Mittelpartie (des Ganges) nur selten angewendet worden; das nachfolgende Schema

$$\text{HS} \qquad \text{G} \qquad \frown \qquad \text{HS}$$

(in welchem der Orgelpunkt durch das Zeichen $\frown$ angedeutet ist, zeigt sie im Grundrisse.

10b. Nach dem Hauptsatze kann der Gang nicht mehr befriedigen; es tritt ein zweiter Liedsatz, Seitensatz genannt, auf. Allein nicht in ihm, nur im Hauptsatze kann volle Befriedigung gefunden werden und beide müssen sich nach der Bestimmung der Rondoform vereinen; der Seitensatz muß, statt sich befriedigend anzuschließen, seine Selbständigkeit aufgeben. Er löst sich, wo man Schluß erwarten oder voraussetzen sollte, in Gang auf, lenkt sich, wie der Gang in 10a, auf die Dominante, in den Orgelpunkt und in den Hauptsatz. Hier

$$\text{HS} \qquad \text{SS} \qquad \text{G} \qquad \frown \qquad \text{HS}$$

ist das Schema dieser zweiten Rondoform, die offenbar dem Liedsatz mit einem Trio (9) gleicht und nur durch den verschmelzenden Gang darüber hinausgeht.

10c. Wie nun oben (9) neben dem Haupt=Satze zwei Trio's möglich befunden worden sind, so zeigt die dritte Rondoform die Verwendung von zwei Seitensätzen, deren jeder das Bedürfniß nach dem Hauptſatze zurückläßt und ganghaft zu ihm zurückleitet. Das Schema

HS   SS 1   G   ⁀   **HS   SS** 2   G   ⁀   **HS**

giebt in Verbindung mit dem Vorhergehenden die nöthigſte Anſchauung.

10 d. Betrachtet man vorſtehendes Schema, ſo muß einleuchten, daß der erſte Seitenſatz am ungünſtigſten geſtellt iſt; der Hauptſatz erſcheint dreimal, der zweite Seitenſatz vor dem letzten Auftreten des Hauptſatzes, der erſte Seitenſatz wird durch den zweiten und durch zweimaliges Auftreten des Hauptſatzes verdrängt. Findet er nun dauernden Antheil, ſo mag er nach dem letzten Auftritte des Hauptſatzes wiederkehren. Dies ergiebt die vierte Rondoform, deren Schema ſich ſo

HS   SS 1   G   ⁀   **HS   SS** 2   G   ⁀   **HS   SS** 1

darſtellt.

Hier iſt es Zeit, eine Bemerkung zu machen, die ſchon bei 9. Anwendung gefunden hätte, jetzt aber nicht mehr entbehrt werden kann.

Sobald nämlich verſchiedene Liedſätze zu einem größern Ganzen zuſammentreten, wollen ſie ſich in ihrer Verſchiedenheit kräftig und klar erhalten, nicht in einander verſchwimmen; jeder tritt ſogleich mit ſeinem eignen Inhalt und Karakter vor den Komponiſten. Dies ſpricht ſich unter anderm darin aus, daß jeder der Liedſätze in ſeiner beſondern Tonart auftritt. In welcher? — Auch dafür giebt es kein zwingendes Geſetz, der Inhalt des Satzes entſcheidet. Gleichwohl ſtehen die Sätze nicht vereinzelt, ſie ſind Theile eines größern Ganzen; dies — alſo wieder die Natur der Sache — bedingt die Verknüpfung von Tonarten, die Beziehung auf einander haben, zu fremde würden der Einigung zu einem Ganzen widerſtreben. Man wird daher in der Regel die Seitenſätze in andre, aber nahegelegene Tonarten geſtellt finden, — und zwar (aus Gründen, die hier bei Seite bleiben müſſen) den erſten Seitenſatz der vierten Rondoform in die nächstgelegene (nächstverwandte) Tonart. Kehrt nun derselbe zum Schlusse wieder, so kann er nicht seine eigne Tonart behaupten, sondern muß sich als Theil dem Ganzen fügen und dessen Tonart annehmen.

Hiermit tritt zum erstenmal ein Satz in zwei Tonarten auf, nimmt also, wie hoch oder gering man den Einfluß der Tonart anschlage, einen verschiedenen Karakter an.

Beiläufig sei angemerkt, daß man die vierte Rondoform zur Bekräftigung des Abschlusses gern noch durch einen Anhang (oben bei 7. erwähnt) fester abrundet, der auch den frühern Rondoformen oft gegeben wird.

10e. Wirft man noch einen Blick auf das letzte Schema, so zeigen sich drei größere Partien an demselben. Die erste (dem Rondo zweiter Form gleich) schließt mit der Wiederholung des Hauptsatzes; die zweite wird durch den zweiten Seitensatz dargestellt, der nur einmal auftritt und deßhalb, damit er nachhaltig wirke, voll und kräftig ausgeführt wird; die dritte Partie bildet sich aus dem letzten Auftritte des Haupt= und der Wiederholung des ersten Seitensatzes. Im Gegensatze zum einmaligen Auftreten des zweiten Seitensatzes erscheint der Hauptsatz dreimal.

Dies kann, besonders bei lebhaft vordringender Bewegung, lästig, ungehörig befunden werden. In solchem Fall erspart man die zweite Aufstellung des Hauptsatzes und giebt der ersten Partie statt des wegfallenden Hauptsatzes, der sie bisher beschlossen, einen besondern Schlußsatz (unter 7 erwähnt) der natürlich in der Tonart des Seitensatzes steht und am Ende der dritten Partie, nun natürlich im Hauptstone, wiederkehrt. Dies ist die fünfte Rondoform, deren Schema

HS	**SS**1	G	**Sz,**	**SS**2	G	⌢ ,	**HS**	**SS**1	**Sz**
Cdur	Gdur		Gdur	Cmoll			Cdur	Cdur	Cdur
				Amoll					
				Fdur ꝛc.					

hier zu letzter Verdeutlichung mit der Angabe bestimmter Tonarten (an die man übrigens nicht gebunden ist) versehen ist.

So hat die entwickelte Rondoform abermals zur Dreitheiligkeit geführt.

11. Der erste und dritte Theil der fünften Rondoform stehen abgeschlossen und in großer Einheit ihres Inhalts da, der zweite Theil ist nicht in sich abgeschlossen und tritt mit seinem eigenthümlichen Inhalt fremd in das Ganze hinein. Man kann für gewisse Fälle Vereinfachung und ungestörtere Einheit nothwendig finden. Den ersten Weg dazu bietet die Sonatinenform. Sie hält Theil 1 und 3 der fünften Rondoform fest und wirft den frembartigen mittlern Theil aus, geht also auf Zweitheiligkeit zurück und erreicht das Ziel durch Aufopferung. Sie dient besonders leichten Aufgaben zur gemäßen Gestalt.

12. In höherer Weise wird die obige Absicht durch die Sonatenform*) erreicht. Sie behält Theil 1 und 3 der fünften Rondoform bei, bildet aber einen zweiten Theil aus dem Inhalte des ersten, also aus dem Hauptsatze, Seiten- oder Schlußsatze, oder aus zweien dieser Sätze, oder Allen, die sie umstellt, (in andre Ordnung bringt) in andre Tonarten versetzt, verändert.

Nur in den flüchtigsten Umrissen haben diese Formen hier gezeichnet werden dürfen; gründlichern Einblick gewährt die Kompositionslehre.

Noch flüchtiger nur dürfen die der Polyphonie entspringenden Formen mit ihren zwei oder mehr Stimmen von selbständigem Gehalt betrachtet werden, und zwar von ihnen nur zwei, weil Beethoven sich nur ihrer zu selbständigen Sätzen bedient hat. Es ist

13. Der Kanon, in dem eine oder mehrere Stimmen die

---

*) Sonatinen- und Sonatenform sind nicht zu verwechseln mit Sonatine und Sonate. Letztere sind bekanntlich Namen für Kompositionen, die aus zwei oder mehr verschiedenen Sätzen bestehn; Sonatinen- und Sonatenform sind Namen für besondere Gestaltungen eines einzigen Satzes.

ganze von einer erften Stimme vorgetragene Melodie Ton für Ton
nachfingen, während die vorangegangene Stimme noch mit dem Ver=
folg ihrer Melodie befchäftigt ift. Wenn man fich die Buchftaben
a b c als Melodie vorftellt, fo würde ein dreiftimmiger Kanon fich fo

1. a   b   c
2.   a   b   c
3.   a   b   c

darftellen; es ift gleichgültig, welche Stimme man als erfte einführt
und es bleibt hier unentfchieden, was jede Stimme nach den oben
bezeichneten Momenten weiter vorträgt, ob vielleicht die erfte Stimme
(und nach ihr die andere) wieder mit a einfetzt, oder fchließt, gleich=
viel in welcher Weife.

Man wird leicht gewahr, daß im Kanon die Melodie befon=
ders eingerichtet, daß ihre mit Buchftaben bezeichneten Beftandtheile,
a b und c nicht blos in melodifcher Aufeinanderfolge, fondern auch
in gleichzeitigem Zufammentreffen zu einander paffen müffen. Dies
erfodert eine mehr oder weniger fchwierige künftliche Einrichtung,
die dem freien künftlerifchen Ergehn leicht ftörend werden kann;
im glücklichften Falle bietet die Form ein finnreich Spiel von Stim=
men, die denfelben Inhalt, eine nach der andern von ihm einge=
nommen (eingenommen, denn jede ift unfrei, an ihn und die Ord=
nung des Ganzen gebunden) in verfchlungenem Reigen vorüberfüh=
ren. Nur Seb. Bach hat auch diefer Form einmal tiefen Sinn
eingegeben; Beethoven hat fie nur leicht behandelt.

Ungleich bedeutender, der Gipfel aller polyphonen Geftaltun=
gen, ift

14. die Fuge. Ein Gedanke, Thema genannt, ergreift eine
Stimme nach der andern; aber diefem Thema, das der Kern der
ganzen Kompofition ift, ftellen die Stimmen nach freiem Antrieb
andre Sätze (Gegenfätze) entgegen, verlaffen es auch (in Zwi=
fchenfätzen) zeitweis, um fpäter wieder zu ihm zurückzukehrenund=
fo — nach Erfodern einmal oder mehrmals — das Thema ihren

Kreis durchschreiten zu lassen (Durchführung) und endlich mit ihm oder frei zu schließen. Hier ist Dramatik, freie Betheiligung selbständiger Stimmen oder Personen in fester Einheit des Alle erfüllenden Grundgedankens (Thema's) und der Freiheit, von ihm abzulassen. In der Bach-Händel'schen Periode war die Fuge nach innerer Nothwendigkeit vorwaltende Form; die neuere Musik von Haydn bis Beethoven, und die jüngern Künstler, Mendelssohn an der Spitze, haben sie nicht entbehren können, sondern bald selbständig aufgestellt, bald ihren Sonatenformen (Symphonien u. s. w.) eingemischt.

Die Doppel= und dreifache oder Tripel=Fuge behandelt in gleicher Weise zwei und drei Themate (Subjekte) nebeneinander.

Dies waren die Formen, in die Beethoven eintreten sollte. Welchen Inhalt er ihnen eingegossen und wie dieser Inhalt sie erweitert, ja zum Theil verwandelt hat? diesen zweiten Theil der Frage (S. 86) beantwortet sein Leben und Schaffen.

————

Der Eintritt in die Laufbahn.

Mit dieser Ausrüstung trat Beethoven auf die Bahn, die zunächst Haydn und Mozart ihm eröffnet hatten.

Eins unterschied ihn sogleich von seinen großen Vorgängern. Sie hatten ihre Thätigkeit zwar nach allen Seiten ausgebreitet, vorzugsweis' aber der Vokalmusik zugewendet, während Beethoven seinen Beruf wesentlich und mit großer Bedeutung im Gebiete der Instrumentalmusik fand. Den zahlreichen Opern und Kirchenmusiken Haydns und Mozarts hat er wenig, den Oratorien seines ehemaligen Meisters nur eins gegenüberzustellen, und das von zweifelhafter Bedeutung. Jene Meister haben ihre höchste Entfaltung — Haydn in den Oratorien, Mozart in den Opern gefunden; neben diesen Schöpfungen erscheinen ihre Instrumentalwerke zweiten Rangs. Das umgekehrte Verhältniß zeigt sich bei Beethoven. Ja, wenn er auf dem Gipfel seines Strebens die Vokalmusik herbeiruft, um mit ihrem trostvollen Herzutritt das Räthsel seiner Schmerzen und seines Lebens in der neunten Symphonie zu lösen, oder in ihr sein Hochamt zu feiern und sein Glaubensbekenntniß niederzulegen, dann verkennt er das einst so traute Wesen, wie dort in Goethe's Prometheus aus trübem Schlummerleben Epimetheus das trostvolle Hoffnungs=

7 *

bilb, die nähertretende Elpore nicht mehr erkennt, die er in seinen Träumen mit Entzücken geschaut und sehnsuchtvoll näher herbei=gerufen.

Die Lebensstellung und Art der drei Männer schärfte den Ge=gensatz des jüngern gegen die ältern. Haydn war aus dürftiger Jugend in Dienste, zuletzt fürstlich esterhazi'sche, getreten. Er war hier eingelebt und befriedigt. Die Esterhazi und andere Reiche vom Adel hielten sich damals, wie noch jetzt in Rußland und wie in Deutschland jetzt nur noch regierende Fürsten, Kapellen und Kapell=meister, die nicht blos bei den Festen des Hauses, sondern auch, wenn die Familie oder der Herr allein war, wohl gar allabendlich Musik machen, den Herrn unterhalten und dazu Neues liefern muß=ten. Hiermit wird jenes Heer von 118 oder 140 Symphonien Haydns und der Hunderte, die neben ihm geschrieben wurden, be=greiflich: der Verbrauch lag in den Verhältnissen. In gleichem, nur zugleich entwürdigendem Dienste stand Mozart bei dem Erzbischof von Salzburg, Hieronymus Kolloredo. Wie Haydn durch seine Ge=wöhnung von Kindheit auf, so ward Mozart durch die unabläßigen Mahnungen des Vaters darauf hingewiesen, sich gefällig zu erwei=sen, Allen zu gefallen, um zu erwerben und die oft genug ihm vor=gerückten väterlichen Opfer und Schulden zu vergüten. Dazu ka=men die Ansprüche der zahlreichen Akademien, mit neuen Konzerten und Symphonien ausgestattet, der Virtuosen und Liebhaber, der Schüler und Gönner, mit Neuigkeiten unterstützt, unterhalten, beehrt zu werden!

Sprechen wir es geradezu aus: Unterhaltung mit Musik ist der durchgehende Karakterzug all' dieser Tonwerke, allerdings ge=hoben durch den unerschöpflichen neckischen Humor und die kindliche Glückseligkeit Vater Haydns, allerdings geadelt durch Mozarts über=reich ausgestattete Natur, durchleuchtet durch die Genieblitze eines Alles, was er berührte, dem Ideal nahebringenden Geistes.

Nicht blos das Leben und die Menge der Werke, nicht blos

jene Dieselbigkeit in Haydns Symphonien, deren immer eine die andre mit andern Worten wiederholt, oder sonstige allgemeine Beobachtungen bestärken diese Ansicht; sie läßt sich bis in das Innere der Werke verfolgen, wenn Empfänglichkeit für den Inhalt sich mit klarer Anschauung des Baues verbindet.

Treten wir zunächst an die reine Klaviermusik, so zeigt sich bei Mozart und Haydn (denen allerdings nur unergiebigere, nach unsern Vorstellungen höchst gebrechliche und stumpfe Instrumente zu Gebote standen und deren Zeit noch weit von der Höhe jenes Spielgeschicks entfernt war, die Beethoven theils vorfand, theils anstreben ließ) ein so beschränkter Gebrauch von den Kräften des Instruments, daß man damit ein freies Ergehn der schöpferischen Phantasie schwer vereinbaren kann. Wohl mag unser Urtheil, die wir in einer gerade technisch so weit vorgeschrittenen Zeit stehn, für die Technik jener Zeit keinen vollkommnen sichern Maaßstab haben, in der selbst ein Mozart in Konzerten wiederholt mit seinen Je suis Lindor-Variationen auftreten konnte. Aber jenen großen Meistern standen, allerdings erst an ihnen emporgehoben, Beethovens Anfänge, Dussek und Louis-Ferdinand der Zeit nach nahe, der technischen Benutzung des Instruments nach so weit voran! Und vor ihnen allen: welche Technik hat, ohne Rücksicht auf die Ausübenden, Seb. Bach in Anspruch genommen! wie frei von solcher Rücksicht hat sich bis an sein Ende — und da am meisten! Beethoven stets erwiesen!

Es ist aber nicht blos das Maaß der Technik, es ist der Sinn, der dem Instrument abgewonnen werden soll, welcher hier beweisend eintritt. Wenn ein Künstler von der gewissenhaften Sorgfalt und dem eminenten Talent Haydns nach beweglichem und, sobald er nur gewollt, ergiebigem Einsatz eines ersten Sonatensatzes*) gleich vom vierten Takt an mit solcher Hohlheit, wie hier,

---

*) Es ist die 7. Sonate, Heft I. der Breitkopf und Hertelschen Ausgabe.

fortfährt und dies im dritten Theile, nur mit Verzierungen, die der Melodie ihre natürliche Einfalt entziehn,

(Baß wie oben.)

wiederholt: so kann man gerade wegen der Meisterschaft des Setzers nicht anders annehmen, als daß ihm an der Ausführung nicht viel gelegen, oder er sich der geringen Fertigkeit seines Publikums bequemt hat. Dieselbe Annahme drängt sich auf, wenn wir Haydn und Mozart (erstern z. B. in derselben Sonate im Adagio, letztern in seiner großen Cmoll-Fantasie) ganz willkührlich mit den Tonregionen schalten, namentlich die Melodie ohne andern Grund, als um äußerliche Abwechselung zu bringen, in die Tiefe verlegen sehn. Und diese Fälle stehn selbstverständlich nicht als einzelne da, sondern statt vieler andern.

Dieselbe Beobachtung ließe sich an der Begleitungsweise fortsetzen, die, nach dem Maaße der Meister gemessen, oft leicht abgefunden erscheint, oft sogar, wie z. B. in dem Anfang der mozartischen Amoll-Sonate *)

*) No. 6 des ersten Breitkopf- und Hertelschen Hefts.

unfrei oder gedrückt. Bei Mozart zeigt sich selbst die Melodie oft mehr der Natur einer einzeln auftretenden Violin, als der des Pianoforte zugeneigt, so daß man, alles zusammengenommen, bisweilen an die halbverwischten feinen Bleistiftskizzen erinnert wird, die sich von tüchtigen Malern in den Mappen der Liebhaber finden. Das Klavier gilt jenen Künstlern oft nicht um seiner selbst willen, als ein Instrument, das so gut wie jedes andre seinen eigenthümlichen Karakter hat, sondern als bequemstes Organ, musikalische Gedanken zu verlautbaren. Wie ganz Anderes die Meister auch am Klavier zu leisten vermochten, sobald sie wollten, zeigt Haydn unter andern in seiner großen Esdur=Sonate*), die noch heute funkelt in Jugendlust und übermüthiger Laune. Mozart hat sich öfter, z. B. in Partien der erwähnten Sonate und in seiner Cdur=Fantasie, der Spielfreudigkeit des Instruments reizvoll hingegeben, besonders aber in seinen größern vierhändigen Werken (in den C- und Fdur=Sonaten, in den beiden Fantasien Fmoll Fdur, deren eine ursprünglich für eine Flötenuhr gesetzt war) gezeigt, was das Klavier unter seinen Händen an Wohllaut und Lebendigkeit leisten könne, wenn er sich nicht durch Rücksicht auf leichte Spielbarkeit hemmen ließ.

Aber selbst hier fehlt ihrer Klavierbehandlung das Letzte und Höchste: der ideale Sinn des Instruments. Jedes Instrument ist im Grunde für die Idee des Tondichters unzulänglich, wie nichts Körperliches voller Ausdruck des Geistigen sein kann. Jedes Instrument weiset daher auf ein höheres Organ hin, die Orchester=Instrumente streben in ihrer letzten Vereinigung nach Gesang, das bachsche Klavier soll dem Meister oft die Orgel ersetzen, die Orgel, deren architektonische Natur**) Niemand so tief erfaßt hat, als Bach, soll zuletzt (man spiele die Figuration zu „Das alte Jahr vergangen ist") sich beseelen für alle Wendungen und Accente des Gesangs.

---

*) No. 1 des ersten Hefts.
**) Kompositionslehre Theil IV.

So schweben seit und durch Beethoven orcheftrale Vorstellungen über den Saiten des Klaviers. Nichts davon bei Haydn und Mozart; ihnen ist das Klavier dieses bestimmte Klang-Organ, nicht mehr, nicht einmal vollständig.

Natürlich muß der Inhalt der Werke noch sprechender, als die Darstellung, den Sinn bezeugen, der in ihnen — allerdings glorreiche Ausnahmen ungerechnet — der vorherrschende war. Bei beiden Meistern begegnen wir einer Fülle von Gedanken, die stets reizen, beschäftigen, unterhalten mußten, oft die innersten Saiten des Gemüths wecken, deren keiner aber (wieder bedeutende Ausnahmen vorausgesetzt) sich dem Komponisten und dem Hörenden tief und bleibend eingräbt, bei denen es vielmehr auf Wechsel, Mannigfaltig= keit, reizenden Gegensatz abgesehn ist. Recht anschaulich wird dies in Mozarts Fdur Sonate*), einer seiner reizendsten zweihändigen, aber keineswegs blos in ihr. Der erste Satz stellt in der Haupt= partie (Hauptsatz, von mehr als einem Satze zusammengestellt) zuerst eine Periode von mehr innerlicher Bewegung auf. Schon der Nach= satz tritt nicht in fester Einheit zum Vordersatze; beide werden um eines ganz verschieden gebildeten Satzes willen, der muthig in's Freie hinaustönt, verlassen, dem nach einer Wiederholung ein dritter wie= der ganz verschiedener Satz folgt. Dieser endlich schreitet zur Sei= tenpartie weiter, die wieder zwei oder drei Sätze (der dritte kann als Veränderung des ersten gelten) von verschiednem Karakter bringt; dann folgt noch der Schlußsatz.

Wie vorwaltend in einem so anmuthig lockern Blumengewinde der Hang zum Wechsel war, zeigt sich näher in den Wiederholungen des Einzelnen, in der Gruppirung und Durchführung des Gan= zen. Die Melodien werden selten anders als mit Verzierungen wiederholt, die aber meistens nur eben Zier, äußerlicher Schmuck sind, nicht Erhöhungen oder Umwandlungen des Gedankens. Ein=

---

*) Die dritte im ersten Hefte.

mal besonders ist Mozart darüber hinausgegangen, in seinem sinni=
gen Amoll=Andante *); man kann nicht feiner in seinem Sinn' aus=
führen, als er mit dem Hauptsatz (es ist ein Rondo dritter Form)
gethan. Aber es bleibt bei derselbigen nervös=empfindsamen Weise,
in der der Satz begonnen, er kommt nicht über sich, wie er zuerst
gewesen, hinaus. Und dieser selbe Sinn waltet im Ganzen. Die
Seitensätze stehen mit dem Hauptsatze selten in tieferm Bezug, als
daß sie etwas Anderes, als Mannigfaltigkeit für das Ganze bringen;
die zweiten Theile der Sonatenform versetzen in artigem Wechsel
die Gedanken des ersten Theils, beleben sich, besonders bei Mozart
oft in eifervollem Drange, gegen das Ende, bringen aber den ein=
zelnen Gedanken nicht zu neuer oder tieferer Bedeutung, noch das
Ganze zu einem höhern Standpunkte.

Thun wir noch einen Schritt vorwärts. Die größten Werke
reiner Klaviermusik sind jenen Meistern Sonaten, meist in drei
Sätzen. Nur einmal hat Mozart diese Gränze bedeutend überschrit=
ten: in der Cmoll=Fantasie, die, schon satzreich und wechselvoll in
sich selber, mit einer vollständigen Sonate in drei Sätzen in Ver=
bindung gesetzt ist, — einem ganz einzeln dastehenden Ausnahms=
falle, bei dem die äußere Ausdehnung bedenklich erscheint, da sich
keine innerliche Nothwendigkeit finden will. Nun: diese drei Sätze
der Sonaten (Allegro, Andante, Finale) bieten wieder jenen schon
in der Bewegung und Gestaltung gebotenen Wechsel und dienen
einander als Gegensatz; sie sind auch oft einer einheitvollen Stim=
mung entsprungen; tiefere Einheit aber, psychologische Nothwendig=
keit, daß auf diesen ersten Satz dieser zweite und kein andrer folge,
läßt sich nicht nachweisen.

Dürfen wir noch einen letzten flüchtigen Blick auf die Sym=
phonien unsrer großen Meister werfen, so zeigt sich hier ungleich
freierer und höherer Aufschwung; wir finden uns Schöpfungen ge=

---

*) Sechstes Heft, No. 3.

genüber, deren unvergängliche Jugendfrische und Kraftfülle Unsterb=
lichkeit verheißt. Gleichwohl ist auch ihnen der Stempel aufgedrückt,
den wir an den Klaviersachen der Meister neben dem Insiegel ihrer
genialen Bestimmung gefunden.

Haydns Symphonien zeigen ganz unverhohlen diesen einen
Zweck und Inhalt: Vergnüglichkeit, Unterhaltung, Heiterkeit, Freude,
stets denselben, wenngleich stets in den mannigfachsten Gestalten.
Sie sind Tongebilde für das Orchester, weil sie dessen Mittel fo=
dern, nicht aus der Idee des Orchesters. Sie sind gleichsam noth=
wendige Arrangements der haydn'schen Gedanken, für jenes merk=
würdige Instrument bestimmt, das man Orchester nennt, nicht Aus=
flüsse jener Idee, die in dem Orchester lebt gleich der Seele in
einem lebenden Wesen. Daher wird das Orchester zwar bewun=
dernswürdig behandelt, bewundernswürdig, wie, in solcher Weise,
nur Haydn gekonnt, den man eben deßhalb auf seinem Gebiete den
unerreichten Meister des Orchesters nennen darf. Aber dieses
haydn'sche Orchester handelt nicht aus sich heraus, es wird nicht
Person, wie der griechische Chor und, bei aller Vielgliedrigkeit, der
händel'sche und bach'sche Chor eine einige Person waren; es spricht
nicht sich selber in Macht und Fülle des Daseins aus. Die Gedanken
sind gleich den Klaviergedanken klein und kurzgefaßt; als Tongedan=
ken, abstrakt gefaßt, sind sie mannigfaltig, lebhaft, reizend, oft
innigst bewegend, sind sie geschickt, gewandt geführt, mit Anmuth
polyphon gewebt, und dazu sind die Stimmen des Orchesters auf
das Sinnreichste, oft Schalkhafteste, stets anziehend verwandt. Aber
sie sind keine Orchestergedanken. So haben denn auch die Sätze die=
ser Symphonien keinen nothwendigen Zusammenhang, und weder sie
noch die Symphonien Drang zu irgend einem Gipfel, zu idealen
Zielen; es ist ein Spiel hin und her, stets sinnvoll, stets artig be=
schäftigend, oft nach lichtern Höhen, bisweilen nach den Tiefen der
Menschenbrust hinwinkend, aber bald zum heitern Spiel zurückgewandt.
Dem ganz gemäß walten die höhern, hellern und heitern Lagen des

Orchesters, die Saiten-Instrumente vor den Bläsern, die Oboen vor den Klarinetten vor; die Flöte geht sehr häufig mit der Violin, die Fagotte verstärken den Baß, — es mögen Rücksichten auf schwächere Besetzung eingewirkt haben.

Weit bedeutsamer steht, dem geistigen Inhalte, nicht der Instrumentation nach, in der Haydn nur von Beethoven zurückgelassen werden sollte, Mozart in der Symphonie da. Dies thut sich vor Allem in der Mannigfaltigkeit des Inhalts kund. Fassen wir schnell drei seiner vorragenden Werke zusammen, die G moll-Symphonie, die aus Es dur, den sogenannten Schwanengesang, und die aus C dur mit der sogenannten Fuge: so blicken wir wirklich in drei verschiedne Werke, nicht blos in drei Ausdrücke für denselben Inhalt. Ein unruhig bewegtes, zartbesaitetes Gemüth ergießt in dieser G moll-Symphonie fast mädchenhaft aufgeregt seine Schmerzen und Aengstigungen und richtet leidenschaftlich sich hoch auf, mit großem Blick weit ausschauend nach Rettung aus all der Bangniß und Beklemmung. Der Bau ist nicht groß, kleingegliedert wie fast überall die mozartische Konstruktion, die Besetzung (nicht Klarinetten, nicht Trompeten und Pauken) entspricht dem, der Satz, z. B. gleich der Anfang, steht oft dem Quartett näher, aber der Lebensodem des Orchesters hebt die Brust; man begreift selbst an diesem kleiner angelegten Werke, wie nahe Beethoven sich diesem jüngsten Vorgänger fühlen mußte. Aehnliches läßt sich von der Es dur-Symphonie sagen, dieser edlen Ansprache des ewig liebevollen Jünglings (denn der blieb Mozart bis an sein Lebensende) der im weihevollen Andante dieses orchestral erfundenen Werks die tiefen Adagio's Beethoven's ankündigt. Der erste Satz der C-Symphonie, klein und klaviermäßig, hat mehr vom Arrangement als vom Orchester-Original an sich; dafür rollt der letzte gleich einem mächtig-stolzen Strom seine schäumenden Wellen vorüber, ein Stahlbad für entkräftete Nachkommen und Freude allen gesunden Naturen.

Und dennoch fehlt auch diesen Symphonien die ganze Fülle

und Größe der orcheſtralen Geſtaltung; dieſe mächtigen Gegenſätze, in welche Tiefe und Höhe des Orcheſters auseinander zu treten haben (das mozart'ſche, wie das haydn'ſche Orcheſter liegt meiſt hoch, neben dem Hell fehlt das Helldunkel und die Myſtik der Tiefe) dieſe große Maſſenbildung, die zur letzten Entſcheidung Saiten und Bläſer als zwei Chöre oder Heere gegeneinander führt, die Räumlichkeit weiter Gedanken und gebieterobernder Modulation, — alles das fehlt.

Als ein andrer trat Beethoven auf.

Ihm, ſeinem früh ſtörrigen, dann ſtolzen Gemüthe, waren die Einknicke dieneriſcher Stellung und ihr Einfluß fremd geblieben. Er hatte keine Pflichten und im Grunde keine Neigung, als, ſich ſelbſt, das heißt ſeinen Schöpfungen zu leben. Noch vor wenig Jahren (S. 19) hatten unvergängliche Jugenderinnerungen ſein Herz nach der Heimath gezogen. Jetzt, im gekräftigten Bewußtſein ſeiner Beſtimmung, ſchreibt er (am 16. November 1801) an denſelben Jugendfreund, Wegeler: „Für mich giebt es kein größeres Vergnügen, als meine Kunſt zu treiben und zu zeigen. Meine Jugend, ja ich fühle es, ſie fängt jetzt erſt an; war ich nicht immer ein ſiecher Menſch? Meine körperliche Kraft nimmt ſeit einiger Zeit mehr als jemals zu, und ſo meine Geiſteskräfte. Jeden Tag gelange ich mehr zu dem Ziele, was ich fühle, aber nicht beſchreiben kann. Nur hierin kann Dein Beethoven leben. Nichts von Ruhe! — ich weiß von keiner andern, als dem Schlaf, und wehe genug thut mir's, daß ich ihm jetzt mehr ſchenken muß, als ſonſt. . . . . O es iſt ſo ſchön, das Leben tauſendmal leben! — Für ein ſtilles Leben, nein, ich fühl's, ich bin nicht dafür gemacht!‟

Mit ſolchem Bewußtſein war er in ſein tauſendfach Leben getreten.

Von Rückſichtnahme auf das Gefallen oder Vermögen des Publikums, überhaupt von Rückſichten, die der ihm geſetzten Aufgabe fremd, konnte bei ihm keine Rede ſein. Aus ſpäterer Zeit iſt, in

Bezug auf die zweite und dritte Ouvertüre zu Leonore, ein Wort
von ihm in seinen Konversationsbüchern bewahrt worden, das ihm
erweislich vor und nachher Losungswort gewesen. Ein Freund
spricht aus: „Der Künstler soll frei schaffen, nur dem Geiste seiner
Zeit nachgeben und Herrscher über die Materie sein; nur unter solchen Bedingungen werden wahre Kunstwerke ans Licht treten;" —
in der That, Beethoven gegenüber ein doppelt seltsam Wort. Beethoven, die ersten Worte zunächst im Sinne haltend, antwortet: „Einverstanden! — aber dem Geist seiner Zeit nicht nachgeben! sonst
ist es mit aller Originalität aus . . . . Hätte ich sie (die beiden
Ouvertüren) im Geiste der damaligen Zeit geschrieben, so hätte
man sie gewiß sogleich verstanden, wie z. B. den Sturm von Kotze-
luch. Aber ich kann meine Werke nicht nach der Mode meißeln
und zuschneiden, wie sie's haben wollen; das Neue und Originelle
gebiert sich selbst, ohne daß man daran denkt." Hier vernimmt
man den durchaus seiner Aufgabe getreuen Künstler, dem es nur
um sie zu thun ist, weder um das Begehr der Welt, noch um das
für so Viele verführerische Interesse des Künstlers, neu oder originell zu erscheinen.

Eben so wenig kann Nachgiebigkeit gegen die zeitlich vorhandne
Technik statthaben; von Anfang an bis zu dieser Stunde haben ihm
die „Klaviermeister" diese Rücksichtslosigkeit nicht verziehn und seine
Werke unspielbar oder unklaviermäßig genannt, weil sie allerdings
Aufgaben stellten, zu denen kein Etüdenheft hinanreicht. Wenn im
Anfang der Laufbahn die Frage aufgeworfen wurde, ob dies oder
jenes ausführbar sei? so war es Fürst Lichnowsky — dessen sei
stets in Ehren gedacht! — der wackre Schüler Mozarts, der zuerst dafür sprach und sich als geschickter Spieler bestrebte, den thatsächlichen
Beweis zu führen. Wie selbständig auch Beethoven gewesen, der
treue Beistand muß ihm wohlgethan und ihn bestärkt haben.

So trat Beethoven an seine Werke. Die Jugend- und sonstigen kleinen Werke bei Seite gestellt, ist keins aufzufinden, das er

nicht mit ernstlicher Hinwendung begonnen und mit gleicher Sorg=
falt vollendet hätte, wenngleich ihm so wenig als sonst jemandem
Alles hat gelingen sollen. Jedem ist in seinem Wesen selber eine
Schranke gesetzt.

Das erste Werk auf der Künstlerbahn nach der Periode der
kleinen Arbeiten sind jene bereits erwähnten

Drei Trios für Piano, Violin und Violoncell
als Opus 1. bezeichnet, im Jahre 1795 herausgegeben.

Angeregt sind diese Trio's durch die Trio's und Quatuors
Haydns und Mozarts, in denen sich dem Klavier Violin und Violoncell,
in den Quatuors noch die Bratsche zugesellt. Der Verein von zwei
oder mehr Solo=Instrumenten mit dem Klavier hat von jeher auf die
Musiker, besonders auf die Deutschen, einen besondern Reiz geübt. Das
Klavier bietet einen festen, schon in sich selber vielkräftigen Körper als
Anhalt des Ganzen; der Zutritt der andern Instrumente gewährt rei=
chere und freiere Entwickelung der verschiednen Stimmen, die sich, in
den Händen von drei oder vier Ausführenden, leichter und selbständiger
ergehen, durch die verschiedne Weise der Instrumente klarer unterscheiden.
Es ist hiermit eine Gestaltung gewonnen, die zwischen dem Klavier=
und Orchestersatze gleichsam die Mitte hält, über das Vermögen des
Klaviers — wenigstens äußerlich genommen! — hinausreicht und
sich an der Verbindung und dem Einverständniß weniger Ausüben=
der genügen läßt. Nur ein bedenklicher Umstand liegt in solchem
Verband, und gerade er scheint nicht immer klar genug in das Be=
wußtsein getreten zu sein: das ist die innerliche Unvereinbarkeit des
Klaviers als selbständigen, gleichberechtigten Organs mit andern In=
strumenten. Die Saiteninstrumente, die Bläser untereinander stehen
gleichartig oder in den nächsten Verwandtschaften und Beziehungen,
jeder Chor als einiger Organismus, zu einander; auch Saiten und
Bläser sind an Schallfülle und Haltbarkeit des einzelnen Tons,
im Vermögen, die Töne schwellen und schwinden zu lassen und zu
melodischer Einheit zusammenzuschmelzen, gleichartig genug ausge=

stattet. Das Klavier, jedem der Saiten- und Blas-Instrumente überlegen durch Umfang und die Fähigkeit, Mehrstimmigkeit fast unbeschränkt darzustellen, entbehrt des Vermögens, einen Ton auszuhalten, anschwellen und nach eignem Maaße des Spielenden abnehmen zu lassen, gleich den Saiteninstrumenten einen Ton in den andern durch Erhöhung und Vertiefung hinüberzubringen, die Töne zu einer Melodie wahrhaft zusammenzubinden. Nur wenn man es ausschließlich als Begleitung verwenden wollte, würde dieser Mangel, damit aber auch der größte Reiz der Komposition beseitigt sein.

Dieser Reiz beruht eben auf dem leichten Spiel verschiedenartiger Kräfte mit und gegen einander, anmuthig und frei zu einem Ganzen vereint. Der mannigfaltig geflochtene, wechselvolle Sonaten-Inhalt ist der Faden, den diese verschiedenen musikalischen Personen, die man Violin u. s. w. nennt, wechselnd einander abnehmen, oder vereint weiter spinnen, indem jede nach freiem Belieben und gegenseitigem Gewährenlassen aus der Folge der Sätze sich aneignet, was sie eben anmuthet. Daher kann man den Inhalt solcher Tonwerke allenfalls in einer einzigen Stimme zusammenfassen, z. B. den des ersten Trio's von Beethoven so, —

und wird natürlich sehr viel einbüßen, aber doch einen zusammenhängenden Umriß des gesammten Inhalts gewinnen. Wie bedeutsam diese Vertheilung des Inhalts unter die Stimmen sich von eigentlicher Polyphonie unterscheidet, kann man sich gleich an der Unmöglichkeit anschaulich machen, wahrhaft polyphone Sätze gleichfalls in einer einzigen Stimme zusammenzufassen; gleich die ersten Schritte, z. B. an der Ouvertüre zur Zauberflöte,

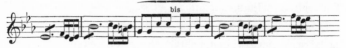

beweisen es. Es ist, — könnte man sagen, wenn es gestattet ist, Dichterisches mit alltäglicher Lebensbewegung zusammenzuhalten, — ein Unterschied, wie zwischen dem stets anregenden, nirgends haftenden Ergehn und Geplauder oder den dichterischen Spielen geistvoller Persönlichkeiten und der gründlichen Erörterung streitender und zuletzt doch einiger Parteien. Aber jenes Ergehn ist der gehaltvolle Verkehr bedeutender, ist, wenn auch nur Hinundwiderreden, anmuthige, sinnige Causerie angeregter und vielfach erhobner, einander steigernder Persönlichkeiten; und es kann zu den tiefern Erörterungen der Polyphonie hinüberführen; wer vermag der geistigen Bewegung Gränzen zu ziehn? In solchem Sinne treten die vorbeethovenschen Werke dieser Gattung auf; ihnen schließt er sich eine zeitlang an, bis er auch hier auf höhere Bahn geführt werden sollte.

Die Trio's Op. 1. gehören dem ältern Standpunkt' an; Beethoven tritt mit ihnen neben Haydn und Mozart. Aber schon drängt ihn sein energisch strebender Sinn vorwärts; er kann nicht tändeln wie Haydn, wenigstens nicht lange mit Befriedigung; so genügt ihm auch nicht jenes geniale Dahinschweben, das in Mozarts vielbewegtem und vielbeschäftigtem Leben gleichsam Vorbild und Vorzeichen seines frühen Entschwebens aus unsrer Mitte war. Er, der seine wahre Laufbahn mit fünfundzwanzig Jahren als Mann antrat und die frühere Zeit ungestört zur Rüstung und Sammlung verwandt hatte, konnte sich im Festhalten und Ausprägen dessen, was sein Geist einmal ergriffen, nicht leicht genugthun. Daher werden seine Gedanken motivfester und seine Sätze, besonders die Hauptsätze, voller und weiter; er hat eben mehr zu sagen: nicht eine Vielheit von Gedanken, sondern ein Mehreres von dem Einen, das ihn erfüllt. Daher

greifen seine Modulationen weiter aus, er braucht mehr Raum; da=
her endlich stellt sich die Zahl seiner Sätze regelmäßig auf vier
(Allegro, Adagio, Menuett oder Scherzo, Finale) während die Vor=
gänger oft an dreien genug haben.

Schon das erste Trio (Esdur), von dem oben der Anfang
skizzirt ist, baut sich aus festen ausgetragenen Sätzen sicher und be=
haglich auf. Es ist ein muthig Ergehn im ersten Satze, aufgeweckt
und rüstig spielen die Stimmen miteinander, keine tiefere Erregung
oder Ergriffenheit mischt sich verdunkelnd in das heitre Leben, das
im zweiten Theil in freier weiter Modulation weithin (Cmoll, Asdur,
Bmoll, Gesdur, Desdur, Fmoll, Bdur) hinauslebt, nirgends hin=
gerissen oder in das Ungewisse hinausschweifend. Nach dem edelsin=
nigen Adagio cantabile folgt ein Scherzo, — das erste in der
Musiklitteratur *) — und dann das Finale, in dessen Motiv

die schalkhafteste der Grazien sich wiegt und mit Kinderlächeln uns
jede Falte von der Stirn hinwegscherzt. Man fühlt sich leichtblütig,
blickt frei hinaus gleich dem frischen Jüngling, der munter und un=
bekümmert in die Welt hinauszieht durch morgendlich erquickte Flu=
ren, von zwitschernden Vögeln umflattert.

Verweilen wir noch einen Augenblick bei dem Scherzo. Haydn
(und nach seinem Beispiele Mozart) hatte dem Quartett und der
Symphonie die Menuett eingefügt. Beethoven hat diese Vierzahl
von Sätzen nicht nur häufiger angewendet, er hat auch an der
Stelle der Menuett (oder sogar im Verein mit ihr, wenngleich na=
türlich nicht in unmittelbarer Aufeinanderfolge) ein neues Gebilde

---

*) Abgesehn von den früher erwähnten Erstlingen.

eingeführt, das Scherzo. Welche Bedeutung hat die Drei-
und Vierzahl der Sätze?

Ursprünglich liegt nur die Absicht der Mannigfaltigkeit zum
Grunde. Sobald man nicht bei einem einzigen Satze stehn bleiben
will, liegt dieser ganz äußerlichen Absicht gemäß die Gegenstellung
eines bewegtern und langsamern Satzes nahe; dies sehen wir in der
Verbindung eines lebhaften Satzes mit einer langsamer bewegten
Einleitung verwirklicht. Soll mit dem lebhaften Satze begonnen
werden, so folgt derselben Absicht gemäß der langsame nach. Da
man aber nicht mit verminderter Lebhaftigkeit schließen will, so wird
entweder der erste Satz wiederholt, oder ein neuer lebhafter als
Finale gebracht; das Erstere ist die altitalische Arienform, die man
sich unter Andern aus Grauns Tod Jesu veranschaulichen kann, das
Andre ist die Form der altitalischen Symphonie, die Anfangs (von
den Scarlatti) den Opern zur Eröffnung diente, dann (unter
Sammartini's Händen) als selbständiges Werk hervortrat. Daß
Haydn noch den vierten Satz, die Menuett, beifügte, hatte keinen
tiefern Zweck, als mannigfaltigere Unterhaltung, gleichsam Erholung von dem Ernst und der tiefern Wirkung des Adagio.
Beiläufig war Haydn Meister im Menuettsatz, oder vielmehr
Schöpfer desselben, wie er von ihm bis Beethoven verstanden
wurde. Nicht einmal neu kann man diese Erweiterung nennen,
da schon früher die Suiten, z. B. eines Bach und Händel,
später die Kollationen und Serenaten, deren noch Mozart geschrieben, 8, 11 und mehr verschiedene Sätze zu einem Ganzen aneinandergereiht haben.

Beethoven schaute schon früh nach andern Zielen aus, indem
er Anfangs bisweilen, später vorherrschend das Scherzo an die
Stelle der Menuett setzte; der Satz sollte also Bedeutung, und
zwar wechselnde erhalten. Schon das erste Scherzo, (das des ersten

Trio's) tritt launig bis zur Eigenwilligkeit aus der Hand seines Bildners; ihm ist die Tonart Esdur bestimmt, und so,

vielleicht in C, dann nach F, nach B u. s. w., erst Takt 14 nach Es gewendet, hebt es an. Mag es einstweilen als bloße Laune, Fremdheit gelten; später wird sich uns mehr verrathen.

Das zweite Trio steht auf gleicher Linie, wenngleich als der schwächere, vielleicht erstgeborne Bruder.

Im dritten Trio dagegen, Cmoll (es ist das von Haydn unrathsam befundne) richtet sich ein ernster Geist in schmerzlicher Erregung auf, arbeitet sich besonders im Hauptsatze sehr stetig und beharrlich hervor, bedingt entschiednere, kühnere Modulation. Im Andante greift Beethoven zum erstenmal in seinen größern Werken, übrigens nach dem Vorgange Mozart's und Haydn's, zu der ihn von Jugend auf anheimelnden Variationenform. Weder im ersten Satze noch in diesem ist der ernste Drang des Anfangs durchweg festgehalten; Jugend kann nicht lange leiden und ringen. Die dralle Menuett in ihrer verschlossnen Sinnesweise mahnt noch daran, während das Trio sich sorglos darüber wegsetzt. Auch das Finale sucht die erste Stimmung zurückzurufen; der Schluß, Cdur pianissimo, hat etwas von „Wolkendunst und Nebelflor."

Merkenswerth kehrt in diesem Finale die haydn'sche, von Mozart bereits verlaßne Weise der Sonatenform wieder, die nach der Wegwendung vom Hauptsatz und Hauptton in die Tonart des Sei-

---

*) V heißt Violin, VC Violoncell, PO Pianoforte.

tensatzes hier erst nochmals den Hauptsatz bringt oder anregt und dann erst zum Seitensatz übergeht. Der Hauptgedanke kam dadurch zu festerer Einprägung, aber der Gegensatz verlor an Schärfe, weil die Tonart des Seitensatzes schon vor dessen Eintritte verwendet war.

Gesellen wir diesem ersten Werke zwei andre:

Trio für Pianoforte, Klarinette (oder Violin) und Violoncell, Op. 11.

und

Quintett für Pianoforte, Oboe, Klarinette, Horn und Fagott, Op. 16.

wegen des verwandten Standpunkts mit jenem bei.

Das Trio, aus dem Jahre 1799, deutet auf einen Fortschritt, die Partien des ersten Satzes greifen schärfer in einander, das Ganze, munter, kräftig, scheint energischer geführt, das Adagio läßt vielleicht die innere Einheit mit dem ersten Satze lebhafter empfinden; der Standpunkt im Ganzen und besonders im Finale (Allegretto mit Variationen) ist, wie gesagt, der der Trio's.

Das Quintett, aus dem Jahr 1801, erhält durch die Wahl der Blasinstrumente tiefere Färbung; es zeigt sich darin vor Allem, mit welcher Bestimmtheit der Meister die Natur der Instrumente auffaßte, in denen sein Geist zur Erscheinung kommen sollte. Man hat dieses Werk an andern für andre Instrumente gemessen und es geringer befinden wollen. Solches Messen ist ein mißlich Unternehmen, doppelt unausführbar, wenn Verschiedenartiges gegen einander abgewogen werden soll. Nicht das ist die Frage: ob irgend ein Werk reichern oder tiefern Inhalt habe, als das Quintett mit Bläsern, sondern: ob dieses Werk seiner Bestimmung gemäß sei; und da kann die Antwort nicht zweifelhaft bleiben.

Die Bläser mit ihrer Klangfülle, mit dem Schwellen und Verhauchen ihrer Töne, Klarinette und Horn, — Naturhorn! von den eunuchischen Ventilinstrumenten war noch keine Rede, — mit

ihrer Neigung zu akkordischer Bewegung, an der die andern Instru=
mente so gern oder doch ohne Schwierigkeit theilnehmen: das be=
stimmt sogleich den Karakter des Ganzen; denn dies hatte Beet=
hoven früh mit Haydn gemein, daß nicht Er spricht, wie Er will,
sondern daß sein Geist in das Instrument hineingeht und, in ihm
verkörpert, als ein neues Wesen sich austönt. Es ist das einer
von den künstlerischen Grundsätzen, die leichter erkannt als ausgeübt
werden. In der Poesie ist es Shakespeare allein, dem die Aus=
übung auf das Höchste gelungen; Goethe hat im Streben nach die=
sem Aufgehn in seine Personen jenes sonnhelle Auge gewonnen, in
dem, als in einem Welt=Spiegel, das Dasein um ihn her „doppelt=
leuchtend" wiederkehrt, aber er hat dabei den Enthusiasmus für die
weltbewegenden Ideen, die Leidenschaft und Parteinahme für jene
Konflikte, die das Weltleben ausmachen, eingebüßt; Schiller ist da=
von durchglüht und eben dadurch der ewige Liebling deutscher Ju=
gend geworden, aber er ist ewig er selber geblieben. In der Musik
stehen die beiden, Haydn und Beethoven, unerreicht in dieser Eigen=
schaft da; Haydn tritt in die Mitte seines Instrumentenchors und
läßt sie, der göttliche Musikant*), der freundliche Wohlthäter der
Menschen im Staub' ihres lechzenden Daseins, musiziren, wie ihrer
jedem gegeben; Beethoven ruft sie auf zu Heldenzügen in das Reich
der Idee, dem Ziele zu, „was er fühlt, aber (S. 108) nicht be=
schreiben kann." Dazu probt er im Quintett gleichsam die Kräfte,
und das ist das tiefere Interesse, das uns daran bleibt, wenn sein
anmuthig Spiel vorübergeweht ist, um andern und tiefern Vorstel=
lungen Raum zu geben.

Jene Natur der Bläser aber ist überall maaßgebend in diesem
Probestück, vom ersten Auftritt der Einleitung (A) und der ersten
Auseinandersetzung der handelnden Personen (B) an,

---

*) So mußt' er schon in der „Musik des neunzehnten Jahrhunderts" ge=
nannt werden.

durch alle drei Sätze der Komposition; denn es sind nur drei nö=
thig befunden worden; in einer Menuett wären die schlagfertigern
Saiten vermißt worden, zum Scherzo wären sie, oder das Orchester,
oder das Klavier allein besser aufgelegt gewesen. Das Klavier, das
Alles am Besten denken, wenn auch nicht blühend in Fleisch und
Blut verwandeln kann, nimmt an Allem Theil und ergänzt mit
seinen leicht gehandhabten Tonmassen und seiner Beweglichkeit, was
den vier Bläsern eben in dieser Eigenschaft nicht gegeben ist; daher
finden wir es durchweg in wohlgefälliger Spielfülle ergossen; es
macht sich überallhin geltend, da es im Einzelnen von jedem der
Bläser überboten wird, und ist daher die herrschende Persönlichkeit.

Beethoven selbst hat es natürlich nicht anders empfunden.
„Er spielte (erzählt Ries als Augenzeuge) sein Klavierquintett mit
Blasinstrumenten bei'm Fürsten Lobkowitz; der berühmte Hoboist
Ram von München begleitete. Im letzten Allegro ist einigemal ein
Halt, ehe das Thema wieder anfängt; bei einem derselben fing
Beethoven auf einmal an zu fantasiren, nahm das Rondo als
Thema und unterhielt sich und die Andern eine geraume Zeit, was
jedoch bei den Begleitenden nicht der Fall war. Diese waren un=
gehalten und Herr Ram sogar sehr aufgebracht. Wirklich sah es
possierlich aus, wenn diese Herren, die jeden Augenblick erwarteten,
daß wieder angefangen werde, die Instrumente unaufhörlich an den
Mund setzten und dann ganz ruhig wieder abnahmen. Endlich war

---

*) H. bedeute: Horn, Kl. Klarinette, F. Fagott.

Beethoven befriedigt und fiel wieder in's Rondo ein. Die ganze Gesellschaft war entzückt."

In der Natur des Klaviers, im Uebergewicht der Menge seiner Mittel ist es übrigens begründet, daß es im Verband mit andern Instrumenten stets am meisten beschäftigt wird, den andern mit dem aushilft, was ihnen versagt ist, sie auf seiner Fülle trägt, ihren Gesang schonend und hebend begleitet, dann aber auch mit ihnen wetteifert, mit seiner Spielfülle, mit seinen verstärkten Melodien gegen sie ringt, gleichsam der allseitige Geist gegen die Spezialitäten. Dem sinnigen Tonkünstler und Hörer hat es aber noch eine höhere Bedeutung vor den andern einzelnen Instrumenten voraus. Diese geben, was sie können, vollständig her und sind eben in ihrer Einseitigkeit vollkommen abgeschlossene fertige Wesen, deren Ansprache wir aufnehmen, ohne noch etwas zu begehren. Das Klavier dagegen kann, was es eigentlich will, und nach dem allgemeinen Musiksinn sollte, nie vollständig austönen; seinen Tönen fehlt Dauer und quellendes Leben, seinen Melodieen Zusammenhalt und Schmelz. Hiermit aber weckt es die Fantasie, regt zur geistigen Erfüllung und Ergänzung an und weiset in das Reich des Ideals. Das Klavier, das nichts als das materiell Hörbare giebt, oder der Hörer, der darüber nicht hinauskommt, sie sind beide von diesem eigentlichen Leben in der Kunst so weit entfernt, wie Prosa von Poesie.

Deßhalb ist das Klavier auch das ideale Instrument. Es ist das Instrument Beethovens mehr, wie irgend eines andern Künstlers. Ihm, und zwar ihm allein, frei von dem Zutritt andrer Organe, hat er in Ueberfülle seine geheimsten Gedanken anvertraut. Daher tritt er nicht ohne seine Hülfe die Laufbahn an und führt der erste Schritt vorwärts ihn sogleich dahin, es allein zu berufen. Es ist Alles, auch das an sich minder Wichtige, vorbedeutend für seine Bahn und ihr Ziel; und eben hierin scheint der Antheil an seinem sonst so einfachen Lebenslaufe die tiefere Befriedigung suchen

zu müssen, daß folgerichtigster Fortschritt, innerlich unbedingte Noth=
wendigkeit sich dem eindringenden Blicke klar darlegen.

Auch das ist daher zu bemerken, daß diese Trio's und Quin=
tuors, die genannten und was sich ihnen anschließt, den Künstler
zum Obligat=Schreiben, zu dem Verband frei und selbständig ge=
führter Stimmen hingeleitet haben, — oder vielmehr: daß seine
Geistesrichtung ihn mit Nothwendigkeit zu dieser Gestaltung hinge=
wiesen hat (daß er nach seinem humoristischen, aber ganz treffenden
Ausdrucke mit einem obligaten Accompagnement geboren war) weil
er überall, das heißt: in jeder Stimme, Ströme des Lebens ent=
deckte, die er frei und fröhlich miteinander gewähren ließ. Es be=
stätigt sich hier das S. 27 Ausgesprochne: nicht Albrechtsberger's
trockner Kontrapunkt — wohlverstanden, Albrechtberger mit seiner
alten Lehrweise war trocken, nicht der Kontrapunkt, — sondern
Haydn's und Mozart's jugendlich blühende Vorbilder haben Beet=
hoven den ersten bestärkenden Fingerzeig gegeben auf die Bahn, zu
der er schon in Bonn hingewiesen und durch seine Natur bestimmt
war. Wie diese Spiele der Stimmen ihn vorbereiteten zu der wah=
ren Dramatik der Polyphonie, welchen Mächten er da zugelenkt
wurde, wird sich später Schritt für Schritt erhellen.

Jener erste Schritt vorwärts auf der Bahn führte zunächst
von den Trio's Op. 1. zu den

Drei Sonaten für Piano, Op. 2.

die, 1795 erschienen, Haydn gewidmet wurden. Er stellte sich mit
denselben neben seine großen Vorgänger, an deren Mark er sich ge=
nährt hatte; daß er damit nicht Gleiches, etwas besser oder schlech=
ter, sondern Tieferes begann, sollte später erst ganz klar werden,
deutete sich aber schon im Beginn, in jenen drei kleinen, jetzt aller
Welt bekannten Sonaten an. Es soll nicht mehr davon die Rede
sein, daß das Instrument zu voller Geltung, zu saftigem Leben
kam, ohne hemmende Rücksicht. Ein tieferer Sinn trat in diesen

Werken, gleich in der ersten Sonate, in das Leben; er wird keines=
wegs blos empfunden, sondern kann zu hellem Bewußtsein gebracht
werden.

In dieser ersten Sonate, F moll, lebt und webt ein ganz
bestimmter Zustand menschlichen Daseins, ein fast mädchenhaft zar=
ter, verschüchterter aber in seinem Grund' edler Sinn; der spricht
sich gleich im ersten Satze, gleich im Thema aus. Die Melodie
hebt sich von der unbestimmten*) Quinte leisen, gemessenen Schrittes
durch den Mollakkord bis zur bestimmenden Terz und zittert zurück

---

*) Die Quinte ist in der Entwickelung des Tonsystems der erste neue
Ton, nachdem die ersten Tonverhältnisse 1 : 2 : 4 : 8 .... nichts als den Ur=
ton mit seinen Verjüngungen (Oktaven) gegeben haben: C : c : c̄ : c̿ ....
Wohin dieser Neuton führen, ob er weiter führen wird, steht vorerst dahin, er
ist das Neue, Fremde, Unbestimmte. In der Harmonie tritt er eben so unbe=
stimmt zum Grundton, beide setzen noch nicht einmal fest, ob die Harmonie dem
Dur= oder Mollgeschlecht angehören werde; in c – g ist weder Dur noch Moll
ausgesprochen.

Erst die Terz bringt hier Entscheidung, durch sie wird die bestimmungs=
leere Quinte, c – g z. B., entweder Durakkord (c – e – g) oder Mollakkord
(c – es – g) und damit erst der Unterschied der Geschlechter begründet; sie ist
das bestimmende Intervall, hat den Karakter der Bestimmtheit. Der Durakkord
aber stellt sich aus den nächstzusammengehörigen Tonverhältnissen 1 : 2 : 3 :
4 : 5 : 6 (oder kürzer gefaßt 4 : 5 : 6) zusammen, er ist der von der Natur
gegebene Urakkord.

Tritt zu diesen Verhältnissen das nächstfolgende der arithmetischen Pro=
gression, 6 : 7, so erscheint die Septime, zu c – e – g das b und bildet
den Dominant=Akkord. Welche Bedeutung dieser Akkord hat, wie er die harmo=
nische Verdichtung der in Bewegung gesetzten Tonleiter (in ihrer Spannung von
Tonika zu Tonika, c : c̄ ist sie gehalten oder gefesselt) ist

        g   a   h   c   d   f
        g   h   d   f

und warum er in künstlerischer Anwendung in sich keine Befriedigung hat, son=
dern das Verlangen, nach einem andern Akkorde sich zu bewegen (sich aufzu=
lösen) kann in der Kompositionslehre gelesen werden. Was das unbefangne
Gefühl erräth und das irregewordne bezweifelt, kann dem Nachdenken gründlicher
und vollständiger nachgewiesen werden, als man im Allgemeinen anzunehmen
beliebt.

Bei Gelegenheit dieser allerdings noch nicht ausreichenden Erörterung bittet
der Verfasser ein für allemal, vorauszusetzen: daß seine Aeußerungen, wenngleich

auf den Grundton; aber diese Terz ist die kleine, die den getrübten
Mollakkord zeichnet. Zum zweitenmal hebt sich die Melodie von
der Quinte zur verlangenden Septime, dem Ausdrucke weicher Sehn=
sucht im Dominantakkorde, wendet sich wie rathlos her und hin und
sinkt von noch höherer Stufe, auf der sie geweilt, zu unbefriedi=
gendem Halbschlusse zurück, hiermit den Vordersatz (S. 89) einer
Periode zeichnend, deren Nachsatz Abschluß und Befriedigung erwar=
ten läßt. Der Nachsatz bringt das erste Motiv (A)

im Baß (in einer andern Stimme also und in einer tiefern und
ernstern) und in einer andern Tonart, im kältern Cmoll, wieder.
Aber auch der Zweifel kehrt wieder, nichts setzt sich fest, aus dem
unvollendeten Nachsatze selbst wendet sich der Gesang, schüchterner,
beredsamer Bitte voll, nach Asdur, auf dessen Dominantakkord (er
ist vielmehr zum schmerzlicher verlangenden kleinen Nonenakkord ge=
worden, es — g — b — des zu es — g — b — des .... und
.... fes) zum Seitensatze.

Was ist der Seitensatz? — Früher haben wir in ihm
nichts als einen andern Satz erkannt, der dem Hauptsatze zur Abwech=
selung nachfolgt. Hier zeigt sich zum erstenmal eine tiefere Bedeu=
tung. Der Seitensatz tritt in voller Einheit mit dem Hauptsatz,
und dennoch, wie oben bei B sein Motiv zeigt, im Gegensatz zu
ihm auf, er ist für das Gefühl und für künstlerische Erkenntniß,
was für die Reflexion die andre Seite des Gegenstandes oder Zu=
standes, der durchlebt oder betrachtet wird. Hier ist kein Spiel mit

---

der Nachweis meist unvollständig oder gar nicht gegeben werden kann, nichts
weniger als willkührliche Fantasiebilder sein wollen, sondern, nach hingebender und
lebenslänglich geübter Auffassung des Gegenstandes durch das Gefühl, die Prü=
fung des erkennenden höhern Bewußtseins durchgangen sind. Dies war we=
nigstens, — wie oft er auch geirrt haben mag, — sein gewissenhaftes Streben.

Tongebilden oder Empfindnissen, sondern ein einig Erlebniß, und in dieser Einigkeit, in diesem Beharren und Durchdringen ein tiefer durchdrungnes. Dreimal tritt dieser Gedanke B heran, ehe das grundgesunde, wenngleich zartbesaitete Gemüth sich zu schüchternem, dann weiterbringendem Vorschritte hat kräftigen können, hoch emporstrebend, mit Anmuth — nicht bedenkenfrei, nicht ohne Rückgedanken — sich gleichsam beugend und freier, fast freudig noch einmal unterwerfend. „Muß es sein, nun, so gescheh' es!" scheint dann der Schlußsatz zu sagen.

Der zweite Theil kehrt zum ersten Gedanken (oben A) zurück, der in Dur (As dur) gesänftigt, hoffender emporstrebt; aber nicht er, jener niedergewandte zweite Satz (der Seitensatz B) dringt vor, gräbt sich im dumpfen B moll (Unterdominante, gesunkene Stimmung) im frostigen C moll ein, wird noch ernster vom Basse durchdacht. In schwankender Synkopenbewegung führt diese Stimme auf den Orgelpunkt und zum dritten Theile, der mit verstärktem Schlußsatze ganz bestimmt schließt, aber nicht getröstet, nicht erhoben entläßt.

Das Adagio ist ein kindlich Gebet. Es tröstet, wenn es auch nicht Erhörung findet, sondern (im Seitensatze) die frühere Bangigkeit nicht fern halten kann; es bricht ab, leise, nicht erhoben. Nach ihm folgt Menuett und Trio.

Was bedeutet die Menuett, oder was unter diesem Namen oder statt ihrer auftritt, in der Sonate? — Wir haben schon S. 114 dieselbe Frage in andrer Form angeregt. Dort konnten wir uns dabei beruhigen, in ihr einen Zuwachs zusammengesetzter Kompositionen an Mannigfaltigkeit zu sehn und jenes erste Scherzo nach seinem Inhalte zu bezeichnen. Hier langt diese Betrachtung nicht aus. Die Sonate ist nach ihren äußerlichen Verhältnissen nicht groß, auch ihr Inhalt, soweit wir bis jetzt sehn, ist eher klein und fein zu nennen, und bedarf in seiner Einfachheit und Einigkeit am Wenigsten mannigfacherer Gliederung. Auch ist die vorstehende

Menuett gar keine Menuett. Es ist an der Zeit, tiefer in die Sache zu bringen, wenn auch nicht, sie zu erschöpfen.

Der erste Satz einer Komposition ist ein Lebensakt im Komponisten. Was diesen erfüllt und getrieben, das hat er nun aus seiner Kraftfülle hingestellt; es ist aus ihm geboren, steht ihm als sein Eigen und doch als ein noch nicht Dagewesenes gegenüber, er fühlt selber sich in Zweiheit gleich der Mutter, die ihr Ebenbild zum Erstenmal' glückselig lächelnd auf ihrem Schooß anschaut. Wenn irgend etwas, so muß ein solch Ereigniß geistiger oder leiblicher oder geistleiblicher Geburt*) den Blick in unser eignes Innere zurückwenden. Diese Einkehr in die eigne Brust, dies sinnige Betrachten seiner selbst, das die Frage „Wer bin Ich?" auf den Lippen trägt, kann nur im stillen Adagio beantwortet werden; in ihm ruht die Seele sabbatlich von ihrer kraftergießenden That. Dann Rückkehr zum Dasein außen, mit frischer Kraft und frischem Muth. Das ist der allgemeine Sinn der Dreitheiligkeit (S. 114) in ihrer höchsten Gestalt, der Verknüpfung dreier Sätze zu einem Ganzen.

Kehren wir noch einmal zum Adagio, zu jenem Moment der Selbstbetrachtung zurück. „Wer bin ich, der ich Dies — geschaffen?" Die Frage muß fortschreiten, weil durch das Vollbringen das Leben und sein Inhalt fortgeschritten ist. „Ich fühle mich einen andern nach diesem lebenspendenden Moment, — und die Welt um mich? sie tanzt ihren alten Ringelreigen dahin! ich bin ein Andrer und wir sind uns fremd geworden!" Heiter im Wohlgefühl bewiesener Kraft, launig bis zur Neckerei oder Wildheit wird der geheime Zwiespalt, der nicht feindlicher Kampf ist, empfunden; Adagio und Scherzo stehen gegeneinanderüber, wie Herz und Welt. Im Finale strömt oder stürmt das Leben weiter; der Zwiespalt ist überwunden, oder vergessen. So versuchen wir den Sinn der Viertheiligkeit, der Verknüpfung von vier Sätzen zu einem Ganzen, auszusprechen.

---

*) Musik des neunzehnten Jahrhunderts.

Wie zutreffend die Auffassung im Allgemeinen oder für besondre Tonwerke sei — oder nicht: wir haben von nun an in den drei oder vier Sätzen vier wesentliche Momente des Kunstwerks zu erkennen. Daß die hier gegebene Auffassung nur Erläuterung dessen sein soll, was der Gestaltung zum Grunde liegen mag, nicht bindende Bestimmung (wer bände den Geist?), erhellt schon daraus, daß sowohl Drei= als Viertheiligkeit möglich ist und daß sich später Mehrtheiligkeit und Zweitheiligkeit in gleicher Berechtigung zeigen werden. Auch jene häufigsten Formen können einen ganz andern Inhalt aus der Idee des Ganzen empfangen.

Kehren wir zur Sonate zurück.

Ihr dritter Satz ist Menuett überschrieben; nach der Menuett folgt nach bekannter Anlage das Trio und diesem die Wiederholung der Menuett.

Allein das ist keine Menuett im Sinne der bisherigen Kompositionen; was sollte sie wohl im Verlaufe der Seelenzustände, die sich in den ersten Sätzen entwickelt haben? Eben so wenig ist sie Scherzo, diese humoristische Auseinandersetzung mit der Welt. Sie strebt an, und strebt empor, und seufzt athemlos auf, und ringt vergeblich vorwärts, und sinkt in zitterndem Weinen dahin. Auch das in weiblichem Muth anmuthig geschäftige Trio fliegt allzubald entscheidungslos vorüber.

Da tritt denn, wenn das Glück versagt, der Muth des Schmerzens und der Zorn einer edlen Seele, im Sturm unwürdigen Leidens, hervor mit dem Recht zum Siege, wenn nicht sieggekrönt. Glück und Ruhe giebt es in diesem Sturme nicht. Der Zorn tritt auf, heftigen Fußes, ein flüchtiges Wort hoffender Bitte muß sich gleich wieder verdüstern zur hoffnungslosen Klage, der Schmerz wühlt zornig fort in der Brust, — das ist der zweispaltige Haupt- und der Seitensatz einer fünften Rondogestalt, — in milderndem Zuspruch tritt der Schlußsatz herzu und behauptet in Treuen sich länger, als (verhältnißmäßig!) jemals in irgend einem Werke geschehn. Der Geist baut die Formen, oder er findet und beseelt sie, und modelt sie nach seinem Bedürfniß und Willen.

Nun aber erhebt sich in hohem Adel, mild und rein, aus aller Noth und Qual des Lebens die Seele zu ihrem Himmel empor, zu dem Anschaun beglücktern Daseins als ihr geworden, — das ihr jetzt wird in diesem verklärenden Augenblicke, der ihr sagt, wessen sie würdig sei. Und hierin (es ist der zweite Seitensatz) ruht sie beseligt, lange. Mag dann der Sturm des Lebens unversöhnlich und unhemmbar daherfausen!

Nicht um des besondern Inhalts willen, den wir (gleichviel mit welchem Erfolge) im Worte festzuhalten getrachtet, sondern darum ist die kleine Sonate merkwürdig, weil in ihr zum erstenmal eine Folge von Seelen=Stimmungen in psychologischer Entwickelung als ein innerlich Ganzes zum Vorschein kommt. Ob der Tondichter das voraus beabsichtigt, ob er sich auch nur im Schaffen oder nach= her dessen so klar bewußt gewesen, daß er es hätte mit Worten aus= sprechen können? das ist ganz gleichgültig. Es ist sogar höchst un= wahrscheinlich. Beethoven war karg im Wort und dunkel, abge= brochen im Ausdrucke. Ihm war das höchste Künstlerglück be= schieden, unausgesetzt seinen innern Gesichten und ihrer Ausgestal= tung nachzuhängen; da war kein Raum, über Geschehenes zu sinnen bis zur Aufklärung, deren er nicht bedurfte. Selbst fremde, wenn auch zutreffende Deutung hätte ihn vielleicht angefremdet. Neben all diesen Fraglichkeiten hebt sich die große Thatsache jener einheit= lichen Idee, die zum erstenmal ein Instrumentalwerk von vier Sätzen durchdringt, als wichtigstes Ergebniß hervor. Man kann auch sie anzweifeln, — denn mathematisch exakter Beweis ist in diesen Regionen des innern, verhüllten Lebens allerdings nicht zu geben; allein für das Erste giebt die stetige Motiventwickelung, die Schritt für Schritt jeden Satz bildet und hält, der Auffassung äußern Anhalt. Man kann die Deutung von Haupt= und Seitensatz, die oben gegeben, abweisen; aber die formelle Verwandtschaft und

Entwickelung der Motive muß man einräumen. Und selbst jene Deutung beruht auf Gründen, die viel weiter geführt werden könnten, als in der Anmerkung S. 121 angegeben, wofern der Raum dazu hier gewährt werden dürfte. Dann aber wird der weitere Lebenslauf bezeugen, daß die Vorstellung solcher Ideen-Entwickelung in Beethoven gelebt, daß sie der eigentliche Kern seines Lebens gewesen ist.

Nicht gleiche Einheit und Folgenothwendigkeit dürfte man in der zweiten Sonate, aus A dur, nachzuweisen vermögen; aber die Einheit der Stimmung, in der ihr Dichter Satz für Satz, Bild für Bild schuf, liegt klar am Tage. Wer weiß, ob nicht mehr? —

Merkwürdig ist vor Allem der erste Satz. Ein zuckend Leben arbeitet darin, noch verhohlen und zurückgehalten, abgebrochen und unstät im Ueberfluß und launigen Uebermuth üppig gesunder Jugend; man muß an den „Raptus" denken, der so oft den starrköpfigen Rheinländer geneckt. Soviel ist klar: ein ganz verschieden Wesen tritt hier und in der F moll-Sonate vor uns, schon äußerlich kennbar. Das erste Motiv wird hingeworfen um ein zweites, beide entgegengesetzt und doch gleichartig. Beide wiederholen sich, das erste sucht weitere Bahn; da tritt in das abgebrochne Treiben ein dritter Satz hinein voll Ungestüm, um alsbald, wie von linder Hand beschwichtigt, sich in Ruhe breit hingestreckt zu lagern. Das Wechselspiel wiederholt sich und es stürzt, als wäre noch nicht genug aufgerüttelt, ungestüm bis zur Wildheit ein neuer Satz herbei, um sich abermals tief in Ruhe zu betten. Dieser Hauptsatz — denn hier, in der tiefsten Lage auf der Dominante von E schließt er — ist ein wunderlich Ding, unvorherzusehn von Schritt zu Schritt in seiner bunten Zusammenstellung, und unerklärlich fast, wie die fahrige Laune des Jünglings, der noch nicht weiß, wohin er mit sich soll. Aber ist das nicht Erklärung? Daher fühlt man durch alle äußerlichen Verschiedenheiten hindurch die innere Einheit und kann sie nachweisen; es wird nichts aufgegeben, alles kehrt abgewogen wieder, ordnet sich klar in die Ablösung der drei heftigen und drei ruhigen Sätze; der Wechsel der scharfen Gegensätze zeichnet eben den Karakter. Die Energie dieser Gestaltung war nicht in eine einzige Stimme zu fassen; schon im ruhigen Satze treten selbstständige Stimmen zu und gegen einander,

im dritten Satze verfolgen sich ihrer zwei

nachahmend; auch der Schluß bildet sich ähnlich dem ersten dieser Sätze. Von da sucht eine einzelne Stimme, dann zwei einander ablösende unsicher den Weg zum Seitensatze.

Der Seitensatz wird, als ein andrer und wesentlich zu unterscheidender, in eine andre Tonart gestellt; es ist begreiflich, daß man zuerst an die nächstliegende oder nächstverwandte (in Dur die der Dominante, in Moll die Parallele) denkt. Hier wäre daher E dur zu erwarten gewesen. — Nicht E dur kommt, sondern in E moll eine fast weinerlich reuige Melodie, espressivo überschrieben, die gar nicht schließt, sondern wiederholend nach G dur, nach B dur sich wendet, — folgt jenem fahrigen Auftreten Reue oder Bangigkeit? — und über Fis moll, nirgends sicher fußend, nach E moll, zurückkehrt. Aber der Jugendtrotz ist nicht gebrochen. Das allererste Motiv, — es trat zu Anfang so

auf, — reißt hinein, führt einen neuen Seitensatz (nun Edur) trium=
phirend, aber bald gestillt, noch einmal hinaufstürmend und bald wieder
fragvoll still herbei; der dritte Satz der Hauptpartie schließt sich an
und sinkt, fast wie zuvor, in die stille Ruhe des beschwichtigenden
Schlußsatzes.

Wem die innerliche oder psychologische Einheit nicht einleuchtet,
der knüpfe zuerst an der formellen an; nur als Fingerzeig weisen
wir auf die Sechszehntel=Triole, die den zweiten Satz der Haupt=
partie beginnt, den dritten derselben und den zweiten der Seitenpartie
bildet und in der Wiederholung des zweiten Hauptsatzes fortwirkt.

Die mächtige, kühn und sättigend ausgebreitete Durcharbeitung
des ersten und zweiten Hauptsatzes im zweiten Theile kann über die
Bedeutung dieses Theils bei Beethoven Licht geben. Es ist da nicht
um ein Hin= und Hersetzen, um ein Spiel mit dem schon Bekannten
zu thun. Die Gedanken werden vor Allem nach ihrer Bedeutung
für das Ganze herangezogen; in unserer Sonate ist es der erste
Satz der Hauptpartie, der, im ersten Theile nur einmal festgestellt,
gegen das Ende in Erinnerung kam und gleichwohl der bezeichnendste
für den Karakter des Ganzen ist. Das kommt nun zum Bewußt=
sein. Sodann aber werden die Sätze zu Wachsthum und innerer
Reife gebracht, ändern mit dem Standpunkte wohl gar ihr Aussehn,
gestalten sich um, erschließen neue Beziehungen, für die der erste
fester gebildete Theil nicht Raum bot. So wird der zweite Theil
Sitz des Konflikts; was im ersten vornehmlich nach einander hin=
trat, stellt sich jetzt streitvoll gegen einander, oder entzündet in seinem
Innern den Streit, dessen erster Funke vielleicht nicht bemerkt wor=
den war.

Unser zweiter Theil also bringt die Erinnerung am Ausgange des ersten zum Durchbringen; der erste Satz der Hauptpartie tritt auf, nach dem stillenden Schluß in E dur und ein Paar nachklingenden E moll-Akkorden, mit Besinnungspausen durchbrochen — in C dur, mit heller, kalter Entschiedenheit, dann in breiter Ausführung und im Wechsel von tiefem, hartem Baß und aus der Höhe herabsteigender Oberstimme im dunklern As dur, dann im schmerzenbangen F moll, mit einem Halbschluß auf C. Man muß bei solchen Modulationsschritten nicht äußerlich rechnen. So gewiß es verstandes- und naturgemäß ist, daß der Fortschritt sich zunächst auf das Nächstliegende richte, so gewiß liegt darin keine zwingende Gewalt; warum soll dem Komponisten nicht der Weg nach entlegnern Partien, nicht, wenn es ihn treibt, ein seumescher „Spaziergang nach Syrakus" freistehn? Aber eben so grundlos, wie jener eingebildete Schulzwang, ist die Eitelkeit auf fremde Modulationen; die fernste ist eben so leicht zu lernen und zu vollbringen, als die nächste. Nicht Nähe und Ferne, nicht Beschränkung oder Fülle der Modulation bestimmen den Werth; es kommt auf die Bedeutung an.

Nachdem jener erste Satz sich durchgekämpft hat, — nicht zu siegsfrohem Ende, breitet sich der zweite, herabgestimmt nach F dur, beruhigend weit aus, wendet sich getrübter nach D moll — und hier entzündet sich an jenem vergessenen Funken seines Anfangs (man sehe das drittletzte Beispiel) in seinem Schooße selbst der Streit, —

der zum Nachdenken und auf dem Orgelpunkte zur Ruhe und zu so süßem Einwiegen hinführt, wie man in diesem Satze nicht hätte gewärtig sein können.

Das folgende Largo führt in der Ueberschrift den Beinamen appassionato. Gleichwohl ist nichts von jenen leidenschaftlichen Zügen und Ausbrüchen sichtbar, die sonst jenen Namen veranlassen. Es ist die tiefe, innere Bewegung, die Beethoven im Worte verräth; der Satz selbst ist ganz ruhig, still und erhaben, gleich dem Gedanken eines edlen, in sich zurückgekehrten Jünglings auf nachtstiller Bahn, der unter dem Sternenhimmel wandelt, im Aufschaun zu den ewigen Lichtern das Gemüth stillt und zu jener Naturandacht emporhebt, die jeder Jüngling schon empfunden haben muß und deren Nachklang noch den Greis verjüngt. Feierlich bewegt wandelt leisen Schrittes der Baß unter der einfachen sinnigweilenden Melodie dahin, ruht, wenn jugendliche Nebengedanken vernommen sein wollen, schreitet feierlicher, wenn der Gesang sich in Jugendglut emporhebt. Der Seitensatz (die Gestaltung ist zweite Rondoform) kann in seinem Gefühl von Insichgekehrtsein nicht tief greifen; der große Hauptgedanke füllt die Seele ganz; nach kurzem Abweichen davon kehrt er zurück, in Moll, mit gewaltiger, erschütternder Erhebung, — als wären Worte, wie Tod und Ewigkeit, in die Brust gefallen, — und löst sich in weiche Rührung auf.

Von dem reizvollen lockenden Scherzo mit dem Trio (Minore), das sich in wehmüthigen Erinnerungen zu wiegen scheint, von dem anmuthigen Finale (hat jener süße Schlußklang aus dem zweiten Theile des ersten Satzes hier fortgewirkt?) wäre viel zu sagen. Nur jene psychologische Einheit mit den ersten Sätzen will nicht einleuchten; die Tonkunst, wie jede, hat vielerlei Aufgaben zu lösen. Auch von der dritten Sonate muß — wer kann für Alles Raum finden? — geschwiegen werden.

Diesem Werke steht ein etwas späteres,

Drei Sonaten für Pianoforte, Op. 10,

aus dem Jahre 1799, nahe genug, um ihm gleich angeschlossen zu werden.

Von den drei Sonaten ist zunächst die zweite, die liebliche, zu erwähnen, so leicht hingeschrieben, so fließend wie ein Brief aus geistvoller und dabei natürlicher Feder; der fragend beginnende Hauptsatz, der edel und sanft aufgerichtete Seitensatz, das Alles stellt sich zu einander, als könnt' es nicht anders sein. Der Schluß des Seitensatzes ist fast tändelnd, wendet sich aber gleich, wie hier ziemte, in das Ernstere zurück, fast in das Trübe, das aber vom spielend heitern Schlußsatze gleich verwischt wird. Natürlich bleibt bei so leichtem Sinne für den zweiten Theil nichts zu sagen; er hält sich an die Schlußformel des ersten Theils $(\overline{\overline{c}} - \overline{g} - \overline{c})$, führt sie, weit umher schweifend in freier Laune, mit beweglicher Gegenstimme weiter, läßt zuletzt den Hauptsatz hell in Ddur erklingen und leitet damit zum dritten Theil und zum Ende.

Statt des Adagio folgt jetzt eine Menuett (sie ist Allegretto bezeichnet, fodert aber wohl lebhaftere Bewegung) mit Trio und Wiederholung der Menuett. Noch weniger, wie in der Fmoll=Sonate Op. 2 ist hier an eine wirkliche Menuett zu denken, wie Haydn sie geschaffen, Mozart und oft auch Beethoven sie nach= oder weitergebildet haben. Der Name ist uneigentlich gesetzt, weil die Bewegung nicht die gewöhnliche des zweiten Satzes (Adagio) war, sondern die lebhafte der Menuett oder wohl eine noch lebhaftere. Beethoven selbst scheint das Ungeeignete des Namens empfunden zu haben; er hat das Trio, so bestimmt es nach vollkommnem Abschluß der Menuett selbständig auftritt und abschließt, nicht benannt.

Dieser Satz nun, ein Meisterstück in kleinem Raume, tritt in Fmoll in der Tiefe grüblerisch an, hebt sich, gelind' andringend, zwei Oktaven hoch in die trostvolle Parallele (Asdur), um nur einen trostbittenden Augenblick zu erlangen, nur einen Augenblick zu ruhn. Nach der Wiederholung, die hier bei der Tiefe des Inhalts nicht formeller Gebrauch, sondern mehr wie je Nothwendigkeit ist, schwebt der zweite Theil in ängstlicher Frage und bringt den grüblerischen

Hauptgedanken, aber mild und hell, wie Flötenton, in der Höhe; schmerzliche Klänge geleiten wieder hinab, der Schluß im Haupttone wird durch das gefaßte Wort des Schlußsatzes entschieden.

Nun erscheint zum erstenmal jene Beethoven ganz eigne Weise, die man sehr leicht nachäffen, nicht aber nachdichten kann, und die vor ihm gar nicht denkbar war, so weit liegt sie ab von den Zielen und Vorstellungen der Vorgänger. Ist denn blos in der Melodie, blos in der Bewegung Poesie? ist nicht schon der Klang, der ruhende Zusammenklang, auf dem die Seele ruht und sich besinnt und in sich schaut, ist das nicht auch Poesie? und könnte das nicht die tiefste Poesie, wie die hesiodische Nacht den Eros, im Schooße tragen?

So ruht hier, in Desdur nach Fmoll, aller äußerlichen Bewegung fast ganz entrückt, auf einfacher Harmonie

der Geist in Stille; nur leise hebt er sich aus der Tiefe in gleichmäßig sanftem Schwunge des Rhythmus, der ihn wie auf breitem Fittig wiegt, wenig empor, und ruht wieder auf dem Schluß (des ersten Theils) in Asdur. Aber es ist nicht die Ruhe des Leeren. Der Gedanke (der erste Theil) wird wiederholt und die Tiefe, auf der er ruht, wird gewiesen; der Baß, die Stimme der Tiefe, sondert sich, nachschlagend, aus der Schallmasse. Nun erst ist er „Stimme," Persönlichkeit geworden und bewegt sich in melodischer Ausgestaltung. Dies war der Gedanke der Tiefe. Sogleich fodert die Höhe gleiches Recht; tiefere Stimmen (Mittellage) führen im zweiten Theile den ursprünglichen Gedanken fort und die hohe Stimme, mild und hoch wie die Flöte im Hauptsatze, singt entgegen; die ganze Tonerscheinung scheint in Höhen zu entschweben, die man erst von der Tiefe aus ermißt und durchempfindet, — und senkt sich wieder zur Tiefe nieder.

Der Hauptsatz kehrt zurück, schwankender bewegt. Man muß sich ein für allemal deutlich machen, daß nicht das Trio, — der Gegensatz zum Hauptsatz, also der Nebengedanke neben der Hauptsache, befriedigenden Schluß gewährt; die cyklische Form (deren Feierlichkeit die griechische Dramatik und Orcheftik längst vor unsrer Kunstblüte wohl gekannt) von außen, das Gewicht der Gedanken im Innern stehen dafür ein, mögen auch Ausnahmsfälle sich geltend machen.

Ein humoristisches, bisweilen fast scurriles Prestissimo schließt. Eher kann man dieses Finale mit dem ersten Satz in Einklang bringen, als den sinnig=tiefen Mittelsatz. Wo ist er her? — in welcher Fiber des Dichters hat er seinen Ursprung? und von da sich in die Sonate des Jahres 1799 eingeschlichen? — Vielleicht löst sich später das Räthsel.

Wie könnte man das Jahr überschreiten, ohne bei der dritten Sonate zu weilen? und wie viel wäre von ihr zu sagen über das Wenige hinaus, das hier nur Raum finden kann? Nach Sinn und Bedeutsamkeit haben wir hier die erste große Sonate von Beethoven vor uns, wenn sie auch nicht so genannt ist, ein Gebild' aus Meisterhand und Dichtergeist.

Schwungvoll wirft sich Beethoven in den ersten Satz und bildet aus der halben Tonleiter,

wieder und wieder auftauchend, den Hauptsatz, gliedert ihn in Achteln, wiederholt ihn wieder, wie er Anfangs erschien, in Vierteln mit nachschlagenden Achteln und führt ihn empor bis zu fis, das, beiläufig gesagt, die Klaviere damals noch nicht hatten. Das un=

gestüme Gebilde scheint ihm nichts weiter zu gewähren; er wirft sich von jenem fis in die Parallele des Haupttons, Hmoll, und stellt hier eine ganz neue Melodie auf. Hiermit ist die Einheit der Haupt= partie vollständig aufgehoben, nach Tonart und Inhalt.

„Ist dies ein Fehler?" — Wer, fragen wir zurück, hat nicht schon von „lyrischen Sprüngen" vernommen? wem ist unbekannt, daß im Geiste mancherlei vorgeht zwischen dem ersten und zweiten ausgesprochnen Gedanken, das nicht ausgesprochen, sondern im Gei= stesflug' übergangen wird? so erscheint der zweite Gedanke zusam= menhanglos, weil der Zusammenhang unausgesprochen bleibt. Keine Geisteswendung konnte Beethoven fremd bleiben.

Aber nun fließt jener zweite Satz der Hauptpartie über und bringt nach der Dominante zum ersten Satz der Seitenpartie, in die Nähe jenes zuvor aufgegebnen Motivs, das jetzt unmerklich wieder zutritt, festen Fuß faßt, nach einander alle Stimmen erfüllt, zuletzt in weitem Zuge von e̿ bis zum Kontra=A unter triumphi= renden Harmonieklängen siegreich dahinschreitet. Ein stiller Schluß= satz beruhigt, aber das siegreiche Motiv klingt nach, wenn auch nur leise, führt zum Anfang zurück, führt zum zweiten Theile, bildet nach dem Schlußsatz einen weitreichenden Anhang zum dritten. So ist die Anfangs vermißte Einheit energisch hergestellt. Freiester Sinn und männlichste Haltung.

Der zweite Satz, Largo e mesto überschrieben, — wie gräbt sich da tiefe Melancholie, schwarz wie das Grab, in das Herz! kaum die Linderung der Klage, kaum ein flüchtiges Lächeln unter Thränen (der eine Sonnenblick Cdur im düstern Hauptton Dmoll) findet da einen Augenblick lang Raum. Wie ist so frisches, rüh= riges Leben da hingerathen? — ist das Schauen, oder ist es Er= lebniß des Dichters in ihm selber? — wer löst die Räthsel der vielbewegten Dichterbrust? — vielleicht der Dichter selber nicht, wenn er noch unter uns weilte.

Begreiflicher, naturnothwendiger ist der liebreiche Trost des fol=

genden Satzes, wieder Menuett benannt. Sei es darum, daß der zweite Theil harten Einspruch bringt und jene Schmerzen sich nach= fühlen lassen! die Seele ist erlöst aus den Banden der argen Trüb= niß, das Trio (es konnte nicht fehlen, tritt aber unbenannt auf) bringt Ermuthigung und Entschluß, das Finale wirft sich frisch und muthig in den Strom des Lebens.

Beethoven's Stellung.

Wie stand Beethoven in diesem Lebensanfang, in dessen Blüten=
pracht wir erst einen flüchtigen Blick geworfen haben? —

Lichnowski's Haus war seine neue Heimath geworden, der
Fürst sein wahrer Freund — und verdiente es zu sein, die Fürstin
seine mütterliche Freundin. Das Verhältniß scheint zwischen diesen
drei Personen ein wahrhaft vertrauliches gewesen zu sein. Ries
erzählt, daß Beethoven, der ihn im Hause eingeführt, mit der Aus=
führung einer Komposition unzufrieden, sich ungestüm gegen ihn er=
wiesen. Darauf habe er sich selber an das Instrument gesetzt, die
Sache aber nicht besser gemacht und nun habe die ehrwürdige
Fürstin, natürlich mitleidig für den jungen Menschen Partei neh=
mend, sich hinter Beethovens Stuhl gestellt und ihm ebenfalls ein
Paar derbe Kläppchen auf den Kopf gegeben, was denn Beethoven
gutmüthig lachend gleichfalls hingenommen. Offenbar war ihm auch
die Theilnahme Lichnowski's wohlthuend; seine Zustimmung konnte
ihn, wie wir bei Fragen der Spielbarkeit S. 109 gesehn, bestärken,
sein Einspruch (wir werden Spuren davon finden) verletzte ihn
nicht. Denn Beethoven war bei dem berechtigsten Selbstbewußtsein
fern von jeder Eitelkeit; er wollte nur sicher erkannt und erfaßt,

nicht bewundert sein. Auf der andern Seite begriff Lichnowski vollkommen, was man einem Künstler, wie Beethoven, der künstlerischen Zierde seines Hauses, und dem Selbstgefühl eines solchen Mannes schuldig sei. Honorirt, wie die Quartettisten (S. 38), konnte Beethoven für seine Leistungen bei den Morgenmusiken nicht werden; Lichnowski bewog ihn, sein Hausgenoß zu werden und bestimmte ihm zu Ende der neunziger Jahre ein Jahrgeld von 600 Gulden, nach dem Tode des mainzer Churfürsten (1801), der Beethoven die ersten Jahre unterhalten hatte, gewiß eine willkommene Sicherstellung. Bis in dieselbe Zeit wohnte Beethoven abwechselnd im Pallast Lichnowski und auf dem Lande.

Der Fürst hat offenbar in Gesinnung und Behandlung keinen Wandel eintreten lassen. Aber bald zeigte sich die Unverträglichkeit des häuslichen Verhältnisses mit dem Künstler. Irgend eine Rücksicht fodert jedes Verhältniß dieser Art; und der Musiker, ungeschult und unerzogen, wie er aus der kleinen Stadt, aus engen aber anspruchfreien Verhältnissen herübergekommen, — und der starrsinnige, leichtgereizte Rheinländer, — und dieser Beethoven, welt- und lebensfremd, linkisch und eckig im Benehmen, weil er die Mängel früher Welterziehung fühlt, nicht aber überwinden kann, dieser Beethoven, der nur in seiner Tonwelt lebt: der sollte sich in die fürstliche Hausordnung, wie leicht man es ihm auch machte, fügen? — Die Tafel ist auf vier Uhr festgesetzt. „Da soll ich nun," klagt er einem Freunde, „täglich halb vier Uhr zu Hause sein, mich besser kleiden, für den Bart sorgen, ... das halt' ich nicht aus!" So zieht er häufig vor, lieber in einem Gasthause zu speisen; er ist da ungenirt. — Gelegentlich hat er einmal den Einfall, zu reiten, (man erinnere sich des brown'schen Pferdes für die russischen Variationen) und Lichnowski stellt ihm seinen ganzen Marstall zur Verfügung; — fremde Pferde soll er reiten? sich dafür verpflichtet, sich an den Marstall gewiesen sehn? er kauft sich ein eigen Pferd. — Irgend einmal hat die Dienerschaft den Künstler warten lassen, um zuerst den Fürsten zu bedienen; der Fürst, darüber oder über die beethoven'sche Auffassung (die man sich vorstellen kann) ungehalten, befiehlt dem Jäger mit schallender Stimme, künftig, wenn er und Beethoven zugleich klingelten, diesen zuerst zu bedienen. Mehr bedarf es für den Musiker nicht, sich noch am nämlichen Tag' einen eignen Diener anzuschaffen.

Man mag bei diesen Vorkommenheiten lächeln. Gewiß aber hatten sie nicht in Eitelkeit oder Hoffart ihren Ursprung, sondern in einem, nur vielleicht unnöthig sich geltend machenden Selbstgefühl des Künstlers und des unabhängigen Mannes, gegenüber dem Vornehmen. Denn das ist eine der leidigen Folgen, die sich an jede privilegirte Stellung, und so auch an den privilegirten Stand des Adels hängen, daß sie das natürliche, zutrauenvolle Verhältniß von Mensch zum Menschen selbst da trüben und stören, wo man das Privilegium lieber vergessen möchte, als geltend machen. Beethoven fühlte sich vornehm durch jene Kraft, die die Natur in ihn gelegt und die er mit seines ganzen Lebens Arbeit und Treue ausgebildet hatte für den ihm vor Andern verliehenen Beruf. Gerade die niedrigen Verhältnisse, in denen er aufgewachsen, hatten Selbstgefühl und Gleichgültigkeit gegen die ihm versagte Gunst der Verhältnisse geschärft. Ohne diesen unabhängigen Sinn hätte er auch als Künstler nicht vollführen können, was eben ihm zu vollführen oblag: dem Geist in der Kunst ein neues freies Reich zu gründen. Rang und Reichthum, bezeugt sein Freund Schindler, blieben ihm von Jugend an ganz gleichgültige Dinge, Zufälligkeiten, für die er keine besondere Achtung hatte; daher er in dem Menschen nur den Menschen erkennen und ehren wollte. Es war also sehr natürlich, daß in seiner Achtung der Fürst auf gleicher Stufe mit dem Bürger stand, und er hielt dafür, daß nur der Geist, das Göttliche im Menschen, nach seiner Potenz über allem Materiellen und Zufälligen emporrage und eine unmittelbare Gabe des Schöpfers sei, bestimmt, Andern als Leuchte voranzugehn. In solchem Sinn erkannte er die eigne ihm gewordne Stellung und ihre Bedeutung vollkommen sicher, und in Demuth.

In Demuth. Niemand konnte mehr Güte, mehr Anhänglich=keit an die Menschen haben, Niemand schneller verzeihn und ver=gessen, Niemand konnte, wenn er in seiner Reizbarkeit und Welt=unkunde gefehlt, bitterer bereun und flehentlicher aus ganz rückhalt=los geöffnetem Herzen, über alles Maaß abbitten und Versöhnung suchen, als er. „In was für einem abscheulichen Bilde," schreibt er bei solchem Anlaß in den neunziger Jahren an Wegeler, „hast Du mich mir selbst gezeigt! O ich erkenne es, ich verdiene Deine Freundschaft nicht! . . . . es war jedoch keine absichtliche, ausgedachte Bosheit von mir, die mich so gegen Dich handeln ließ; es war mein unverzeihlicher Leichtsinn." So klagt er drei Seiten lang sich an und schließt: „Doch nichts mehr! ich selbst komme zu Dir und werfe mich in Deine Arme und bitte um den verlornen Freund, und Du giebst Dich mir wieder, dem reuevollen, Dich liebenden, Dich nie ver=gessenden B." Einen ähnlichen Brief an Eleonore Breuning vom 2. November 1793 hat ihr Gatte Wegeler aufbewahrt.

Jener Sinn der Unabhängigkeit reichte bei Beethoven weit über die kleinen persönlichen Verhältnisse hinaus; im untrennbaren Verein mit brüderlicher Liebe für alle Menschen, die in seiner Auf=fassung alle gleich, alle Brüder waren, sollte sie Grundzug seines Lebens werden und in seinen Schöpfungen bedeutsam mitwirken. Man muß neben seinen persönlichen Verhältnissen die Zeit seiner Jugend in das Auge fassen. Siebzehnhundertsiebzig geboren, an der Gränze Frankreichs, in der Nähe des Emigrantenhofs in Koblenz, fand die französische Revolution ihn in dem rechten Alter, sich für sie, für die Idee von Freiheit und Freistaat zu enthusiasmiren, wenngleich er sicher nicht fähig war, die Folgen dieses unermeß=lichen Ereignisses vorherzusehn, oder es klar zu begreifen. Schon der Zeitströmung nach war er Republikaner; dazu kam sein aus freiem Trieb unternommenes Studium der Alten, von denen ihm

Plutarch besonders nahe gestanden zu haben scheint. „Plato's Republik (erzählt Schindler) war in sein Fleisch und Blut übergegangen, nach ihrer Idee musterte er alle Verfassungen der Welt; so wollte er Alles eingerichtet wissen. Er lebte in dem festen Glauben, Napoleon gehe mit keinem andern Plan um, als Frankreich nach ähnlichen (— platonischen! —) Prinzipien zu republikanisiren, und somit sei der Anfang zum allgemeinen Weltglück gemacht."

Zum Glück war er nicht in der Lage, sich näher für diese bonapartistisch=platonische Republik zu bethätigen; es blieb bei der Theilnahme des Gemüths, deren Grundtrieb man ehren muß, wie unklar auch das Urtheil gewesen. Er blieb wenigstens besonnen genug, sich jenem Zuge nicht unzeitig hinzugeben. Im Jahr 1802 scheint sein Verleger Hofmeister im Verein mit Andern ihm den Vorschlag zu einer Sonate revolutionärer oder republikanischer Tendenz gemacht zu haben. Dem antwortet er unter dem 8. November: „Reitet Euch der Teufel insgesammt, meine Herren? Mir vorzuschlagen, eine solche Sonate zu machen! Zur Zeit des Revolutionsfiebers — nun, wär' es etwas gewesen. Aber jetzt, da sich Alles wieder in's Geleis zu schieben sucht, Buonaparte mit dem Papst das Konkordat abgeschlossen — jetzt so eine Sonate! Wär's noch eine Missa pro Sancta Maria a tre voci, oder eine Vesper! Nun, da wollt' ich gleich den Pinsel in die Hand nehmen, und mit großen Pfundnoten ein Credo in unum hinschreiben. Aber, du lieber Gott, eine solche Sonate in diesen neu angehenden christlichen Zeiten! Ho! ho! Da laßt mich gehen, da wird nichts daraus."

Im Künstler wird aber jeder Moment erhöhten Lebens zum Kunstwerke. Beethovens Theilnahme an den politischen Bewegungen sollte zu einem der entscheidungsschwersten Werke führen.

Nicht ganz republikanisch, aber ganz menschlich war es, daß Beethoven, wenn denn einmal jene Rangunterschiede bestanden, mit Wohlgefallen sich nach dem Maaßstabe höhern Ranges behandelt sehn wollte und mit argwöhnischer Aufmerksamkeit jeder Begegnung erwehrte, die ihn auf eine niedere Rangstufe zu verweisen schien. In Berlin hatte er 1797

zwei Sonaten für Piano und Violoncell, Op. 5

vor Friedrich Wilhelm dem Zweiten vorgetragen; die zweite aus G moll (die erste steht in G dur) ist neben allen spätern Kompositionen bedeutend durch energische Führung und einheitvolle Haltung ihres jugendlich nach schmerzhafter Aufregung hinneigenden Karakters. Beim Abschied vom Hofe hatte der König ihm eine goldne Dose, mit Friedrichsd'oren gefüllt, überreichen lassen. Noch lange nachher erzählte Beethoven mit Wohlgefallen, daß es keine gewöhnliche Dose gewesen, sondern eine solche, wie sie den Gesandten gegeben würde. — Widerwärtig mußte daher Beethoven durch den herkömmlichen Adelstik in einer alten Gräfin berührt werden, die, als Louis Ferdinand nach Wien kam, dem Prinzen zu Ehren eine Assemblée gab, und, weil doch Hoheit ein faible hatten für Musik und allerlei Künstlervolk, Musik machen ließ und auch den Herrn Beethoven dazu einlud. Nach der Musik kam dann das Souper, und da wurde für den Prinzen und einige vom hohen Adel eine besondere Tafel servirt. Dies gewahr werden, auffahren, während Alles sich zurechtsetzt, sich in derben Ausfällen gegen die alte Närrin ergießen, den Hut nehmen und fortgehn: das folgte bei Beethoven natürlich wie Blitz und Donner. Der Prinz, der Beethovens Bedeutung vollkommen erkannt, fühlte mit ihm. Er verstand, ihm Genugthuung für die Kränkung zu geben, deren unschuldiger Anlaß er gewesen, veranstaltete ein Paar Tage darauf ein feierliches Diner, wozu er einen Theil der Abendgesellschaft und jene Gräfin Etikette bat, und wies an der Tafel Beethoven auf der einen, der alten Dame auf der andern Seite den Platz neben sich an.

Nichts aber war ihm unleidlicher, als sich der Etikette der Großen zu fügen; das bracht' er nimmer zu Stande, und wollt' es auch nicht. Der Erzherzog Rudolf, nachheriger Erzbischof von Olmütz, war sein Schüler, beiläufig der einzige, den er nicht blos

im Klavier, sondern auch in der Komposition unterwiesen. Verge=
bens bemühen sich die Höflinge, besonders der Hofmarschall, ihn in
das rechte Geleis der unverletzbaren Etikette zu bringen. Ihrer fei=
nen Winke, ihres andringlichen Meisterns überdrüßig, drängt er sich
enblich höchst entrüstet zum Erzherzog durch und erklärt ihm: für
ihn hege er allen möglichen Respekt, aber strenge Beobachtung dieser
Vorschriften und Weisungen, die man ihm täglich geben wolle, das
sei ein für allemal nicht seine Sache. Der Erzherzog lächelte gut=
müthig und befahl, ihn künftig seinen Weg ungestört gehn zu lassen, —
es sei einmal nicht zu ändern. Ueberhaupt stellte sich das Verhältniß
ganz naturgemäß so heraus, daß der Erzherzog mehr parauf gab,
von Beethoven unterrichtet zu werden, als dieser, ihn zu unterrichten.
Beethoven hatte gewiß Sinn für die Würdigkeit und Anhänglichkeit
seines Schülers und erwiederte die Gesinnung, die ihm entgegenkam.
Aber trotz aller Widerspenstigkeit von seiner und aller Nachgiebigkeit
von des Prinzen Seite machten doch Stand und Rang ihren leidi=
gen Einfluß fühlbar. Beethoven unterrichtete überhaupt nicht gern;
zu den Lektionen beim Erzherzog ging er doppelt ungern, das kostete
Vorbereitung, das foderte ein wenig Rücksicht auf die Toilette, und
seine Zeit gehörte nicht ihm, sondern seinen Arbeiten. Mit Wi=
derstreben lenkte sich sein Schritt zur kaiserlichen Burg, er nannte
den Gang dahin seinen „Hofdienst." Auch mögen ihn wohl man=
cherlei Störungen in den Lektionen, wie solche Verhältnisse bisweilen
unvermeidlich machen, verdrossen haben. Nur Erzherzog Karl durfte
während des Unterrichts zugegen sein; von ihm nur fühlte sich Beet=
hoven nicht gestört, denn er hatte wohl erkannt, wie richtig der Held
ihn zu würdigen wußte, und erwiederte das mit Ehrfurcht aus vol=
lem Herzen.

Bei all' dieser Sprödigkeit gegen Rangverhältnisse kannte Beet=
hoven nicht umhin, die freiere Bildung und den früher und vielseitiger
entwickelten Geist, den die begünstigte Stellung den sorgen= und be=
rufsfrei gestellten Vornehmen gewähren können (und im österrei=

chischen Adel hat es damals und später nicht an solchen gemangelt,
die dem Können das Wollen gesellt) zu erkennen. Er fand, wie er
Schindler selbst gesagt, in den Kreisen des Adels die bereiteste Verständniß; es ist wohl begreiflich, da der damals noch unbedingter
in Oesterreich waltende Kastengeist den Bürgerstand auf seine Be-
rufsarbeiten in untergeordnetern Sphären und auf die derbern materiellen Lebensgenüsse hinwies. Daher verkehrte Beethoven auch
am meisten in jenen Kreisen und fand da seine wärmsten Anhänger,
die ihm zum Theil wahre Freunde und freundschaftliche Beförderer
wurden. Unter ihnen sind Graf Moritz Lichnowski (Bruder des
Fürsten) und seine Gemahlin, Hofsekretair Zmeskal v. Domano-
vetz, Baron J. v. Gleichenstein, v. Pasquallati, Franz Graf
v. Brunswik, seine Gemahlin Sidonie und seine Schwester
Therese, beide (besonders die erstere) treffliche Spielerinnen Beethovenscher Werke, vor andern zu nennen, aus der Reihe der andern
Freunde der treffliche Instrumentenbauer Andreas Streicher, der
Jugendfreund Schillers, und seine treusorgliche Gattin Nanette.
Wie sehr übrigens das Bedürfniß der Gleichstellung bei Beethoven
alle Verhältnisse durchdrang, sollte Baron Pronay in späterer Zeit
noch erfahren. Er hatte Beethoven im Frühjahr 1823 in seiner
schönen Villa bei Hetzendorf eine Reihe Zimmer eingeräumt und
Beethoven war in den ersten Tagen seines Aufenthalts sehr glücklich,
den prachtvollen Park zu durchstreichen oder aus seinen Fenstern die
reizende Landschaft zu überschauen. Aber bald hatte die Freude ein
Ende. Beethoven fand es unausstehlich, daß der Baron, so oft er
ihm im Park begegnete, stets so tiefe Verbeugungen vor ihm mache;
ob er die erwiedern solle? Schon Ende August verließ er die für
den ganzen Sommer gemiethete Wohnung.

Seine Stellung in den vornehmern Kreisen der Gesellschaft
hatte für Beethovens Leben eine noch tiefere Folge.

Er hatte, wie jeder Künstler, ein offen Auge für weiblichen
Reiz und für zärtliches Gefühl ein empfängliches Herz. Die drei

hübschen Schneiderstöchter, bei deren Vater der junge Ries wohnte, waren ihm nicht entgangen und Ries nicht seinen Neckereien. Noch in spätern Jahren sah er schöne Gesichter gern, blieb auf der Straße stehn und blickte ihnen durch das Augenglas nach, so weit er konnte; wenn das bemerkt wurde, lachte er verlegen, doch nicht mißvergnügt. Seinen kleinen Werther=Roman mit der blonden Jeanette d'Honrath hatte er schon früh in Bonn durchgespielt; auch in Wien soll er mehr als ein Liebesverhältniß angeknüpft und mitunter Eroberungen gemacht haben, die manchem Adonis schwer, wo nicht unmöglich geworden wären. Ries erzählt von dem abendlichen Besuch einer schönen Unbekannten, die er bei offnen Thüren bei Beethoven getroffen; er habe sich zurückziehn wollen, Beethoven habe ihm aber geheißen zu bleiben und Musik zu machen. „Spielen Sie etwas Leidenschaftliches!" habe er ihm zugerufen; — „nun etwas Zärtliches! — nun etwas Trauriges!" — Die Schöne war aus eignem Antrieb' und ungenannt bei dem Künstler, für den sie begeistert war, eingetreten; es fand sich später, daß sie die Freundin eines fremden Fürsten sei.

Das alles waren flüchtige Neigungen. Es ist bemerkenswerth, daß Beethoven aus all' diesen Verhältnissen rein hervorgegangen und sein Leben durch keusch geblieben ist. Seine Neigungen waren und blieben geistigen Gehalts, wenn gleich eine von ihnen tiefere Wurzeln schlagen und, wie es scheint, lebenslänglich fortdauern sollte.

Diese eine Neigung, die einzige, die man Liebe nennen darf, galt der jungen Gräfin Julia Guicciardi, die er 1799, wenn nicht früher, kennen gelernt. Die erste Andeutung des Verhältnisses vertraut Beethoven einem Brief an seinen Freund Wegeler an. Er schreibt am 16. November 1801: .... „Diese Veränderung hat ein liebes zauberisches Mädchen hervorgebracht, das mich liebt, und das ich liebe; es sind seit zwei Jahren wieder einige selige Augenblicke, und es ist das erste Mal, daß ich fühle, daß Heirathen glücklich machen könnte. Leider ist sie nicht von meinem Stande, —

und jetzt — könnte ich nun freilich nicht heirathen, ich muß mich nun noch wacker herumtummeln."

Sie sollte, sie könnte nie die seinige werden, wie er hier sich's träumt. Doch lebte das sehnsüchtige Verlangen in ihm fort. „Nur Liebe — ja nur sie (findet sich anderswo von seiner Hand aufgezeichnet) vermag Dir ein glücklicheres Leben zu geben! O Gott — laß mich sie — jene endlich finden, die mich in Tugend bestärkt — die erlaubt mein ist." Es war eins von den unerhörbaren Gebeten, die darum noch nicht leer und unfruchtbar sind.

Denn die Liebe lebte fort in seinem treuen Herzen, eine geheime Flamme, in lichtverzehrender dunkler Glut unstillbaren Verlangens ausbrennend. Das bekennt Beethoven urkundlich in seiner Sprache, in der unsterblichen

Sonata una quasi fantasia,

natürlich der in Cismoll, die als Op. 27 No. 2 gedruckt und in der Originalausgabe der „Madamigella Giulietta di Guicciardi" gewidmet ist. Denn das Seelenleben des Künstlers soll geistig, nicht leiblich Erfüllung finden. Es ist die Sonate, der die gemüthlichen Oesterreicher, von der Sage jenes Verhältnisses frühzeitig geleitet, den Namen „Mondscheinsonate" gegeben haben.

Der Komponist hat sie Fantasie-Sonate genannt. Denn sie hat die Ausdehnung und Zusammensetzung und — wie sehr! — die volle Wichtigkeit einer Sonate; aber sie konnte nicht die allgemeine und im Allgemeinen wohlbegründete Form (vergl. S. 124) einer solchen haben. Sie beginnt mit dem Adagio, dann folgt der Zwischensatz, der früher Menuett, später Scherzo oder gar nicht benannt wurde, dann folgt das Finale. Nach herkömmlichem Gesichtspunkte, müßte man sagen, fehlt der erste Satz, das Allegro. Aber dieses Allegro, das war nicht zu komponiren! das war sein sonstiges, vielbeschäftigtes, vielfach angeregtes Leben, das hätte vielleicht von dem ersten entzückenvollen Finden erzählen können, oder von einer Gräfin, die einen Musiker wohl lieben, aber nicht heirathen durfte in diesen verrenkten Verhältnissen und Begriffen unsrer Welt. Was galt das Alles jetzt dem Unseligen, der sich beugen und aus= bluten mußte unter den nimmer müden Natterbissen der Entsa= gung? was hätt' er Ihr davon zu sagen gehabt, das sie nicht ge= wußt, oder das würdig gewesen wär', in diesem Augenblicke gesagt zu werden?

So singt er denn zu den müde über die Saiten schleichenden Fingern das leise leise Lied entsagender Liebe; es ist ein Abschied von aller Hoffnung der dürstenden Seele, dem sich das Wort ver= sagt, dem der bange Hauch aus weher Brust kaum eine Weise lei= hen kann, dem der Puls des Rhythmus, kaum erweckt, stockt, und sich dehnt, wie der lange Scheideblick des Entsagenden. Dabei schleicht gespensterleise schwebenden Schrittes das Leben in Tiefen hinab, in denen kein Labsal für diese Schmerzen sich findet. Und so edel, so still und unberührt von jedem aufwühlenden Sturm der Leiden= schaft fließt dieses Klagelied hin! kein Kampf gegen irdische Ge= walt trübt diese Seele, die nicht wollen kann, was Tugend nicht erlaubt. So irrt das Lied, stets sich selber treu und gleich, aus dem heißen Cismoll in das trosthelle Edur, das sich sogleich zu Moll trüben muß. Da drängt sich dieser Lebensschritt, dessen Gedanken der Baß zeichnet, drohend heran, daß fast die übervolle Brust zer= springt. Und im schmerzlich siedenden Fismoll setzt der Gesang von Neuem ein; ewig der eine Gedanke, wechsellos, unabgewendeten Auges, blickt er in das Auge des Leidenden, und die Tiefe giebt nur das Echo dieser Klage zurück — und alles Verlangen, wie hoch und weit es flehend ausschaue, sinkt zurück in die Klage, und erstirbt in der Tiefe, die das Lebewohl! mit Grabesstimme wiedertönt.

Das war das Lied der Entsagung. Ihm folgt die Scheidung: „O denke mein! — ich denke Dein! Leb' wohl, leb' wohl!" flüchtig (es ist der zweite Satz, Allegretto genannt) abgebrochen, und nach= weinend bis zum letzten „auf ewig!" Welche Bilder vergangener, schwindelnseliger Augenblicke, welche Schatten dunkler Zukunft dann der Seele des Entsagenden vorüberschweben im Trio, — wer legt das aus?

Und nun muß weiter gelebt werden, stürmt man hinaus, und stürmt hinauf, und zürnt und wehellagt — und alle Schläge, und alle Donner des Schicksals sollen das erhabene Haupt des Geweihten nicht beugen.

Das sagt die Cismoll-Sonate denen, die die Sprache verstehn. In Beethoven lebten aber Liebe und Schmerz ungestillt fort. Noch im Jahr 1806, als er sich in den ungarischen Bädern aus Siechthum herstellen wollte, waren seine Gedanken bei dieser Julie. So schrieb er an sie.

"Am 6. Juli Morgens.

"Mein Engel, mein Alles, mein Ich! — Nur wenige Worte heute, und zwar mit Bleistift (mit Deinem). Erst bis morgen ist meine Wohnung sicher bestimmt. Welcher nichtswürdige Zeitvertreib und d. g. (dergleichen). — Warum dieser tiefe Gram, wo die Nothwendigkeit spricht! Kann unsre Liebe anders bestehen, als durch Aufopferungen, durch nicht Alles verlangen? Kannst Du es ändern, daß Du nicht ganz mein, ich nicht ganz Dein bin? — Ach Gott, blicke in die schöne Natur und beruhige Dein Gemüth über das Müssende. — Die Liebe fodert Alles und ganz mit Recht, so ist es mir mit Dir, Dir mit mir; — nur vergißt Du so leicht, daß ich für mich und für Dich leben muß. Wären wir ganz vereinigt, Du würdest dieses Schmerzliche ebenso wenig als ich empfinden. — Meine Reise war schrecklich. Ich kam erst Morgens 4 Uhr gestern hier an, da es an Pferden mangelte. Auf der letzten Station warnte man mich, bei Nacht zu fahren, machte mich einen Wald fürchten, aber das reizte mich nur, und ich hatte Unrecht; der Wagen mußte bei dem schrecklichen Wege brechen, grundlos, bloßer Landweg. — Fürst Esterhazi hatte auf dem andern Wege hieher dasselbe Schicksal mit acht Pferden, was ich mit vier. — Jedoch hatte ich zum Theil wieder Vergnügen, wie immer, wenn ich was glücklich überstehe. — Nun geschwind zum Innern vom Aeußern. Wir werden uns wohl bald sehen. Auch heute kann ich Dir meine Bemerkungen nicht mittheilen, welche ich während dieser einigen Tage über mein Leben machte. Wären unsre Herzen immer dicht an einander, ich machte wohl keine dergleichen. Die Brust ist voll Dir viel zu sagen. — Ach — es giebt Momente, wo ich finde, daß die Sprache noch gar nichts ist! — Erheitere Dich — bleibe mein treuer, einziger Schatz, mein Alles, wie ich Dir; das Uebrige müssen die Götter schicken was für uns sein muß und sein soll.

„Dein treuer
Ludwig."

„Montag Abends am 6. Juli.

„Du leidest, Du mein theuerstes Wesen! — Eben jetzt nehme ich wahr, daß die Briefe in aller Frühe aufgegeben werden müssen. Du leidest! ach, wo ich bin, bist Du mit mir; mit mir und Dir werde ich machen, daß ich mit Dir leben kann. Welches Leben!!!! so!!! ohne Dich. — Verfolgt von der Güte der Menschen hier und da, die ich meine, eben so wenig verdienen zu wollen, als sie wirklich zu verdienen, — Demuth des Menschen gegen den Menschen — sie schmerzt mich — und wenn ich mich im Zusammenhang des Universums betrachte, was bin ich, und was ist der, den man den Größten nennt? und doch ist wieder hierin das Göttliche im Menschen.... Wie Du mich auch liebst, stärker liebe ich Dich doch, — doch nie verberge Dich vor mir. Gute Nacht! — Als Badender muß ich schlafen gehn. Ach Gott! so nahe! so weit! Ist es nicht ein wahres Himmelsgebäude unsre Liebe, aber auch so fest, wie die Veste des Himmels." —

„Guten Morgen am 7. Juli.

„Schon im Bette drängen sich die Ideen zu Dir, meine un= sterbliche Geliebte, hie und da freudig, dann wieder traurig, vom

Schicksal abwartend, ob es uns erhört. — Leben kann ich entweder
nur ganz mit Dir, oder gar nicht; ja ich habe beschlossen, in der
Ferne so lange herum zu irren, bis ich in Deine Arme fliegen, mich
ganz heimathlich bei Dir nennen, meine Seele von Dir umgeben,
in's Reich der Geister schicken kann. — Ja leider muß es sein! —
Du wirst Dich fassen um so mehr, da Du meine Treue gegen Dich
kennst; nie eine andere kann mein Herz besitzen, nie! nie! — O Gott,
warum sich entfernen müssen, was man so liebt? und doch ist mein
Leben so wie jetzt ein kümmerliches Leben. — Deine Liebe macht
mich zum Glücklichsten und zum Unglücklichsten zugleich. In mei=
nen Jahren jetzt bedürfte ich einiger Einförmigkeit, Gleichheit im
Leben; kann die bei unserm Verhältnisse bestehn? — Sei ruhig;
nur durch ruhiges Beschauen unseres Daseins können wir unsern
Zweck, zusammenzuleben erreichen. — Welche Sehnsucht mit Thrä=
nen nach Dir, mein Leben, mein Alles! Lebe wohl! — O liebe
mich fort und verkenne nie das treueste Herz Deines

geliebten Ludwig."

Nie hat er aufgehört, an ihrem Schicksal theilzunehmen und
sich, wo es nur ging, von ihm Kunde zu verschaffen. Ja, wunderlich
traumhaft taucht selbst der längst aufgegebne Wunsch wieder empor.
„Alles Schöne", schreibt Beethoven am 8. März 1816 — siebzehn
Jahre nach der Cismoll=Sonate, in seinem sechsundvierzigsten Jahr —
an seinen ehemaligen Schüler Ries, „Alles Schöne an Ihre Frau;
leider hab' ich keine. Ich fand nur eine, die ich wohl nie besitzen
werde, — bin aber deßhalb (setzt er lebensfrisch zu) kein Weiber=
feind."

Und noch viel später, es war im Jahr' 1823, trat das ent=
schwundene Verhältniß abermals, diesmal mit allem irdischen Ballast
beschwert, in das Leben. Julie Guicciardi war jetzt Gräfin Gallenberg,
und Graf Gallenberg hatte die Aufsicht über das Musikarchiv des
kaiserlichen Operntheaters. Beethoven hatte Schindler zum Grafen

geschickt, um die Partitur seines Fidelio zu leihen. Bei dessen
Rückkehr fand folgendes, in den Konversationsheften (von denen
künftig die Rede sein wird) schriftlich geführte Gespräch statt.

Schindler: Er (Gallenberg) hat mir heute keine große Achtung
eingeflößt.

Beethoven: Ich war sein unsichtbarer Wohlthäter durch
Andere.

Schindler: das sollte er wissen, damit er mehr Achtung für
Sie habe, als er zu haben scheint.

Beethoven: Sie fanden also, wie es scheint, G. nicht gestimmt
für mich? — woran mir übrigens nichts gelegen. Doch
möchte ich von seinen Aeußerungen Kenntniß haben.

Schindler: Er erwiederte mir, daß er glaube, Sie müßten
die Partitur selber haben. Allein als ich ihm versicherte,
daß Sie selbige wirklich nicht haben, sagte er, es sei die
Folge Ihrer Unstetigkeit und beständigen Herumwanderns,
daß Sie selbe verloren haben.

Nun erkundigt sich Beethoven, ob Schindler die Gräfin gesehn,
und setzt die Unterredung (schriftlich) französisch fort.

Beethoven: J'étois bien aimé d'elle, et plus, que jamais
son époux. Il étoit pourtant plutôt son amant, que
moi, mais par elle j'apprenois de son misère et je
trouvois un homme de bien, qui me donnoit la somme
de 500 Fl. pour le soulager. Il étoit toujours mon
ennemi, c'étoit justement la raison, que je fusse tout
le bien que possible.

Schindler: Darum sagte er mir auch noch: „Er ist ein un=
ausstehlicher Mensch!" wahrscheinlich aus lauter Dankbar=
keit. Doch, Herr, vergieb ihnen .... Est-ce qu'il y a
longtemps, qu'elle est mariée avec Mons. de Gallenberg?

Beethoven: Elle est née Guicciardi. Elle étoit l'épouse

de lui avant son voyage en Italie — Arrivé à Vienne
elle cherchoit moi pleurant, mais je la méprisois.

Schindler: Herkules am Scheidewege!

Beethoven: Und wenn ich hätte meine Lebenskraft mit dem
Leben so hingeben wollen, was wäre für das Edle, Bessere
geblieben? *)

Aus der Widmung der Fantasie-Sonate an „Madamigella
Giulietta di Guicciardi" stellt sich, im Verein mit den andern Andeutungen ungefähr heraus, daß Julie damals, als beide sich fanden und er ihr die Sonate widmete, unvermählt war. Später ist
sie bewogen worden, dem Grafen Gallenberg ihre Hand zu reichen
und, wahrscheinlich mit ihm, nach Italien zu reisen. Nach Wien
zurückgekehrt, stand sie nun Beethoven gegenüber, sie vermählt, er
einsam. Wie da Beschämung und Reue wegen des Treubruchs, den
sie nach ihrer Vorstellung an ihm begangen, in ihr gearbeitet, wie
sie die hingebenste Liebe unverstellt und unverhohlen ihm entgegen-
getragen: wer ermißt das? sein späteres: „je la méprisais" kann,
wenn nicht bloßer Fehlgriff im ungelenken Französisch, ebensowohl
Verbitterung als Mißverstehn ihres Entgegenkommens bezeichnen.
Vielleicht ist Herkules gar nicht am Scheidewege gewesen.

Ruhen wir von diesen Stürmen einen Augenblick bei der andern
Sonata una quasi Fantasia, Op. 27. No. 1.
aus, der in Es dur. Hängt sie mit jener als No. 2 bezeichneten, die jedenfalls No. 1 ist, und mit Julia Guicciardi zusammen? — etwa der Zeit
angehörig, wo Juliens Vermählung Beethoven noch nicht bekannt
war? oder der Zeit, wo er den Schmerz darüber verwunden und
sie zurückgekehrt war, ihm liebevoll wieder nahend? — Jeder äußere
Anhalt bei diesen Fragen fehlt. Wozu auch? Saxa loquuntur! die
Töne sprechen.

In großer Ruhe, beschaulich hebt der Gesang des Andante an,

---

*) Natürlich buchstäblich getreue Mittheilung.

kaum von linden Strömungen des Baſſes, der aber immer und immer wieder die Saite ſanften Verlangens (die Septime der Dominante) trifft, angeſpült. Der Rhythmus

iſt ſanfter, ſtets wieder nachdenklich weilender Einherſchritt; in ihm hebt ſich auch die Melodie zu jenem Ton der Sehnſucht empor, wie die beruhigtere Bruſt im nicht geſtillten Begehr des Herzens, das jüngſt ſo leidenſchaftlich pochte, im tiefern ſtummen Athemzug ſchwillt. Das Alles ·ſchwebt ſo ſtill heran! — und eben ſo ſtill, nur beredter mit jener Beredſamkeit herzinnigſter Erinnerung, ſchwebt über der dunkelnden Tiefe des Daſeins die zweite Melodie vorüber, einen Augenblick wie von mildem Mondesglanz erhellt, und gleich wieder ſich herabbeugend zur erſten. Da, ganz abgeriſſen, ganz fremd und unvorherzuſehn, reißt ein Freudenblitz hinein; was für Bilder ſind aus dem räthſelvollen Hintergrunde des Gemüths hervorgetaucht? wehen raſch vorüber, haltloſe Wallung, kaum empfunden, um ſchon dem ſtillen Sinnen zu weichen.

Aber ſie haben erinnert an Unerfüllbares. Und nun wogt (zweiter Satz, Allegro molto vivace) in trüber, heimlichkeitvoller Gährung, kräftig ringend und emporklimmend, und im überreizten Verlangen (die None) um= und abermals umſchauend, und abermals bis zur Haltloſigkeit und Verſtäubung aufgeregt, die Seele.

Der dritte Satz (Adagio con espressione, Asdur) gießt erhabnen Troſt in das wunde, müde Herz; — und nun kann (vierter Satz, Allegro vivace) wenn nicht glücklich, doch gewiß muthvoll und rüſtig und freudig das Leben weitergekämpft werden! Der Menſch iſt nicht da, glücklich zu ſein, ſondern die Werke zu wirken, zu denen er berufen. —

In ſolchem Sinne wendet ſich nun Beethoven ganz wieder ſeinem Berufe zu, — er hatte ihn nie verlaſſen, die Liebe ſelbſt wurd' ihm zum Gedichte, während ihre perſönlichen Ziele dahin=

fielen, — und richtet seine ganze Lebensweise auf ihn ein. Leben im Freien, Bewegung, Luft und Wasser, das ist seine leibliche, Lektüre der Alten und der Dichter, das ist seine geistige Nahrung. Anhänglichkeit an die Seinen, besonders an die Bonner Jugendfreunde, das ist ihm Bedürfniß, unermüdlich Schaffen und Arbeiten, das ist ihm Beruf und einzige Befriedigung. Alle sonstigen Geschäftigkeiten weiset er von sich zurück, sie belästigen ihn. Dem Leipziger Kapellmeister und Musikhändler Hofmeister, seinem „geliebten Herrn Bruder in der Tonkunst," dem er offenbar wohlwollte, schreibt er die kürzesten Briefe und giebt ihm unter dem 15. December 1800 zu lesen: „Ich bin in der Briefstellerei äußerst faul, und da steht's lange an, bis ich einmal, statt Noten, trockne Buchstaben schreibe." Daß freundschaftliche Gesinnung zwischen ihnen obwaltete, nicht bloße Geschäftsverbindung, zeigt der ganze Briefwechsel, namentlich auch ein etwas späterer Brief Beethovens an Hofmeister, vom 8. November 1802: „Wie gern wollt' ich Manches verschenken. Bedenke aber nur, Freund, Alles um mich her ist angestellt, und weiß sicher, wovon es lebt. Aber, du lieber Gott, wo stellt man so ein parvum talentum com ego *) an den kaiserlichen Hof?" —

So war in der That die Stellung Beethovens bestimmt vorgezeichnet. Ohne Amt und Amtseinkommen, ohne sonstige Unterstützung, als das Jahrgeld vom Fürsten Lichnowski, war er auf Tageserwerb angewiesen; Komposition war ihm nicht blos Beruf und geistig höchster Genuß; sie war Hauptquell des nöthigen Erwerbs.

Am deutlichsten stellen sich alle Verhältnisse in seinem Briefwechsel mit den Bonner Freunden dar; für sie hat er stets ein Herz, und eine Stunde frei, ihnen zu erzählen. An Wegeler meldet er: „Stoffeln (Stephan von Breuning) will ich nächstens schreiben

---

*) Buchstäblich.

und ihm ein wenig den Text lesen über seine störrige Laune. Er
soll mir heilig versprechen, euch in euren ohnedies trüben Umstän=
den nicht noch mehr zu kränken; auch der guten Lorchen (Eleonore
von Breuning) will ich schreiben. Ich will ihm die alte Freund=
schaft recht ins Ohr schreien. Nie hab' ich Einen unter Euch Lieben
Guten vergessen, wenn ich auch gar nichts von mir hören ließ;
aber Schreiben, das weißt Du, war nie meine Sache. Auch die
besten Freunde haben Jahre lang keine Briefe von mir erhalten.
Ich lebe nur in meinen Noten, und ist das Eine kaum da, so ist
das Andre schon angefangen. So wie ich jetzt schreibe, mache ich
oft drei, vier Sachen zugleich."

Am 29. Juni 1800 schreibt er demselben weiter: „Steffen
Breuning ist nun hier, und wir sind fast täglich zusammen. Es
thut mir so wohl, die alten Gefühle wieder hervorzurufen! Er ist
wirklich ein guter herrlicher Junge geworden, der was weiß und
das Herz, wie wir Alle mehr oder weniger, auf dem rechten Flecke
hat. Ich habe eine sehr schöne Wohnung jetzt, welche auf die Bastei
geht, und für meine Gesundheit doppelten Werth hat. Ich glaube
wohl, ich werde es möglich machen können, daß Breuning zu mir
kommt..... Seit vorigem Jahr hat mir Lichnowski eine sichere
Summe von 600 Gulden ausgeworfen.... meine Kompositionen
tragen mir viel ein und ich kann sagen, daß ich mehr Bestellungen
habe, als fast möglich ist, daß ich befriedigen kann. Auch habe ich
auf jede Sache sechs, sieben Verleger, und noch mehr, wenn ich
mir's angelegen sein lassen will: man akkordirt nicht mehr mit mir,
ich fodere und man zahlt."

Man fühlt die Genugthuung durch, mit der der arme Musi=
kantensohn aus Bonn auf seine Stellung in Wien blickt. Es ist
aber nicht Eitelkeit, die hier spricht. Die hat er in keiner Gestalt
gekannt; so hat er nie Pracht und Luxus geliebt, nur reine Kleidung
und feine Wäsche für sich wohlanständig erachtet — und auch nicht
immer gehabt. Es war vielmehr die Befriedigung an seiner Lage,

die er sich selber geschaffen, die Bestätigung seiner Kraft und Lebens=
wahl, die ihm Gewähr nach Außen und Bestärkung im Innern gab.
Denn deren bedarf von Zeit zu Zeit jeder Schaffende. Nur die
Eitelkeit wiegt sich in unbedingter Selbstgewißheit, sie kann nicht
über sich und ihre Vorstellung, die sie nun einmal hat, hinauskom=
men. Der Bakkalaureus im Faust „verfolget froh sein innerliches
Licht, und wandelt rasch im eigensten Entzücken"; Göthe selbst aber,
der sonnhelle, wurde doch einmal zweifelhaft, ob nicht Bildnerkunst
sein eigentlicher Beruf sei.

Wie sich in jener Zeit seine finanziellen Verhältnisse gestellt,
ist genügend aus zwei Briefen an Hofmeister zu sehn, in denen zu=
gleich die Unkenntniß ökonomischer Verhältnisse und der Widerwille
des Künstlers gegen ihre Behandlung durchblickt. Unter dem 15.
Dezember 1800 schreibt er demselben, der ihn um Verlagsartikel
gebeten: .... „Bei Ihrer Antwort können Sie mir selbst auch
Preise festsetzen, und da Sie weder Jude noch Italiener, und ich
auch keins von Beiden bin, so werden wir schon zusammenkommen."
Dann bestimmt er unter dem 15. Januar 1801 (wahrscheinlich hat
Hofmeister nicht bieten wollen) den Preis des Septuor, der ersten
Symphonie und einer großen Solo=Sonate in vier Sätzen (es ist
die aus Bdur, Op. 22) auf 20 Dukaten für jedes Werk, das Ho=
norar für das erste Konzert auf 10 Dukaten. „Ich verstehe mich
(fährt er dann fort) auf kein anderes Geld, als Wiener Dukaten;
wieviel das bei Ihnen Thaler in Golde macht, das geht mich nichts
an, weil ich wirklich ein schlechter Negoziant und Rechner bin.
Nun wäre das saure Geschäft vollendet. Ich nenne das so, weil
ich wünschte, daß es anders in der Welt sein könnte. Es sollte ein
Magazin der Kunst existiren, wo der Künstler seine Kunstwerke nur
hinzugeben hätte, um zu nehmen, was er brauchte. So muß man
noch ein halber Handelsmann dabei sein, und wie findet man sich
darin! du lieber Gott! das nenn' ich noch einmal sauer!"

Daß übrigens Beethovens Kompositionen so früh durchdran=

gen und ihm, für die kurze Zeit seiner öffentlichen Wirksamkeit und nach dem damaligen Maaßstabe, so wohl — oder nicht geringer honorirt wurden, verdankt er nicht blos seiner Begabung und Lei= stung, sondern auch der Empfänglichkeit der Wiener und der För= derung seiner Freunde, namentlich der Lichnowski's, in deren Krei= sen diese Werke zuerst Darstellung, Verständniß, Enthusiasmus fan= den. Der Wiener hat, wenigstens in musikalischen Dingen, stets diese warme Empfänglichkeit bewiesen und ihr vertraut; er hat sich deshalb eine selbständige Entscheidung bewahrt und dieselbe, war sie nur erst günstig getroffen, mit wahrem Enthusiasmus geltend ge= macht, wogegen der Norddeutsche, besonders der Berliner, weniger anregsam und noch weniger naiv in der Tonkunst, die er bearbeitet, erst abwartet, daß das Werk oder der Künstler auswärts, etwa in Paris oder London, den Lorbeer davongetragen. Dann weiß er, woran er ist. Allerdings fragt sich weiter, wie lange der südliche Enthusiasmus währt. Beethoven sollt' es erfahren.

Die Hauptsache war immer das Schaffen. Und hier ließ es Beethoven an nichts fehlen.

Man muß nur nicht seine Werke nach der Zahl derselben mit denen Bachs und Händels oder auch seiner nächsten Vorgänger ver= gleichen. Jene Alten hatten einen stets sichern Anhalt am gegebnen Wort und den bestimmten Ansprüchen und Formen des Kirchen= dienstes, der namentlich Bach die größere Reihe von Aufgaben stellte; auch war ihr Orchester nicht so tief und vielgestaltig vom Geiste durchdrungen, wie das Beethovens und seiner Vorgänger. Diese wiederum hatten für ihre Instrumentalmusik meist ein ein= facheres Ziel, mithin einfachere Arbeit. Beethoven dagegen, haupt= sächlich mit Instrumentalmusik beschäftigt, ohne äußern Anhalt, weit über das Ziel seiner Vorgänger hinausbringend und seiner Instru= mentalmusik einen ganz neuen und tiefen Karakter verleihend, dazu mannigfaltigerer, reicher ausgeführter Formen und Orchestration bedürfend, mußte für jedes solche Werk weit mehr Zeit und Geistes=

kraft aufwenden. Dazu kam seine große Gewissenhaftigkeit, die sich nirgends genugthat, bei jedem Gedanken immer tiefer einzudringen nöthigte (was ohnehin in seiner Natur und Bestimmung lag) und bei so viel Werken auch nicht eine einzige Nachlässigkeit zugelassen, sondern jedes seiner Bestimmung gemäß hat vollenden lassen.

Sodann muß man nicht bei den Werken stehen bleiben, die, als solche bezeichnet, herausgekommen sind; das würde für das erste Jahr (1795) ein Werk, die drei Trios, für die Zeit bis mit 1802, etwa 25 bis 27 Werke ergeben. Man muß die Kompositionen zu= zählen, die nicht unter Opuszahlen, sondern numerirt oder auch ohne Nummern herausgekommen sind und die der Katalog aufzählt.

Eine besondere Reihe von Arbeiten ist bei dieser Rechnung in Erwägung zu ziehen; wohl möglich, daß nicht alles in dieselbe Ge= hörige bekannt und unter die Werke gesetzt ist: die Arrangements eigner Werke für andre Instrumente, von Beethoven selbst verfer= tigt, die hier ein für allemal in Betracht gezogen werden. Der Katalog ergiebt Folgendes:

Das **Cmoll=Trio** Op. 1 ist als Quintett für zwei Violinen, zwei Bratschen und Violoncell als Op. 104 herausgegeben.

Das **Trio** Op. 3 ist als Sonate für Piano, Violine und Violoncell als Op. 64 erschienen.

Das **Quintett** Op. 4 ist eine (nach Schindlers Urtheil) mei= sterliche Umarbeitung des erst nach Beethovens Tode erschienenen Ottetts.

Dasselbe **Quintett** ist als Sonate für Piano, Violin und Violoncell als Op. 63 herausgegeben.

Die **Serenade** Op. 8 ist als Notturno für Piano und Bratsche als Op. 42 herausgegeben.

Das **Quintett** Op. 16 ist als Quatuor für Piano, Violin, Bratsche und Violoncell eingerichtet.

Das **Septuor** Op. 20 ist als Trio für Piano, Klarinette „oder" Violin und Violoncell als Op. 38 erschienen.

Daſſelbe iſt zugleich, nach Ries Zeugniß, ſo meiſterlich zu einem Quintett für Saiten-Inſtrumente eingerichtet, daß man verſucht wird, die Umarbeitung für ein Original gelten zu laſſen.

Die **D dur-Symphonie** Op. 36 iſt als Trio für Piano, Violin und Violoncell eingerichtet.

Von dem großen Ballet **Prometheus** Op. 43 iſt ein Klavierauszug erſchienen.

Das eigentlich Bemerkenswerthe iſt, daß Beethoven, der bei ſeiner Inſtrumentation ſo ſpezifiſch genaue Farben zu wählen gewohnt war, ſich zu Einrichtungen ſeiner eignen Werke für andre Inſtrumente herbeigelaſſen; weniger auffallend wär' es geweſen, hätte er fremde Werke eingerichtet. Allein er hatte ſich einmal für dieſes Zugeſtändniß entſchieden, belobt auch gelegentlich Hofmeiſter[*]) um die Herausgabe mozartſcher Arrangements.

Zu dieſen Arbeiten muß man, um Beethovens Tagewerk richtig zu würdigen, außer dem Zeitaufwande für Konzerte und Privatmuſik (dem er ſich nicht entziehen konnte) die eben ſo unvermeidliche Unterrichtslaſt rechnen. Daß er von Jugend auf nur höchſt ungern unterrichtete, wiſſen wir. Demungeachtet nahm er ſolche Verpflichtungen, wenigſtens in der Wiener Periode, ſehr gewiſſenhaft, wenngleich er oft, in Arbeiten höherer Ordnung vertieft, die Schüler vernachläſſigt haben mag.

---

[*]) „Die Ueberſetzung (ſchreibt er ihm am 22. April 1801) der Mozartſchen Sonaten in Quartette wird Ihnen Ehre machen und auch gewiß einträglich ſein. Ich wünſchte ſelbſt hier bei ſolchen Gelegenheiten mehr beitragen zu können, aber ich bin ein unordentlicher Menſch und vergeſſe bei meinem beſten Willen Alles .... Recht hübſch wäre es, wenn der Herr Bruder auch nebſt dem, daß Sie das Sextett ſo herausgäben, daſſelbe auch für Flöte, z. B. als Quintett arrangirten. Dadurch würde den Flötenliebhabern, die mich ſchon darum angegangen, geholfen, und ſie würden daran wie die Inſekten herumſchwärmen und davon ſpeiſen." — Muſik, Muſik ſollte vor Allem gemacht werden, viel, für Alle; Allen ſollte dargeboten werden, auch den Flöten-Inſekten. Das war der nächſte wohlwollende Gedanke; weder die höhern Rechte der Kunſt, noch eigner Vortheil ſprach hier mit, nur das wohlwollende Vergnügen, Allen zu ſpenden.

Beides hat Ferdinand Ries an sich erfahren, der Sohn jenes Bonner ersten Violinisten, von dem S. 12 die Rede gewesen. Ries kam im Jahr 1800 nach Wien, als Beethoven eben mit der Vollendung seines Oratoriums „Christus" beschäftigt war, das zum erstenmal in einer großen Akademie (Konzert) am Wiener Theater zu seinem Vortheil aufgeführt werden sollte. Er überreichte einen Empfehlungsbrief seines Vaters, der sich der Mutter in ihrer letzten Krankheit hülfreich erwiesen hatte. Beethoven sagte dem jungen Ankömmling: „Ich kann Ihrem Vater jetzt nicht antworten; aber schreiben Sie ihm, ich hätte nicht vergessen, wie meine Mutter starb. Damit wird er schon zufrieden sein." Und er hielt Wort. Er unterrichtete den ihm Anvertrauten auf das Sorgfältigste, ließ ihn Sätze oft zehnmal wiederholen, bis er zufrieden sein konnte; die letzten Variationen Op. 34 mußte Ries siebzehnmal fast ganz vollständig vortragen. Allerdings überließ er den Schüler bei dringlichen Arbeiten sich selber, ohne sonderlich nach ihm hinzuhören, dafür verlängerte er die Lehrstunden, wenn es nöthig schien, auf das Doppelte der Dauer. In diesen Lektionen zeigte denn auch die vorzugsweise dem Geistigen zugewandte Richtung Beethovens ihren Einfluß. Gegen Fehler der Technik oder Bravour war er nachsichtig, gegen Fehler im Ausdrucke leicht aufgebracht; jenes, meinte er, sei Zufall, dies Mangel an Kenntniß, Gefühl, Achtsamkeit. Was die musikalische Pädagogik hierzu sagt, kann unbeachtet bleiben; der Karakter Beethovens spricht sich darin aus. Er selber „pudelte oft, sogar öffentlich," erzählt Ries, der übrigens das Glück gehabt hat, sich seinem Meister in dessen letzten schweren Jahren dankbar erweisen zu können.

Ebenso gewissenhaft hat es Beethoven mit dem Unterricht des Erzherzogs Rudolf genommen. Aus später Zeit liegt darüber seine Mittheilung in einem Briefe vom 25. April 1823 an Ries vor: „Der Aufenthalt des Kardinals durch vier Wochen hier, wo ich alle Tage zweieinhalb ja drei Stunden Lektion geben mußte, raubte mir

viel Zeit; denn bei solchen Lektionen ist man des andern Tages
kaum im Stande zu denken, vielweniger zu schreiben." Das war
also sein „Hofdienst;" er mußte, wenn er im Gange war, schwer
drücken. Der vornehme Dilettant wollte auch komponiren (es sind
große Varationen von ihm erschienen) und spielen. Seinem Talent
und den auftauchenden Stimmungen, wie sie auch gewesen sein
mögen, traten die erzherzöglichen und klerikalen Geschäftigkeiten, die
Hofverhältnisse mit ihren Kourtagen, Aufwartungen und sonstigen
Ansprüchen, kurz dieses ganze zerstreuende, innerlich leere, von innen
heraus erkaltende, aller Stille, Sammlung, aller Erhebung zum
Ideal widerstrebende Leben in den Weg. War endlich eine Zwischen=
zeit der Muße und Stille erhascht, so mußte der verdreifachte Bei=
stand Beethovens ersetzen und ergänzen, was gefehlt, oder in diesem
Lebensgetümmel verloren gegangen war. Das zehrte dann wieder
an Beethoven, raubte ihm Stille und Sammlung des Gemüths und
Stimmung, die Bedingungen künstlerischen Schaffens. Denn der
Künstler kann nicht in beliebigen Stunden werkeln; er muß in sich
ruhen, daß das neue Leben keime und gesund wachse, nicht ver=
komme, nicht im Gedränge hastig hervorgetrieben werde. — Zum
Glück für Beethoven und uns waren das nur leidige Ausnahms=
zeiten.

Besonders zum Glück für ihn. Er für sein tief=innerlich Werk
bedurfte vor Andern der Stille und freier Zeit, und des Lebens im
Freien, daher er vor Allem die gute Jahreszeit vom Frühjahr bis
zum Spätherbst auf dem Lande zubrachte. Ueber seine Lebensein=
richtung giebt Schindler befriedigende Auskunft, der nur wenig aus
andern Quellen zuzusetzen ist; wie denn überhaupt die Verdienste
dieses Mannes um seinen Freund Beethoven und um uns durch
seine Biographie Beethovens nicht überall im Auge behalten zu sein
scheinen.

Beethoven pflegte Winters und Sommers mit Tagesanbruch
aufzustehn und sogleich an den Schreibtisch zu gehn. Von da

arbeitete er bis zwei oder drei Uhr, der Zeit seines Mittagstisches, nur daß er dazwischen frühstückte, auch ein- oder zweimal auf eine halbe oder ganze Stunde in's Freie lief, um innerlich weiter zu arbeiten. Diese plötzlichen Ausflüge wurden weder durch Kälte noch Wärme, weder durch Regen noch Sonnenschein gehindert; daher kam er jeden Herbst sonnverbrannt wie ein Winzer vom Lande zur Stadt zurück. Gleich nach Tische machte er, wenn er sich in Wien aufhielt, seine gewöhnliche „Promenade" ein Paarmal rund um die Stadt herum, gleichviel, ob Regen oder Schnee, Kälte oder Hitze sich entgegenstellten. Nachmittags arbeitete er niemals, Abends nur sehr selten. Nicht einmal mit Korrekturen wollt' er dann noch belästigt sein, die ihm ohnehin die peinlichste Arbeit waren. Lieber schrieb er Noten ab. Am meisten liebte er, zur Zeit der Abend= dämmerung am Flügel zu fantasiren, oder auch Violin oder Bratsche zu spielen; beide Instrumente mußten deßhalb immer auf dem Flügel bereit liegen. Spätestens um zehn Uhr begab er sich zur Ruhe.

Die eigentlich schöpferische Arbeit, das erste Fassen und Reifen= lassen der Ideen fand meist im Freien statt; er war gewohnt, Notiz= bücher bei sich zu führen, in denen er, was ihm kam, aufzeichnete[*]). Bei diesem Umherschweifen vergaß er, besonders in den spätern Jahren, wo er mehr in sich gekehrt als in der Außenwelt lebte, zum großen Verdruß seiner Haushälterin nur zu oft, zur Mahlzeit heimzukehren, speiste dann, wenn er endlich inne ward, daß die Zeit verpaßt sei, im ersten besten Gasthause, wohl gar vergessen, daß da= heim geladene Freunde seiner und des Mahles warteten. Oft, wenn er sich, um zu notiren, auf dem Rasen niedergelassen, — einer dieser Poetensitze, auf dem er über die heroische Symphonie und Leonore gesonnen, ist von Schindler bezeichnet: es ist im Walddickicht des Schönbrunner Hofgartens auf der Anhöhe eine Eiche, die sich zwei Fuß über der Erde in zwei Hauptäste theilt, — springt er auf und

---

[*]) Sie sind Eigenthum der Berliner Bibliothek.

eilt weiter, ohne gewahr zu werden, daß er seinen Hut hat liegen laſſen. Denn er lebt nur in ſeinen Werken.

Ganz beſtimmt weiſet Ries die Frucht eines ſolchen Ausflugs nach. „Bei einem Spaziergang auf dem Lande (erzählt er) hatten wir uns verirrt. Beethoven hatte den ganzen Weg über für ſich gebrummt oder theilweiſe geheult, immer herauf und herunter, ohne beſtimmte Noten zu ſingen. Da iſt mir ein Thema eingefallen, ſagte er. Als wir in's Zimmer traten, lief er, ohne den Hut abzunehmen, an's Klavier. Nun tobte er eine Stunde lang über das neue, ſo ſchön daſtehende Finale in der Sonate Op. 57."

Mag uns hier, wo wir der Perſönlichkeit des Künſtlers ſo nahe getreten ſind, Schindler auch noch Einzelheiten zur Erfüllung des Anblicks liefern.

Baden und Waſchen im kalten Waſſer gehörte zu den nächſten Bedürfniſſen. Ging er während der Arbeit nicht aus, um ſich wieder zu ſammeln, ſo ſtellte er ſich, nicht ſelten im tiefſten Negligé, an das Waſchbecken, goß einen Krug Waſſer nach dem andern auf die Hände, „brummte oder heulte abwechſelnd dabei (denn ſingen konnte er nicht) ohne zu merken, daß er bereits wie eine Ente im Waſſer ſtehe, durchſchritt dann wieder mit furchtbar rollenden Augen oder ganz ſtierem Blick und doch ſcheinbar gedankenloſem Geſichte (in welchem ſein Bart öfters eine abſchreckende Länge erreicht hatte) einigemal das Zimmer, trat dann und wann an den Schreibtiſch, um Notirungen zu machen, und trieb dann das Waſchen und Heulen wieder weiter. So lächerlich ſolche Scenen immer waren, ſo durfte es doch niemand merken laſſen, noch weniger ihn in dieſer naſſen Begeiſterung ſtören, denn es waren dies Momente, oder richtiger, Stunden der tiefſten Meditation."

Auch als Getränk war ihm friſches, klares Brunnenwaſſer unentbehrlich; er trank es oft unmäßig vom Morgen bis zum Abend. Nächſtdem gehörte der Kaffee für das Frühſtück zu ſeinen dringendſten Bedürfniſſen. Er bereitete ihn häufig ſelber und verfuhr da bei mit wunderlicher Gemessenheit. Das übliche blecherne Maaß schien ihm zu ungenau; er zählte für jede Tasse, besonders wenn er Gäste hatte, 60 Bohnen selbst ab, mit einer Genauigkeit, wie bei keinem andern Geschäfte. Bei Tische war er weniger wählig, am Abendtische sehr leicht zufriedengestellt; ein Teller Suppe, ein Rest vom Mittag genügten. Von allen Weinen war ihm Ofener Gebirgswein der zusagendste. Unglücklicherweise war er aber kein Weinkenner; ihm mundeten gerade die verfälschten Weine am besten. Sie richteten dann in seinem ohnehin geschwächten Unterleibe viel Unheil an, und dagegen half kein Warnen, weil er nicht zu unter= scheiden wußte. Auch ein gutes Glas Bier und die Tabakspfeife wurden nicht verschmäht; dabei nun durften aber die politischen Zei= tungen nicht fehlen; besonders die augsburger allgemeine, die ihm überhaupt viel Zeit wegnahm.

Diese Genüsse führten ihn, auch noch in den letzten Jahren, in Gasthöfe und Kaffeehäuser, deren er stets ein bestimmtes wählte, und zwar ein solches, das einen hintern Ausgang hatte. Hier konnte man ihn am Leichtesten sehn, wiewohl er sich da mit Fremden nur höchst selten in eine kurze Unterhaltung einließ. Sobald das letzte Zeitungsblatt durchlaufen war, zog er sich eiligst durch die Hinter= thür zurück.

Das Verhängniß.

In dieses harmlose, nur der Kunst geweihte Leben schlich sich, gespensterhaft, unmerklich aus dem Dunkel hervortretend und unabwehrbar ein Geschick, das für den Musiker das schrecklichste, ja vernichtend erachtet werden müßte, auch für jeden andern Musiker es gewesen wäre.

Beethovens Gehör schwand.

Der Nerv, der dem Musiker natürlicher Lebensquell für seine Kunst und eingeborner Richter bei seinen Arbeiten ist, der vertrocknete.

Die erste Kunde davon giebt Beethoven selbst in seinem Brief an Wegeler (S. 155) vom 29. Juni 1800. .... „Nur hat der neidische Dämon, meine Gesundheit, mir einen schlechten Stein in's Beet geworfen: mein Gehör ist seit drei Jahren immer schwächer geworden..... Ich kann sagen, ich bringe mein Leben elend zu. Seit zwei Jahren fast meide ich alle Gesellschaften, weil mir nicht möglich ist, den Leuten zu sagen: ich bin taub. Hätte ich irgend ein anderes Fach, so ging's noch eher; aber in meinem Fach ist das ein schrecklicher Zustand; dabei meine Feinde, deren Zahl nicht gering ist, — was würden diese dazu sagen! Um dir einen Begriff von dieser wunderbaren Taubheit zu geben, so sage ich dir, daß ich mich im Theater ganz dicht am Orchester anlehnen muß, um den Schauspieler zu verstehen. Die hohen Töne von Instrumenten, Singstimmen, wenn ich etwas weit weg bin, höre ich nicht; im Sprechen ist es zu verwundern, daß es Leute giebt, die es niemals merkten; da ich mein. Zerstreuungen hatte, so hält man es dafür. ..... Ich habe oft schon — mein Dasein verflucht; Plutarch hat mich zu der Resignation geführt. Ich will, wenn's anders möglich ist, meinem Schicksal trotzen, obschon es Augenblicke meines Lebens geben wird, wo ich das unglücklichste Geschöpf Gottes sein werde."

In jenem andern Briefe vom 16. November 1801, in dem er so glückvoll von seiner Liebe spricht, stellt sich das Unglück dicht neben jenes heitere Bild. „Du kannst es kaum glauben, wie öde, wie traurig ich mein Leben seit zwei Jahren zugebracht; wie ein Gespenst ist mir mein schwaches Gehör überall erschienen, und ich floh die Menschen, mußte Misanthrop scheinen, und bin's doch so wenig. ..... Glaub' nicht, daß ich bei euch glücklich sein würde. Selbst eure Sorgfalt würde mir wehe thun, ich würde jeden Augen= blick das Mitleiden auf euren Gesichtern lesen und würde mich nur noch unglücklicher fühlen. — Jene schönen vaterländischen Gegen= den, was war mir in ihnen beschieden? Nichts als die Hoffnung auf einen bessern Zustand; er wäre mir geworden — ohne dieses Uebel! O die Welt wollte ich umspannen, von diesem frei. .... Wäre mein Gehör nicht, ich wäre nun schon lange die halbe Welt durchgereiset, und das muß ich. Nur halbe Befreiung von meinem Uebel, und dann — als vollendeter reifer Mann komme ich zu euch, erneuere die alten Freundschaftsgefühle. So glücklich, als es mir hienieden beschieden ist, sollt ihr mich sehen, nicht unglücklich; nein, das könnte ich nicht ertragen. **Ich will dem Schicksal in den Rachen greifen;** ganz niederbeugen soll es mich gewiß nicht."

Wie dies tapfere Gemüth gekämpft hat gegen ein für jeden Menschen entsetzliches, für den Musiker, den Ohrmenschen, un=

faßbares Geschick, wie bald da, bald dort ihm ärztliche Hülfe gebo=
ten wird, wie jede Hoffnung, eine nach der andern, unter dem
Hauche des leise heranschleichenden Elends welkt, wie er von der
Hoffnung zu neuen, ihn beschämenden Enthüllungen der Wahrheit,
von Ermannung zur Verzweiflung schwankt und dennoch, seinem
Vorsatze treu, nur Schritt für Schritt weicht, nur das unvermeid=
lich Verlorne oder Versagte aufgiebt: das muß Jeden, der von den
Prüfungen der Menschenkraft und von dem gewöhnlichen Maaß
dieser Kraft eine richtige Vorstellung hat, mit Bewunderung und
Ehrfurcht erfüllen.

Zunächst verscheucht ihn die Scham, in seinem Berufe gleich=
sam verneint zu sein, — ein Gefühl, das sich nicht wegphilosophiren
ließ, — aus der Gesellschaft, verzichtet er auf das Wiedersehn der
lieben Heimath und der Freunde seiner Jugend, muß er den Kunst=
reisen entsagen, die für Ruf und Lage des Musikers so wichtig sind.
Ob nicht diese Hemmung ihn von dem Gedanken an Opernkompo=
sition fern gehalten, wer kann das wissen? Wie will auch ein
Taubgewordner, abgeschlossen vom Verkehr mit Menschen und von
der Beobachtung des Singpersonals, Opern in Scene setzen? Beet=
hoven selbst, als viel später (1823) der General=Intendant der Ber=
liner Theater, Graf Brühl, ihn einladet, eine Oper für Berlin zu
schreiben, verlangt, nach Berlin berufen zu werden, um sich besser
nach den dortigen Singkräften zu richten; er hatte über der Zu=
träglichkeit der Sache das unüberwindliche Hinderniß vergessen.

Selbst den harmlosen Naturgenuß vergiftet das hämische Schick=
sal. Im Jahr 1802 war's; da erging sich Beethoven im Geleit
seines jungen Schülers Ries in der anmuthigen Flur bei Wien,
beiden die Seele ganz offen und erhellt vom milden Einfluß der
Natur. Ries, in jugendlicher Unüberlegtheit, macht den geliebten
Meister aufmerksam, wie artig der Hirtenknabe dort auf der selbst=
geschnitzten Pfeife von Fliederholz in die Wiesen und Büsche hinein=
flöte, als müsse die Natur selber ihr Liedlein dazugeben. Beethoven

lauscht und lauscht immer gespannter wohl eine halbe Stunde lang, ohne etwas zu vernehmen. Umsonst ist es, daß Ries, der seinen Fehlgriff gewahr wird, ihn versichert, er höre auch längst nichts mehr, der Knabe müsse aufgehört haben; Beethoven wird in sich gekehrt, „außerordentlich still und finster." Trüb und bang ist der Rückweg in die einsame Wohnung.

Dann löst es, einen nach den andern, die Fäden, die Menschen gesellig an einander knüpfen. Mit Tauben ist schwer verkehren, weil man sich ihnen schwer verständlich macht. Sie aber lauschen gespannt und bleiben dennoch unsicher des Vernommenen, mißverstehn, werden irr' an dem, was vor ihren Augen verhandelt wird, irr' am Sinn' und der Gesinnung. Der Argwohn schleicht sich ein in das vorher so arglose Gemüth, und nistet fest, von innen es verfinsternd; Argwohn, Mißtraun, Reizbarkeit, jähzornig Aufwallen sind das Geleit der Taubheit. „Sie glauben nicht, schreibt Beethovens treuer Freund, Stephan von Breuning, am 13. November 1806 an Wegeler, welchen unbeschreiblichen Eindruck die Abnahme seines Gehörs auf Beethoven gemacht hat. Denken Sie sich das Gefühl, unglücklich zu sein, bei seinem heftigen Karakter; dabei Verschlossenheit, Mißtraun oft gegen seine besten Freunde, in vielen Dingen Unentschlossenheit. Größtentheils, nur mit wenig Ausnahmen, wo sich sein ursprünglich Gefühl ganz frei äußert, ist der Umgang mit ihm eine wirkliche Anstrengung, da man sich nie sich selbst überlassen kann."

Hier also sehen wir den Quell, aus dem soviel Unruhe, Mißkennung, verletzende Uebereilung und Reue und Schmerz in ein von Grund aus offnes und wohlwollendes Herz fließen sollten. Aeußerlich frei, ging Beethoven innerlich gefangen in der für ihn stummgewordenen Welt einher, in der er, künstlerisch in sich gekehrt, ohnehin fremd geblieben war. Seine Arglosigkeit selbst trug neuen Stoff in dies streitvolle Dasein; denn sie machte ihn leichtgläubig, dem vertrauend, der gerade zu ihm sprach. Seine erprobtesten

Freunde, klagen unverdächtige Zeugen, können durch Unbeglaubigte, Unbekannte bei ihm verläumbet werden. Dem Beargwohnten macht er dann keinen Vorwurf, verlangt er keine Erklärung ab; aber er zeigt ihm auf der Stelle die tiefste Verachtung. Der wußte nun gar nicht, woran er mit ihm war, bis die Sache, meistens zufällig, sich aufklärte. Dann freilich suchte Beethoven sein Unrecht so schnell als möglich wieder gut zu machen und war unerschöpflich in Reue und Versöhnung des Verletzten. So lange dieser Argwohn, den man geradezu Gehörkrankheit nennen möchte, sich nicht einmischte, war er seinen Freunden unerschütterlich treu; sie konnten in allen Bedrängnissen auf seine Theilnahme, soweit er zu helfen vermochte, auf seine thätige Hülfe unbedingt rechnen.

Ihm selber kehrte in so tiefer Bekümmerniß der Gedanke an Selbstmord öfter zurück. So schreibt er am 2. Mai 1810 an Wegeler: .... „Doch ich wäre glücklich, vielleicht einer der glück=lichsten Menschen, wenn nicht der Dämon in meinen Ohren seinen Aufenthalt aufgeschlagen. Hätte ich nicht irgendwo gelesen, der Mensch dürfe nicht freiwillig scheiden von seinem Leben, so lange er noch eine gute That verrichten kann, längst wär’ ich nicht mehr — und zwar durch mich selbst.“ — Wie nun aber bei allen Menschen das Gemüth sich aus jeder hohen Spannung in den Gegensatz zu retten sucht, so schlugen auch bei Beethoven die trüben und ver=zweifelten Stimmungen plötzlich in Ausbrüche seltsamer, oft kindi=scher Lustigkeit um. Dann war er, in schallend Gelächter aus=brechend, eben so lärmend, wie vielleicht unmittelbar zuvor im Schelten; Zorn und Lustigkeit traten in dieser kräftigen Natur gleich stark hervor und wechselten aprilartig.

Auch in seine Kunst verfolgte ihn das Verhängniß. Hier aber konnte es störend nur in die Vorhöfe bringen.

Es untergrub allmälig sein Spiel, da hierbei nicht die bloße Vorstellung ausreicht, sondern das wache Ohr die Ausführung lei=ten und jeden Moment bestimmen muß. Er übte ohnehin nun nicht

mehr fort und überließ in Gesellschaften und Konzerten lieber
Andern, namentlich seinem Schüler Ries (der aber nur bis 1805
in Wien blieb) die Ausführung seiner Werke. So trat allmählig
auch schriftliche Unterhaltung (in den schon erwähnten Konversationsheften) an die Stelle der mündlichen. In der letzten Zeit wirkte
sein Spiel mehr peinlich als erfreuend. Da er nicht mehr hört,
so spielt er nicht mehr deutlich; die Linke legt sich bald der Breite
nach auf die Tasten und verdeckt mit tiefsummendem Durcheinander-
schall, was die Rechte oft allzuzart ausführt, bald überbietet er, im
Durst etwas zu hören, die Kraft des Instruments und sprengt die
Saiten reihenweis. Vergebens verfertigte der geschickte Instrument-
macher Graff für Beethoven einen Schalldeckel, der die Tonwellen
zusammengefaßt in sein Ohr leiten sollte. Der Tod war im Ohre.

Das Uebel störte auch mehr und mehr seine Direktion.

Ohnehin hatte er nicht Gelegenheit gehabt, sich dafür zu ver-
vollkommnen; das ist ohne fortgester Bethätigung an einem bestimmten Orchester oder Chor nicht erlangbar. Er nun vollends,
mit reizbarem Gefühl für jeden Zug seines Werks, konnte nicht die
Ruhe finden, die zum allmähligen Zurechtrücken einer Ausführung
gehört. Nur in sein Werk vertieft, wollte er den Vortrag gleich
durch seine Bewegungen lenken, schlägt bei starken Accenten gelegentlich auf Nebentakttheilen nieder, drückt sich beim Diminuendo zusammen, verlängert sich beim Crescendo, steht bei dem Tutti hoch-
aufgerichtet auf den Zehen, mit beiden Armen wellenmäßig rudernd,
wie zu den Wolken emporschwebend, Alles an ihm in regster Thätigkeit.

Nun hinderte ihn obenein die allmählig wachsende Harthörigkeit, der Ausführung genau zu folgen. Die Ungewißheit, ob dieser,
jener Eintritt wirklich erfolgt sei, das Hinhorchen danach brachte
unabsichtliche Zögerung oft in solche Stellen, wo man dem Orchester
den Zügel schießen lassen muß, und Schleppen oder Schwanken in
die Ausführung, nicht selten auch unangenehme Verstimmung zwi-

schen Direktor und Orchester hervor, das ohnehin an den Neuheiten der Werke, an dem plötzlichen Taktwechsel und unerwarteten Eintritten genug Anlaß hatte, aufzumerken. Selbst Ries, der dem Meister so nahe stand, hielt in der Probe der **Eroica** den Eintritt des Horns vor dem dritten Theil des ersten Theils für verfrüht und rief unwillkührlich laut aus: das klingt ja infam falsch! — wofür er, wie er sagt, beinah eine Ohrfeige davongetragen hätte. Soviel wie möglich that übrigens Beethovens Gutmüthigkeit im Verein mit dem hohen Ansehn, in dem er als Komponist stand, die gute Stimmung zu erhalten oder wiederherzustellen. Wurde bei unerwartetem Taktwechsel umgeworfen, so brach er in ein dröhnend Gelächter aus und rief wohl: „Ich hab' es gar nicht anders erwartet und mich darauf gespitzt, so bügelfeste Ritter aus dem Sattel zu heben. Gingen aber die Musiker auf seine Idee mit Feuer ein, so fühlte er sich beglückt, rief ihnen ein donnerndes **Bravi tutti!** zu und gab auf diese Verständniß der Kunstgenossen mehr, wie auf den Beifall des Publikums.

Ist das Uebel wirklich ohne Einfluß auf seine Kompositionen geblieben, nicht in das Heiligthum, nur in die Vorhöfe gedrungen? —

Der um französische und belgische Musikpflege und litterarisch allgemein verdiente Fétis und nach ihm Oulibicheff sind der Meinung: Beethoven habe allmählig in seiner Taubheit die klare Erinnerung und Vorstellung von den Tonverbindungen und Wirkungen verloren und sei deßhalb zu all diesen „Harmoniewidrigkeiten" gekommen, die „außerhalb der Grammatik" (regelwidrig) seien, zu diesen Antizipationen, die der russische Dilettant wohlgemuth als häßliches Miauen, Uebelklänge, um das wenigst empfindliche Ohr zu zerreißen (de miaulement odieux, de discordance à déchirer l'oreille la moins sensible) bezeichnet[*]. Es kommt hier nicht darauf an, diese Auffassung zu erörtern, die den geistigen Inhalt und

---

[*] Biographie v. Mozart. Theil 3, S. 268.

die Triebfedern ganz bei Seite läßt, welche beethovensche Ge=
stalten aus der Idee des Werkes heraus mit innerer Nothwendigkeit
lenken, um ihn nach dem an Mozart und den Italienern gebildeten
Geschmack (Oulibicheff) und nach den Regeln der alten Schule (Fétis)
zu messen, die insgesammt ihren letzten Grund in dem Streben nach
sinnlichem Wohlgefallen oder äußerlicher „Einheit und Mannigfaltig=
keit" (wie das alte ästhetische Stichwort lautet) haben. Die Ansicht
läßt sich ohnedem aus den Werken selbst vollständig widerlegen. Wie
man nämlich über die spätern und letzten Werke auch urtheilen, wie
empfindlich man sich auch gegen jene vermeintlichen Anstößigkeiten
erweisen möge, so ergiebt sich doch, daß dicht daneben, oder vielmehr
im innigsten Verband mit ihnen ein ganzer überreicher Blütenflor
der zartesten, wohlklingendsten melodischen und harmonischen Ge=
bilde — die Sache von diesem untergeordneten Gesichtspunkt ange=
sehn — aufgesproßt ist, ja daß Beethoven nie zuvor so fein und
zart gebildet, das heißt aber: innerlich vernommen hat. War er
also dessen fähig, lebte das volle Bewußtsein der Tonwelt in ihm
fort, so können nicht gleichzeitig jene vermeintlichen Anstößigkeiten
den Mangel an diesem Bewußtsein beweisen.

Nicht so gröbliche Antastung hat in Beethovens künstlerischen
Organismus dringen dürfen, wie hier auf den ersten flüchtigen Hin=
blick von einem ganz ungehörigen Standpunkt' aus angenommen
worden. Man müßte, um hier zuzustimmen, nicht nur den Beethoven
vergessen, sondern auch den Künstler überhaupt. Der Tondichter
hat sich von der ersten Zeit seiner Entwickelung an mit dem Ton=
wesen so ganz erfüllt, daß er in Wahrheit für sein Gestalten des
äußern Ohrs gar nicht mehr bedarf; er hört innerlich, wie der
Bildner — wie wir Alle innerlich schauen, bedarf daher auch bei
der Komposition gar nicht des Instruments (vielmehr übt die Zu=
flucht zu ihm oft einen hemmenden oder irreleitenden Einfluß) und
wenn er sich desselben, — wohlverstanden blos zur Anregung, —

bedient, so kommt (wie Beethovens Spiel= und Singweise S. 163 beweist) auf das leibliche Hören wieder nicht viel an.

In geistiger und künstlerisch wie menschlich begreiflicher Weise nur sollte jenes düstere Geschick seinen Einfluß in den Werken selber äußern.

„Wie ein Gespenst" — so sagt Beethoven selbst — aus der Nacht hervor, nebel= und gifthauchend schleicht das Bewußtsein des tückischen Uebels, man weiß nicht wann und woher, hervor, oft in die heitersten Stunden wie in die herzlichsten Verhältnisse (S. 168) und in die kräftigsten. Aus welcher verhüllten Tiefe des Geistes ist dem Tonbildner die Gestalt des Allegretto in der F dur=Sonate, das Largo in der D dur=Sonate Op. 10 (S. 135) das Trio zum Scherzo im großen B dur=Trio Op. 97 aufgetaucht? — Aus dem innern Zusammenhang der Werke wüßten wir darauf nicht zu antworten.

Dann noch eine anscheinend nur das Körperliche berührende Bemerkung. Beethoven verliert bei seinem allmähligen Ertauben zuerst die Fähigkeit, hohe Töne zu vernehmen, während die Empfäng= lichkeit für die Tiefe länger erhalten scheint. Naturgemäß; denn die allmählige Abnahme eines Sinnes trübt zunächst die Deutlichkeit der Eindrücke. Nun ist aber im Tonleben die Tiefe vermöge der langsamern Schallwellen die dunklere Region, aus der sich die je höhern Tonlagen in wachsend=schnellern Schallwellen je lichter und bestimmter

$$C : c : g = 1 : 2 : 3,$$
$$\bar{c} : \bar{\bar{c}} : \bar{\bar{g}} = 4 : 8 : 12 \text{ Schwingungen)}$$

erheben. Es ist kein willführlich Gleichniß, sondern Naturwahrheit, wenn wir die Tiefe den Ur=Schall, die Mutter nennen, aus der sich das Tonreich immer höher und reicher auferbaut, so weit, und weiter, als unser Sinn ihm folgen kann. Schwindet der Sinn, so verliert er stufenweis diese Folgekraft und sinkt in die dunklere Tiefe zurück, die zuletzt denselben in stillem Brausen umfängt, aus dem die Schallwelt und das Leben des Sinns emporgestiegen war; im „stillen sanften Sausen" vernimmt Elias den Herrn.

Die Hinneigung zu diesem linden Athem der Tiefe nun ist ein hervortretender Karakterzug der Beethovenschen Komposition, und er wird es immer mehr im Fortschreiten seines Lebens. Der Ur-Schall dröhnt leise fort im Tiefklang seiner Pianoforte-Lagen (im gellert-schen Liede „die Himmel," in Largo- und Scherzo-Sätzen, in den 33 Variationen) in den tiefen Haltetönen der Hörner und den tie-fen Lagen der Bläser (schon in der Prometheus-Ouvertüre, in der Bdur-Symphonie, in der Fidelio-Ouvertüre) in der brütenden Stimm-häufung der Pastoral-Symphonie, der neunten, der zweiten Messe; man würde nicht fertig, wollte man die Beispiele vervollständigen.

Daß dies nicht Manier gewesen oder geworden, daß es nicht pathologisch Erzeugniß aus seinem Befinden gewesen, dafür bürgt sein Künstlerkarakter und sein durchaus geistiges und karakterkräftig Wesen. Das Eine kam nur zum Andern, die Hinweisung des Sinnes zu der Hinneigung des Geistes nach der Tiefe. Er trug geistig und körperlich das Urphänomen des Tonlebens in sich, jenes Erbeben der Urkörpertheile, in dem das Leben sich regt und kund-thut, in dem das Ganze sich weiset als Durchundduch-Lebendiges im Gegeneinander der Momente und in ihrem Einssein. Das dröhnt ihm aus der Tiefe, klingt und winkt ihm aus der Höhe; die Höhe, deren Ansprache seinem Ohr entzogen ist, erfaßt er kühnlichst in der Sonate Op. 106, sie ist ihm Stimme der Verheißung aus dem Jenseits im Benedictus der zweiten Messe, sie klingt ihm wie Dolirium zu in jener letzten (Op. 111) der ahnungs- und vorbe-deutungsschweren drei letzten Sonaten, in den letzten Quartetten. In ihm ist die Musik, Andre sind glücklichsten Falls in der Musik. Er sprach sich selber aus, und damit das tiefste Wesen der Musik. Und in diese Tiefen, wie freudig stieg sein Geist, — freudig wie die Rückkehr zur Heimat, — in sie hinab!

Es war ein Weg

> „in's Unbetretene,
> Nicht zu Betretende,"

den er, kühn wie Fauſt zu den Müttern, zu wandern hatte.

Und er wanderte ihn. Er hatte „dem Schickſal in den Rachen gegriffen;" keinen Schritt durft' es ihm hemmen und keine Saite der reichen Lyra ſeiner Bruſt verſtimmen.

Aus dem Jahre 1799 bezeugen es

Zwei Sonaten für Piano, Op. 14, die erſte ein anmuthvolles Tonſtück aus E dur, die andre, aus G dur, ein reines Bild der Zärtlichkeit und Anmuth, leicht und naiv hingezeichnet, wie von der Hand eines genialen jungen Mädchens. So leichtbewegt tritt das erſte Thema daher, wie eine Bitte, die ſich flüchtig heranſchmeichelt, gewiß, daß man ihr nicht widerſtehn könne. Und das ſüße Kind tritt mit ſo ſprechender Rede (zweiter Satz der Hauptpartie) heran, daß man aus irgend einer der artigſten Scenen, wie Paiſiello ſie in Roſſini's Zeit geſchrieben haben könnte, die Worte ſelber zu vernehmen meint. Das ſpricht ſo offen, wie ein heiter geöffnetes zärtliches Auge, führt ſich ſo leicht und natürlich fort zum Ausdruck leichten, faſt wünſcheloſen Daſeins (Seitenſatz), und ruht ſo ſorglos (im Schlußſatze), daß ſelbſt ein flüchtig vorüberziehender Wolkenſchatten nur einen neuen Reiz dem lieblichen Daſein zufügen kann.

Den zweiten Satz (Andante, Thema mit Variationen) möchte man l'étude nennen, das Arbeitskabinett eines jungen Mädchens. Gearbeitet wird, mit ganz ernſthafter Miene. Nun, die Arbeit und der Ernſt, ſie ſind nur eine andre Geſtalt des artigen Lebensſpiels, wenn die Stirn ſich auch einmal bei irgend einer Verwirrung des Fadens kräuſelt und der Blick ſchärfer hinſpannt. Um ſo heiterer tanzt, fein und ausgelaſſen zugleich, das Scherzo=Finale dahin; das Thema (Allegro assai)

fliegt so launig, so eigenwillig! fast scheint es zu straucheln! es war
nur Neckerei.

Vielleicht sind wir des anmuthigen Anblicks gar nicht werth
gewesen; denn er kann uns nicht von einem kleinen Streit zurückhalten; und das Reizende soll nicht Gegenstand des Streits sein,
sondern beiderseitiger Freude. Man mag diese kleine Fehde, die
unsrerseits nichts als Liebeseifer ist, sogar bedenklich finden, denn
sie wird keinem Geringern angekündigt, als dem verdienstvollen
Schindler, von 1814 bis zum Tode der Schüler und Freund
Beethovens und sein erster Biograph. Und hinter Schindler steht
gar Beethoven. In Wahrheit gilt aber der Streit nicht sowohl der
kleinen G-dur-Sonate.

Schindler fügt nämlich seiner Arbeit auch Bemerkungen aus
Gesprächen mit Beethoven über einzelne Werke bei, die schon ihrer
Quelle nach nicht anders, als die Aufmerksamkeit der Kunstfreunde
auf sich ziehn können. Auch unsre beiden Sonaten kommen dabei
zur Betrachtung. Beethoven spricht — es ist im Jahr 1823, nachdem Rossini und die italienische Musik Wien ganz eingenommen —
aus, daß jene Zeit, in der er die Sonaten geschrieben, poetischer
gewesen sei, als die jetzige; Jedermann habe damals von selbst „in
den zwei Sonaten Op. 14 den Streit zweier Prinzipe, oder einen
Dialog zwischen zwei Personen erkannt, weil es gleichsam so auf
der Hand liege.‟ Weiterhin heißt es: „Beide diese Sonaten haben
einen Dialog zwischen Mann und Frau, oder Liebhaber und Geliebte zum Inhalt. In der zweiten Sonate ist dieser Dialog wie
seine Bedeutung prägnanter ausgedrückt, und die Opposition der
beiden eingeführten Hauptstimmen (Prinzipe) fühlbarer noch, als in
der ersten Sonate. Beethoven nannte diese beiden Prinzipe das

bittende und das widerstrebende." Die Opposition beider soll sich gleich in den ersten Takten in der „Gegenbewegung" zeigen,

im Schlußsatze —

sollen beide (Stimmen oder Prinzipe) sich einander nähern, in der gleich darauf erfolgenden Kadenz (Schluß) auf der Dominante das gegenseitige Einverständniß schon fühlbar werden. Leider beginnt unmittelbar darauf (mit dem Eintritte des zweiten Theils) der Kampf auf's Neue. Soweit Schindler.

Das alles soll Beethoven gesagt haben? von seinem lieblichen G dur-Kinde? —

Es kann Niemandem einfallen, die Wahrhaftigkeit des Erzählers in Zweifel zu ziehn; nichts ist uns ferner, als solches Unrecht, das zugleich Undank wäre. Man kann aber dem Erzähler glauben und der Erzählung nicht.

So hier. Vor allem muß es wunderlich arm und verritten erscheinen, daß ein Beethoven zwei Sonaten über ein' und dieselbe so einfache Aufgabe geschrieben haben solle, und zwar gleichzeitig, und beide vereint herausgegeben und derselben Person (Gräfin Brown) gewidmet.

Sodann: zwei Sonaten, keineswegs von verschiedner Stimmung, aber sonst einander nicht mehr gleichend, als überhaupt irgend

ein lieblich Tonbild irgend einem andern lieblichen Tonbilde, zwei
ganz verschiedene Sonaten sollen dasselbe — denselben ziemlich ge=
nau angegebnen Inhalt aussprechen! —

Nun aber soll der Inhalt ein Dialog sein. Wo findet sich
der? Die Vorstellung eines Dialogs würde den mittelmäßigsten Mu=
siker darauf gebracht haben, daß dazu zwei Stimmen gehören, und
zu einem Dialog eines Liebes= oder Ehepaars eine tiefe und eine
hohe. Wo findet sich dergleichen in den beiden Sonaten?

In der E Sonate ist der Hauptsatz des Allegro, wie hier
bei A —

angedeutet ist, einstimmig mit einfachster Begleitung. Der Anhangs=
satz bei B ist nicht sprechend, sondern blos gangartiges Tonspiel,
geht aber (wenn man gewaltsam zwei Redende hineinfinden will)
durch vier Oktaven; es wär' allenfalls an eine tibetanische Ehe einer
Schwester mit ihren drei Brüdern zu denken; der Ausgang ist zwei=
— nein drei=, vierstimmig, in freiester absichtloser Führung, wie
man in tausend solcher Sätze findet. Der Seitensatz ist einstimmig,
sogar zu Anfang ohne Begleitung, kurz, die ganze Sonate ist es,
wenn man nicht flüchtiges Hervortreten einer Begleitungsstimme
(oder mehrerer, wie oben bei B) mit dem Ansatz zu etwas Eignem,
wie dergleichen jedem nur etwas gebildeten Komponisten überall in
die Feder kommt, zu solcher Bedeutsamkeit hinaufschrauben will.
Wie bei Beethoven sich die Vorstellung zweier Stimmen oder Per=
sonen gestaltete, kann man in seiner Sonate Les adieux (Op. 81)
beobachten; der ganze erste Satz ist geradehin Duett von tieferer
und höherer Stimme, der letzte ebenfalls; der mittlere ist durchaus
Monodie, denn die Liebende ist verlassen.

Mit der G=Sonate verhält es sich, wie mit der aus E. Herr

Schindler ist viel zu guter Musiker, um die Begleitungsfigur der ersten Takte (A)

ernstlich als eine zweite Stimme gelten zu lassen. Es ist ein begleitender Akkord, den Beethoven wegen der Leichtigkeit und Zartheit des Satzes nicht gleichzeitig anschlägt, sondern arpeggienhaft auflöst, wie die daraus hervorgehenden allbekannten und allgebrauchten Figurationen bei B und C. So gewiß hat er nur den begleitenden Akkord im Sinne, daß er die vorangehenden Töne festhält, bis der Akkord vollständig ist. Er setzt ab, wieder um nicht schwer zu werden, er bleibt Takt 2 mit seiner Begleitung nicht in der Tiefe, um nicht brummig zu werden, er bleibt Takt 3 nicht in der Höhe, weil die zu dünn, zu jung und unreif klänge, und eben dieses Hin und Her entspricht dem beweglichen Wesen des ganzen Satzes.

Nun soll der allerdings sinnig geführte Baß des Schlußsatzes (bis dahin keine Spur von Duett oder Dialog) für den Streit oder die Versöhnung, kurz für das Dasein der zwei Prinzipe oder Personen einstehn. Das wär' ein wunderlicher Dialog, in dem die eine Person erst zu allerletzt das Wort ergriffe! und dazu läßt dieser Schlußsatz eigentlich zwei verbundne Stimmen

fis g gis | a — fis h a

d e eïs | fis — d g fis

gegen den Baß, also drei Stimmen vernehmen.

Endlich soll der zweite Theil das Duett, den „aufs Neue beginnenden Kampf," bringen. Hier tritt nämlich zuerst und zuletzt der Hauptsatz herrschend hervor, zuerst wie zu Anfang der Sonate durchaus monodisch, in Gmoll. Von da läßt er sich auf der Dominante von B nieder und allerdings treten nun zwei Stimmen

12 *

zwei Takte lang duettirend (wenn man so, statt nachahmend sagen will) auf. Hierauf wird der durchaus monodische Seitensatz in Bdur gebracht und nach ihm führt der Baß unter einfacher Arpeggien=begleitung die Melodie des Hauptsatzes, 18 Takte lang, ganz allein fort; der Hauptsatz erscheint wieder (in Esdur) wie zu Anfang; sein Motiv (die vier ersten Noten) tritt beweglich (wie sich ziemt und tausendmal geschehn ist) spielend bald tief bald hoch über den Orgel=punkt und führt so zum dritten Theil in den Hauptsatz.

Das alles zusammengenommen ist aber wieder nichts, als die gewöhnliche Erörterung und Ereiferung des zweiten Sonatentheils, wie sie, bald so bald anders gestaltet, stets im zweiten Theile (wenig=stens in allen kunstmäßigen Sätzen) stattfindet. Nicht einmal in der Sonatenform allein, in allen dreitheiligen Gestaltungen hat der zweite Theil — und in den zweitheiligen der Anfang desselben, z. B. im Andante der Fmoll=, im Rondo der Adur=Sonate Op. 2 — diese Bestimmung. Mit psychologischer und logischer Nothwendigkeit. Denn im ersten Theile treten die Sätze, die Gestalten auf, um die es sich handelt; im zweiten handeln diese Personen, werden diese Sätze zergliedert und erörtert, in andre Lagen (Tonarten, Stimmen), in andre Beziehungen (zu neuen Gegensätzen u. s. w.) gebracht; kurz, nachdem sie im ersten Theil aufgetreten sind, müssen sie jetzt sich durchkämpfen und durchsetzen. Das zeigt sich in den kleinen Präludien von Bach, wie in den Symphonien von Beethoven, es ist der typische, allgemeine Karakter des zweiten Theils, nicht der spezifische Ausdruck eines individuellen Werks.

„Nun: und Beethovens Wort?" —

Warum sollt' er es nicht gesprochen haben? und obenein mit

Fug und Recht, wenn man nur erwägt, daß er überhaupt kurzan=
gebunden, kein Freund von Worten (außer wo einmal das Herz
überfloß) und zu wissenschaftlicher Erörterung nicht geneigt war,
wenn man also seinen Aeußerungen einen etwas weitern Spielraum
zugesteht, von ihnen nicht die Schärfe der wissenschaftlichen Bestim=
mung fodert, wozu übrigens auch weder Beethoven, noch der Anlaß,
noch der Gegenstand geeignet war.

Nun bedenke man, wie oberflächlich die Meisten Musik auf=
fassen und ausführen; Glück genug, wenn sie „die Melodie" —
nämlich die Hauptstimme — wohl begreifen, Glück genug, wenn sie
das Kunstwerk „auch recht interessant" finden, so gut wie das Mach=
werk des Salonmusikers. Daß neben dieser „Melodie" noch ganz
Anderes vorgeht, daß das Tonwerk noch ganz andern Inhalt und
Zweck haben könne, als Unterhaltung oder Formenspielerei: das
kommt den Wenigsten in den Sinn. In der Zeit, wo Beethoven
spricht (und vor= und nachher wie oft!) sind nun die Musiker selbst,
diese Welschen mit ihrem Rossini (von dem er einmal meint: es
hätte was aus ihm werden können, wenn sein Lehrmeister ihm öfter
einen Schilling irgendwo ... ausgezahlt) auf diesen platten Boden
hinabgestiegen; er findet die Zeit nicht mehr poetisch empfänglich, er
will das Leben in jeder Stimme anschaulich machen, die Gegensätze,
den Konflikt besonders des zweiten Theils hervortreten lassen. Da
wirft er jene Worte, „Prinzip, Hauptstimmen," jene Gleichnisse des
Ehe= oder Liebespaars, jene wunderliche Vorstellung eines „bittenden
und widerstrebenden Prinzips" hin — und hat das Seinige gethan.
Er hat einen Fingerzeig gegeben, Schindler hat ihn dankenswerth
überliefert, an uns ist es, ihn zu verstehn, nicht an den Worten
kleben zu bleiben.

Seltsam scheint sich übrigens jene bildliche Vorstellung vom
Streit der Prinzipe bei ihm festgesetzt zu haben. In den Konver=
sationsheften finden wir ein Gespräch zwischen ihm und Schindler:

Schindler: Erinnern Sie sich, wie ich Ihnen vor einigen

Jahren die Sonate Op. 14 vorspielen durfte? — jetzt alles klar.

. . . . mir thut noch die Hand davon weh*).

Beethoven: Zwei Prinzipe auch im Mittelsatz der Pathétique.

. . . . Tausende fassen das nicht.

Wozu aber endlich der abschweifende Streit? — Er soll nach der einen Seite denen, die die Theilnahme des Geistes in der Musik auf Formenspielerei beschränken, abermals ein Zeugniß aus dem Bewußtsein des Künstlers bieten, nach der andern Seite vor diesen willkührlichen Gleichnissen und Deutungen warnen, die den Gegenstand nicht scharf in das Auge fassen und statt desselben die Vorstellung geben, die sich zufällig in ihnen erzeugt und festgesetzt hat. Dieses Spiel mit willkührlichen Bildern ist eben so unfruchtbar, als die rein technische Formalbetrachtung, wo sie nicht etwa für bestimmten Lehrzweck angestellt wird; man muß den wahrhaften Inhalt zu fassen trachten, und dazu nicht blos den Gegenstand empfindend genießen, nicht bloß ihn kunstverständig betrachten, sondern sich in ihn versenken und ihn künstlerisch wieder aus sich hervortreten lassen. Das ist die Aufgabe.

Jenen Sonaten nun folgt die

Sonate pathétique, Op. 13,

ein Jahr später, 1800, heraustretend. Wer kennt sie nicht? Sie ist, gewiß mit Unrecht, das erste, was man dem Schüler von Beethoven giebt (allenfalls die fraglichen S. 74 erwähnten Sachen ausgenommen; wer gar nichts weiter von Beethoven spielt, hat wenigstens an sie Hand angelegt. Man darf sich daher auf wenig Bemerkungen beschränken.

---

*) Beethoven ließ mich (erzählt Schindler) den ersten Theil des ersten Satzes spielen, schlug mich dabei etwas derbe auf die rechte Hand, schob mich vom Stuhl und setzte sich hin die Sonate spielend und erklärend. — Man muß bei der Personalbezeichnung oben (.....) wohl den Namen Schindler setzen.

Der erste Satz erhebt sich nach einer ernsten breitgelagerten Einleitung (Grave) ernst, kühn anstrebend, läßt sich herab, schwingt sich nieder und abermals nieder, um aber- und abermals emporzubringen. Nun sollte der Seitensatz in Es dur auftreten. Aber dazu ist die Stimmung zu düster, es wird Es moll daraus. Hier setzt sich der Seitensatz

fest, wiederholt sich in Des dur und wendet sich nach dem sehnlich erwarteten Es dur, das voll aufathmet und aus dem der Gang sich in breiten festen Gliedern emporhebt. Von der Höhe weht dann der Schlußsatz wie ein siegreich aufgepflanztes Panier nieder. Es ist in Wahrheit Pathos in diesem Satze, das nur bei der flachen Hastigkeit der meisten Spieler nicht zum Gefühl kommt.

Nach der Wiederholung (die hier besonders nothwendig ist) weilt der Schluß, der auf den Hauptsatz (jetzt in Es dur) zurückgekommen, war, auf dem Wendepunkt nach G — und hier kehrt der Kern der Einleitung wieder, die diesmal nach E moll bringt; das mächtige Gemüth dieses Tondichters, der aus seiner einsamen Höhe weit umschaut, braucht weite Beziehungen.

Nun der zweite Theil. Im trübheißen E moll wagt sich der Hauptgedanke wieder empor, zieht aber das Motiv der Einleitung, wie dringliche Bitte gleichsam, herzu. Von allem Weitern soll nur erwähnt werden, daß vor dem Schlusse, den wieder der Hauptsatz bildet, der Kern der Einleitung zum drittenmal wiederkehrt. Nimmt man dazu, daß der Seitensatz unverkennbar aus dem Hauptsatze herstammt, so hat man abermals den Anblick eines Ganzen, das aus Einem Guss' in festester Einheit seines Inhalts dasteht wie ein Mann von unbeugsamem Willen; tête quarrée nannte Napoleon dergleichen Karaktere.

Lenz hat für das Grave den Namen Einleitung nicht angemessen gefunden, weil der Gedanke wiederkehre. Allerdings hat Beethoven das Grave nicht ausdrücklich Einleitung genannt, aber es ist gleichwohl nichts anders, es eröffnet die Sonate, ist auch kein selbständiger Satz, sondern recht eigentlich Hinführung auf den Hauptsatz. Nun steht aber das Grave da, natürlich nicht als ein leeres Eingeläute von Tongängen oder Akkorden, sondern mit eignem geistigen Inhalt aus dem Gemüthe des Komponisten hervorgetreten und in Einheit mit der Stimmung und dem Gedanken des Ganzen. Da war die Rückkehr auf diesen Inhalt und seine Verwebung mit dem Hauptsatz im zweiten Theil wohl begreiflich. Was wir vor dem zweiten Theil als Grave hören, ist natürlich nicht mehr Einleitung in die Sonate, — doch könnte man es mit vollem Recht Einleitung in den zweiten Theil nennen, — sondern Fortleben ihres Inhalts; ebenso die dritte Aufführung vor dem Schlusse. Dies feierliche Drittemal weiset auf den schwer-ernsten Herantritt zum Werke zurück.

Statt es weiter zu begleiten, kommen wir auf jene „zwei Prinzipe“ Beethovens, auf jene Dialogik zurück, die sich in der pathetischen Sonate wie in den beiden Op. 14 zeigen soll. Im Seitensatz unsrer Sonate tritt in der That das Baßmotiv (B es f ges) trüb und barsch gegen den ängstlich gleichsam bittenden Gesang der Oberstimme; man meint fast nothgedrungen, zwei Personen zu vernehmen und wird das im Vortrag geltend machen. Dies letztere — und nichts anders war der Beweggrund der Beethovenschen Aeußerung; denn es war vom Vortrag die Rede. Ist nun aber wirklich Dialog, wirklich Zweiheit der Personen vorhanden? —

Wir müssen Nein! sagen. Zweiheit der Personen verlangt das bleibende Dasein und Fortwirken derselben, läßt sich nicht mit gelegentlicher Loslösung oder Gegensetzung von ein Paar Noten ab-

finden. Dergleichen flüchtig vorüberschwindende Loslösungen ent=
keimen gleich den späten Seitenkeimen aus fest aufschießendem Baum=
stamme der Natur der Musik, die „stimmig" und dramatisch wird,
sobald sie sich über den plattmateriellen Zusammenklang hinaus=
bringt. Die Melodie mit Inbegriff alles Dazukommenden ist Eine
Stimme Einer Person, — nicht einer leiblichen, die nur einen ein=
zigen Kehlkopf hat, sondern einer idealen, die gleich dem Chor der
Alten aus vielen Mündern zu uns reden kann. Nur wo bleibend
und in festen Zügen Person gegen Person tritt, kann ernstlich von
Dialog die Rede sein. —

Einer noch frühern Zeit (1799 oder 1798) gehört die allge=
liebte, dem Dichter gewidmete

Adelaide, Gedicht von Matthison, Op. 46

zu. Am 4. August 1800 schrieb Beethoven dem glücklichen Dich=
ter: „Sie erhalten hier eine Komposition von mir, welche schon
einige Jahre im Stich heraus ist und von welcher Sie vielleicht, zu
meiner Scham, noch gar nichts wissen. Mich entschuldigen und
sagen, warum ich Ihnen etwas widmete, was so warm aus meinem
Herzen kam, und Ihnen gar nichts davon bekannt machte, das kann
ich mich vielleicht dadurch, daß ich Anfangs Ihren Aufenthalt nicht
wußte, dann auch meine Schüchternheit, daß ich glaubte, mich über=
eilt zu haben, Ihnen etwas zu widmen, wovon ich nicht wußte, ob
es Ihren Beifall hätte. Auch jetzt schicke ich Ihnen die Adelaide
mit Aengstlichkeit. Sie wissen selbst, was einige Jahre bei einem
Künstler, der immer weiter geht, für eine Veränderung hervorbrin=
gen. Je größer man die Fortschritte in der Kunst macht, desto we=
niger befriedigen Einen die ältern Werke. Mein größter Wunsch
ist befriedigt, wenn Ihnen die Komposition Ihrer himmlischen Ade=
laide nicht ganz mißfällt, und wenn Sie dadurch bewogen werden,
bald wieder ein ähnliches Gedicht zu schaffen, und fänden Sie meine
Bitte nicht unbescheiden, es mir sogleich zu schicken. Ich will dann
alle meine Kräfte aufbieten, Ihrer schönen Poesie nahe zu kommen.

Die Dedikation betrachten Sie als ein Zeichen meiner Dankbarkeit und Hochachtung für das selige Vergnügen, was mir Ihre Poesie immer machte und noch machen wird."

Wir, die wir im Anhauch dieser Seelensprache aufgewachsen sind, wissen kaum zu ermessen, welchen Riesenschritt vorwärts Beethoven gethan, als er das einfache Gedicht in sich genommen. Der alte Kapellmeister Johann Friedrich Reichardt, der erste Sänger Goethescher Lieder und einer der geistreichsten Köpfe, die sich der Musik zugewandt, war bei dem Erscheinen dieser Adelaide ganz betroffen, so weit ging sie aus dem Vorstellungskreise, den er und seine Zeit vom Liede gefaßt hatte, heraus. Er nannte sie eine Aria a due caratteri. Allerdings ist sie auch kein Lied, sondern eine Stunde aus dem Leben jedes Liebenden, die Stunde, wo den einsam Wandelnden das Bild der Geliebten in Verklärung umschwebt.

Nur einen flüchtigen Blick können wir auf die

Grande Sonate pour Piano, Op. 22

in Bdur werfen, aus dem Jahr 1802, der zwei spätere Werke aus dem Jahr 1806,

Sonate in Fdur, Op. 54,

Grande Sonate pour Piano (Cdur), Op. 53

zugesellt werden mögen; die letzte ist bekanntlich Beethovens erstem Beförderer, dem Grafen Waldstein, gewidmet.

Alle drei Sonaten haben einen gemeinschaftlichen Grundzug: das ist diese ganz allgemeine Lust am Spiel der Töne, die dahinströmen, brausend und übermüthig, und auf denen, wie auf vertrauten Wogen der frische Schwimmer, der Spieler sich wohlgemuth behaglich wiegt. Und das gerade darf in einem Lebensbilde Beethovens neben dem eigenthümlichen und tiefern Inhalte nicht vergessen sein.

Musik ist in ihrem tiefsten Grunde Leben, bewegtes Leben; lebendige Bewegung ist ihre erste Aeußerung. Dies Tonspiel, blos um des Spiels der Töne willen, aus keinem andern oder tiefern

Grund, als der frischen Lebenslust, — dies Gestalten, blos aus Lust am Gestalten: das ist die Muttererde der Kunst, daran zeigt sich das musikalische Naturell, daran nährt sich der musikalische Körper. Hat es bei diesem Spiel sein Bewenden, so wird ein Virtuos daraus, oder ein Klavierlehrer, oder einer jener zahllosen Dilettanten, die den Salon zu entzücken suchen und die Nachbarn unglücklich machen. Hat dagegen diese Spielseligkeit in der Entwickelung des Musikers gefehlt, wird das sich bei allem Geist und Gefühl strafen; es wird den Bildungen solcher Versäumten an Gelenkigkeit, an Beweglichkeit und behaglichem Sichgehnlassen fehlen.

Beethoven hatte, wie Mozart vor ihm, diesen ersten Tummelplatz des Tonlebens, das Spielleben, mit Lust beschritten und mit Energie sich zum Eigenthum gemacht; er war zu seiner Zeit einer der ersten Virtuosen, war — was ohnedem nicht erreichbar ist — der erste Improvisator. Aber er war dazu Tondichter, seine Kunst war Geistesleben, in seinen Schöpfungen lebten Ideen, — und daneben blieb die Lust an jenen heitern Spielen bestehn und wirkte fort. Man kann die Spuren davon in jedem Werke, bis in die Begleitung seiner Gesänge, nachweisen, aber auch neben die Werke besondrer Stimmungen und bestimmter Ideen andre aufstellen, in denen jenes bewegte Spiel den Hauptinhalt oder doch die eine Hälfte desselben giebt. Nur unterscheiden sie sich von den verwandten Gaben andrer Komponisten durch die Theilnahme des künstlerischen und zwar Beethovenschen Geistes. Daher blühn sie neben den neuern Werken eines Weber, Schumann, Mendelssohn, Liszt, in denen sich eine zum Theil gesteigerte Technik geltend macht, in ungeschwächter Jugendkraft weiter, während die Arbeiten der Steibelt und Wölfl und Clementi, dieser Nebenbuhler Beethovens am Klavier, und größtentheils die edlern Dussecs und Louis-Ferdinands und Hummels am Horizont entschwunden sind, oder dem Dahinsinken nahe.

Das erste und kleinste dieser Werke ist die Sonate in Bdur, die gleich ihren ersten Satz jener Spielrührigkeit verdankt und

dieselbe auch in der Menuett, besonders im Trio, und im Finale
gewähren läßt, während daneben und besonders im Abagio innigere
Saiten wach werden.

Viel entschiedner gehört dieser Reihe die F dur=Sonate Op. 54
an, ein eigenthümlich Gebilde. Sie hat nur zwei Sätze. Der erste,
Tempo di Minuetto ist — muß man sagen — ein verdoppeltes
Rondo erster Form. Vom Hauptsatz aus führt ein ganghaftes Trei=
ben weiter, der Hauptsatz wiederholt sich, der Gang aber auch; und
so muß der Hauptsatz zum drittenmal auftreten. Dieser einfache,
man kann sagen einförmige Grundriß umzeichnet den Raum zu
wachsender Ton=Ergießung, das Spiel der Töne steigert von Satz
zu Satz seine Lebhaftigkeit. Es erreicht seine Höhe im zweiten,
rondoförmigen Satze. Das —

ist der Kern des Satzes, der nicht in gesteigerter Lebhaftigkeit (es
bleibt vielmehr bei derselben Weise), sondern in der rastlosen Be=
weglichkeit, die erst mit dem letzten Ton zur Ruhe kommt, sich be=
friedigt. Es waltet hier im ganzen Tonstücke, besonders im zweiten
Satz, eine seltsam eigenwillige Laune. Humoristisch, fast eigensinnig
und ärgerlich dreht und wendet der Setzer seinen Gedanken und
stülpt ihn um: „und das Ding soll sitzen! und soll laufen!" — und
so braust er darauf hin, wie ein Reiter mit derbem Schenkelschluß
den störrigen Gaul drückt und wirft und treibt.

In höherm Styl ist die dritte Sonate gefaßt, die aus C. Die=
ser Sonate soll, wie Ries erzählt, ursprünglich das Andante zuge=
hört haben, das als „Andante favori pour Piano" (Grazioso con
Moto $\frac{3}{8}$ F dur) unter No. 35 der nicht als Opus bezeichneten Werke
herausgekommen ist. Man habe Beethoven darauf hingewiesen, daß
das Andante die Sonate zu sehr „verlängern" würde; darauf habe

er es abgesondert herausgegeben und das einleitende Andante, das
jetzt der Sonate statt des Mittelsatzes diene, an dessen Stelle ge=
setzt. Wir haben zuviel mit den Werken, wie Beethoven sie festge=
setzt, und dem Entwickelungsgang seines Künstlerlebens im Ganzen
und Großen zu thun, als daß wir auf dergleichen „Emendationen"
und „verschiedne Lesarten" mit Umständlichkeit eingehn könnten.
Ein Künstler will künstlerisch angesehen sein; erst wenn das aus
und abgethan, wenn seine Gestaltungen längst und ganz in uns ein=
gegangen oder wohl gar ausgelebt sind, mag man ihr embryonisch
Wachsthum bloslegen. Bei Beethoven eilt das nicht; noch lange
werden seine Geschöpfe in voller Lebensblüte vor uns wandeln und
wir ihres Anblicks, wie sie der Meister uns zugeführt, froh sein.

Jene C=Sonate nun ist außer der in D (S. 134) die erste, die
den Namen einer „großen" verdient; von der B=Sonate kann dies
nicht gesagt werden, und ihre vier Sätze machen sie so wenig zu
einer großen, als die vier Sätze der Sonaten Op. 2 und 10. Die
Größe der Gedanken und die Weite, in der sie sich ihrer Natur ge=
mäß entwickeln, bedingen den Karakter der großen Sonate. Beides,
wenn auch nicht in gleichem Maaße Tiefe der Gedanken, ist unstrei=
tig Eigenthum der C=Sonate.

Gleich der Hauptsatz des Allegro con brio legt sich in rasch
pulsirender Beweglichkeit und keckem Abbruch drei Takte breit (aus
denen der Nachklang des letzten vier macht) hin, drängt sich wie=
derholend über B nach Fdur, nach Fmoll, wirbelt einen Augenblick
auf dem höchsten erlangten Punkte und schließt unter entschiednem
Eingriffe des Basses fragend und zögernd seinen Vordersatz. Der
Nachsatz wiederholt den Inhalt des Vordersatzes, aber schon in fie=
berhaft aufgeregter Bewegung, aber schon hinauf= statt hinabtreibend,
nach dem beunruhigenden Dmoll statt nach dem feierlich vertiefenden
Bdur. Von hier wendet sich der Satz wirbelnd in das heiße Hdur,
oder vielmehr nach der Dominante von Edur. Das alles wirkt um so
erregender, als es im steten Piano Pianissimo vorgeht, gleichsam in

Heimlichkeit, um die Aufregung nicht zu verrathen, nur ein paar
Mal in Crescendo aufwallend, zuletzt erst entschieden stark auftretend.
Nun erst kann der Seitensatz seinen mildernden holden Gesang an=
heben, nicht in der trivialen Dominante Gdur, sondern im sonnig
hellen und sonnig warmen Edur, das nach dem vorher stark einge=
prägten heißern Hdur immer noch sänftigend wirkt.

In der kleinen Fmoll=Sonate (S. 122) war der Seitensatz
die Umkehr (oder vielmehr, mit dem Kunstausdrucke zu reden, die
Verkehrung) des Hauptsatzes, die andre Seite. Hier ist er ein durch=
aus Anderes, ohne den mindesten Anklang an den Hauptsatz; nach
der Ereiferung in diesem gewährt er Ruhe. süßes Behagen, als
wiege der kühne Steiger auf der erklommenen Höhe sich im Wohl=
gefallen des heitern Anblicks der sonnigen Breiten ringsumher.

Fétis macht in seinem biographischen Artikel über Beethoven
eine sinnreiche Bemerkung über dessen Seitensätze. Er findet sogar
das Unterscheidende zwischen ihm und den andern Komponisten in
der spontanéité des épisodes, „in der freien Bildung der Sei=
tensätze, durch die er in seinen schönen Werken das angeregte In=
teresse (an den Hauptsätzen) aufhält, um ein anderes eben so lebhaftes
als unerwartetes an seine Stelle zu setzen. Diese Kunst ist ihm
eigenthümlich. Scheinbar dem ersten Gedanken (dem Hauptsatze)
fremd, fesseln diese Seitensätze zuerst die Aufmerksamkeit durch ihre
Eigenthümlichkeit. Dann, wenn der Eindruck der Ueberraschung sich
zu schwächen beginnt, weiß Beethoven diese Seitensätze mit der Ein=
heit seines Plans zu verknüpfen und zeigt, daß im Zusammenhange
seiner Komposition die Mannigfaltigkeit von der Einheit abhängt.“
Die Bemerkung ist gut, und ihr Verdienst soll nicht geschmälert
werden, wenn wir sie nicht erschöpfend und tiefgehend genug nennen
müssen; es ist nicht leicht, Beethoven erschöpfend und aus der Tiefe
zu fassen. Fétis hat nämlich erstens nur die eine Gattung der
Seitensätze im Auge, die nämlich als Seitensatz einen ganz neuen,
unerwarteten, anscheinend fremden und deshalb Anfangs überraschen=

den Gedanken bringt. Das geschieht hier in der C=Sonate; schon
aber haben wir in der Fmoll=Sonate die andre Gattung von Sei=
tensätzen sich anmelden sehn, und dieser Fall ist nicht der einzige.
Zweitens stellt sich bei dem vortrefflichen Franzosen der Hergang
etwas gar zu äußerlich her, ungefähr so, wie er bei den französi=
schen Musikern wirklich stattthat, nicht aber bei einem Beethoven.
Bei diesem ist von einer spontanéité, von einem Aufsparen des
Interesse (am Hauptsatze), von der Absicht, Unerwartetes, Originel=
les, Ueberraschendes zu geben und dies dann mit dem Plan des
Ganzen wieder zu verknüpfen, — eine Absichtlichkeit, die Fétis al=
lerdings nicht ausspricht, offenbar aber im Sinne hat, oder doch in
den Sinn des Lesers bringt, — von alledem ist bei Beethoven nicht
die Rede. Die Stimmung oder die Idee des Ganzen baut dieses
Ganze nach innerer Nothwendigkeit, so daß von Eigenwilligkeit streng=
genommen nicht mehr die Rede sein kann, viel weniger von äußer=
lichen Absichten. Nicht also in der Neubildung der Seitensätze liegt
das Eigenthümliche Beethovens, die findet sich bei den Vorgängern
auch, sondern umgekehrt in der großen geistigen Einheit seiner Kon=
zeption, von der wir schon Beispiele gehabt und noch schlagendere
finden werden.

Doch zurück zur Sonate. Der Seitensatz gewährt Ruhe; aber
nicht lange. Schon seine Wiederholung ist beweglich figurirt, von
da wieder rastloser, gesteigerter Drang und Flug der Töne, bis sie
sich athemlos ermüdet im Schlußsatze (Emoll) legen. Der ganze
zweite Theil ist ein gedrungen feuervoll Spiel der tief-erregten Ton=
welt, der dritte Theil schließt sich an. Ganz folgerichtig tritt hier
der Seitensatz in Adur*) auf. Aber das ist, Angesichts des Schlusses,

---

*) Dem Hinaustritt aus dem Hauptton, in dem der Hauptsatz aufgetreten,
in die Tonart des Seitensatzes, entspricht von Theil 2 an die Rückkehr in den
Hauptton. Im ersten Theile nun war der Seitensatz — also der andere Ge=
danke des Ganzen — in der neuen Tonart aufgetreten, im dritten Theile geschieht ihm sein Recht, er wird im Hauptton aufgenommen (der damit erst Ton=

unmöglich, nicht etwa ein Formgesetz, das irgend jemand (wer?) gegeben, sondern die Natur der Sache und der Trieb im Komponisten stehn entgegen; die letzte volle Befriedigung ist nur im Hauptton und im erneuten Hineinleben in denselben zu finden. Folglich wiederholt sich der Seitensatz in A moll, wendet sich aber sogleich in den Hauptton und breitet da seine Bewegung aus.

Das Ziel ist erreicht, indeß nach so weitem Abschweifen nicht befestigt; der Schlußsatz ruft die beruhigende Unterdominante (F dur) zu Hülfe. Aber Beruhigung liegt nicht im Sinne des Werks. Der Hauptsatz tritt nochmals in neues Gebiet heraus, nach dem ganz fremden Des dur, um sich abermals in den Hauptton zurück zu ergießen, nochmals den beschwichtigenden Seitensatz, nun in C dur, herbeizuführen und dann zu schließen.

Und dennoch ist es erst der dritte Satz, der die Wonne der Spielseligkeit ganz rein zu genießen giebt.

Von der

Grande Sonate pour le clavecin ou Fortepiano, Op. 26 die 1802 hervortrat, sei vor allem erzählt, daß der berühmte Trauermarsch, „Marcia funebre sulla morte d'un Eroe," der so viel schwarzlakirte Märsche nach sich gezogen hat und gleichwohl vor jedem friedlich entschlafenen Bourgeois hergeblasen wird, durch die Anpreisungen des Trauermarsches in Paers Achill angeregt worden sein soll. Oulibicheff bestreitet die Thatsache, weil die Oper erst 1806 — „in Dresden" aufgeführt sei; sie war aber 1801 für Wien komponirt. Oulibicheff hat nur die Lächerlichkeit herausgefühlt, daß Beethoven mit Paer geeifersüchtelt und gewetteifert haben soll. Warum aber könnte nicht, war einmal die paersche Komposition ihm nahe-

---

art des Ganzen wird) und damit dem Ganzen gleichsam eingebürgert. Nun ist die nächstgelegene Tonart für den Seitensatz im ersten Theil in Dursätzen die Dominante, im dritten der Hauptsatz. Beethoven hat im ersten Theile statt der Dominante (G dur) E dur gesetzt; dem ganz parallel tritt im dritten Theil statt des Hauptons (C dur) A dur auf.

gerückt, der Gedanke einer Helden=Bestattung sich seiner Phantasie
eingeprägt und in jenem Marsch der Sonate Verkörperung gefunden
haben? wer kann überhaupt ermessen, welche ganz äußerlichen und
zufälligen Anregungen bisweilen die Schöpferkraft im Künstler er=
wecken?

Jedenfalls wüßten wir in dieser As dur=Sonate keine festaus=
geprägte und klar hervortretende Einheit aufzuweisen, so reizend und
bedeutend auch jeder einzelne Satz ist. Auf reizend seelenvolle Va=
riationen mit ihrem von Herz zum Herzen redenden Schlusse folgt
ein erst lieblich ansprechendes, dann emporbringendes Scherzo (der
Name steht hier nur uneigentlich) mit einem jener stillathmenden,
in sich ruhenden Trio's, die Beethoven ganz allein eigen sind. Dann
zieht der Trauermarsch vorüber; dann schließt ein letzter Satz, dem
möglicherweise ein sit illi terra levis vorgeschwebt hat.

Wer kann überhaupt alle Schönheiten aufzählen, die diese lange
Reihe von Werken bietet? Nur im Vorbeigehn sei der großsinnigen
Sonate für das Pianoforte, Op. 28
in D dur gedacht, ebenfalls aus dem Jahr 1802. Irgend ein poe=
tischer Klaviermeister oder Buchhändler hat ihr in neuerer Zeit den
Namen „Pastoral=Sonate" angehängt; es fehlte nur noch, daß man
die siebente Symphonie, nachdem schon die sechste, die wirkliche und
von Beethoven so benannte „Pastoral=Symphonie" geschaffen war,
ebenfalls „Pastoral=Symphonie" taufte. Und richtig ist das auch
geschehn; das Allegretto ist die Trauung eines ländlichen Paars,
und im Scherzo stampfen die Bauern im lustigen Tanz auf. Aber
Beethoven war kein Geßner; in allen seinen Werken, die diesen Na=
men mit Recht tragen, findet sich nicht eine einzige Wiederholung
eines Grundgedankens.

Die D dur=Sonate nun, in all' ihrer Einfalt und Stille so
großartig gesinnt, daß schon daran jener nachdruckerische Spitzname
lächerlich wird, giebt im ersten Satze das Bild eines edlen, männ=
lich=ernsten, in seiner Herablassung und Zärtlichkeit erst wahrhaft

erhabnen und liebenswerthen Karakters. Er kann sich sinnig gehn lassen (Seitensatz), kann sich erwärmen, ja kann einreißend heftig wollen, aber nur, um bald (Schlußsatz) begütigend in seine stille Beschaulichkeit zurückzukehren. Der Schluß des zweiten Theils bringt eines jener biographisch und psychologisch merkwürdigen Zeichen, wie das Urphänomen des Tonlebens (S. 173) in Beethoven gelebt und gewirkt hat. Der ganze zweite Theil beschäftigt sich mit dem Hauptsatze, in diesem Werke der entschieden vorwaltende Gedanke, nimmt den Kern desselben sogar fugenmäßig vierstimmig durch; — auch hier ist nicht von wahrhaft Dialogischem (S. 178) zu reden, es ist Monodie, wie der Chor der Alten es war, die aus mehr als einem Munde redet, weil sie den Gegenstand selber auseinandersetzt und dazu sich selber dialektisch spaltet, gleich dem Chor in die Halbchöre und Einzelnen. Mit diesem Fugato gelangt der Satz auf Fis in Fis dur, das er als Urgrundton faßt, um darauf (statt auf der Dominante A) den Orgelpunkt zu bauen. Auf diesem Fis ruht der Satz einundzwanzig Takte lang, während das zuletzt aus dem Hauptsatz erhobene Motiv sich in der tiefliegenden dritten Stimme eingräbt und finsterbrennend brütet, die zweite Stimme weckt, in die höchste Lage der ersten Stimme sich schwindelnd verliert, in der tiefsten Baßlage leise fortdröhnt — und vom zweiundzwanzigsten Takt' an alle melodische und motivische Bewegtheit geschwunden ist und über ihrem Urton die Harmonie (Fis-aïscis) in langsamen, zögernden Pulsen von Stufe zu Stufe siebzehn Takte lang in die tiefste Tiefe sinkt, und ruht, und schweigt.

„Tausende fassen das nicht!" Hier möchte man Schindlers Wort (S. 182) aussprechen.

Schweigen müssen wir von all den Schätzen an Liebreiz, Laune, Gefühl, die sich unter dem Namen von

Trois Sonates pour Piano, Op. 31

zusammengefunden. Im Jahr 1803 erschienen, bezeichnen alle drei, die G dur-Sonate mit ihrem hesperischen Adagio, die bis zur Aus-

gelaſſenheit humoriſtiſche Es dur-Sonate, die tiefbewegte D moll-Sonate, einen bedeutenden Fortſchritt in der Kraft und Kunſt Beethovens. Er iſt kein Andrer geworden, — weder jetzt noch ſpäter,
— aber der Geſichtskreis iſt weiter, der Zug der Thatkraft freier
und energiſcher geworden.

Nur der erſte Satz der D moll-Sonate fodert eine letzte Betrachtung.

Er tritt mit einem breit ausgelegten, überſchwankenden Afforde
langſam (Largo) und leiſe, wie ungewiß auf; ein ganz fremder Gedanke (Allegro) flattert unſicher und bang nach,

und ruht gleich im nächſten Takte (Adagio) wie fraglich und un-
begnügt auf der Dominante A. Das Largo kehrt wieder, eine
Stufe tiefer in C und abermals folgt der Allegro-Satz, weiter umher, peinlich-angſtvoll emporflatternd, ganz verlaſſen von ſtützender
Begleitung niederſchwebend in die grollende Tiefe und wieder emporklimmend.

Das Alles iſt gleichſam verſuchsweiſ' ergriffen und in Unent-
ſchloſſenheit wieder dahingefallen. Jetzt erſt tritt der Hauptſatz, aus
dem Largo-Motiv erwachſen, mit finſterer Entſchiedenheit und voller
Kraft hervor, der ſich gleichwohl ein weicherer Zug

des Schmerzes oder der Bitte zugesellt. In diesem finstern, aber entschlossenen Gange findet natürlich das milde tröstliche F dur keine Anwendung; der Seitensatz tritt nicht (wie das Nächstliegende und in den meisten Fällen Rechte wär') in F dur, sondern in der Moll- dominante, auf deren Dominante auf, — und er ist gebildet aus den nach dem ersten und zweiten Largo (S. 195) eintretenden Al- legrosätzen,

er ist die Vollendung dessen, was jene nur angedeutet. In Hast und großer Erregtheit (Beethoven hat ausdrücklich agitato beige- schrieben, was sich sonst im Lauf' eines Satzes nicht leicht finden ließe) drängt und arbeitet diese Stimmung sich weiter und abwärts, bis hart entscheidende Schläge dagegentreten. Sie scheinen sich zu erweichen, grollen aber noch in der Tiefe, bis aus dieser der Baß höher und höher mit steigender Kraft emporbringt — und die Höhe trüb aber mit siegerischer Festigkeit sich dennoch gegen ihn behauptet.

Hier stehn sich nun zwei — nenne man es Geister, Stimmun- gen gleichzwei Persönlichkeiten gegenüber; man könnte versucht sein, ihnen plastisch bestimmtes Dasein anzudichten. Allein ein sicherer Anhalt fehlt gewiß. Vielmehr sind beide Stimmungen nahe genug verwandt und formell eng genug aneinandergeknüpft, ja einander er- gänzend, um auch hier jeden Gedanken an Zweiheit der Person ab- zuweisen. Es ist ein einiges Wesen, das den trüben Kampf des Lebens tapfer, wenngleich düster und oft herzensbang durchkämpft.

Das setzt sich dann auch in unverbrüchlicher, unerbittlicher Ein- heit und Unabänderlichkeit fort.

Der erste Theil war still geworden, fast bis zum Verstummen; der zweite hebt mit jener ersten Largo=Frage wieder an, die, aus der Tiefe dringender emporgeworfen, in feierlicher Dreizahl ertönt und vergebens der lösenden Antwort harrt. Streng vielmehr und

ohne Zwischenrede tritt der Hauptsatz wieder an, bringt scharf em=
por, versinkt wieder zur Tiefe und bringt da — der dritte Theil
fodert sein Recht — die Largo = Frage zurück. Ist sie noch nicht
verstanden? es fehlte ja kaum etwas, als das Wort! — Und auch
das soll nicht fehlen: aus dem Largo tritt ein Rezitativ hervor, —
die Rede die Musik wird, die Musik die Rede werden möchte, um
endlich verstanden und erhört zu werden.

Rezitativ in der Instrumentalmusik ist nicht neu. Schon Seb.
Bach hat in seiner chromatischen Fantasie den tiefsinnigsten Gebrauch
davon gemacht, Mozart hat in seinen Variationen über Une fièvre
brulante die Adagio=Variation, übrigens ohne tiefere Bedeutung,
scenenartig mit Rezitativ durchwebt. Wo es bedeutsam, nicht als
blos äußerliches Formspiel auftritt, spricht sich in ihm vor Allem
das Bedürfniß des Komponisten aus, über die Sphäre der unbe=
stimmten Regungen hinaus zu festbewußtem Ausdruck zu gelangen.
Dies Bedürfniß aber setzt voraus und bezeugt, daß der Komponist
selbst über jene Sphäre hinaus zu hellern Anschauungen und deut=
licherm Bewußtsein gelangt ist. Mehr als einmal wird diese Ge=
staltung bei Beethoven wiederkehren, zuletzt in symbolisch=mächtigster
Bedeutsamkeit.

So hat uns der erste Hinblick auf die Werke eine stetige Reihe
von Gebilden erkennen lassen, die sich von dem Standpunkte beseel=
ten Tonspiels zum Ausdruck bestimmter Empfindung, zur Entwicke=
lung festgehaltner und fortschreitender Gemüthszustände, — gleichsam
Geschichten aus dem Seelenleben, zum Theil aus dem wirklichen
Leben angeregt, — bis dahin fortführt, wo man nach dem Wort
verlangt, weil das Bewußtsein so bestimmt und klar geworden, daß
es kaum anders als durch das präzise Wort sich genugthun zu kön=
nen meint.

Wie besteht solchem Zeugniß und solchem Zeugen gegenüber
der alte, nimmer rastende Streit der Aesthetiker: ob die Musik Ton=
spiel oder dunkles Gefühle sei, oder bestimmtern Inhalts? Sie ist

Alles dies, und jedes mit gleichem Rechte; denn sie ist, was sie sein kann.

Mag die Deutung hier oder dort irren; es ist schon das bezeichnend und bezeugend, daß die Werke gereizt haben, sie zu deuten und auszulegen, — und zwar nicht Einen oder Einige, sondern Alle, die mit offner Seele sich in der Kunst eingelebt haben. Unter den Zeugen aber stehn die Künstler, die Tondichter nämlich, voran; sie haben es selber in sich selber erlebt, was den künstlerischen Schöpfungen das Dasein giebt.

Und unter diesen „berufenen" Zeugen steht unstreitig Beethoven selber als der „auserwählte" voran. Er selber hatte (wie Schindler aussagt) im Jahr 1816, als eine Gesammt-Ausgabe seiner Sonaten im Werke war, die Absicht: „die, vielen jener Werke zum Grunde liegende poetische Idee anzugeben."

Auf diese Lebensfrage der Tonkunst wird mit verstärktem Nachdruck zurückzukommen sein.

———

Chorische Werke.

Der Komponist Beethoven war, wie wir gesehn, auch Virtuos. Man kann nicht Beides in sich vereinen, ohne zur Konzertkomposition hingezogen zu werden. So schließen sich den Klavierkompositionen Beethovens mit und ohne Begleitung von Solo-Instrumenten seine Konzert-Werke an, ihnen wieder andre nahstehende, die sich der zusammenfassenden Betrachtung gerade hier am zugänglichsten erweisen. Von ihnen hebt sich der Blick zu Orchester- und symphonischen Werken. Dies alles bezeichnen wir, in Ermangelung eines bessern Namens, mit dem chorischer Kompositionen, der eigentlich nur Werken für Singchor gebührt, und einem Theil des hier Zusammenzufassenden nur höchst uneigentlich. Er sollte jedoch auf die Bedeutung des Orchesters für Beethoven im Voraus hinweisen.

Die Reihe dieser Werke wird uns durch das erste

Concert pour Piano et grand Orchestre, Op. 15

eröffnet. Er hat es für eine seiner Akademien geschrieben; erst am Nachmittag des zweiten Tags vor der Aufführung (erzählt Wegeler) schrieb Beethoven das Rondo, und zwar unter ziemlich heftigen

Kolikschmerzen; im Vorzimmer saßen vier Notenschreiber, denen er jedes fertige Blatt einzeln übergab. Die Klavierstimme wurde erst bei der Herausgabe niedergeschrieben; so sicher faßte und fesselte Beethoven seine Gedanken. Von dem Abentheuer in der Probe ist schon S. 38 berichtet.

Konzertkomposition, wer auch der Komponist sei, ist stets ein Unternehmen zweideutiger Art. Der Tonsetzer hat einen Chor von Instrumenten um sich versammelt; durch sie will er sprechen, sie sind die Personen seines Drama's, jede derselben von eigenthümlichem Vermögen und Karakter; im freien Kunstwerke würde jede nach ihrer Weise zur Theilnahme berufen werden, mit gleichem Rechte, das sich nur nach ihrem Naturell und Vermögen näher bestimmte. So wär' es im freien Kunstwerk', in dem der Bildner unbedingt und ohne Nebenzweck nur seiner Idee folgt.

Im Konzerte muß, nach dessen Bestimmung, von diesem Grundgedanken jedes Instrumentenvereins abgegangen, es muß dem konzertirenden oder Prinzipal-Instrument — oder den zwei, drei konzertirenden Solo-Instrumenten der entschiedne Vorzug vor den andern gegeben werden, und zwar nicht aus innern Gründen chorischer Komposition, sondern aus dem ganz willkührlichen Vorsatz, es zu bevorzugen und hervortreten, sich auszeichnen zu lassen, — oder vielmehr den Spieler. Das durchgreifende Mittel aber des Spielers, sich auszuzeichnen, kann nur seine Bravour sein; was auch sonst der Komponist zu sagen hat, die Rücksicht auf den Solospieler und seine Bravour darf nicht versäumt, muß vorangestellt werden. Bei Pianoforte-Konzerten kommt noch der bedenkliche Umstand dazu, daß dieses universale Instrument, das sich selber so wohl genug sein, für sich allein Träger der tiefsten Ideen sein kann, gegen die Orchesterinstrumente nach Schallvermögen und melodischer Kraft im entschiednen Nachtheil steht. Uebersehn oder überwinden lassen sich diese Verhältnisse nicht; es kommt darauf an, sich mit ihnen, so gut es gehn will, abzufinden. Daß auch unter solchen Bedingungen das

Talent des Tonsetzers Hervorragendes leisten kann, hatte kurz vor Beethoven Mozart bewiesen.

Beethoven hat sich in der Konzertkomposition, namentlich in dem vorgenannten, eben so im zweiten und dritten

Concerto pour Piano ... Op. 19 und 37

aus B dur und C moll nach Tendenz und Form seinem großen Vorgänger angeschlossen. Daß er es mit eigenthümlichem Inhalt, mit Benutzung der höhern und immer fortwachsenden Spielgeschicklichkeit und Instrumentkraft, auch mit reicherer und einbringlicherer Erfassung des Instruments nach Vermögen und Natur desselben, endlich mit reicherer und blühenderer Verwendung gethan: das wär' ein großes Lob für andre Komponisten, nicht so für Beethoven. Seine Aufgabe war nicht darauf beschränkt, das bereits Vorhandne bereichert oder verschönert zu wiederholen, — was gewiß schon ein hohes Verdienst um das Kunstleben ist, — sondern in seiner Kunst eine neue Idee zu verwirklichen und damit derselben eine neue Bahn, ein neues Reich zu öffnen.

Das zweite Konzert gehört übrigens dem Jahr 1801 an und wurde von Beethoven selbst vorgetragen; das dritte wurde von Ries ausgeführt. „Beethoven hatte mir (erzählt Ries) das Manuscript gegeben, um damit zum ersten Mal öffentlich als sein Schüler aufzutreten; Beethoven dirigirte und wendete mir um. Ich hatte ihn gebeten, mir eine Kadenz zu komponiren, er wies mich an, selbst eine zu machen. Er war mit meiner Komposition zufrieden und änderte wenig. Eine brillante, aber sehr schwierige Passage, die ihm zu gewagt schien, sollte ich ändern. Die neue befriedigte mich nicht. Ich konnte es nicht über mich gewinnen, im öffentlichen Konzerte die leichtere zu wählen. Beethoven hatte sich ruhig hingesetzt. Als ich nun keck die schwerere anfing, machte Beethoven einen gewaltigen Ruck mit dem Stuhle, die Kadenz gelang aber, und Beethoven war so erfreut, daß er laut Bravo! schrie. Dies elektrisirte das Publikum."

Diese Anekdote, willkommen als einer der kleinen Züge, die das Karakterbild lokalisiren, bezeichnet dem Verstehenden zugleich den Karakter der Kunstgattung, um die es sich handelt.

Betrachtet man das Konzert aus allgemeinerm Gesichtspunkt als Uebergang vom Beethovenschen Klavier zum Orchester, so knüpft sich ein zweiter Uebergang an jene Trio's Op. 1, in denen zwei andre Instrumente sich dem Klavier zu gleich berechtigter Mitwirkung verbinden, soweit das Uebergewicht des Klaviers die Gleichheit zuläßt. Dieser Uebergang eröffnet sich, weniger bedeutende Werke bei Seite gelassen, in den

Six Quatuors pour 2 Violons, Alto et Violoncelle,
Op. 18,

von denen die drei ersten 1801, die drei folgenden 1802 herausgegeben, vorausseßlich früher begonnen sind. Das dritte Quatuor in der Herausgabe, Ddur, soll das erste in der Komposition und das erste in der Herausgabe das dritte nach der Zeit der Komposition sein, die erste Anregung zu diesen Arbeiten soll 1796 Graf Appony durch jene Auffoderung (S. 44) ein Quartett zu schreiben, gegeben haben.

So erzählen Wegeler und Ries, und es ist kein Grund ihnen zu widersprechen. Die allererste Anregung wird man indeß in der tiefgewurzelten Neigung der deutschen Musiker für Quartett und dem mächtigen Vorbilde Haydns, — der das Quartett in gewissem Sinn erst geschaffen, so überragend tritt er darin auf, — und Mozarts zu suchen haben.

Die Quartettkomposition hält die Mitte zwischen Klavier= und Orchestersaß. Minder anspruchsvoll als der leßtere, läßt sie sich überall, wo nur vier Musiker zusammenkommen mögen, ausführen und entspricht schon damit der deutschen Neigung, sich im kleinen bescheidnen Raume, gleichsam im heimlichen lauschigen Winkel zusammenzufinden. Da erwarten sie sich, da finden sie sich, üben und freuen sich endlos an dieser feinen Quartettarbeit, spielen und

leben sich in einander hinein zu lebenslänglichem Freundschaftsquar=
tett. Man muß die vier Brüder Müller einziehn gesehn haben
zum Quartettspiel, vier schwarz gekleidete, schlanke, junge ernst ge=
lassene Gestalten, langsam eine nach der andern, — und dann ge=
hört! — um zu begreifen, daß zum Trotz aller Physiologie die
Vier nur Ein Mann sind. Auf der andern Seite gewährt das Quar=
tett wieder eine Gelenkigkeit der Stimmführung und eine Mannig=
faltigkeit der Behandlung jeder Stimme sowie des Klangs, deren
das Klavier nicht fähig ist. Dies hat dafür Vollgriffigkeit und
Schallkraft, weitern Umfang einer durchaus gleichen Tonreihe und
— was Alles überwiegt — diese vollkommne Einheit und Unge=
bundenheit der Ausführung für sich, in der der eine Spieler ganz
unumschränkt gebietet und in jedem Zug der freiesten Eingebung
des Augenblicks sich überläßt, so daß, wenn der rechte Spieler da
sitzt, die Darstellung das hinreißende Feuer einer augenblicklichen
Eingebung gewinnt. Das Klavier ist die Rennbahn der Phantasie,
die Vertraute der einsamen, tiefsten Gedanken, das Quartett die
feine sinnige Unterhaltung im trauten engen Kreise. Es ist Karakter=
zug für die musizirenden Franzosen, daß in ihren Konservatoir=Kon=
zerten Quartette mit vierfacher Besetzung ausgeführt werden; eine
Herzensergießung kompagnieweise.

Jenen Sinn hatten die beiden großen Vorgänger Beethovens
ihrem Quartett eingeflößt. Die feinste, sinnige, angeregte und bei
aller Anregung in den verständnißvoll gezognen Schranken anmuthi=
ger Mäßigung weilende und beharrende Unterhaltung; Heiterkeit bis
zu schalkhafter Neckerei, Feuer bis nahe an leidenschaftliche Hinge=
bung, inniges Empfinden, sicher vor jenen Stürmen, in denen man
sich selber einsetzt und verliert an die tragische Bestimmung — und
sich göttlich dahingiebt jenem

„Stirb und Werde!"

des Dichters.

Was hieraus später erwachsen sollte, war Beethoven, als er

feine erften Quartette bildete, noch lange nicht bewußt. Einftweilen ftand er noch auf der Bahn feiner Vorgänger, gleichviel ob ein Paar Schritte vorwärts.

So tritt gleich das erfte (der Herausgabe nach das erfte) Quartett in F dur auf, das Hauptmotiv des Hauptfatzes (im erften Satze)

bis zur Erfchöpfung — nur nicht der ächten Quartettiften, die dabei „die Kunft“ bewundern — ausnutzend. Das Adagio affettuoso ed appassionato D moll ⁹/₈) mit feiner weiten wehmuthvollen Melodie fcheint aus tiefern Quellen des Beethovenfchen Gemüths entfprungen.

Nach dem lieblich fcherzenden G dur-Quartett folgt nun im Druck das dritte, aus D dur, in der Erfindung das erfte. In ihm fcheint fich Beethoven mehr hingegeben zu haben; gleich der erfte Satz bezeugt es, füße Zärtlichkeit, wie Liebeserklärung, fpricht aus dem Hauptfatze

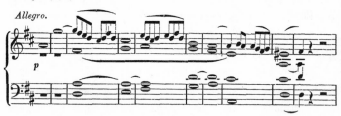

fo feelen- und lebensvoll, fo jung und darum leicht erheitert, kofend. Das Andante (B dur) ift nachfinnend und nachfpürend irgend einem innerlichen Vorgange, nicht tief. Einen Anklang davon, als wäre dem erften Vorgang (erfter Satz) eine ernftere Erfahrung gefolgt, bringt das fogenannte Scherzo. Das Finale presto fliegt heiß und eilig dahin.

Im erften Quartett der zweiten Folge, C moll, thut fich im

ernften Ringen ein umfchleierter Sinn hervor. Die Einführung des
Seitenfatzes, nach einem Schluß auf G,

deutet auf innern Zwiespalt, der Seitenfatz felber folgt dann, in Es dur,
gefaßten Sinnes und legt fich breit aus; das Ganze ift, um mit
den Malern zu reden, mit breiterm Pinfel ausgeführt.

Eigenthümlich tritt nach diefem fehr ernft gefaßten, bisweilen
(gleich Anfangs) in fchmerzlich entfchloffenem Sinn, emporbringen=
den, bisweilen fchlagfertig heftigen Satze das **Andante scherzo quasi
Allegretto** einher, gemeffenen Schrittes und leife, gleichfam ein
ernfter, in fich gefchloffener Karakter, der fich zum Scherzen zwingt,
um feinen wahren Sinn zu vergeffen, oder vergeffen zu machen.
Der Anfang, fugato,

wie der ganze Bau erinnert an das Andante der erften Symphonie.
Es läßt fich all' diefen Quartetten nichts Beftimmteres entnehmen.
Einheit der Stimmung und des Wuchfes ift wohl zu erkennen; fo
folgt jenem Andante, das fcherzen wollte, drangvoll im fchmerzlichen
Sehnen ein **Minuetto Allegretto**, das dem erften Satze nähert,
deffen Trio fich heiterer hervorarbeitet, worauf das **Finale** (Cmoll,
Rondo vierter Form) im Sinne des Ganzen endet, in feinem zwei=
ten Seitenfatze (C dur) feftentfchloffen, kurz angebunden.

Von den beiden folgenden Quartetten kann nur noch das **Finale** des letzten erwähnt werden. Es wird eingeleitet durch einen „La Malinconia, Adagio" überschriebnen Satz, der Beethoven am Herzen gelegen haben muß, denn er bemerkt umständlich: „Questo pezzo si deve trattare colla più grand delicatezza." Es ist wie heimlich Sinnen über eine einzige Vorstellung, die nicht abläßt, an uns zu zehren, die man hin und her wendet und nicht los werden kann. Der Satz ist oben Einleitung genannt worden, weil er allerdings einführt in das eigentliche Finale, ohne selbständig zu schließen. Aber er hat selbständigen Inhalt, den er tief genug einprägt, gegen das in sanftem Wellenschwung dahin tanzende Finale ihn aufgebend, doch mitteninne wieder in Erinnerung bringend.

Irgend eine innere psychologische Einheit über die reinmusikalische der Stimmung hinaus — und kaum diese allenthalben — irgend eine bestimmende Idee wüßte man nicht nachzuweisen. Es ist eben der haydn=mozartische Standpunkt; nur ist der musikalische Inhalt reicher geworden, weiter geführt, voller ausgesprochen.

Den Quartetten reiht sich nach Sinn und Standpunkt das

Quintett (2 Violinen, 2 Bratschen, Violoncell) Op. 29

an, ebenfalls aus dem Jahr 1802.

Wir haben uns die Anekdote gefallen lassen müssen, daß auf Apponi's Bestellung statt des verlangten Quartetts erst ein Trio, dann ein Quintett zu Tage gekommen sei. Es ist möglich. Hat die Bestellung wirklich den Anstoß zur Quartettkomposition gegeben, so kann Beethoven, indem die Gedanken sich in ihm zu gestalten anfingen, inne geworden sein, daß dieser heranwachsende Inhalt sich besser — das eine Mal für ein Trio, das andre Mal für ein Quintuor eigne; vom letztern haben wir gleichwohl (S. 158) bereits erfahren, daß es kein Originalwerk, sondern eine Umarbeitung aus dem Ottett sei. Das Sachverhältniß kann nicht wichtig erscheinen. Nur muß dem Musikliebhaber die Vorstellung fern bleiben, das

Quatuor habe nicht gelingen wollen, der Komponist habe Eins ge=
wollt und ein Andres gethan. Für den Komponisten ist es, erfo=
derliche Bildung vorausgesetzt, vollkommen gleich leicht oder gleich
schwer, drei, oder vier, oder fünf Stimmen zu führen und zu ver=
wenden; hätte Beethoven ein Quartett bestimmt gewollt, so wäre
daraus nimmermehr ein Trio geworden. Der Komponist folgt da=
bei zunächst, gleichviel, ob ein äußerer Anlaß vorausgegangen ist,
dem Gebot einer innen treibenden Idee, die gerade vier und nicht
mehr Stimmen fodert; oder er setzt sich nach eignem Willen ganz
äußerlich vor, ein Quartett, oder was es sonst ist, zu schreiben;
seine Gedanken richten sich hierauf und die Phantasie bildet sie in
diese bestimmte Form hinein. Dieser äußerlich beginnende Hergang
ist der gewöhnliche; er ist überall genügend und berechtigt, wo nicht
eine tiefere Idee den von ihr gleichsam besessenen Künstler bestimmt.

Das Quintett, eines der bedeutendsten Werke seiner Gattung,
ist gleichwohl keins von jenen Werken, die ihren Ursprung in einer
höhern, den Bau wie ein Gottesbefehl hervorrufenden Idee haben.
Es ist der allgemeinen, dem Inhalt nach noch unbestimmten, aber
ganz künstlerischen Lust am Schaffen entsprungen, wie die Mehrzahl
aller Instrumentalkompositionen. Nicht mehr sagt das erste Thema,

nicht mehr der Fortgang; es hätte ebensowohl ein Quatuor werden
können. Nun aber hat sich der Wille auf fünf Stimmen gerichtet
und die Phantasie sich mit dem Nageklang der fünf vereinten Streich=
instrumente erfüllt. Das führt denn sogleich zu reicherm Gewebe,
zu Gegensätzen verbundner Stimmen, zu breiten und gefüllten Har=
monielagen, das siedet gelegentlich, im zweiten Theil,

heiß auf. Zugleich diene es als Beleg für die S. 174 erwähnte Tiefstimmung Beethovens. Das zarte, edelsinnige Adagio, das leichte Scherzo, das sich in anmuthigem Schwunge wärmer beseelt, das Finale, das voller Grazie, in flatternder Leichtigkeit, sprühend von Lebenslust dahinrauscht und nur zuletzt, vor dem Ende, mehr neckend als ernstlich gemeint, eine bedenkliche Frage aufwirft, um von Neuem in heimlicher Lust aufzurauschen: das Alles — wer würde fertig, diese Schatzkammer auszuzählen, die Beethoven uns hinterlassen!

So sei denn auch das

Grand Septuor, Op. 20

für Violin, Bratsche, Violoncell und Kontrabaß, Klarinette, Fagott und Horn nur als Fortschritt zu dem höhern Schauplatze, der Beethovens wartet und den er sicher längst ersehnt, genannt. Es ist wegen der im Privatkreise nicht so leichten Besetzung der sieben Stimmen in der Originalgestalt weit weniger bekannt, als im vierhändigen Klavierauszuge; aber selbst in diesem verleugnet es dem

---

*) Va bedeutet Viola oder Bratsche.

einigermaßen erfahrnen Hinblick nicht sein ursprüngliches Wesen. Die Wohligkeit der Bläser, das üppige Wesen der Klarinette, das ermuthigende Waldhorn, sie fühlen sich heraus, wie sie den Sinn des Ganzen bedingt und in der Originalgestalt mit blühender Farbe geziert haben, daher es allerdings wünschenswerth bleibt, zu ihr durchzubringen.

Das Ganze ist so recht „Musik," die nichts anders sein will, nichts begehrt, als den Wohlgenuß der Melodien und Klänge, die Wohlgestalt anmuthigen Daseins aus dem wohlwollenden Gemüthe des Künstlers in unsers zu übertragen. Es ist reich gespendet. Nach einem einleitenden Adagio der vollausgeführte Allegro=Satz, dann das gesangvolle, innige Adagio, die launige Menuett, so einig mit dem Grundton des Ganzen und so wohlgegliedert in dessen Bau, daß der Gedanke, sie sei anderswoher (S. 75) genommen, nicht wohl bestehn kann. Der Menuett folgen länblich unschuldige Varia= tionen, ein muthvolles Scherzo, endlich zum Finale noch ein einlei= tendes marschmäßiges Sätzchen.

Jede dieser hier betrachteten Kompositionen thut einen Schritt vom Klavier hinweg zum Orchester. Mitten unter sie tritt das erste Orchesterwerk nach jenem Ritterballet, das der Knabe Beethoven einst in Bonn zu Stande gebracht.

Es sollte wieder ein Ballet sein:

Gli uomini di Prometeo,

Ballet von Vigano, für Wien komponirt und aufgeführt am 28. März 1801; die Musik ist als Op. 43 herausgegeben; der alte, bei Cappi in Wien herausgegebne zweihändige Klavierauszug ist vielleicht von Beethoven selbst verfertigt.

Am Bekanntesten ist die Ouvertüre dieses Werkes; wo man eine Ouvertüre von Beethoven geben und sich auf das Leichteste da= mit, ohne Probe, abfinden will, wird unfehlbar diese Prometheus= Ouvertüre gewählt, weil sie so leicht und bekannt ist. Dabei ist man so undankbar gewesen, sie wegen eben dieser Leichtigkeit, — die

der Ausführung deutet auf die des Inhalts, — ein wenig geringzu-
schätzen. Lenz, erfüllt von edlem, wenn auch bisweilen irrgehen-
den Enthusiasmus für Beethovens Größe, nennt sie „eine Sommersprosse auf Beethovens jugendlicher Wange;" er legt nämlich
die hohe Idee andrer beethovenscher Schöpfungen als Maaßstab
an diese kleine Ballet-Ouvertüre. Und wahrlich, er ist nicht der
Einzige, der so thut. In der Kunst aber will jedes Werk aus sich
selber beurtheilt werden und ein äußerlich Messen, das darauf
hinauskommt, ein Werk gegen das andre schöner oder größer oder
origineller zu befinden, ist unfruchtbar und im Grunde unkünstlerisch.
Der Künstler will nicht schön und schöner, oder groß, oder originell
sein; er wird nur von innen getrieben, zu offenbaren, was in ihm
ist. Und wenn er sich einer voraus bestimmten Aufgabe widmet,
so will er wieder nicht größer oder origineller sein, — das Alles
sind lauter unkünstlerische Gedanken und Absichten — sondern er
giebt sich unbedingt dieser Aufgabe hin und läßt aus sich heraus
diese ganz allein wirken nach ihrer Natur.

Beethoven fand sich nun diesem Prometheus gegenüber. Der
Titane hat sich gefallen lassen müssen, Tricot anzulegen und zu
tanzen, oder doch in einem Ballet zu figuriren. In einem Sturme
bringt der Halbgott das beseelende Feuer vom Himmel, belebt seine
leblosen Erdgebilde, so gut es hat gehn wollen, führt sie dem
Apoll vor, der ihnen vor allen Dingen Saitenspiel und allerlei
andre präsentable Künste verleihen soll. Was soll man weiter von
diesem Spiel mit lebendigen Marionetten sagen? was sollte, konnte
Beethoven daraus machen? etwa große Musik, wie zu Fidelio oder
den Symphonien?

Er hat künstlerische Pflicht geübt und sich ganz treu, — wie
hätt' er auch anders gekonnt? der Aufgabe hingegeben. Die Ouvertüre kündigt sich mit anmuthiger Feierlichkeit im Adagio auf der
Unterdominante (Fdur) an, ihr Gedanke wird von jenem Tiefklang
des Orchesters getragen, der Beethoven eigen und für ihn (S. 174)

bezeichnend ift. Dann tanzt und rollt das Allegro molto con brio
so muntern leichten Kopfs, wie Menschen und Götter dahintanzen
werden, sobald der Vorhang sich hebt; Alles, auch der Seitensatz,
in dem wechselnd die Bläser sich melden und ablösen, ist leicht, in
Einem Gusse hingeworfen. Was hätte Beethoven Besseres thun
können?

So ist die ganze Musik des Ballets. Nach der Ouvertüre
tritt ein neues Allegro (non troppo) vor, ein Naturbild, la tem-
pesta, nicht besser und nicht schlechter, wie schon früher Gluck und
Mozart und Andre den Sturm haben sausen lassen. Hier zeigt sich
schon jene später so oft benutzte Gegenstellung von tonischem und
rhythmischem Motiv, —

das tonische Motiv hat sechs oder zwölf, das rhythmische (der Takt)
hat acht Momente, widerspricht daher jenem, indem es die Mo=
mente 1, 9, 17 betont, — durch welche die rhythmische Ordnung
verlöscht und das Ganze in Taumelschwung gestürzt wird. Es ist
nicht nöthig, von der Scene (No. 1.) der Belebung und allen fol=
genden zu berichten; No. 8 ist ein weitgeführter Marsch, munter,
lebendig, gaukelnd, bunt, durchaus marionettenhaft; Beethoven hat
das Ballet ganz richtig beurtheilt.

„Aber warum hat er dergleichen komponirt?" — So fragt kein
junger Komponist, und keiner, der es gewesen; man widerstehe doch,
wenn sich Gelegenheit bietet, für Orchester und Bühne zu schrei=
ben, und obenein zum erstenmale!

Noch eine Merkwürdigkeit enthüllt sich uns beim Einblick in
die Ballet=Partitur. Wir finden im Finale jenes Doppel=Thema,

das drei oder fünf Jahr später im Finale der Heldensymphonie und ebenfalls fünf Jahr später den S. 70 erwähnten Variationen als Thema dient. Zuerst also ist das Thema im Prometheus aufgetreten. Liegt ihm eine Volksweise zum Grunde? ist es im Ballet beliebt und dem Beethoven so lieb geworden, daß er es in einem seiner bedeutungsvollsten Werke wiederholt? Sind vielleicht jene Variationen (die verschiedenen Ausgaben sagen bald aus, sie seien *sur un thême de Promethée*, bald sie seien auf ein Thema aus jener Symphonie komponirt) ebenfalls der Symphonie vorausgegangen? — Die letztere Frage scheint die unbedeutendere; das Auffallende liegt in der dreimaligen Benutzung desselben Thema's, ein Fall, der bei Beethoven nicht wiederkehrt, man müßte denn die Umarbeitung der zweiten Leonoren=Ouvertüre zur dritten hierherziehn. Jedenfalls ist das Thema zwar anmuthig, aber nicht von bestimmter Bedeutung, so daß die verschiednen Verwendungen nirgends einen Widersinn hervorrufen.

Am Prometheus hatte er die Kraft der Schwingen versucht, in der ersten Symphonie,

Grande Sinfonie, Op. 21

wiegte er sich schon adlergleich auf ihnen zu jenen Höhen empor, auf denen Mozarts Geist geweilt hatte; wie weit er darüber hinaus zu weitern Umblicken gelangen sollte, war jetzt noch nicht zu ermessen. Man muß übrigens annehmen, daß diese Symphonie 1799 oder spätestens 1800 gesetzt worden; denn die zweite Symphonie ist schon im Spätherbst 1800 zur Aufführung gekommen.

Für jeden Komponisten ist es ein hohes Fest, diesen Chor verschiedenartiger Träger seiner Idee und seines Willens um sich zu versammeln; es ist ein Gefühl, wie vielleicht ehemals des Banner=herrn, der seine Vasallen um sich her sammelt zum Streite; freie Männer nach allen Seiten hin, nur seinem Lehnsgebot unterwürfig. Welch ein Festgefühl mußte Beethovens Brust erfüllen, als er an die Stelle trat, die ganz unfehlbar ein Vorgefühl ihm als sein ge=lobtes Land bezeichnete! Dies ist nicht willkürliche Voraussetzung, es ist nachzuweisen aus seinen Klavierkompositionen, die sich, wo es nur geht, zu orchestralen Lagen und Vollklängen erheben.

Zu diesem Fest versammelt er vor allen Dingen das Orchester vollständig um sich. Während seine großen Vorgänger sich in der Zusammenstellung ihres Orchesters an Oboen oder Klarinetten ge=nügen lassen können, nimmt er von Anfang an Oboen und Klari=netten in Anspruch; dieser Grundlage treten später, wenn es nöthig ist, Posaunen, Pikkolflöten und Serpent, auch die große Trommel zu. Dies ist das beethovensche Orchester.

Jener erste Zuwachs (Mißverstand zu vermeiden, sei wieder=holt, daß er keineswegs erst durch Beethoven gewonnen, sondern nur durch ihn bleibend festgehalten worden) ist keineswegs blos stoffliche Häufung. Er gewährt zunächst vollere Harmonie, beson=ders vollere Mittellagen im Chor der Bläser, dem vermöge des aushallenden und quellenden Klangs ihrer Instrumente die Ausfül=lung der Harmonie obliegt. Er gewährt dem Bläserchor — acht=stimmig, ohne die vier Blechinstrumente mit den Pauken, und von den Kontratönen bis in die dreigestrichene Oktav reichend — volles Gegengewicht gegen den eben so weit reichenden Chor der Saiten=instrumente, der zwar in der Regel nur vier Stimmen aufstellt, aber in mehrfacher Besetzung und für Doppel= und drei=, vierfache Griffe geschickt. Er bietet in derselben Komposition je nach Wen=dung und Wechsel des Inhalts den üppigern oder schmelzenden Klang der Klarinette neben der Feinheit und Schärfe der Oboe, und gestattet den entschieden ausgebildeten Gegensatz von weichern in einander schmelzenden Klangmassen (Flöten, Klarinetten, Hörner, Fagotte) gegenüber dem sprödern Verein von Oboen mit Fagotten, oder gar von Oboen und Hörnern, die nie verschmelzen und gerade durch den innern Widerspruch, z. B. in dieser, dem Es dur-Konzert Beethovens entlehnten Verbindung

reizen, was nicht genug hervortreten würde, wenn man (wie in Mozarts G moll-Symphonie) von Anfang an nur Oboen und nicht Klarinetten gehört hätte.

Wir dürfen von diesem Gegenstande nicht scheiden, ohne einem möglichen Mißverstande zu wehren und dabei das Wesen des beethovenschen Orchesters schärfer zu bezeichnen. Wenn also die beethovensche Vergrößerung des Orchesters, kann man fragen, ein wesentlicher Fortschritt ist: muß man nicht die noch größere Erweiterung des Orchesters in unsern Tagen für einen noch weitern Fortschritt, über Beethoven hinaus, erachten? Wo ist aber dieser Weise des Fortschritts ein Ende abzusehn, und welches Verdienst hat er, der sich wenigstens zunächst nur als ein quantitativer darstellt? — Keineswegs soll und kann neuern Komponisten eine Schranke gezogen und die Verwendung neuer Instrumente gewehrt werden; jeder Künstler gebietet so frei über die ihm zu Gebot stehenden Mittel, als Beethoven und seine Vorgänger über die ihrigen. Es kommt aber jederzeit auf den Gebrauch an, der von der vermehrten Orchestermasse gemacht wird und gemacht werden kann; und da zeigt sich denn, daß unvermeidlich mit der wachsenden Masse der Instrumente der Spielraum und das karakteristische Hervortreten

der Einzelnen beengt und zurückgedrängt wird. An die Stelle einzelner, individuell unterscheidbarer Karaktere treten Massen, an die
Stelle geistiger und zwar dramatischer Wirkung tritt stoffliche.
Trifft nun, wie kaum anders sein kann, der Anwachs vorzüglich die
hallendern und weniger beweglichen Blechinstrumente, so treten diese
Folgen noch entscheidender hervor; an die Stelle dramatischer Führung der einzelnen Instrumente als eben so vieler karakterverschied-
ner Personen treten verschmolzne Massen, die durch verschiedne
Klangfarben sich scheiden und deren dichterischer Inhalt (wenn ein
solcher vorhanden ist) sich zu dem des beethovenschen Orchesters etwa
so verhält, wie ein modernes Schlachtgemälde mit seinen Heersäulen
und Feuerlinien und seinem Pulverdampf zu den Kämpfen der
Iliade. Wir sind also nicht auf dürres Abzählen und Abwägen der
Mittel hingewiesen, sondern entscheiden uns nach dem möglichen und
wirklich davon g'machten Gebrauche.

Der beethovensche Orchesterbau nun, die Vollendung oder Behauptung dessen, den seine großen Vorgänger emporgeführt, war so
wohl abgewogen, daß jedes einzelne Instrument sich persönlich —
sagen wir als eine der Personen im großen Drama vernehmen lassen und bewegen konnte, daß aber zugleich Stoff genug für Massenbildung und Gegeneinanderstellung einer Masse gegen die andre vorhanden war; es lebt in diesem Orchester ein freier Geist in einem
leichtbeweglichen Körper. So faßte Beethoven sein Orchester auf,
und in diesem Gedanken beging er schon sein erstes Festspiel mit
ihm; es war ein hoher, freudiger, muthvoller Ernst in diesem Spiel.

Das verkündet sich schon in der Einleitung. Ihm ist feierlich
zu Muthe, er greift in die Unterdominante, denkt an die Parallele,
wendet sich in die Oberdominante, alle wesentlichen Beziehungen seines Haupttons zusammenfassend, und dann — ein Trompeten- und
Paukenschlag bekräftigt es — setzt er sich in diesem seinem Gebiete
fest, alle Mithandelnde, mit Ausnahme jener,

treten wohlgesondert heran, bald vereint und durch jene vorbehalte=
nen Machthaber bekräftigt. So feierlich war auch Mozart zu Muth,
als er seine Esdur=Symphonie, den sogenannten Schwanengesang,
einleitete; es ist in beiden Sätzen nahezu derselbe Grundtrieb, ob=
gleich nicht zwei Noten mit einander stimmen. Nur weilt der ältere
Meister wohlgefälliger in der Vorhalle, wo die Flügel des Orchesters
ihn umrauschen und Ahnungen seiner dunkeln Macht ihn zu be=
schleichen scheinen, während der jüngere ungestümer sich kurzgefaßt
schon in den Strom des Allegro wirft. Es ist Beethoven eigen,
sich gern rasch entschieden zur Hauptsache zu wenden, diese aber
dann in Fülle durchzuleben, während sein großer Vorgänger in der
Ueberfülle seiner Aufgaben und Unternehmungen und in der unbe=
wußten Hast seines bald verwehten Lebens seine Gedanken oft nur

---

*) Fl bedeutet Flöte, O Oboe, B Kontrabässe mit Violoncellen, die Hörner
erklingen eine Oktav tiefer, die Bässe eine Oktav tiefer mit den Violoncellen.

„effleurirt," gleich einem flüchtigen, im Sonnenstral schönheitfun=
kelnden Schmetterling von Blüte zu Blüte duftnaschend schwebt.

Und nun tritt der Hauptsatz vor, energisch rhythmisirt, immer=
fort auf die Tonika schlagend, als wollt' er da festgenagelt bleiben,
— und doch leise; die Kräfte müssen noch gezügelt warten. Die
Saiten allein führen ihn, dann wehen ihn die Bläser mit leisem
Anhauch

nach Dmoll zur Wiederholung, von da in gleicher Weise unter
schauernder Erwartung der Saiten (Triller des ganzen Chors) crescendo zum Hauptton zurück, und hier erst tritt die Kraft des Or=
chesters zusammen und führt den Hauptsatz energisch und vollbefrie=
digend, brausend in jugendlicher Kraft gleich dem unzubändigenden
Streitroß („es strampfet auf den Boden und ist freudig mit Kraft,
.... es zittert und tobet, und scharret in die Erde, und achtet
nicht der Trompeten Hall"*) zu Ende. Auf seinem Gipfel hatte
sich ein neuer Gedanke

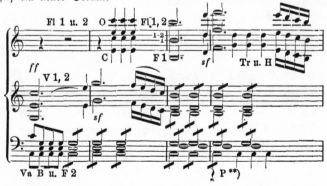

---

*) Hiob.

**) Tr bedeutet Trompeten, P Pauken.

aufgeſchwungen; die Violinen ſtellen ihn auf, Flöten, Klarinetten
(im Gegenſatz zu den vorher begleitenden Oboen) und das erſte
Fagott antworten, nach der gegliedertern Wiederholung tritt der
erſte Gedanke wieder in ſein Recht. Der ganze Hauptſatz hat vierzig Takte weit ſich in vollſter Einheit und Energie entfaltet. Der
Kern deſſelben (das vorletzte Beiſpiel) hat vier Takte, die durch
den Anhang der Bläſer zu ſechſen werden, der ganze Bau gliedert
ſich hiernach, —

4 . . . . und 2 Takte,

4 . . . . und 2 Takte,

2 und 2 und 2 Takte —

und dazu noch zwei, — zuerſt alſo, breit und prunkend, ſechstaktig,
dann, ſchlagfertiger vordringend, zweitaktig und viertaktig.

Wir haben länger hier weilen müſſen. Denn uns, die wir
durch Beethoven ſelber noch Mächtigeres und Tieferes kennen gelernt, iſt es gar nicht leicht, gegen dieſe erſte und in gewiſſem Sinn
kleinſte der beethovenſchen Symphonien (wenn man ſich einmal auf
Vergleichen und Meſſen von Gegenſtänden einlaſſen muß, deren
jeder ſelbſtändige Bedeutung und ſein eigen Maaß in ſeiner Idee
hat) gerecht zu werden. Will man für ſie ein äußerlich Maaß finden, ſo darf es nicht aus den ſpätern Symphonien des Meiſters
genommen werden, zu denen jene erſte ihn hat fördern helfen. Man
vergleiche ſie, wenn man vergleichen muß, mit den frühern Werken
der großen Symphoniſten; vergebens wird man, ſo Unſchätzbares ſie
geben, gleiche Energie und entſchloſſenere Einheit und Vollführung
ſuchen.

Nun hat Beethoven die Herrenſchaft bewährt; nun läßt er im
Seitenſatze die Einzelnen (A)

(erst Oboe und Flöte, dann Geigen gegen Oboe und Flöte) ihr harmlos freundlich Wechselspiel treiben, bis in dunkler Heimlichkeit der Baß

es überschleicht, Takt 3 die Oboe, dann das Fagott sich anschmiegt, bald aber der Hauptsatz die unheimlich fremde Trübniß wieder sieg= reich durchbricht und, wohlig sich wiegend, mit kurz angebundenem Schlußsatze den ersten Theil fest beschließt.

Den zweiten Theil erfüllt er durchaus. Er meldet sich in Dmoll, in Gdur, unterwirft dann in Cmoll sein letztes Motiv einer Erörterung

zwischen Baß, Flöte und Oboe, Violin und Fagott (die Begleitung ist hier weggelassen), greift dann zu den ersten Motiven und führt in den dritten Theil, der frisch und voll zu Ende rollt. Zum Schlusse treten die drei Chöre des Orchesters, Saiten, Bläser und Blechinstrumente*) in jubelnder Fanfarenweise gegen einander und zu einander,

---

*) Blech oder Blechinstrumente nennen wir Trompeten, Hörner, Posaunen (die Pauken schließen sich an), die übrigen Blasinstrumente kurzweg Bläser.

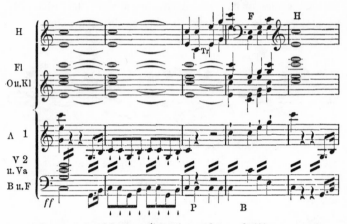

und heben den herrschenden Gedanken auf den Schild.

Unterbrechen wir uns hier, um einem geistreichen Kunstfreunde
Oulibicheff, das Wort zu überlassen; er ist der beredte und wohlbe-
wanderte Vertreter aller derer, die, soviel sie auch gehört, gelesen
und geschrieben haben, im Grund ihres Herzens und ihrer Anschauungen nicht über den mozartischen Standpunkt hinausgekommen
sind, außer etwa, um auf das Lotterbett der neuen Welschen zu
sinken. Es liegt aber, allen chronologischen Rechnungen zum Trotz,
zwischen Mozarts und Beethovens Zeit mehr als ein Jahrhundert,
es liegt zwischen ihnen die große französische Revolution, deren Einfluß man arg verkennen würde, wollte man nur ihre politischen Folgen, nicht auch ihre Wirkung auf den gesellschaftlichen Zustand
Europas und die Richtung der Geister in Anschlag bringen. Jene
Zeit Haydns und Mozarts in ihrer bescheidnen Genügsamkeit und
Beschränkung auf die Privatinteressen und Privatgefühle, auf die
Genüsse und Sorgen des bürgerlichen oder Familien=Daseins, sie
konnte nicht länger walten. Die ihr eignen Interessen und Reize
sind geblieben und werden gelten, so lange wir Menschen sind.
Aber neben ihnen sind jene umfassendern aufgestanden, die sich an
die Idee von Freiheit und Rechtstaat und an die Betheiligung der

Menschen an den öffentlichen Angelegenheiten knüpfen, und die Al=
len und Allem in dem Maaß, als sie Wurzel fassen, eine höhere
Richtung geben. Herr von Oulibicheff, der in seiner Biographie
Beethovens Beethoven gelegentlich einen „Rotürier" nennt (weil
Beethoven über seine Zurückweisung vom privilegirten Gerichtstand,
allerdings irrig, schwer erzürnt war), findet nun sein Genügen,
wenigstens gegenüber der Tonkunst zeigt er sich so, in jenem enger=
gezognen, ja — wer wollt' es leugnen? — innerlich friedlichern und
gesichertern Kreise des Lebens, der auch in der Kunst gemessene
Gränzen des Schönen, der Anmuth, Mäßigung, Gefälligkeit zu ziehn
und zu bewahren wußte, ungestört durch tieferregte Leidenschaften
und fernerstehende — wer weiß, ob nicht kunstfremde, musikalisch
unausführbare Ideen. Daher findet er nur gerecht, wenn die Wie=
ner später Beethoven verließen, um in Rossini aufzugehn, und er=
blickt in Beethoven entweder nur den Fortsetzer Mozarts, oder den
von diesem und der rechten Bahn Abgeirrten. Denn, um ihn zu
erkennen, findet er keinen Anhalt, als sein dilettantisches Dafürhal=
ten und den mozartischen Maaßstab.

So meint er nun auch, jene erste Symphonie würde (würde?
sie ist es, oder ist es nicht an sich selber) ein Wunder sein, hätten
nicht einerseits Haydn und Mozart gelebt und wären ihr nicht die
jüngern Geschwister gefolgt. Ihr Unglück sei, diesem doppelten Ver=
gleiche nicht entgehn zu können. Jedermann erkenne in ihr eine
„Studie nach Mozart," und zwar nach dessen Cdur=Symphonie.
Dieselbe Tonart, fast gleiche Ausdehnung, dieselbe Anordnung der
Partien (er hat zunächst den ersten Satz im Sinne), offenbare Ana=
logie in der Wahl der Modulation und der Rhythmen, ein Andante
in der Tonart der Quarte (er zählt die Tasten oder Tonstufen ab,
der Begriff der Unterdominante fehlt ihm), Menuett und Finale im
Hauptton. Ungeachtet dieser Aehnlichkeiten in der Form seien sich
gleichwohl die Allegros (ersten Sätze) von Beethoven und Mozart

durchaus nicht ähnlich; das von Beethoven sei klar, glänzend, erhaben, aber ziemlich schwach im Ausdruck und im Styl.

Oulibicheff trägt sich nämlich neben den andern Stichworten der Aesthetik auch mit dem des „Styls," hat einen Opern=, einen Symphonien=, einen Sonaten=Styl und beliebige andre zur Hand und macht bei andrer Gelegenheit ächt französisch Beethoven den Vorwurf, „die Style vermischt zu haben," — natürlich, ohne sich mit einer genauern Erklärung zu befassen.

Uebrigens sei beiden Werken Geschmack, Wohllaut, Klarheit, Reinheit und Eleganz gemeinschaftlich, und das unbestreitbare und unvermischte Vergnügen, das sie den Hörern gewähren.

So weit Oulibicheff. Wenn nur der Ausdruck nicht wäre! und der Styl! und vor Allem die Nachahmung! Und wenn man nur nicht unter dem Vergleichen und all' den allgemeinen Begriffen den Gegenstand aus den Augen verlöre! Damit nicht fortwährend vertrauensvolle Seelen so herumgeführt werden, muß wenigstens einmal in diese Dämmerung hineingeleuchtet werden; es gilt nur der Nachahmung Mozarts.

Die Gleichheit der Tonart in den vier Sätzen, — welch ein Beweis! — liegt am Tage; wußte aber Oulibicheff, der in Gottes= namen vier Bände über Musiker und Musik geschrieben, nicht, daß die Modulationspunkte der beiden Symphonien aus naheliegenden Gründen die allergebräuchlichsten sind? und zwar bei Vorgängern wie Nachfolgern Mozarts und Beethovens? ist er niemals wenig= stens oberflächlich der Kunstformen (die nämliche Anordnung der Partien des Werks, — spricht der Dilettant den pariser Salons nach, — wie z. B. des Hauptsatzes, der Seitensätze, der Ueberlei= tungs= oder Zwischensätze, der Wiederholungen, des Mittelsatzes u. s. w.) innegeworden, die nicht etwa jenen Symphonien eigen sind, sondern durch alle Werke hindurch vor Mozart und nach Beethoven sich erhalten und fortentwickeln und auch den Modulationsgang,

wenigstens in den Hauptpunkten, regeln? — die berechtigten Aus=
nahmen unerwähnt.

Unglücklicherweise will sich aber diese „nämliche Anordnung"
hier kaum für die allgemeinsten Hauptpunkte zeigen, von denen es
überhaupt nur wenig Ausnahmen giebt. Allerdings steht in beiden
Werken, wie in allen aller Komponisten mit seltnen Ausnahmen, im
ersten Theile der Hauptsatz im Hauptton und der Seiten= und
Schlußsatz (S. 94) in der Tonart der Oberdominante; eben so
übereinstimmend in allen Werken derselben Gattung, seltne Ausnah=
men bei Seite, bildet sich der dritte Theil. Das Feld der Abwei=
chungen ist bekanntlich der zweite Theil, weniger gut Mittelsatz oder
auch Durcharbeitung genannt; er gestattet mannigfaltige Wahl des
Inhalts und Führung der Modulation. Wie stellt sich also der
zweite Theil der beiden Werke? das ist der Kern der Frage.

Mozart ergreift für seinen zweiten Theil den Schlußsatz, weil
er ihm im Laufe des Ganzen zunächst lag und er keinen Anlaß
hatte, einem seiner Sätze den Vorzug zu geben; daher vertauscht er
ihn auch weiterhin mit dem Hauptsatze. Beethoven ergreift den
Hauptsatz und hält daran fest; denn in dieser seiner Komposition ist
der Hauptsatz so zu sagen Alles, in ihm spricht sich der Trieb aus,
der den Künstler damals erfüllte. Mozart stellt seinen Seitensatz
in Es dur auf, lieblicher und schattiger als zuvor in G dur, aber in
gleicher Grundstimmung; er geht von da über As dur, F dur, G moll,
F moll, nochmals Es dur u. s. w., und bringt den Hauptsatz, auch
bei ihm der kräftigste Gedanke, in F dur, das heißt in dem Sitze
der Beruhigung, — das durft' er im süßen Spiel der Töne sich
gestatten. Dann geht er auf die Dominante des Haupttons und
zum dritten Theil. Beethoven stellt seinen Satz, den Hauptsatz, un=
ter verändertem Geschlecht in D moll auf, führt ihn über G dur,
C moll, F dur, B dur, Es dur u. s. w. endlich auf die Dominante der
Parallele, auf das hellstrahlende E-gis-h und senkt sich nun in den
Haupton und dritten Theil hinab.

Das ist eine Aehnlichkeit, die einer Unähnlichkeit so ähnlich sieht, wie die mozartische Symphonie der beethovenschen. Eben so steht es mit der „handgreiflichen Verwandtschaft der Rhythmen." Mozart beginnt mit zweitaktigen und beruht vornehmlich auf ihnen; Beethoven beginnt mit $4 + 2 = 6$ und wechselt.

Genug von diesem äußerlichen und noch obenein ganz ungenauen Aneinanderhalten. Es ist längst bekannt, daß Beethoven seinen großen Vorgänger geliebt, geschätzt und gewiß auch studirt hat, — wie wär' es anders möglich gewesen. Daß er „Studien" nach ihm gemacht, ist nicht bekannt und nicht wahrscheinlich; daß seine erste Symphonie eine Studie nach Mozarts Cdur=Symphonie sei, hat nur in Paris und Nijni gesagt werden können. Grade hier steht Mozart dem Beethoven am fernsten, — man blicke nur auf das sorglose Antithesenspiel Mozarts gleich zu Anfang

und die geschlossene Energie Beethovens. Der Vergleich ließe sich sehr weit verfolgen. —

Dem ersten Satze, der uns so lange festgehalten, folgt nun ein Andante cantabile con moto, in dem die zweite Violine, dann Bratsche und Violoncell im Einklange

dann Kontrabaß mit beiden Fagotten, endlich die erste Geige mit zu=
tretendem Bläserchor, alles pianissimo, nachahmend einander folgen.
Es ist ein ähnlich Gebilde, wie das S. 205 aus dem Quartett
Op. 18 aufgewiesene, das aber hier in stiller Feierlichkeit vorüber=
zieht; etwas Nächtiges, wie Feier der Sternennacht, spricht aus die=
ser feierlich=leisen Bewegung, das besonders im Schlußsatze vernehm=
licher heraustritt. Hier führt

die erste Violin wie auf Spinnenfüßen leise sich vorüber, von den
Wechselklängen kurz abbrechender Saiten und Bläser umhaucht; die
Trompeten blinken mit verhaltnen, gedämpften Scheinen hinein, denen
man anfühlt, daß sie blendend aufflammen könnten, wehrte die
Stunde nicht; tief drunten, kaum vernehmbar in ihren gemessenen
Pulsen, mahnt die Pauke, wie fernab gezogenes Gewitter noch durch
Wetterleuchten an seine Macht erinnert. Ob wohl ein Andrer als
ein Deutscher dieses Nachtgedicht ersonnen haben könnte? — Ein
brittischer Dichter, ja! die George Sand, ja! Berlioz in Paris
fand: que Beethoven n'était pas là. In höhern Sphären hatt'
er ihn erkannt; hier in dieser stillen Feierstunde, wo Sternenschimmer
sich hoch über duftende Gebüsche zieht, hier war er auch. Wir
müssen nur das Ohr, nach allen Donnern weltumfassenden Ideen=

gangs und unter dem dithyrambischen Schrei der höchsten Luft und
des tiefsten Wehs wach erhalten für die linde Stimme allheilender
Natur und die Unschuldsprache des aufrichtigen Herzens.

Genug von dieser Symphonie. Wir werden Beethoven in ge-
waltigerm Ringen wiederfinden, aber stets denselben. Schon in dieser ersten Symphonie, im Trio zu der frisch und leicht

und unersättlich emporbringenden Menuett

treten im Trio jene breiten stillen Akkordlagen hervor, —

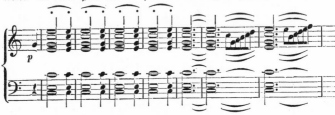

es sind Oboen, Klarinetten, Hörner, Fagotte, — auf denen seine
klangdürstige Seele zum gleichmäßigen Fittigschlag des Rhythmus zu
ruhn liebte, des Bedürfnisses melodischer Aussage fast vergessen.
Beethoven war da.

Kurz auf die erste Symphonie folgte die zweite
Grande Sinfonie, Op. 36
aus D dur, die 1800 im Spätherbst zuerst in Wien aufgeführt
wurde. Man hat in ihr das Gefühl, daß sie einer glücklichen ersten
folgt, daß ihr Bildner schon einheimisch und bewährt ist in diesem
Gebiete; so hat sich die Freudigkeit und Weite des Daseins und die

behagliche Sicherheit in der Führung dieser Stimmen und Massen, die man Orchester nennt, gesteigert. Es ist im Grunde derselbe ganz allgemeine Gedanke, der beiden Symphonien unterliegt: ein Tonfest zu begehn in Herrlichkeit und Freudigkeit, und dazu all' diese Helden des Tonreichs, die Schaar der Instrumente herbeizurufen. Nur diesen allgemeinen Gedanken, keinen individuell bestimmten giebt uns die erste Symphonie zu vernehmen, wenngleich er sich nach der Bedeutung der vier Sätze vierfach ausbildet und im zweiten derselben wenigstens die Ahnung bestimmterer Vorstellung aufsteigt. Von der zweiten Symphonie gilt dasselbe; es ist derselbe allgemeine Gedanke, der sie hervorgerufen, nur ist alles weiter, größer, es ist zugleich alles wärmer geworden — und die Kraft des Bildners gesteigert.

Schon die Einleitung tritt im schallendern Ddur fest und gebieterisch mit dem Einklang aller Stimmen hin und hat ihren eignen reicher gegliederten Inhalt. Ein sanfter Satz, nach jenem ersten Hintreten von Oboen und Fagotten fein und scharfeindringlich intonirt,

von glatten Flöten, Klarinetten und Fagotten auf den festen Einschlag zurückgeleitet und vom Saitenchor wiederholt und weitergeführt, giebt vorbedeutend einen Anklang von der Stimmung, die den zweiten Satz hervorbringen und ganz erfüllen wird. Bald aber wendet sich die Einleitung in das fremde schattigere Bdur, und hier entfalten die ersten Geigen ihre Schwingen, tauchen rauschend nie-

ber, heben sich kühn, um den glatten Flöten und Fagotten zu begegnen, verstärken sich zu gleichem Entgegen mit den zweiten Geigen,
fliegen mit den sausenden Bässen im Wettsturm empor gegen die
sanft abmahnende Stimme der Flöten, Fagotte, Oboen, die einzeln,
dann vereint entgegentreten, bis aus dem Widereinander der Elemente sich der Schlag in höchster Kraft des Einklangs aller Stimmen — hier also kommt der erste Einsatz zu seiner Erfüllung —
und in hehrer Majestät auf dem Mollakkorde **D-f-a** entladet; es
spricht uns an, als schauerte den Gebieter im Tonreiche selber vor
seiner Macht. Und wer, der selber jemals in den Kreis dieser ma-
gischen Kräfte getreten ist, die den Herrschaftmächtigen gleich gewaltigen und tückischen Genien umstehn, wer hätte nicht Gleiches empfunden? Auf der Dominante baut sich aus zaghaft suchenden und
fragenden und immer voller andringenden Stimmen der Orgelpunkt,
um dann in den Hauptsatz (Allegro con brio) hineinzuschwingen.

Hier nichts mehr von dunkeln Schauern, hier ist Alles taghelle,
freudige Macht. Zuerst intoniren die Violoncelle gegen die treibende
Achtelbewegung der Geigen den Kern des Hauptsatzes auf der Tonika, dann wiederholen sie ihn, von den Kontrabässen verstärkt, auf
der Unterdominante (die, so früh herangezogen, dem Satz Tiefe und
weiten Anlauf ertheilt), dann endlich fassen Bässe und erste Geigen
den Satz wieder auf der Tonika, die von allen Bläsern und den
vibrirenden zweiten Geigen durch alle Oktaven in voller Stärke festgehalten und von den Pauken —

in bestimmtester Willenskraft des Rhythmus ausgeprägt wird. So
erhebt sich der Satz über seinen Kreis d-fis-a, hinaus, macht- und

schauervoll auf d-fis-a-c, das wieder nach der Unterdominante (siehe das oben Angemerkte) ausschaut, wendet sich nach D dur zurück, noch=mals auf d-fis-a-c und nach dem düstern D moll, um sich dann im sonnigen Triumph auf dem leuchtenden E zu vollführen, ein Held in der Pracht seines Waffengeschmeides.

Eben so glanz= und muthvoll, wie Triumphlied, siegsgewiß vor dem Kampfe noch mit halblautem Sang angestimmt, tritt der Sei=tensatz einher, fanfarenhaft

von Klarinetten, Fagotten und Hörnern über Achtelbewegsamkeit der Bratschen und Bioloncelle; die Geigen, mit Trompeten und Pauken, Flöten und Oboen und über streitsüchtig wogenden Bässen, führen ihn hoch empor, etwas verwildert in Fis moll, gleich wieder klar leuchtend in E dur, streitfertig vordringend, Schlag um Schlag wech=selnd, dem Schluß zustrebend. Da tritt ganz verfremdet, leise, ab=brechend und stockend der Hauptsatz wieder heran — wer kann Alles erzählen? — in Siegesmacht und finstrer Entschlossenheit wechselnd endet der erste Theil, kampfreicher zieht der zweite mit dem Reigen seiner Gestalten vorüber, kann sich nicht auf die ordnungsmäßige Dominante des Haupttons hinfinden, sondern schließt auf der Do=minante (Cis) der Hauptparallele, um sich dann mit einem kühnen Riß in den Hauptton und den dritten Theil zu werfen.

Der rundet sich, Alles bestätigend und besiegelnd, ab und schließt. Auf dem Schlußton aber wendet er um, den Hauptsatz, der all das Ringen hervorgerufen, noch einmal durchzukämpfen,

und erhebt sich dann in jener weit und unaufhaltsam vordringenden
Modulation, die nur einmal, in Haydns Schöpfung, einen ähnlichen
Vorgänger gehabt, zum höchsten Siegeskranz in diesem Streit.

Ein jugendlicher Herrscher, seiner Macht froh, ging Beethoven
aus diesem Ringen hervor, ein Mann in voller Energie des Wollens und Vollbringens, ein streitbarer Held steht er in diesem Satze
der zweiten Symphonie vor uns.

In süßer Friedseligkeit zieht der zweite Satz daher, Larghetto,
A dur, vom Chor der Saiten (bis zuletzt ohne Kontrabässe) geführt,
dann von Klarinetten und Fagotten über den wiegenden Saiten unter
Anschluß der Hörner wiederholt, so der erste, dann der zweite Abschnitt (Vorder= und Nachsatz) des jungfräulich keuschen Gesangs.
Ihm hier zu folgen, ist unnöthig; wem wär' er unbekannt? und
wem, der nur ein Herz für Musik hat, blieb' er unverstanden? Es
ist der Einfalt und Schöne eigen, daß sie am leichtesten aus sich
selber gefühlt werden und das erläuternde Wort ihren milden Glanz
nur trübt. Uns ist das allein wichtig, daß Beethoven mehr wie
irgend Einer diesen Gefühlen und Anschauungen zugänglich war und
sich, — der treue, in aller Kraft und Tiefe einfältige Mensch, —
ihnen, wenn sie kamen, ganz dahingab, als wären sie seines Lebens
einziger Inhalt und einzige Aufgabe.

In diesem Gesange, der so einheitvoll dahinzieht, so mild wie
Abendsonnenschein, heben sich schon jene ineinander verfließenden
rhythmischen Wellen, —

die Beethoven so liebt, die Zurückhaltung und Hingebung ineinander zu schmelzen scheinen, — viertönige Motive aus sechs Gliedern eines dreitheiligen Rhythmus. Schon hier lassen sich jene heimlichen Lockrufe, bald voller, bald feintönend vernehmen,

die wir später, in der Pastoral-Symphonie, als Naturlaute deutlicher erkennen werden.

Diesen vollen Hauptsatz breitet der zweite Theil in Moll (Amoll) aus, führt ihn in das hellblinkende Cdur über, da aber schleicht ein dunklerer Gedanke, man weiß nicht, aus welcher Heimlichkeit des Gemüths herbei. Das sind nun Anregungen — und Wendungen des Angeregten, die nicht zu voller Evidenz kommen und eben darin, in ihrer Räthselhaftigkeit, in der Mystik des noch nicht zu hellerm Bewußtsein gelangten Geistes ihren Reiz haben.

Nach dem Scherzo voll frischen, jungen Lebens, nach dem

Trio, das übermüthig, kurz angebunden wie Soldatenluſt ſich heraus-
ſingt und pocht und dann ſchlau lauſcht und doppelt friſch weiter
ſingt, kommt dann das Finale aller Finale's, das ganze weite
Tongemälde vom erſten Satz bis zum letzten Schlag drauf in ſicher-
ſter freudigſter Einheit zuſammenfaſſend. Da iſt nichts als Siegs-
und Herrſchergefühl, Pracht und Luſt, ein breiter, klarer, ſtürmiſcher
Lebensſtrom, der aus umbuſchtem Felsquell her ſeine Wellen ſchwel-
lend und brauſend dem Weltmeer entgegenträgt. Und dabei durchweg Schlußgefühl! Alles von der erſten Note bis zur letzten davon
erfüllt, Alles auf den Dominant=Akkord und ſeine ſchließende Kraft*)
hingewendet, daß dichteriſch Erkennen und techniſche Einſicht ſich um
das Wort ſtreiten möchten. „Die Sache iſt abgemacht! aus! aus!
all gewonnen!“ ruft es immerfort vom erſten zuckenden Drein-
ſchlag an

---

*) Der Dominantakkord hat zu ſeiner Grundſubſtanz (Anm. S. 121) den
Dreiklang auf der Dominante (Oberdominante) der Tonart, denſelben, der der
Hauptakkord (toniſche Dreiklang) der nächſtverwandten höhern, alſo wärmern Tonart iſt und auf dieſe hinweiſet. Dieſer Grundſubſtanz geſellt ſich die Septime
zu; nun iſt die Harmonie in ihrem Aufſtreben zur andern Tonart gehemmt und
an ihre Tonart unauflöslich gebunden; unauflöslich, denn nur in ihr finden ſich
ihre Töne vollſtändig beiſammen. Zugleich iſt ſie die harmoniſche Zuſammen-
faſſung ihrer Tonleiter, wie ſelbe ſich —

g a h c d e f
g h d f

um ihre Tonika herumbewegt, aus ihr hervorgeht und in ſie zurückkehrt; zwie-
fach hat ſie alſo die Beſtimmung und das Verlangen, in dieſe Tonika und ihre
Harmonie einzugehn und den Strom der Töne und Harmonien in die Ruhe des

in das vergnügte Siegslied der Geigen hinein, und so fort; das fröhliche Herz empfindet's, der Techniker liest die Definition und Illustration des fortschrittmächtigen und schlußkräftigen Dominant=akkordes heraus, dieses Petrus, dem die Macht zu binden und zu lösen gegeben und das nach Erlösung schmachtende Reugefühl der Ueberhebung über die Begnügsamkeit des Grundbreiklangs eingegr[...] ben ist. Und beide, der Genießende und der Erkennende, sind im vollen Rechte; denn die Kunstlehre ist nichts Anderes als künstle=risches Erkennen, und der Genuß nichts Anderes, als Ahnen des waltenden Geistes, der dem blos Genießenden verhüllt bleibt, dem Erkenntniß Suchenden sich enthüllt, Beiden derselbe.

Dem ersten breit ausgelegten Satze der Hauptpartie folgt ein zweiter. So wandelt der gesalbte, jugendliche Herrscher in seinem gottgegebnen Reiche der Macht und Freuden leicht, gefällig bewegt einher. Stimmen auf Stimmen verkünden's; erst

die Violoncelle mit dem Chor der Saiten und dem sanften Pauken=schlag des Baßpizzikato, — die ersten Violinen ziehn darüberhin, deckend wie ein Baldachin; — dann mischen sich, in A dur, sanfte Klarinetten und Fagotte unter Hörnerschall, Alles leise,

---

Ursprungs zurückzulenken. Hiermit begreift sich, daß der Dominantakkord Zeichen seiner Tonart und in seinem Eingehn auf die tonische Harmonie befriedigender Abschluß ist.

Aus demselben Grunde bestimmt aber ein fremder in ein Tonwerk eintre=tender Dominantakkord den Uebergang desselben in seine Tonart, also den Fort=schritt.

zum Chor der Saiten, dann führen Hörner und Oboen und Flöten, durchglänzt von leisem Trompetenhall über den sanften Pulsen der Pauke das Lied im Hauptton weiter; ganz in seiner Tiefe einsam wandelt der Baß für sich, entgegensingend daher, kaum durch kurze Akkorde der andern Saiten mit dem Lied in der Höhe verknüpft. Schnell zur Macht erhoben schließt dann der Satz auf E.

Und da tritt schon der Seitensatz, der weithinaus verkündende,

heran, Alles freudiger, glückverheißender Gesang.

Wo waren da deine Schmerzen und Aengste, wo das Gespenst des sterbenden Ohrs! Denn diese Symphonie ist geschaffen in derselbigen Zeit, in der der Geweihte Leidende, der zweierlei Leben in sich trug, Himmel und Hölle nebeneinander, seinem Freunde (S. 165) die Worte schrieb: „Ich kann sagen, seit zwei Jahren bringe ich mein Leben elend zu, seit zwei Jahren fast meide ich alle Gesellschaften, weil's mir nicht möglich ist, den Leuten zu sagen: ich bin taub."

Davon weiß die Symphonie nichts. Sorglos, unbeschränkt entfaltet sich der Gesang des Seitensatzes in seinem Behagen, kaum einen Augenblick lang durch eine leise Mollwendung überschattet, stürzt er sich nach kurzem Besinnen in den ersten Hauptsatz in D dur zurück. Der wiederholt sich in D moll und kommt, ganz in der Weise des zweiten Theils der Sonatenform, zu weiterer Erörterung und tritt nach ihr abermals im Hauptton D dur auf. Es ist eine Mischform von drittem Rondo und Sonatenform geworden.

Warum das? — Weil Alles Schluß! Schluß! die schließende Dominante! fodert.

Dem Verlauf des dritten Theils muß ein breiter vollsättigender Anhang folgen, in dem, damit ja keins der Schlußelemente fehle, die Unterdominante *) in stillster Versenkung befriedend waltet. Aus

---

*) Die Tonart der Unterdominante ist die tiefere, wie die der Oberdominante die höhere nächstverwandte Tonart zum Hauptton. Daher ist der Uebertritt zur Oberdominante Erhebung aus einer tiefern Tonart in eine höhere, also Steigerung oder Erregung, der Uebertritt zur Unterdominante Senkung aus einer höhern in eine tiefere Tonart, also Nachlaß der Spannung oder Beruhigung. Denn jeder höhere Ton (und jeder Inbegriff höherer Töne) ist schnellere Schallschwingung, trifft also das Ohr mit schnellern, innerhalb eines bestimmten Zeitraums zahlreichern Schlägen; das künstlerische Gesetz stimmt natürlich hier wie überall mit dem physikalischen überein. Daher erhebt sich im Liedsatze der erste Theil in der Regel in die Oberdominante, daher stellen die höhern Rondoformen und die Sonatenform den Seitensatz in der Regel in die Oberdominante; denn hier gilt es noch Steigerung. Daher tritt die Unterdominante in der Regel gegen das Ende zur Beschwichtigung heran, im Anfang aber (S. 228) dient sie nur als Anlauf zu kräftigerm Aufschwunge. Daher stellt sich in Sonaten und gleichgeformten Kompositionen der zweite stillere Satz in der Regel und in den meisten Fällen (s. d. Kompof.-L.) in die stillere Unterdominante; von hier ist dann der Rücktritt des Finale und Scherzo in den Hauptton ein neuer Aufschwung, dem erregtern Karakter dieser Sätze gemäß. Die zweite Symphonie weicht hiervon ab, weil die wärmere und holde Stimmung des zweiten Satzes des holden erwärmtern A dur bedurfte und sich aus der Streitfertigkeit des ersten Satzes und seiner Tonart dorthinauf rettete.

Daß aber der Sitz der Unterdominante tiefer, der der Oberdominante höher gestellt ist, als der zwischen beiden liegende Hauptton, — z. B. F tiefer, G höher (nicht in der Tonreihe, sondern in der Entwickelung des Tonreichs) als C, zeigen die physikalischen Schwingungsverhältnisse von $\overline{F} : F : c = 1 : 2 : 3$ und ferner von $c : \overline{c} : \overline{\overline{g}} = 3 : 6 : 9$; G ist um so viel höher als C, wie F tiefer.

ihrem ruhevollen Sinnen reißt der Hauptsatz sich frenetisch wild empor und schließt mit herrischem Jubel.

Man hat sich gewöhnt, von der ersten Reihe der beethovenschen Werke, namentlich von den beiden ersten Symphonien anzunehmen, sie ständen noch in einer Linie mit denen seiner großen Vorgänger, namentlich mit denen Mozarts; erst später sei Beethoven über die Gränze des Bisherigen hinausgeschritten, Einige sagen, er sei vorwärts gegangen, Andre, er habe bedenkliche und zuletzt verderbliche Wege betreten. Es ist Beides irrig, wie denn jede äußerlich gezogne Scheidelinie der stetigen Geistesbewegung gegenüber Irrthum sein muß. Beethoven trat ganz naturgemäß, wie jede geschichtliche Erscheinung, sein Werk auf dem Punkt' an, wohin die geschichtliche Entwickelung seiner Kunst zuletzt durch Haydn und Mozart gelangt war. Er war also vor Allem Nachfolger jener großen Künstler und hat gewiß ihren Werken seinen ersten Standpunkt zu danken. Allein es war ein eigenthümlicher Geist, in dem er jene Werke, die bisherige zu ihm gelangte Kunstentwickelung, auffaßte. Und er war das Kind einer andern, ernstern und gekräftigtern Zeit, er war ein andrer Schlag von Menschen, als seine Vorgänger; er war es schon vom Anbeginn seiner Laufbahn. Wie hätten nicht von Anbeginn her seine Ziele und seine Werke andre sein müssen? Er konnte mit Jenen scherzen und empfinden, aber er konnte nicht bei ihnen stehn bleiben. Das hat sich von den ersten Werken an kund gegeben. Es wird sich weiter und entschiedner zeigen.

Zweites Buch.

1804 — 1818.

Heldenweihe.

So hatte Beethoven seinen Vorsatz zu erfüllen begonnen, dem Schicksal Trotz zu bieten und sich nicht niederbeugen zu lassen. Allein sein Kampf wie seine Prüfungen hatten erst begonnen, und der Kampf war um so drückender, da Niemand voraussehn konnte, daß die Prüfungen heilsam, ja für Beethovens Vollendung nothwendig sein würden, statt vernichtend.

Vor Allem hatte er seinen gebührenden Rang eingenommen. Die erste Stelle unter den Mitlebenden, Ebenbürtigkeit mit seinen großen Vorgängern waren ihm in Wien und außerhalb in der Gunst der musikalischen Welt zuerkannt; in der Instrumentalmusik war er ohne Frage an die Spitze des Fortschritts getreten, denn neben seinen Werken kamen nur Nachbildungen des bereits Vorhandnen zum Vorschein. Solche Nachbildungen sind erfreulich und nährend für das Leben der Menschen in der Kunst, die allmählig, je nach dem Maaß ihres Begehrens und Vermögens, deren Gaben empfangen. Aber das Leben der Kunst hat wesentlich*) nur den Fortschritt, die neuen Ideen als seinen Gehalt und seine Momente zu erkennen; es

---

*) Man sehe die „Musik des neunzehnten Jahrhunderts."

ist wesentlich Offenbarung der Idee, nicht Ausleben derselben. Dieses Leben führte sich seit Mozarts Hintritt, und nach oder neben den letzten Oratorien Haydns, des jugendheitern Greises, nur in Beethoven fort. Das Gefühl davon war es, was die Musikfreunde mit Spannung jedem neuen Werk' entgegenharren ließ, was die Wiener in seine Akademien zog, die Lichnowski's zu seinen Freunden und Verehrern und ihn zur Seele ihres Musiklebens machte, was schon in den ersten Jahren seiner Oeffentlichkeit die Verleger sich nach seinen Gaben drängen ließ.

Ob auch die Kunstgenossen? — Die Quartettisten aus dem lichnowskischen Hause, das Orchester Seyfrieds, das seine ersten Werke zuerst ausführte, hingen ihm, so sauer er es ihnen oft, besonders auch mit der Direktion (S. 170) gemacht, gewiß an, gewiß auch auswärts die Mehrzahl der Ausübenden. Gleichzeitigen Komponisten mag dagegen wohl Maaßstab und Unbefangenheit gefehlt haben, seine Größe neben ihrer Statur zu messen. Als Clementi, der glatte, kalte, übrigens um die Technik des Klavierspiels wohlverdiente Zeitgenoß Mozarts, nach Wien kam, war Beethoven harmlos gleich Willens, ihn zu besuchen. Da mußte er erfahren, daß Clementi im Voraus sich erklärt habe, ihm nicht den ersten Besuch zu machen, wie dem Ankömmling doch gebührt. Nun mußte Beethoven (wie ihm schien) von seinem Vorsatz' ablassen, — oder er ließ sich dazu bereden, — genug, beide Künstler sahen sich, wußten, wer sie waren, aßen mit ihren Schülern Ries und Klengel im Gasthofe zum Schwan an derselben Tafel, ohne sich je nur zu begrüßen; die beiden Schüler schielten nach einander hinüber und herüber, ohne nur einen Gruß zu wagen.

Nur die Kritik konnte sich gar nicht mit Beethoven befreunden. Als die ersten Trio's und die erste Symphonie hervortraten, bezeichnete sie ein Rezensent als konfuse Explosionen dreisten Uebermuths eines jungen Mannes von Talent; und der Rezensent war (nach Rochlitz Zeugniß in der leipz. allg. mus. Zeitung von 1828)

ein tüchtiger Musifer, wohlbewandert und mauerfest sitzend in seiner
Zeit und ihrer Theorie. — Bei den Sonaten Op. 10 bemerkt dieselbe Zeitung 1799: „Die Fülle von Ideen veranlaßt Beethoven
noch zu oft, Gedanken wild aufeinander zu häufen und sie vermit-
tels einer etwas bizarren Manier dergestalt zu gruppiren, daß nicht
selten eine dunkle Künstlichkeit, oder eine künstliche Dunkelheit hervorgebracht wird.“ — Ueber drei Sonaten für Piano mit Violin,
Op. 12, lautet eben da das Urtel: „Gelehrte Masse ohne gute Me-
thode, keine Natur, kein Gesang, ein Wald, wo man durch feind-
liche Verhaue alle Augenblicke aufgehalten, erschöpft, ohne Freude heraus-
kommt. Ein Anhäufen von Schwierigkeit auf Schwierigkeit, daß man alle
Geduld verliert. Wenn Beethoven sich nur mehr selbst verläugnen *)
und den Gang der Natur einschlagen wollte: so könnte er bei seinem Talent und Fleiß uns sicher recht viel Gutes liefern.“ — Von
der zweiten Symphonie, die 1804 in Leipzig aufgeführt wurde, heißt
es im selben Jahre: „würde ohne Zweifel durch Abkürzung einiger
Stellen und Aufopferung mancher, denn doch gar zu seltsamer Modulationen gewinnen.“ Ein Jahr später lautet der Ausspruch in
derselben Zeitung, etwas ausführlicher, sonst aber ziemlich gleich:
„Wir finden das Ganze zu lang und Einiges überfünstlich; der all-
zuhäufige Gebrauch aller Blasinstrumente verhindert die Wirkung
vieler schöner Stellen. Das Finale ist allzu bizarr, wild und grell.
Aber das wird überwogen durch den gewaltigen Feuergeist, der in
diesem kolossalen Produkt weht, durch den Reichthum neuer Ideen,
die durchaus originelle Behandlung und die Tiefe der Kunstgelehr-
samfeit. Dagegen ist Spazier wieder strenger; er nennt die Symphonie „ein krasses Ungeheuer, einen angestochenen, unbändig sich
windenden Lindwurm, der nicht sterben will und selbst verblutend
(im Finale) noch mit aufgerecktem Schweife vergeblich wüthend um

---

*) Wundervoller Gedanke! ein Künstler soll sich selbst verläugnen! dann kann
er „liefern,“ was ihm gefällt.

16

sich schlägt." Und doch war Spazier ein guter Kopf, ein mannig=
fach gebildeter Mann, als Musiker kannte er Alles, was in seiner
Zeit vorzüglich galt, wie Rochlitz ihm später bezeugt. Es waren
nicht die einzigen und nicht die strengsten Lehren, die ihm ertheilt
wurden.

Leider waren sie für ihn verloren; er nahm, so wenig ihm die
Zustimmung Einsichtiger oder doch Auffassungsfähiger gleichgültig
war, von dem, was man Kritik zu nennen beliebte, gar keine —
oder nur höchst flüchtige Notiz; noch viel weniger wär' es ihm
je zu Sinne gekommen, sich gegen dergleichen zu vertheidigen, wenn
die Gegner auch bisweilen so weit gingen, ihm in diesem oder jenem
Irrenhaus ein freundlich Stübchen anzubieten. „Amüsirt es," sagt'
er dann wohl, „die Leute, dergleichen von mir zu sagen oder zu
drucken, so lasse man sie nur immerhin gehn." Er meinte wohl,
sie wüßten nichts Besseres. So ging er, er war von Jugend auf
bis zum Ende derselben Weise treu, unbeirrt seinen Weg, — und
die Kritik der neuern Spaziere ging unbeirrt ihren Weg fort, nur
daß sie sich jetzt mit den ältern Werken befreundet hatte und ihre
Bemerkungen genau aus demselben Gesichtspunkte gegen die neuern
richtete, wie wir oben (S. 34) gelesen. Nicht einmal darin ist
Oulibicheff original, daß er die neuern „Verirrungen" Beethovens
ganz einfach aus Wahnsinn erklärte, dem Beethoven (neben der
Taubheit) verfallen gewesen.

Beethoven konnte dergleichen nicht weiter beachten; er lebte
ganz in seinen Werken und in dem gewaltigen Vordringen zu jenem
Ziel, „das er fühlt, aber nicht beschreiben kann." So ganz ist er
diesem Vordringen zu neuen Zielen hingegeben, daß selbst die enthu=
siastische, allhin verbreitete Theilnahme, die sich unter andern seiner
Adelaide zugewandt, ihm wohl den Wunsch erweckt, vom Dichter
ein zweites Gedicht zu erhalten, zugleich aber (S. 185) das Be=
wußtsein, den damaligen Standpunkt hinter sich gelassen zu haben.

Seine Schöpfungen, — das war die Welt, in der er lebte;

alles Andre, den erquicklichen Naturgenuß ausgenommen, ward ihm
fremd, ja läftig. Schon fühlte er sich vom virtuofischen Stand=
punkte losgelöft und trug seine eignen Kompofitionen nur sehr un=
gern vor. Schon machte er mit seinem Schüler Ries Plane zu
einer gemeinschaftlichen großen Kunftreise; Ries follte die Konzerte
einrichten, das Klavierkonzert und andre Sachen spielen, er wollte
nur dirigiren und phantafiren. Unftreitig war in diefem Punkt'
auch seine zunehmende Harthörigkeit mitwirkend; wußte er denn, wie
er spielte? denn im Spiel muß das Ohr die Leiftung der Finger
bewachen; man kann sich ohne Spiel die Tonverhältniffe vorftellen,
nicht aber ohne Gehör die Ausführung verfolgen.

Seine Loslösung vom Umgang der Menschen und die Ver=
senkung in seine Tonwelt, beides weckte in ihm eine Unruhe, die
mit der kindlichen Einfalt und Ruhe seiner erften Briefe und mit
der plaftisch feften Geftaltung seiner Arbeiten in seltsamem Wider=
spruch ftand. Er hatte nirgends in der Welt Ruhe. Mitten im
Arbeiten mußte er hinaus, um seine Gedanken fortzuführen oder zu
beftimmen. In keiner Wohnung konnte er sich behaglich genug fin=
den, um lange in ihr zu weilen; der erfte empfundne Uebelftand,
— Lichnowski's Tifchzeit, Gelineks Nachbarfchaft, Pronay's Höflich=
keiten, — genügte ihn ohne Auffchub hinauszutreiben. Als er
Leonore komponirte, hatte er ein Jahr lang (1804) freie Wohnung
im Theater an der Wieden. Er bezog sie, aber sie behagte, gleich=
viel aus welchem Grunde (vielleicht weil sie frei war) nicht lange;
er miethete gleichzeitig eine zweite im rothen Haus an der Alfter=
Kaferne, wo auch Stephan Breuning wohnte. Als die schöne Jahres=
zeit kam, bezog er eine ländliche Wohnung in Döbling, ohne daß
die Stadtwohnungen aufgegeben worden wären; Stephan Breuning
scheint die Kündigung der Wohnung im Theater verfäumt zu haben,
worüber es (Anfangs Juli) zwischen ihm und Beethoven zu förm=
lichem Bruche kam. Zwar waren die Freunde nach einigen Wochen
wieder versöhnt, Beethoven nahm wieder den Mittagstifch bei seinem

16*

Steffen, wie zuvor, und widmete ihm eine Sonate; allein inzwischen hatte er sich bewogen gefunden, eine neue Stadtwohnung auf der Mölker Bastei, im Hause des Baron Pasqualati im vierten Stock mit schöner Aussicht zu miethen, so daß er gleichzeitig vier Wohnungen inne hatte und bezahlte. Pasqualati's Haus verließ und suchte er mehrmals, so daß Pasqualati bestimmte: „Das Logis wird an Niemand vermiethet, Beethoven kommt schon wieder.

Daß dieser häufige Wohnungswechsel Unordnung in seine Besitzthümer, besonders in die Schriften brachte, haben wir schon aus Gallenbergs Mund (S. 151) erfahren müssen; daß es seine finanziellen Verhältnisse beeinträchtigte, versteht sich. Ohnehin war seine Junggesellenwirthschaft nicht wohl berathen. In der Jugend besitzlos, hatte er nicht gelernt, mit Geld umzugehn; nun war er zu reichlichen Einnahmen gelangt, aber im Gefühl seiner unerschöpflichen Geisteskraft, der er jene zu danken hatte, wußte er den Werth der Einnahmen nicht zu schätzen; ohnehin ist es schwer, mit unbestimmten Einnahmen regelmäßig hauszuhalten. Endlich — wie hätte er aus seinem insichgekehrten Sinnen und Wirken sich hinausfinden können in die Berechnungen und Besorglichkeiten einer geregelten Oekonomie? Ohne, die Wohnungslaunen abgerechnet, jemals zu verschwenden, kam er oft in Verlegenheiten, spät und ohne Verhältniß mit seinen Einnahmen zu einem gewissen Vermögen, wußte niemals recht den Stand seiner Finanzen und mußte sich öfter, als gut war, dadurch verstimmen lassen.

Mittlerweile waren seine beiden Brüder nach Wien gekommen, um sich bei ihm niederzulassen; dieselben, zu deren Gunsten der Vater ihn so frühzeitig in das leidige Unterrichtgeben hineingetrieben hatte. Der eine, Karl, eigentlich Kaspar mit Namen, war zuerst angekommen und fand eine Stellung als Kassirer bei der österreichischen Nationalbank; der andre, Johann, wollte Apotheker werden und brachte es zum Gutsbesitzer. Hierauf war er so stolz, daß er später (am Neujahrstag 1823) dem Bruder Ludwig seine Karte mit der Aufschrift

Johann von Beethoven, Gutsbesitzer,

zusandte, worauf der (er empfing sie am Mittagstisch in Gesellschaft Schindlers) sie sogleich mit der Rückschrift

Ludwig van Beethoven, Hirnbesitzer,

zurücksandte.

Daß diese beiden Männer von der wahren Bedeutung ihres Bruders Ludwig keinen Begriff hatten, ist wohl glaublich. Von seinem Thun und Treiben leuchtete ihnen zunächst der reichliche Erwerbsquell für ihn und sie, dann aber seine schlechte Haushalte= rei ein. Nach der Art niedriger, nur ihrem Vortheil nachspüren= der, allen Andern gleiche Beweggründe — oder unmündige Thor= heit beimessender Karaktere wußten sie sich in dem arglos geöffneten Gemüth einzunisten und vor allen Dingen Beethovens aufrichtigste Freunde bei ihm zu verdächtigen. Noch hielt die würdige, jeder Anfechtung unzugängliche Stellung Lichnowski's jenen Einflüssen das Gegengewicht. Allein die Reizbarkeit, die von Beethovens Arbeiten unzertrennlich war, der Argwohn, der jedem Tauben eigen ist und hier geflissentlich genährt wurde, die eigne Unerfahrenheit in allen äußerlichen Dingen riefen doch mannigfache Irrungen zwischen ihm und seinen Freunden hervor, die zwar schnell wieder ausgeglichen wurden, aber eine Trübung der Verhältnisse zurückließen, die nicht ohne Einfluß auf Stimmung und Gesundheit des Künstlers bleiben konnten. Er wurde reizbar bis zur Krankhaftigkeit.

Schindler, der bekanntlich erst 1814 Beethoven persönlich näher trat, läßt durchblicken, daß die Brüder, die er geradezu das böse Prinzip Beethovens nennt, noch weiterreichenden übeln Einfluß auf Beethoven geübt, ohne sich darüber bestimmt auszulassen und ohne daß sich bestimmtere Spuren auffinden lassen. Daß Beethoven seine Brüder mit Geld unterstützt, ist wohl denkbar; daß später goldne Dosen und ähnliche Kostbarkeiten, die Beethoven zahlreich empfan=

gen haben soll, unsichtbar wurden, ohne daß er gewußt oder sagen gewollt, wohin sie gekommen? kann auf die Anziehungskraft der Brüder gedeutet werden. Das Alles, wie man es auch ansehe, hat keine sonderliche Bedeutung. Es bleibt nur das bestehn, daß Beethoven unverstanden und unerkennend in diesen Wirren des äußern Lebens dastand, mit einem Herzen voll Liebe und mit dem Gefühl, mißkannt zu sein, am meisten von denen, die ihm die Nächsten hätten sein sollen.

In diesem Gewirr von Arbeiten und Bedrängnissen, es war in den ersten Monaten des Jahres 1802, fiel er in schwere Krankheit, die zum erstenmal ihn an seinen Tod denken ließen. Sein Freund, der berühmte Arzt Dr. Schmidt, rettete ihn und sandte ihn zu völliger Wiederherstellung nach Heiligenstadt, einem Dorf' in der Nähe von Wien. In der Einsamkeit, noch von den Gedanken an seinen Tod und an die Nächsten, die er zurücklassen würde, an seine Brüder erfüllt, schrieb er sein Testament.

Hier steht es wörtlich.

Für meine Brüder Carl und .... Beethoven. O ihr Menschen, die ihr mich für feindselig, störrisch oder misanthropisch haltet oder erklärt, wie unrecht thut ihr mir, ihr wißt nicht die geheime Ursache von dem, was euch so scheint! Mein Herz und mein Sinn waren von Kindheit an für das zarte Gefühl des Wohlwollens. Selbst große Handlungen zu verrichten, dazu war ich immer aufgelegt. Aber bedenket nur, daß seit sechs Jahren ein heilloser Zustand mich befallen, durch unvernünftige Aerzte verschlimmert, von Jahr zu Jahr in der Hoffnung gebessert zu werden betrogen, endlich zu dem Ueberblick eines dauernden Uebels (dessen Heilung vielleicht Jahre dauern oder gar unmöglich ist) gezwungen. Mit einem feurigen lebhaften Temperamente geboren, selbst empfänglich für die Zerstreuungen der Gesellschaft, mußte ich früh mich absondern, einsam mein Leben zubringen; wollte ich auch zuweilen mich einmal über alles das hinaussetzen, o wie hart wurde ich durch die verdoppelte traurige Erfahrung meines schlechten Gehörs dann zurückgestoßen, und doch war's mir noch nicht möglich, den Menschen zu sagen: sprecht lauter, schreit, denn ich bin taub! Ach, wie wäre es möglich, daß ich die Schwäche eines Sinnes angeben sollte, der bei mir in einem vollkommeneren Grade als bei Andern sein sollte, einen Sinn, den ich einst in der größten Vollkommenheit besaß, in einer Vollkommenheit, wie ihn wenige von meinem Fache gewiß haben, noch gehabt haben! — O, ich kann es nicht! — Drum verzeiht, wenn ihr mich da zurückweichen sehen werdet, wo ich mich gerne unter euch mischte. Doppelt wehe thut mir mein Unglück, indem ich dabei verkannt werden muß. Für mich darf Erholung in menschlicher Gesellschaft, feinern Unterredungen, wechselseitigen Ergießungen nicht Statt haben. Ganz allein fast, und soviel als es die höchste Nothwendigkeit fodert, darf ich mich in Gesellschaft einlassen. Wie ein Verbannter muß ich leben. Nahe ich mich einer Gesellschaft, so überfällt mich eine heiße Aengstlichkeit, indem ich befürchte, in Gefahr gesetzt zu werden, meinen Zustand merken zu lassen. — So war es denn auch dieses halbe Jahr, was ich auf dem Lande zubrachte. Von meinem vernünftigen Arzt aufgefodert, so viel als möglich mein Gehör zu schonen, kam er fast meiner jetzigen natürlichen Disposition entgegen, obschon, vom Triebe zur Gesellschaft manchmal hingerissen, ich mich dazu verleiten ließ. Aber welche Demüthigung, wenn Jemand neben mir stand, und von weitem eine Flöte hörte und ich nichts hörte, oder Jemand den Hirten singen hörte, und ich auch nichts hörte! Solche Ereignisse brachten mich nahe an Verzweiflung, es fehlte wenig und ich endigte selbst mein Leben. — Nur sie, die Kunst, sie hielt mich zurück! Ach es dünkte mir unmöglich, die Welt eher zu verlassen, bis ich das alles hervorgebracht, wozu ich mich aufgelegt fühlte. Und so fristete ich dieses elende Leben, so wahrhaft elend, daß mich eine etwas schnelle Veränderung aus dem besten Zustande in den schlechtesten versetzen kann. Geduld — so heißt es, sie muß ich nun zur

Führerin wählen! Ich habe es. — Dauernd, hoffe ich, soll mein
Entschluß sein, auszuharren, bis den unerbittlichen Parzen gefällt,
den Faden zu brechen. Vielleicht geht es besser, vielleicht nicht. Ich
bin gefaßt. — Schon in meinem 28. Jahr gezwungen Philosoph
zu werden. Es ist nicht leicht, für den Künstler schwerer als für
irgend Jemand. — Gottheit, du siehst herab auf mein Inneres, du
kennst es, du weißt, daß Menschenliebe und Neigung zum Wohl=
thun darin hausen! O Menschen, wenn ihr einst dieses leset, so
denkt, daß ihr mir unrecht gethan, und der Unglückliche, er tröstete
sich einen seines Gleichen zu finden, der trotz aller Hindernissen der
Natur doch noch Alles gethan, was in seinem Vermögen stand, um
in die Reihe würdiger Künstler und Menschen aufgenommen zu
werden. — Ihr, meine Brüder Carl und .... — sobald ich todt
bin, und Professor Schmidt lebt noch, so bittet ihn in meinem Na=
men, daß er meine Krankheit beschreibe, und dieses hier geschriebene
Blatt füget ihr dieser meiner Krankengeschichte bei, damit wenig=
stens soviel als möglich die Welt nach meinem Tode mit mir ver=
söhnt werde. — Zugleich erkläre ich euch beide hier für die Erben
des kleinen Vermögens (wenn man es so nennen kann) von mir.
Theilet es redlich, und vertragt und helft euch einander. Was ihr
mir zuwider gethan, das wißt ihr, war euch schon längst verziehn.
Dir Bruder Carl danke ich noch ins besondere für deine in dieser
letzteren Zeit mir bewiesene Anhänglichkeit. Mein Wunsch ist, daß
euch ein besseres, sorgenloseres Leben als mir werde. Empfehlt
euren Kindern Tugend; sie nur allein kann glücklich machen, nicht
Geld. Ich spreche aus Erfahrung. Sie war es, die mich selbst
im Elende gehoben; ihr danke ich nebst meiner Kunst, daß ich durch
keinen Selbstmord mein Leben endigte. — Lebt wohl und liebet
euch! — Allen Freunden danke ich, besonders Fürst Lichnowski
und Professor Schmidt. — Die Instrumente von Fürst L.
wünsche ich, daß sie doch mögen aufbewahrt werden bei einem von
euch; doch entstehe deßwegen kein Streit unter euch. Sobald sie

euch aber zu etwas Nützlicherm dienen können, so verkauft sie nur. Wie froh bin ich, wenn ich auch noch im Grabe euch nützen kann. So wär's geschehn: — Mit Freuden eile ich dem Tode entgegen. Kommt er früher, als ich Gelegenheit gehabt habe, noch alle meine Kunstfähigkeiten zu entfalten, so wird er mir, trotz meinem harten Schicksale, doch noch zu früh kommen, und ich würde ihn wohl später wünschen; — doch auch dann bin ich zufrieden, befreit er mich nicht von einem endlosen leidenden Zustande. — Komm' wann du willst, ich gehe dir muthig entgegen. Lebt wohl, und vergeßt mich nicht ganz im Tode, ich habe es um euch verdient, indem ich in meinem Leben oft an euch gedacht, euch glücklich zu machen; seid es!

Heiligenstadt am 6. Oktober 1802.

Ludwig van Beethoven,

m. p.

(L. S.)

Für meine Brüder Carl und .... nach meinem Tode zu lesen und zu vollziehen.

Heiligenstadt am 10. Oktober 1802.

So nehme ich denn Abschied von dir — und zwar trau= rig. — Ja die geliebte Hoffnung, die ich mit hieher nahm, wenigstens bis zu einem gewissen Punkte geheilt zu sein, sie muß mich nun gänzlich verlassen. Wie die Blätter des Herbstes herabfallen, gewelkt sind, so ist auch sie für mich dürre ge= worden. Fast wie ich hieher kam, gehe ich fort; selbst der hohe Muth, der mich oft in den schönen Sommertagen be= seelte, er ist verschwunden. O Vorsehung, laß' einmal einen reinen Tag der Freude mir erscheinen! So lange schon ist der wahren Freude inniger Wiederhall mir fremd. Wann, o wann, o Gottheit! kann ich im Tempel der Natur und der Menschen ihn wiederfühlen? — Nie? — Nein, es wäre zu hart!" — —

Man sieht, es war kein Testament; die Bestimmung über Nach= laß ist der Natur der Sache nach hier nur äußerste Nebensache.

Es war Abschluß mit dem Leben, es war Lebensmüdigkeit und Trost-
losigkeit immitten der um ihn her gebreiteten Einsamkeit und Verkennung, was ihm die Feder in die Hand gab; er wollte das Zeugniß
seiner Liebe niederlegen und zum letztenmal sein Leid klagen. Damit wandt' er sich in einfach menschlicher Weise an jene, die von
der Natur selber ihm als Nächste gegeben worden. Die Ordnung
der Natur leitete ihn, aber sie konnte sein ahnend Gefühl nicht
unterdrücken; seinen Bruder Johann nennt er nicht, er setzt statt
des Namens Anführungssterne. Wir werden den Mann noch wiederfinden, an den er die vermeintlich letzten Worte richtete: wann,
o Gottheit, kann ich im Tempel der Natur und der Menschen ihn
wiederfühlen, den Wiederhall der Freude?

Inmitten dieser Zeit finden wir Beethoven neben den fortlau-
fenden kleinern Arbeiten mit einem größern Werke beschäftigt:

Christus am Oelberg,

einem Oratorium, mit dessen Komposition er schon 1800, bei Ries
Ankunft in Wien, beschäftigt war, das aber erst am 5. April 1803
zur Aufführung kam und als Op. 85 erschienen ist. Es sollte sich
daran zeigen, daß selbst die höchste Begabung unzureichend ist, ein
vollkommen Kunstwerk hervorzubringen, wenn nicht der besondre Beruf für dieses bestimmte Werk dazu kommt.

Allerdings konnte Beethoven von seiner diesmaligen Aufgabe
nicht so erfüllt sein, als die Künstler einer Zeit, in der die religiö-
sen, und genau gesagt, christlichen Vorstellungen und Ueberzeugungen
den Geist des Volks fast ausschließlich erfüllen; der Mann der Re-
volutionszeit konnte nicht seinen Christus schauen und denken, wie
vor ihm Bach und Händel. Schon der reine Quell, aus dem wir
Evangelische des achtzehnten und neunzehnten Jahrhunderts die
Kunde vom Christ schöpfen, die Bibel, er floß nicht für ihn; sein
Christus mußte ihm erst gedichtet werden. Und wie! Der Dichter
hatte keinen andern Zweck, als Verse für einen Komponisten zu
machen; und der Komponist hatte keinen andern Antrieb, als den

ganz allgemeinen, zu schaffen, und dabei den Wunsch, sich in einer ihm neuen und bedeutenden Gattung zu zeigen. Das Resultat auf beiden Seiten kann da kein anderes sein, als: Phrasen, — gleichviel, ob bessere auf Seiten des Musikers, und zwar eines Beethoven. Dergleichen verhehlen oder beschönigen, wäre Frevel an der Ehrfurcht, die wir Alle Beethoven zollen; er steht zu hoch und sicher, als daß er der Beschönigung bedürfte. Es wär' aber auch Vergehn gegen jüngere Musiker, denen — das beweisen so viele Fehlgriffe — jene Wahrheit nicht oft genug dargelegt werden kann.

Das Oratorium nun stellt uns Christus vor, der beschlossen, sich als Opfer hinzugeben, aber der menschlichen Todesangst sich nicht entziehn kann. Mit seinem Gebet beginnt das Gedicht. Aber mit welchem! Nicht die ehrwürdigen Worte des Evangeliums, die in einfältigster Weise mit Wenigem Alles sagen; hier betet Christus in emphatischer Salbung: „Jehovah! du mein Vater! o sende Trost und Kraft und Stärke mir! Sie nahet nun, die Stunde meiner Leiden, von mir erkoren schon, noch eh' die Welt auf dein Geheiß dem Chaos sich entwand"...., — Das abstrakte Dogma spricht, das Leben, die Sprache der Natur, wie wir sie aus dem Munde des Matthäus kennen, sind nicht zu vernehmen. Wären sie es auch, dem Komponisten hätten sie nicht gefrommt. Der Dichter kann nicht mit dem letzten Wort anfangen, er muß sich und uns zum Gipfel erst hinanführen, die psychologische Entfaltung, das Hinanleben zur Entscheidung ist ihm und uns Bedürfniß, Pflicht und Wonne. Daß wir theoretisch, außerhalb vom Kunstwerke Kunde vom Vorausgegangnen haben, hilft nichts; wir haben es nicht im Kunstwerk' erlebt.

Ein Seraph erläutert: die Erde soll erzittern! „Jehovahs Sohn liegt hier.... er ist bereit, den martervollsten Tod zu sterben, damit die Menschen.... ewig leben." Dann preist er mit dem Chor der Engel des Erlösers Güte und singt Heil den Erlöften, Weh den Bösen. Schweigen wir vom Inhalt und seiner Nutzlosigkeit.

Was ist ein Seraph? was sind Engel? — Metaphern sind es, oder — seien es Wesen — es sind Wesen, die wir uns reiner, zarter wie die Menschen vorstellen sollen, ohne es zu können; denn woher sollen wir Vorstellungen fassen, die über unsrer Sphäre, über unserm Bereich gedacht werden? dergleichen kann wieder nur dogmatisch, spekulativ versucht werden, Fleisch und Blut und Leben bietet es dem Künstler nicht; er muß das Menschliche sublimiren oder hinauflügen, verzärteln, verzuckern, dem Materiellen mit süßen Schwebungen und Klängen um so sicherer verfallen, je mehr er sich über das wahrhaft und gesund Menschliche erheben will. — Christus und der Seraph in Unterredung; Christus betet zum Vater um Erlaß des Opfertodes und muß sich vom Seraph sagen lassen, was er selber zuvor in johanneischer Weise viel bedeutender ausgesprochen. Er fügt sich in den Willen des Vaters.

Endlich fester Boden! Die Krieger treten auf, ihn zu fahn; von den großen Redensarten des Petrus, von Christus Mahnung zur Ruhe und dem Lobgesang der Engel ist nicht noth zu reden. Dies also war die Aufgabe, der Beethoven sich unterzog.

Der Kunstliebhaber fragt nach dem, was geschehn ist; der Künstler oder Sachkundige beginnt mit der Frage: was hat geschehn können? und schöpft aus ihr die Begründung seiner Ansicht vom Geschehenen.

Beethoven konnte so wenig wie ein Andrer Leben geben, wo er selbst nicht lebte. Als wahrer Künstler konnte er nur fassen und darstellen, was in wahrhafter Lebendigkeit vor dem Auge seines Geistes stand. Wo er nicht schauen konnte, war er im Grunde schlimmer daran, als diejenigen Tonkünstler, deren beständige Aufgabe die Phrase ist; denn die dürfen wenigstens sich selber treu bleiben, er konnte das nicht. Es ist merkenswerth, wie er, der durchaus freie, selbständig seine eigne Bahn wandelnde Künstler, wo er in seinem

Berufe steht, hier, wo das nicht der Fall ist, mit der ganzen wiener Schule auf demselben Niveau bleibt, sich sogar sclavisch an die Bühnenformen bindet, sogar — er, der in seinen eignen Werken so spröde, so eigensinnig gegen den bestgemeinten Einspruch seine Behandlung des Gesangs festhielt, — liebedienerisch gegen die Sänger wird.

Nach einer trüb=pathetischen Einleitung (Es moll, $\frac{6}{8}$) tritt Christus auf, ein weicher empfindsamer Tenor. Das Rezitativ ist, wie alle; ihr folgt die pathetisch bewegte Arie. Dies —

Meine See — — — — le ist er = schüttert

ist der Eintritt des Hauptsatzes; daß die feste Form der Musik der allerdings vom Dichter schlecht ausgesprochenen Stimmung nicht gemäß ist, wird er nicht gewahr. — Der anmuthig erst von Klarinett' und Fagott, dann vom Gesang ausgeführte Seitensatz stellt sich besonders bei †

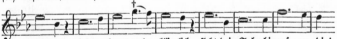

Va=ter, tief ge=beugt und kläg=lich fleht dein Sohn hinauf zu bir!

den beliebtesten spätern Männerquartetten, — diesen unzähligen Sommersprossen (mit Lenz zu reden) auf der altjugendlichen Wange der Musik — an die Seite; Haupt= und Seitensatz werden wiederholt; ein Anhang mit

Nimm— den Leidenkelch — — — — — — von mir

läßt dem Tenor nichts zu wünschen übrig.

Rezitativ und Arie des Seraphs und Chor der Engel sind von gleichem Wuchs; nur die Verwünschung der Bösen bietet dem Komponisten ein greifbar Motiv menschlicher Erregung,

statt engelhafter Verschwebung, das auch gleich geltend gemacht wird.

Zur Rechtfertigung (wenn sie nöthig ist) des bösen Worts von Liebedienerei und Engelverführung sei noch diese Schlußstelle, die der Seraph zum Engelchor spricht,

angeführt. Weiterer Betrachtung bedarf es nicht; die Krieger treten in einem alla marcia ganz lebhaft und beschäftigend auf, nur kann die Handlung nicht fortschreiten (es tritt unter Andern ein Terzett des Seraphs, Christi und Petri dazwischen, der in der Weise des polternden Alten oder buffo parlante behandelt wird), weil der Fortschritt, die Gefangennahme, auch das Ende ist. Wenigstens auf Erden. Droben singen die Engel motettenhaft ihr Loblied. — Beethoven selber war übrigens in seinen letzten Jahren der Meinung, er habe wohl den Christus zu theatralisch gefaßt; er hätte viel darum gegeben, diesen Fehler verbessern zu können.

Ganz andre Dinge beschäftigten inzwischen seinen Geist.

Nur enge Köpfe schließen sich in ihren sogenannten Beruf ein, aus Furcht, bei dem ersten freiern Umschau gleichsam vom Schwindel gefaßt herauszufallen. Kräftige Geister lieben und suchen freien, weiten Horizont; aber sie fallen darum nicht aus ihrem Beruf heraus, sondern ihnen tritt Alles mit demselben in Bezug.

Beethoven hatte nicht gefürchtet, sich an Platons Republik (wie ein Novellist unsrer Zeit an Hegels Philosophie) „die Phantasie zu verderben"; als ein ganzer Mensch, als Kind seiner mächtig bewegten Zeit, hatte er trotz mangelnder Grundbildung nicht blos an den Dichtern Deutschlands und Englands und der Alten, er hatte auch an den Zeit-Gedanken und Erscheinungen mit vollem Gemüthe theilgenommen und gab es niemals auf, den Zeitereignissen zu folgen. Obenan standen natürlich für ihn, wie für Alle die großen Gestalten der französischen ersten Republik und Napoleon Buonaparte's. Den letztern staunte damals die Welt in seiner Feldherrn-Glorie an; den verrätherischen Sturz der Republik verzieh man ihm (abgesehn von denen, die ihn gewünscht), weil man ihm selber Freiheitsideen und Bestrebungen beimaaß, — als wenn jemals Usurpation und Militairherrschaft damit verträglich sein könnten. Beethoven in seiner Arglosigkeit und Unkunde lebte der festen Ueberzeugung, Napoleon habe keine andre Absicht, als, Frankreich nach platonischen Grundsätzen zu republikanisiren und von diesem Punkt aus die allgemeine Weltbeglückung zu unternehmen; in dieser Voraussetzung war er ein enthusiastischer Bewunderer des Helden, den er den größten römischen Konsuln zu vergleichen liebte. Er ahnte nicht, wie bald der Held von Italien und Aegypten seinen Namen und seine Grundsätze (wenn er jemals republikanische gehabt) umkehren würde.

Als nun Bernadotte, damals französischer Gesandter in Wien und Theilnehmer an der Bewunderung, mit der die Lichnowski und die andern Vornehmen Beethoven umgaben, ihm den Vorschlag machte, dem Helden mit einem großen Instrumentalwerke seine Huldigung darzubringen, fand er im Künstler die günstigste Stimmung; vielleicht waren ihm schon ähnliche Gedanken aufgestiegen. Schon im Jahr 1802, im Herbste, wurde Hand ans Werk gelegt, erst im folgenden Jahre wurde ernstlich gearbeitet und, nach mancherlei Zwischenarbeiten und Unterbrechungen im nächstfolgenden Jahr, 1804, vollendet. Es wurde eine saubere Abschrift besorgt, und Beethoven schrieb mit eigner Hand auf die erste leergelassene Seite der Partitur oben

Bonaparte,

ganz unten

Luigi van Beethoven,

„kein Wort mehr," sagt Ries.

Das Werk sollte eben durch Vermittlung der französischen Gesandtschaft nach Paris abgehn; da traf in Wien die Nachricht ein, Bonaparte habe sich zum Kaiser machen lassen. „Ich war der erste," erzählt Ries, „der ihm die Nachricht brachte, Bonaparte habe sich zum Kaiser erklärt, worauf er in Wuth gerieth und das Titelblatt zerriß." Der sei also, rief Beethoven aus, auch nicht besser als die Andern, und warf die Partitur unter einem Schwall von Verwünschungen gegen den neuen Franzosenkaiser, gegen den neuen Thrannen, zu Boden, wo sie lange liegen bleiben mußte. Es dauerte lange, bis er sich dazu verstehen konnte, sie dem Fürsten Lobkowitz zum Gebrauch für einige Zeit zu überlassen (in dessen Palast sie mehrmals aufgeführt wurde) und endlich herauszugeben. Von Napoleon aber durfte keine Rede mehr sein; das Werk erschien unter dem Titel

Sinfonia eroica, composta per festeggiare il sovvenire di un grand' uomo

als Op. 55, dem Fürsten Lobkowitz gewidmet; von Napoleon war „der große Mann" geblieben und dieser als ein Vorübergegangener vorgestellt, der in der Erinnerung fortlebe. Für Beethoven war er ein Vorübergegangner. Nie hat er ihm verzeihen können. Als die Nachricht kam, der Gefangne von St. Helena sei gestorben, äußerte Beethoven sarkastisch: zu diesem Ausgang habe er ihm schon vor siebzehn Jahren die Musik komponirt (er meinte den Trauermarsch in der Symphonie), der musikalisch den Ausgang im Voraus bezeichnet habe, ohne daß dies seine Absicht gewesen sei. Allerdings ist die Bedeutung des sogenannten Trauermarsches eine ganz andre, den Hingang eines Einzelnen, wär' er auch der Held von Italien, weit überragende.

Dies ist die äußere Geschichte des Werks, das einer der Wendepunkte im Leben Beethovens und der Kunst selber zu werden bestimmt war.

Wenden wir uns nun zum Werk selber.

Was wollte Beethoven? was konnte er geben? Irgend eine Komposition von großer, großartiger Gestaltung? So würden ihm unsere Aesthetiker gerathen haben, nämlich diejenigen alten und neuen Datums, die der Musik nichts als Formenspiel, oder nichts als höchst allgemeine Anregung unbestimmbarer Stimmungen als Aufgabe beimessen, weil sie unfähig sei, „das Konkrete auszusprechen." Beethoven war anderer Ansicht. Als Künstler hatte er mit lebensleeren Abstraktionen nichts zu schaffen; Leben zu schaffen, Leben aus seinem Leben, war sein Beruf, wie aller Künstler. Der Künstler weiß, was seine Kunst vermag, er vor allen, er allein. Das aber ist das Gebrechen der allermeisten Kunstphilosophen, daß sie das Zeugniß der Künstler und der Kunstwerke versäumen, um den Faden ihrer Abstraktionen unbeirrt auszuspinnen.*)

Auch eine neue „Militairsymphonie," nach Art der haydnschen, mit Trompeten-Geschmetter und großer Trommel, — hier war dergleichen unziemend.

Beethoven faßte seine Aufgabe, wie es einzig seiner und ihres Gegenstandes würdig und einzig künstlerisch war. Nichts von jenen Abstraktionen, die an unsrer Kunst nichts übrig lassen, als daß irgend etwas, man weiß nicht, was? sich bilde und irgend etwas, man weiß nicht, was? sich empfinden oder spüren lasse. Das wär' eine

---

*) Schon in einem viel frühern Werke: Ueber Malerei in der Tonkunst, ein Maigruß an die Kunstphilosophen, 1828, ist die entscheidende Frage vom Verf. behandelt worden.

Kunst für spielige Mädchen, die nichts weiter vermöchte und dürfte, nicht für Männer wie Beethoven, Bach, wie alle wahren Künstler. — Natürlich auch nichts von jenem historischen Konkretismus, der Namen und Jahreszahlen, den vollständigen Inhalt der Begebenheiten und Geister bringt. Das vermag die Musik nicht, aber das will sie auch nicht, weil sie Kunst ist.

Ihm war Bonaparte der Held, der, gleich irgend einem andern dieser weltbewegenden Heroen, — heißen sie nun Alexander, oder Dionysos, oder Napoleon, — mit seinem Gedanken und Wollen die Welt umfaßt, und an der Spitze seiner Heldenschaar siegreich die Welt durchzieht, sie neu zu gestalten. Es war kein Genre-Gedanke, kein Portrait dieses Menschen Bonaparte und seiner Schlachten, es war ein Idealbild in ächt griechischem Sinne, das in ihm emporwuchs. Und es wurde nicht einmal ein ikonisches Bild des Helden, sondern mehr, ein volles Drama des Lebens, das er in und um sich entzündet.

Der erste Akt stellt das Geistesbild des Heldengangs auf, vom stillen, kaum bemerkten Anfang, durch die Welt hindurch. Nach zwei Kraftschlägen des ganzen Orchesters („Hört! Hört!") tritt der Heldengedanke — er sei mit A bezeichnet —

Allegro con brio.

still in den Violoncellen unter der Decke der Achtel schlagenden zweiten Violin und Bratsche hervor, um sich gleich wieder unter dem scharfen Luftzug, der nach G moll weht, zu verlieren. Allein sogleich wendet sich der Gang zurück nach dem Hauptton (Es dur) und der Heldengedanke setzt, um nun fester den Hauptsatz auszubilden, abermals in Flöte, Klarinette und Horn, in drei Oktaven übereinander, ein. Es liegt etwas höchst Spannendes in dieser Vorbereitung. Der Hauptgedanke tritt in den Violoncellen noch blaß, noch nicht erwärmend hervor, gleich der eben den Horizont berührenden Sonne, um gleich ihr in fröstelnden Nebeln sich noch einmal zu bergen. Dieses „Noch nicht!" (wie oft hat es Napoleon in heißen Schlachten ausgesprochen, wenn seine Generale zu früh die Reserven foderten!) dieses sich Verlieren in die Mollparallele der Dominante weitet den Satz von vier Takten auf dreizehn aus; wir sind auf große Verhältnisse hingewiesen.

Nun ist der Gedanke, die Sonne der Schlachten, wiedergekehrt, höher und wärmer und herrschend (zuerst war er Unterstimme) in den Oktaven der Bläser, — aber noch sanft und freundlich, wie Feldmusik am Morgen des Schlachttages; finsterer führen Geigen und Bässe ihn fort nach Fmoll, wieder treten Flöten, Klarinetten, und Fagott an die Spitze, aber die Geigen sind es, schon vom vollen Orchester unterstützt, — nur Trompeten und Pauken fehlen noch, — die den Satz zur Vollendung auf die Dominante

führen. Schon melden sich (B) jene schwingenden Stellen und die scharf hineinreißenden Synkopen (über C), die noch ihre Rolle spielen werden; jetzt steigern sie sich nur zu heitertrotziger Entschlossenheit. Und nun endlich schallt das Heldenwort mächtig hinausstralend und zu finstrer Entschlossenheit gewendet

---

*) Die Notenbeispiele, dies sei ein für allemal gesagt, geben nur Andeutungen; wer das Vollständige will, muß sich an die Partitur wenden. — oder mit Klavierauszügen behelfen.

17*

aus der vereinten Stimme der Bässe und Bratschen, der Fagotte, Klarinetten, Oboen und Flöten, der Hörner und — nun erst! der Trompeten unter den schwirrenden Geigen und dem bestätigenden Hall der Pauken. Das ist der Held auf seinem Thron, dem Schlachtroß.

Hieran knüpft sich (auf der Dominante, Bdur, Seitensatz) ein eigenthümlich bezeichnender Gedanke; es ist wie freudig jauchzende Feldmusik, die heranrückt, aber wieder leise, wie von Weitem,

und, innerlich Eins, äußerlich gleichsam zusammenhanglos in abge= brochenen Gliedern bald in diesem, bald in jenem Instrument auf= taucht, — erst in der Oboe, dann in der Klarinette, dann in der Flöte, dann in der ersten Violin, und nochmal durch alle durch, — als wenn man vom Hügel das weite Blachfeld überschaute, blinkend im Stral der Morgensonne, die in den blanken Waffen wiederblitzt, und hörte von fern, da und dorther den zusammenrückenden Schaa= ren vorauf den heitern Ruf der Feldmusik. Jetzt schaart sich Alles dichter, tritt Alles munterer hervor, faßt unter dem Blitzen und Klirren der Waffen

festen Fuß und schließt an einander Mann an Mann, und Schaar an Schaar, von hohem Muthe das Ganze, wie Ein Körper von Einem machtvollen Willen, beseelt.

Menschlich gedacht ist es, und das gerade ächtkünstlerische Gegentheil von allem renommirenden Waffengeklapper, daß jetzt, im Angesicht blutiger Entscheidung, auch nachdenkliche Vorstellungen

die Seele beschleichen, sich noch tiefer zu verdüstern drohn. Da rückt, erst unsicher, dann immer geschloßner und rühriger, Alles zusammen und unter ermuthigendem Heldenwort wie mit fliegenden Fahnen

zum Treffen, zu harten Schlägen, die das bisherige Maaß des Rhythmus zerreißen, mit schwerathmender Brust im Hin= und Herdrang der Streitenden vorwärts zur Entscheidung, die mit grimmvollem Schrei des ganzen Orchesters

das Heldenwort zurückruft und behaupten will.

Das ist der erste Theil. Er hat uns das Bild der Schlacht heraufgeführt. Nichts Anderes hatte Beethoven zu geben. Aber die Schlacht, das ist der Krieg, das ist die Heldenlaufbahn, der ganze Held, dieser Briareus mit hunderttausend Armen, dem die Welt zu eng war; das schwebt dem Tondichter vor, nur daß er nach Art der Kunst das Allgemeine in energischem Zusammenfassen zu einem einigen Hergang verdichtet, wie die Ilias den zehnjährigen Kampf in eine Spanne von wenig Tagen. Auch für den weitern Verlauf ist dieser Gesichtspunkt festzuhalten.

Das Heldenwort ist zurückgerufen. Aber es sinkt in Umdüsterung, ein banger Augenblick wie Haltlosigkeit und Rathlosigkeit (die ersten funfzehn Takte des zweiten Theils), in der nur zögernden Fußes Herstellung gesucht wird, hält Alles gefangen. —

Es ist bewundernswürdig, wie der Rhythmus dem Beethoven gehorcht; sagen wir lieber, wie sein Wille, — denn der bestimmende Wille verkörpert sich im Rhythmus, — seiner Idee getreu bleibt und dient. Der Hauptsatz A hat sichern, gleichmäßig gewogenen Einherschritt,

der sich belebt. Der feste Befehl (E) tritt herrisch auf,

kurz abgebrochen, ein Wort genügt. Jene streitsüchtigen Synkopen, die sich zuerst noch wenig entwickelt bei C zeigten und gleich darauf

(in einer der übergangnen Stellen, — wer kann Alles das mittthei=
len?) weiter geltend machten, reißen wild in die Ordnung hinein,

um dann in den Hauptsatz zurückzufliegen, der die Sicherheit her=
stellt. In jenem Augenblick des Zögerns, nach förmlichem Still=
stand im Rhythmus von A bilden sich wieder Synkopen, aber solche,

die nur lähmen. Man bringe sich die Rhythmen ohne Töne, durch
bloße Schalle, wie Trommelschläge, zu Gefühl, und man wird ihre
reine Bedeutsamkeit inne werden. Aber das sind nur einige Beispiele;
der ganze Rhythmus ist Geist. —

Es hatte Alles gestockt. Da klingt die Feldmusik (D) wieder,
wie von fern, freundlichen (dolce! —) Muth, zurufend und mit
frischerm Anlauf

und führt zur Sache zurück. Finster und kalt, in Cmoll, bringen
die Bässe den Ruf und steigern ihn die Geigen

und drängen ihn nach dem rauhen D moll, während über seinem Gebote der heiße Streit (E) entbrennt und der Chor aller Bläser (mit Ausnahme der Trompeten und der Pauken) in sieghaft festen Rhythmen

sich ausbreitet.

Diese Kampfscene hatte sich weit ausgebreitet und ihren ersten Standpunkt (das letzte Beispiel, es fehlen noch vier Takte auf a-cis-e-g) in D moll genommen, ihren zweiten (abermals acht Takte) in G moll. Nun erklingt wieder die Feldmusik (D) weit herüber aus As dur her, und um sie, aus ihr motivirt, entbrennt ein hartes Ringen wie Einzelgefecht, — wir geben aus der Mitte heraus ein Paar Takte — nur die am leichtesten mittheilbaren, —

wo nun auch diese harten Streiche in den scharfen Bogenstrichen der Saiteninstrumente ohne mildernde Bläser einschneiden und erpicht emporbringen,

(wieder Synkopen), die sich schon oben bei C hatten vernehmen las=
sen, jetzt unter dem Geschrei des ganzen Orchesters. Auch dieser
Kampf dehnt sich weit aus (mit dem letzten Satze dreiundbreißig
Takte) in breiten Wellen über Amoll, Emoll, Hmoll nach Cdur,
steht zuletzt, Chor gegen Chor, — alle Bläser gegen alle Saiten mit
einem dreinrufenden dritten Horn — mauerfest unerschüttert, wie
zwei Männer, Brust an Brust ringend, auf einem bösen Akkorde,
a-c-e-f, bricht damit schroff ab und erstirbt in harten Pulsen auf
h-dis-fis-a-c, h-dis-fis-a zum Ende auf Emoll.

Unterbrechen wir uns noch einmal.

Bis hierher ist das Tongedicht streng in den Linien der So=
natenform geblieben, nur in Dimensionen, die alles vor ihm Ge=
gebne ohne Vergleich hinter sich lassen. Die größere Ausdehnung
war nothwendig für den bis dahin für einen einzelnen Satz un=
denkbar reichen Inhalt. Sie brauchte weitern Raum, das heißt
erweiterte Modulation. Daß die große Ausdehnung, daß der weit
ausgedehnte Modulationskreis weder Erschlaffung noch Verwirrung
oder nur Ungewißheit zur Folge haben, zeugt von der Bestimmt=
heit in Beethovens Schauen und von der Energie seines Gestaltens.
Jeder Satz wird vollkommen plastisch ausgerundet und unverrückbar
hingestellt; ja er wächst vor unsern Augen empor und wir leben
uns in sein Leben hinein, daß wir ihn nimmer vergessen. Nach
ihm tritt ein andrer auf, und wir sind vollkommen bereit, ihn auf=
zunehmen. Es ist der Triumph des Geistes und der Form, wenn
man einmal zu scheiden versucht, was unscheidbar Eins ist. Wir
machen Beethoven kein Verdienst aus dem Festhalten an der bishe=
rigen Form, so gewiß er die Kraft und das Recht gehabt und ge=
übt hat, über die ihm von den Vorgängern überkommenen Formen
hinaus= oder ganz von ihnen abzugehn. Wir wollen nur bemerkt

haben, daß für seinen ganz neuen Inhalt und für die Erweiterung des ganzen Baues die gegebene Form ihm genuggethan.

Nun aber geht er von ihr ab, — oder wenigstens weit über alles Bisherige hinaus. Er muß es, denn ein ganz neuer Gedanke fodert Gehör.

Unmittelbar auf dem E=Schlusse wird dieser Gedanke von eigenthümlich gewählten Stimmen

ausgesprochen, — ist es Leid um die Opfer? ist es prophetische, noch unverstandene Mahnung? ist es irgend eine Stimme der Erinnerung aus der Ferne? vielleicht von dorther, wo „vierzig Jahrhunderte" den Sieg der Helden und den Rückzug sahn? — seltsam erklingt das Lied, von den feinspürigen Oboen in die Höhe gehoben, mit den scharfklagenden Violoncellen, die durch die zweite Violin zwar verstärkt, aber gemildert werden, angestimmt; seltsam mischen die Flöten zu den rhythmischen Schwebungen der ersten Violinen ihr eintöniges, matt und hohl erklingendes h̄, und bestätigt alles mit seinen leisen paukenartigen Schlägen der Baß. Der Nachsatz wendet sich nach A moll, wo Flöten und Fagotte über schwebenden Saiten den Sang wiederholen.

Was ist das? — Es ist eines der Räthsel in der Menschenbrust, eine dieser Räthselstimmen, die bisweilen hineintönen in die Geschicke des Menschen, wie damals das Flüsterwort, das Brutus von den Lippen des erschlagenen Cäsar vernahm. Solche Geheimnisse entziehn sich der „gemeinen Deutlichkeit der Dinge."

Das Alles hat kein Recht an das Heldenleben. Das Heldenwort, der Wille des Führers tritt kalt entschlossen und stark im hellen Cdur, von allen Saiten und Fagotten und den quillenden Oboen im großen Einklang dahergetragen, zur Entscheidung und erstreckt sich unter Zuruf der Trompeten und treibenden Hörnerstößen übergewaltig, —

nicht unvorbereitet, wie sich bei B Seite 259 gezeigt, — über alle Stimmen, und wiederholt sich düsterer in Cmoll. Vergebens tönen jene Mahn= oder Klagerufe dringender wieder; sie erlöschen, und überall schallt zu dem Sturmschritt der Bässe (schon Seite 259 bei C und Seite 265 ist er angetreten) der Heldenruf,

und hallt wieder von Schaar zu Schaar, aus den Fagotten, Klarinetten, Oboen und Flöten, wieder Fagotten, Hörnern und Klarinetten, wieder Oboen und Flöten, und bringt weit hinaus und erstirbt da bebend, und ganz von Weitem her hallen wie letzte Seufzer zu

*) In dieser Anführung, wie fast überall, fehlen die meisten Füll= und Begleitungstöne.

dem Hauch andrer Bläser die weit auseinander gelegten Hörner[*]) und die Saiten fallen mit Pizzikato, wie ferne Kanonenschläge,

hinein. Und zu den erlöschenden Bebetönen, ganz von Weitem, hallt herüber der Ruf!

Nicht weiter ist es nöthig, der Handlung, die sich nun in den dritten Theil fortsetzt und in stralende Sieghaftigkeit ausgeht, hier zu folgen. Dieser Schluß des ganzen Aktes verkündet nicht blos den Triumph des Helden, er ist auch der Triumph des Satzes selber, dessen entscheidende Züge er zu Einem Momente zusammenfaßt. Er beginnt S. 73 der Partitur mit der Zusammenstellung des Satzes, den wir oft Heldenwort genannt, und eines aus der

---

[*]) Die Hörner liegen eine Duodezime, und dadurch isolirt, auseinander; das tiefe Horn hat in dieser Lage schon etwas Rauhes, das hohe etwas Hervorquellendes im Klange; so sondern sie sich von den mitklingenden Fagotten und Flöten, über denen eine Oboe eintönt. Man beherzige dabei den Karakter der Quinte (S. 121) der in der Duodezime (1 : 3) noch ausgesprochner in das Verlorne, Unbestimmte hinausreicht.

S. 260 bei E aufgewiesenen Figur hervorgebildeten, der im Rück=
gange die Achtelfigur aus H, S. 263 an sich zieht; wir wollen
jetzt die drei Momente mit A, B, C bezeichnen. So

treten die Sätze zuerst an, A im ersten Horn, B in der ersten
Violin, C ist die Folge von B, das zweite Horn, das in der Erre=
gung des Moments gleichsam voreilig (oben Takt 4) im Geleit der
Oboe einen Anlauf genommen, wieder mit der ersten Violin, wieder=
holt den Satz auf der Dominante; — die Standpunkte von Tonika
und Dominante wechseln fortwährend. Zur dritt' nimmt die zweite
Violin B, die erste A, die drei Hörner klingen mit A

auf das Anmuthigste ermuthigend mit ihren sanft durchdringenden
Halltönen hinein, während Klarinetten und Violen, wie zuvor blos
die Geige, begleiten und mit Oboen und Flöten hoch oben die weit
ausschauende Quinte hinausrufen. Nun nehmen die Bässe A, Flöten,
Klarinetten, Fagotte, zuletzt auch Oboen vereinen sich zu C auf= und
abwärts, die Hörner und Geigen (letztere synkopirend) füllen aus,
Trompeten und Pauken, noch im Piano, melden sich in diesem
prahlerischen Rhythmus

an, bis zuletzt unter dem fortwährenden Donner der Pauken die Trompeten mit allen Bläsern das Heldenwort bestätigend hinausrufen und die Bässe mit den Fagotten den Gegensatz (B, C) entgegenrollen; das Ganze eine Entwickelung in prachtvoll breiten Lagen von viermal acht Takten. Niemals ist der Sieg glänzender gefeiert worden. Das Bild des Krieges ist damit vollendet, der Gedanke des ersten Satzes voll ausgeführt und, geistig, erschöpft. Jede weitere Ausführung würde Wiederholung mit denselben oder andern Noten sein.

Beethoven wird nicht wieder darauf zurückkommen. Es ist seine Art, den Gedanken vollständig auszuführen und dann mit Entschiedenheit zu einem andern vorzuschreiten. —

Der zweite Akt, Adagio assai, ist Marcia funebre überschrieben, tritt auch in dieser Form an. Wie Beethoven den „Trauermarsch auf den Tod eines Helden" schreibt, ist aus der Sonate Op. 26 bekannt. Hier, in der Symphonie, ist die Aufgabe eine ganz andre und umfassendere, die Ueberschrift ist nur Andeutung, um der Auffassung einen ersten Anhalt zu bieten. Davon überzeugt man sich, sobald man nur nicht bei den ersten Abschnitten des Satzes stehn bleibt, sondern den ganzen Inhalt zusammenfaßt. So festgegründet sind gleichwohl die Kunstformen, daß die Grundzüge von Marsch mit Trio (S. 92) diesen ganzen Inhalt ordnen.

Hat der erste Akt die Schlacht — als den Inbegriff des Heldenlebens — gezeigt, so ist nun der Abend gekommen und es wird der schwere Gang über das Schlachtfeld angetreten, das so still geworden ist. Der Chor der Saiten, unter den dumpfen Rollschlägen der Bässe, tritt zuerst an; der Chor der Bläser mit dumpfen Pauken folgt wiederholend unter dem Fieberfrösteln der Saiten; die Oboe in ihrer engen Bestimmtheit führt die Melodie, Klarinetten, Fagotte, Hörner begleiten in einfachster Unterordnung, nur das erste

Horn, seltsam (in dieser Behandlung!) hoch gelegt auf die Quinte g, bringt mit Klagerufen hervor. Kurz und groß ist die Wendung vom Hauptton Cmoll nach der Parallele Esdur. Sehr still zwar, doch gefaßt, tritt der zweite Theil in den Saiten an; aber die Gedanken verlieren sich gleich wieder in trübes Sinnen und die melancholische tiefe Stimme des Violoncells irrt ganz einsam hin und wieder, bis der ernste Gang weiterführt, noch ernster in der Unterdominante angetreten. Die Bläser voran, wird der ganze zweite Theil wiederholt, mit anwachsendem Orchester, mit Erweiterung aller in so ernster Stunde wachgewordener Vorstellungen. Ein weiter Anhang schließt die ernste Scene in großartiger Zusammenfassung.

Nicht menschlich gefühlt hätte Beethoven, wäre nicht jetzt die lindernde Stimme des Trostes erwacht. In Cdur über dem aufathmenden, erfrischter zu neuem Leben sich regenden Saitenchor, in dem sich schon Wechselrede der tiefern Stimmen vernehmbar macht, knüpft der milde Gesang der Oboe, der Flöte, des Fagotts an. Es muß wohl die Süßigkeit des Soldatentods für Vaterland und Freiheit gepriesen worden sein; denn im hellsten Triumphruf, zum erstenmal mit schmetterndem Trompetenhall und dem Donner der Pauken, antwortet das ganze Heer des Orchesters. Wie diese Gedanken (im zweiten Theil des Trio's, so muß man formell sich ausdrücken) weiter reichen, daß hoch von oben herab der Himmel selber den Gefallenen zuzulächeln scheint, und abermals vom Triumphruf unter dem Waffenschall der Trompeten und Pauken, noch feiervoller als zuvor, besiegelt werden, muß man hören. In großartiger Wendung, mit Einem entscheidenden Zuge steht der Hauptsatz, das Trauerbild, das kein Trostwort auslöschen kann, wieder da.

Aber wo bleibt jetzt der enge Gedanke des Trauermarsches!

Sein Thema wendet sich sogleich (zum zweitenmal! so ernst ist die Stimmung) in die Unterdominante; und hier knüpft sich eine hoch=

ernste Erörterung an, es sind drei Stimmen, die gegeneinander ihre Betrachtungen austauschen,

von denen nur eine (die mittlere im vorstehenden Beispiel) an den zweiten Theil erinnert, die andern (die ihren Inhalt unmittelbar vorher gegeben) ganz Neues bringen. Streng in der Form einer Tripelfuge schreitet die Erörterung fort, dehnt sich weit aus, zieht allmählig alle Stimmen hinein, steigert sich zu leidenschaftlichem Streit, in dem zuletzt Alles schwankt und sucht und kampfgerüstet gegeneinander tritt. — Ist der Sieg doch nicht das Letzte auf der Heldenbahn? — Der Streit schweigt vor der Stimme der Trauer, die irr' auf der Dominante sich heranwagt und schweigt — und, den leidenschaftlich schnellen Aufruhr aller schmerzempörten Stimmen beschwichtigend, stillend, den in Blut und Nacht Gesunkenen ihr erhaben unsterbliches Lied singt, bis auch das erlischt. —

Hätte Beethoven sein Heldengedicht gesungen, nachdem sein Held geendet, hätt' er zuvor diesen hunderttausendarmigen Briareus, dem die Welt zu eng geworden, im ganz engen Kerker von St. Helena gesehn: vielleicht wär' ihm selbst für den zweiten Akt (wer kann es ermessen?) noch tiefere Offenbarung geworden; wunderfam hätte sich der Schluß des Werkes gestalten müssen, wenn überhaupt er sich gestaltet hätte. So hatte sich ihm die Aufgabe nicht gestellt, er schaute seinen Helden immitten der Kriegsbahn. Dies bestimmt den Verlauf des Drama's.

Der Held mit seinem Sieg, der Sieg mit seinem Zoll an den Tod, — das ist nicht das letzte Ziel: der Friede, der ist es; so

mußte Beethoven es ansehn; gleichviel wie Napoleon darüber gedacht.

Der dritte Akt, das sogenannte Scherzo, eröffnet einen eignen
Anblick. In rastloser Rührigkeit des Saitenchors, Alles schlagweise,
wie Ein Tritt von Tausenden, und Alles ganz still, scheinen Heeresmassen — wenn wir die Vorstellung aus der Idee des Ganzen
festhalten — endlos zusammenzurücken. Aber nicht zum Kampf;
unvermuthet mischt zu dem melodielosen Herantreten eine einzelne
Oboe ganz hoch und heimlich ihr rührig Lied, — man meint, ein
freches Volks= oder Soldatenlied jener Zeit

zu erkennen. Und das Getreibe geht fort, sehr weit, fast endlos
und immer ganz still und geheim, bis endlich das Lied jauchzend im
Geschmetter der Trompeten, im Chor des ganzen Orchesters herausbricht und sich um nichts kümmert, eigenwillig und losgelassen
seinen Schluß bildet.

Ist das Lagerlust? ist Friede und das Heer im Aufbruch nach
der lieben Heimath? Schon tönen auch so leicht und muthig, wie
leichte Reiter hoch zu Roß, die Hörner

herüber, und das Heersvolk schaut zufrieden und ruft hinüber, —
und die Hörner theilen und necken sich und versteigen sich in übermüthiger Lust bis in ihr höchstes hellburchdringendes es̄, Töne
ländlichen Reigentanzes aus der Heimat mischen sich drein und
schmeicheln so hold, so bräutlich! die Hörner tönen wieder und

spielen wieder um einander herum, nur daß sich ein sehnsüchtig ver=
langender Laut einmischt, —

die Septime des (b auf den Hörnern) auf Naturhörnern, — die
entmannten Ventil=Instrumente kannte Beethoven nicht, — so selten
gebraucht.

Und nun, — vielleicht hat der Kriegsherr das entlassende Wort
gesprochen, — stürzt Alles, das ist der vierte Akt, fort zu den Freu=
den und Festen des Friedens. Hier tritt nun jenes Thema, das wir
schon in zwei Werken (S. 212) gefunden, in voller Bedeutung auf. Ist
es in seiner Lieblichkeit und Harmlosigkeit Beethoven seit dem Pro=
metheus=Ballet im Sinne geblieben? ist es Volkslied? — wir wis=
sen es nicht, wollen auch den anmuthigen Spielen nicht folgen, die
sich daran knüpfen, noch dem Dankgebet, das sich aus seinen Un=
schuldtönen erhebt, lauschen. Es ist nicht Aufgabe, bis in alle Ein=
zelheiten zu erschöpfen, sondern die wesentlichen Momente des Gan=
zen zu bezeichnen.

Das war die Heldenweihe Napoleons und Beethovens.

Die Sinfonia eroica und die Idealmusik.

Die Heldensymphonie, die uns schon so lange festgehalten, ist nicht blos ein großes Werk, wie andre auch; sie eröffnet zudem eine neue Kunstepoche, sie ist, so weit wir aus allem in und außer der Musik Gegebnen urtheilen können, abschließend für das Gebiet dieser Kunst. Denn sie ist dasjenige Werk, in welchem die Tonkunst selbständig — ohne Verbindung mit dem Wort des Dichters oder der Handlung des Scenikers — und mit einem selbständigen Werke zuerst aus dem Spiel des Gestaltens und der unbestimmten Regungen und Gefühle heraustritt in die Sphäre des hellern und bestimmtern Bewußtseins, in der sie mündig wird und sich ebenbürtig in den Kreis ihrer Schwestern setzt. Dieser Fortschritt kann nicht überboten, es kann nur in der errungenen Sphäre weiter geschaffen werden, mit mehr oder weniger Glück.

Jenes Spiel des Gestaltens, jenes spielselige Leben der Töne soll nicht im Mindesten, gegenüber dem Fortschritt in eine andere Sphäre, gering geachtet sein. Vor Allem ist Beethoven, sind vor ihm Mozart und Haydn und Bach, alle Tonkünstler vor und nach Beethoven im Felde der Instrumentalmusik, ihm anhänglich und in ihm glücklich gewesen. Das Spiel, das im Gegensatz zu der auf einen

18*

bestimmten außerhalb ihrer liegenden Zweck gerichteten Arbeit, sich selber Zweck und darum in sich selber begnügt ist, es hat in allen Künsten und im Dasein des Menschen überhaupt seine tiefe Bedeutung. Das holde Spiel des Reims und Maaßes in der Poesie hat schon oft an sich selber für Poesie gelten sollen, wie das Spiel der Töne für die ganze und allein ächte Musik. Der Maler spielt mit glücklichem Lächeln und verantwortungsfreier Laune im heitern Farbenwechsel, im luftigen Schwung der Zweige und Blätter und Wolken, in der phantastischen Verknüpfung seiner Arabesken; ja die ganz zwecklos schweifende Phantasie des Dichters hat jenen Traum von der Fee Mab, jenes Märchen von der goldnen Schlange, jenes selig einwiegende

> Schwindet, ihr dunkeln
> Wölbungen droben

und den ganzen Schlußchor zu Helena gezaubert. Der tiefsinnige Mystiker Jakob Böhm, wo er die selige Gemeinschaft himmlischer Wesen am lebendigsten schaut, nennt sie ein heiliges Spiel Gottes; und dieses spielselige Leben, worin die reine Freude als aufflammender Lebensfunke heraustritt, nennt er das himmlische Freudenreich, wie auch dem ernsten Dante bei aller Zwecklichkeit seines Gedichts die Seligen als Lichtflammen erscheinen, die zu wundersamen Tönen im Reigen sich schwingen und entschwinden.

Das Spiel der Töne ist die Urmusik, es war und wird immer der Mutterboden (S. 186) sein, aus dem Alles, was in Musik lebt, seine Lebenskraft, sein Dasein zieht.

Allein der Mensch kann, in seiner Endlichkeit auf Begränzung, auf Ziel und Zweck hingewiesen, auch in der Kunst nicht end- und zwecklos fortspielen. Er sucht vor allen Dingen sich selber im Spiel, das Spiel soll Sein Spiel sein, das Gepräge, den Ausdruck Seines Daseins — wie Er es fühlt und wie Er Sich im gegebnen Augenblick fühlt — haben. Seine Phantasie sucht auch im Spiel der Töne das Gefühl seines Daseins; das Gefühl des bestimmten

Moments im Dasein, den er eben lebt oder gelebt hat, sie dichtet dies Gefühl hinein. Das Spiel der Töne ist nun nicht mehr ziel= und zwecklos, es richtet sich auf diesen mehr oder weniger scharf be= stimmten Punkt, den sich der Tonmeister als Ziel vorsetzt; nur so weit bleibt es frei, als die Zielbestimmung sich der Schärfe realer Zwecklichkeit oder exakter Wissenschaft enthält. So zieht ein Bie= nenschwarm ziellos und richtungslos dahin, unbewußt, wohin; und so schwärmt er um ein duftiges Blumenbeet, das ihn anzog, in freien, aber immer bestimmtern Kreisen, wie die Töne schweifen im fesselfreien Spiel und sich herandrängen zu dem bestimmtern Ge= müthszustand, in den der schöpferischen Phantasie sich zu versenken beliebt. Was der Phantasie diese bestimmtere Richtung gegeben, — ob ein vorgeschriebener Text oder sonst eine Bestimmung von außen, ob gegenwärtige Stimmung oder Erinnern einer früher erlebten, ob irgend eine andre nicht weiter bestimmbare Regung: das ist gleich= gültig. Genug, die Richtung in die neue Sphäre der Tonkunst ist gegeben, und sie ist menschennothwendig. Denn der Mensch ist nur, soweit er sich fühlt; im realen Leben fühlt er nach den Eindrücken der Verhältnisse, in der Kunst spiegelt die Phantasie Verhältnisse und Stimmungen vor. Es ist wieder ein Spiel, denn die Verhält= nisse und ihre Folgen sind nicht wirkliche von außen gegebne, sie sind frei im bildenden Geist — in der Ein=Bildung, in dem in ihm selber vorgehenden Bilden oder Gestalten des Geistes — geschaffene. Eben darin aber, daß der Mensch die im realen Leben zwingenden Verhältnisse und Stimmungen in der Kunst selbst gestaltet, fühlt er sich Herr dieser selbstgeschaffenen Welt und von der realen Welt in diesem verklärenden Spiegelbild erlöst und frei. Hierauf beruht die Wonne des künstlerischen Schaffens und der Trost, die ver= jüngende Kraft der Kunst für alle Empfänglichen.

In jener Freiheit liegt ausgesprochen, daß der Künstler, um einen Seelenzustand vorzustellen, nicht selbst ihm verfallen sein müsse, sondern umgekehrt, von ihm freigelassen; nicht die wirklichen

Schmerzen und Seufzer des Leidenden sind Poesie, sondern ihre Be=
siegung und Beherrschung, indem man sie schöpferisch selber herstellt
und sich, als den Schöpfer, über sie. So besiegte Goethe die ver=
zehrende Liebe Werthers, während der junge Jerusalem an ihr un=
terging. Es liegt ferner darin, daß die Bestimmung der Kunst nicht
ist, wirkliche Gefühle — oder Affekte, hochgespannte Gefühle — zu
erregen, sondern sie durch die schöpferische Kraft zur Vorstellung,
aber zur vollebendigen Vorstellung, zur Anschauung, nicht zum blo=
ßen Gedanken zu bringen. Shakespeare hat nicht verliebt machen
wollen, sondern die Liebe in ihrer entflammtesten, rücksichtlos ver=
zehrenden Macht im Romeo dargestellt. Die Folgen, — daß zahme
leipziger Kaufmannssöhne nach der Aufführung der Räuber wirklich
in die böhmischen Wälder ziehn, daß Pygmalion sein Idealbild wirk=
lich zur hausbackenen Ehefrau begehrt, sind der Kunst fremd und
gleichgültig; das ist der wackere kurzstämmige Sancho Pansa, der
seinen langen Herrn Don Quixote zwar ganz gewiß für verrückt
hält, aber doch nicht lassen kann, auf seinem Eselein hinterdreinzu=
traben, denn .... man kann nicht wissen ....

Die Sphäre des Gefühls, — des phantasiegebornen, wollen
wir sagen, um jedem Pansaismus auszuweichen, — der Tonkunst
verneinen, will nicht weniger sagen, als: den Inhalt der gesammten
Gesangmusik und dazu einen großen Theil der Instrumentalmusik
aller Künstler verleugnen, deren Schöpfungen in die Periode fallen,
wo der Mensch auch in der Tonkunst zu sich selber gekommen, —
das heißt: mindestens von Bach und Händel her, in der That aber
weit früher. Mozart und Haydn und Beethoven und ihre großen
Vorgänger und ihre Nachfolger haben das besser gewußt und gezeigt.

Gleichwohl ist dies Bewußtsein nicht ohne Verneinung durch=
zusetzen gewesen; vor ein Paar Jahrhunderten schon ist um Galilei,
Caccini, Monteverde herumgestritten worden. Bis in unsre Tage
hat es trotz dem Bewußtsein und Zeugniß aller größen Künstler
nicht an verneinenden Geistern — wer kann es ihnen wehren? —

gefehlt; der Streit der deutschen und welschen Schule beruht in sei=
nem letzten Grund auf dieser Frage.

Nun aber mußte der letzte Schritt geschehn. Und den zu thun,
war Beethoven berufen.

Der Mensch selber sollte Inhalt seiner Tonkunst werden, —
und es giebt viele Menschen, nicht blos ein Ich, auch ein Du.

Sein Gefühl sollte zur Anschauung kommen, — und es giebt
verschiedne Gefühle, die einander ausschließen, vereinzelt auftreten,
die aber auch in psychologischer, naturnothwendiger Entwickelung ein
fortschreitendes Lebensbild hervorzaubern können. Gewiß nicht mit
jener pragmatischen Sicherheit des Worts (und ist denn das wirklich
so sicher?), sondern nur in schwankenden Umrissen und durchschiene=
nen Farben, wie das Abbild der Wirklichkeit im Wasser oder in der
Luftspiegelung; aber um so künstlerischer und künstlerisch wirksamer,
statt der unerbittlich fesselnden Bestimmtheit dem reizvollen Spiel
der Phantasie vertraut.

Hiermit hatte die Musik den zwiefachen Beruf, dramatisch zu
werden und objektiv, auf sich genommen.

Mit Hülfe des Worts und der Scene war dies längst ge=
schehn, auch nicht weiter streitig geworden. Man ließ im Allgemei=
nen den Antheil der Musik an der Darstellung des Gegenstands un=
erörtert; erst Gluck's Auftreten regte lebhaften Streit an, der jedoch
nicht auf den Grund der Sache ging, sondern in dem Streit der
italischen und gluck'schen oder deutsch=französischen Oper verlief.

Auch die Instrumentalmusik hatte sich gelegentlich an objektive
Darstellungen gemacht. Abgesehn von unkünstlerischen Versuchen
(wie jener Spaß sur le départ d'un ami, der sich unter Bachs
Werke geschlichen, aber schwerlich von ihm ist) geschah es indeß nur
im Anhalt an ein Gesang= oder scenisches Werk; so in der gluck'=
schen Ouvertüre zu Iphigenie in Tauris, oder in der haydnschen zur
Schöpfung. Bekanntlich ist nebenbei viel Aeußerliches gemalt wor=
den. Beethoven, der vorübergehend auch dazu kommen sollte, „dachte

fich (wie Ries bezeugt) bei seinen Kompositionen oft einen bestimm=
ten Gegenstand, obwohl er über musikalische Malerei häufig lachte
und schalt, besonders über kleinliche der Art. Hierbei mußten
Schöpfung und Jahreszeiten von Haydn manchmal herhalten, ohne
daß Beethoven jedoch Haydns höhere Verdienste verkannte, wie er
denn namentlich bei vielen Chören und andern Sachen Haydn die
verdientesten Lobsprüche ertheilte."

Das Alles waren Vorspiele, — Vorbereitungen, wenn man
von den einzelnen Künstlern weg auf die durch sie alle fortwirkende
Kraft und Bestimmung der Kunst, sich fortzuleben und auszugestal=
ten, hinblickt. Was hier nur versuchsweise, nebenbei, mit Anhalt an
außermusikalischer Stütze geschehn, mußte sich in wirklichen, selb=
ständigen und anhaltlosen Kunstwerken vollführen. Damit erst war
die Musik objektiv geworden und ideal, das letztere in dem Sinne,
daß sie aus eignem Mittel das Leben, nämlich ganze Lebenszustände
darstellten ach der Idee, nach dem geistig verklärten Bilde, das sich
im Künstler erzeugt hatte.

Dies war Beethovens Werk. Wie richtig er es von der äußer=
lichen Malerei unterschied, haben wir eben aus Ries Munde er=
fahren.

In seinen Sonaten, schon in den bisher betrachteten, hat sich
mehr als ein Bild naturwahren, psychologisch zusammenhängenden,
eine ganze Reihe nothwendiger Momente durchlaufenden Seelen=
lebens dargeboten, innerlich so einheitvoll und nothwendig, als irgend
ein Gedicht oder Gemälde. In seiner Helden = Symphonie haben
wir das Idealbild — nicht eines allgemeinen und Vielen gemein=
samen Seelenzustandes, sondern eines hohen und seltnen und ganz
bestimmten Lebensvorgangs vor Augen; wir sind aus der Lyrik in
das Epos getreten. Und zwar ist das nicht Meinung, Vermuthung,
Auslegung, — dafür mag man es einstweilen in jenen Sonaten
halten; in der Eroica ist es der geschichtlich und urkundlich fest=
stehende Wille dessen, der den Schritt gewagt.

„Aber ist der Schritt möglich?"

Vor Allem ist schon das eine That zu nennen, daß Beethoven den Schritt gewagt, hätte sich selbst hinterher die Unausführbarkeit gezeigt. Denn er hat damit dem Drange des Menschengeistes nach Selbstbewußtsein und nach Weltbewußtsein in seinem Lebenskreise Folge gegeben. So hat Faust, der Deutsche, der Ideal-Mensch Helenen geliebt:

> Helenen, mit verrückten Sinnen,

meint Chiron, die derbe Roßnatur, der still umfriedeten Manto zugewandt,

> Helenen will er sich gewinnen
> Und weiß nicht wie und wo beginnen;
> Asklepischer Kur vor andern werth,

und ist schon, gleich dem Kunstphilosophen, weit weg, während die Seherin

> Den lieb' ich, der Unmögliches begehrt.

erwiedert.

„Ist aber nicht, fragen wir nochmals, dennoch die Musik in ihrer Unfähigkeit, Gegenstände, Objekte zu bestimmen, ungeeignet, objektiven Inhalt zu offenbaren? liegt nicht dieser Inhalt in der bloßen Ueberschrift und — Eurer subjektiven Einbildungskraft? in dem, was Ihr Euch ganz willkührlich dazu oder daneben einbildet?" —

Unsre, unsre subjektive Einbildungskraft? — Man erwäge wohl, wen dies „Eure" umfaßt! nicht weniger, als alle großen, von Euch selber dafür anerkannten Tonkünstler, von Bach und Händel (man lese die Werke und die wörtlichen Erklärungen — oder den „Maigruß!") bis auf unsre Tage. Sie Alle haben in ihrer Kunst jene Fähigkeit zu finden gewußt und darauf ihres Lebens Beruf gebaut. Oder — wenn Ihr es zu sagen wagt — sie Alle sind Thoren gewesen, Irrsinnige in ihrem eignen Berufsfelde.

Gern wollen wir dabei das Zugeständniß machen, daß die Aufschrift, die Benennung des Werkes, der Verständigung über den Inhalt vorarbeitet. Wir nennen dies Geständniß ein Zugeständniß, weil die Zweifler an der Fähigkeit der Musik für bestimmtern Inhalt gern mit der Behauptung bei der Hand sind, daß jene Fähigkeit nur in der Ueberschrift liege. Gleichwohl würde kein Mensch uns Glauben beimessen, wenn wir etwa die Aufschriften vertauschen, die heroische Symphonie pastoral und die Pastoralsymphonie heroisch nennen wollten, wie kein Musiker auf die Ueberschrift Didone abbandonata etwas gegeben hat, als Clementi einmal aus Parterre-Erinnerungen eine Sonate so nannte, oder auf die Ueberschriften der Virtuosen, Souvenir de Berlin u. s. w. etwas giebt.

Allerdings sind Ueberschriften als erster Fingerzeig wichtig, sie geben die Voraussetzungen zum Inhalte des Kunstwerks; nur muß dies selber nachkommen. Allein das ist nicht ein besonderes Bedürfniß für die Musik, es ist allen Künsten für hundert und aber hundert Werke unentbehrlich, daß man, gleichviel in welcher Weise, mit dem Gegenstand und seinen Voraussetzungen bekannt werde, bevor man an das Kunstwerk geht. Wer könnte wohl eine Himmelfahrt der Maria oder die Transfiguration von Raphael begreifen, wenn ihm nicht aus der Bibel oder Legende der Hergang bekannt wäre, den der Maler darzustellen hatte? Goethe hat in seinem Laokoon eine solche voraussetzungslose Erklärung des alten Bildwerks versucht; und was hat sich ihm ergeben? ein würdiger, tüchtiger Mann, der sich mit seinen Söhnen (Söhnen? schon das ist Voraussetzung) der behaglichen Ruhe hingegeben und im Schlummer von den Schlangen überrascht und umstrickt worden.

Ganz nahe liegt eine gleiche voraussetzungslose Auffassung der heroischen Symphonie selber, von dem geistreichen Richard Wagner, deren Mittheilung aus doppelten Gründen hier statthaben möge.

Wagner schickt die Bemerkung voraus, daß das Wort „heroisch" im weitesten Sinn zu nehmen und unter „Held" der ganze volle Mensch zu verstehen sei. Dies vorausgesetzt, spricht er sich so aus.

„Den künstlerischen Inhalt des Werks füllen alle die mannig-

faltigen, mächtig sich durchbringenden Empfindungen einer starken, voll=
kommenen Individualität an, der nichts Menschliches fremd ist,
sondern die alles wahrhaft Menschliche in sich enthält und in der
Weise äußert, daß sie nach der aufrichtigsten Kundgebung aller edlen
Leidenschaften, zu einem, die gefühlvollste Weichheit mit der ener=
gischsten Kraft vermählenden Abschlusse ihrer Natur gelangt. Der
Fortschritt zu diesem Abschlusse ist die heroische Richtung in diesem
Kunstwerke. Der erste Satz umfaßt wie in einem glühenden Brenn=
punkte alle Empfindungen einer reichen menschlichen Natur im rast=
losesten, thätigsten Affekte. Wonne und Wehe, Lust und Leid, An=
muth und Wehmuth, Sinnen und Sehnen, Schmachten und Schwel=
gen, Kühnheit, Trotz und ein unbändiges Selbstgefühl wechseln und
durchbringen sich auf das Innigste und Unmittelbarste und gehen
aus von einer Hauptfähigkeit, der Kraft. Diese Kraft, durch alle
Empfindungseindrücke unendlich gesteigert und zur Aeußerung der
Ueberfülle ihres Wesens getrieben, ist der bewegende Hauptdrang
dieses Tonstückes, sie ballt sich — gegen die Mitte des Satzes —
bis zur vernichtenden Gewalt zusammen, und in ihrer trotzigsten
Kundgebung glauben wir einen Weltzermalmer vor uns zu sehn,
einen Titanen, der mit den Göttern ringt. — Diese zerschmetternde
Kraft drängt nach einer tragischen Katastrophe hin, deren ernste
Bedeutung unserm Gefühle im zweiten Satze der Symphonie sich
kundgiebt. Der Tondichter kleidet diese Kundgebung in das musi=
kalische Gewand eines Trauermarsches. Eine durch tiefen Schmerz
gebändigte, in feierlicher Trauer bewegte Empfindung theilt sich uns
in ergreifender Tonsprache mit: eine ernste männliche Wehmuth
läßt sich aus der Klage zur weichen Rührung, zur Erinnerung, zur
Thräne der Liebe, zur innigen Erhebung, zum begeisterten Ausrufe
an. Aus dem Schmerz entkeimt eine neue Kraft, die uns mit er=
habener Wärme erfüllt: als Nahrung dieser Kraft suchen wir un=
willkührlich wieder den Schmerz auf; wir geben uns ihm hin bis
zum Vergehen in Seufzer; aber gerade hier raffen wir abermals

unsre vollste Kraft zusammen: wir wollen nicht erliegen, sondern
ertragen. Der Trauer wehren wir nicht, aber wir selbst tragen
sie nur auf den starken Wogen eines muthigen, männlichen Herzens.
— Die Kraft, der — durch den eignen tiefen Schmerz gebändigt —
der vernichtende Uebermuth genommen ist, zeigt uns der dritte Satz
nun in ihrer muthigen Heiterkeit. Wir haben jetzt den liebens=
würdigen frohen Menschen vor uns, der wohl und wonnig durch
die Gefilde der Natur dahinschreitet, lächelnd über die Fluren blickt,
aus Waldhöhen die lustigen Jagdhörner (Trio) erschallen läßt. Dort
der tief und kräftig leidende, hier der froh und heiter thätige Mensch.
— Diese beiden Seiten faßt der Meister im vierten Satze zusam=
men, um uns endlich den ganzen harmonisch mit sich einigen Men=
schen zu zeigen. Dieser Schlußsatz ist das klare und verdeutlichende
Gegenbild des ersten Satzes. Im Gegensatz zu diesem einigt sich
hier die mannigfaltige Unterschiedenheit der Empfindungen zu einem
alle diese Empfindungen harmonisch in sich fassenden Abschlusse, der
sich in wohlthuender plastischer Gestalt uns darstellt. Diese Gestalt
hält der Meister zunächst in einem höchst einfachen Thema (das
erste Hauptthema) fest, welches sicher und bestimmt sich vor uns
hinstellt und der unendlichen Entwickelung, von der zartesten Fein=
heit bis zur höchsten Kraft, fähig wird. Um dieses Thema, welches
wir als die feste männliche Individualität betrachten können, win=
den und schmiegen sich vom Anfange des Satzes herein alle die
zarteren und weicheren Empfindungen, welche sich bis zur Kund=
gebung des reinen weiblichen Elementes (verkörpert in dem zweiten
Hauptthema) entwickeln. Dieses weibliche Element offenbart sich
endlich an dem durch das ganze Tonstück energisch dahinschreitenden
männlichen Hauptthema in immer gesteigerter mannigfaltigster Theil=
nahme als die überwältigende Macht der Liebe. Diese Macht
bricht nach dem Schlusse hin sich volle breite Bahn in das Herz.
Die rastlose Bewegung hält an und — der Eintritt des poco Andante — in edler, gefühlvoller Ruhe spricht sich die Liebe aus,

weich und zärtlich beginnend, bis zum entzückenden Hochgefühle sich
steigernd, endlich das ganze männliche Herz bis auf seinen tiefsten
Grund einnehmend. Hier äußert noch einmal das Herz dieses Ge=
denken des Lebensschmerzes: hoch schwillt die liederfüllte Brust —
die Brust, die in ihrer Wonne auch das Weh umfaßt. Noch ein=
mal zuckt das Herz und es quillt die Thräne edler Menschlichkeit:
doch aus dem Entzücken der Wehmuth bricht kühn der Jubel der
Kraft hervor, — der Kraft, die sich der Liebe vermählte, und in
der nun der ganze volle Mensch uns jauchzend das Bekenntniß sei=
ner Göttlichkeit zuruft." So Wagner, der noch hinzufügt: „Nur
in des Meisters Tonsprache war aber das Unaussprechliche kund zu
thun, was das Wort hier eben nur in höchster Befangenheit an=
deuten konnte." —

Hier hat es Wagner gefallen, die positiven Voraussetzungen
für das Kunstwerk abzulehnen. Er hat also nicht den vollen und
bestimmten Inhalt des Werks geben können, so gewiß er als Künst=
ler und geistreicher Mann vor Tausenden dazu vermögend gewesen
wäre. Es gefiel ihm, statt der Anschauung des vollen Lebens den
gedanklichen Extrakt zu geben und damit, allerdings willführlich,
vom Kunstwerke sich hinweg in das Abstrakte, das heißt Unkünstle=
rische*), zu verlieren. Und dennoch, wieviel Treffendes, der Wahr=
heit Nahes hat er trotz dieser Willführ gefunden! es ist der künst=
lerische Inhalt, in das Unkünstlerische übersetzt.

Daß er, der in seiner Verbannung aus dem Vaterlande Zeug=
niß giebt, welche Männer in der Verbannung leben sollen, nur will=
führlich — gleichviel warum — hier den entferntern Standpunkt
genommen, wie Goethe zum Laokoon ebenfalls, wird Niemand ver=
gessen machen, daß in ihm ein Künstler lebt und daß der Künstler,

---

*) Le coeur, sagt ein Andrer, der in der Verbannung glänzt, der Ge=
schichtschreiber der Revolution, Louis Blanc, le coeur ignore les attachements
abstraites, il n'est pas logicien, il ne généralise pas.

sobald er will, der Verständniß des Kunstwerks am Nächsten steht. „Wenn überhaupt (sagt Elterlein in seiner Schrift über Beethovens Symphonien einsichtig) je eine Entzifferung des Geistes, der in bestimmten Tönen lebt, auf Wahrheit Anspruch machen kann, so ist es vor Allem sicherlich dann, wenn der Künstler den Künstler entziffert. Denn in gewissem Sinne versteht nur der Künstler den Künstler am Vollkommensten."

„Wo sind aber endlich, das Programm und alle Nebenreden bei Seite gesetzt, die Mittel der Musik für bestimmten Ausdruck? Wie sollen wir Andern, die Autorität der Künstler einmal aus dem Spiel gelassen, ihren Ausdruck verstehn?"

Wir müssen antworten: forschet in der Kunst! in ihrem Material, den Schallen, Klängen, Tonverhältnissen (ein Paar Buchstaben aus ihrer Sprache sind hier schon zum Vorschein gekommen) Rhythmen! nehmet dazu die Hülfsmittel des Gleichnisses, der Symbolik, des psychologischen Zusammenhangs, all die geistigen Lenkfäden, deren kein Künstler, kein Mensch entrathen kann! haltet euch, abstrakte Kunstphilosophen, die ihr euer von Natur vielleicht empfängliches Gemüth in die Fußblöcke des abstrakten Verstands gelegt habt, nicht allzubeschränkt an die Fäden des Systems, das ihr nach der Weise der Spinnen aus Euch herausgezogen habt, sondern wendet euch an die Kunstwerke! nistet euch da ein, drängt euch glaubensstark an die Kunst, wie einstmals der Erzvater, der mit dem Geiste rang — „ich lasse dich nicht, du segnest mich denn!" war sein unablässiger Gebetschrei — und dem dann die Himmelsleiter sichtbar ward, auf der die Engel des Himmels mit der seligen Botschaft nieder- und wieder aufstiegen! Eine andre Weisung kann euch hier nicht gegeben werden. Hier wird nicht gelehrt, sondern erzählt, was geschehn und geschaut ist.

Wer freilich dieses Schauen des künstlerischen Geistes sich verwirrt und getrübt hat, oder niemals besessen: der erblickt in der Himmelskönigin mit dem welterlösenden Wunderkinde, die sie die

Sixtina nennen, auch nichts weiter, als ein schönes Weib in einer physikalisch unhaltbaren Stellung.

Auf absolute Deutlichkeit macht übrigens keine Kunst Anspruch (sie flieht sie vielmehr, um die Phantasie des Hörers mit ins Spiel zu ziehn) und die Musik am Allerwenigsten. Ihr, im Schwebeflug ihres Wesens, ist das Festitellen Gränze ihres Daseins, die sie wohl ahnend und Ahnung erweckend berühren, über die sie glaubenssicher hinausschauen kann, wie damals der Gesandte Gottes von der Höhe hinabschaute in das Land der Verheißung, das Er nicht betreten sollte. Aber sie überschreiten mag sie nicht, ihr Leben ist ein Gleich=niß des äußern Lebens, wie der Mikrokosmos ein Gleichniß des Makrokosmos. Ihr ist das Wort des Dichters:

> Alles Vergängliche
> Ist nur ein Gleichniß:
> Das Unvergängliche,
> Hier wird's Ereigniß,
> Das Unbeschreibliche,
> Hier wirds gethan,
> Das ewig Weibliche
> Zieht uns hinan!

eigenst zugewandt; das ewig Weibliche, das ist die Musik, die das Leben, den Geist, geheimnißvoll in ihrem Mutterschooße birgt. Wenn es wahr ist*), daß Goethe von Beethoven gesagt: es komme ihm beim Anhören beethovenscher Musik vor, als ob dieses Menschen Vater ein Weib, seine Mutter ein Mann gewesen sein müsse: so hat der sonnaugige Dichter wieder einmal klar und tief geblickt. Der Vater, der Geist, hat ihn in die Musik gewiesen, die ist in ihm Mann — Geist — geworden.

Daß endlich in diesen Tiefen der Musik die Auffassung auch

---

*) Gewährsmann und Anreger ist Zelter, der mit der ganzen plumpen Frechheit eines berliner Philisters (denen er „unser Zelter" hieß) von Beethoven gesagt: er gebe ihm den Namen eines Thiers, das man lieber gebraten, als lebendig im Zimmer suche.

irregehn kann, wer wollte das leugnen? Aber wo ist das nicht ge=
schehn? wie weit gehn die Ausleger der Dichter oft auseinander?
hat nicht ein berliner Ausleger als Motiv des Macbeth die eheliche
Liebe bezeichnet?

Eigenthümlich hat an der Eroica Beethoven selber sich in eine
abweichende Deutung verloren. Schindler erinnert in Bezug auf
den zweiten Satz an die von uns S. 256 mitgetheilte Aeußerung,
die Beethoven siebzehn Jahr nach der Komposition bei der Nach=
richt von Napoleons Tode entfallen sei, und fährt fort: „Mag man
jene Aeußerung für Scherz oder Ernst nehmen, es liegt immerhin
viel Wahrheit darin. Wenn Beethoven sagte, er habe dem großen
Kaiser zu seinem tragischen Ende schon vor siebzehn Jahren die
passende Musik komponirt, so führte ihn seine Phantasie bei'm Aus=
malen jener Katastrophe noch weiter. Zeigt z. B. der Mittelsatz
in Cdur (Maggiore) nicht deutlich das Nahen eines Hoffnungs=
sternes? Weiterhin (in diesem Mittelsatz) nicht den kräftigsten Ent=
schluß in der Seele des großen Helden, seinem Geschicke zu wider=
stehen? Selbst in dem folgenden Fugensatz spricht sich hier an Ort
und Stelle ein Kampf mit dem Schicksal aus. Nach diesem fühlt
man das Ermatten der Kräfte, die sich auf Augenblicke wieder mit
Anstrengung erheben, bis in der Phrase *)

die Ergebung sich ausspricht, der Held nach und nach hinsinkt, und
sich endlich wie jeder andere Sterbliche — begraben läßt.“ Man
erkennt sogleich, daß Beethovens Auslegung auf Verhältnissen beruht,
die zur Zeit der Komposition noch gar nicht vorhanden waren, ihm

---

*) Es ist der Anfang vom zweiten Theil des Hauptsatzes.

also für die Komposition nicht bestimmend sein konnten. Er hat sich das in einer gelegentlichen Aeußerung so zurechtgelegt.

Bedenkenswürdiger ist die Auffassung Oulibicheffs, der sich mit offenbarer Liebe dem Kunstwerke hingegeben, so arg er sonst gegen den Künstler gefrevelt, dessen Biographie er geschrieben.

Oulibicheff faßt den ersten Satz der Symphonie mit Lebhaftigkeit auf, seine Phantasie malt das Bild der Schlacht weiter aus, als die Komposition gewollt und gekonnt, er sieht die Garde vor ihrem großen Feldherrn defiliren*), er führt uns in den Schlachtplan desselben ein**), er hebt einen glänzenden Moment des dritten Theils hervor, den wir noch nicht betrachtet haben, seine Phantasie findet überall Beschäftigung und für Alles blendende Bilder und schimmernde Farben. Nur Eins hat dem geistreichen Manne gefehlt: Treue für den Gegenstand und, wie sich später zeigen wird, Ehrfurcht für den von ihm selber so hochgestellten Künstler. Die Treue hätte sich darin zu erweisen gehabt, daß er mehr das Kunstwerk, als sein eignes Wissen vom Gegenstande desselben und seine vorgefaßten Ansichten befragt haben würde. Dies hat ihm nicht beliebt — und so kommt er auf wunderbare Zweifel und Hypothesen, in denen ihm Fétis als Stütze dient. Es ist eine Verirrung Oulibicheffs, aber die Verirrung eines geistreichen Mannes. Eine solche ist oft betrachtenswürdiger, als der gerade aber enge Gedanke

---

*) Puis, le grand capitaine voit défiler sa garde, marchant sur les trois divisions de la mesure, à pas égaux dans les violons et accentuant le rhythme d'une noire pointée dans les bassons et les flûtes. Quelle prestance et quelle tenue! Une troupe magnifique, n'est-il pas vrai, une troupe, dont les moindres goujats sont des héros et qui n'a qu'à regarder l'ennemi dans les yeux pour le réduire en poudre.

**) Après avoir fait le dénombrement de ses forces, récapitulé ses moyens d'attaque et de défense, le héros, dans la seconde partie, va les combiner suivant les exigences de ses plans gigantesques et les appeler mentalement à l'action; une action, dont les résultat sont prévus et infaillibles, car lui-même, l'homme du destin, se charge de tout diriger.

der Mittelmäßigkeit; die hier zu besprechende wird neues Licht auf den Gegenstand und seine Geschichte werfen.

Oulibicheff bleibt dabei stehn, daß das Werk bestimmt gewesen sei, Bonaparte gewidmet zu werden, daß es ihn habe verherrlichen sollen, und kann damit die Einflechtung des Trauermarsches*) nicht vereinen. Sollte er die Manen so vieler auf den Schlachtfeldern Gebliebner trösten? aber verschwanden sie nicht im Ruhme der Ueberlebenden, und war dieser Berg von Kanonenfleisch**) — beiläufig ein napoleonischer, kein beethovenscher Gedanke — nicht gerade das Fußgestell des Helden?

Dann wirft er eine zweite Frage***) auf, die ihm noch ernsthafter scheint. In einem Werke von solcher Wichtigkeit, das ihm zwei Jahre der Arbeit gekostet, hätte Beethoven ohne Zweifel mehr als jemals, — mehr als jemals? wann wäre von ihm oder einem andern Musiker vor der Heldensymphonie dergleichen unternommen worden? — suchen müssen, seine Aufgabe zu erfüllen, †) indem er die dichterische Idee, das Heldenthum personifizirt in Napoleon Bonaparte triumphiren ließ; dieser Triumph aber hätte sich nicht anders als im Finale vollführen lassen, denn in der Musik wie überall sei das Ende die Krone des Ganzen.

Nun findet er aber nach seiner Versicherung nichts weniger

---

*) ... pourquoi une marche funèbre encadrée dans l'hommage que Beethoven voulut rendre à un homme, que le monde ne savait que trop vivant.

**) ... les cadavres des dits braves, entassés en une montagne de chair à canon n'avaient-ils pas justement servi de piédestal au héros.

***) Er sagt objection.

†) ... „Beethoven mußte ohne Zweifel mehr wie jemals sein Programm zu rechtfertigen suchen, indem er die dichterische Idee triumphiren ließ, und diese war keine andre, als das in Napoleon Bonaparte personifizirte Heldenthum." Dies, wir haben es schon S. 270 bemerkt, war bereits im ersten Satze, und im höchsten Aufschwung im Schluße desselben geschehn. Es wär' undichterisch gewesen, dasselbe noch einmal, gleichviel mit welcher Ausführung, zu bringen.

heroiſch, als das Finale der heroiſchen Symphonie. „Berlioz[*]) (fügt er zu) ſieht darin Thränen und zwar ſehr viel Thränen; das wär' alſo die Fortſetzung des Trauermarſches, die traurige Kehrſeite der zu Ehren des großen Mannes geprägten Medaille, nicht ſein glänzend Bild."

Mit dieſen Bedenken hält er den Zorn Beethovens (S. 256) bei der Nachricht, daß Bonaparte ſich zum Kaiſer gemacht, hält er die Aenderung des Titels der Symphonie zuſammen und wirft die Frage auf: ob es nicht natürlich ſei, anzunehmen, daß jene Aende= rung noch andre in der Kompoſition und ihrer Geſtaltung (les formes mêmes de la symphonie) nach ſich gezogen habe? So wär' es begreiflich, daß ein Trauermarſch, unverträglich mit der einem Lebenden zu erweiſenden Huldigung, ſich wohl anwendbar in einem Werke gefunden hätte, beſtimmt, das Andenken eines Todten zu feiern, — und todt ſei Napoleon für Beethoven geweſen vom Augenblick ſeiner Thronbeſteigung an. —

Aber nun das Finale? das triumphirende Finale? — das war

---

*) Berlioz geht nämlich bei ſeiner Analyſe der Symphonie, wie Oulibicheff bemerkt, von einer falſchen Vorausſetzung aus. Er überſetzt die Aufſchrift „per festeggiare il sovvenire di un grand 'uomo" mit „pour célébrer l'anniversaire de la mort d'un grand homme," erblickt alſo, wahrſcheinlich durch die götzendieneriſche Stellung der Franzoſen Napoleon gegenüber bewogen, in der Symphonie nichts anders, als eine Todtenfeier deſſelben. On voit, ſagt er, qu'il ne s'agit point ici de batailles, ni de marches triomphales, mais bien de pensées graves et profondes, de mélancholiques souvenirs, de cérémonies imposantes par leur grandeur et leur tristesse (alles ganz franzöſiſch und ganz theatraliſch und gar nicht beethoveniſch und gar nicht deutſch) en un mot, de l'oraison funèbre d'un héros. Einmal auf dieſem ganz willkühr= lich genommenen Standpunkte iſt es — Oulibicheff ſagt extraordinaire, wir ſagen, nicht ſonderlich zu verwundern — und laſſen Oulibicheff das Wort: que dans ce scherzo si vif et si gai, d'un bout à l'autre, d'un rhythme si chalereux et si briose, M. Berlioz ait cru reconnaitre „des jeux funèbres, à chaque instant interrompus et assombris par des pensées de deuil; des jeux enfin, comme ceux, que les guerriers de l'Iliade célébraient autour les tombeaux de leurs chefs!"

auch schon gefunden. Denn was lesen wir in Fétis Biographie universelle des musiciens? —

„Man sagt (so stellt Oulibicheff dar), daß der zweite Satz dieses Werkes" (der heroischen Symphonie, — wohl zu merken: der zweite Satz!) „schon vollendet und kein andrer war, als der kolossale Wurf des letzten Satzes der Cmoll-Symphonie, als eines Tages ein Freund in Beethovens Zimmer trat und, die Zeitung in der Hand, ihm ankündigte, der erste Konsul habe sich zum Kaiser ernennen lassen. Da änderte sich Beethovens Ideengang, an die Stelle des heldenthümlichen Satzes stellte er den Marsch, der jetzt den zweiten Satz der Symphonie bildet." *)

Das, meint Oulibicheff, begreife sich ganz gut. Warum aber hätte dem Trauermarsche nicht jener triumphirende Satz folgen können, der aus diesem Werke die glänzendste und ruhmvollste aller beethovenschen Symphonien gemacht haben würde? Aus dem einfachen Grunde, antwortet er selber, weil man nicht Todte feiert, wie Lebende, nicht Erinnerung wie Gegenwart, und weil nach dem Trauermarsch der donnernde Zuruf (l'acclamation foudroyante, das Finale der Cmoll-Symphonie), der uns vor den Mann des Schicksals und seine hundert Siege gestellt, widersinnig sei. Wie schade demungeachtet, daß Beethoven seinen Plan geändert und in Folge seines Republikanismus zwei Sätze geschieden habe, einer gleichzeitigen (?) und gleichartigen Eingebung entsprungen**) und so

---

*) On dit que le second morceau de la symphonie heroique (sagt Fétis) était achevé et n'était autre, que le colossal début du dernier mouvement de la symphonie en ut mineur, quand on vint annoncer à Beethoven, que le premier consul venait de se faire nommer Empereur. Sa pensée changea alors de direction; à l'heroique mouvement il substitua la marche funèbre. Son héros lui semblait déjà descendu dans la tombe, au lieu d'un hymne de gloire il avait bésoin d'un chant de deuil. Le grand mouvement en ut fit peu dè temps après (drei Jahre) naître (die Aerzte nennen dergleichen eine St....-Geburt) dans la tête de Beethoven le projet de la symphonie en ut mineur.

**) .... nés d'une inspiration simultanée et homogène....

wohl geeignet, mit einander zu leben: das Allegro der heroischen und das Finale der Cmoll-Symphonie.

So viel Kunst kostet es, um die Wahrheit herumzukommen.

Der Thatbestand ist, daß Beethoven die Symphonie vollendet hatte, als Napoleons Thronbesteigung die beabsichtigte Widmung nach Beethovens Sinn unmöglich machte, Beethoven vom Werke selber nichts mehr wissen wollte (es mußte auf dem Fußboden liegen bleiben) und es dann dem Fürsten Lobkowitz überließ. Von einer Aenderung der Komposition weiß weder Ries noch Moritz Lichnowski (den Schindler später gesprochen) noch sonst Jemand ein Wort. Für den offen sich Hingebenden wie für den treuen Forscher hätte sich daher die Frage ganz einfach so gestellt: was sagt, was giebt mir das Werk? was hat also Beethoven damit sagen wollen? diese Frage mußte Satz für Satz das Werk begleiten. Nicht was wir für uns denken und gesagt wissen wollen, sondern was Beethoven gedacht und gewollt und in der Partitur ausgesprochen, das ist Gegenstand der Erörterung. So haben wir uns oben, — gleichviel mit welchen Kräften und welchem Erfolg, aber gewißlich in Treuen, — an die Partitur gehalten und aus ihr gelesen oder gefolgert.

Die Franzosen, — Oulibicheff steht ganz auf französischem Grund und Boden, — machen sich sogleich eine Huldigung, eine Verherrlichung im französischen oder römisch-imperialistischen Styl zurecht, in der der Held und wieder der Held und nichts als er mit Siegsbildern und foudroyanter Acclamation gefeiert werden wird, — sollt' er auch dabei fortwährend gähnen, wie Napoleon bei der Krönung. Sie bemerken gar nicht, wie armselig dieser rednerische Prunk ist, wo sich's um ein Kunstwerk handelt; wie sollt' ihnen Beethovens hoher Sinn klar werden, der (gleichviel wie politisch-irrig) in Napoleon nichts als den Helden, im Helden nichts als den Befreier

und Weltbeglücker und Friedenbringer erblickte? Sein Finale*) voll
ländlicher Spiele, voll lieblicher Friedseligkeit, dann aber auch zeu-
gend von jener Energie, die den Völkern Bürge der Erhaltung ist,
die Herzen Aller andachtvoll nach oben emporhebend und doch ganz
frisch sich der brausenden Lebenslust überlassend: das ist ein erhab-
nerer Abschluß für den sinnigen und großdenkenden Hörer, als alle
foudroyanten Acclamationen, die jemals Dschingis-Chan und Napoleon und die andern Sabreurs allesammt in ihren erzenen Ohren
vernommen. Das ist im Sinne des Aeschylus gesungen, als der
die Eumeniden sang und die Perser.

Und für das französische Prachtstück haben sie Märchen ersonnen, und Fétis, der Musiker, hat sich das Cdur-Finale für das ursprüngliche Adagio oder Scherzo (zweiten Satz) der Esdur-Sym-
phonie aufbinden lassen, und Oulibicheff wär' es wohl zufrieden, den
ersten Satz in Esdur und den letzten in Cdur zu einer einzigen
Symphonie zusammenzunähn. Oder sollte transponirt werden, aus
Es nach C, oder aus C nach Es? Man muß auf Alles gefaßt
sein, einem französischen Musiker oder connaisseur gegenüber.

Heben wir vorerst drei Ergebnisse dieser Umschau hervor.

Das erste ist: der Schritt Beethovens in das Gebiet des bewußtern Geistes ruft sogleich die Geister der Theilnehmenden zu
höherm Bewußtsein auf, giebt ihnen einen bestimmtern Inhalt und

---

*) Oulibicheff entschuldigt übrigens Beethoven und sein Finale sehr groß-
müthig. Die Störung seiner politischen Illusion, sagt er, entmuthigte den großen Künstler; die Begeisterung versagte für die neue Arbeit, die er für die alte
einlegen sollte, und er fand nichts Besseres, als eine Art musikalischer, nur viel
zu großer Kuriosität. Zuletzt sei ihm doch noch etwas Gutes eingefallen, ein
Stück von elegischer Melodie. Das Alles sei sehr geistreich, aber nichts weiter,
nichts was zündet, was elektrisirt. — Muß denn aber immer gezündet und
elektrisirt werden? Zeigt uns die Natur etwa keine andern Reize, als feuerspeiende
Berge und Katarakten? Leben wir etwa nur in Ausbrüchen der Leidenschaft?
Nur die Hohlheit, die Ausgeleertheit des eignen Lebens treibt diese Franzosen
zum steten Begehr neuer Aufregung.

damit festere Haltung. Wäre selbst Beethovens Fortschritt ein zwei= felhafter, diese Folge desselben ist es nicht.

Das zweite Ergebniß. Vor uns liegen also drei oder vier Auffassungen desselben Idealwerks, alle mehr oder weniger von ein= ander abweichend. Und dennoch: welche Uebereinstimmung in der Auffassung der Grundlinien! — wenn wir allenfalls die durch falsche Voraussetzung förmlich aufgezwungne Auffassung des Scherzo bei Berlioz ausnehmen.*) In dieser Hinsicht ist Wagners Auffassung ein wahrer Prüfstein. Es gefiel Wagner, die positive Bestimmung des Werks zu übersehn; und dennoch findet er allenthalben die Grundbedeutung, so weit seine Abstraktion es gestattet und den Aus= druck derselben nicht beeinträchtigt. Bei Oulibicheff trägt (wie wir besonders weiterhin sehn werden) der Anblick der Wahrheit sogar den Sieg über seine Grundüberzeugung vom Berufe der Tonkunst davon.

Das dritte Ergebniß ist: daß die Abweichungen hauptsächlich aus willkührlichen Voraussetzungen oder eben so willkührlichem Ab= wenden von den positiv, urkundlich gegebnen entspringen. Es leuch= tet ein, daß sie dann nicht gegen das Werk oder die Möglichkeit seines idealen Inhalts zeugen, sondern nur vor jeder Willkühr war= nen, wäre sie noch so gut gemeint. Wenn Lenz in seinen trois styles in Bezug auf das Finale des Quintetts Op. 29 ausruft: „Ich habe zwanzig Ideen gehabt, um den Sinn desselben wiederzu= geben und finde sie alle zu mittelmäßig, um dem Publikum vorge= legt zu werden," so ist das nur ein naives Geständniß, daß er etwas gesucht (nämlich irgend ein schönes Wort oder Gleichniß,

---

*) Berlioz Schrift ist uns übrigens nicht bekannt, unsere Mittheilungen fu= ßen auf Oulibicheff. Angenehm überraschend war uns das oft so nahe Zusam= mentreffen unsrer Anschauung mit der seinigen. Von einer Beeinflussung der einen durch die andre kann dabei erweislich nicht die Rede sein; wir haben in gleichem Sinne schon 1828 im Maigruß und 1824 in der berliner allg. mus. Zeitung über Beethovens Werke gesprochen — und Oulibicheff hat das schwerlich gelesen.

wofür er — und so viel andre Dilettanten! unglaubliche Vorliebe
haben und womit sie Schwächere zu unglaublichen Verirrungen und
Verwirrungen verleiten), was er im Werke nicht gefunden, oder
was im Werke nicht enthalten. Und das letztere war der Fall. Er
suchte nach einer vorausgesetzten Idee des Werks, und das Werk
hat keine, sondern gehört der ersten Stufe der Tonwerke (S. 275)
an, wie weit es auch da hervorragt.

Die Zukunft vor dem Richterstuhl der Vergangenheit.

Diesmal war es die Sinfonia eroica, die vor den Richterstuhl treten sollte; „sie ist die erste nicht!" sagt Mephistopheles zum verzweifelnden Faust.

Es ist naturgemäß, daß das Neue dem Alten unbequem gegenübertritt; die sprossenden Knospen geben den vertrockneten Blättern den letzten Stoß zum Fall. Im Naturverlauf' ist dieser Hergang ein so einfacher, daß er in seiner Unvermeidlichkeit und Ersprießlichkeit leicht und allgemein erkannt wird.

Nicht so im Leben des Geistes. Wenn der neue Gedanke dem alten, bisher seine Sphäre füllenden und beherrschenden gegenübertritt, so hat dieser noch keineswegs seinen Beruf erfüllt und seine Lebenskraft aufgezehrt; er lebt vielmehr bei der Breite menschlichen Daseins in Tausenden und aber Tausenden von Individuen und in tausend Verhältnissen fort, wirkt in ihrem Sinn' und nach ihrem Bedürfnisse weiter, ist also nicht blos bisher berechtigt gewesen, sondern auch noch, ja vielleicht für immer berechtigt. Nur daß neben ihm das Bedürfniß des Fortschritts sich regt und gegen ihn herantreibt und Anfangs in Einzelnen, dann in immer Mehrern sich gegenüber dem Alten geltend zu machen strebt. Dieses Bedürfniß ist aber keine von Außen irgendwoher eindringende Gewalt; es ist der Trieb des Gedankens, der bisher in Einseitigkeit geherrscht hatte, nach der andern Seite, nach allen Seiten seine Konsequenzen zu ziehn und durchzuleben. Das ist es, was dem Kampf der Ideen und Prinzipien seine giftige Schärfe einflößt; man fühlt auf beiden Seiten Blutsverwandtschaft, und ist verwirrt und gereizt zugleich, gegen sein eigen Fleisch und Blut zu kämpfen.

Dieser unheimliche, nimmer gestillte Prozeß des Geistes ist seine Geschichte. Jede Idee wird auf dem Gipfel ihrer Herrschaft ein König Lear, der in seinen Kindern dieselben Gewalten aufwachsen und sich endlich gegen ihn auflehnen sieht, die seine Kraft und Herrschaft gebildet hatten. Wir haben S. 275 versucht, den Naturprozeß des Geistes an drei Stufen der musikalischen Entwickelung zu verfolgen und es mußte sich zeigen, daß der Fortschritt zur folgenden Stufe das Recht der vorherigen nicht aufhob; das Tonspiel blieb und bleibt berechtigt neben der die Bewegungen des Gemüths abspiegelnden; die Seelensprache behält ihr Recht an unser Herz neben den idealen Richtungen, die zuerst in der Heldensymphonie selbständig hervorgetreten waren.

Die Berechtigung ist auf beiden Seiten; nicht so die Fähigkeit, die Berechtigung des andern Theils anzuerkennen. Von dem höhern Standpunkt überschaut man die niedern Stufen, nicht aber umgekehrt von diesen jenen; auch ist es leichter, den überschrittenen Standpunkt mit Billigkeit zu schätzen, denn man hat ihn selbst durchlebt, als den Fortschritt zu begreifen, wofern man sich nicht sogleich ihm anzuschließen vermag.

Beethoven hatte das schon erfahren. Unbeschadet kleiner Neckereien über musikalische Malerei konnte er leicht gegen Haydns Verdienste (S. 280) gerecht sein, während der gewiß guthmüthige Haydn nicht im Stande gewesen war, dem ersten Ruck zum Fortschritt in Beethovens Cmoll-Trio (S. 23) zu folgen. Man muß sich das gegenwärtig halten, um den Widerspruch, kommt er auch ungeberdig und starrköpfig heran, mit Gelassenheit zu tragen.

Nun war also der große Schritt geschehn. Wie wurd' er aufgenommen?

Vor allen Dingen wurd' er nicht erkannt; man fühlte sich im alten Gange, und was gegen die Gewohnheit desselben anstieß, hielt man für einen bloßen Anstoß, — aus Versehen, aus Ungeschick, aus Tücke, wer weiß? Beethovens eigner Schüler, Ries, rief in der Probe bei jenem berühmten Horn-Eintritte:

„Das klingt ja ganz infam!" — er dachte, das Horn hätte falsch eingesetzt, — und hätte beinah vom Meister eine Ohrfeige davon getragen. Viel später noch (in seinen und Wegelers biographischen Notizen über Beethoven 1838) sagt er von derselben Stelle: „In dem nämlichen Allegro ist eine böse Laune Beethovens für das Horn," — sieht den Satz also für eine Grille an.

Wie die wiener Kritik das Werk aufnahm, lesen wir in der allgemeinen musikalischen Zeitung, in einem Bericht aus Wien, der von der Symphonie sagt: „Ist eigentlich eine sehr weit ausgeführte, kühne und wilde Phantasie. Es fehlt ihr gar nicht an frappanten schönen Stellen, sehr oft aber scheint sie sich in's Regellose zu verlieren. Des Grellen und Bizarren ist zu viel, wodurch die Uebersicht erschwert wird und die Einheit beinahe ganz verloren geht. Die Eberlsche Symphonie gefiel wieder außerordentlich." Man sieht, daß dem Berichterstatter nicht gerade guter Wille gefehlt hat; aber die Uebersicht ist ihm schwer geworden und die eigentliche Intention des Werks ganz verborgen geblieben. Was ihm auffällt, erklärt er für grell, bizarr, regellos, ohne zu fragen, ob nicht ein besondrer Beweggrund dafür vorhanden gewesen. Wohl wird ihm erst bei der Eberlschen Symphonie. Wie die sich so glücklich herzufinden, um die beethovensche in das rechte Licht zu stellen! wer weiß jetzt noch etwas von Eberl und seiner Symphonie?

Welches ist aber der eigentliche Sitz des Irrthums in all' diesen Bemerkungen? Kein andrer, als der, daß das neue Werk nach Zwecken und Grundsätzen beurtheilt wird, die nicht die seinigen waren. Die Fragen für den Beurtheiler sind folgende:

Welche Bestimmung hat dieses Werk?

Was ist von dieser Bestimmung zu urtheilen?

Wie ist ihr nachgestrebt worden?

also erst die Erörterung des Zwecks, dann der Mittel. Wie will man diese ohne jenen beurtheilen, oder gar, wenn man ihnen fälschlich einen fremden Zweck unterschiebt?

Jene Kritik fragte nicht nach Beethovens Ziel und Zweck. Sie hielt, unbewußt, daß ein andrer Standpunkt gesetzt worden, an dem des Tonspiels und allenfalls der subjektiven Gefühlsmusik (S. 276) fest. Das Tonspiel lebt aber vornehmlich im anmuthigen Wechsel der Formen, in dem es den Sinn umschmeichelnd bald reizt, bald labt, den halbbewußten, halbschlummernden Geist bald anregt, bald wieder löset; den selig Spielenden

> Ist das Dasein so gelind
> ..... Doch von schroffen Erdewegen
> Glückliche! habt ihr keine Spur;

und die Sphäre subjektiven Gefühls ist auch in den stillern und sanftern Regionen begnügt, — wiewohl schon der liebenswürdige Mozart und der tiefsinnige Bach jener Kritik und der Aesthetik des Geschmacks und des Schönen gar manchen Anstoß gegeben haben. Da konnt' es denn nicht fehlen, daß das Aergerniß bei Beethoven groß war — und noch jetzt sich fühlbar macht.

Vor Allem findet Ries seinen Nachfolger (wenn Oulibicheff treu berichtet) in Berlioz, der über die berühmte Hornstelle sagt: „Die ersten und zweiten Geigen allein halten im Tremolo b und

as, den unvollständigen Septimenakkord b—d—f—as; da tritt ver=
wegen ein Horn, das sich zu irren und zwei Takte zu früh zu
kommen scheint, mit dem Anfang des Hauptsatzes ein, der aus=
schließlich auf dem Akkorde es—g—b beruht. Man begreift, welchen
befremdlichen Eindruck diese Melodie des tonischen Akkordes (es—g—b)
gegen die dissonirenden Töne (b—as) des Dominantakkordes machen
muß. — Nur Lenz hat hier wohl verstanden („es ist irgend ein
entferntes Echo vom Motiv des Allegro, das da verloren in gur-
gite vasto schwebt") wenn auch das Horn nicht gerade ein Echo
ist, sondern auf dem weiten Schlachtfelde, das Beethoven vor Augen
hat, ein ganz aus verlorner Ferne fremd herübergewehter Ruf,
der gar nicht in den gegenwärtigen Augenblick gehört, sondern den
nächsten, — die Rückkehr des Heldengedanken, nachdem der Kampf
ganz erloschen schien, — vorbedeutet und verkündet.

Den Männern von Fach ist übrigens das beethovensche Wag=
niß nicht ganz neu; sie wissen, daß bei der Antizipation ein Ton
(hier bei A das c̄)

aus einem künftigen Akkord vorausgenommen und in einen Akkord
hineingeschoben wird, zu dem er gar nicht gehört; ja sie würden
sich folgerichtig auch doppelte Vorausnahmen, wie bei B und C ge=
fallen lassen müssen, wiewohl die natürlich doppelt schroff auftreten,
weil sie zwei Widersprüche gegen den herrschenden Akkord bringen.
Nun: Beethoven führt auch nur zwei widersprechende Töne, es—g
gegen b—as, ein. Sein Widerspruch ist nur entschieden; denn es
tritt ganz klar und unverkennbar ein voller Akkord in einen andern.
Aber es ist nicht, wie Lenz (von Beethovens Originalität entzückt)

sich ausbrückt, „das Lächeln der Chimäre", sondern die Macht des epischen Gedankens, den man hier zu erkennen hat.

Etwas Aehnliches findet Oulibicheff in der Partitur S. 36 Takt 4 bis 7, — hier

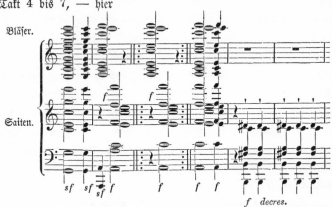

Takt 2 bis 5. Und wir könnten auch ein Scheitlein zum Scheiterhaufen tragen, wenn wir die Akkorde S. 262 brächten. Oulibicheff erblickt da auch zwei ineinandergelegte Akkorde ...... „Vier Takte, wo die Flöten das hohe e gegen das hohe f setzen, während die Saiten in der Tiefe den Akkord von c—e anschlagen, was die Häufung zweier Tonarten (tonalités) zur Folge hat, der von A moll und F dur. Man kennt wohl den großen Septimenakkord f—a—c—e; aber dies hier ist nur ein Scheinakkord, eine verlängerte Dissonanz, die als solche einer nothwendigen Bewegung unterworfen ist und mit Beethovens Doppelakkord, der weder vorbereitet noch aufgelöst wird, nichts gemein hat.

Vor allen Dingen ist die grammatische Analyse falsch, die Harmonie

zeigt sich bei A vorbereitet und bei B Schritt für Schritt aufgelöst; Oulibicheff ist das nur nicht gewahr worden, weil die Tonlage und die Stellung der Instrumente, namentlich der Flöten auf f—e zu scharf in seine Beobachtung hineingriff. Aber es handelt sich gar nicht um seine oder eine andre Analyse; man gesteht ihm das Zerreißende des Widereinanderklangs zu, — irgend einmal muß der Aufschrei der Schlachtenwuth sich Luft machen. Ganz richtig sagt Berlioz von einer ähnlichen Stelle: man kann bei diesem Gemälde unbezähmbarer Wuth eine Bewegung des Entsetzens nicht unterdrücken. Es ist die Stimme der Verzweiflung, fast der Raserei. Ja, Oulibicheff selber vernimmt da das Röcheln des Todes, mit jener „zu wahren Wahrheit" ausgedrückt (hat er niemals den Besessenen auf Raphaels Transfiguration gesehn, oder Lear und Othello und Shylok und Aeschylus und Dante gelesen?) die auf dem Gebiete der Kunst Lüge wird.

Da haben wir die ganze Aesthetik des guten Geschmacks, auf dem kurulischen Großvaterstuhl!

Sogar ein harmloser Modulationsruck wird verdächtigt, — als wenn in der Schlacht Alles im Schritt ginge.

Im dritten Theile nämlich, wo der Sieg schon gesichert und Alles von herrischem Muth und Freudigkeit erfüllt, Lächeln und Schmeicheln auf allen Lippen ist, bringt ein Anhang (derselbe, der die Wiederholung des ersten und den Eintritt des zweiten Theils motivirt) den leitenden Gedanken, das Heldenwort, ganz ruhig, athemschöpfend, aber mit Aufschwung

in Erinnerung. Dann wiederholt ihn das Orchester mit einem
mächtigen Ruck ohne weitere Vermittelung auf Des und läßt das
wieder in dem Einklange des verhallen, und schlägt mit höchster
Kraft noch einmal in C damit durch, eben so unvermittelt, — das
Wort soll gelten! und es hat gesiegt! und es soll siegen und herr-
schen! wie natürlich und verständlich hätte das Oulibicheff sein
müssen, dem die Schlacht vor Augen stand! Ja, er hat es verstanden, ... wenn nur die Grammatik nicht wäre (Dilettanten legen
sie gern zur Schau, wie Lenz, der die Form und die Technik auf
das Aeußerste verachtet, dann wieder peinlich bemüht ist um die
Form, namentlich um eine chimärische Allegrettoform) und das Ohr,
das heißt der Geschmack! Bei ihm geht Beethoven unmittelbar von
Es nach Des, von Des nach C, ohne sich im Mindesten um die
offenbaren Oktaven und verdeckten Oktaven (O!! — es ist nicht
einmal wahr) zu kümmern, die es da setzt. Das ist nicht sehr angenehm für das Ohr, ich gesteh' es; aber hier kommt die poetische
Idee der musikalischen zu Gute, oder vielmehr, sie tritt an ihre
Stelle." Die sogenannte poetische Idee gleichsam Aushelfer in der
musikalischen Noth! so verkehrt sich ihm das natürliche Verhältniß,
daß die Idee die Mittel ihrer Verwirklichung bedingt. Weiterhin
setzt er zu: „das ist seltsam, aber es ist frappant ..... Aus diesem
Beispiel und tausend andern können wir die merkenswerthe und doch
zu wenig bemerkte Lehre ziehen, daß an sich mangelhafte Sachen
durch den Zutritt einer poetischen Idee oder einer bestimmten Aufgabe sich in relative Schönheiten verwandeln können."

Und nun zum letztenmal Oulibicheff; wir hätten nicht nöthig,
ihn so oft anzuführen, wenn nicht dieselbe Grundansicht die Mehrzahl der Kunstgenossen und Kunstphilosophen noch immer gefangen
hielte. Hier gilt es nicht einmal zunächst ihm, sondern einem Ge-
ständnisse. Der letzte Satz, den Oulibicheff herausgreift, ist dieses
Bruchstück —

aus dem Finale, das „staunenerregend auf dem Papiere" befunden
wird (wieder ist die harmonische Grundlage, Vorausnahme und
Vorhalt,

ganz einfach, und das Einschneidende liegt wieder nur in der Weise
der Darstellung), in der Ausführung aber so schnell vorübergeht,
daß das Ohr kaum Anstoß nimmt oder die Schuld den Ausübenden
beimißt.

Nicht um dergleichen, es ist schon oben gesagt, handelt sich's;
die Frage ist überall: welches ist der Sinn und Zweck des Satzes.

Das beethovensche Finale ist uns als Bild des Friedens er=
schienen, der endlich Ziel alles Kriegs sein muß. Das Glück des
Volks — oder, in Beethovens Sinne, der Menschheit — ergeht sich
in friedlich=ländlichen Spielen, die Kämpfer sind zum Heerde zurück=
gekehrt. Aber die Energie, die allein den Frieden verbürgt, indem
sie stets kampfbereit ist, entschlummert nicht. Sie läßt sich vielfach
spüren, tritt aber in ganz besondrer Weise in einem S. 176 der
Partitur in Cmoll anhebenden Abschnitte der Komposition hervor.
Hier setzt, umspielt von andern Stimmen, die erste Violin das
Thema des Finale als Fugenthema ein, die zweite Violin antwortet,
Bratsche und Bässe vollenden die Durchführung, es entspinnt sich

eine Erörterung über das Thema, zu der sich immer mehr Stimmen herzudrängen; die Eiferung wächst bis zu jenem — man möchte sagen: zänkischen Satze, um sich dann unter dem bangen Zureden der Violin und den Schmeicheltönen der Flöte wieder dem kindlichen Spiel und der Freude zuzuwenden.

Fragt man uns aber nach der Nothwendigkeit dieses Zugs und hundert andrer Einzelheiten, so antworten wir getrost: daß wir keineswegs jeden Zug eines idealen Kunstwerks in nothwendiger Folgerung aus der Idee des Ganzen, oder in bestimmter Bedeutsamkeit für dieselbe nachzuweisen vermögen, weil — diese absolute Nothwendigkeit, diese durch alles Einzelne gehende Bedeutsamkeit in keinem Kunstwerke vorhanden ist, weil sie sogar dem Grundkarakter der Kunst, jener Spielseligkeit zuwider sein würde, der Beethoven vor Vielen sich gern überläßt (z. B. gleich bei dieser Gelegenheit dem reizenden Getändel mit dem Thema bei A

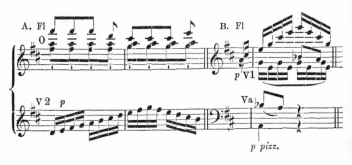

und dem kindsfrohen Spiel der Flöte), wie er denn durch alle hohen Stunden und bittern Leiden hindurch stets der kindliche, nur gar zu gern frohe Mensch geblieben ist.

Zuletzt bleibt, mit Mozart zu reden, Musik doch immer Musik. Wir rufen sie zum Ausdruck unsrer Idee herauf; da kommt sie, aber ein eigen Wesen, das sein eigen Leben und sein unvergeblich Recht hat. Den Malern gehts auch nicht anders; den Heiligen, die Himmelskönigin wollen sie malen, die Idee des Heiligen, der Gottesmutter fichtbar werden laffen; alsbald fobert jedes unnüße Glied und Gewand und Hintergrund sein Recht des Dabeiseins, und Niemand darf sie nach ihrer Bedeutung fragen;

> Am Ende hängen wir doch ab
> Von Kreaturen, die wir machten.

Rück- und Umschau.

Blicken wir von der Höhe, die Beethovens Leben jetzt erreicht hat vor weiterm Fortschritte zurück auf das bisher Erreichte.

Eine große Reihe von Werken ist bis zu der Heldensymphonie aufgestellt, größer, als sie der Zahl nach erscheint, durch den Umfang der einzelnen Werke, bedeutsamer durch die Vertiefung, von der die Mehrzahl Zeugniß giebt.

Im Felde der Instrumentalmusik sehn wir Beethoven für jede Tendenz derselben thätig.

Das Tonspiel erscheint vorherrschend in den drei ersten Konzerten. Gesellen wir ihnen ein Werk gleicher Richtung,

Grand Concerto concertant pour Piano, Violon et Violoncelle, Op. 56,

zu, das im September 1807 erschienen war und die drei konzertirenden Instrumente auf das lebhafteste und glänzendste neben einander beschäftigt. Gleiche Richtung zeigt sich im Quintett Op. 16 und in den Sonaten Op. 54 und 53. Wir fügen ihnen die

Sonate pour Piano et Cor, Op. 17

zu, aus dem Jahr 1800. Sie hat eine kleine Geschichte. Ein Leibeigener der Esterhazy, Namens Stich, war entflohn, hatte sein

Talent für das Waldhorn ausgebildet und kehrte nun unter dem Namen Punto (Stich) mit einem großen Virtuosenruf aus Italien zurück, um in Wien Freilassung und Glück zu suchen. Es kam darauf an, ihn für diesen Zweck bei einem Konzerte zu unterstützen. Beethoven, bereits in hohem Ansehn, schrieb für Punto den Tag vor dem Konzerte die Sonate und führte sie selbst mit ihm aus. Der Erfolg war, wie sich erwarten ließ.

Auch ein anderes Werk, die

Trois Sonates pour Piano et Violon, Op. 30

aus dem Jahr 1802 oder 1803, voll Reiz und Innigkeit, mögen hier wenigstens Erwähnung finden, da nicht auf Alles näher eingegangen werden kann.

Tonspiel und Stimmung können nicht von einander bleiben; man kann sich mit diesen wunderlichen Elfen, die auf den Saiten schwingen (die Indier zählten ihrer 16000 unter dem Namen Gopi) nicht einlassen, ohne daß sie sich unvermerkt durch das Ohr in die Seele schleichen und die stimmen, man weiß nicht wozu, und umstimmen, man weiß nicht, wie. Die Natur spottet aller Gränzlinien. Daher haben wir Beethoven schon bei Werken beobachtet, in denen Tonspiel und Stimmung nebeneinander walten, — so im Septuor, in den Quartetten Op. 18, in der Mehrzahl der bisher betrachteten Trios und Sonaten. Den letzteren fügen wir jetzt die

Sonate pour Piano, Op. 7

aus dem Jahr 1805 zu, eins der feinsten Tongebilde, die wir überhaupt besitzen. Ein glänzendes, lebhaft angeregtes Spiel füllt fast den ganzen ersten Satz; es zieht sich aus dem flüssigen und dabei doch kräftig rhythmisirten Hauptsatz in den Seitensatz, oder vielmehr den ersten Satz der Seitenpartie, läßt hier als zweiten Seitensatz einem jener stillbefriedeten, einfältig zum Herzen bringenden Gesänge

Raum, die — wahre Lieder ohne Worte, ohne den parfümirten Ausdruck — gleichsam das Wort auf den Lippen tragen,

und ihre Beredtsamkeit überallhin

geltend machen, — und breitet sich wieder vorwaltend aus. Das Largo con gran espressione ist eines dieser beschaulichen, tiefsinnenden und erhabenen Adagios, weit hinausgehoben über jeden Affekt, wie nur Beethoven sie geschrieben. Das Scherzo (hier blos Allegro überschrieben) bittet fast ab, — so hoch ist das Largo über den Lebenskreis des ersten Satzes emporgeschwebt, — und wendet sich (im Trio, blos mit Minore bezeichnet) jenem innerlichen, unruhvollen, grübelhaften Brüten zu, für das die Franzosen das schöne Wort ruminer vor uns voraus haben. Indeß, die erste Frische kehrt nicht wieder, ein weichzerflossen Rondo schließt das Ganze.

Ganz einer einigen edeln Stimmung hingegeben, fanden wir

Beethoven in der Sonate Op. 28. Sie ist eins von jenen Kunst=
werken, in denen ein geheimer Sinn zu weben scheint, ohne daß
man im Stande wär', ihn bestimmter nachzuweisen. Muß — kann
denn auch Alles bewiesen werden? weiß denn der Künstler selber,
aus welcher Fiber seines Herzens, aus welcher längst versunkenen
Erinnerung ihm ganz unvorhergesehn und ungewollt Stimmungen,
Vorstellungen emportauchen und Lebensgestalt gewinnen? Ein väter=
licher Sinn scheint im ersten Satze dieses wunderbar tiefen Tonge=
dichts zu walten, ein in Erfahrungen des Herzens und hohen An=
schauungen ruhig gewordner, aber ganz der edelsten selbstlosen
Liebe des Aeltern zum schüchternen jugendlichen Wesen warm er=
haltner, der Aufwallung, ja dem zürnenden Durchgreifen noch ganz
fähiger Karakter, der den Schatz seines Denkens und Schauens so
gern in das Ohr und Gemüth des kindlich Aufhorchenden — du
selber, am Klaviere, sei es! — gießt. Der zweite Satz erzählt ganz
balladenhaft altverklungne Sagen, alterthümlich und dann wieder
von frischen Lebensklängen, wie von Hifthörnern und Hoboen und
der anmuthig schmiegsamen Schmeichelei der Geige oder Klarinette
durchweht und umspielt. Im Scherzo taucht das junge Leben zum
erstenmale mit Lustlauten, fast jauchzend und übermüthig aus seinem
Schweigen auf und wiegt sich (im Trio) in leichtsinnig Vergessen.
Gern wird ihm (im Rondo=Finale) der scherzende Frohsinn seiner
Jahre gegönnt. Das Alles ist, wie gesagt, nicht zu beweisen; wer
es nicht herausfühlt, glaubt's nicht.

Bestimmter ist die Haltung des Dichters in Schöpfungen, deren
Inhalt als psychologische Situation, als Entwickelung eines fort=
schreitenden Gemüthzustandes bezeichnet sein will, wie die Cismoll=
Sonate Op. 27. Von hier aus war nur noch ein Schritt zu thun,
zu objektiver Lebensauffassung; der geschah in der Heldensymphonie.

Haben wir den Inhalt des beethovenschen Bildens mannigfal=
tiger und besonders bestimmter gefunden, als den der frühern In=

strumentalkomponiften: so deutet schon das darauf hin, daß er reiche=
rer und ausgebildeterer Mittel und Formen des Ausdrucks beburft
hat. Und so ist es. Seine Melodie wird umfangreicher, sie
schwingt sich höher empor und taucht entschlossener in die Tiefe, als
die Art früherer Kantilene war; dabei nimmt und verläßt sie nie=
mals willkührlich, sondern stets sinngemäß und mit wahrer Bedeut=
samkeit ihre Stellung. Zugleich wird sie innerlicher ausgebildet, —
so fein, wie vor Beethoven nur Bach es gethan, — und erlebt in
sich selber den Gährungsprozeß stetigen Fortschritts; sie kehrt nicht
gern in derselben Gestalt wieder, sondern verändert sich zu tieferer
oder neuer Bedeutung. Bald aber genügt sie, die eine Melodie,
nicht mehr; jede Stimme will mitleben und mitwirken, vom obli=
gaten Akkompagnement, womit Beethoven sich geboren erklärt, er=
giebt sich bald, in den Quartetten, in der ersten, in der heroischen
Symphonie, selbst in jener tiefsinnigen Ddur=Sonate Op. 28, der
Ueberschritt in wirkliche Polyphonie, in die Dramatik der Musik.
Diese Spur werden wir wiederfinden und dann weiter verfolgen.

Die Entschiedenheit, die sich schon in der Hinneigung zu be=
stimmterm Inhalte kundgiebt, mußte sich vornehmlich im Rhyth=
mus, im Ausdrucke des Willens und Bestimmens, ausprägen. Und
in der That ist der beethovensche Rhythmus ein so mannigfaltiger
und festausgeprägter, wie man neben ihm einzig nur noch in Gluck
findet. Nach beiden Seiten hin, im Verschweben der rhythmischen
Grundbestimmungen (in den Synkopen) wie der schärfsten Entschie=
denheit, erweist sich dieser Rhythmus stets dienstfertig und stets der
Bedeutung des Moments vollkommen entsprechend. Ein Paar Bei=
spiele dazu sind aus der Heldensymphonie hervorgehoben worden;
man würde nicht fertig, wollte man alle bedeutsamen Züge sam=
meln. Ja. diese Herrschaft des Rhythmus geht bis zur Eigenwil=
ligkeit, die nirgends muthwilliger hervorgetreten ist, als im Finale
des Quintetts Op. 29, wo Zweiviertel= und Sechsachtel=Takt

sechsundvierzig Takte weit sich in allen Stimmen gegeneinandergestellt mischen. — Der Umschlag des Scherzo in der Heldensymphonie aus Drei= in Viervierteltakt gehört ebenfalls hierher, hat aber nur Erweiterung des Gedankens zum Zweck.

Dieselbe Entschiedenheit zeigt sich in der Modulation. Will man Beethovens Modulation gründlich erkennen, so muß man vom Gegensatze der neuern — haydn=mozart=beethovenschen gegen die ältere, namentlich bachsche ausgehn und dann erst den jüngsten der drei neuern Meister mit seinen beiden Vorgängern vergleichen. Bach und seine Zeit fassen in der Regel ihre Aufgabe zu innerlicher Beschauung und Verarbeitung in polyphoner, hauptsächlich in Fugenform; sie bringen ihr Thema in Gegensatz zu andern Stimmen und bedürfen zu dieser Erörterung nicht sowohl der Ortsveränderung, als des Weilens oder der Beschränkung auf einen nicht weit gezognen Umkreis. Daher ist ihre Modulation innerlich reich ausgebildet, aber äußerlich nicht weit ausgedehnt. Die Neuern finden ihre Bestimmung darin, die Gedanken einzeln und ungestört vorüberzuführen, sie stellen nicht Thema gegen Thema, sondern Thema nach Thema auf, bedürfen also weitern Raumes. Daher ist ihre Modulation nicht so kernig fest im Innern, wie die des großen Vorgängers, aber erweitert, freigeworden nach außen. Die Modulation trägt den Stempel der Zeiten, wie Gesichtskreis und Lebensweise; sie ist nicht mehr eingepfarrt und häuslich, sondern weltlich und herauslebend. Dies Alles natürlich mit hundert Ausnahmen.

Beethovens Modulation steht an innerlicher Ausarbeitung der des großen Bach überraschend nah, sie ist gedrungen und gefüllt mit Durchgängen und Durchgangsakkorden, festgeschmiedet gleichsam und vernietet mit häufigen orgelpunktartigen Haltetönen (m. s. die Kompositionslehre), wie es der Ernst und die Vertiefung in seinen Aufgaben mit sich brachte. Zugleich ist sie gegen die seiner nächsten Vorgänger weit um sich greifend, kühn in die Ferne bringend, es ist nicht zu verwundern, daß sie gerade kunsterfahrnen Zeitgenossen Anfangs in ihrem freien Schalten dissolut und verwirrend erschien; der Modulationsplan des ersten Satzes, z. B. der Eroica findet bis auf dieses Werk weithin nicht seines Gleichen und mag wohl den meisten Kunstgenossen ausschweifend und unbegreiflich erschienen sein. Erst bei tieferer Verständigung mit dem genannten Werk und allen sonstigen von Beethoven wird man die große Ordnung und Festig=keit gewahr, die das Ganze durchwaltet. Die Massen sind zahlrei=cher, weiter und erfüllter, fodern zur Entfaltung weitern Raum, folgen aber demselben stetigen Gesetz, wie früher die kleinern Massen Anderer. Beethoven ist hierin über den Gesichtskreis der Eroica noch hinausgeschritten, stets in demselben Gesetze fester Ordnung und gerechter Abwägung einer Masse gegen die andre seine Sicherheit findend. So lenkte Napoleon größere Heeresmassen, als einst Friedrich der Große, und in der spätern Zeit größere, als bei Ma=rengo, — stets nach demselben Gesetz.

Hier können wir schon den Grundzug in Beethovens Karak=ter klar erkennen. Es ist kein andrer als Energie, gesammelte, gedrungne, auf Einen Punkt hingerichtete Kraft. Hierin steht vor allen Tondichtern Händel ihm nahe, dem Beethoven nachrühmt: er habe mit einfachen Mitteln Großes gewirkt. Der Ausspruch ist wahr und einleuchtend; gerade das ist Folge und Ausdruck der Ener=gie, daß sie ihrem Ziel ohne Umschweif und Nebenrücksichten oder Nebenabsichten zustrebt, ihre Schritte folglich gerad' und ihre Mittel einfach sind. Nur hierin unterscheiden sich die Karaktere der beiden großen Künstler, daß Händel überall positiv ist und verfährt, überall von Gegebnem ausgeht und mit Gegebnem, das er nun einmal so und nicht anders aufgefaßt hat, wirkt, während Beethoven in seinen Aufgaben und Mitteln untersucherisch ein= und auf den untersten Grund bringt und von da aus erst sein Werk wie einen starken Baum aus der Wurzel emportreibt, hierin dem Altvater Bach näher= stehend.

Händel ist als Protestant geboren, und das bleibt er, Luthera= ner, ohne weitere Untersuchung die Verlockungen in Italien und das Beispiel in England von sich weisend. Hierin hat sein Karakter, in der Bibel, im reinen, unveränderten Bibelwort hat sein Schaffen feste Grundlage. Er ist vor Allem Vokalkomponist und steht damit auf dem positiven Grunde seines jedesmaligen Textes. Die Natur der dem Wort vermählten Musik hat ihm ihre kräftigsten Grund= züge zum Gefühl und einer dogmatisch zu nennenden Ueberzeugung gebracht; damit schaltet er in voller unbeugsamer und unveränder= licher Sicherheit. Das Alles hat er, und hat es vom ersten ernst= lichen Beginn an gehabt. In seinem Jugendwerk, in der brockes= schen Passion, ist er so tief, — ja tiefer, weil er ganz frisch heran= tritt, — als in seinen viel spätern Werken; und in seinem Allegro e Pensieroso ist er so sicher und reich in allen Farben, wie jemals. Daher ist in ihm kein wesentlicher Fortschritt, und daher kann, ja muß er sich wiederholen; er bringt nicht blos Redeformen, z. B. die Adagioschlüsse der Chöre, häufig wieder, sondern auch ganze Tonstücke, z. B. den Todtenmarsch und sogar den unsterblichen Hin= gang zum Kreuz aus der Passion.

Das Alles ist ganz anders bei Beethoven. Er ist geborner Katholik, muß sich aber von Haydn einen Atheisten schelten lassen, steht wenigstens nicht auf dem Boden irgend einer Kirche. Er ist vor Allem Instrumentalkomponist, hat also für die überwiegende und wichtigste Masse seiner Schöpfungen nicht den doppelten oder drei= fachen Anhalt Händels. Auch der feste Grund und Boden des mu=

fikalifchen Ausdrucks ift ihm für feine wefentliche Aufgabe, die Welt
der Inftrumentalmufik, bei Weitem nicht fo ficher überliefert, da
feine Vorgänger auf diefem Felde ganz andern Zielen nachgingen.
Er erft war es, der da hineinfchaute in myftifcher Verfenkung und
da die eigentliche Werkftätte des Menfchengeiftes im Tonleben er=
gründen konnte, wie einft dem Jakob Böhm im unabgewandten Hin=
blicken auf den Spiegelglanz einer Metallfchüffel geiftiges Schauen
das Myfterium der Dreieinigkeit — fo erzählt er felber — offen=
barte. Daher ift in ihm der Fortfchritt wefentlich; fein Brief an
Matthifon (S. 185) ift dafür ein ganz aufrichtiger Ausdruck, er
fchritt von Jahr zu Jahr, von einem bedeutenden Werk zum andern
fort, und es ift ganz naturnothwendig, daß er fpäter (1822) die
Mufik, die es nur mit unbeftimmten Empfindungen zu thun hat,
nicht mehr anerkennt und das Lob feiner frühern Werke nicht
gern hört.

Diefe Energie feines Karakters erweifet fich aber nach jeder
Seite des Gemüthslebens hin gleichermaaßen. Man hat eine Zeit=
lang (und häufig noch jetzt) geliebt, ihn mit Jean Paul zu ver=
gleichen, weil man jene Ueberfchwenglichkeit des Gefühls, die Jean
Paul hervorkünftelte, in Beethoven wiederfand. Hieran ift nur das
wahr, daß Beethoven, wenn er fich einer jener innigern Stimmun=
gen überließ, mit der ganzen Kraft und Fülle feiner Seele auf fie
einging und fie uns aus dem Tiefften und Vollften einflößte. Dies
war die Energie des innigen Gefühls; die Energie tiefen Schauens
und Schaffens ganzer Seelenerlebniffe fchloß fich an, die Energie
freudigfter Thatkraft und Herrfchaft haben wir bereits in feinen
Symphonien kennen gelernt.

Vielleicht giebt es kein Werk, daß beide Energieen fo ficher an=
fchaulich vor Augen ftellt, als die

Sonata per il Pianoforte ed un Violino obligato, Op. 47.
fcritta, wie Beethoven zufetzt, in un ftilo molto concertante, quafi
come d'un Concerto. Das Tonftück, aus dem Jahr 1805 oder

1804, ist dem berühmten Geiger Rudolf Kreuzer gewidmet; konzer=
tirend ist es genannt, weil beide Instrumente wetteifernd in ihm auf=
treten, nicht wetteifernd in virtuosischen Künsten, sondern im reichen
Ausdruck ihres Wesens.

In der Zeit des Erscheinens muß gleichwohl der Anspruch an
die Virtuosität ebenfalls hochgespannt oder überspannt befunden wor=
den sein. Man fühlt dergleichen aus der Kritik der allg. muf. Zei=
tung von 1805 heraus, wo es heißt: „Man muß von einer Art
artistischem Terrorismus befangen oder für Beethoven bis zur Ver=
blendung gewonnen sein, wenn man hier nicht einen Beleg findet,
daß Beethoven sich seit einiger Zeit*) nun einmal capricire, vor
allen Dingen immer ganz anders zu sein, wie andere Leute. Für
zwei Virtuosen, denen nichts mehr schwer ist, die dabei so viel Geist
und Kenntnisse besitzen, daß sie, wenn die Uebung hinzu käme, allen=
falls selbst dergleichen Werke schreiben könnten**), ist diese Sonate.
Ein effektvolles Presto, ein originelles schönes Andante mit höchst
wunderlichen Variationen, dann wieder ein Presto, der bizarreste
Satz, in einer Stunde vorzutragen, wo man auch das Groteskeste
genießen kann und mag.“ — Wir vermögen kaum, uns auf diesen
Gesichtspunkt zurückzuversetzen, von dem nur vor einem halben Jahr=
hundert über Beethoven Gericht gehalten wurde; doch ist es gut,
bisweilen an dergleichen zu erinnern und des S. 297 Ausgeführten
dabei zu gedenken.

Das Werk eröffnet sich mit einem Adagio sostenuto. Die
Geige tritt allein auf,

*) Etwa seit der Eroica?
**) Der wackre Organist Kühnau in Berlin meinte, als man Mendelssohn
nachrühmte, er spiele Alles aus dem Kopfe: Das ist keine Kunst! das könnt'
ich auch, wenn ich nicht immer Alles vergäße. Buchstäblich wahr.

sie will kühn sich selbst genügen, das Pianoforte folgt in Moll, es spricht sich in Beiden gleichsam ein nobler Entschluß, wie Waffen= brüder edel erregt, in leidenschaftlichem Ringen sich frei zu machen, in das Freie, Weite hinauszudringen. Dem Schluß der Einlei= tung in D moll auf d — f — a bringt der strebsame Hauptsatz des Presto in A moll nach,

der emporklimmt und so freudig kühn hinüberblickt in das taghelle C dur. Schmerzlich dringend kämpft sich der Satz in den Hauptton wieder hinein und durch ihn hindurch auf die Dominante (H dur) von E dur. Da ist es, wo, im Seitensatze,

das Paar auf seiner Ringer= und Wanderbahn ruht, etwas ermattet, und doch erwärmt, beseligt.

Jenes Durchkämpfen, hier bei A

wiederholt am Piano und weitergeführt, kehrt (B) wieder und ringt sich in breiten Würfen nach E moll zu einem zweiten Seitensatze;

ba nichts mehr von Rast, nichts als sieghaftes, wenn auch noch nicht klares und sonnbeleuchtetes Vordringen. Der ganze Verlauf des Presto ist ein psychologisch klar entwickelter, unter Beethovens leitender Hand leicht verständlicher Hergang.

Das Thema des Andante con Variazioni ist einer von jenen Andachtgesängen, die nur Beethoven eingegeben wurden, in denen die Seele ruht, erlöst von aller Müh' und Spannung, kaum noch der Schmerzen gedenkend. Jungfräulich still und ernst, angehaucht von unsterblichen Erinnerungen, wallt der Gedanke Seligen gleich,

mit zögerndem Schritt in Ehrfurcht versinkend und wieder empor sich sehnend. Wir werden dem priesterlich erhabenen Bruder dieses Andante später, im Trio Bdur, Op. 97 begegnen. — Die Variationen, fein gefühlte und treu festgehaltene Figurationen, beweisen mit all ihrem reizvollen Inhalte nur, daß nach dem Thema und über das Thema nichts mehr zu sagen gewesen ist.

Den Schluß macht ein Presto, Adur, das heiter bis zum Muthwillen, frisch und kühn, den Lebenslauf durch Hell und Trüb hinaustanzt. — So, wie die ganze Sonate erzählt, mag sich Beethoven in jüngern Jahren oft geträumt haben, die große, stets beabsichtigte Künstlerfahrt mit einem herzlieben Kunstgenossen als Waffengefährten vereint zu vollführen; deß hat er sich vielleicht bei dem Geiger Kreuzer erinnert. Ob der es verstanden? gleichviel! hier wallen zwei Brüder in der Kunst, Piano und Geige, die schöne Wanderfahrt hinaus; nie sind sie nach Rüstigkeit und Innigkeit sprechender gezeichnet worden.

In dem Grundzug des Beethovenschen Karakters, in der Energie,

mit der er seine Aufgabe faßt und durchführt, liegt endlich auch seine
Formfestigkeit begründet. Man muß diesen Begriff nur nicht
nach Art der Dilettanten und der Techniker alten Schlages falsch
auffassen. Die Formfestigkeit ist, wir haben schon S. 79 darauf
hingewiesen, weder Unterwerfung unter fremde Vorschrift, noch Beschränkung auf irgend eine Reihe gegebner Formen. Sie ist Folge
und Ausdruck kräftiger und klarer Auffassung des Vorzustellenden,
sie ist in zusammengesetztern Werken Bedingung und Zeugniß eines
einheitvollen, psychologisch-nothwendigen Hergangs. In dieser wahrhaften Bedeutung des Ausdrucks muß Beethoven neben Bach der
formfesteste Tonsetzer genannt werden.

Es giebt dafür und gegen das zweideutige Lob, Beethoven sei
der phantasievollste oder gar phantastischste Komponist — in dem
Sinne nämlich, der in der Phantasie nicht sowohl die schöpferische,
als die frei umherschweifende Thätigkeit des Geistes faßt, die gleichsam unentschlossen und richtungslos auf Schmetterlingsflügeln dahin
und dorthin, vollkommen unberechenbar, schwebt, einen schlagenden
Beweis. Gerade jene Richtung ist niemals wesentlicher Inhalt einer
beethovenschen Schöpfung geworden. Von Mozart besitzen wir zwei
solche, die spiel- und feuervolle Fantasie zur Cdur-Fuge und die große
Cmoll-Fantasie mit der Sonate; von Bach besitzen wir neben kleinern, allenfalls hierher zu rechnenden Werken die chromatische Fantasie.
Von Beethoven kann nur die

Fantasie für Pianoforte Op. 77

aus dem Jahr 1811 (oder früher) hierher gerechnet werden (die
Fantasie mit Orchester und Chor gehört anderswohin und kommt
später in Erwägung) und eben sie beweist, ungeachtet sie viel Anziehendes enthält, daß nicht losgebunden umhersuchende Fantasie,
sondern Vertiefung der Hang seiner männlich-ernsten und durchge-
bildet starken Natur war.

Die Verkennung dieser bei Beethoven hervorstechenden Eigenschaft, der Formfestigkeit, hat theils darin ihren Ursprung, daß man

ihr Wesen mißverstand und sie in dem buchstäblichen Festhalten der vorhandenen Formen zu finden meinte, theils darin, daß die größern Verhältnisse, in denen Beethoven sich bewegte, dem Blick ungewohnt und unmeßbar erschienen. Allein gerade da, wo das Mißver= stehn entstanden, ist die Verständigung am sichersten anzuknüpfen.

Es findet sich nämlich, daß die Gestaltungen Beethovens nicht blos stets der jedesmaligen Aufgabe gemäß oder vielmehr nothwendig sind, sondern daß sie sich auch Schritt für Schritt den voraufge= gangnen Gestaltungen der Vorgänger oder Beethovens anschließen.

Er ist vorwärts gegangen, nirgends abgesprungen.

Wenn Lenz mit einem emphatischen, der Cäsarenzeit entwachse= nen „Princeps legibus solutus!" die Fahne der Emanzipation über ihn schwingt und dies Ereigniß an die vermeintliche zweite Styl= Periode knüpft: so muß ihm und denen, die vor und mit ihm die „Befreiung von der Form" gefeiert, geantwortet werden, daß Beet= hoven nicht gekommen war, die Form, das Vernunftgesetz, zu lösen, sondern zu erfüllen, in dem wahren Sinne dieses unsterblichen Wor= tes, daß er den Formgedanken immer weiter verfolgt und zu wei= tern, reichern, höhern Ergebnissen führt, und daß sich dies nicht an irgend einen Zeitpunkt oder Zeitabschnitt knüpfen läßt, sondern vom ersten bis zum letzten Werke stattfindet. Wenn seine ersten Werke gleichwohl denen der Vorgänger enger anschließen, so ist das eben der erste Beweis für unsre Ansicht; er begann auf dem Standpunkte jener Meister und hatte keinen Grund und Antrieb, anders als sie zu gestalten. Wo ein solcher Antrieb erwachte, gab er ihm von Anfang an Folge.

Nur zwei Nachweise.

Das Scherzo, an der Stelle der haydn=mozartschen Menuett, wird als beethovensche Schöpfung bezeichnet — und ist vor Allem deßwegen so zu nennen, weil die frühern Komponisten wohl das Wort scherzando, auch scherzoso als Karakterbezeichnung, nicht aber das Wort scherzo als Gattungsnamen gebrauchen. Ist nun

dieſe neue Form etwa in einer zweiten Periode, etwa von Op. 20
bis 100 hervorgetreten? Keineswegs; wir finden es ſchon in den
erſten Werken, Op. 1, 9, 10, 18 und ſchon in dem Jugendwerke
von 1786, während ſich gleichzeitig und ſpäter auch die Menuett
noch findet, z. B. Op. 2, 10, 22, 31, im Septuor Op. 20 gleich=
zeitig mit dem Scherzo. Oder iſt die Form des Scherzo von An=
fang an als neuer Gattungsbegriff karakteriſirt? Auch das läßt ſich
nicht behaupten. Anfangs iſt das Wort nur Bezeichnung eines
muntern Satzes, der nicht Menuett iſt. Beethoven bedurfte der er=
heiternden Epiſode, für die Haydn und Mozart ausſchließlich die
Menuett gebraucht. Schon bei dem letztern weicht bisweilen der
Menuett genannte Satz vom Menuett=Karakter bezeichnend ab; die
haydnſche Menuett hat ihn angeregt, kann ihn aber nicht feſſeln,
weil er eben ein Andrer iſt. Hier tritt Beethoven an; aber der
raſtloſe Fortſchrittstrieb, der ihn das ganze Leben hindurch bewegt,
führt ihn Schritt für Schritt weiter, und das Scherzo, das in der
Gdur=Sonate Op. 14 ſeinen Namen dem ſchalkhaften Finale leihen
muß, wird allgemach Schritt für Schritt zur Humoreske, zum Ab=
bild und Ausdruck der Entfremdung, die der unveränderten Welt
gegenüber ein ihr entwachſenes Gemüth ergreift, zu einem ganz ſelb=
ſtändigen, in ſich ſelber berechtigten Lebensakte.

Die Zuſammenſtellung verſchiedner Sätze zu einem größern
Ganzen erfolgte bei den Vorgängern ſo, daß in der Regel drei
Sätze für die Sonate, vier Sätze für Symphonie, Quatuor u. ſ. w.
verwendet wurden. Hier knüpft Beethoven an. Seine Trios Op. 1
und Quartette Op. 18, ſeine Quintette Op. 16 und 29, ſeine Sym=
phonien Op. 21, 36, 55 zeigen die Vierzahl der Sätze. Wenn er
dieſelbe, abweichend von den Vorgängern, auch auf die Mehrzahl
der Sonaten anwendet, ſo ſpricht ſich darin das uns ſchon Bekannte
aus, daß ihm die Sonate gewichtiger, gehaltvoller geworden war;
an ſich ſelber iſt der Formfortſchritt, Uebertragung der Vierzahl
von einigen Gattungen auf eine nächſtverwandte faſt gleiche, nicht

erheblich. Er wird auch nicht einmal festgehalten; in der großen Sonate Op. 47 genügen drei Sätze, für den Inhalt wäre Menuett oder Scherzo lächerlich gewesen. Im Septuor Op. 20, in der Pastoral=Symphonie Op. 68 geht nun Beethoven über die Vierzahl hinaus; er thut damit nicht mehr, als die Vorgänger in ihren Kassationen, Serenaten u. s. w. auch gethan, im Septuor gleich ihnen aus bloßer Musiklust, in der Pastoral=Symphonie nach Erfodern des Gegenstandes. Anderwärts findet er sich bewogen, unter der Dreizahl zu bleiben, wenn nämlich die Aufgabe nicht mehr Sätze foderte oder ertrug. So war die Sonate Op. 54 mit zwei lebhaften Sätzen begnügt; was hätte sie mit einem Adagio anfangen sollen? so fand sich Beethoven bewogen, das Adagio der Cdur=Sonate Op. 53 zurückzunehmen und durch ein bloßes Einleitungs=Adagio zu ersetzen. Kurz jede Gestaltung in jeder Periode seines Wirkens ist rein sachgemäß, nirgends herkömmlich, nirgends neuerungssüchtig. Damit erweist sich Beethoven als Künstler.

Gedenken wir am Ende dieser Rück= und Umschau eines unvergeßlichen Werkes aus dieser Zeit, der

Sechs geistlichen Lieder von Gellert,

die als Op. 32 im Jahr 1804 oder früher gegeben worden sind.

Wir haben uns erzählen lassen, daß Haydn den Beethoven einen Atheisten gescholten. Das war er nicht; vielleicht ist überhaupt kein Dichter ohne den Gedanken der lebendigen und vernünftigen Einheit des Weltalls möglich und ohne den Trieb, sich dieses All=Leben und diese All=Vernunft in einem einigen Gott oder mehrern Göttern zu personifiziren. Von Beethoven ist dies urkundlich erwiesen. Er hatte eigenhändig zwei Aufschriften, angeblich von einem Isistempel abgeschrieben, in Rahmen fassen lassen und lange Jahre stets auf seinem Schreibtische vor sich stehn. Sie lauten:

I.

Ich bin, was da ist. Ich bin Alles, was ist, was war

und was sein wird, kein sterblicher Mensch hat meinen
Schleier aufgehoben.

II.

Er ist einzig von ihm selbst, und diesem Einzigen sind alle
Dinge ihr Dasein schuldig.

und galten ihm für den Inbegriff der höchsten und reinsten Reli=
gion. Ihm war diese Schrift ein theurer Schatz, Schindler bewahrt
sie als theure Reliquie seines unsterblichen Freundes.

In dem Sinne dieser seiner Glaubensstellung hat nun Beet=
hoven die gellertschen Gesänge in Frömmigkeit, in wahrer Andacht
aus einfältigem Herzen gesungen, so treu und ganz ihnen hingegeben,
daß sie neben allem Aeltern und Neuern fortleben werden, so lange
Gemüth und Lippen sich unschuldvoller Frömmigkeit öffnen. Die
Begleitung erinnert oft an sanften Orgelklang, der den ehemaligen
Organisten vom verlassenen Positiv in der bonner Hofkirche her
umschwebt haben mag; auch hier hatt' er „das Amt zu celebriren,"
aber nach freiem Herzensdrang. Die Singstimme — dies sei für
künftige Erinnerungen angemerkt — ist, wie in Adelaide und andern
Werken dieser Zeit, durchaus wohl behandelt; selbst jenes $\overline{\overline{e}}$, das im
ersten Liede sechs Takte lang feststeht im innig vertieften Hinschaun
auf den, der „meine Burg, mein Fels, mein Hort" ist, muß damals
bei der tiefern Stimmung nicht so bedenklich gewesen sein als jetzt,
wo es in den Stimmbruch der meisten Sänger fällt. Der Gesang,
Wort und Ton, ist wohl und durchaus treffend auf den Sinn der
Gedichte hingerichtet.

Das erste Lied, „Bitten — denn ich will vor dir beten," er=
tönt feierlich und mit Andacht über dem stillgehenden Basse. Das
zweite, „Nächstenliebe," ist lehrhaft ereifert und dabei von Lieb' und
Sanftmuth ganz durchdrungen. Von tiefster Bedeutung ist der dritte
Gesang, „vom Tode" (Fis moll) eines der Nachtgemälde, für das nur
Beethovens Pallette die Farben bot. Viel heiße Angst brütet hier,

Hochaufschrecken bei dem Gedanken: „Was ist's, das ich vielleicht noch zu leben habe?" Gespensterhaft tritt das „Denk', o Mensch, an deinen Tod!" hinein; zuletzt schwingt in dumpfhallender Tiefe die Sterbeglocke. Man kennt Beethoven nicht vollständig ohne diesen Gesang der Zerknirschung.

Schwungvoll wird der Hymnus „Die Himmel rühmen des Ewigen Ehre" gesungen; stillbrütender Tiefklang, als wenn das Meer der Ewigkeit rauschte, trägt die Frage: „Wer zählt der Himmel unzählbare Sterne?" Der fünfte Gesang redet im Eifer davidischer Psalmen von Gottes Macht und Vorsehung. Das sechste Lied ist eher Kirchenkantate für häusliche Andacht zu nennen. Der erste Vers, „An dir allein hab' ich gesündigt," reuig, sanft, eindringlich Flehn um Gnade, bildet gewissermaßen die Einleitung. Die folgenden Verse werden durch ein Vorspiel, wie von Violoncellen, Bässen, Fagotten, eingeführt und durchweg figural, kirchenmäßig unter Beibehaltung der fromm-freudigen Melodie begleitet, Vers 1 („Früh woll'st du mich mit deiner Gnade füllen") mit schmeichelnder Oberstimme, wie man Violinen zu führen liebt, und stützendem Basse; Vers 2 („Laß deinen Weg mich freudig wallen") mit schwungvoller und regsamer Oberstimme und muthigem hörnerartigem Untersatz; Vers 3 („Herr, eile du, mir beizustehen") mit strömenden Bässen, die von den Violinen gesänftigt, in freudiger Bestätigung abgelöset werden.

Wie viel Tausende haben sich schon an diesen Gesängen erbaut! und wie Viele werden es noch!

Leonore.

Und nun sollte der sehnlichste Wunsch jedes Musikers auch ihm in Erfüllung gehn, eine Oper sollt' er schreiben! Was regt sich nicht Alles im Komponisten bei diesem Worte! welche Aussichten, Vorsätze, Plane! Schaffen aus der Fülle, Gesang aller Art! Chöre! das weiteste Orchester! alle Gattungen vom Lied bis zum reichgewebten Finale! Lust, Tanz, Andacht, Liebe, Trauer, alle Stimmungen und Leidenschaften, — die ganze Welt im Glanze neuer Schöpfung funkelt vor dem innern Auge! Alles was man nur in sich fühlt und innerlich geschaut und geahnt hat, soll Gestalt gewinnen, soll Leben, Person und Handlung werden und mit der Macht vollen hör- und schaubaren Lebens, in greifbarer Wirklichkeit vor diese versammelten Tausende treten und ihr Gemüth wecken, ihre Seele läutern und erweiten und erheben, und auf den Schöpfer des glücklichen Werks zurückströmen im Glanze des Ruhms, Erleichterung und Bürgschaft für eine weite Laufbahn voll Thaten, die in sich selber schon lohnende Beglückungen sind.

Welcher Musiker hat nicht diesen Traum geträumt! Wie vielen ist er nur Traum geblieben, wie vielen hat sich der Erfolg anders erwiesen, als sie ihn sich vorgestellt! Auch Beethoven sollte davon zu erfahren haben.

Es ist aber, ehe man sich dem Betrachten solcher Unterneh=
mungen und ihres Erfolgs hingiebt, Erwägung des Verhaltens
der Unternehmenden wohl zu empfehlen, damit man durch den Aus=
gang nicht allzusehr befremdet werde.

Wie gehn denn die meisten Musiker an ein solches, nach allen
Seiten hin wichtiges Unternehmen? — In der That folgen sie nur
jenen allgemeinen Antrieben. Zur Verwirklichung bringen sie ihr
Talent, ihr Geschick, den redlichsten Willen, mit einem Worte: den
ganzen Musiker mit — und nicht mehr. Nun ist aber eine Oper
nicht blos Musik; sie ist Drama in Musik, sie bedarf zur Verwirk=
lichung ihres dramatischen Inhalts der Scene. Und um diese bei=
den Momente, deren einer, das Drama, die Musik selber bedingt,
deren andrer die Scene, Schritt für Schritt beachtet und bemessen
sein will, — wie viele von den Hunderten deutscher Opernkompo=
nisten haben sich ernstlich um sie bemüht?

Der hierin als höchstes Muster dastand in Beethovens Zeit,
einigermaßen noch sein Zeitgenoß, das war Gluck. Allein wir ha=
ben schon (S. 62) bemerken müssen, daß gerade er ohne allen
Einfluß auf Beethoven geblieben, von Beethoven (soviel wir erfah=
ren) niemals auch nur erwähnt worden ist. Auch die Kompositio=
nen weisen nirgends auf einen solchen Einfluß hin, während sie we=
nigstens auf Verwandtschaft mit Bach, Haydn, Mozart, vielleicht
auch Händel hindeuten. Was auch sollte die beiden Männer zu=
sammenbringen, von denen der eine seine Musik gern an Wort und
Handlung dahingab, während dem andern das ganze Leben in Musik
aufging?

Vielleicht aber bedurfte Beethoven keines Leiters und keines
Vorbilds; hatte er sich doch mit den großen Dramatikern, mit
Schiller und Goethe und vor allen mit Shakespeare bekannt ge=
macht und die Alten, auch den Aristoteles gelesen! Es war aber
auch hier zu beobachten, daß Tausende vorzüglicher Menschen Kunst
und Dichterwerke genießen, tief auf ihr Gemüth einwirken lassen

während unter Tausenden kaum Einer dadurch in der Erkenntniß vom Bau und Wesen jener Werke gefördert wird. Auch ist der Weg von jenen Dichtern zur Oper sehr weit. Gluck selber war nicht aus sich allein und auf den ersten Wurf zu seiner Oper gelangt; er hatte sich vom Standpunkte der italienischen Oper aus in deutlich erkennbaren Fortschritten und zuletzt unter dem Einflusse französischer Dramaturgie und Poesie zu seiner aulibischen Iphigenie emporgearbeitet. Da stand er auf einsamer Höh; seine Idee hatte zunächst nur mittelmäßige Nachfolger, unter ihnen Schweitzer, in Frankreich hervorragender Mehul, später in weit höherer Begabung den Napoleoniden Spontini, in Deutschland später Bernhard Klein und zuletzt mit ausgeprägterer Eigenthümlichkeit Richard Wagner, dessen Opern sie in seinem Vaterlande nicht entbehren mögen, während sie ihn in der Verbannung halten.

Beethoven konnte sich Gluck, an dem jede Faser ihm fremd war — bis auf die schlagfertige Thatkraft des Rhythmus vielleicht — nicht anschließen, noch fand er in sich selber reformatorischen Trieb für die Oper. Er trat an Mozarts Seite. Wir haben erzählt, daß er Mehuls und Cherubini's Opern, besonders die letztern, in der Zeit seiner Opernkomposition mit großer Aufmerksamkeit gehört und von Cherubini viel gehalten. Gleichwohl konnte er in Cherubini, der überhaupt in den Grundzügen seines Schaffens nicht eigentlich original war, sondern sich bald der italischen, bald der französischen, bald der deutschen Richtung anschloß, nichts finden, was er nicht vollendeter und besonders ihm verwandter und ansprechender in Mozart gefunden hätte. Der Deutsche trat zum Deutschen, das ist naturgemäß; seine Oper zeugt überall dafür, sie ist durchaus deutschen Gemüths, hat alle Kraft und auch die Schwächen deutscher Opernart, nichts von der italienisch=französisch=deutschen Faktur Cherubini's, von seiner Glätte und anfröstelnden Kälte.

Die Oper **Leonore,** die später als
Fidelio, Op. 72.

herauskam und erst unter diesem Namen ihre Laufbahn machte, hat
angeblich ein spanisches Sujet zum Grunde, das von J. N. Bouilly
zu einer Operette unter dem Titel Léonore ou l'amour conjugale
(1798) für Gaveaux bearbeitet und von diesem komponirt wurde. Bald
wurde daraus ein italienisches Libretto unter dem Titel Leonore,
ossia l'amor conjugale nach italienischer Theatergewohnheit zu=
rechtgemacht und von Ferdinand Paer in Musik gesetzt. Jetzt über=
nahm es der Regierungsrath Joseph Sonnleithner, das franzö=
sische Buch in das Deutsche zu übersetzen; das war der Text zu
Beethovens Oper. Er hat sich die Jahre 1804 und 1805 fast
ausschließlich dieser Oper gewidmet. Er hatte, wie wir S. 243.
erzählt, während dieser Zeit freie Wohnung im Theater an der
Wien, hat aber die Oper zum großen Theil in einer Sommerwoh=
nung zu Hatzendorf im Jahr 1805 vollendet.

Das Sujet ist allgemein bekannt. Florestan, der Gatte Leo=
norens und Freund des Ministers, hat sich den Tyranneien des
Gouverneurs Pizarro widersetzt und Anklage bei dem Minister ge=
droht. Pizarro weiß sich seiner zu bemächtigen und ihn im Kerker,
als angeblichen Staatsgefangnen in geheimer Haft, verschwinden zu
lassen. Die Gattin, Leonore, beschließt seine Rettung. Es gelingt
ihr, als junger Bursch verkleidet, unter dem Namen Fidelio in den
Dienst des Kerkermeisters Rokko zu kommen und dadurch Zutritt zu
den Gefängnissen zu erlangen, in deren einem, sie weiß nicht in
welchem, ihr Gatte schmachtet. Leider erweckt sie in Rokkos Tochter
Marzelline Liebe, in dem bisherigen Freier um dieselbe, Jacquino,
Eifersucht und kann das thörigte Pärchen, will sie nicht ihr Ge=
heimniß und ihren Plan gefährden, nicht aufklären; der alte Rokko
ist der Verbindung des angeblichen Fidelio mit seiner Tochter kei=
neswegs abhold. Nun trifft, Allen unerwartet, die Nachricht ein,
daß der Minister unterwegs sei, die Gefängnisse zu besuchen und

Recht zu pflegen. Pizarro weiß sich nicht anders sicher zu stellen, als indem er Florestan vor der Ankunft des Ministers aus dem Wege räumt. Er beschließt, ihn mit Rokkos Beistand im Kerker zu ermorden und zu bestatten, und stellt Wachen aus, die ihn durch Trompetensignale von dem Herannahn des Ministers benachrichtigen sollen. Fidelio darf den alten Kerkermeister in das Gefängniß begleiten, wo dem Gefangenen sein Grab gegraben werden soll; sie selber arbeitet mit Rokko an der Gruft, unwissend, wem sie gegraben wird, denn den verhüllt schlummernden Gefangenen vermag sie im Dunkel des Kerkers nicht zu erkennen. Sie weckt das Mitleid des von Grund aus gutmüthigen Alten, und darf den Gefangnen, dessen Nahrung man allmählig verkürzt hatte, um ihn verschmachten zu lassen, laben. Da tritt Pizarro ein und will ein Ende machen. Nun erst erfährt Leonore, daß es der Gatte ist, dem sie das Grab gegraben und der jetzt vor ihren Augen ermordet werden soll. Einer Löwin gleich wirft sie sich dem Mörder entgegen, der erst vor dem unerwarteten Zeugen, dann vor der Gattin seines Opfers zurückbebt — eben verkünden die Trompeten das Nahn des Retters — endlich vor ihrer Waffe feig zurückschwankt. Florestan ist gerettet, der Minister bringt Sicherheit für die Unschuld, Gericht für den Verbrecher, Gnad' und Freude für Alle.

Nach dem technischen dramaturgischen Ausdruck ist das ein „Rettungsstück." Bei solchen Aufgaben ist es nicht um Entwickelung von Karakteren in einer vor unsern Augen sich entspinnenden und vollendenden großen Handlung zu thun. Es ist vielmehr eine bestimmte und zwar gefahrdrohende Situation gegeben, in der bestimmte schon fertige Persönlichkeiten sich befinden, thun und leiden, wie es die Situation und ihr ein= für allemal festgestellter Karakter mit sich bringt. Die Entscheidung — Rettung, Aufhebung der Situation kommt dann von außen hinein, durch irgend ein nicht von den Handelnden abhängiges Ereigniß, durch einen deus ex machina, hier den Minister. Der Minister ist es, der durch sein glücklicherweise rechtzeitiges Eintreffen, das aber seinen Anlaß nicht zunächst in dem Verhalten der Personen hat, Rettung und Lösung bringt. Leonore, die einzige zum Handeln entschlossene Person des Drama's, ist für die Lösung nur hülfreich, indem sie die Gefahr einen Augenblick lang verzögert, Florestan wird als Ed=ler, als Gegner und Bedroher des Unrechts bezeichnet, ist aber vom Beginn des Drama's an nur in der Lage des Leidenden; er trägt seine Ketten, er empfängt Labung und Rettung, außer Stande, selbstthätig einzugreifen. Neben ihnen wirken Pizarro und der Mi=nister abstrakt (nämlich ohne daß ihre Handlungsweise sich vor un=sern Augen lebendig motivirt) als die „zwei Prinzipe" (mit Beetho=ven zu reden) des schadenbringenden Bösen und rettungbringenden Guten. Zwischen ihnen steht Rokko, der folgsame Diener und Ge=hülfe des Bösen, der aber in seiner Gutmüthigkeit den Sinn des Guten in sich trägt und zuletzt dazu thut, den Eintritt des schon angelangten Retters zu beschleunigen. Ihm schließen sich episodisch, um dem Vorgang einen Zuwachs an Ereignissen zu geben, die ver=liebte Marzelline und der eifersüchtige Jacquino an, ohne wesent=liches Verhältniß zu dem eigentlichen Vorgange. Chöre der Ge=fangnen, der Soldaten, des Volks dienen als Staffage für die Begriffe des Leidens, der Thyrannei und der Rettung.

Wie ein wahrer Dramatiker, ein Schiller, ein Shakespeare, diesen Stoff angesehn hätte, das ist eine ganz andre Frage, als die, wie Beethoven ihn ansehen mußte. Ihm war Leonore das ganze Drama, wenigstens das Herz des Dramas, Leonore, die schüchterne Taube, die zur fliegenden Flamme der edelsten Liebe wird, zum Adler, der kühn sich emporschwingt, vor dessen funkeln=dem Zornesblick die Macht des Bösen erschlafft. Sie wird ihm, dem durchaus deutschen Mann und Künstler, Ideal des deutschen Weibes: liebend, treu, weiblich zurückgezogen, der Gefährdung des Gatten gegenüber entschlossen hervortretend, durch alle Noth und Bangniß Schritt für Schritt ohne Schwanken vordringend zur

Rettung, der höchsten Gefahr gegenüber ein Heldenweib, mehr Mann als alle Männer um sie her, ist die Rettung vollbracht, bescheiden wieder in weibliche Zurückgezogenheit zurücktretend. Ob der schöne Name Eleonore nicht Jugenderinnerungen erweckt hat an seine erste Freundin, und diese Erinnerungen halbunbewußt, erwärmend mitgespielt haben: wer weiß es? Gerade, daß zwischen Beethoven und Leonore Breuning niemals ein leidenschaftlich Verhältniß obgewaltet, wohl aber das einer zärtlichen Freundschaft (er begehrt von ihr weibliche Arbeiten und sendet ihr Kompositionen zur lieben Erinnerung) bestanden, macht es glaublicher *). So

---

*) Jedenfalls wird man hier gern zwei Briefe Beethovens an Eleonore von Breuning aus früherer Zeit lesen, die das Verhältniß beider Personen bezeichnen. Beethovens Art, sein Unrecht schärfer zu empfinden und dringlicher abzubitten, als die Sache verdient, ist schon bekannt. Was die Abbitte im ersten Briefe betrifft, wissen wir nicht.

„Wien, den 2. November 93.

Verehrungswürdige Eleonore!
Meine theuerste Freundin!

Erst nachdem ich nun hier in der Hauptstadt bald ein ganzes Jahr verlebt habe, erhalten Sie von mir einen Brief, und doch waren Sie gewiß in einem immerwährenden lebhaften Andenken bei mir. Schon oft unterhielt ich mich mit Ihnen und Ihrer lieben Familie, nur öfters nicht mit der Ruhe, die ich dabei gewünscht hätte. Da wars, wo mir der fatale Zwist noch vorschwebte, wobei mir mein damaliges Betragen so verabscheuenswerth vorkam. Aber es war geschehn, und wie viel gäb' ich dafür, wäre ich im Stande, meine damalige, mich so entehrende, sonst meinem Karakter zuwider, laufende Art zu handeln ganz aus meinem Leben tilgen zu können. Freilich waren mancherlei Umstände, die uns immer von einander entfernten, und wie ich vermuthe, war das Zuflüstern von den wechselweise gegen einander gehaltenen Reden hauptsächlich dasjenige, was alle Uebereinstimmung verhinderte. Jeder von uns glaubte hier, er spreche mit wahrer Ueberzeugung, und doch war es nur angefachter Zorn, und wir waren beide getäuscht. Ihr guter und edler Karakter, meine liebe Freundin, bürgt mir zwar dafür, daß Sie mir längst vergeben haben. Aber man sagt, die aufrichtigste Reue sei diese, wo man sein Vergehen selbst gestehet; dies habe ich gewollt. — Und lassen Sie uns nun den Vorhang vor diese ganze Geschichte ziehen, und nur noch die Lehre daraus nehmen, daß, wenn Freunde in Streit gerathen, es immer besser sei, keinen Vermittler dazu zu gebrauchen, sondern daß der Freund sich an den Freund unmittelbar wende.

kann uns der Duft einer unscheinbaren Blume süßerwärmende Erinnerung in das Herz flößen.

Sie erhalten hier eine Dedikation von mir an Sie, wobei ich nur wünschte, das Werk wäre größer und Ihrer würdiger. Man plagte mich hier um die Herausgabe dieses Werkchens und ich benützte diese Gelegenheit, um Ihnen, meine verehrungswürdige Eleonore, einen Beweis meiner Hochachtung und Freundschaft gegen Sie und eines immerwährenden Andenkens an Ihr Haus zu geben. Nehmen Sie diese Kleinigkeit hin, und denken Sie dabei, Sie kömmt von einem Sie sehr verehrenden Freunde. O, wenn sie Ihnen nur Vergnügen macht, so sind meine Wünsche ganz befriedigt. Es sei eine kleine Wieder=Erwiederung jener Zeit, wo ich so viele und so selige Stunden in Ihrem Hause zubrachte, vielleicht erhält es mich im Andenken bei Ihnen, bis ich einst wiederkomme, was nun freilich so bald nicht sein wird. O, wie wollen wir uns dann, meine liebe Freundin, freuen; Sie werden dann einen fröhlichen Menschen an Ihrem Freunde finden, dem die Zeit und sein besseres Schicksal die Furchen seines vorhergegangenen widerwärtigen ausgeglichen hat.

Sollten Sie die L. Koch sehen, so bitte ich Sie, Ihr zu sagen, daß es nicht schön sei von ihr, mir gar nicht einmal zu schreiben. Ich habe doch zwei Mal geschrieben, an Malchus schrieb ich dreimal und — keine Antwort. Sagen Sie ihr, daß, wenn sie nicht schreiben wollte, sie wenigstens Malchus dazu antreiben sollte. Zum Schlusse meines Briefs wage ich noch eine Bitte; sie ist, daß ich wieder gerne so glücklich sein möchte, eine von Hasenhaaren ge= strickte Weste von Ihrer Hand, meine liebe Freundinn, zu besitzen. Ver= zeihen Sie die unbescheidene Bitte Ihrem Freunde. Sie entsteht aus großer Vorliebe für Alles, was von Ihren Händen ist, und heimlich kann ich Ihnen wohl sagen, eine kleine Eitelkeit liegt dabei mit zum Grunde, nämlich: um sagen zu können, daß ich etwas von einem der besten, verehrungswürdigsten Mädchen in Bonn besitze. Ich habe zwar noch die erste, womit Sie so gütig waren, mich in Bonn zu beschenken, aber sie ist durch die Mode so unmodisch gewor= den, daß ich sie nur als etwas von Ihnen mir sehr theures im Kleiderschranke aufbewahren kann. Vieles Vergnügen würden Sie mir machen, wenn Sie mich bald mit einem lieben Briefe erfreuten. Sollten Ihnen meine Briefe Vergnügen verursachen, so verspreche ich Ihnen gewiß, so viel mir möglich ist, hierin willig zu sein, so wie mir alles willkommen ist, wobei ich Ihnen zeigen kann, wie sehr ich bin

Ihr Sie verehrender

wahrer Freund

L. v. Beethoven.

Zweiter Brief an Fräulein von Breuning.

Aeußerst überraschend war mir die schöne Halsbinde von Ihrer Hand gear= beitet. Sie erweckt in mir Gefühle der Wehmuth, so angenehm mir auch die

Von diesem Mittelpunkt aus mußte sich Beethovens Liebe zum Werk über alle Theilnehmenden verbreiten. Ihr zunächst stand ihr Gatte Floreſtan, der Streiter, der Leidende um das Recht, im Kerker, in Gefahr unmittelbaren Todes? Was iſt uns Floreſtan? Der leere Name eines Mannes, der thatlos vorübergegangen oder vielleicht niemals gelebt hat. Beethoven war er durch ſein Recht,

---

Sache ſelbſt war. Erinnerung an vorige Zeiten war ihre Wirkung, auch Beſchämung auf meiner Seite durch Ihr großmüthiges Betragen gegen mich. Wahrlich ich dachte nicht, daß Sie mich noch Ihres Andenkens würdig hielten. O hätten Sie Zeuge meiner geſtrigen Empfindung bei dieſem Vorfall ſein können, ſo würden Sie es gewiß nicht übertrieben finden, was ich Ihnen vielleicht hier ſage, daß mich Ihr Andenken weinend und ſehr traurig machte. — Ich bitte Sie, ſo wenig ich auch in Ihren Augen Glauben verdienen mag, glauben Sie mir, meine Freundinn (laſſen Sie mich Sie noch immer ſo nennen), daß ich ſehr gelitten habe und noch leide durch den Verluſt Ihrer Freundſchaft. Sie und Ihre theure Mutter werde ich nie vergeſſen. Sie waren ſo gütig gegen mich, daß mir Ihr Verluſt nicht ſobald erſetzt werden kann und wird, ich weiß, was ich verlor, und was Sie mir waren, aber — ich müßte in Scenen zurückkehren, ſollte ich dieſe Lücke ausfüllen, die Ihnen unangenehm zu hören und mir, ſie darzuſtellen ſind.

Zu einer kleinen Wiedervergeltung für Ihr gütiges Andenken an mich, bin ich ſo frei, Ihnen hier dieſe Variationen und das Rondo mit einer Violine zu ſchicken. Ich habe ſehr viel zu thun, ſonſt würde ich Ihnen die ſchon längſt verſprochne Sonate abgeſchrieben haben. In meinem Manuſcript iſt ſie faſt nur Skizze und es würde dem ſonſt ſo geſchickten .... ſelbſt ſchwer geworden ſein, ſie abzuſchreiben. Sie können das Rondo abſchreiben laſſen und mir dann die Partitur zurückſchicken. Es iſt das Einzie, das ich Ihnen hier ſchicke, was von meinen Sachen ohngefähr für Sie brauchbar war, und da Sie jetzt ohnedies nach Kerpen reiſen, dachte ich, es könnten dieſe Kleinigkeiten Ihnen vielleicht einiges Vergnügen machen.

Leben Sie wohl meine Freundinn. Es iſt mir unmöglich, Sie anders zu nennen, ſo gleichgültig ich Ihnen auch ſein mag, ſo erlauben Sie doch, daß ich Sie und Ihre Mutter noch eben ſo verehre, wie ſonſt. Bin ich im Stande, ſonſt etwas zu Ihrem Vergnügen beizutragen, ſo bitte ich Sie, mich doch nicht vorbeizugehen; es iſt noch das einzig übrigbleibende Mittel, Ihnen meine Dankbarkeit für die genoſſene Freundſchaft zu bezeigen.

Reiſen Sie glücklich, und bringen Sie Ihre theure Mutter wieder völlig geſund zurück. Denken Sie zuweilen an Ihren

Sie noch immer verehrenden Freund
Beethoven.

durch sein Leiden, durch Leonorens Liebe dreifach geweiht. Und wenn Unrecht und Knechtung ein Fluch sind, schwebt und drückt nicht dieser Fluch über allen Häuptern und beugt alle, so lange nur noch ein Einziger ihm verfallen ist? So heiß empfand Beethovens freiheitdurstend Gemüth mit Leonorens Gatten. Immer blieb sie der Mittelpunkt.

In solchem Sinne wuchs die Begebenheit einiger vergeßner oder erdichteter Personen zu einem großen, ernsten Vorgang empor, sittlich höher und künstlerisch einheitvoller, als irgend einer deutschen Oper unterliegt. Solches im Gemüthe tragend konnte Beethoven auch das Beiwerk, das Spiel des Rokko, des Pizarro, bis zu Marzelline und Jacquino hinunter mit hinnehmen. Hatte nicht auch Leonore sich in dunkles Knechtsgewand gehüllt und in die niedern Verhältnisse sich schicken, die abgeschmackte Verlobung mit Marzelline sich gefallen lassen, den niedrigsten Diensten sich unterziehn müssen? Es ist bemerkenswerth und zeugt dafür, daß er sie in der That als Mittelpunkt des Ganzen empfunden, daß Jeder in ihrer Nähe veredelt und auf die Spitze seines Karakters gehoben wird. Rokko, Marzelline, selbst Jacquino reden in ihrer Nähe, die als Knecht unter ihnen weilt, ganz anders, als in ihrer Abwesenheit.

Gleichwohl hat ihm das Kleinleben, so fremd und fern seiner Natur, viel zu schaffen gemacht. Marzellinens kleine Arie, „O wär' ich schon mit Dir vereint," hat er dreimal gearbeitet. Er sollte überhaupt an der Oper Geduld lernen — und hat Treue an ihr geübt, zur Belehrung und Stärkung aller ehrlichen Künstler.

Als die Oper vollendet war, schrieb er die Ouvertüre. Die erste.

Was hätte bei dieser Ouvertüre, der ersten zu seiner Oper, ihm vorschweben können, als Leonorens mildes Bild? Gleich hier lernen wir, daß in Wahrheit sie die Seele seiner Oper gewesen, nicht blos nach der Anlage des Gedichts, sondern noch entschiedner in Beethovens Auffassung. *) Ihr Dasein, ihre Geschichte, das ist der Inhalt der Ouvertüre.

Nach dem ersten stark weckenden Aufschlag des Orchesters auf G—g—ḡ wallt ganz einsam, unbegleitet, die zartsinnige Melodie

daher, Leonorens Seele, in sich friedvoll und himmelstill, — so war sie. Das wird uns nach einem zweiten Schlage vollstimmig und mit Wehmuth (erst Saiten, dann Bläser, mit einer Wendung nach der schattigern Unterdominante F dur) wiederholt. Ein Schmerz= ruf (e—g—b—cis) reißt unvorhergesehn in das stille Dasein, dar= auf, verloren, angstvoll suchend, ein ziellos geschäftiges Schweifen abwärts und Wiederauftauchen, das durch die erste, zweite Violin, Bratsche, Violoncell, wieder Bratsche, zweite, erste Violin irrt. Das Bild tritt in feierlicher Dreizahl vor und läßt nicht wieder los die ängstlich einsame, verlassen rathlose Seele, die athemlos harrt und auf Einen Punkt hin gefesselt

---

*) Daß Beethoven den vom deutschen Dichter gewählten Titel, Fidelio, hat festhalten wollen, während die Theaterdirektion den schon populär geword= nen, Leonore, festhielt, spricht nicht gegen die oben nur als Frage, als psy= chologische Hypothese hingestellte Annahme; denn Fidelio ist ja nur die Maske Leonorens, als Fidelio tritt Leonore in der Oper auf; was sie zuvor gewesen, erzählt die Ouvertüre.

lauſcht und bangt und über dem dunkeln Abgrund ihres Leids klagt

und die Stimme des Mitleids (Wiederholung mit Zutritt von Flöte
und Klarinette) weckt. Dann taucht aus ſeufzerſchwerem Schmerze,
hart der zagenden Weiblichkeit abgekämpft,

der Entſchluß zu ihrer That auf; aus friſchem geſundem Leben tritt
ſie, da es ihr auferlegt iſt, voll Muth und Seelenadel, Freudigkeit
im warmen Herzen, die ſteile Bahn an. Erwartungsvoll, geſpannt,
leichten weiblichen Schritts ſtrebt ſie vorwärts

mit ſeelenvollem Ausgang, warm wie ein rührend Gelübde,

rührig und doch höchſt maaßvoll.

Ist denn das nicht ein wundervoller Ouvertürengedanke, vor dem Leid das Glück zu schildern? zu sagen: so war sie, still in sich geschmiegt, das Glück ungetrübten, von Zärtlichkeit wie auf Mutterarmen gewiegten Daseins träumend! So, aufgeschreckt, verloren sie und der Gatte, wenn sie nicht in sich Rettung findet, so trat sie die Heldenlaufbahn an, trug die Niedrigkeit — und wenn der Vorhang sich wieder hebt, seht ihr sie vor dem Grabe, das sie dem Gatten hat graben müssen! Aber da, gerade da wird sie siegen!

Niemals ist eine Ouvertüre schöner gedacht, ein Prolog sinnvoller gefunden worden.

Und das Alles geht so menschlich, so deutsch und weiblich her, ohne Uebertriebenheit und moderne Reckenhaftigkeit, ohne Hehl menschlicher Schwäche! — Wenn die Kraft fast versagt, der freudige Muth fast erschöpft ist, dann pocht und treibt aus der tiefsten Tiefe des Gemüths leis aber unabläßig — man weiß nicht welche Mahnung an die Tiefe des Kerkers oder des Geschicks

den zagenden Fuß vorwärts nach a, der unbestimmten Quinte, nach der verlangenden Septime c, nach der schmerzlich übertriebnen kleinen None es, schlägt da in bange Klage um, verlangend,

wie der Hirsch schreiet nach frischem Wasser, nach Erlösung. Und aus allem Leid, aus allem Gekläff der verfolgenden Sorgen taucht die Seele dem Schwane gleich unter, und gereinigt und erfrischt wieder auf mit dem Muthe der Jugend und Gesundheit zu neuem Leben, zu erneutem Vorbringen,

und schon mit dem Vorgefühl des freudigsten Triumphes, und sinnend —

(8 tiefer)

auf Vollendung.

Das war der erste Theil. Mit kurzen Schlägen wendet sich nun der Gang über B nach Es, um hier, — mit einer krankhaften in Takt 4 enthaltenen Dehnung

das Thema aus Florestans Arie im Kerker, „In des Lebens Frühlingstagen," in Oboe, Klarinetten, Fagotten und Hörnern aufzuführen und in Einem Blicke die schöne Vergangenheit und das jetzige Elend zusammenzufassen. Bei der Wiederholung fällt die Dehnung weg, Horn und Klarinette haben die Melodie, von harmonischen Figuren der ersten Violin in Zweiunddreißigsteln umspielt. Hieraus entwickelt sich ein reizvoll rhythmischer Zwischensatz,

der jenes Thema in Fdur wiederbringt, — es ist wie Hinlauschen der Seele, als hätte Leonorens Liebe die Macht, durch Kerkerwände

22*

hindurch die Gedanken und Seufzer Florestans zu ihr hinzuziehn. Der Zwischensatz führt wie zuvor eine Stufe höher, nach G, wo das Motiv der Arie sich zum letztenmal und weit ausgebreitet aufstellt.

Der letzte Theil (es ist ein Rondo fünfter Form) wiederholt den Inhalt des ersten bestätigend im Hauptton und führt einen An= hang herbei, der dem Hauptsatz entnommen ist

und — seltsam vorbedeutend! — ein solches aus allmähliger An= sammlung oder Anstauung der Instrumente erwachsendes Crescendo anregt, mit dem einige Jahre später Rossini die materialisirten Wie= ner zusammentrommeln und wie der Rattenfänger von Hameln füh= ren sollte, wohin ihm beliebte, ganz weg von Beethoven. Nur die breiten Prachtharmonien Beethovens, die hatte der Welsche nicht.

Der Schluß

ist lauter Triumph, unschuldvolle, hohe Freude, nur Glück, keine Er= regung, keine Leidenschaft! Sie hat den Hort ihres Daseins wie= dergewonnen! daß sie selber ihn erstegt, das ist mit allem Leid schon vergessen.

Dies war die Ouvertüre, die Beethoven zuerst für die Oper ersonnen hatte. Erwägt man, mit wieviel Kleinleben die Oper durch Einmischung der Marzelline und ihrer Sippschaft behelligt, wie ge= häuft in ihr die trüben Bilder von Tyrannei, Kerker und Todes= noth sind: so muß man, wie uns scheint, doppelt anerkennen, was oben von der Angemessenheit dieser Ouvertüre gesagt worden ist. Sie ist wie Sonnenschein vor Unwetter, der neue Heiterkeit nach der gefahrvollen Umdüsterung verheißt; ja, sie ergänzt die thatarme

Oper, da sie uns die Strebungen vorher mit ihrem schreckvollen Anlaß erzählt; und zugleich gewährt sie uns im Spiegelbild vergangnen Glücks das Anschaun des Glücks, das Leonoren lohnen und Florestan aus seinem Leib herstellen wird.

Ja, Beethoven selbst ist theoretisch Anhänger dieser Ansicht. In seinen Konversationsheften lesen wir Folgendes:

„Aristoteles sagt in seiner Poetik von der Tragödie: die tragischen Helden müssen Anfangs in hohem Glück und Glanz leben. So sehen wir es auch in Egmont. Wenn sie nun recht glücklich sind, so kommt mit einem Mal das Schicksal und schlingt einen Knoten um ihr Haupt, den sie nicht mehr zu lösen vermögen. Muth und Trotz tritt an die Stelle, und verwegen sehen sie dem Geschicke, ja dem Tod in's Aug'! .... Klärchens Schicksal interessirt deßwegen, wie Gretchen im Faust, weil sie einst so glücklich waren. Eine Tragödie, die sogleich traurig anfängt und immer traurig fortgeht, ist langweilig."

Demungeachtet kam diese Ouvertüre gar nicht mit der Oper zur Aufführung und ward erst nach Beethovens Tode unter dem Titel

Ouverture caractéristique, oeuvre posthume,

als Op. 138 herausgegeben.

„Sie war fertig (erzählt Schindler, der aber erst 1808 mit Beethoven bekannt ward und erst 1813 mit ihm in nähere Verbindung trat), aber der Komponist hatte selbst kein rechtes Vertrauen dazu, war daher einverstanden, daß sie vorerst von einem kleinen Orchester bei Fürst Lichnowski versucht werde. Dort wurde sie von einer Kennerschaar einstimmig für zu leicht und den Inhalt des Werks zu wenig bezeichnend gefunden, folglich bei Seite gelegt, und kam bei Lebzeiten Beethovens nimmermehr zum Vorschein."

Lassen wir einstweilen Beethovens Vertrauensmangel bei Seite, so müssen wir unumwunden aussprechen, daß die Freunde geirrt, jene erste Ouvertüre verkannt haben. Was oben, keineswegs erschöpfend, über sie gesagt worden, mag diesen Ausspruch unterstützen. Fügen wir hier noch zu, daß die Ouvertüre auch den äußeren Verhältnissen nach den Bedingungen einer Opern-Ouvertüre wohl entspricht; sie ist für diesen Zweck nicht zu lang, und sie ist klar verständlich für Jedermann, der überhaupt des Antheils an der Oper fähig ist.

Allein die Mehrzahl der Menschen, und vor Allem der sogenannten Kenner und Sachverständigen, läßt sich in ihren Auffassungen durch vorgefaßte Meinung bestimmen. Sie blicken nicht auf die Sache selbst, sondern sie verlangen, daß ihren subjektiven Erwartungen entsprochen werde, die sie meist von Weitem her mitbringen. Von Beethoven war man gewohnt, Sublimes und Unerhörtes zu empfangen, in den Symphonien, besonders der letzten, der heroischen, überwältigende Massen-Entfaltung, die erhabensten Gedanken in tiefsinniger, weiter, kunstreicher Ausführung, überall eine bis an das Mystische gehende Versenkung — und was sich sonst als allgemeine Kriterien seines Schaffens aussprechen läßt. Das war es also, was man von der neuen Ouvertüre erwartete, wo möglich potenziirt, in einem Fortschritte, wie man — ohne nähere Bestimmung — von den ersten Symphonien zur dritten wahrzunehmen beliebte. Vor allen Dingen aber begehrte man das, was gewöhnlich als Originalität gilt, neue, schlagende Wendungen der Melodie und Modulation, kurz das Niedagewesene.

Dergleichen findet sich auch genug in Beethovens Werken. Aber nicht in diesen Einzelheiten, die jeder gewandte musikalische Gaukler beliebig herausbringen kann, liegt seine wahre Originalität und sein Verdienst, sondern darin, daß er sich seiner jedesmaligen Aufgabe ganz, auf das Innigste und Treueste, ohne Nebenabsichten und Rücksichten hingab, daß er ganz in ihr aufging. Dabei konnte er weder die neuen, selbst kühnsten Wendungen (S. 314) scheuen, noch das Einfachste zurückweisen, etwa um Absonderliches zu suchen, wenn das Einfachste das der Sache Gemäße war. Jene Origina-

litäten nun werden leicht bemerkt, schwerer wird der Sinn des
Ganzen gefaßt und von den Kennern am schwersten die wahrhaft
geniale Einfalt, die nichts als die Sache selbst sich aussprechen läßt.
Hierin ist Beethoven am häufigsten mißverstanden worden. Lenz,
der von wahrem Enthusiasmus für ihn erfüllt ist, nennt die Pro=
metheus=Ouvertüre eine Sommersprosse (S. 210) und rechnet zwar
die Fantasie mit Chor zu den Werken hohen Styls, meint aber:
das Solo der Flöte und des Fagotts scheine mehr eine Variation
auf das Lied „Er hat sich einen Jux gemacht!" als auf das sublime
Motiv (es ist nicht sublim, es ist gefällig einladend) des Allegretto.

So fiel auch das Urtheil über die Ouvertüre aus. Ohnehin
mögen die Verhältnisse drängend und verwirrend eingegriffen haben;
denn die Aufführung stand nahe bevor (eine schlimme Zeit für den
Komponisten, klar zu urtheilen und fest zu bleiben), und Wien sah
nach der Zertrümmerung der österreichischen Armeen die Franzosen
unaufhaltbar gegen sich herandringen. Hat Beethoven selber das
Zutrauen zu seiner Ouvertüre verloren, so ist das nicht einmal so
auffallend, als später, in ganz ruhiger Zeit, sein Irrewerden an
einem seiner tiefsten Sätze, dem sogenannten Scherzo der Cmoll=
Symphonie, wovon noch die Rede sein wird.

Genug, die Ouvertüre wurde zurückgelegt und eine andre, die
mit einer dritten als

2de et 3e **Ouverture** en *ut* de l'opéra de Beethoven
Léonore (Fidélio) comp. en 1806

lange nach Beethovens Tode herausgegeben ward, an ihre Stelle
gesetzt.

Die Gestalt der Oper selbst war damals von der jetzt allge=
mein bekannten in manchen Punkten abweichend. Vor allem war
sie in drei Akte getheilt.

Wenn der Vorhang sich hebt, war Marzelline allein auf der
Bühne und sang nach kurzem Monolog ihre Arie „O wär' ich schon
mit dir vereint" (Cmoll, Cdur nach der Cdur=Ouvertüre), worauf

Jacquino auftrat und das Duett „Jetzt, Schätzchen, jetzt sind wir allein" anhob. Rokko kommt dazu, hat seine Bedenken gegen das Heirathen überhaupt, und so entspinnt sich das Terzett „Ein Mann ist bald genommen, bald nimmt man sich ein Weib." Nun erst tritt Leonore als Fidelio ein und es folgt (als No. 4) das Quartett „Mir ist so wunderbar," womit denn das Drama in ein höheres Stadium tritt, nachdem es mit drei Scenen und Musikstücken im Kleinleben und bei den Thorheiten Marzellinens und Jacquino's sich aufgehalten. Rokko's Arie, „Hat man nicht auch Geld beineben," folgt, das Terzett „Gut, Söhnchen, gut" schloß damals den ersten Akt, der allerdings weder die hohe Richtung der Oper noch den Karakter Leonorens genügend bezeichnete. Wie fremdartig vollends dieser erste Akt und die zweite oder dritte Ouvertüre einander gegenüberstehn mußten, sieht jeder, der die Ouvertüren kennt, auf den ersten Blick.

Den zweiten Akt eröffnete der Marsch und der Eintritt Pizarro's nach dem Aufzug der Soldaten; es folgt, wie jetzt, Pizarro's Arie und sein Duett mit Rokko. Beide gehn ab, Marzelline tritt mit Leonore (Fidelio) auf und behelligt sie in einem Duett (das war No. 9) mit ihren Gedanken über Eheglück. — So viel, und nicht mehr, über die erste Anlage der Oper.

So ging sie nun, mit der zweiten Ouvertüre, am 20. November 1805 im Theater an der Wien in Scene.

Aber unter welchen Umständen! Sieben Tage zuvor waren die Franzosen in Wien eingerückt, Tausende der höhern Klassen, darunter Lichnowski und andre Freunde Beethovens, hatten die Stadt verlassen, das Theater war fast nur von französischen Offizieren besucht, die Darstellung mangelhaft, das Orchester schon gegen die Ouvertüre, wegen der großen Schwierigkeit besonders für die Bläser, gestimmt, auch wohl durch Schroffheiten in Beethovens Benehmen gereizt. Die Aufnahme war eiskalt; nach drei Vorstellungen zog Beethoven sein Werk zurück.

Es war gefallen. Besonders die Ouvertüre, die noch einige=
mal in Konzerten aufgeführt wurde, hatte Alles gegen sich. Das
Publikum fand sie ungemessen lang, unverständlich, und empörte
sich am meisten gegen das Trompetensolo, das mitten in der Ou=
vertüre jenes Trompetensignal vorbedeuten sollte, das in der Oper
die Ankunft des Ministers verkündet. Man nahm es durchaus für
ein Posthorn. „Vor Kurzem (heißt es in einem Bericht aus Wien
im Freimüthigen 1806) wurde die Ouvertüre zu Fidelio im Augar=
ten gegeben und alle parteilosen Musikkenner und Freunde waren
einig, daß so etwas Unzusammenhängendes, Grelles, Verworrenes,
das Ohr Empörendes schlechterdings noch nie in der Musik geschrie=
ben worden sei. Die schneidendsten Modulationen folgen auf ein=
ander in wirklich gräßlicher Harmonie und einige kleinliche Ideen,
welche auch jeden Schein von Erhabenheit daraus entfernen, wor=
unter z. B. ein Posthornsolo gehört, das vermuthlich die Ankunft
des Gouverneurs ankündigen soll, vollenden den unangenehmen be=
täubenden Eindruck." Auch Cherubini befliß sich zu erklären, er
wisse nicht, aus welchem Ton die Ouvertüre gehe.

Der Oper selber stand die Vorliebe, deren gerade damals bei
den Wienern Cherubini genoß, dann aber auch der Vergleich mit
der sehr beliebten paerschen Oper Leonore im Wege; allerdings war
die flache Freundseligkeit, ewige Sichselbstgleichbleiberei paerscher
Musik leichter faßlich, vielleicht im Druck und den Aufregungen der
damaligen Zeit wohlthuender. Aber auch ruhige Stimmführer er=
klärten sich gegen das Werk. „Das merkwürdigste unter den mu=
sikalischen Produkten des vorigen Monats (schreibt der Bericht=Er=
statter der allg. muf. Ztg.) war wohl die schon längst erwartete
Beethovensche Oper Fidelio oder die eheliche Liebe. Sie wurde
am 20. November zum ersten Mal gegeben, aber sehr kalt aufge=
nommen. Wer dem bisherigen Gang des beethovenschen, sonst un=
bezweifelten Talentes mit Aufmerksamkeit und ruhiger Prüfung
folgte, mußte etwas ganz Anderes von diesem Werke hoffen, als

gegeben worden. Beethoven hatte bis jetzt so manchmal dem Neuen und Sonderbaren auf Unkosten des Schönen geopfert; man mußte also vor Allem Eigenthümlichkeit, Neuheit und einen gewissen originellen Schöpfungsglanz von diesem seinem ersten theatralischen Singprodukte erwarten — und gerade diese Eigenschaften sind es, die man am wenigsten darin antraf. Das Ganze, wenn es ruhig und vorurtheilsfrei betrachtet wird, ist weder durch Erfindung noch durch Ausführung hervorstechend. Die Ouvertüre besteht aus einem sehr langen, in alle Tonarten ausschweifenden Adagio, worauf ein Allegro aus Cdur eintritt, das ebenfalls nicht vorzüglich ist, und mit andern beethovenschen Instrumentalkompositionen — auch nur z. B. mit seiner Ouvertüre zum Ballet Prometheus keine Vergleichung aushält. Den Singstücken liegt gewöhnlich keine neue Idee zum Grunde, sie sind größtentheils zu lang gehalten, der Text ist unaufhörlich wiederholt, und endlich auch zuweilen die Karakteristik auffallend verfehlt — wovon man gleich das Duett im dritten Akte, aus Gdur, nach der Erkennungsscene selbst zum Beispiel anführen kann. Denn das immer laufende Accompagnement in den höchsten Violincorden drückt eher lauten, wilden Jubel aus, als das stille, wehmüthig tiefe Gefühl, sich in dieser Lage wiedergefunden zu haben. Viel besser ist im ersten Akte ein vierstimmiger Canon gerathen, und eine affektvolle Diskantarie aus F- (E)dur, wo drei obligate Hörner mit einem Fagotte ein hübsches, wenn gleich zuweilen etwas überladenes Accompagnement bilden. Die Chöre sind von keinem Effekte, und einer derselben, der die Freude der Gefangenen über den Genuß der freien Luft bezeichnet, ist offenbar mißrathen."

Es ist überhaupt viel Fischblut und Fischgeruch in all diesen Rezensionen und Berichten, und unter dem Anschein von Bescheidenheit und Schonung viel Anmaßung. Was will es heißen, wenn von einem „gewissen originellen Schöpfungsglanz," von „Neuem und Sonderbaren auf Unkosten des Schönen" (Beethoven hat weder das Eine, noch das Andre, noch das Dritte gesucht, sondern

nur der jedesmaligen Idee nachgetrachtet, in der er „das Schöne"
fand) geredet, oder irgend etwas „nicht vorzüglich" genannt wird?
Das sind diese in ihrer Allgemeinheit nichtssagenden Phrasen, die
sich nicht auf die Sache einlassen, sondern daneben — und ein
bischen darüber stellen, um sie nach fremdem abstraktem Maaß zu
messen, Beispiele zu dem S. 297 Gesagten. Aber der Erfolg
zeugt dafür, daß jener Berichterstatter im Einklang mit der Auf=
fassung des Publikums gesprochen. Und — im Hinblick auf diese
erste Gestaltung (S. 343) der Oper kann man dem Publikum
nicht allzu große Schuld beimessen; der erste Akt im Verein mit
der Ouvertüre mußte den Gesichtspunkt für die Auffassung schwan=
kend machen.

Beethoven aber war überzeugt, das Werk sei den Kabalen sei=
ner Feinde *) zum Opfer gefallen. Er legte namentlich fortwäh=

---

*) Daß er Feinde genug gehabt, dafür bürgt schon seine Eigenthümlichkeit.
Den schwachen Menschen — und sie bilden die Mehrzahl — wird unheimlich in
der Nähe eines selbständigen und eigenthümlichen Karakters; gern suchen sie den
alten Fabelschluß

„Du Narr, willst klüger sein, als wir?"
Man zwang den Petz, davonzulaufen.

in Anwendung zu bringen. Dann kam der Neid, dann aber auch der Verdruß,
den Beethovens Schroffheit und ein gewisses sarkastisches Wesen, dem er sich
leicht und oft überließ, bei sonst Gutgesinnten erregen mußte. Dieser Sarkasmus
nahm oft eine wunderliche Form an, er stützte sich auf alte musikalische Anekdoten,
die Beethoven aus der allg. mus. Zeitung aufgelesen und auf die er mit einem
nur im Zusammenhang der Anekdote verständlichen Wort anspielte; vielleicht
gerade damit schärfer verletzend, weil es weithergeholt, oder gar hinterhaltig
erscheinen konnte. So pflegte er, wenn ein Sänger seine Sache schlecht gemacht,
den Umstehenden mit freundlichem Zunicken laut genug „Da capo!" zuzurufen.
Das bezog sich nämlich auf eine Anekdote aus Paris. Dort hatte sich ein schlechter
Sänger mit schwacher Brust in einer langen Bravour=Arie hören lassen und
war ausgepfiffen worden; eine einzige Stimme hatte nachdrücklich Da capo!
gerufen und den Sänger bewogen, vorzutreten und seine Arie nochmals bis zu
Ende durchzusingen, obgleich er bei dem Gelärm der Zuhörer sich selber kaum
hören konnte. Kaum ließ das Pfeifen und Toben ein wenig nach, so erhob
jene Stimme wieder ihr lautes und beharrliches Da capo — und der Sänger
trat wieder vor. Nun wandte sich der Zorn des Publikums gegen den Da capo-

renb großes Gewicht darauf, daß man die Oper nicht Fidelio, son=
dern gegen seinen Willen Leonore genannt; wollte er dem Ver=
gleiche mit Paer ausweichen?

Schreier. Que voulez Vous? entgegnete der: moi, je voulais faire créver
cette canaille! . . . . ich wollte, der Lump solle singen, bis er platzte.

Unangenehmer, wenigstens für unser Gefühl, war ein andrer Vorfall, der
eine hochmüthige und anspruchvolle italienische Sängerin und die übertrieben
gegen sie nachsichtigen Wiener beschämen sollte. Beethoven ließ nachstehende
Anekdote aus der allg. muf. Zeitung in zahlreichen Abschriften vertheilen.

„Der Castrat Caffarelli war, wenn auch nicht der Stifter, doch der erste
Verbreiter des an Verzierungen, Koloraturen und Variationen überfülleten neue=
ren italienischen Gesanges. Kein Sänger der Welt hat diesen Caffarelli an
Geläufigkeit der Kehle und Nettigkeit der ausgelassensten Verbrämungen übertroffen.
Damit bezauberte er Alles, vernichtete fast die eblere Schule Porporas in Italien,
und wurde mit so vielem Beifall und Gold überhäuft, daß er sich ein Herzog=
thum kaufen konnte. Nur an Diamanten und andern Pretiosen besaß er über
zwei Millionen Livres. Mit seinen Reichthümern wuchs seine Eitelkeit, sein
Stolz, seine Launigkeit fast bis zur Tollheit.

Unter Ludwig XV. kam er nach Paris und sang vor dem König und seinem
Hause. Der König schickte ihm eine kostbare goldene Dose. Was? rief Caffarelli
dem Ueberbringer zu — der König schickt mir eine solche Dose? Behalten Sie
sie, denn sehen Sie, hier habe ich deren dreißig, die alle mehr werth sind als diese.
Wenn sie wenigstens mit dem Bildniß des Königs geziert wäre! — Mein Herr,
erwiederte jener, der König von Frankreich schenkt sein Portrait nur Gesandten.
— Pah, Gesandte, so mag er sich von Gesandten vorsingen lassen! —

Man erzählte dies dem König: er lachte und erzählte es der Gemahlin des
Dauphin, einer eifrigen Musikliebhaberin (Prinzessin von Sachsen). Diese ließ
den Sänger kommen, erwähnte jener Impertinenz mit keiner Silbe, gab ihm
einen schönen Diamanten, und zugleich seinen Reisepaß. Er ist vom König selbst
unterzeichnet, das ist viel Ehre für Sie — sagte sie. Aber Sie werden sogleich
Gebrauch davon machen, denn er gilt nur auf zehn Tage.

Nun kam Caffarelli nach Rom. Der Cardinal Albani lud ihn zu sich ein,
und zugleich die vornehmsten Damen und Herren der Stadt. Caffarelli versprach
zu kommen und zu singen, sandte auch die Musik zu einer Lieblingsarie, die er
vortragen wollte, im Voraus dahin.

Der Abend, die Stunde des Conzerts kommen, Caffarelli kommt nicht.
Der Kardinal schickt: man findet ihn in Pantoffeln und Schlafrock.

Wie? Ihre Eminenz und die ersten Familien Roms erwarten Sie! sagte
der Bote erstaunt; Oh che disgrazia! (welch ein Unfall!) erwiederte der Virtuos.
Ich hab' es vergessen. Sagen Sie Seiner Eminenz, er möge mich entschuldigen,
ich komme schon ein andermal. Ich bin nicht aufgelegt, und ehe ich meine Toilette
gemacht, wäre auch der Abend dahin. — Wie gesagt, er mag mich entschuldigen.
Ein andermal!

Richtiger urtheilten, als sich nur erst die Zeiten beruhigt hat=
ten, seine Freunde. Ihnen leuchtete der hohe Werth der Kompo=
sition ein, aber zugleich die Nothwendigkeit von Aenderungen und

---

Die versammelten Eminenzen geriethen in nicht geringen Allarm über diese
Antwort. Albani nahm seine Maaßregeln augenblicklich. Der Maggiordomo
mußte in eine Kutsche steigen, vier handfeste Reitknechte mußten ihm folgen.
Mein Herr, begann jener, da sie bei Caffarelli angekommen waren, Sie folgen
mir zum Cardinal wie Sie sind. Caffarelli machte Umstände, die Haltfeste machten
eine gewisse leise Bewegung, und der Haushofmeister wiederholte kalt und fest
seine Foderung.

Caffarelli verblüfft, stieg ein, kam an. Er tritt im Putz von Schlafrock und
Pantoffeln in den glänzenden Saal, jene Begleitung bleibt ihm immer zur Seite.
Er versucht sich durch Gesten, auch durch abgebrochene verbindliche Worte zu
entschuldigen, kein Mensch antwortet eine Silbe, oder macht auch nur eine
Bewegung.

Die fürchterlichen Begleiter machen links um. Caffarelli muß mit und
kommt in's Orchester. Auch hier eine Todtenstille. Er findet nur sein Pult
mit der aufgeschlagenen Stimme seiner Arie, nicht einmal einen Stuhl, in welchen
er sich sonst con grazia zu werfen gewohnt war.

Sobald er an das Pult kommt, fängt das Orchester an, und zwar zu seinem
Entsetzen, das Ritornell seiner Arie. Er muß ja wohl singen, und im Trotz
singt er wirklich sehr gut.

Man applaudirt laut, man ruft, bravo Caffarelli! bravo Caffarelli!

Jetzt wieder alles still, und die fünf furchtbaren Gesichter stehen wieder da,
und nöthigen ihn, in das Vorzimmer zu gehen.

Hier überreicht ihm der Maggiordomo eine prächtige Dose voll Zechinen,
und sagt: Empfangen Sie hier von Sr. Eminenz diese Belohnung für Ihre
Talente.

Und nun fällt jenes Quartett ein: Empfangen Sie hier von Sr. Eminenz
diese Belohnung für Ihre Ungezogenheit. Damit giebt ihm ein jeder in einigen
tüchtigen Hieben seine Peitsche zu kosten.

Sobald die Gesellschaft im Salon den Virtuosen schimpfen und schreien
hört, wiederholt sie das laute Applaudiren und den Ruf: bravo Caffarelli!
bravo Caffarelli!

Am andern Morgen wurde es Lieblingsbonmot in der Stadt, daß die
Kardinäle tüchtigere Zuchtmeister wären als die Könige von Frankreich."

Es mißfällt, daß ein Künstler sich, gleichviel aus welchem Grunde, zum
Erzähler einer gegen einen andern Künstler begangnen Brutalität macht, mag
dieser andere sie auch hervorgerufen haben. Uebrigens ist ein direkter Einfluß
dieser Vorgänge nicht anzunehmen, auch hatte die Oper nicht einer Kabale, son=
dern den ungünstigen Verhältnissen — und ihrer Eigenthümlichkeit ihr Schicksal
zu danken.

Kürzungen. Zuerst nahmen Steffen Breuning und der Hofrath v. Collin (der Dramatiker) darüber Rücksprache; dann wurde bei Lichnowski eine förmliche Sitzung gehalten, der das fürstliche Paar, jene Beiden, Graf Moritz Lichnowski, der Tenorist Röckel, der Bassist Mayer und Beethoven selber beiwohnten. Beethoven saß am Klavier, die Oper wurde gewissenhaft durchgenommen, die Sitzung verlängerte sich von Abends 7 Uhr bis 2 Uhr Nachts. Anfangs vertheidigte er jeden Takt; sein Zorn kannte keine Grän- zen, als die allgemeine Meinung sich dahin aussprach, daß ganze Stücke wegfallen müßten. Schritt für Schritt mußt' er dann nachgeben; die meisten Musikstücke wurden mehr oder weniger ge- kürzt, das Terzett No. 3 („Ein Mann ist bald genommen") und das Duett No. 9 („Um in der Ehe froh zu leben") fielen ganz weg, die Oper wurde auf zwei Akte eingerichtet (so, wie sie jetzt gegeben wird) die Ouvertüre wurde so durchgreifend umgearbeitet, daß ihre neue Gestalt einigermaßen als neues Werk gelten und als dritte Ouvertüre herausgegeben werden konnte. Die Pizarro-Arie wurde neu komponirt, Marzellinens Arie hinter ihr Duett gestellt. So weit war Beethoven schon gebracht, daß er sich um die Gunst der Sänger bewarb und in einem Briefchen bat: Röckel solle nur ja seine Sache recht gut machen bei der Milder, von der der leipziger Bericht-Erstatter sagt, sie habe trotz ihrer schönen Stimme doch viel zu wenig Affekt und Leben gezeigt, damals gewiß mit Recht, denn sie hat ihre höhere Stellung erst in Berlin durch Spontini erhalten. „Morgen (sagt Beethoven im Briefe) komme ich aber selbst, um den Saum ihres Rockes zu küssen."

So hat Beethoven gesprochen. Wer den Koulissen naht, wird leicht mit Oel beschmiert.

Die Oper ging am 29. März 1806 wieder in Scene, wurde zweimal, das letzte Mal am 10. April, wiederholt und dann zu- rückgelegt. Sie war abermals gescheitert.

Der nachfolgende Brief von Stephan Breuning giebt eine Anschauung der damaligen Sachlage.

„Wien, den 2. Juni 1806.

Liebe Schwester und lieber Wegeler.

— — — — — — — — — — — —

— — — — — — — — — — — —

Ueber Beethovens Oper habe ich Euch in meinem letzten Briefe, so viel ich mich erinnere, zu schreiben versprochen. Da es Euch gewiß interessirt, so will ich dieses Versprechen erfüllen. Die Musik ist eine der schönsten und vollkommensten, die man hören kann; das Sujet ist interessant, denn es stellt die Befreiung eines Gefangenen durch die Treue und den Muth seiner Gattin vor; aber bei dem Allen hat nichts wohl Beethoven so viel Verdruß gemacht, als dieses Werk, dessen Werth man in der Zukunft erst vollkommen schätzen wird. Zuerst wurde sie sieben Tage nach dem Einmarsche der französischen Truppen, also im allerungünstigsten Zeitpunkte, gegeben. Natürlich waren die Theater leer und Beet= hoven, der zugleich einige Unvollkommenheiten in der Behandlung des Textes bemerkte, zog die Oper nach dreimaliger Aufführung zurück. Nach der Rückkehr der Ordnung nahmen er und ich sie wieder vor. Ich arbeitete ihm das ganze Buch um, wodurch die Handlung lebhafter und schneller wurde; er verkürzte viele Stücke, und sie ward hierauf dreimal mit dem größten Beifall aufgeführt. Nun standen aber seine Feinde bei dem Theater auf und da er mehrere, besonders bei der zweiten Vorstellung beleidigte, so haben diese es dahin gebracht, daß sie seitdem nicht weiter mehr gegeben worden ist. Schon vorher hatte man ihm viele Schwierigkeiten in den Weg gelegt und der einzige Umstand mag Euch zum Beweise der übrigen dienen, daß er bei der zweiten Aufführung nicht ein= mal erhalten konnte, daß die Ankündigung der Oper unter dem veränderten Titel: „Fidelio" wie sie auch in dem französischen Ori= ginal heißt und unter dem sie nach den gemachten Aenderungen gedruckt worden ist, geschah. Gegen Wort und Versprechen fand sich bei den Vorstellungen der erste Titel: „Leonore" auf dem Anschlagezettel. Die Kabale ist für Beethoven um so unangenehmer, da er durch die Nichtaufführung der Oper, auf deren Ertrag er nach Prozenten mit seiner Bezahlung angewiesen war, in seinen ökonomischen Verhältnissen ziemlich zurückgeworfen ist und sich nun so langsamer wieder erholen wird, da er einen großen Theil seiner Lust und Liebe zur Arbeit durch die erlittene Behandlung verloren hat. Die meiste Freude habe ich vielleicht ihm gemacht, da ich, ohne daß er etwas davon wußte, sowohl im November, als bei der Aufführung am Ende März, ein kleines Gedicht drucken und in dem Theater austheilen ließ. Für Wegelern will ich beide hier abschreiben, weil ich von alten Zeiten weiß, daß er etwas auf dergleichen Dinge hält; und da ich einst Verse auf seine Erhebung zum Rector magnificus celeberrimae universitatis Bonnensis machte, so kann er nun durch Vergleichung sehen, ob ich in meinem poetischen Gelegenheitsgenie Fortschritte gemacht habe. Das erste kleine Gedicht war in reimlosen Jamben:

> Sei uns gegrüßt auf einer größern Bahn,
> Worauf der Kenner Stimme laut Dich rief,
> Da Schüchternheit zu lang zurück Dich hielt!
> Du gehst sie kaum, und schon blüht Dir der Kranz,
> Und ältere Kämpfer öffnen froh den Kreis.
> Wie mächtig wirkt nicht Deiner Töne Kraft;
> Die Fülle strömt, gleich einem reichen Fluß;
> Im schönen Bund schlingt Kunst und Anmuth sich,
> Und eigne Rührung lehrt Dich Herzen rühren!

> Es hob, erregte wechselnd unsre Brust
> Lenorens Muth, ihr Lieben, ihre Thränen;
> Laut schallt nun Jubel ihrer seltnen Treu,
> Und süßer Wonne weichet bange Angst.
> Fahr muthig fort; dem späten Enkel scheint,
> Ergriffen wunderbar von Deinen Tönen,
> Selbst Thebens Bau dann keine Fabel mehr.

Das zweite besteht aus zwei Stanzen und enthält eine Anspielung auf die Anwesenheit der französischen Truppen zur Zeit der
ersten Aufführung der Oper:

> Noch einmal sei gegrüßt auf dieser Bahn,
> Die Du betrat'st in bangen Schreckenstagen,
> Wo trübe Wirklichkeit von süßem Wahn
> Die Zauberbinde riß und furchtbar Zagen
> Uns All' ergriff, wie wann den schwachen Kahn
> Des wilden Sturms gewalt'ge Wellen schlagen;
> Die Kunst floh scheu vor rohen Kriegesscenen,
> Der Rührung nicht, aus Jammer flossen Thränen.

> Dein Gang voll eigner Kraft muß hoch uns freun,
> Dein Blick, der sich auf's höchste Ziel nur wendet,
> Wo Kunst sich und Empfindung innig reihn.
> Ja, schaue hin! der Musen schönste spendet
> Dort Kränze Dir, indeß vom Lorbeerhain
> Apollo selbst den Strahl der Weihung sendet.
> Die ruh' noch spät auf Dir! in Deinen Tönen
> Zeig' immer sich die Macht des wahren Schönen.

Diese Abschrift hat mich aber wirklich ganz ermüdet; ich kann
daher wohl diesen ohnehin langen Brief schließen. Ich will Euch
nur noch die Nachricht schreiben, daß Lichnowski die Oper jetzt an
die Königin von Preußen geschickt hat und daß ich hoffe, die Vorstellungen in Berlin werden den Wienern erst zeigen, was sie hier
haben."

Diese übrigens wohlgemeinten Gedichte waren also die, Beethoven
für seine Leonore dargebrachten Huldigungen.

Uebrigens hatte Lichnowski's Schritt bei der Königin von
Preußen ebenfalls keine Folgen. Sie war eine Schülerin Himmels,
der einst (S. 39) vor Beethoven fantasirt hatte.

Fidelio-Leonore.

Im Jahr 1814 wurde den Inspizienten der wiener Hofoper, Saal, Vogl und Weinmüller ein Benefiz zugestanden; nur mußten sie eine Oper ohne Kosten wählen. Beethoven hatte seitdem eine Reihe der bedeutendsten Werke gegeben und sein Ansehn, seine Beliebtheit waren auf das Höchste gewachsen. Jene Männer wählten zu ihrer Benefizoper Beethovens Leonore. Beethoven war bereit, sie herzugeben (sie war nicht Eigenthum des Theaters geworden, sondern demselben 1805 und 1806 gegen Feststellung einer Tantième für den Komponisten nur zur Aufführung überlassen worden), wollte sie aber zuvor einer nochmaligen Prüfung unterwerfen. Auf seinen Wunsch übernahm Treitschke die nöthigen Textänderungen, die besonders die beiden Finalen betrafen, Beethoven schrieb die vierte Ouvertüre zur Oper, das Melodram in der Kerkerscene, das Rezitativ zu Leonorens, das Allegro zu Florestans Arie, die beiden Finale's zum großen Theil neu, geringerer Aenderungen nicht zu erwähnen. Viele dieser Aenderungen der zweiten und dritten Arbeit waren wirkliche Verbesserungen, nicht alle. Besonders bei der dritten Bearbeitung war ihm das Werk schon fern getreten und er ein Andrer geworden. Dies zeigt sich in der letzten Ouvertüre und

Beethoven selbst spricht es in einem Billet an Treitschke aus: „Die ganze Sache mit der Oper ist die mühsamste von der Welt. Ich bin mit dem Meisten unzufrieden, und es ist beinahe kein Stück, woran ich nicht hier und da meiner jetzigen Unzufriedenheit einige Zufriedenheit hätte anflicken müssen. Das ist aber ein großer Unterschied zwischen dem Falle, sich dem freien Nachdenken oder der Begeisterung überlassen zu können."

Diesmal endlich erhielt die Oper den von Beethoven gewollten Namen Fidelio und wurde am 23. Mai 1814 im Kärnther Thor-Theater gegeben, noch mit der vorigen Ouvertüre (No 3), weil die neue in E-dur (No. 4) nicht fertig war und erst zur zweiten Aufführung an die Reihe kam. Nun endlich wurde sie verstanden und gewürdigt. Nun verbreitete sie sich über alle Bühnen Deutschlands, kam in London und Paris zur Aufführung und hat sich neben allen Wendungen, die das Operntheater unter dem Einflusse italienischer und französischer Werke und deutscher Komponisten erfuhr, als einer der edelsten Lieblinge des deutschen Volks erhalten. Alle deutschen Sängerinnen beeiferten sich um die Rolle der Leonore; voran steht die schöpferische Schröder-Devrient und die südlich-glühende, so bald in ewiges Schweigen versenkte Schechner, dann die erste Darstellerin, Milder-Hauptmann. Der Dichter Ludwig Robert sah Leonore in London von der Maltbran-Garzia darstellen und wußte nicht genug von der Wundermacht zu erzählen, zu der die Spanierin ihre Seele an dieser Rolle entzündet habe; bei ihrem ersten Erscheinen sei man unwiderstehlich zu Thränen hingerissen worden, wenn sie unter der Last der Ketten, die sie herbeiholen müssen, in tiefster körperlicher und geistiger Erschöpfung sich an die Wand gelehnt, noch stumm und dann erst Athem suchend in der gequälten Brust zu den ersten Worten, und dann zum Kanon ansetzend, als gäb' es in der Welt nur noch gehauchte Seufzer, nicht Gesang. Dagegen hat wieder in neuester

Zeit Frau von Köster den Grundzug deutscher mild in sich ge=
schmiegter Weiblichkeit hervorzuheben gewußt. —

Ueber ein Werk, das so allgemein und genau bekannt und von
jedem Deutschen durchgefühlt ist, zu berichten, muß man schwer be=
finden — und zum Glück überflüssig. Wir dürfen uns also nur
auf einzelne Momente beschränken, die sich der Erwägung vor an=
dern darbieten.

Zunächst sind es die Ouvertüren, deren erste S. 335 zur
Sprache gekommen ist. Bedarf es noch eines Beweises von außen
her, daß die erste Ouvertüre nach Beethovens Sinn die rechte
für das Werk gewesen, so geben diesen Beweis die drei folgenden
Ouvertüren. Wohl sprach Beethoven wahr, wenn er des großen
Unterschieds gedachte zwischen freiem Nachdenken (wie er den sach=
fernen Standpunkt nennt) und Begeisterung. Begeistert, ganz er=
füllt von seiner Leonore war er, als er die erste Ouvertüre schuf.

Nun hatten die Freunde sie zu leicht und den Inhalt des
Werks zu wenig bezeichnend gefunden, hatten gewiß auch geltend
gemacht, daß man von ihm nur Großes, Erhabnes, Gewaltiges,
Unerhörtes — und wie diese Phrasen sonst noch heißen — erwarte,
und Beethoven, umstürmt von all den Zweifeln und Vorstellungen
und Uneinigkeiten, die von einer ersten Aufführung untrennbar
sind, hatte sich zu diesem Gesichtspunkte herbeigelassen.

Dies spricht sich in der zweiten und dritten Ouvertüre aus,
von denen die letztere offenbar nur die klärende und kräftigende
Umarbeitung der erstern ist. Schon in der Länge. Beethoven ist
offenbar nicht mehr im frischen Gefühl der Oper gewesen, seine
zweite und dritte Ouvertüre sind nicht mehr Prologe derselben,
sondern symphonische Dichtungen, durch den Gedanken an sie
angeregt.

Und welcher Art ist dieser Gedanke? Nicht mehr ist es das
holde Bild Eleonorens, das ihm vorschwebt, es ist der Gedanke:
daß hier etwas Großes, Erhabenes, Unerhörtes geschehn soll oder

geschehn ift, das gewaltig in das Leben hineintritt. Das spricht
der erfte Eintritt des Adagio aus, der in der zweiten Ouvertüre
sich sogar wiederholt,

gleichsam, als könne das Ereigniß unter seiner eignen Wucht nicht
gleich fortschreiten. In der dritten Ouvertüre tritt dieser Gedanke
sogleich in vollendeter Energie und fortschrittsfähig, —

beiläufig der harten Blech=Eingriffe entledigt, — auf und wird
nach dem erften Aufschlag aller Instrumente, mit Ausnahme der
Posaunen, von Flöte, Klarinetten, Fagott und allen Saiten tragisch
kühn hinabgeführt auf fis zu den Seufzern der Fagotte. Von hier
wenden sich beide Ouvertüren nach As und bringen da das Ada=
gio=Thema aus Floreftans Arie, das die erfte Ouvertüre als Mit=
tel= oder zweiten Seitensaß nach dem erften Theil ihres Allegro
gebracht hatte.

Diese ganze Einleitung, soweit sie bis hierher beschrieben,
zeugt von Beethovens Meifterhand; ja, wenn man sich auf zer=
ftückelnde Betrachtung und Vergleichen eines Gedankens mit einem
andern ganz fremden einlaffen will, wobei mithin kein eigentlicher
Vergleichungspunkt zu finden ift: so mag zugeftanden werden, daß
ein so mächtiger und bisher unerhörter Zug in der erften Ouver=

türe nicht zu finden ist. Allein so abstrakt will ein Kunstwerk nicht angesehen sein; der Künstler hat nicht das abstrakt Große, oder gar das Absonderliche — dem Beethoven niemals nachgegangen — sondern das Sachliche, das zum Ausdruck seiner Idee Gehörige im Sinn. Jener großartige Einsatz der zweiten und dritten Ouvertüre bereitet auf etwas Außerordentliches — und es folgt die Klage Florestans. Aber nicht sie ist das Außerordentliche oder die Haupt= sache der Oper, sondern Leonorens Heldenthum. Wir haben also mit dem ersten Zuge den großen Symphonisten vor uns, in er= habner Erregung seiner Herrscher= und Schöpferkraft, aber nicht den Komponisten der Leonore, nicht Leonoren und die Oper.

Dasselbe muß vom Allegro gesagt werden. Der Hauptsatz, der erst in der dritten Ouvertüre zu voller Reife gekommen ist, hebt sich kühn und groß und ruhig

aus dem tiefen leisen Ansatz der ersten Violin und der Violoncelle über der in Achtelschlägen antreibenden Tonika achtundzwanzig Takte, einem Adler gleich langsam in die höchste Höhe (in den letz= ten zehn Takten unterstützen, statt der Violoncelle die zweiten Gei= gen den Flug) um da, wie auf breiten Schwingen, vier Takte lang auf

unbeweglich zu ruhn. Nun, auf c—d—f—g—h vier Takte lang ein durchdringender Schrei des ganzen Orchesters, zum erstenmal mit den drei Posaunen verstärkt — und nun Wiederholung des Themas im Einklang (Oktaven) aller Instrumente in höchster Kraft, die durch das Liegenbleiben der Trompeten, Hörner (zwei C= zwei

E=Hörner) Posaunen und Pauken im zweiten Takte zu kriegerischer
Wuth wird, —

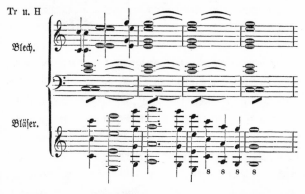

die Saiten gehn in Achtelgliederung mit, — und Fortführung, breit
und herrlich wie kriegerische Entfaltung aller Paniere. Das könnte
möglicherweise eine Jungfrau von Orleans vorbereiten, die mit
ihrem Blick hochher die Schlacht regiert, aber nimmermehr Leono=
ren, die nur für ihren Gatten lebt und nur für ihn zur Heldin
wird, und gleich wieder weiblich zurücktritt.

Wir können uns nicht auf das Weitere einlassen, würden aber
auch zu keinem andern Urtheil gelangen, als daß die dritte Ouver=
türe, die vollendete Gestalt der zweiten, an sich ein unvergleichliches
symphonisches Werk ist, aber keine Ouvertüre zu Leonore, das
heißt, keine Ouvertüre, die uns in den Vorgang und Sinn der
Oper einführte. Allerdings nimmt sie aus derselben drei bedeu=
tende Momente auf: erstens die Melodie aus Florestans Arie, zwei=
tens das Trompeten=Signal (in der zweiten Ouvertüre tritt es in
Es, in der dritten in B, wie in der Oper auf) drittens die Me=
lodie, welche in der Oper ebenfalls dem Signal folgt und das Ge=
fühl der Erlösung

Ach! Du bist ge = ret=tet!

zum Ausdruck bringt; die zweite Ouvertüre hat diese Melodie nicht.
Allein solche Vorausnahmen aus der Oper, so geläufig sie beson=
ders seit Beethoven oder Mozarts Don Juan den Opernkomponi=
sten geworden sind, — K. M. Weber stellt seine Ouvertüren förm=
lich potpourriartig aus der Oper zusammen, — sind doch nur von
zweifelhaftem Werthe. Sie deuten symbolisch auf Momente hin,
die wir noch gar nicht kennen, die uns also nicht ihre Bedeutung
in der Oper, sondern nur den Sinn eröffnen können, den sie mög=
licherweise an sich selber haben. Nun ist die Floreftan=Melodie,
aus ihrem scenischen Zusammenhange herausgenommen, anmuthend,
sanft, sehnsuchtvoll, — ähnliches läßt sich von der oben angeführ=
ten Melodie sagen, aber mehr nicht. Die Trompetenfanfare ist
sogar, so lange die ihr beigelegte Bedeutung nicht ausgesprochen
worden, undeutbar. Unmöglich können dergleichen Einzelheiten mit
einer durch ihren ganzen Zusammenhang und Sinn hindurch be=
deutsamen Ouvertüre verglichen werden.

An diese dritte (oder zweite und dritte) Ouvertüre ist Beetho=
ven offenbar mit dem gerechten Selbstgefühl seiner Macht und mit
dem Vorsatze getreten, sich bei der Einführung eines edlen und
großartigen Werkes dessen und seiner selbst würdig zu erweisen.
Diese allgemeine Stimmung und Richtung finden wir ausgespro=
chen und können das Werk — selbst mit Einrechnung jener seltsa=
men Stelle (S. 46 bis 50 der breitkopfhärtelschen Partitur) wo
die Flöte so kindsköpfig (wir finden kein ander Wort) mit dem Fagott
spielt — als eine der großartigsten symphonischen Dichtungen be=
wundern und lieben. Nur Leonore kommt uns dabei nicht in den

Sinn, weil sie Beethoven nicht im Sinne gewesen ist, — und der
Fall von ihr zu Marzellinens Arie oder Duett herab ist gar tief.

Noch ferner stand Beethoven 1814 seiner Oper, als er die
letzte Ouvertüre zu ihr, die in Edur, schrieb. Jedem aufmerksa-
men Hörer wird wohl schon, wenn er auch in die Geschichte der
vier Ouvertüren nicht eingeweiht ist, eine gewisse Hast fühlbar geworden sein, die sonst Beethoven gar nicht eigen ist, selbst bei seinen lebhaftesten Orchestersätzen nicht, z. B. der Fdur-Symphonie.
Sollte sich nicht darin die Unruhe verrathen, in die ihn die Rückkehr zu einem schon fern gerückten Werke versetzen mußte? Diese
Hast ist gar nicht zu verkennen; sie deutet sich schon in der kurzen
und kurzgliebrigen Intrade

an, nach der das Adagio mit lockenden Horn- und Klarinett-Klän-
gen sich meldet, um der Intrade zu weichen, die diesmal in Adur
auftritt, und dann erst in stillerregter Tiefe sich auszubreiten, was
räthselhaft uns irgend etwas noch im geheimen Brüten Werdendes
oder Kommendes erwarten läßt.

Das bringt nun das Allegro. Sein Hauptsatz ist es, den die
Intrade angedeutet, und der nun vom hellen EHorn

sanft hinauslockend intonirt, von der Klarinette wiederholt und hell
und feurig hinausgeführt wird. Gäb' es eine Oper von Kaiser
Max, oder noch besser von König Franz, der mit seiner Geliebten
und dem buntgaukelnden Hofstaat üppiger Damen und muthiger
Herren von Fontainebleau hinzog in den sonndurchblitzten Wald:
man könnte sich keine schönere Ouvertüre denken; und das läge kei-

neswegs blos im Horneinsatz, sondern im Ganzen. Derselbe Sinn spricht sich im Seitensatz

aus, der wieder vom Hornklang eingeleitet und wieder kurzgefaßt und kurzgegliedert ist, dann aber, wie der Hauptsatz, sich breit und glänzend hinausführt zum eben so kurzgefaßten Schlußsatz und Theilschluß.

Der zweite Theil beschäftigt sich nur mit dem Hauptsatze, hat sein unerschöpflich Spiel auf das Artigste mit dem ersten Motive (ersten Takte) desselben, das zur Oktav erweitert in den Violoncellen, im Pizzicato der Bratschen, Violoncelle und Bässe, der Hörner, der Pauken mit diesem

muthwilligen Ausgange (bei NB. wieder oulibicheffsche Doppelakkorde) geschäftig ist, und uns, wir wissen kaum wie, in den Anfang (Theil 3) zurückversetzt. Der Anhang bringt die Einleitung, Intrade und Adagio, zurück und ein bis zur Wildheit gesteigertes von jenem Motiv gar nicht mehr ablassendes Presto zum energisch-aufgeregten Schlusse.

Es ist eine der geistreichsten, von Talent und Kunstgeschick funkelnden Kompositionen. Aber von Leonore keine Spur.

Von dem Inhalte der allbekannten Oper nähere Kunde zu geben, haben wir schon oben als überflüssig abgelehnt. Uns kann hier nur noch die Frage beschäftigen, wie Beethoven sich seiner ersten und größten dramatischen Aufgabe gegenüber erwiesen.

Zweierlei Stellungen kann ein Komponist einer solchen Aufgabe gegenüber einnehmen. Entweder ist ihm das Drama, die entschiedne Entwickelung der zum Grunde liegenden Handlung und der sie tragenden, in ihr begriffenen Karaktere Hauptsache und die Musik im Verein mit dem Worte das dabei dienende Organ, also Nebensache. Oder er ist so tief in der Musik und ihren Formen eingelebt, daß sie sich — nöthigenfalls auf Kosten des Worts, der Karaktere und der Handlung als Hauptsache geltend macht *).

---

*) Man gestatte dem Verf., wenigstens eine kurzgefaßte Erläuterung dieses Verhältnißes aus seiner „Musik des neunzehnten Jahrhunderts" hier zu wiederholen, da er seinen Gesichtspunkt nicht schneller festzustellen weiß.

„Die Oper ist vor Allem ein Drama, das Personen in realer Wirklichkeit und Leiblichkeit, in Handlung und Wechselwirkung darstellt, Menschen in der Bethätigung des Lebens nach außen. Die Persönlichkeit tritt im Drama nach ihrem Karakter, nach Gedanken und Willen, Gesinnung und Stimmung, unter dem Einfluß bestimmter Verhältnisse heraus in Thätigkeit mit Andern, gegen Andere der volle Mensch in voller Lebensthätigkeit. Dies ist bekanntlich die Aufgabe jedes Dramas; nur bedient sich das musikalische statt der Rede ganz oder theilweise der Gesangsprache. Sie soll als besondere höhere oder innigere, „innerlichere" Sprache die „Rede des gemeinen Lebens" ersetzen und den Inhalt des Dramas in höhere oder phantastischere Regionen erheben.

Vor allem wollen wir von der Halbheit der Mischoper absehn, in der gesprochenes Wort mit gesungenem wechseln. Ist einmal die Sprache dieser Wesen, die vor uns auf der Opernbühne leben, Musik, so möge kein gesprochenes Wort uns aus dem phantastischen Traum erwecken! wir würden allen Glauben verlieren. Der wirkliche Mensch hat immer wirkliche Sprache; Gesang ist ihm ein ganz anderes und besonderes Moment seines Lebens, das er nimmermehr, als etwa in Scherz und Tändelei, mit der Sprache verwechselt und an deren Stelle verwendet. Vergebens auch hat man den Widerspruch durch Vergleich mit jenem Wechsel von Vers und Prosa bei Shakespeare und deutschen Dichtern erläutern und entschuldigen wollen. Vers und Prosa sind nur verschiedene Formen ein und derselben Substanz, der wirklichen Sprache; der Vers ordnet das Spiel der Betonungen, des Weisens und Eilens und der Anklänge, ohne die Bedeutung und Wirksamkeit des Worts zu ändern oder zu verschleiern. Der Gesang vermählt dem Wort ein Element, das zwar ebenfalls in der Sprache vorhanden ist, aber nun erst aus seiner Verhülltheit und Unterordnung unter die absolute Sprachbedeutung zur Mitherrschaft — ja vermöge des begleitenden Orchesters,

Wird das erstere Prinzip auf die Spitze getrieben, so schlägt die Musik zu trockner, in bestimmte Tonverhältnisse gezwängter Deklamation um und es entsteht ein Machwerk des abstrakten Verstandes, dem es ebensowohl am Lebenssaft des Gesangs als an der Naturwahrheit und Zweckgemäßheit der Rede gebricht. Dies ist bei einigen Nachfolgern Glucks beobachtet worden; ein leicht zugängliches Beispiel findet man in Reichardts Komposition des goetheschen Monologs „Heraus in eure Wipfel," der fast durchweg Rezitativ

---

der Stimmvielheit und des musikalischen Rhythmus leicht und oft zur Oberherrschaft kommt. Gesang und Sprache, wenn gleich verwandt ihrem Ursprunge nach, sind verschiedene Idiome, die einander ausschließen. Entweder steht das Drama auf dem Boden des wirklichen Lebens und redet dessen Sprache; oder es verläßt diesen Boden und diese Sprache und wird Oper. Die Mischoper ist Halbheit, ein grundsatzloses Unding; das Idiom der wahren Oper ist Musik.

Hiermit beginnt das Verhängniß seine Herrschaft, das von Anfang an über der Oper gewaltet hat, oft gescholten, oft bekämpft und stets rückkehrend.

Diese Singenden sollen Menschen, diese gesungenen vom Instrumental umrauschten Melodien, in denen so oft das Wort untertaucht bis zur Unverständlichkeit, sollen Rede sein? Gerade das leibliche Vortreten der Singenden zu dramatischer Bethätigung macht ihre Gesangrede zur Fabel, zum wirklichkeitslosen Phantasiespiel. Was man nie geglaubt, nie zu überreden, zu zeigen gewagt hätte, alles Märchenhafte, Abenteuerlich-Unmögliche, jeden Sturm unberechtigter oder übertriebener Gefühle, jeden Sinnentaumel üppiger Lust überredet man sich hier wagen zu dürfen.

Und abermals: diese Gesangsprache, diese Musik, die Räthselsprache des verhüllten Innern, soll treffend und behend genug sein für den barschen hastigen Fortgang erregter Handlung, in der oft sogar das schnelle Wort des Dichters lähmend scheint? Das Drama will schlagfertig vorwärts bringen, die Musik muß weilen, bis ihre Anklänge sich zu Stimmungen gefestet und uns gestimmt haben zum Einverständniß. Wie will man diesen Widerspruch versöhnen? Nothwendig muß auf jene dramatische Schlagfertigkeit verzichtet, die Handlung muß einfacher, weilender, nicht entwickelt werden — was von je der Preis der Dramatiker war — sondern sich in wenig monumentale Momente zusammengezogen hinstellen, in denen die Musik sich ausbreiten, in die man sich vertiefen könne. Und damit das alles irgend möglich sei, muß der Dichter vom weiten Schauplatze des Lebens sich auf jene zählbaren Hergänge und Karaktere zurückziehn, in denen das innerliche Leben des Gemüths bedeutend genug und sonst geeignet ist, den Reichthum des nicht der Musik erreichbaren Geistes und zugleich des thatvollen nach außen drängenden Lebens vergessen zu machen."

geblieben ist, — nach dem Inhalte des Gedichts eine Nothwendigkeit, — aber bei Weitem unwirksamer, als reine Rede.

Wird das andre Prinzip auf die Spitze getrieben, so sinkt das Drama zum Gelegenheitsmacher für die Musik herab und die Musik, die für sich allein Drama sein soll, ohne es zu vermögen, verwildert und wird üppig und toll nach Art unsrer krinolinisch emanzipirten Damen. Dafür liefert die italienische Oper Beispiele genug, obwohl sie sich, Dank dem Talent eines Rossini und älterer Komponisten, in einzelnen Momenten aus ihrer Geistesversunkenheit hoch emporgerichtet hat.

Vollkommene Versöhnung beider Prinzipe scheint nach dem in der Anmerkung Angedeuteten unmöglich, wenigstens ist sie bis jetzt nicht gelungen; immer wird die Schlagfertigkeit des dramatischen Fortschritts dem Bedürfniß der Musik, sich zu vertiefen und zu weilen, um zu wirken, große Zugeständnisse machen und der Kreis der Operndichtung sich auf eine sehr enge Zahl von Aufgaben zusammenziehn müssen. Gleichwohl bieten schon Händels und Bachs Kompositionen Beläge genug, wie gedrängt und schlagfertig treffend die Sprache der Musik sein kann. Allen nach der Vollendung der Oper im Verein beider Prinzipe Strebenden steht Gluck voran, dem sich Mehül, Spontini, Wagner, Dorn und Andre, jeder in seiner Weise, angeschlossen haben. Doch ist nicht zu übersehen, daß Gluck sich vorzugsweise dem dramatischen Prinzip hingegeben und dem musikalischen manches Opfer abgedrungen hat. Ihm gegenüber trachtete Mozart, die Musik so dramatisch zu machen, wie möglich; aber über jeden Zweifel hinaus war sie ihm Hauptsache und mußte das dramatische Prinzip vor ihren Bedingungen im Ganzen und Einzelnen zurücktreten. Angesichts seiner urkundlich erwiesenen steten Bereitwilligkeiten für individuelle Fähigkeit und Wünsche bestimmter Ausführender, seiner Bravour-Arien, seiner oft im Ausdruck eben so unbestimmten als im Klang und kunstmäßiger Verwebung reizvollen Ensemblesätze u. s. w. muß man sogar zugestehn, daß er nicht ohne Zugeständniß an die reine Musiklust auf Kosten dramatischer Wahrheit und Bestimmtheit zu Werke gegangen und hierin den Italienern bisweilen näher getreten ist, — nur daß diese dann, besonders seine Nachfolger, seine Idealität in ihre Sinnlichkeit hinabgezogen haben.

Beethoven, das ist keine Frage, stand ganz auf dem Boden des musikalischen Prinzips; trotz seiner Vorliebe für Shakespeare und Goethe und trotz der aristotelischen Poetik war ihm, wie sich an Leonore erwies, das Drama ein fremdes, nicht von ihm durchdachtes, nicht an der Spitze seines Strebens stehendes Wesen. Er trat unbedingt auf Mozarts Pfad und wurde Mozarts Nachfolger in so entschiedner Weise, daß auch nicht eine Spur sich findet, er habe von dem andern Weg' irgend Notiz genommen, wie Mozart selber im Idomeneus. Ja, er stand noch tiefer in der Musik, als sein großer Vorgänger; denn dieser hatte von Jugend auf seinen Sinn auf die Oper gestellt und sich vielfach versucht, eh' er, im Idomeneus, mit Nachdruck auf dieser Bahn hervortrat, während Beethoven vorzugsweise — man könnte beinah sagen, ausschließlich — sich der Instrumentalkomposition, der für sich seienden, durch keine Rücksicht bedingten Musik widmete. Daher fehlt Beethoven auch der große scenische Verstand, den Mozart schon gegenüber dem Gedicht zu Idomeneus*), dann aber in seinen Opern selbst bewiesen hatte; es fehlt ihm die Schlagkraft, mit der Mozart in leichten und sichern, oft bewundernswürdig treffenden Zügen Karaktere und Situationen zeichnet, so daß er sich zum größten Vortheil für den dramatischen Fortschritt kurz fassen kann, kürzer als alle seine Nachfolger**).

---

*) Man sehe Nissens oder Jahns Biographien Mozarts.

**) Man vergleiche eine Reihe mozartscher Arien, Duette u. s. w. blos nach ihrer Ausdehnung mit denen seiner Nachfolger, Beethoven, Hummel, Spohr, Weber, Marschner u. s. w. und wird hieran schon einen Kraftmesser in die Hand bekommen für scenische Schlagfertigkeit.

Dies fehlte Beethoven. Ihm wurde die Scene, Personen und Handlung, erst vollständig zur Musik. Er war das entschiedne Gegentheil von dem, was man einen scenischen faiseur nennen möchte, der mit der kalten, ursprünglich unmusikalischen Gewandtheit und Schlauheit eines Auber-Scribe jede Lappalie des Alltagtreibens oder der Redoutenpoesie mit einem Fingerhut voll Musikgelée zu einem Auftritt zusammenrührt, der auf der Bühne steht und geht und amüsirt und vergessen wird, weil schon ein ander Bild im Anzug' ist. Davon verstand Beethoven gar nichts. Er stand der Handlung eigentlich kontemplativ, beschaulich gegenüber. Da versenkte sich denn seine Seele in das Innerste des Moments, Scene, Handlung und Personen wurden ihm vollständig Musik, so gut wie die „Scene am Bach" in der Pastoral-Symphonie oder irgend eine unbenannte Scene in der Eroica. Diese musikalische Scene schrieb er; und wie seine symphonischen Scenen aus Saiten- und Blas-Instrumenten, so webte er die dramatischen aus den Stimmen des Orchesters und denen der Singenden auf der Bühne. Daher konnte und mußte er auch, scenisch rücksichtsloser als Mozart, diesen in Tiefe und Innerlichkeit der Musik überbieten, wie später Rossini beide an Sinnlichkeit und Ueppigkeit derselben.

Hiermit dürfte der Grundzug der beethovenschen Oper gegeben sein. Daß in seinem durchaus ehrlichen und treuen Gemüthe jedem Karakter — wie jedem Instrument in der Symphonie — und auch jedem Worte, soweit es das rein-musikalische Grundprinzip zuließ, sein Recht wurde, und daß seinem durchaus idealen Sinn gegenüber sich jede Gestalt, soweit es überhaupt möglich war, reinigte und verklärte: das Alles zusammengenommen hat die Oper zu einem Liebling des deutschen Volks gemacht. Ohnehin hat sich dasselbe, undramatisch wie es selber in seiner politischen Verkommenheit zur Zeit noch ist, mehr der musikalischen als der dramatischen Richtung der Oper geneigt erwiesen.

Von dem oben bezeichneten Standpunkt erklärt sich das beethovenſche Werk bis in ſeine Einzelheiten, ſoweit man ihnen auch — weiter als hier geſchehn kann — nachfolgen mag. Vor Allem in der reichern, feinern und ſinnigen Verwendung des Orcheſters, für die Mozart bei ſeiner ſchärfern Hinwendung auf die Scene nicht Raum fand.

Sodann begreift ſich von jenem Standpunkt' aus, daß Beethoven dem Kleinleben des Rokko'ſchen Hausweſens gegenüber am wenigſten günſtig geſtellt war. Was konnte dieſe Marzelline, die ſich in eine Frau verliebt hat, mit ihrer Liebe, — was Jacquino, der einfältig und fruchtlos um Marzelline wirbt, — was der Alte mit ſeinen Alltagsgedanken über Geld und Heirath ihm gelten? was ſollte er mit jenem Duett anfangen, in dem Marzelline ſich ihre Ehe mit Leonoren ausmalt und Leonore nur halbe Antworten geben darf? Gleichwohl nahmen dieſe Scenen, — ihrer fünf Muſikſtücke, faſt in ununterbrochner Folge*), — in der erſten Aufführung den größten Theil des erſten Akts ein, und Beethoven hat ſie ſich gefallen laſſen und ſich (S. 350) gegen den Ausfall von zweien der fünf Muſikſätze noch nach dem erſten Fall der Oper kräftigſt geſträubt.

Wenn alſo mit dieſen Perſönlichkeiten nichts anzufangen war und Beethoven ſich gleichwohl auf ſie einließ, was konnte da übrig bleiben, als, die Scene in das Orcheſter verlegen? — So iſt vor allem im Duett Marzellinens und Jacquino's geſchehn, das jetzt die Oper eröffnet. Die Inſtrumente necken und zwicken,

wie den Jacquino die Begehrlichkeit; und zu dieſer Neckerei des

---

*) Man findet ſie in der ſorgfältigen, die erſte und zweite Geſtalt der Oper vergleichenden Ausgabe eines Klavierauszugs der Leonore, von Jahn.

Sechszehntel-Motivs hat unser Symphonist außer der zweiten Geige und Bratsche noch beide Fagotte im hohen Einklange verwendet, so voll war ihm das Herz — von Musik. Dies Motiv hat mit der geringhaltigen Kantilene der Singenden, — aber wo hätte sich eine gehaltvollere anknüpfen lassen? — nichts zu schaffen, treibt aber im Orchester sein Wesen weiter, plaudert, wenn Marzelline sagt:

überlegt sich's ganz still in der Tiefe, wenn Jacquino endlich stottert: „ich, ... ich habe .... ich habe zum Weib dich gewählet" und Marzelline, man weiß nicht, ob neckend oder zerstreut

antwortet. So bildet sich denn ein artiges Musikstück, das Beethoven mit Behagen ausspinnt (sogar eine artige Koloratur hat er sich's kosten lassen) und wir mit Behagen hören. Hier sollt' es der einzige Beleg für unsre Aeußerung sein; die übrigen Kleinigkeiten übergehn wir; die ausgefallenen Nummern erscheinen als die geringern neben dem Duett und Marzellinens Arie; sie haben ihr Loos wohl verdient. Diese ganze Partie des Werks erinnert in der That mehr an Cherubini (S. 62) als an Mozart.

Die Verbindung der niedern Partie der Oper mit der höhern erfolgt bekanntlich im Kanon, in welchem auch Leonore zuerst am Gesange sich betheiligt. Jede der vier Personen spricht ihr Gefühl aus, Marzelline die bewegende Ueberzeugung von Fidelio's Liebe, Leonore die Bangigkeit der Lage, Rokko seine Zustimmung zu Marzellinens Neigung, Jacquino seinen eifersüchtigen Schmerz; es ist ein Augenblick stiller Betrachtung, nicht fortschreitender Handlung oder des Streits der Interessen und Personen. Daß hier nicht die Karaktere in ihrer Verschiedenheit gezeichnet werden konnten, ist klar. Beethoven hat, vom Text geleitet, einen Kanon gebildet, so reizend, so von der geheimen Bewegung der Personen süß durchschauert, daß man von ihm aus sich in Leonorens reine Sphäre versetzt fühlt. Schon die Einleitung in den leise getragenen Weisen von zwei Bratschen, zwei Violoncellen, vom Pizzikato der Bässe markiger gezeichnet, versetzt in die Heimath Beethovens; wir fühlen, daß wir bei ihm weilen, mit ihm dem stillen Werden des Tonlebens lauschen. Marzelline hebt den Kanon an,

vom leisen Pizzikato der Violoncelle und Bratschen in der tiefern Oktav geleitet, vom Gegengesang der stillen Klarinetten schwesterlich umfangen. Leonore folgt, vom Pizzikato weniger zweiter Geigen (soli) gestützt, von holden Flöten in der höhern Oktav mit demselben Gegengesang begrüßt. So wächst die Zahl und Bewegung der Theilnehmenden und erblüht immer reizvoller, ohne nur mit einem einzigen vorlau-

ten Ton die Stille der Gemüther, die wie Naturandacht uns umfängt, zu stören. Selbst die beiden letzten starkbetonten Akkorde sagen nur, daß hier ein Ende sein soll, weil doch geschieden sein muß.
Hier, nach der ersten Ouvertüre, hat Beethoven zum erstenmal
Eleonoren empfunden.

Vom Terzett an tritt sie nun ganz in den Vordergrund. Zuerst ist es der schlaue, aber entschlossene Rokko („Gut, Söhnchen,
gut") der Leonorens Dienſterbieten für die Gefängniſſe annimmt.
Dann betheuert sie: „ich habe Muth," — aber durch klingt das
weibliche Zagen; ihr folgt zuredend Marzelline; in der ganzen ersten
Hälfte des Terzetts ordnet Leonore sich nach Inhalt und Tonlage
(sie nimmt die zweite, Marzelline die erste Stimme) unter; sie kann
nicht vermeiden, mit ihren Worten die beiden Gutwilligen zu täu-
schen. Erst in der zweiten Hälfte des Satzes tritt sie heftiger hervor. Ueberhaupt nimmt derselbe erst von Rokkos Worten, „Ich bin
ja bald des Grabes Beute," eine ernstere Wendung, und nun erst
hebt auch in Leonorens Rolle die Diktion sich zu höherm Pathos,
der ersten Ahnung kommender Momente. Das Terzett ist vollbe-
friedigend ausgeführt und war noch ausgedehnter in der ersten Bearbeitung, wo es den ersten der damaligen drei Akte schloß. Die
Kürzung hat nichts Wesentliches getroffen und ist nur zum Vortheil
des Satzes und der Oper gediehen *).

---

*) Von den mancherlei Umgestaltungen, die die Oper in ihren drei Bear-
beitungen erfahren, sei hier eine angeführt, als Zeichen, wie heftig bei der
Umarbeitung von 1806 zu Werke gegangen wurde; wer uns hier folgen will,
wird wohl thun, den Fidelio (die jetzt allgemein angenommene dritte Gestalt der
Oper) zur Hand zu nehmen.

Nach dem Halt in der Mitte des Terzetts (bei den Worten „Der Gouverneur" bildet sich funfzehn Takte weiter zu den Worten

Marzelline: ein Paar, ein Paar

Rokko: die Arbeit theilst

ein Abschnitt auf Es, von dem aus die erste Bearbeitung so

Nach der Tyrannen=Arie des Pizarro und dem berühmten Duett Pizarro's und Rokko's, das beide Karaktere und die Situation be=

fortschritt, — wir geben nur den dürren Auszug; das Weitere zeigt Partitur oder Klavierauszug. Hier wurde bei der Umarbeitung 1806 eine Länge verspürt und so

geändert; es fielen, wie Klavierauszug oder Partitur ergeben, vom obigen Takt 4 an vier Takten weg und die Folge war ein Riß in den in der ersten Anlage wohl und klar entfalteten Satz. Gleichwohl war in der ersten Arbeit wirklich eine Länge, nur nicht da, wo man sie 1806 beseitigen wollen. Ihr Sitz wurde erst bei der letzten Bearbeitung, 1814, entdeckt. Da warf Beethoven die leeren zwei Takte zu Anfang dieser Stelle weg und setzte so

behielt also von da an die bequeme Entwickelung des ersten Entwurfs bei.

So gewiß Beethoven Anlaß hatte, zu ändern, und so gewiß er meist glücklich

wundernswürdig treffend und dramatisch zeichnet, tritt nun Leonore mit ihrer großen Scene auf.

In den ersten Bearbeitungen begann sie mit einem weiblichen — man dürfte sagen, zahmer geführten Rezitativ: „Ach! brich noch nicht, du mattes Herz!" Jetzt hebt sie mit dem sogleich in die Handlung eingreifenden Rezitativ an: „Abscheulicher! wo eilst du hin? was hast du vor im wilden Grimme?" Und dieses Rezitativ ist ungleich energischer geführt; gleich das einbruchartige Auftreten der einander nachahmenden Saiteninstrumente zeichnet die heftige Erregung, in der Leonore durch den Anblick Pizarro's und seine argen Absichten versetzt ist; der Gesang entspricht natürlich dieser Auffassung. Jeder Wendung des Textes schließt sich das Orchester an; bei den Worten „des Mitleids Ruf" wird es bittend, — bei „doch toben auch, wie Meereswogen, dir in der Seele Zorn und Wuth" malt es das finstere Grollen und Schwanken der Wogen, — bei „so leuchte mir ein Farbenbogen, der hell auf dunkeln Wolken ruht" glänzen duftig schimmernde Harmonien in den hochliegenden Bläsern (Flöte, Klarinette, Fagott, zwei Oboen) und von da wendet sich die Rede rührend einfältig, wie das Sinnen einer im innern Frieden ruhenden Seele zur Arie.

Das Rezitativ ist stets als eine der reizendsten Tonbildungen bewundert worden und wir theilen ganz gewiß dies Gefühl. Dem= ungeachtet können wir es nicht für dramatisch erachten, glauben vielmehr gerade in seinen Reizen die Entfernung Beethovens von seinem neun Jahr früher geschaffenen Werke zu erkennen. Damals lebte er in Leonoren und ließ sie reden, wie es ihm gegeben war und ihr angemessen schien. Jetzt stellte sich die dramaturgische

---

geändert: so erinnert doch unter Andern auch diese Stelle, wie bedenklich es ist später, nach veränderter Stimmung von der ersten Anlage abzugehn. Man kehrt zu dem uns entrückten Werke vielleicht gewitzigter, aber gewiß kälter und als ein Andrer zurück.

Schwäche des Auftritts heraus, es mußte das neue Rezitativ ge=
schrieben werden. Aber der Komponist lebte nicht mehr in jenen
Personen und Zuständen, er stand über ihnen. Da that er nun
sein Möglichstes, soviel nämlich bei seiner Entfremdung möglich war;
er sprach stark, wenn auch nicht durchaus in Leonorens Sinn („Ab=
scheulicher . . . . . in wildem Grimme") und seine Phantasie malte
ihm und uns jede Vorstellung, — das Mitleid, das Meeresschwan=
ken, den Hoffnungsbogen, — die Leonoren vor die Seele tritt.

Die Mehrzahl der Aesthetiker verwirft ganz im Allgemeinen
das „Ausmalen der Gleichnißworte;" sie würde Beethoven erinnern,
daß ja hier nicht wirkliche Meereswogen rauschen, sondern nur das
Bild für Pizarros Wuth und Groll abgeben. Mit Unrecht. Leonore
macht sich nicht mit kaltem ästhetischem Blut eine Metapher zurecht,
ihr erregtes Gemüth dichtet die eigne Bewegung in jene Naturbe=
wegung um, sie lebt in ihr, sie schaut sie, ist von ihr ergriffen,
Wort, Blick, Geberde folgen der Vorstellung, das Orchester gehorcht.
— Nicht hierin liegt ein Unrecht. Aber die Vorstellung ist thatlos,
sie ist kontemplativ und steht neben der dramatischen Handlung.

Hier ist es Zeit, das Rezitativ mit der Arie zusammen=
zufassen.

Betrachten wir die ganze Scene abstrakt als ein für sich be=
stehendes Musikstück, so können wir kaum Worte genug finden,
ihren Reiz, die milde Kantilene, die anmuthige Instrumentation,
Alles was sich sonst einzeln hervorheben ließe, und den einheitvollen
Fluß des Ganzen zu preisen. Aber dramatisch — ist diese ganze
Scene nicht. Der Blick auf „alte Zeiten" verlornen Glücks, der
Anruf an den letzten Hoffnungsstern, der Entschluß, dem „innern
Triebe" zu folgen: das Alles ist nur Ausdruck dessen, was längst
in Leonorens Seele gereift sein muß, bevor wir sie als Fidelio in
Handlung sehn; es ist lyrische Kontemplation, wie jene schiller=
schen Verse

O eine edle Himmelsgabe ist
Das Licht des Auges!

in denen Melchthal, bei der Nachricht, daß um seiner That willen
der Vater des Augenlichts beraubt sei, sich in Betrachtungen über
die Vorzüglichkeiten des Auges ergeht. Die Handlung steht dabei
still. Dies ist nach dem dramatischen Eintritt des neuen Rezitativs
noch merkbarer, als nach der ersten mehr lyrisch-weiblichen Einführung der Scene. Der musikalische Reiz der Komposition kann das
vergessen machen, aber ersetzen kann er den dramatischen Mangel
nicht, das dramatische Interesse beginnt eigentlich erst mit dem
zweiten Akt, oder vielmehr mit dem Finale des ersten.

Gerade durch die musikalische Anlage, so reizvoll sie an sich
ist, wird jene Bemerkung noch gründlicher gerechtfertigt. Das anmuthige Spiel der drei Hörner und des Fagotts, das sich in den
Koloraturen der Singstimme fortsetzt, bedingt Ausbreitung und
Vorwalten des lyrisch-musikalischen Elements, ja theilweis des reinen Tonspiels (S. 275) vor dem karakteristisch dramatischen. Beethoven selbst hat das gefühlt. In der letzten Bearbeitung hat er
ganze Massen rein musikalischen Elements, und namentlich weite
Auslassungen der Koloratur beseitigt, die an sich so gut waren, wie
das Uebrige, ja sogar eigenthümliche Züge enthielten (z. B. jenes
Hornspiel von Natur- und gedecktem Ton

das einst in der A dur-Symphonie wiederkehren sollte) nur das
dramatische Element noch länger zurückdrängten. Allein die Richtung des Ganzen war nicht mehr zu ändern, damit hätte Beethoven den Standpunkt der Oper und seinen eignen ändern müssen.

Genug, wenn nicht schon zu viel, zur Bezeichnung dieses
Standpunktes. Nur hierauf konnt' es hier ankommen, nicht auf
erschöpfende Würdigung eines seit einem halben Jahrhundert allbe-

kannten und allgeliebten Kunstwerks. Was ließe sich, wenn man
dürfte, über diesen Gefangenenchor sagen, der aus dem Moder feuch=
ter unterirdischer Kerker hervorkriecht, der so weich hingegeben „mit
Vertrauen auf Gottes Hülfe bauen" will, der so trüb und dabei
so mannesstark herausbricht bei dem Zauberwort

o Freiheit!

und — bittre Frucht langer, zernörgelnder Knechtung! — gleich
wieder zurückbebt, „belauscht mit Ohr und Blick," und zur Seite
schleicht. Beethoven hat hier eine Saite angeschlagen, die nie ver=
klingen wird, so lange noch Unterdrückung mit Hinterlist und Ge=
waltthat die Erde besudelt und dem Willen Gottes Hohn spricht,
der uns Alle zu Brüdern und Herrn der Erde berufen, das heißt
zur Freiheit und Brüderschaft. Und das hat der Beethoven so
mächtig gethan, wie seinem Genius und seinem Freiheitsinn und
Manneskarakter gemäß und würdig war.

Niemals ist in einer deutschen Oper ein solcher Ruf er=
klungen.

Aber nun tritt auch Leonore in Handlung und auf die Höhe
des Daseins. Von ihrem ersten Ausruf im Finale. „ Noch heute?"
(soll sich der Kerker ihr aufthun, wo sie den Gatten sucht) da be=
ginnt ihr Drama, da weht der Athem des Orchesters leise, wie die
erwachenden Winde in das schlaffe Segel des bang harrenden
Schiffers, da erwacht auch in Rokkos hartgewöhnter Brust das
Mitgefühl, der Kerkermeister wird wieder Mensch; Leonorens lieb=
liche Hoheit hatte die Tochter bezaubert und das Vatergefühl, der
letzte Funke vielleicht im Herzen des Alten, entzündet Mitleid und
hülfebereiten Sinn in ihm.

Das Wehen im Orchester wächst, die Diktion wird durchaus
dramatisch, nirgends Musik, die nicht zur Sache gehörte. Leonore
erfährt den beschlossenen Tod des Unglücklichen, sie mit Rokko sollen
„nur das Grab graben." Das kündigt unter dumpfem Posaunen=
hall schauerlich Rokko ihr an und die Bläser über den zitternden

Saiten stimmen die Klage an, als säh'n sie schon den Todten nie=
bergestreckt zu ihren Füßen. Sie verstummt.

Da tritt der Genius dieses Drama's, das Leonore heißt, zu
Beethoven und erweckt ihm zu Rokkos ruhig gefaßten, kühlen
Worten:

> Wir müssen gleich zu Werke schreiten,
> Du mußt mir helfen, mich begleiten

jene weich die Nerven durchwühlenden entathmenden Klänge der
Klarinetten und Fagotte

mit dem einbringlichern Anschlag der Saiten, der hohen Oboe und
Flöte. Das war nur Beethoven gegeben. Durchschauert (das
Orchester verräths) und fieberbleich bei den Worten

> Ich folge Dir, wär's in den Tod!

entgegnet Leonore, in der weibliches Zagen und Heldensinn mit=
einander kämpfen und der Entschluß in anmuthiger Freudigkeit ge=
faßt wird.

Von diesem Finale an hält die Oper sich in der ihr gebüh=
renden Höhe. Die Einleitung zum zweiten Akte, — F moll, von
breiten Akkorden der Saiten und Bläser im Wechsel angekündigt,
mit den seltsam unheimlich in es—A.

gestimmten Pauken, — haucht feuchten Kerkerodem, Floreſtans Kla=
gen und Ergebung ſcheinen (im Poco Allegro) in Irrſinn über=
zugehn. Da iſt es Ihr Bild, immer Leonorens, das „ein Engel
im roſigen Duft ſich tröſtend zur Seite“ ihm ſtellt. Der Geſang
wird hier von an= und nachſchlagenden Achteln der Saiten und
Hörner getragen, neben ihm führt — welches Inſtrument könnte
das ſonſt ſo keuſch und innig und fein und beſtimmt? — führt
eine Oboe (zuvor waren nur Hörner, Klarinetten und Fagotte am
Wort) ihren ſtillen ganz eignen Geſang empor,

wie eine holde Erſcheinung emporſchwebt und lieblich tröſtend ſich
bei uns niederläßt. So zeichnete ſich ihm in der Kerkerviſion
Leonorens Bild; Bach in der Klage um Chriſt und Gluck in Iphi=
genie hatten dieſelbe Stimme vernommen.

Floreſtan iſt in todähnlichen Schlummer oder Ohnmacht ge=
ſunken. Leonore und Rokko ſteigen nieder, ſein Grab zu bereiten.
Ihre Reden haben in der letzten Bearbeitung melodramatiſche Zwiſchen=
ſätze erhalten, ſie klingen zwiſchen die Muſik dürr und trocken, mit
dem zweifelloſen Ausdruck der Wirklichkeit hinein, nach jener hoch=
geſpannten Viſion von der ſchärfſten Wirkung. Und nun jenes
unſterbliche Gräberduett! in dem über Leonorens milden Troſtes=
worten hoch oben im Himmelsblau die Flöte gleich einer weißen
Taube ſchwebt und die zarte Oboe Seufzer des Mitgefühls ein=
miſcht, bis endlich das Heldengemüth in reinſter Menſchlichkeit ſich
dem noch unerkannten Gefangnen weiht, —

> Wer Du auch sei'st, ich will Dich retten!
> Bei Gott, Du sollst kein Opfer sein!

und das Orchester sich heroisch bei ihrem Gelübb' erhebt in be=
kräftigenden Rhythmen, und nun erst durch reinste Widmung sie
verdient, daß der Geliebte durch ihre That gerettet, ihr wiederge=
geben werde!

Was denn auch dem hochbeglückten Tondichter abgegangen
sein mag an dramaturgischen Einsichten und Geschicklichkeiten: ein
empfänglich Gemüth für das höchste Menschliche hat er gehabt und
die schaffende Macht, solches zu bilden.

Er hat keine Oper mehr geschrieben.

Spät, im Jahr 1823, drang man lebhaft in ihn, eine Oper
zu schreiben; besonders lag ihm die Abministration des Wiener
Hofopern=Theaters und der Generalintendant des Berliner Hof=
theaters, Graf Brühl, an. Beethoven war willig, wünschte einen
Stoff aus der griechischen oder römischen Geschichte, ging aber
endlich auf Melusine, Gedicht von Grillparzer, ein, verstän=
digte sich schon mit dem Dichter über mancherlei Aenderungen;
auch Graf Brühl war mit der Dichtung wohl zufrieden. Aber
die Erfahrungen, die Beethoven an der ersten Oper gemacht,
schreckten ihn; er gab das Unternehmen auf.

Auch von Barbaja, dem italienischen Impresario, der Rossini
nach Wien geliefert hatte, erhielt er den Antrag zu einer dreiakti=
gen Oper, die Biedenfeld nach Schillers Bürgschaft gearbeitet
hatte. Beethoven lehnte nicht ab, verlangte aber, daß der zweite
Akt, (das Hochzeitfest), von Weigl komponirt würde, weil ihm
selber solche selige Heiterkeit nicht zusage. Es wurde
ebenfalls nichts daraus.

Mit Recht. Seine Bestimmung war nicht die Oper. Auf
diesem Gebiete wär' er über Leonore nicht hinausgekommen.

Ende des ersten Theils.

Druck von Trowitzsch und Sohn in Berlin.

Ludwig van Beethoven.

Zweiter Band.

Ludwig van Beethoven

Leben und Schaffen

von

Adolf Bernhard Marx.

In zwei Theilen, mit Beilagen und Bemerkungen über den Vortrag
Beethovenscher Werke.

Zweiter Band.

Berlin.
Verlag von Otto Janke.
1859.

Inhalt des zweiten Bandes.

Seite

Nach dem Fall der Oper 1

Bedenklichkeit der Lage. Symphonie Bdur Op. 60. Oulibicheff Herzenskündiger. Wieder die Altklugen. Symphonie in Fdur Op. 93. Beethovens Richtung. Seine Originalität. Schottische Lieder Op. 108. Scherzkanon von Beethoven.

Der neue Standpunkt 28

Sonate Op. 57. Quatuors Op. 59. Beethovens Freundschaft für Amenda. Koriolan-Ouvertüre Op. 62.

Die Cmoll Symphonie 65

Oulibicheff und der französische Mythos. Die Kritik der Längen. Fetis und Mendelssohns rhythmische Bedenken.

Freudenfeste 91

Konzert Op. 58. Erinnerung an Glucks Orpheus. Konzert Op. 73. Fantasie mit Orchester und Chor, Op. 80. Pastoralsymphonie Op. 68. Programmenmusik und kunstphilosophische Bedenklichkeiten. Beethoven und Haydn. Instrumentale Oekonomie. Die Herren Kann = nit = verstahn. Berlioz theoretische Bedenken mit seinem künstlerischen Gemüth im Gedränge. Künstlers höheres Recht.

Aus der Gesellschaft 114

Aufnahme der Pastoralsymphonie und der Fantasie mit Chor. Die Opferbiere. „Also aus Bremen." Berufung zum König von Westfalen. Wiener Adlige werfen Beethoven eine Rente aus, um ihn in Wien festzuhalten. Verkürzung der Rente. Verhältniß zu Ries. Beethovens Erscheinung. Frauenhuldigung. Bettina von Arnim. Beethovensche Briefe, von ihr ersonnen. Trio's Op. 70. E. T. H. Hofmann.

Drittes Buch. 1818 bis 1826.

Mit frischen Segeln 147

Die erste Messe. Op. 86. Beethovens Beruf. Theosophischer Versuch. Umwandlung der Messe in drei Hymnen. Behandlung des Gesangs. Aufnahme der Messe von Esterhazy und Hummel. Meeresstille und glückliche Fahrt. Op. 112. Nochmals musikalische Malerei. An die ferne Geliebte. Op. 98. Musik zu Egmont. Op. 84. Die Ruinen von Athen. Op. 114. Beethoven, der Niederländer. Ouvertüre Op. 124.

Hohe Flut 178

Beethovens höchste Thätigkeit. Goethe. Les adieux Op. 81. Harmoniker und Dichter. Brüderlichkeiten. Die edle Nanette Streicher. Schlacht bei Vittoria. Op. 91. Die großen patriotischen Aufführungen 1813. Mälzel als Schusterle. Siebente Symphonie Op. 92. Die Symphonie im Volte. K. M. Weber, Lenz und Beethoven. Der Standpunkt der Willkühr,

Trübe Zeit 208

Trio Op. 97. Das Gespenst. Letztes öffentliches Spiel. Czerny. Sonate Op. 106. Die unfähige und unschuldige Kritik. Sonate Op. 90. Sonate Op. 101. Beethoven als Vormund und prozeßführend. Hausstand und Bedrängniß.

Das Hochamt 220

Sonaten Op. 102. Marie Erdödy. Die Messe und ihre künstlerische Bedeutung. Aeußerlicher Anlaß zur Komposition. Nebenwerke. Lebensnoth. Zwei Richtungen für Messenkomposition. Die dritte, Beethovensche. Auffassung des Materials, Handhabung des Textes, der Stimmen. Beethovens Standpunkt. Die Komposition. Sein Credo. Unternehmungen mit dem Werke. Goethe. Cherubini. Zelter. Der preußische Orden und die französische Medaille. Die österreichische Messenbestellung.

Die letzte Symphonie 260

Die Restauration und Rossini. Rochlitz über Beethoven. Plane für große Werke, Opern, Oratorium, Faust, die zehnte Symphonie. Ihr Entstehn. Ihr Styl. Ihre Idee entwickelt. Ihre dreifache Bedeutung. Die Anfätze zur zehnten Symphonie. Ouvertüre auf den Namen Bach.

Die letzten Werke 289

Variationen über den Diabelli-Walzer. Op. 120. Sonate Op. 109. Sonate Op. 110. Sonate Op. 111. Quatuor Op. 132. Quatuor Op. 135.

Der Ausgang . . . .

Ehrenernennungen. Letzte Direktion des Fidelio. Die Zuschrift der Kunstfreunde. Aufführung der letzten Messe und Symphonie. Die letzten Briefe Neffe und Bruder. Die letzte Krankheit. Der Hinscheid.

Anhang.

I. **Einige Bemerkungen über Studium und Vortrag der Beethovenschen Klavierwerke** III

1. Lage der Sache. Beethovens Denkmal. Beethovens Geist. Seine Widerstreber. 2. Der Anspruch an die Technik. Stufengang. 3. Ein Mangel der heutigen Technik. Individualisirung der Hände und Finger. Lißt. Bülow. Poesie der Technik. 4. Allgemeine Auffassung des Werks. Metronom. Bestimmung des Zeitmaaßes. 5. Eindringen in das Werk. Ausbildung der Beethovenschen Melodie. Umfänglichkeit derselben. Stärkemaaß und Betonung Beethovens Vortragsweise. 6. Taktfreiheit. Ries und Schindler. 7. Beispiel an einzelnen Werken.

II. **Verzeichniß der Werke.**

III. **Beilagen.**

Druckfehler.

S. 24. des Notenbeispiels fehlt, nach dem ersten Takte dieser

Takt.

Nach dem Fall der Oper.

Nach dem Fall der Oper, 1805 und 1806, wie stand Beetho=
ven da? —

Eine große Arbeit schien verloren mit der darauf verwandten
Zeit, mit den daraus gehofften Vortheilen. Denn Beethoven war,
wie die Mehrzahl der Künstler, mit seinem Lebensbedarf auf den
Ertrag seiner Arbeit hingewiesen und hatte die Oper auf Tantième=
Bedingung aufführen lassen, mithin nach ihrem Scheitern keinen oder
geringen Gewinn aus ihr. Ein so bedeutender Ausfall in den Ein=
künften hat schon oft die Unternehmung neuer Arbeiten von Bedeu=
tung gehemmt und zu reinem Erwerbsbetriebe genöthigt.

Was noch mehr: der Fall der Oper drohte, wie die Welt
einmal ist, Erschütterung des hohen Ansehens, das Beethoven sich
bereits erworben. Und dieses Ansehn, der Ruhm, das ist zwar
nicht, wie die Menschen sich oft einbilden und falschen Künstlern
ablauschen, Ziel und Lohn des ächten Künstlers, — sonst würd' er
sich nach den Wünschen des Publikums umsehn und ihm diesen
Preis abzugewinnen trachten. Ziel und Lohn findet der ächte Künst=
ler nur in der Arbeit, im Kunstwerk selber; alles Andre, auch An=
sehn und Ruhm, ist Nebensache. Aber die Anerkennung ist, das

wird Niemand verkennen, ein mächtiges Förderungsmittel auf der Laufbahn.

Beethoven hatte einen großen Umsturz seiner Aussichten erfahren. Sein Pfad hüllte sich in Dunkel, sein Geist stand wieder vor einem düstern Räthsel; konnte diese Musik, die er wahr und treu aus seinem treuen Gemüth und mit bewährter Kraft geschaffen, konnte sie unverstanden bleiben? — und wenn diese, warum nicht jede? — war ihm hier sein Ziel gesteckt? —

Er antwortete darauf, wie seiner Natur angemessen war, mit einem neuen Werke *), mit der vierten Symphonie:

Grande Sinfonie Nr. 4 in B, Op. 60,

die von seinem Gemüthszustande, von seinen Gedanken und Entschlüssen bündiges Zeugniß ablegt. Sie ist zu Ende des Jahres 1805 oder (wahrscheinlicher) innerhalb der ersten Hälfte des folgenden Jahres geschrieben.

Ein Adagio leitet sie ein. Hier

tritt jenes Urphänomen der leise fortdröhnenden brütenden Tiefe, dessen schon Th. I. S. 174 gedacht worden und das man bisweilen versucht wäre, Beethoven's Urmotiv zu nennen, in

---

*) Erschienen ist im Jahr 1805, also vor der B dur-Symphonie, noch das
Sextuor für 2 Klarinetten, 2 Hörner, 2 Fagotte, Op. 71,
eine angenehme, sonst aber wenig bedeutende Musik, wahrscheinlich nebenbei, neben Leonore gearbeitet.

tiefster Bedeutung auf. Geheimnißreich hallt schon das leere
B der Bläser, mit dem kurzen, dumpf anklopfenden Pizzicato
der Saiten einen Augenblick lang gefestet; keine Oboen, über=
haupt kein scharfes Instrument, — die warten noch, — nur hohl=
klingende Instrumente, in der Höhe nur eine Flöte, die B=Klari=
netten auf ihrem mittlern, nicht vollklingenden c*), die Fagotte
nicht in ihrer tiefsten Lage, da ihr Kontra-B rauhe Kraft hat, da=
gegen die tiefen B-Hörner mit ihren tiefsten Tönen, die keiner gro=
ßen Kraft fähig sind und im Piano nicht immer ganz feststehenden
und glatten Schall geben. Es ist ein Gespensterklang, der unbe=
weglich vor dir steht, wie ein Gespenst aus todten Augen dich an=
zublicken scheint. Dazu tritt nun, mit dem rieselnden Beiklang der
Bogen dich anschauernd, das räthselhafte weitgedehnte Ges der
Saiten=Instrumente; ihr Gang läßt in einen ungemessen tiefen, dun=
keln Abgrund blicken. Im Dunkeln tappt leise, bang, verlassen eine
einzelne Stimme fragend weiter und findet in der Höhe, findet in
der Tiefe

nur Seufzer zur Antwort. Die Frage irrt umher, aus der Vio=
lin in die Flöte und zurück, die Flöte führt sie in die letzte
Höhe und Alles sinkt wieder zurück in jenes öde B der Bläser und
den hinabschleichenden Gang der Saiten. Doch diesmal findet das
letzte lange Ges-B (Takt 5 des ersten Beispiels) nicht einmal seine
Lösung nach der Dominante; es bleibt starr liegen und nach seinem
Abbruch tritt die Frage, wie verirrt, in Fis dur wieder auf, verliert

---

*) In den B=Klarinetten ertönt c eine Stufe tiefer, als b.

sich wieder, unter wachsendem Antheil der Instrumente, in die Flöte, steigt weit ausgedehnt im Violoncell nieder, strebt mit einem Trugschluß nach G (g-h-d-f), nach Cdur, nach Dmoll sich zu wenden, wieder B — diesmal b-d-f — anzuklingen und sich an Dmoll, auf dessen Dominante A, festzuklammern. Vom Eintritte des G (g-h-d-f) führen Flöte, Oboe, beide Fagotte in vier Oktaven übereinander einen langsamen Tongang von H-H, c, cis, d-d, e (lauter Taktlängen) nach jener Dominante; die Schallmasse ist gewachsen — Alles scheint auf diesem A zu stocken und zu erlöschen, das nur noch in unterbrochnen Achteln der Geigen pulsirt.

Hier aber, ohne weitere Vorbereitung, als daß die letzten kurzberührten Töne der Geigen

a 𝄽 a 𝄽 a 𝄽

sich ein wenig verstärken, reißt das ganze Orchester, Trompeten, Paukendonner, alle Stimmen, die Geigen glänzend obenan, mit einem mächtigen Schrei sich empor,

„Die Nebel zerreißen!"

durch das kalte Finster gießt ihre Strahlen und Gluten die Sonne! Der neue Lebenslauf beginnt, voll Lebensfrische, heiter, in ungebrochenem Muthe beginnt er.

Das sagt uns diese Einleitung. Ob Beethoven davon gewußt hat mit solcher Klarheit, daß er es hätte aussprechen können — wer weiß das? Aeußerlich Zeugniß darüber ist nicht vorhanden; wer also die Sprache der Töne nicht gelten lassen will oder nicht verstehen kann, dem steht allerdings frei, auch uns Gehör zu versagen. Ja, er mag spotten: „Mit diesem Trank" der Einbildung im Leibe sähen wir

Helenen bald in jedem Weibe.

Wir müssen es ertragen; denn allerdings, ohne Einbildungskraft — will sagen: ohne die Kraft höhern Anschauens und Ueberschauens sieht man in Helena selber nichts als ein Weib, wie alle andern auch. Den Nicht-Verstehenden ist diese Einleitung eine Einleitung, wie andre auch; daß sie düster ist (soviel wird vielleicht geglaubt), das ist ein kluger — übrigens längst bekannter Kunstgriff, durch den Kontrast das muntere Allegro zu heben; so hat es schon Haydn gemacht.

Ja wohl! Aber wo hat Beethoven dergleichen gethan? Seine Einleitungen in die erste, zweite, siebente Symphonie, in das Septuor, in die pathetische Sonate, in die Sonaten Op. 47, 111, — alle, alle führen geradezu in die Sache, in den ersten Satz, und wissen nichts von dem Spiel mit Kontrasten. Woher also diese Einleitung der Bdur-Symphonie? — Man muß wagen zu behaupten: es sei Zufall oder eitel Kontrastenspiel, Beethoven habe nur blindlings oder spielig in die Töne gegriffen; oder man muß ihn seiner würdig zu fassen und nach psychologischen Gesetzen seine Räthselworte zu deuten trachten. Oder man kann auch, wie jener voreingenommene Zeuge, der auf alle Fragen: wie er heiße? ob er in Italien gewesen? non mi ricordo antwortete, kunstphilosophisch dabei bleiben: ich glaub' es nicht und hör' es nicht.

Oulibicheff, — man weiß endlich nicht mehr, warum er Beethovens Biographie geschrieben, — sagt von der Symphonie: sie sei ein Seitenstück (fait pendant) zu der zweiten und habe dem Komponisten sicherlich Haydns Lob eingebracht, so gewiß sie den neuern Bewunderern der letzten Werke nicht für vollgültig gelte. Was will das Alles sagen? Wie kann man Werke, die keine Berührung miteinander haben, als den Gattungsbegriff, damit erklären wollen, daß man eins neben oder über das andre stellt?

Er findet indeß in dieser Allgemeinheit keine Befriedigung. Durch eine flüchtige Aeußerung Schindlers verleitet, hält er für möglich, daß die Liebe zu Giulietta Guicciardi (damals wahrscheinlich schon Gräfin Gallenberg), irgend eine günstige Antwort auf seine Th. I. S. 148 mitgetheilten Briefe dem Tondichter die Idee einer Symphonie „in der sanften Tonart Bdur" und alle Motive (tous les motifs) dazu gegeben habe. Jene Einleitung: eine Einleitung zu einem Liebesgesang!

Kehren wir zur Symphonie zurück.

Mit Macht tritt aus aller Verdüsterung der erste Satz hervor und giebt Antwort auf jene scheuen Fragen; es ist, musikalisch zu reden, dasselbe Motiv,

von der Violin zum Satz ausgebildet, vom schmeichelnden Nach=
satz der Bläser bewillkommnet und zur kräftigsten Wiederholung
geleitet; die Geigen mit allen Bläsern haben die Hauptmelo=
die, von den gleich = rhythmischen Rufen des Blechs bestärkt,
auch im Nachsatze strömen alle Bläser mit Ausnahme des
Blechs und alle Saiten zusammen und fließen in Sexten und Ok=
taven b a g u. s. w. in sanftem Lauf abwärts, während einzig die
zweite Violin die füllende Tonreihe d c b u. s. w. in Achteln ein=
mischt. Frisches, rühriges Dasein überall, die Quellen und Brun=
nen des Lebens sind alle geöffnet, — von jener zarten Leidenschaft,
die einst die Cismoll=Sonate hervorgerufen, die damals, zur Zeit
der Bdur=Symphonie oder später Beethoven jene beklommenen
Worte abgelockt: „Nur Liebe, — ja nur sie vermag dir ein glück=
liches Leben zu geben! O Gott — laß mich sie — jene endlich
finden, die mich in Tugend bestärkt — die erlaubt mein ist,“ von
Allem der Art keine Spur. Man frage nur stets die Noten! sie
geben ehrlich Bescheid. Aber man muß auch ehrlich fragen, ohne
vorgefaßte Meinung; und man muß fragen und hören verstehen.

Geantwortet ist auf jene bangen Fragen, und nun steigert sich
an der Antwort selbst

das Gefühl der Rüstigkeit und Rührigkeit. Aber es ist bei aller Munterkeit und Freudigkeit ein bis zum Schmerzlichen angestrengtes Ringen, das bis zum Aufschrei (S. 12 Takt 1—4 der Partitur) spannt und nun erst den Hauptsatz in voller Kraft in den Bässen feststellt, in den wehenden Geigen zu den Prachtakkorden der Bläser und dem Donner der Pauken vollendet und mit kurzer Wendung nach Cdur und auf C, die Dominante von Fdur, wendet. Noch kostet es Kampf, — es ist hier ein Nachklang aus dem stöhnenden Ringen der Eroica zu spüren, —

(noch drei Takte) sich hier festzuhalten.

Dies ist der Hauptsatz bis zum Eintritte des Seitensatzes.

Und darin hat der vortreffliche Biograph Beethovens das Entzücken der Liebe beim Empfang günstiger Antwort vernommen!

Es kommt nichts darauf an, was Oulibicheff gehört oder sich vorgestellt hat; auch müssen nun einmal die Musiker . . . . . warum müssen sie? — genug, sie müssen sich gefallen lassen, daß jeder Dilettant, der ein wenig Klavier spielt und die Konzertsäle besucht, sie und die Welt über ihre Kunst belehrt. Nur sollte zum Hören bei dieser wie Nervenäther flüchtigen Kunst sorgsames und wiederholtes Lesen hinzukommen, weil es ohnedem unmöglich ist, alle Momente festzuhalten. Und wie wär' es möglich, den Sinn des Ganzen zu fassen, wenn man nicht in den Sinn der einzelnen Momente, von da in ihre Bedeutung im Ganzen und in den Zusammenhang dieses Ganzen sich vertieft? Jeder einzelne Moment, jeder Schall und jeder Klang, jedes rhythmische und jedes Tonverhältniß, jeder Akkord und jedes Motiv hat seine eigne Bedeutung, eben so und noch viel mehr jede Melodie und jeder Satz; diese Bedeutung der Momente wird näher bestimmt durch den Zusammenhang, der den Sinn des Einzelnen sogar einigermaßen ändern kann, indem er ihn in den Sinn des Ganzen aufgehn läßt.

Dies alles ist nicht etwa, wie man sich bisweilen hat einbilden wollen, eine Art Geheimsprache und Geheimschrift, die Kunst ist nicht etwa nur für eine kleine Zahl „in das Heiligthum Eingeweihter", sie hat nichts mit den eleusinischen Geheimnissen oder den Mysterien zu Bubastis gemein. Jedes empfängliche Gemüth kann so viel daraus sich aneignen, als es Hingebung mitbringt, — aber nur so viel. Schwelgen in der Kunst, und wenn es lebenslang fortginge, ist von jener Hingebung, die mit Inbrunst und Ernst in das Innerste derselben dringt, eben so weit entfernt, als das altkluge Herumtasten der Techniker am Aeußerlichen. Jene wahre Hingebung aber bleibt nicht bei der bloßen Empfänglichkeit stehn, sie bedarf so gut wie irgend ein Ausleger dichterischer oder andrer Werke der ernstlichsten Verständigung über das Einzelne und Ganze, wenn sie sich befriedigen und Andre fördern will.

Bequemer als dieses durchdringende Studium ist allerdings auf der einen Seite das schöngeistige Herumspielen um die Kunstwerke mit exquisiten Worten und willkürlichen Bildern, das leider auch den der Erkenntniß Beethovens weit näher als Oulibicheff stehenden und durch sorgsame Arbeit verdienten Lenz von tieferer Forschung abgelockt hat, auf der andern Seite die kurz abfertigende Verſicherung ſtockſchnupfen = nüchterner Kunſtphiloſophen: es ſei überall nichts in der Muſik zu finden, als Form und Stimmung.

Auf dieſem Wendepunkte wird nach dem Seitenſatz, — nach irgend einem Ziel des Ringens, ſei's auch nicht das letzte, — erſt ausgeſchaut; das —

iſt noch nicht der rechte.

Was will auch, nach dem Sturz der Oper, Beethoven? Er will weiter ringen, neu ſchaffen, vordringen auf der ihm beſchiedenen Bahn. Da iſt ſein Leben, da ſeine Freude, und hinaus aus dem Qualm der Stadt in den Schooß der Natur, ihren Lauten, den unſchuldsvoll kindlichen Weiſen unter ſonnhellem Azur —

ſich retten, wo die Seele, leichtbeſchwingt wie die Lerche hoch oben im Aether, geſund ſich badet: das iſt ewig friſches Labſal dem Na= turkinde! Da iſt Ruhe nach hartem Ringen nnd Kräftigung zu neuem. Und wenn auch noch einmal, ſchon gemildert, trübere Er= innerungen

heraufschleichen wollen: man hält ihnen Stand, besiegt sie, behauptet sich das freie muthige Hinausschauen —

ohne Heftigkeit, weil es seiner selbst so froh und gewiß ist. Alles kehrt hier wieder, auch jene zweifelvollen Synkopen; aber sie können gegen die wiedergewonnene Festigkeit nicht aufkommen. Mit jener Macht, die zu Anfang die Nebeldecke kühn zerriß, wird Alles noch einmal durchdacht und durchlebt.

Und nun weitet sich — im zweiten Theil — Gesichtskreis und Bahn

dem verjüngten Wandrer, der hinauszieht, dem frischen Morgenwehn (die Bläser mit den Oboen in ihrer scharfen feinen Höhe) des neuen Tags entgegen. Das wird Alles so heiter, so launig! Scherz und kühnstrebende Vorsätze mischen sich um die leichtsinnige Heiterkeit der Flöte im D dur, — immer derselbe Gedanke. Wenn nun gar das ältliche Fagott der Flöte nacheifert, ersinnt sich die Geige mit dem Violoncell unversehens ein ganz neues Liedchen,

das sich gleich Flöte, Klarinette, Fagott neben dem Wanderschritt von Geige und Violoncell gefallen lassen, — wer weiß, welche lieb= liche Vorstellungen da herumweben! die Welt ist ja so schön und freudenvoll! Wer denkt noch der Trübung? — selbst der fern und fremd vorüberrollende Donner (die B-Pauke zu fis - ais - cis - e) ge= winnt nur einen zärtlich fürbittenden Blick, und dieses zuckende bleiche Leuchten (auf f der ledergenannte Orgelpunkt) findet uns nur (Theil 3) froh und stark, wie froh und stark aus den zerreißenden Nebeln die Sonne des neuen Tags Anfangs hervortrat.

Jener gesunde Pulsschlag einer Selbstgewißheit in Kraft und Beruf, ihn fühlt man aus dem andachtsvollen Dankliede heraus, das den Adagio=Satz der Symphonie bildet. Sanft, aber festge= messen geht er dem schönen still und edelgeführten Gesange voran,

und geleitet ihn und behauptet stolz, mit Trompeten und Pauken, alle Stimmen des Instrumentenchors heranrufend, sein Recht. —

Die Schönheit des Gesangs ist oft von den Liebhabern, die Durch=
führung des Motivs von den Kennern gepriesen worden, beides mit
vollem Recht. Man soll sich nur nicht, wie Oulibicheff, mit Seiten=
blicken auf die Adagio's in Mozart's G- und C-Symphonien .zer=
streuen, sondern hübsch bei der Sache bleiben und den Zusammen=
hang des Adagio mit dem Inhalt der übrigen Sätze ergründen.

In der Menuett wechseln noch wunderlich Uebermuth, der so=
gar den Rhythmus aus seinem Gleichmuth hervorzausen,

mit dunklern Nachgedanken sich mischend. Ruhiger, glatter zeigt sich
die Lebensfahrt im Trio, das eine gewisse geistige Verwandtschaft
mit jenem zweiten Versuche des Seitensatzes im ersten Satze zeigt,
der sinnig nur im dritten, nicht im zweiten Theil wiedererklungen.

Das Finale ist frisches Leben, wie es Beethoven noch auf
lange beschieden war, aber nicht frei von jener, einen Augenblick
lang fast bis zur Verwilderung aufgereizten herben Kraft, die Folge
— zugleich Frucht und Strafe — strenger Prüfung und schweren=
unbeugsamen Ringens ist. Hart Werk läßt Schwielen in der Hand,
die der Weichling scheut. Goethe dagegen hielt es für sein höchstes
Lob, als ein Fremder fragte: „Wer ist dieser? Man sieht ihm an,
daß er viel an sich gearbeitet."

„Wenn also nun (kann man fragen) wirklich erwiesen wär'
oder erwiesen werden könnte, daß diese Symphonie ein Stück Le=
bensgeschichte — oder, mit Oulibicheff zu reden, ein Stück Liebes=
geschichte Beethovens sei: was ist damit gewonnen?" —

Viel! — selbst dann, antworten wir getrost, wenn wir Aus=
leger beiderseits geirrt haben sollten. Selbst mit dem Irrthum

ständen wir noch immer Beethoven nahe, der so oft, nach seinem und der Freunde Zeugniß, bestimmtern Vorstellungen in seiner Musik hat Ausdruck geben wollen. Viel! — denn wir stehn allen großen Künstlern zur Seite, die nimmermehr ihr Lebenswerk für schwankende Spielhaftigkeit erachtet, sondern in ihren höchsten Momenten ganz Bestimmtes gewollt und verkündet haben. Viel! — denn wir geben in unserm Streben Zeugniß von dem Urtriebe des Geistes, zu höherm Bewußtsein emporzubringen.

Und wenn wir geirrt haben sollten, oder uns einander wider=sprochen: welchen Auslegern ist das nicht widerfahren?

Wenn wir aber recht gelesen: wie weit erhaben über bedeutungs=leeres Tonspiel ist dieser sittlich und künstlerisch hohe Moment, in dem Beethoven sich in voller Frische und gesteigerter Kraft wieder=herstellt! Wie erhebend der Anblick dieses Kampfes und Sieges, der uns Menschen so oft schon beschieden gewesen und noch be=schieden werden wird! —

Wie aber diese geistscheuen Genüßlinge, die die Kunst nur eben wie Sorbet hineinschlürfen, dabei noch die aristokratischen Airs annehmen, Alles zu verstehn, wenn sie irgendwo aus den übelduf=tenden Theriakbüchsen der alten Sinnlichkeitstheorie eine Dosis er=standen haben: das kann man wieder an unserm Biographen be=obachten. Er hat also gefunden, daß die Bdur=Symphonie fait pendant (S. 5) zu der Ddur=Symphonie. Das müßte ihn zu=frieden stellen; denn die Ddur=Symphonie gehört ja der Fetis=Ou=libicheff'schen ersten Manier an, in der man mit Beethoven unbedingt zufrieden sein konnte. Dem ist aber nicht so. Bdur ist von Ddur unterschieden; denn im Bdur hat die Chimära (nämlich das Unter=fangen, über die reine Musik zu der — sagen wir kurz: bedeutsamen fortzuschreiten) schon ihre Klaue eingesetzt (apposé sa griffe), und man wird sehen, daß sie in den zwei Jahren von der heroischen zur Bdur=Symphonie gewachsen ist. Um wie viel reine Freude bringt Geistesscheu und kennerische Eitelkeit!

Nun also die Klaue. „Wir können — belehrt uns Oulibicheff

— annehmen, daß von allen harmonischen Nothwendigkeiten, die durch das Ohr am gebieterischsten gefodert, eine von Allen, die komponiren, singen oder ein Instrument spielen, sie mögen Musik verstehen oder nicht, allgemein und unabänderlich (denn sie beruht auf dem Instinkt) beobachtete Regel die ist, — nun kommt die Maus!*) — daß Vorhalte aufgelöst werden, sie mögen stehen, wo und worauf sie wollen. Wohlan! Man hat noch nicht bemerkt, daß sich im Allegro (ersten Satze) der vierten Symphonie ein solcher Vorhalt (appogiature en souffrance) findet, einem Septimenakkord angeheftet, und bis diese Stunde seiner Erlösung oder Auflösung harrt." Und mittlerweile ist Beethoven gestorben!

Es ist diese Stelle gemeint:

er hat sie selbst abgedruckt, wie sie hier steht.

Nämlich sanfte Bläser (Oboe, Klarinetten, Fagotte) tauchen in wohligen Sextakkorden nieder, wollen von d-f-b nach f-a-c-es gehn und da ruhen; der Zwischenakkord es-g-c beugt einen Augenblick lang zögernd von diesem Ziel ab und die Oberstimme weilt sinnend auf dem zu d-f-b gehörenden b, das nach technischem Ausdrucke Vorhalt und allerdings nicht dem Akkorde f-a-c-es zugehörig ist, folglich in ihn einzugehn, durch den beabsichtigten Akkordton a abgelöst zu werden begehrt; dann ist der Akkord, — man merke wohl! der Akkord f-a-c-es, — hergestellt. Nun, das geschieht ja; der Akkord f-a-c-es steht Takt 5 des obigen Beispiels da, nur ist die Auflösung dadurch verdeckt, daß über dem aufzulösenden b die Violinen mit Macht hineingreifen und damit zum Anfang, wie er S. 4 beschrieben, zurücklenken. Die Kompositionslehre giebt eine

---

*) nascetur ridiculus mus.

ganze Reihe von Beispielen solcher Vorhalte, die nicht — oder in
einer andern Stimme vorbereitet, nicht — oder zu spät, oder in
einer andern Stimme aufgelöst worden. Zu jeder Regel der alten,
nur auf Wohllaut oder sinnliches Behagen gestellten Lehre finden
sich bei allen Meistern von Bach bis Beethoven die Ausnahmen
reihenweise. Sie widerlegen nicht die alten Beobachtungen über den
größern oder mindern Wohllaut oder Uebellaut; sie zeigen nur, daß
aus andern, besondern Gründen die Rücksicht auf Wohllaut hat zu-
rückgestellt werden müssen und dürfen.

Dasselbe gilt von diesem Satze,

den Oulibicheff aus dem Finale hervorhebt und in dem er (mit
Anspielung auf einen Lenzschen Ausdruck) nicht das Lächeln, sondern
eine abscheuliche Fratze (une affreuse grimace) der Chimäre sieht.
Er findet da wieder einen Doppelakkord (Th. I., S. 302) nämlich
e-g-b-des und b-des-f zusammengeworfen. Schlechte Analyse
vor allem! es ist ganz einfach diese Akkordfolge, hier bei A,

also eine nicht einmal unerhörte Folge verminderter Septimenakkorde,
die schon Bach weit ausgedehnter braucht, über den Halteton F

gestellt, wie bei B. Die Töne e-g-b-des (der erste Akkord) sind
Vorhalte zu f-a-c und lösen sich in diesen Akkord auf, der aber
gleich zu

f-a-c .... und! .... es

f-a-c-es .... und! .... ges

erwachsen hervortritt, wie die Kompositionslehre längst gezeigt. Auf
das Alles kommt es aber nicht an. Es kommt darauf an, den
Sinn des Beethovenschen Werks und dieses besondern Zuges in
ihm zu fassen, zu begreifen, daß nach allem im Leben und im Werke
Vorangegangenen reine, ungetrübte Heiterkeit gegen die Natur gewesen wäre, daß Beethoven unterliegen, oder sich noch straffer
wieder aufrichten mußte, daß in seine heitre Rüstigkeit Augenblicke
jener grimmigen Freudigkeit treten mußten, die kräftige Naturen an
sich kennen und die man am alten Bach ebenfalls beobachten kann.

Nichts ist lästiger, als Halbwisserei, die gar nicht ahnt, wieviel
ihr zum Wissen fehlt. Diese Franzosen stehn noch ganz auf dem
Punkte, den die deutsche Schulmeister- und Landpfarrer-Kritik zu
Anfange des Jahrhunderts innegehabt. Sie sind Vorstudien zu
jenem Hofrath Hüsgen, aus Goethe's Wahrheit und Dichtung;
„er drückte, wie in solchen Fällen seine Art war, das blinde linke
Auge stark zu, blickte mit dem andern scharf hervor und sagte mit
näselnder Stimme: auch in Gott entdeck' ich Fehler."

Berlioz immer ausgenommen, der in der letzten Stelle doch
eine cholerische Laune (boutade colérique) einen Raptus, wie
Beethoven bisweilen von sich sagte, erkennt. Hier im Kunstwerke
war es doch mehr. —

Unwiderstehlich zieht die vierte Symphonie zu einer viel spätern
hin, zu der achten.

Symphonie in Fdur, Op. 93,

die im Jahre 1815 vollendet, dann nach theilweiser Umarbeitung
1817 aufgeführt worden. Es ist der Zug der Sympathie, der zur
achten Symphonie hinüberweist, so nah, so verschwistert stehn einander beide.

Nur die Verdüsterung, aus der die vierte Symphonie hervorgetreten war, und die harten Kämpfe sind der achten erspart. In ihr ist nichts als lautere Freudigkeit, Glückseligkeit, übermüthig aufrauschend bald, bald fröhlich und leichtsinnig dahintanzend in jauchzender Lust. Selten, flüchtig nur läuft ein Schatten über die sonnhelle Flur, — soviel zur Zier der Landschaft und Beruhigung des Auges nöthig, — hellste Lust erfüllt sie ganz.

Und wie herrlich der Meister mit seinem Rüstzeug spielt! die Stimmen fliegen, wie mit wehenden Schärpen junge Odalisken, die klugen hastigen Blicks den Willen des Herrn errathen, eh' er sich hat zum Wort bilden können.

Dieser Sinn und dies freie Schalten, sie gehn durch die ganze Symphonie.

Der zweite Satz, statt Adagio zu sein, ist schon der Ueberschrift „Andante scherzando" nach von allen sonstigen zweiten Symphoniesätzen verschieden, leicht und artig dahin spielend,

Ob. Kl. Fag. Hörner, immer *staccato.*

ein lieblich Gemeng gestrichenen und harfenartig gerissenen Geigenklangs mit Locktönen der Bläser, schalkhaft wie junge Mädchen, die kühlen Herzens oder verschwiegnen, Verliebte necken und „an diesem Zauberfädchen, das sich nicht zerreißen läßt," gängeln.

Nun wird zum dritten Satze, Tempo di Menuetto, breit aufgestrichen,

fein und schlank tritt die Melodie daher, der in ächter Menuetten=
weise, Liebchen und Liebster, der Baß nicht lange fern bleibt. Das
ist ganz gesunde, ungeschminkte und ungezierte ländliche Lust, wie
sie der Naturmensch Beethoven liebte, und deren er sich auf seinen
Dorfsitzen, herumschweifend durch Waldluft und den Brodem des
frisch aufgerissenen Fruchtbodens, so gern und so oft erfreut; das
klingt nun absichtlos in sein Tonspiel hinein, Hörner und Schalmey'n
führen den Reigen, — freilich erweitert sich der Horizont, — die
hochgellen F-Hörner und die üppige Klarinette müssen obenan sein
und geberden sich zuletzt

ausgelassen hochtönend in ihrem Uebermuth, als hätten sie allein
das Wort und Alles wär' nur für sie da.

Und so geht das immerfort; in unerschöpflicher Frische der Lust
schließt das Finale sich an, Allegro vivace, in verstohlnem Lust=
erbeben beginnend und bald mit allen Stimmen ungebändigt hinaus=
jauchzend in die schöne Welt. Selbst die Pauke wird in den trun=
kenen Jubel, in den Wirbel voll Neckerei hineingezogen; er wirft sie
hin und her, von F zu f. Einst — in der neunten — wird das
in ganz andrer Bedeutung wiederkehren.

Und wie tief er die Natur in sich und um sich her aufgefaßt!
Der Hauptsatz

führt sich artig auf die Dominante, spielt da launig bis

— im achten Takte dieses Beispiels — durch alle Saiten und Bläser
Cis durch alle Oktaven in höchster Stärke hineinschreit, den Rhythmus
zerr eißt, Alles stocken macht — und nun nicht etwa nach D dur oder
D moll fährt, sondern der Hauptsatz wieder in F dur mit Trompeten
und Pauken in unabläſſigem Fortissimo losbraust.

Was ist das? — Höchste Lust und höchster Schmerz, das
wußte Beethoven sehr wohl, denn er hatte beide erprobt, höchste
Lust und höchster Schmerz haben Einen gemeinsamen Aufschrei der
Empörung; es ist der Schrei der Exaltation, der über alles Be=
wußtsein hinausreichenden kreatürlichen Erregtheit. Beethoven kannte
das in seiner mächtigen vielerprobten Natur, die Griechen in ihrem

2*

dithyrambischen Evoe haben es auch gekannt in der dionysischen
Feier, Aeschylus hat noch die Urkraft dazu, Sophokles ist schon ge=
mäßigter, Eick hat seinen singenden Engeln schmerzverzogene Gesich=
ter gegeben. In diesem Gefühl steigert sich bei Beethoven der Ton
c zu Cis; so schreibt er, vom richtigsten Gefühl treu geleitet, wäh=
rend nach abstrakter Orthographie der Harmonik der Ton Des
heißen sollte, weil er nach c zurückfährt, Hülfston von c ist.

Alle verstehn den Aufschrei, alle Instrumente; aus allen jauchzt
der Luftgesang hoch auf mit Trompeten und Pauken, und dazu
schlagen unablässig die Bässe ihr F—f auf und ab, und die Pau=
ken — mitten hinein in die Achteltriolen der Saiten — machen
das Spiel auf ihre Art mit in eigenem Rhythmus,

dem sich die Trompeten anschließen. Es ist ein Wirbelwind von
Rhythmen in diesem Auftakte,

aus dem die Melodie sorglos hervortanzt wie eine junge Bacchan=
tin mit freudeblitzenden Augen, der schwarzes Gelock und Weinlaub
um die erhitzten Wangen flattert.

So viel, und nicht mehr, zur Bezeichnung des Inhalts dieser
Symphonie; der weitere Verfolg würde nur neue Züge zu den schon
erkannten, keinen Gedanken bringen, der das Wesen, die Grundidee
ändern könnte.

Vergleicht man die achte Symphonie mit der heroischen (der
dritten) und der Pastoral=Symphonie (der sechsten), so ist der Un=
terschied leicht festzusetzen, da diese Werke sich zu einem objektiv
bestimmten Inhalt ausdrücklich bekennen, die achte nicht. Hält man
sie mit der vierten zusammen, so springt die Verwandtschaft, wie

uns scheint, in die Augen; jedes der beiden Werke ist der Erguß einer bestimmt anzugebenden Stimmung, und der Grundton dieser Stimmung ist die Freude. Gleichwohl, wenn man nicht an dieser Allgemeinheit stehn bleiben will, welch ein Unterschied schon im Grundgedanken! In der Bdur=Symphonie das Emporringen aus tiefem Sturz zu neuem freudig=thätigem Leben, in der Fdur=Symphonie reinste, brausende, übermüthige Lust! —

Wir müssen auf die Bemerkung Th. I. S. 193 zurückkommen, daß Beethoven in seinen karakteristischen Werken, — Kleinigkeiten und allenfalls die bloßem Tonspiel gewidmeten Kompositionen aus=genommen — sich niemals wiederholt. Er hat nur eine Eroica, nur eine Pastoral=Symphonie geschaffen. Er hat zwar dem Titel nach zwei Trauermärsche (in der Eroica und in der As=dur=Sonate Op. 26) geschrieben; aber unter demselben Titel sind es zwei we=sentlich verschiedene Sätze, der eine ist gar kein Marsch, oder (Th. I. S. 270) bleibt es wenigstens nicht. Und der Unterschied der Werke liegt nicht etwa in den einzelnen Melodieen, Modulationen u. s. w. Verschiedene Melodieen können, wie tautologische Redensarten in der Sprache, ungefähr dasselbe sagen; viele haben einen so allgemeinen, flach obenauf liegenden Sinn, daß man ihnen ohne allzugroße Un=gerechtigkeit überhaupt Inhalt absprechen kann, — „es ist nichts drin!" pflegte Mozart zu sagen. So wiederholen z. B. Haydn's Symphonien der Hauptsache nach stets denselben Inhalt, nur in an=dern Formen. Bei Beethoven liegt vielmehr der Unterschied tiefer, als in der Ausdrucksweise, er liegt im geistigen Inhalt selber, ent=weder in einer bestimmten Grundidee, oder in einer psychologisch entwickelten, fortschreitenden Stimmung, — sagen wir lieber in einem künstlerisch zusammengefaßten und abgeschlossenen Vorgang im Ge=müthsleben.

Hierin fand Beethoven seine eigentliche Aufgabe. Mit dem Ernst und der Energie, die die Natur in ihn gelegt und das Schick=sal in harter Prüfung großgezogen, mit der Innigkeit und Glut seines inmitten des Weltgeräusches einsamen und in ewige Stille hineinsinkenden Gemüths vertiefte er sich in jeden der Momente, die ihm zu Kunstaufgaben wurden, versenkte sich ganz in ihn und konnte gar nichts aussprechen, als nur dies Eine, was ihn eben ganz erfüllte. Er hatte dann, er wußte, er wollte nichts Anderes, als das Eine, und nichts neben dem, was dies Eine foderte oder enthielt.

Daher mißversteht man ihn, sobald man dies Eine, was er einzig wollte, nicht faßt oder aus dem Auge läßt, wohl gar ihm andre Nebenabsichten unterlegt. Als ein wahrer und getreuer Künstler konnte er nicht anders, als absichtslos und rücksichtslos die Wahrheit, die in ihm lebte, und nichts als diese Wahrheit verkünden. Wie die verkündet sein wollte, danach fragte er nur die Sache, keine Satzung, kein Herkommen, keine Liebhaberei und Gewöhnung oder Schwäche der Menschen. Wir haben bereits Ausdrücke schrofffster Härte, — ja einer tonischen Grausamkeit, wie nur Bach außer ihm fähig gewesen, — bei ihm gefunden, neben einer Zartheit der Empfindung und des Ausdrucks, deren außer ihm wieder nur der alte Bach fähig gewesen. Er hat weder das Eine noch das Andere gewollt oder gesucht; die Sache wollt' es, die Wahrheit fodert' es und er gehorchte. Wir haben ihn melodielos in die unabsehbare Tiefe eines einzigen Akkordhalls versinken und wiederum auf den beweglichsten, zartesten Melodiezweigen, wie ein süßes Vögelchen, sich wiegen und davonflattern sehn; wir werden ihm in seinen tiefsten Werken in das Abstruse folgen und dicht daneben seinem kindseinfältigen Worte lauschen. Nichts von alledem hat er gewollt. Er hat die Wahrheit verkündet, die ihn erfüllte, ganz so, wie sie begehrte, verkündet zu sein.

Hierin ganz allein beruht' auch seine — wenn man das von der Eitelkeit so oft mißbrauchte Wort hier aussprechen darf — seine Originalität. Sie war nichts als der Abdruck seiner stetigen Treue gegen sich selbst und seinen Gegenstand. Eine andere Originalität giebt es überhaupt nicht. Wer sich selber giebt, unterscheidet sich eben dadurch von den Andern, weil er mehr oder weniger ein Anderer ist; wer sich durch aufgesuchte Besonderheiten mehr, als ihm von

Natur und in Wahrheit eigen ist, von Andern unterscheiden will,
der lügt nicht blos, er verräth auch sein eitel Streben durch den
Widerspruch, der zwischen dem angemaßten und Eignen herrscht;
er ist der Rabe, der sich mit Pfauenfedern schmückt.

Daher ist Beethoven selbst da original, wo er sich einer fremden
Weise zu nähern scheint, oder sich wirklich ihrer bedient. Jenes
Soldatenlied im Scherzo der Eroica hat er aus dem Munde des
Volks genommen*), aber es ist durchaus sein Eigenthum geworden,
so ganz hat er es in seinem eigenthümlichen Sinne verwandt und
behandelt. Er hat in späterer Zeit, 1815, unter dem Titel

Schottische Lieder mit Begleitung von Piano, Violin und Vio=
loncell, Op. 108.

eine Reihe von Gesängen, zum Theil (wo nicht ganz) gaelischen
Ursprungs, herausgegeben, — die reichste und künstlerisch gehaltvollste

---

*) Herr Musikdirektor Erk in Berlin, der bewährte und rühmlichst ausge=
zeichnete Kenner des deutschen Volksgesangs, schreibt mir auf meine Bitte um
Belehrung, daß dieses Lied ein neueres Studentenlied sei, höchst wahrscheinlich aus
der Zeit um 1810 bis 1826. Es werde in der Regel kanonartig abgesungen und
gehöre zu den bekannten Lärm= und Spektakelstücken der Wein= und Biertrinker.
Er theilt mir die Melodie so

Mäßig geschwind.

Was ich bei Tag mit der Leier ver = dien', das geht bei der

u. s. w. in infinitum.

Nacht in den Wind, Wind, Wind, Wind, Wind.

mit; gleichwohl muß sie älter sein, als Herr Erk sie als Studentenlied kennt, da
Beethoven sie schon 1804 verwendet hat.

Bei dieser Gelegenheit sei noch eines andern Volkslieds schon im Voraus
gedacht, das sich uns später höchst überraschend wichtig erweisen wird. Es ist das
Volkslied —

Ich bin liederlich, du bist lieber = lich . . . . . . (Text fehlt.)

Sammlung von Liedern (für eine Stimme, bisweilen mit Zutritt von einer, zwei, drei andern) die wir besitzen. Aber durch die Behandlung, die jedesmal den Kern des Inhalts, den Karakter, die Situation des Singenden auf das Treffendste — und darum stets original — zu fassen weiß, sind sie geradezu als sein Eigenthum zu bezeichnen, so weit sie sich auch von seiner sonstigen Liedweise fern halten Die alt-gaelische Urmelodie, die auf der orientalischen Fünftonleiter

F, G, A, — C, D, —

beruht, und der nicht taktische sondern sprachliche Rhythmus haben eine Umbildung und die ursprünglich monodischen Gesänge eine so reiche Begleitung erhalten, daß man, was er an und zu den fremden Melodien gethan, schon für sich allein ein Kunstwerk nennen muß *).

Nirgends vielleicht zeigt sich aber der Reichthum seines Geistes so überraschend, als da, wo er aus der eigensten Sphäre hinaus zu schreiten scheint in eine scheinbar entlegene, ja fremde. Als seine eigenste Sphäre kann man diejenige bezeichnen, in der sein Tiefsinn, seine Energie, seine Innigkeit wohnen und weben. Werke, wie die heroische und Bdur-Symphonie, auch die beiden ersten, wie viele der schon betrachteten Sonaten, z. B. Dmoll-Sonate Op. 31 sind in dieser Sphäre heimisch. Nun stellt sich aber neben die Dmoll-

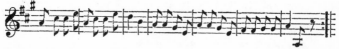

ebenfalls nach Herrn Erks Mittheilung aus der Zeit 1790 datirt. Es stammt, wie Herr Erk annimmt, wahrscheinlich aus einer zwischen 1780—90 in Wien bekannt gewordnen Volksoper, ist bereits 1792 mit Variationen für die Violin von Ant. Wranitzky herausgegeben, auch in Gerbers Lex. (IV, 612 oben) erwähnt worden.

*) Sunt fata libelli, Bücher haben ihre Schicksale; das sollte sich auch an den schottischen Liedern bewähren. — Es war im Jahr 1824; der Verfasser hatte eben die berliner allg. mus. Zeitung gegründet und fragte bei dem Verleger derselben, A. M. Schlesinger an: ob er nicht vielleicht neue Verlagsartikel hätte, die sich zur kritischen Anzeige eigneten. Es wurde Altes und Neues hervorgeholt; aber nichts Rechtes gefunden. Endlich zu allerletzt, fiel dem Verleger bei, die

Sonate jene andere Op. 31 aus Gbur mit einem Abagio, das alle Süßigkeit und Zärtlichkeit, all diesen leichtfertigen, orangen=duftigen Liebreiz, all diese schwärmerisch=poetische Koketterie, von der wir bei dem Namen Italien träumen, athmet. Es ist der wonnigste Gesang der Liebe, der je dem wundervoll begabten Schwan von Pesaro — hätte eingegeben werden, wenn Rossini's Leichtigkeit und Genußliebe und die lähmende, Alles fälschende Verkommenheit seines so reich ausgestatteten und zu jeder Hoffnung der Wiederherstellung vollberechtigten Volks ihm möglich gemacht, zu vollenden, was die Natur in ihm angelegt hatte *).

Auch die erste Leonoren=Ouvertüre, wir haben es schon Th. I. S. 340 bemerkt, hat Rossini verwandten Anklang. Es würde lächer=lich sein, dabei an eine Entlehnung oder Reminiszenz zu denken, wenn man auch den Namen Beethoven vergäße. Die anklingende Stelle ist für sich betrachtet nicht bedeutend genug, um irgend einen Künstler außer Rossini's italienischen Nachtretern zur Entlehnung zu reizen und steht im unzertrennbaren Verband mit dem Vorhergehenden Ueberdem ist Rossini erst seit 1817 ungefähr in Deutschland bekannt geworden und erst 1822 nach Wien gekommen; schwerlich hat Beethoven früher von ihm gewußt.

Nur dem Biographen aus Ninji war hier die letzte Entdeckung aufbewahrt. Oulibicheff entdeckt auch in der achten Symphonie Italienereien und wahre Rossiniaden, und zwar namentlich im Andante scherzoso. Ja er fragt Berlioz, der von diesem Satze meint, er

---

schottischen Lieder vorlegen zu lassen. Sie waren dem Verfasser noch unbekannt. Er nahm sie mit, erkannte ihren unvergleichlichen Werth und sprach sich darüber gegen den Verleger warm aus, sogleich mit dem Vorsatz, alles ihm Mögliche für das Bekanntwerden des Werks zu thun.

Das war dem Verleger ein Schreck! Das Werk war so gänzlich liegen ge-blieben, daß er die Platten hatte einschmelzen lassen. Sein Sohn und Nachfol-ger, Herr Heinrich Schlesinger, hat das Werk neu herausgegeben.

*) Wohl ahnete Bethoven diese Tiefe der rossinischen Anlage, wenngleich er die mangelhafte Vollendung (mangelhaft in seinem und überhaupt dem deutschen Sinne) einer falschen Ursache beimaaß. Er meinte nämlich: Rossini würde ein

sei ohne Vorbild wie vom Himmel gefallen *): ob er wohl dasselbe sagen würde, wenn der Satz aus Rossini's Feder gefallen wäre? —

guter Komponist geworden sein, wenn ihm sein Lehrer öfter „einen guten Schilling appliziirt" hätte.

*) Ganz unmittelbar war der Satz übrigens nicht vom Himmel gefallen.

Im Frühling 1812 (erzählt Schindler in der gehaltvollen niederrheinischen Musikzeitung, No. 49, Jahr 1854) saßen Beethoven, Mälzel, Stephan von Breuning und Andere bei einem Abschiedsmale zusammen, ersterer, um die Reise zu seinem Bruder Johann nach Linz anzutreten, dort seine achte Symphonie zu schreiben und im Verlauf des Sommers die böhmischen Bäder zu besuchen — Mälzel aber, um nach London zu reisen und seine berühmten Automate zu produziren. Dieses Projekt mußte indessen aufgegeben und auf späterhin verschoben werden. Zur selben Zeit hatte Mälzel bereits Versuche mit seinem Metronom gemacht, die Beifall gefunden; die vollständige Konstruirung der Maschine ward aber erst einige Jahre nachher zu Paris bewerkstelligt. Bei jenem Abschiedsmale improvisirte der im Freundeskreise gewöhnlich heitere, witzige, satirische, ganz „aufgeknöpfte" Beethoven nachstehenden Kanon, der sogleich gesungen worden sein soll . . . . . . Aus diesem Kanon ist nachher das *Allegretto scherzando* hervorgegangen."

Uebrigens thut das weder dem Reize der Komposition, noch dem Urtheil und der Begeisterung Berlioz im Mindesten Abbruch.

er hält nämlich Rossini und die italienische Musik ungefähr so hoch, wie Beethoven und die deutsche. Und die gesammte Kritik dießseits der Alpen fragt er: ob sie nicht die Achseln gezuckt hätte, wenn Rossini das geschrieben, worüber man bei Beethoven Wunder schreie? — Ob Beethoven übrigens hiermit dem Zeitgeschmack habe huldigen wollen? — nämlich '1814 dem Geschmack von 1822 — oder ob sein eigner Sinn sich der italischen Weise zugeneigt (wieder anachronistisch) diese und ähnliche Fragen, die er sich selber auf= wirft, verneint er. Ihm ist jenes Andante sowohl, wie das Finale der A dur = Symphonie nicht mehr und nicht weniger, als — eine musikalische Satyre Beethovens auf Rossini, den er verabscheut und dessen Musik er verwünscht haben soll. Beethoven, der Satyriker aus Haß. —

Auf solche Hirngespinnste geräth ein sonst geistreicher Mann, wenn er das Ganze über dem Einzelnen vergißt und urtheilen will, ohne sich dazu befähigt zu haben.

Der neue Standpunkt.

Wir nehmen den Faden der Erzählung auf, wo wir ihn fallen gelaſſen, um der vierten Symphonie die achte anzureihen.

Der Fall ſeiner Oper, wird er Beethoven lähmen, oder erheben und ſtärken? — Das konnte nach jenem Ereigniß fraglich ſein. Die vierte Symphonie hat darauf geantwortet. Man darf aber nicht bei dem abſtrakten Beſcheid ſtehn bleiben, daß er weiter gearbeitet, und kräftiger. Es iſt zu beobachten, in welchem Sinne dies geſchehn, welchen Einfluß jene ſchwere Erfahrung auf ſein Gemüth gehabt.

Auch hierüber giebt die Bdur=Symphonie den erſten Beſcheid. Düſterniß und freudige Rüſtigkeit begegnen ſich in ihr, bedingen ſich und löſen einander ab, um uns das Bild eines Schwergeprüften und heldenmüthig in der Prüfung Beſtandenen vorzuhalten. Von hier aus ſcheint ſich ein tieferer Ernſt über Beethovens Gemüth verbreitet zu haben, aber der heitere Ernſt des Mannes, der allen Täuſchungen und Schwankungen des Lebens gegenüber ſeiner Kraft und ſeines Berufs ſich bewußt und darin ſicher bleibt. Dabei werden die Anſchauungen klarer und zuſammengefaßter, die Leidenſchaft wird mächtiger, die Empfindung inniger, und es verbreitet ſich oft ein gewiſſes Gefühl der Würdigkeit; beſonders in einem

balb zur Betrachtung kommenden Werke glaubt man (zu beweisen
ist es durchaus nicht) das Gefühl hoher Milde und Ergebung bei
vollem Besitz der Kraft inne zu werden.

Das erste Werk, das uns nach der Bdur=Symphonie entgegen=
tritt, ist die

Grande Sonate pour Piano.   Op. 57.

aus Fmoll, die 1806 oder 1807 herausgegeben ist*), dieselbe, von
deren Finale Th. I. S. 163 zu erzählen gewesen.

Man hat sich in neuerer Zeit herausgenommen, sie Sonata
appassionata zu nennen, ebenso unberechtigt und unpassend, wie die
Ernennung der Ddur=Sonate Op. 28 (Th. I. S. 196) zur Pastoral=So=
nate. Nur der Komponist hat das Recht, sein Werk zu benennen; das
mindeste Recht aber hat der, welcher von dieser Fmoll=Sonate nichts
auszusagen weiß, als daß sie leidenschaftlich sei. Sie ist es; aber
was kann nicht Alles leidenschaftlich sein? das Entgegengesetzteste,
Lieb' und Haß, Schmerz und Lust.

Hier steht ein Nachtbild vor uns, düster, kaum erkennbar, wild
von Stürmen durchtos't, kaum vom bleichen Mondesglanz flüchtig
angeleuchtet. Beethoven hat bis hierher noch nichts geschaffen, so
schauervoll und so fraglich, und nach dem auch nichts Aehnliches.
Es fliegt vorüber, wie ein wilder, windschnell verwehter Traum,
und prägt im Vorüberfliegen doch die schärfsten Züge unvergeßlich
ein. Vielleicht war es ein Traum aus der Unterwelt, in dem die
bange Seele, hier oben der Bande entlastet, hinabgeschwebt; wer
kann die dunkeln Gesichte deuten? Vielleicht Beethoven selber nicht.
Doch den werden wir noch darüber hören.

Schon der Hauptsatz

---

*) In verschiedenen Ausgaben wird die Fbur=Sonate Op. 54 die ein-
undfunfzigste und die obige Sonate die vierundfunfzigste Sonate genannt. Lenz macht darauf aufmerksam, daß dies keinen Sinn hat, weil es im
Ganzen nur 32 Sonaten für Piano, und, die mit Begleitung eines Instruments
zugezählt, nur 52 Sonaten giebt, von denen 16 erst nach Op. 54 kommen.

schwebt geisterhaft weit und hohlklingend fragweise daher und spannt in seiner sofortigen Wiederholung auf der höhern Halbstufe (des-b-ges, also Dur) noch schärfer; was sind das für Töne, die in der tiefsten Tiefe sich in die Frage

mahnend, warnend drängen und nicht ablassen, bis das Fragende blitzartig aufzuckt und reißend niederfährt und sich wieder erhebt zur Frage? —

Nehme man jede Andeutung, die sich hier zu dem nackten Thatbestand der Noten ungerufen herzudrängt, für Chimäre! es ist nichts davon zu beweisen. Aber die ärgste der Chimären wär' es, solche Tonbilder zusammenzustellen, wenn nicht ein innerlich waltender Sinn sie hervorgerufen. Wären sie bloßes Tongespiel, so müßte man jedem Handstück den Vorzug geben, so wären sie selbst technisch verwerflich; denn der Vordersatz findet keinen Nachsatz und das zweite Motiv (des, des, des, c) keinen Anlaß im ersten. Dergleichen ist weder technisch noch geistig Beethovens Art.

Derselbe Satz wiederholt sich, wieder leis' anhebend, aber mit schmetterndem Einschlag der Harmonie

dreimal mit Wuth unterbrochen, und schnell wie ein Augenwink ist
das Alles hinüberentschwebt auf Es, harrt da auf bangen und doch
wie Harfenklang hoffnungweckenden Akkorden, bis — es geht Alles
schnell vorüber — über die mattangeleuchtete Tiefe der schwankenden
Nebelwelt Gesang heranschwebt, —

und gleich nach dem Wiederanfang in peinlichen Tönen seine
Störung findet. Waren es Geisterstimmen aus Elysium, das der
grausame Mythos der Hellenen so nah an den Tartarus rückt?
Wer weiß es? dem Freunde der Griechen waren dergleichen Vor=
stellungen nicht allzufern, wie wir anderswo noch erfahren werden.

Was man auch für wahr nehmen möge, von jenen Klängen
schwingen sich die Töne herab zu einem zweiten, hartverstockten, in
der Tiefe und Enge sich wechselnd abarbeitenden Satze, der dann
wieder auf einem höhern Punkte ängstlich schwebt, während der Baß
entgegensteigt und in jene Töne ausläuft, die schon in die erste
Frage pochend und dräuend hineintraten. Erst mit diesem zweiten
Seitensatze — er steht in As moll — kommt festerer Zusammenhalt
in das Ganze, der Schlußsatz macht kurz ein Ende, aus ihm steigt

der Baß, der herrschende Stimme geworden, in die unterste Tiefe hinab und erlischt unter der in der höchsten Höhe verzitternden Oberstimme, und Alles ruht.

Dies ist der erste Theil.

Es ist nicht unsre Absicht, das Tongedicht weiter zu begleiten. Kein Zug im ganzen Bilde, der nicht auf das Genaueste mit dem im ersten Theil Angedeuteten zusammenträfe, — vom ersten Beginn an, wo das ruhende As in Gis verwandelt zum mildern Edur führt und Einmal die Seele aufathmen kann, wie zum Halberwachen aus angstvollem Traum, — durch jene peinlich, als sei sie gelähmt, sich fortwindende Quintolenfigur, — über jene Mahntöne, die bei der Wendung in den dritten Theil und da unter dem Hauptsatz immer fortpochend, bald klagend, bald dräuend, fast Wortgespenster werden, wie „ewig verdammt". Genug hiervon für die, welche darin eine Spur des Geistes finden, der das Tonwerk gebaut, und zu viel für die Andern. Fassen wir lieber die andere Seite, die sich der Betrachtung darbietet, in's Auge.

Phantastisch darf man wohl, wenn auch jeder bestimmtern Deutung entsagt wird, den Inhalt des ersten Satzes nennen. Die Aufstellung des Hauptsatzes in hohlen Doppel-Oktaven, — die Wiederholung des Vordersatzes in einer ganz fremden Tonart (Gesdur nach Fmoll) statt einer Nachsatzbildung, — die äußerlich vollkommen unmotivirte Einmischung jenes ganz fremden Des, Des, Des, C, — das eben so abrupte Hinunter- und Hinauffahren des Sechszehntelfigur und der abermalige Abbruch mit einer Art von Halbschluß auf der Dominante, — die Wiederholung des Hauptsatzes zum dritten Mal ohne Nachsatz: Alles trägt dazu bei, die Phantastik des Satzes, wenigstens bis zu dem zweiten Seitensatz hin, festzustellen. Aber noch weiter. Der erste Seitensatz war ganz normal in der Parallele des Haupttons, in Asdur aufgetreten. Der zweite Seitensatz verwandelt das in Asmoll, so daß — wenn einmal Moll auf Moll folgen sollte — statt der nächstgelegenen Dominante Cmoll, eine weitentlegene Molltonart ergriffen und, die

Nebenausweichungen abgerechnet, bis zum Ende des ersten Theils beibehalten wird.

Beiläufig eine Frage. Wenn also nicht eine ganz bestimmte Vorstellung Beethoven geleitet hat: warum ist er von F moll in das weitentlegene As moll gerathen? Ist es gleichgültig, wohin ein Satz sich wendet? — Doch wohl nicht, da schon der bloße Verstand es gutheißen muß, an das Nächstgelegene eher zu denken, als an das Entfernte, und da Beethoven so gut wie alle nennenswerthen Komponisten daran als an einem Grundgesetze festgehalten hat, so lange nicht die Natur eines besondern Tonsatzes Abweichung foderte. — Ist es gleichgültig, ob man sich in einem Mollsatze wieder nach Moll statt nach der Durparallele wendet? — Die Kompositionslehre hat längst nachgewiesen, daß Moll auf Moll gar trüb, doppelt trüb ist (daher ein schlechtes ~iel, r⋯⋯ mit Tönen blos gespielt werden soll*)) und die Parallele wie Erlösung aus der Trübniß des ersten Molltons wirkt. Wenn aber Beethoven bisweilen des Moll auf Moll bedurfte: wie verfuhr er da? Er nahm dann entweder seinen Weg nach der Dominante in Moll, z. B. im Finale der Sonate Op. 2 aus F moll nach C moll; oder er versetzte wirklich die Durparallele in ihr Moll, brachte aber, als wär' ihm Moll leid geworden, Dur nach; so im ersten Satze der pathetischen Sonate, wo er von C moll nach Es moll geht, dies aber in Es dur verwandelt und den Theil breit in Es dur schließt. Warum also hat Beethoven hier As moll an die Stelle von As dur gesetzt? War es ein Spiel, so war es ein sehr linkisches und verdrießliches, ein La Mi in zweiter Potenz. Man muß Beethoven's Werk schelten, oder einen besondern Antrieb zugeben, — oder Non mi ricordo (S. 5) spielen und sich dem Streben nach Aufklärung entziehn.

Nun zum Satze zurück. Wir durften ihn phantastisch nennen; phantastisch ist, was sich dem unserm Begriffsvermögen gewohnten

---

*) Daher das alte Wort: es läuft auf ein La Mi (A moll E moll) hinaus, wenn eine Angelegenheit eine üble Wendung nahm.

Zusammenhang entrückt zeigt, z. B. jede Vorstellung aus dem Jen=
seit oder Geisterreiche, weil wir davon kein bestimmtes und ver=
bürgtes Bild uns machen können. Die Phantastik ist eine der höch=
sten Spannungen der Phantasie, eins der bedeutsamsten Gebiete der
Kunst, die gerade hier an die Grenze des Unendlichen tritt. Aller=
dings liegt an derselben Grenze auch Wahn und Wahnsinn. Der
weise Chiron sagt an solcher Grenzscheide zu Faust:

> . . . . . . als Mensch bist du entzückt;
> doch unter Geistern scheinst du wohl verrückt!

Nun ist das höchst merkenswerth an Beethoven, daß kein Mu=
siker die Gabe der Phantastik in solchem Grade besessen, aber keiner
sie so beherrscht und gebändigt hat, wie er, von dem wir schon früher
(Th. 1. S. 320) angemerkt, daß er gerade der Form der Phantasie
weniger hold gewesen. Dies zeigt sich vielleicht nirgends deutlicher,
als in der Fmoll=Sonate. Der Inhalt erscheint, man mag ihn
ansehn, wie man will, phantastisch. Aber alsbald, vom zweiten
Seitensatz ab, muß. er sich der zügelkräftigen Hand des Meisters,
der eben hierdurch Meister ist, unterwerfen, — und zwar, ohne sein
Wesen einzubüßen. Jene Phantasiebilder sind nun einmal gegeben.
Jetzt leben und bewegen sie sich nach naturgemäßem Gesetz.

Nach dem Schlusse des ersten Theils tritt der Hauptsatz in
Edur auf. Er ist also am Werke, ohnehin hat er noch nicht zu ge=
nügender Ausbreitung kommen können. Auch in Edur ist er nur
monodisch, in Oktaven (nicht mehr in den hohlen Doppeloktaven)
aufgetreten. Der Durton kann nach dem Sinn des Ganzen nicht
lange gehalten werden, er verwandelt sich in Moll, in Emoll wird
der Hauptsatz zum Baß ergriffen und unter einer zitternden Ober=
stimme (hier also hat er zum erstenmal Begleitung, Anhalt) bis zur
Höhe geführt. Von da windet sich der Baß mit jener quälerischen
Quintolenfigur in die Tiefe zurück und die Oberstimme führt den Satz

bis zum höchsten g hinauf*) auf dem Akkorde g-h-d-f. In C moll bringt ihn dann der Baß, auf es-g-b-des der Diskant, in As dur der Baß, auf a-c-es-ges der Diskant, stets unter dem Gegensatz der Quintolen in der andern Stimme, die sich zum Schluß jedes dieser Abschnitte zur Sextolenbewegung aufraffen. Auf der Dominante von Des dur wiegt sich diese ganze Bewegung zur Ruhe.

Dieser ersten Partie des zweiten Theils folgt in gleich gemessener Weise eine zweite, die den ersten Seitensatz (mit der Einführung aus Theil 1.) zur erweiterten und veränderten Anschauung bringt und mit jenem Motiv der vier Schläge den Orgelpunkt bildet. Man

---

*) Die vorliegende Sonate ist die erste, in der Beethoven die Erweiterung der Tastatur mit Bedeutsamkeit benutzt In den Sonaten Op. 2, 7, 10 und 13 bleibt er im alten Umfang der Tastatur von F bis f̿, obgleich ihm in der D dur Sonate Op. 10 fis̿ zur Vollendung des Hauptsatzes evident fehlt. In den Sonaten bis Op. 31 überschreitet er die alten Gränzen ebenfalls nicht; in der Sonate Op. 53 geht er bis zum dreigestrichnen g und a, aber ohne wesentlichen Einfluß; es ist da nur Verdoppelung und Streckung der Gänge beabsichtigt, die ganze Sonate hat wesentlich nur glanzvolles Tonspiel zum Inhalt. In den Sonaten Op. 81, 90, 101 bis 111 wird über den Umfang von C bis e̿ frei geschaltet. Welche Bedeutung haben diese entlegensten Töne der Tiefe und Höhe? — Zunächst dienen sie als Verdopplungen zur Verstärkung und gewähren den Gängen erweiterten Spielraum. Dann aber läßt sich beobachten, daß die Töne, je weiter sie sich vom Umfang der menschlichen Stimmen (F bis b̅), in denen wir ein Grundmaaß für das menschennächste Tonsystem besitzen, entfernen, auch dem menschlichen Gefühlskreise sich entlegener erweisen. Sie werden gleichsam außermenschliche Laute und gehören damit mehr der Sphäre des Phantastischen als des Menschlich-Gewissen an. — Dies trifft ganz genau bei den beethovenschen Sonaten zu, obgleich bekanntermaaßen die Erweiterung der Tastatur früher nicht vorhanden war und später nicht von Beethoven ausgegangen ist.

kann den zweiten Theil formell eine Wiederholung des ersten nennen, nur unter durchgreifender Aenderung des Inhalts.

Dasselbe gilt ohnehin vom dritten Theil, der wesentlich Wiederholung des ersten zu sein hat.

Nun aber bildet sich zum dritten Theil oder vielmehr zum Ganzen ein Anhang. Wieder tritt mit langgezogenem Anfang sieben Takte weit der Hauptsatz auf dem Schlußton (F moll) im Baß, in tiefster Lage unter dem sextolisch figurirten Diskant in der Höhe hervor, wendet sich nach Desdur und vernimmt da die Antwort der hohen Stimme, jenen Gesang, bei dem wir der elisäischen Gefilde zu denken gewagt. Nicht weiter folgen wir.

Ueberall hat sich festeste mannhafte Haltung erwiesen an dem phantastischsten Gegenstande, den Beethoven je gefaßt.

Den zweiten Satz dürfte man ein stummes De profundis clamavi ad te nennen. Ueber einem tiefen einsamen Basse, — die Tiefe redet aus dem Nachtgesicht herüber, — bildet sich, wie der Aufblick in stummer Andacht, kaum bewegt, ein höchst ernster einfacher Gesang. Die Wiederholung, — es sind nämlich Variationen, aber diesmal nicht figurale, sondern geistige, — setzt beide Stimmen noch deutlicher auseinander, die Klänge der obern Lage sind unterbrochen, stockend, der Baß schwankt nach. Mild und trostvoll hebt die folgende Variation den Gesang höher empor in lichtere Lagen, der in der dritten Variation, harfenartig begleitet, zum Aether emporschweben zu wollen scheint, aus höchster Lage wieder zur anfänglichen Tiefe, dann zur Mitte zurückkehrt und hier, im Verhallen, — im scharfen Nachruf in das Finale hineindrängt.

Das Finale war, wie uns Ries (Th. 1. S. 163) erzählt, in einer Sturmnacht empfangen worden. Und eine Sturmnacht ist es, ohne Rast, ohne Erholung daherfausend, wie jene Nacht, in der Lear sein gequältes ehrwürdiges Haupt den Winden preisgab und den peitschenden Regengüssen. Aus solch einer Nacht war Beethoven heimgekommen und hatte, nach Allem ganz unerwartet, im trotzigen

Sturmschritt (das Presto) sich festgestellt; mag es weitersausen, wie
es kann. Das alles steht in Noten geschrieben.

Eine Sturmnacht hat das Finale erzeugt; der Nachtsturm
draußen ist zum Sturm in der Seele des einsamen Sängers ge=
worden. Nach der Sage bleibt denen, die Geister gesehn, ewig die
Wange schreckensbleich. So konnte nach der gespenstigen Vision
des ersten Satzes nicht Frieden und Heiterkeit einkehren. Jenes
„Aus der Tiefe ruf' ich zu Dir!" konnte nach Himmelsklängen hin=
überlauschen, dem bangen Erdenleben mit seiner athemlosen Hast
sich entwinden konnt' es nicht; das ungestillte Weh der Erde faßt
hinein und heftet sich nagelspitz mit wiederholten Schlägen in
das Herz.

Und nun beginnt jenes Wehen, das im Nachtsturm dem Sänger
zur Besinnung gekommen war, hoch oben und ganz leise, gerade wie
Windeswehn sich in den höchsten Waldwipfeln ankündigt, und fegt
hinunter und tos't wühlend in der Tiefe. Das läßt nimmer ab,
aber es wird, wie sich gebührt (Takt 20) Nebensache, — Gleichniß
der tiefinnen rastlos stürmenden Seele. Und wie sich der Mann,
der rechte Mann, im innern und äußern Sturm erst recht selbstgewiß
faßt, so stellt Beethoven vor allem (Takt 20 bis 29) sich erst
sturmfest, taktfest hin und haucht — dann erst zu dem sichern
Maaße — sein Sturmlied

hinaus in die Nachtverwilderung. Nicht was er singt, daß er
singt, daß er ist und feststeht in ungebrochenem Muthe; das gilt.
Daher ist ihm um jene Weise gar nicht zu thun, er läßt sie fallen
um das rechte Lied, das sein Leben lang gegolten:

„durch Sturm und Nacht empor!" Der Sturm läßt nimmer ab
und der Muth läßt nimmer sich beugen, wenn auch im Gewirbel
das Herz einmal erbangen will und klagt (Seitensatz, jenes Lied
war Hauptsatz) und erseufzt (zweiter Seitensatz, in Bmoll, es ist
dritte Randoform) und ein einzig Mal Alles, der Sturm außen und
innen, in athemlose Stille tief versinkt. Dafür klingt zuletzt jenes
Presto wie der Trommelschlag zum kurzen Sturmmarsch.

Blickt zurück auf jene kleine Sonate (Th. 1. S. 121) Op. 2, auch
aus F moll, die elf oder zwölf Jahr älter ist. Welch einen Weg hat
er zurückgelegt! Das hat nicht Musik allein gethan, nicht die fünf-
undfunfzig Werke; das geistige Leben, die harten innern Prüfungen
haben ihn gehoben, der Fluch seines Verhängnisses (Th. 1. S. 165)
er war durch Muth und Treue zum Segen geworden. Das muß
immer wieder in Beethovens Leben erkannt werden.

Und doch, so weit der Weg, der Mann und sein Beruf sind
derselbe geblieben. Seelenleben in Fülle zu entwickeln, war der
Beruf, im Reiche der wortfreien Tonkunst.

Hat er selber sich über jenes Nachtgesicht ausgesprochen?

Nein. Er war überhaupt mit Worten über seine Werke karg
— und nicht glücklich. Schindler bat ihn einst um den Schlüssel
zu den beiden Sonaten Op. 57 und 31, Dmoll. Er erwiederte:
„Lesen Sie Shakespeare's Sturm!" — Was ist damit anzufangen? Die beiden Sonaten bieten so wenig einen Vergleichspunkt zu jenem Drama, als unter einander. Beethoven hat das
Wort hingeworfen, — wer weiß, wo damals seine Gedanken weilten, oder was er zuzusetzen im Sinn hatte und unausgesprochen ließ.
Bei täglichem Umgang mit einem vertrauten Freunde kommt der-

gleichen leicht vor. Vielleicht lag der Vergleichspunkt für Beethoven nur in der Erinnerung an jene Sturmnacht, die das Finale an's Ufer warf, wie Shakespeare's Sturm den Konflikt.

Neben diese merkwürdige Sonate stellen sich

Trois grands Quatuors, Op. 59,

die ersten nach jenen zweimal drei, die als Op. 18 im Jahr 1801 erschienen und Th. 1. S. 202 erwähnt worden sind.

Wie viel war seitdem geschehn, geschaffen, in Beethoven und um ihn herum verändert! Welche Prüfungen hatte er erlebt, wieviel straffer und umfassender war er an Karakter und Geist geworden! Man muß sich, um das gerade an den neuen Quartetten recht klar zu erkennen, die ersten Quartette und die damalige Lebensperiode Beethovens vergegenwärtigen, über die er in wenig Jahren so weit hinausgeschritten war.

Hierzu kommt ein in den Signalen für die musikalische Welt (Nr. 5 von 1852) mitgetheilter Brief Beethovens gelegen, dem das Datum fehlt, der aber seinem Inhalte nach in das Jahr 1801 oder nicht viel später zu setzen sein wird.

Beethoven schreibt an einen frühern Freund und Kunstgenossen, Karl Amenda, jetzt zu Wirben in Kurland:

„Mein lieber, mein guter Amenda, mein herzlicher Freund, mit inniger Rührung, mit gemischtem Schmerz und Vergnügen habe ich Deinen letzten Brief erhalten und gelesen. Womit soll ich Deine Treue, Deine Anhänglichkeit an mich vergleichen, o das ist recht schön, daß Du mir immer so gut geblieben, ja ich weiß Dich auch mir von Allen bewährt und herauszuheben, Du bist kein Wiener Freund*), nein Du bist einer von denen, wie sie mein vaterländischer Boden hervorzubringen pflegt; wie oft wünsche ich Dich bei mir, denn Dein Beethoven lebt sehr unglücklich; wisse, daß mir der edelste Theil, mein Gehör, sehr abgenommen hat, schon damals als

---

*) Vielleicht ein Nachklang des Argwohns, den er in der Periode des Er-taubens so leicht gegen Jedermann faßte.

Du noch bei mir warst, fühlte ich davon Spuren, und ich ver=
schwieg's, nun ist es immer ärger geworden, ob es wird wieder
können geheilt werden, das steht noch zu erwarten, es soll von den
Umständen meines Unterleibs herrühren; was nun den betrifft, so
bin ich fast ganz hergestellt, ob nun auch das Gehör besser werden
wird, das hoffe ich zwar, aber schwerlich, solche Krankheiten sind
die unheilbarsten. Wie traurig ich nun leben muß, alles, was mir
lieb und theuer ist, meiden, und dann unter so elenden, egoistischen
Menschen wie ..., ... 2c., ich kann sagen unter allen ist mir Lich=
nowski der erprobteste, er hat mir seit vorigem Jahr 600 Fl. aus=
geworfen; das und der gute Abgang meiner Werke setzt mich in den
Stand, ohne Nahrungssorgen zu leben; alles, was ich jetzt schreibe,
kann ich gleich fünfmal verkaufen, und auch gut bezahlt haben. —
Ich habe ziemlich viel die Zeit geschrieben; da ich höre, daß Du
bei ... Klaviere bestellt hast, so will ich Dir manches schicken in
dem Verschlag so eines Instruments, wo es Dich nicht so viel
kostet. — Jetzt ist zu meinem Trost wieder ein Mensch hergekommen,
mit dem ich das Vergnügen des Umgangs und der uneigennützigen
Freundschaft theilen kann, er ist einer meiner Jugendfreunde, ich
habe ihm schon oft von Dir gesprochen und ihm gesagt, daß seit
ich mein Vaterland verlassen, Du einer Derjenigen bist, die mein
Herz ausgewählt hat, — auch ihm kann der ... nicht gefallen, er
ist und bleibt zu schwach zur Freundschaft, ich betrachte ihn und ...
als bloße Instrumente, worauf ich, wenn's mir gefällt, spiele, aber
nie können sie edle Zeugen meiner innern und äußern Thätigkeit,
eben so wenig als wahre Theilnehmer von mir werden; ich taxire
sie nur nach dem, was sie mir leisten. O wie glücklich wäre ich
jetzt, wenn ich mein vollkommenes Gehör hätte, dann eilte ich zu
Dir, aber so von Allem muß ich zurückbleiben, meine schönsten Jahre
werden dahinfliegen, ohne alles das zu wirken, was mich mein Ta=
lent und meine Kraft geheißen hätten. — Traurige Resignation, zu
der ich meine Zuflucht nehmen muß; ich habe mir freilich vorge=
nommen, mich über alles das hinauszusetzen, aber wie wird es mög=

lich sein? Ja Amenda, wenn nach einem halben Jahre mein Uebel unheilbar wird, dann mache ich Anspruch auf Dich, dann mußt Du alles verlassen und zu mir kommen; ich reise dann (bei meinem Spiel und Komposition macht mir mein Uebel noch am wenigsten, nur am meisten im Umgang) und Du mußt mein Begleiter sein, ich bin überzeugt mein Glück wird nicht fehlen, womit könnte ich mich jetzt nicht messen; ich habe seit der Zeit Du fort bist, alles geschrieben bis auf Opern und Kirchensachen, ja Du schlägst mir's nicht ab. Du hilfst Deinem Freund seine Sorgen, seine Uebel tragen. Auch mein Klavierspielen habe ich sehr vervollkommnet, und ich hoffe diese Reise soll auch Dein Glück vielleicht noch machen, Du bleibst hernach ewig bei mir. — Ich habe alle Deine Briefe richtig erhalten; so wenig ich Dir auch antwortete, so warst Du doch immer mir gegenwärtig und mein Herz schlägt so zärtlich wie immer für Dich. — Die Sache meines Gehörs bitte ich Dich als ein großes Geheimniß aufzubewahren und Niemand, wer es auch sei, anzuvertrauen. — Schreibe mir recht oft, Deine Briefe, wenn sie auch noch so kurz sind, trösten mich, thun mir wohl, und ich erwarte bald wieder von Dir, mein Lieber, einen Brief. — Dein Quartett gieb ja nicht weiter, weil ich es sehr umgeändert habe, indem ich erst jetzt recht Quartetten zu schreiben weiß, was Du schon sehen wirst, wenn Du sie erhalten wirst. — Jetzt' leb wohl! lieber Guter; glaubst Du vielleicht, daß ich Dir hier etwas Ange= nehmes erzeigen kann, so versteht sich's von selbst, daß Du zuerst Nachricht davon giebst

Deinem treuen Dich wahrhaft liebenden

L. v. Beethoven*).‘‘

---

*) Ein andrer Brief Beethovens an Amenda (ebenfalls ohne Datum) scheint dem oben mitgetheilten vorangegangen zu sein. Er lautet:

„Wie kann Amenda zweifeln, daß ich seiner je vergessen könnte — weil ich ihm nicht schreibe oder geschrieben — als wenn das Andenken der Menschen sich nur so gegeneinander erhalten könnte.“

Tausendmal kommt mir der beste der Menschen, den ich kennen lernte, im Sinn, ja gewiß unter den zwei Menschen, die meine ganze Liebe besaßen, und

Wie stimmt der kindlich treuherzige Ton zu jenen Quartetten und ihrer Zeit! Was liegt zwischen ihnen, bei denen er meint, daß er erst jetzt recht wisse, Quartette zu schreiben, und den jetzt als Op. 59 erscheinenden!

Diese Quartette, die 1807 in Wien aus dem Manuscripte gespielt und 1808 herausgegeben wurden, waren dem ruffischen Botschafter in Wien, Grafen (nachherigen Fürsten) Rasumowski gewidmet. Die Person und Nationalität des Grafen sind nicht ohne Einfluß auf das Werk geblieben; im erften Quatuor (F dur) und im zweiten (E moll) sind ruffische Volkslieder als Themate benutzt, im erftern für das Finale, im letztern für den dritten Satz, das sogenannte Scherzo, das hier aber Allegretto überschrieben ist. Es wäre möglich, daß Beethoven aus eignem Antrieb, aus Wohlgefallen an den Liedern, jene Themata gewählt hätte, oder vielmehr, daß sie sich seiner Phantasie eingepflanzt hätten. Allein wahrscheinlich ist dies schon nach dem musikalischen Gehalte der Melodieen nicht. Die des F dur-Quartetts heißt bei Beethoven (wir wissen nicht, ob und was er dazu gethan) so:

und hat allerdings, wie viele ruffische Volksmelodieen, etwas fremdartig Anziehendes, das schon in der Tonart begründet ist, die man

wovon der eine noch lebt, bift Du der Dritte — nie kann das Andenken an Dich mir verlöschen — nächstens erhältft Du einen langen Brief von mir über meine jetzigen Verhältnisse und alles was Dich von mir interessiren kann. — Leb' wohl lieber, guter, edler Freund, erhalte mir immer Deine Liebe, Deine Freundschaft, so wie ich ewig bleibe

Dein treuer Beethoven.

Freundschaft und Liebe machten ihn in seinen Briefen redselig, ja überfließend, wohl gar — nach Musiker Art — zerfließend. Ueber seine Werke war er um so kürzer; sie waren ihm ja abgethan.

für äolisch in genus molle*) ansprechen muß; auch das verlangen=
volle Zurückkommen auf c ist bedeutsam. Die Melodie aus dem
Emoll Quatuor ist nach Beethovens Fassung folgende,

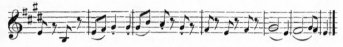

auch nicht ohne Interesse; gleichwohl scheint sie so wenig wie die
vorige geeignet, aus eigner Kraft Beethoven in solchem Grade an=
gezogen zu haben, daß er zu ihrer Aufnahme in bedeutenden Wer=
ken gedrungen gewesen wäre. Dann hat aber auch Beethoven, wenn
er fremde Melodieen aufnahm (in der Eroica, in der Sonate
Op. 110, in der Schlacht bei Vittoria) sie stets mit treffender Be=
deutsamkeit für das Werk gewählt und behandelt; beides wüßten wir
hier nicht zu erweisen.

Es scheint also, als seien diese beiden Quatuors nicht frei von
äußerlichen Bestimmungsgründen geblieben. Daher mag es kommen,
daß bei der höchsten Bedeutsamkeit einzelner Partieen eine einheit=
volle Idee, die das Ganze hervorgerufen hätte und als einen inner=
lich wie äußerlich einheitvollen Organismus erscheinen ließe, sich
(wenigstens, so weit wir zu erkennen vermögen) nicht heraus=
stellen will.

Noch eine tiefergreifende für den Begriff der Beethoven'schen
Leistungen im Quartett wichtige Betrachtung knüpft sich an diese
Quartette, die die ganze Musik=Gattung angeht, besonders alle spä=
tern Quartette Beethovens.

Im Quartett vereinigen sich also vier Instrumente zur Aus=
führung eines einigen Werks, gleichsam ein Orchester im Kleinen;
nur daß die Stimmen einfarbiger und gleichartiger sind als im wirk=
lichen Orchester, — lauter Saiteninstrumente, — und deshalb we=
niger karakteristisch gegeneinander treten; daß ferner das Quartett

---

*) Bekanntlich der Name einer der mittelaltrigen sogenannten griechischen
oder Kirchen=Tonarten. Daß dieselben sich auch in weltlichen Weisen bisweilen
geltend gemacht, zeigt unter andern das altfranzösische Lied Vive Henri quatre.

wenig geeignet ift, Maſſen gegeneinander zu ſtellen, wie das Or=
cheſter die Chöre der Saiten und Bläſer, oder das Blech und die
übrigen Bläſer gegeneinander ſtellt; daß endlich die einzelnen Stim=
men, da ſie nur einfach beſetzt ſind, hinter der Vollſaftigkeit der
vielfach beſetzten Orcheſterſtimmen zurückbleiben. Es kommt noch
Eins dazu. Mag man Saiteninſtrumente noch ſo zart behandeln,
immer laſſen ſie den Beiklang des reibenden Bogens hören, der bei
rauherm Hervortreten als „Kratzen‟ bezeichnet wird, der bisweilen
karakteriſtiſch, öfter ſtörend iſt. Dieſer Beiklang ſchwindet oder
vermindert ſich bei vielfacher Beſetzung, weil nach akuſtiſcher Erfah=
rung der ſchwächere Beiklang durch den ſtärkern Hauptklang ver=
zehrt wird; das Inſtrument reinigt und verklärt ſich gleichſam.

Das Quartett ſteht alſo weit hinter dem Orcheſter zurück, ihm
gegenüber empfiehlt es ſich zunächſt durch die ungleich größere Leich=
tigkeit, es zuſammen zu bringen.

Dem Solo=Inſtrument gegenüber (wobei nur an das Piano
zu denken iſt) ſteht das Quartett inſofern im Nachtheil, als es nim=
mermehr dieſe vollkommenſte Einheit des Klangs und der Ausführung
erlangen kann, und wären vier Brüder Müller die Ausführenden,
die einem einzigen Spieler an einem einzigen Inſtrumente zu Gebote
ſteht. Dagegen iſt das Quartett in der Stimmführung dem größ=
ten Pianiſten unvergleichlich überlegen; jede Stimme hat ihren eig=
nen Spieler, kann ſich hinſtellen, wo ſie will ohne Rückſicht auf die
Lage der andern Stimmen, kann dieſe kreuzen oder ſich ihnen (Th. 1.
S. 313) in den frembartigſten Rhythmen entgegenſetzen.

Von hieraus iſt die Stellung, die Beethoven zum Quartett
überhaupt annimmt, klar zu faſſen.

So lange das Quartett blos annuthigem Tonſpiel und der
gelegentlichen Anregung von Stimmungen als Organ dient, kommt
ſein eigentliches Weſen, — das Räthſel ſeines Daſeins, möchte man
ſagen, — noch nicht zum vollen Ausſpruch. Es iſt dann ein Or=
gan für Muſik, das zwiſchen Piano und Orcheſter ſteht, geſelliger
als das eine, anſpruchloſer als das andre, das Organ für geſellige

feine Unterhaltung freundlich vereinter Mufiker. In diefem Sinne haben Haydn, Mozart, Beethoven felber in den erften Quatuors und die Mehrzahl aller Quartettfchreiber (und welcher deutfche Mu= fifer hätte fich davon ausgefchloffen?) den Quartettfatz genommen. Sie wählten die weitumfaffende Form der Sonate in vier Sätzen, — alfo eine vorherrfchend homophone, monologiftifche Form, — und hatten ihre Freude daran, den Faden ihrer Hauptftimme und was fich ihr anfchließt oder entgegenftellt mit gleicher Gerechtigkeit unter die vier Perfonen zu vertheilen, ohne daß er je verloren ging oder fich verwirrte und verftecfte. Gelegentlich erhoben fie fich zu wirflicher Polyphonie, namentlich zur Fugenform, in der erft die wahre Dramatif der Mufik beginnt, eine Perfon fich ftreitbar gegen die andre durchfetzt, nicht blos Gefellfchaft leiftet, oder ftatt ihrer eintritt.

Nun aber war Beethoven ein gar Anderer geworden, ernfter, tiefer, in fich gefehrter, als Karafter und als Künftler mächtiger.

Nach dem Scheitern der Oper zunächft auf fein eigentlich Gebiet, die Inftrumentenwelt, hingewiefen, arbeitete er (Schindler bezeichnet diefe Periode als feine fleißigfte) in allen drei Fächern derfelben, die ihm zugänglich waren, im Piano, im Orchefter, im Quartett mit gleicher Hingebung, aber eben deßwegen in karafteri= ftifch verfchiednem Sinne.

Im Orchefter ftellte er, wie fich verfteht, feine großen chorifchen Gedanken auf. Hier wurde er immer objektiver, felbft in der neunten, wo er zunächft aus feiner Perfon herausgefonnen und gefchaut zu haben fcheint.

Dem Klavier vertraute er das Subjektivfte an, dies aber meift zur feftesten Einheit eines pfychologifchen Vorgangs verdichtet.

Im Quartett faßte er die vier Stimmen ideal auf; ohne daß er ihren fpezififchen Karafter aus dem Auge verloren hätte, waren fie ihm doch nicht mehr diefe Geige, dies Violoncell in ihrer Unvollfommenheit, fie waren ihm genialfreie Träger feines Ge= dankens worden. „Glaubt Er," — fo fuhr er einmal gegen den

trefflichen Geiger Schuppanzig, mit dem er weit über ein Jahr=
zehent befreundet war, als dieser einen Gang im Fmoll=Quatuor
Op. 59 unbequem oder unausführbar finden wollte, heraus, —
„glaubt Er, daß ich an eine elende Geige denke, wenn
der Geist zu mir spricht, und ich es aufschreibe?" Diese
Worte erhellen sonngleich seinen neuen, oder vielmehr seinen jetzt
fester gestellten und von ihm selbst klarer erkannten Standpunkt;
denn er hat niemals einen andern eingenommen. Er hört nicht
Instrumente, er hört „Stimmen".

Hier macht sich aber die Zweideutigkeit des Quartettwesens
zwischen Solo=Instrument und Orchester geltend.

Diese Stimmen, so freibeweglich und fein, werden jetzt von
Beethoven in einer Selbständigkeit geführt, als wäre jede nur für
sich allein da, als erginge sich, phantasirte ganz ungebunden diese
eine Stimme für sich. Ohne Frage steht ihm diese Emanzipation
der Stimmen, dieses vierfältige Leben höher und näher, als die
Rücksicht auf das Verhältniß und Verhalten der Stimmen zu ein=
ander, auf das harmonische Verhältniß. Niemand hat so klar er=
kannt, daß das eigentliche Leben der Musik in der Melodie waltet
und nicht in der Harmonie, als die beiden innerlichsten Musiker,
Sebastian Bach und Beethoven; man mag darüber die Kompositions=
lehre befragen. So können mehrere Personen sich in mancherlei
mehr oder weniger erfreuliche Gruppen zu einander stellen; aber
das Leben hat und fühlt jede dieser Personen nur in sich selber
allein.

Bei alledem sind indeß diese Stimmen für den kräftig wollenden
und gestaltenden Dichter nicht jene gedrungen plastischen, karakter=
voll und karakterverschieden gefärbten Stimmen seines Orchesters.
Sie sind nur Gleichsam=Personen, in ihren Adern wallt nicht das
eisenhaltige, rothe, warme Blut des Menschen, sondern das cicero=
nianische quasi-sanguis, Gleichsam=Blut der Erscheinungen, die
Menschen vorstellen wollen.

So tritt nun die Zweideutigkeit der Musikgattung in die Kom=

position über. Die vier Stimmen sind, wie es gerade der Lauf
der Gedanken fodert, vier besondere Persönlichkeiten, die neben und
gegen einander handeln; dann wieder sind sie eine einzige Person,
die aus mehr als einem Munde redet; das Letztere tritt handgreiflich im Allegretto des F dur Quatuors (S. 16 der André'schen
Partitur-Ausgabe) hervor, wenn das Thema so,

ganz unbegleitet, als eine einige festgeschlossene Melodie auftritt,
aber zu zwei und zwei Takten unter zweite Violin, Bratsche und
abermals zweite Violin vertheilt, — eine Neckerei, die sich gleich
darauf zwischen beiden Geigen wiederholt. Diese Zweiseitigkeit in
der Auffassung des Stimmwesens ist dem Quartett allerdings nicht
ausschließlich, aber mehr als andern Gattungen eigen; sie deutet
auf ein läßlicheres, freieres, bisweilen an Laune und Willführ strei-
fendes Schalten der Phantasie hin, als dem Orchester gegenüber
angemessen sein würde.

Diesem freiern Schalten giebt sich Beethoven in den neuen
Quatuors von Op. 59. an hin. Daher stellt sich das oben S. 45
Bemerkte jetzt als Naturausdruck der Gattung heraus und äußert
seinen Einfluß. Die tiefsten Gedanken werden dem Quartett anvertraut, ohne daß es darum zu einer psychologisch einheitvollen
Gestaltung der ganzen Schöpfung käme; wie bei der Arabeske weiß
man nicht voraus, ob das holdselige, innigblickende Menschenantlitz
mit dem Schmuck der braunen Locken nicht vielleicht blos aus dem
breiten Geblätter einer wundersamen Blume hervorschaut.

Daß Alles hier Angedeutete blos Andeutung, nicht Kritik ist
und in Beethovens und andern Werken einer unzähligen Reihe von
Ausnahmen Raum läßt, versteht sich.

Wenden wir uns endlich zu dem F dur-Quatuor; es ist dasselbe
Werk, auf das schon S. 29 hingewiesen worden.

Unvorbereitet gleichsam (auf der Quinte des tonischen Dreiklangs, der also dadurch zum unfesten Quartsextakkorde wird) und nicht mit dem Ausdrucke selbstgewisser Bestimmtheit tritt der erste Satz der Hauptpartie im Violoncell unter der zweiten Geige und Bratsche

auf, in stiller Beschaulichkeit daher wandelnd, was neben ihm ist — die Harmonie, die wenigstens Takt 6 nach dem Akkordwechsel von Takt 7 verlangt — auf sich beruhen lassend, großsinnig, seelenvoll, aber gemildert, wie nach Prüfungen das edle Gemüth sein soll. Die erste Violin, schon heißer, nimmt dem Baße das Wort ab, steigert den Gedanken, führt ihn unter dem stärker und stärker werdenden Antriebe der Begleitung empor zum entschlossensten, kräftigsten Abschluß. Schlagkräftig und stark, bald wie zurückgeschreckt in Stille und Bangigkeit

tritt der zweite Hauptsatz dem Abschlusse des ersten (Takt 2) nach, bewegt sich anmuthvoll erheitert in den ersten

Satz, ihn weiterführend, zurück und bildet (aus dessen erstem Motiv) in weicherer Stimmung seinen Schluß auf G dur, um ganz normal von da zur Tonart des Seitensatzes, C dur, überzuleiten. Auf G bildet der Baß, wieder allein und an jenen Schluß anknüpfend, eine muthvolle kräftig sprechende Melodie, der gleich wieder leises Wehe der andern Stimmen

mit dem Baß anschließt. Der Seitensatz ist dem ersten Hauptsatze stimmungsverwandt, hebt sich aber hochgespannt und nervös in die höchsten Regionen, um von dort in gekräftigtern Pulsen mit schmei= chelnder Anmuth niederzutauchen, sich in der Regsamkeit aller Stimmen mit= und gegeneinander daselbst kraftvoll zu bezeigen und in phan= tastischem Hin= und Hergreifen

in den Schlußsatz zu führen, der sich so

bildet und über c-e-g-b nach Fdur in den Anfang zurückführt.

In festen, klar heraustretenden Formen ein wundersames Phantasiebild, das hier angefangen, sich vor uns auszubreiten. Die wechselndsten Stimmungen werden angeregt und wieder verlassen, jede edel und zart, wie die Seele des Dichters sie in prüfungsschweren und wieder in beseligten Stunden durchlebt hat und jetzt noch einmal vor sich vorüberschweben läßt. Es ist das Schwebeleben der Phantasie, das auf den geflügelten Schwingungen der Saiten vorüberzieht. Allaugenblicklich wähnt man, eine bestimmte Gestalt, eine gefestete Stimmung zu erfassen, — aber im selben Augenblick ist sie in, man weiß nicht welche entlegenste andre Bildung, oder in welchen Licht= und Dämmerungsschein hinübergeflossen. Das ist die Gränze, der Mittelzustand zwischen der Urmusik, jenem spielseligen Leben der Töne (Th. I. S. 275) und den andern Kreisen des Tonlebens, die sich aus jenem hervorgehoben. Es ist, wenn man so sagen will, Spiel, Tonspiel, — aber ein Spiel mit den tiefsten Empfindungen und Seelenerlebnissen, das deßhalb für feiner besaitete Gemüther leicht nervös, für positivere Köpfe leicht sinnverwirrend werden oder gar wirr erscheinen kann.

In keiner andern Musikgattung hat Beethoven sich diesen Mittelstandpunkt so bleibend und entschieden erkoren und ist so oft auf ihn zurückgekommen, als in den Quartetten von diesem Fdur Quatuor an. Allerdings findet er nirgends so weiten Spielraum, sich seiner musikalischen Meditation zu überlassen und jeden Gedanken beliebig weit zu verfolgen. Nur ein Paar Sonaten und Symphonien stehen hierin neben oder über den Quartetten.

Schon jener erste Satz aus dem F dur Quartett, den wir be=
trachteten, zeigt das.

Der erste Theil wird nicht wiederholt, statt desseslben tritt blos
der Hauptsatz mit seinen vier ersten Takten im Hauptton auf. Der
fünfte Takt bildet sich schon in die Figur des Schlußsatzes

um, die, wie der ganze Schlußsatz, aus dem Hauptsatze hervorge=
gangen war. Mit dieser Figur erfolgt die Wendung in die Unter=
dominante, und über der Wendung, aus der Figur heraus intonirt
die erste Violin den Hauptsatz (die vier ersten Takte) in B dur,
die Bratsche denselben in B dur mit Hinüberwendung nach G moll,
die zweite Violin denselben in G moll mit Hinüberwendung nach
F dur. Nochmals fassen Violoncell, Bratsche und erste Geige und
endlich auch die zweite in freier Nachahmung

das Thema an; dann bildet sich von der ersten Violin her und
zuletzt von ihr allein über dem ruhigen Klang der andern Instru=
mente ein weitgeführter Gang aus dem Achtelmotiv des Thema's,
führt weiterhin in die Achtelfigur des Schlußsatzes und faßt diese
mit einem ganz neuen Gegensatze

als Doppelthema, das fugenmäßig durch die Stimmen geht.

4*

Es ist nicht nöthig, diese formelle Betrachtung weiter fortzu-
setzen, oder auch nur bis zu dem erreichten Punkte zu vervollständigen. Das bis hierher Hervorgehobene genügt, von der Weite
und zugleich von der Ordnung der Ausführung einen Begriff zu
geben und jedem Kunstfreunde die weitere Untersuchung zu erleichtern.
Diese aber wird dem auf sie Eingehenden einen klarern Einblick in
den künstlerischen Reichthum des Meisters gewähren, als vielfaches
Hören. Durch den ganzen Organismus und alle seine Einzelheiten
hindurch, wie mannigfach auch die Stimmungen wechseln, scheint
das Bild des Mannes, wie er nach unsern Andeutungen, S. 29
geworden war.

Den innern Zusammenhang der folgenden Sätze mit dem ersten
wüßten wir nicht bestimmter nachzuweisen. Wir wollen also sie und
zugleich das zweite Quatuor übergehn; ohnehin, wem wär' es möglich, alle Schönheiten aufzuzählen? und wem wär' es nützlich? Nur
das vor anderm Wichtige und das Karakterbild des Mannes Voll-
endende darf und muß zur Betrachtung kommen.

Hierhin gehört vor vielen andern das

Quatuor in Cdur

der drei als Op. 59 erschienenen. Es verleugnet nicht seine Gattung und das über sie Gesagte; aber es strebt darüber hinaus in
so heldenhafter Weise, wie vor und nachher niemals ein Quartett
vermocht. Wieder ist es ein Abbild seines Schöpfers, jenes Mannes, der in der Nacht seiner Einsamkeit so tief in den Abgrund
alles Daseins hinabgeschaut und sich so mannesstark wieder aufgerichtet hat.

Schon die Einleitung weiset dahin. Vom scharfen Einsatz, fern
vom künftigen Hauptton, irrt und tastet

wie in tiefem Dunkel haltlos die Harmonie umher, verlieren sich die Stimmen von einander bis zu vier Oktaven weit, bis sie sich zuletzt auf

$$H\text{-}as\text{-}\overline{d}\text{-}\overline{f}$$
$$\text{und } H\text{-}g\text{-}\overline{d}\text{-}\overline{f}$$

näher an einander schließen und elastisch und fest, aber noch leise — als wagten sie sich nicht, in das Allegro vivace

(c   G im Violoncell)

treten. Es ist die erste Violin, die ganz allein gelassen das so präzis gezeichnete Thema des Hauptsatzes vorträgt und ähnlich, aber schon freiern Wesens, in D moll wiederholt. Noch fesselt Zagen und Zweifel, so anmuthvoll auch die Führerin sich hervorgewagt; statt den Hauptsatz zu vollenden, wendet sich die Harmonie nach c - e - g - b, wird also — so muß man nach der Natur dieses Dominant = Akkordes erwarten — nach F bur gehen, sich in der dunklern Tonart der Unterdominante bergen. Da zerreißt ein muthiger Entschluß alle Hemmnisse und Bedenken; dieses c - e - g - b hebt und weitet sich empor zu g - h - d - f, und mit Einem kühnen Zuge

steht der Hauptsatz in Macht und Freudigkeit da und breitet sich
aus. Die Melodie, stets aus beiden Geigen in Oktaven vollsaftig
hervorquellend, die kühne Führerin hoch emporstrebend und in siegs=
stolzer Willkühr

überall schaltend, so geht der erste Satz zum Schluß. Und schon
auf dem Schlusse setzt das rührige Spiel des Quartetts zum zwei=
ten Hauptsatz und weiter zum Seitensatz an. Das glänzend muth=
volle Spiel darf nicht weiter verfolgt werden. Es bleibt seinem
Karakter treu, auch darin, daß mancher wehe Rückgedanke fast reu=
voll sich einmischt.

Vergleicht man die Behandlung der Stimmen und Instrumente
in diesem Satze mit der in den andern Quartetten, faßt man dazu
das häufige und weiterstreckte Zusammengehn der Geigen in breiten
Oktaven und aller Instrumente in gleicher Rhythmik in das Auge:
so muß man erkennen, daß in diesem Quartett mehr als in irgend
einem andern orchestral *) gehandelt wird. Und in der That foderte
der männliche, kampfrüstige Sinn heroischere Handlungsweise, als
diese meist auf das Feinere und Partikulare hingewiesene Gattung
in der Regel. Auf dem Forum, vor dem Volke redet man anders,
als am grünen Tische.

---

*) Aehnlich **Cherubini** in seinem Esdur=Quatuor; dieser aber mehr opern=
artig, Beethoven symphonisch.

Ein seltsam fremder Satz folgt auf diesen ersten, der sich zu so heller Freudigkeit erhoben hatte. Zu den dumpfen Pizzikato= schlägen des Violoncells — es erinnert an einen wunderlichen Aus= druck aus den schottischen Liedern,

> So übertäube denn mein Herz,
> O Schmerzenstages Trommel, du! —

heben die drei Oberstimmen ganz leise und fremdartig ein Klagelied an,

Andante con moto quasi Allegretto.

es klingt in seiner Gemessenheit nicht nach gegenwärtigem Leid, es ist eine alte Klage, die, wer weiß aus welcher Fremde, herumge= tragen wird, fremde Ohren und Herzen zu rühren oder zu ermüden; still und stumpf ziehn die Leidträger vorüber den fremden Thüren in neue Fremde, sie wissen nicht wohin, es kümmert sie nicht. So mögen Vertriebene, hinaus unter die Fremden in weitentlegenen düsteren Zonen Gestoßene, müd' und fast abgestumpft um ihr sonni= ges freundliches Vaterland, um die Hütte klagen, in der sie geboren wurden und als Kinder spielten, aus denen man sie wegstieß von den blutigen Leichen der Mutter und der Brüder.

Stumpf und gleichmüthig führt der Schlag des Violoncells zum Anfang des Lieds zurück, gleichmüthig weiter in den zweiten Theil, wo der Klageton anschwillt über der großen Geberde des Basses, und schneidend sich erhebt und sich zurückwindet — ewig ist es der wehleibige Gang der normalen Mollleiter

$$\begin{array}{c|c|c} \overline{\overline{c}} & \overline{h} \ a \ gis \frown f \ e \ d & c \ h \ a \\ \overline{\overline{f}} & e \ d \ cis \frown \overline{b} \ a \ g & f \ e \ d, \end{array}$$

die die Weichlinge scheu'n und wegleugnen möchten, weil sie keinen

entſchiedenen Karakter ertragen, — und kein Ende zu finden weiß,
und geſchäftig, ohne von der Stelle zu kommen, im Schlußſatze
ſich regt und wendet.

Und nun erſt bricht die Beredſamkeit des Schmerzens hervor,
die wie vom Weinen heiſere Klage der Bratſche, die uns über den
ewigen Pulſen des Violoncells, man weiß nicht was zu erzählen
hat; ſie findet in dem „Wehe!" der Andern

ihre ſchneidende Bekräftigung und ſchallt zurück, vom Violoncell und
der zweiten Violin in Oktaven unter dem „Wehe!" der erſten und
der Bratſche in Oktaven wiederholt, und quält ſich weiter.

Und wie alterthümlich naiv das iſt, wie urmenſchlich! aus aller Bitterniß hervor ſchaut mit unſchuldigen Augen irgend eine
holde Erinnerung, ein Bild aus jener friedenvollen Zeit, ehe das
Entſetzen hereingebrochen war und alles Glück zu Ende. Leider iſt
nur ein Lächeln unter Thränen da möglich;

und wenn dann Alle ſich eifrig herzubrängen und die kurze Freude
ſich hoch emporrichten möchte, dann ſchaut ſie nur tief hinab in den
Born unerſchöpflicher Thränen

und die Klage zieht endlos und athemraubend weiter.

Wir können nicht in das Weitere und Einzelne folgen; es sind da bisweilen die einfachsten Züge, die den Gedanken wenden oder steigern, so bei der Rückkehr zum Hauptsatze (denn auch hier waltet festeste, klarste Gestaltung), wenn die Melodie in der zweiten Geige liegt und von der ersten

gleichsam überschleiert wird, woraus sich weiterhin der anziehendste Wechselgesang entspinnt. Es sind einfache Züge, die Jeder finden könnte; aber es findet sie eben nicht Jeder.

Wie wir nach einem großen Ereigniß, wenn es auch nicht uns selbst betroffen, sondern uns nur seine erschütternde Kunde zugesendet, erst im Nachlassen der Spannung uns wiederherstellen müssen, so folgt auf jene erschöpfende Scene ein Moment des Athemschöpfens. Minuetto grazioso hat Beethoven die Ruhe bezeichnet; es ist nicht an eine Menuett in Haydns regsamer Weise zu denken, sondern an die zart= und stillbewegte altfranzösische Menuett, auf die Mozart im Don Juan und Meierbeer in den Hugenotten zurückgeblickt hat. Das Trio regt sich schon muthiger.

Aber nun ist Alles überstanden und vergessen. Das Finale weht wie Frühlingwerden, wie nach langer Stille die ausgeruhten Westwinde daher, in einer, in zwei, drei, in allen Stimmen (der Anfang ist fugenartig und kehrt mit einem Gegensatz oder zweiten Subjekte doppelfugenartig

wieder) und stürmt — und zuletzt donnern die vier einzelnen kleinen Instrumente gleich einem Orchester. Beethoven's Odem ist's, der ihnen Sturmesmacht eingeblasen. Der Geist war über ihn gekommen, von dem er zu dem Geiger sprach. Denn der Odem des Herrn muß diesen Hölzern und Därmen Leben einblasen.

Nach den Quartetten zieht zunächst das

Concert pour Violon, avec acc. de l'orchestre, Oe. 61 die Aufmerksamkeit auf sich, ein Konzert, das bis heute nicht seines Gleichen gefunden, so viel Feinheit und Reiz auch Mendelssohn seinem Violinkonzert zu verleihen gewußt. Gleichwohl ist Mendelssohn der einzige nach Beethoven, der die Aufgabe dichterisch gefaßt; während die Violinvirtuosen als Kern der Aufgabe die Virtuosität, oder genauer gesagt, ihre persönliche Virtuosität erfassen, wird jenen Komponisten die Violin zu einer tondichterischen Persönlichkeit, die Mendelssohn jugendlich heiter, geistvoll beseelt, wie Wieland in seinen besten Stunden einst vermocht, vor uns vorüberführt, — die Beethoven verklärt zur Feenkönigin des Orchesters. Nur in diesem Sinn ist eigentlich ein Konzert künstlerisch zu begreifen; wir müssen im konzertirenden Instrumente selber die bevorzugte Stellung gerechtfertigt finden, die das Konzertstück ihm bereitet.

Ernster tritt, zwischen der vierten und fünften Symphonie ihre gebührende Stelle einnehmend, die

Ouvertüre zu dem Trauerspiel Koriolan von Kollin, die als Opus 62 herauskam, auf.

Diese Ouvertüre ist von den ernsten Werken des Künstlers vielleicht am schnellsten und ausgebreitetsten verstanden und bewundert worden; sie verdankt es der Einfachheit der Aufgabe und der Einfachheit und schlagfertigen Bestimmtheit, mit der die Aufgabe gefaßt ist. In beiden Beziehungen ist sie ein Meisterstück. Denn schon das ist Zeichen meisterlicher Durchbildung zu nennen, daß man sich nur solchen Aufgaben widme, die der Lösung, und zwar einer ergiebigen, fähig sind. Kollin's Trauerspiel hat, abgesehn von seinem eigenen Werthe, das Verdienst, Beethoven's Dichtung angeregt zu haben. Dies ist ein günstiger Umstand. Hätte Beethoven sich den Eingebungen Shakespeare's angeschlossen, den er bekanntlich sehr geliebt, so würde seine Aufgabe sich weiter ausgedehnt haben, als der Musik günstig sein kann. Er hätte da neben Koriolan, abgesehn von den Trägern der politischen Handlung, die hohe Gestalt der römischen Mutter und die rein weibliche Gattin vor sich gehabt. An Kollin's Seite vereinfachte sich die Aufgabe. Es sind im Grunde nur zwei Gestalten, die sich aus dem Grundelement hervorheben, und dieses Grundelement, — es ist der Zorn*), — geht in der einen Gestalt des Koriolan auf.

Dieses Grundelement tritt sogleich ohne Umschweif, ohne Hinleitung, wie schwächere Musiker lieben, die sich nicht an die Sache wagen, in den ersten Tönen vor. Dieses starrblickende c des Saitenchors,

---

*) In den Konversationsheften scheint es, als habe Schindler die Vorstellung des Zorns „nicht recht musikalisch" gefunden, — oder dies, wie man im Gespräche wohl thut, nur vorgegeben, um Beethoven zu einer Aeußerung zu bewegen. Beethoven scheint darauf eingegangen zu sein, denn wir finden Schindler's Worte: „Bon! Sie komponiren also nächstens eine zornige Sonate!" Er hatte sie schon komponirt, — sie hieß Koriolan; und auf Karakterwerke kam er niemals zurück.

zeichnet gleich den ſtarrſinnigen, zum Jähzorn erzognen Ariſtokraten, der ſeinem Volke widerſteht, ganz für ſich allein der allgemeinen Empörung Trotz zu bieten kräftig entſchloſſen. Allerdings, dies kann nicht unbemerkt bleiben, muß die Muſik hier, wie ſo oft und wie jede andre Kunſt (Th. I. S. 282) ebenfalls, die Bekanntſchaft mit dem Gegenſtande vorausſetzen; dann aber erfüllt ſie die allgemeine Vorſtellung mit ihrem Leben, und beſtimmt ſie zu plaſtiſcher Erſcheinung.

Der Hauptſatz zeichnet nun dies finſtre Grollen, das ſich in der Bruſt des Helden erhebt und in gewitterartigen Schlägen entladet. Der ganze Satz iſt Ein Erguß, ohne Stocken, ohne Ueberſtürzung, wie geſchmolzenes Erz nach dem bemeſſenen Willen des Gießers ſich der Form zudrängt, Alles verzehrend, was ſich auf ſeinem Wege finden mag. Das eine Motiv A —

bildet den Hauptſatz, grollt (B) zwiſchen den Schlägen des ſich entladenden Gewitters und läßt nicht ab, bis die andre Geſtalt des ganzen Vorgangs, die Verſöhnerin hervortritt, ſei es die milde Valeria, oder die Mutter, oder die flehende, warnende Stimme des Vaterlandes, die man zu vernehmen meint, —

was Beethoven natürlich der Phantasie des Hörers überlassen muß. Das Thema (die vier letzten Takte) wird von der zweiten Violin und der Klarinette wiederholt, während immerfort die Hörner unten auf B-b gleichsam lauernd forttönen, und zum drittenmal von Flöte, Oboe, Klarinette und beiden Fagotten unter dem Anschwellen des Orchesters mit großartig tragischer Wendung —

nach F moll. Hier liegen, wie zuvor die Hörner auf der Oktave B in der Tiefe, Flöte, Klarinetten und Fagotte auf c—c—c—c, während beide Geigen, dann Oboe und beide Klarinetten in Oktaven das Thema wiederholen, und der Satz sich nach G moll wendet, wie zuvor nach F moll, hier aber von Flöte, Oboe und Fagott entmuthigt und bedauernsvoll auf die Dominante von G moll geleitet wird und unter dem neu hervorbrechenden Hader — denn fortgearbeitet hat er immerfort in den Stimmen der Violoncelle und der schlagenden Bässe mit den Bratschen — sich verliert. Voll herrischer Gewaltsamkeit stellt sich der Schlußsatz

in diefem G moll auf, — Trompeten und Pauken fchlagen wild und
widerhaarig mit c - g, c - g drein, — wiederholt fich noch finfterer in
C moll, und reißt fich durch alles ungeftüme Flehen und Sträuben
trotzig durch.

Wir müffen uns hier unterbrechen und zurückblicken.

Der Hauptfatz ift klar gezeichnet und unverkennbar. Der Sai=
tenfatz, — hier ein wahrer Gegenfatz zu jenem, — fteht eben fo be=
ftimmt und kennbar in Es dur, alfo ganz normal in der parallelen
Dur=Tonart, nicht blos den allgemeinen Modulationsgefetzen gemäß,
die jeder begründeten Abweichung Raum geben, fondern auch dem
Inhalte des Seitenfatzes. Gleichwohl ift diefer Inhalt nicht der
herrfchende des Gedichts; in Koriolan ift nicht Verföhnung, fondern
Zorn und Untergang.

Folglich kann unmöglich im milden, verföhnlichen Es dur ge=
fchloffen werden; es wird aufgegeben und ftatt feiner die Molldo=
minante des Haupttons, G moll ergriffen. Konnte einmal Es dur
nicht beftehn, fo war G moll die normale Region für diefen Schluß.
Eine gleiche Wendung hatte fich viel früher (und kleiner gezeichnet)
im Finale der F moll=Sonate Op. 2 bemerken laffen. Man fieht,
daß überall Form und Inhalt zufammentreffen.

Der oben mitgetheilte Schlußfatz geht fo —

(dies ift nur dürre Skizze) zum Ende auf G moll. Noch einmal
will die warnende Bitte hier durchdringen, es bildet fich ein zweiter

Schlußsatz*) nach dem ersten und zwar aus dem Ausgange des ersten, und unter den Schlägen des Orchesters, der wieder in tragischer Erhabenheit

hinabrollt, worauf denn das Orchester in voller Kraft und Härte den breiten Schluß auf G moll bildet.

Dieser zweite Schlußsatz ist es, der den Inhalt des zweiten Theils bildet; bekanntlich haben die meisten Ouvertüren, wie die ersten Sätze der Quartette und Symphonien Sonatenform. Er tritt noch einmal in G moll, dann in F moll, dann in As dur auf und wendet sich, wieder unter den mächtigen Rufen des Orchesters, im Gange nach Des dur und nochmals gangmäßig nach F moll. Hier läßt sich die heimliche Giftigkeit des Haders spüren. In den Gang hinein, leis' aber unbeweglich,

*) Oder sollte man den ersten lieber einen zweiten Seitensatz nennen? — Der Name, bisweilen zweifelhaft, thut nichts zur Sache. Hier aber möchten wir unsere Benennung festhalten; der erste Schlußsatz entspricht dem Hauptsatze, man könnte ihn dessen geistige Folge nennen; der zweite Schlußsatz geht aus ihm hervor und entspricht dem Seitensatz, so daß beide Seiten des Tongedichts hier zum Abschluß kommen.

blasen Oboen und Fagott ihr verstocktes c-c; und was sie ange=
schürt und angeblasen, bricht unter dem Schrei der Trompeten mit
dem ganzen Orchester und den Pauken im scharfen Rhythmus der
Melodie selber, als sollte sie in ihrer Bewegsamkeit verhöhnt wer=
den, in vollster Kraft hervor.

Den dritten Theil übergehn wir. Aus dem zweiten Schluß=
satz und seinem Gange heraus wird noch einmal, gleichsam hinge=
worfen, auf f-as-des ein Schluß gemacht, oder vielmehr abgebrochen.
Die Hörner fassen und halten nach einer allgemeine Stille g-g
und noch einmal versucht die sanfte Bitte des Seitensatzes ihre
Macht, vergebens. Der Zorn hält starrsinnig fest und gräbt sich
selber sein Grab. Die Ouvertüre — der Held — erstirbt.

Es giebt kein Werk, das Beethovens männliche und künstlerische
Energie in engem Raum so voll bewährte, als der Koriolan.

Die C moll - Symphonie.

——— ———

Daß eine so große Reihe solcher Werke Beethoven zum höchsten
Bewußtsein seiner Kraft und bei den Zeitgenossen, da er sich ein=
mal so früh und nachdrücklich Anerkennung verschafft, zur höchsten
Geltung bringen mußte, begreift sich. Mit der Bedeutung seiner
Werke stieg die Theilnahme, mit dieser stiegen die Honorare. Die
deutschen Verleger zahlten, was er fodern mochte und sie leisten
konnten; von England aus zahlte ihm Clementi für das Recht, die
drei Quatuors, die Bdur=Symphonie, Koriolan, das Violinkonzert
und das vierte Klavierkonzert herauszugeben, — Werke, die alle=
sammt bereits in Deutschland verlegt waren, — am 20. April 1827
die Summe von 200 Pfund, und 60 Pfund wurden ihm für drei
Sonaten zugesichert. Rechnet man die sehr zahlreichen Werthge=
schenke (goldne Dosen u. s. w.) dazu, die dem überall hochverehrten
Künstler verehrt wurden, so muß man annehmen, er habe sich ein
anständiges Vermögen sammeln können.

Wenn er nur sammeln und festhalten und überhaupt haushal=
ten verstanden! Wo hätte er es aber lernen sollen in der Dürftig
keit, aus der er herkam, und in der Abgeschiedenheit von der Welt,
in die seine Taubheit ihn versenkt? und wo hätte er inmitten seines
Schaffens Sinn und Muße für die äußern Angelegenheiten herneh=
men sollen? Er lebte eben in einer andern Welt. Man könnte fast
sagen, er lebte — was die Meisten leben nennen — gar nicht: er

schuf. Besonders in dem Abschnitte seines Lebens, den wir jetzt erreicht haben, ist von seinen äußerlichen Verhältnissen so gut wie nichts zu melden, — um so mehr von seinen Werken.

Schon steigt wieder eins derselben empor, die

Cinquième Sinfonie, Oe. 67,

in Cmoll, die 1808 unter Direktion des Komponisten aufgeführt wurde. Noch einmal, und diesmal in höchster Machtfülle, sollte Beethovens Lebensgedanke: Der Kampf des Mannes gegen das Schicksal und der Sieg — zum Ausdrucke kommen. Hier sollte er so hoch gefaßt werden, daß alles Individuelle abgestreift hinfiel und die Erfahrniß, die Beethoven im eignen Lebenslaufe gemacht, als Lebensgedanke und beschiednes Schicksal der ganzen Menschheit offenbar würde. Uns Allen ist die Losung

Durch Nacht zum Licht!

Durch Kampf zum Sieg!

gegeben. Wie Beethoven diesen Kampf, — nicht seinen persönlichen, sondern den des Menschen überhaupt und das Allen, nicht blos ihm gesetzte Ziel, des Lichts und seines Siegs, angeschaut und in sich durchgearbeitet, das sagt die Symphonie.

Vor Allem ist jener triviale französische Einfall wegzuwerfen, der die Cmoll-Symphonie (wenigstens ihr Finale) auf die schon musikalisch unbegreiflichste Weise mit der Eroica in Berührung setzen und ihr Finale als Triumph der Waffen, oder des Eroberers Napoleon hat setzen wollen. Hier handelt es sich nicht um irgend einen vereinzelten Kampf; jeder, den der Mensch in edlem Ringen gegen das Schicksal besteht, in welcher Gestalt es auch entgegentrete, findet hier sein ideales Abbild und seinen Triumph. Gerade die Ungeeignetheit der Musik, das Konkrete so genau zu bezeichnen, wie Plastik und Poesie vermögen, ist hier der idealen Darstellung zu Statten gekommen.

Uebrigens hat Beethoven selber für die oben ausgesprochene Auffassung einen Fingerzeig gegeben. In seinen Gesprächen mit

Schindler hat er vom Anfang oder vielmehr vom ersten Motiv,
Takt 1 und 2,

ausgesprochen: „So pocht das Schicksal an die Pforte!" Er hat
zugleich den Willen erklärt, daß dieser Anfang mehr in der Bewe=
gung des Andante gegeben werden und das Allegro=Zeitmaaß erst
mit Takt 6 eintreten solle.

In der That ist dieses Schicksalspochen der Grundgedanke des
ganzen Satzes. Es kündigt den Satz an, es bildet das erste Glied
des Hauptsatzes,

und dann das zweite Glied, indem es nach einander die verschiednen
Stimmen erregt, es leitet, über das ganze Orchester ausgebreitet, den
Halbschluß an. Nachdem es mit Macht, wie beim ersten Auftreten,
die Unterdominante geschlagen, webt es, durch alle vier Stimmen
des Saitenchors eilend, den Nachsatz, und ruht nicht, bis das
ganze Orchester in den Kampf hineingezogen ist und der ganze
Hauptsatz erst emporklimmt, dann kraftvoll sich wie ein Ringer, der
nimmermehr sich besiegt erkennt, niederbeugt und abermals (es
sind die Geigen, die hier zeichnen) niederbeugt und zum dritten=
mal (mit fis-a-c-es) nach Gmoll gleichsam ausgleitet, um auf
d-f-b zu schlagen und von da die Parallele Esdur zu erreichen.

Es lebt in dieser Unermüdlichkeit des schlagenden Motivs eine
Streitfertigkeit, in dem dreimaligen Niedertauchen der Geigen gerade

bei der höchsten Aufregung des Orchesters eine fast grimmige Freudigkeit, dergleichen in der ganzen Musiklitteratur nur noch, wenngleich in anderm Sinn, in der Eroica und bisweilen bei dem alten Bach (z. B. in der Kirchenmusik „Herr, deine Augen sehen nach dem Glauben") zu finden ist. Das ganze Leben, unser Aller Leben ist ein Kampf; so laß uns rastlos kämpfen!

In dieser ganzen Partie führt der schlagkräftige Saitenchor das Wort, die Bläser unterstützen in einzelnen Momenten und geben ihren beseelenden Anhauch dazu. Nun führen sie, und zwar die Hörner, zum Saitensatze,

(der hier Takt 7 und 8 angedeutete Baß eine Oktave tiefer zu lesen) der Verlangen nach Ruhe, vielleicht Dringliches und Schmerzliches im Gefühl, daß Kraft und Muth sinken, ausspricht, — aber kein Verzagen und Nachlassen; denn immerfort pocht und treibt das Grundmotiv, der Grundgedanke, wiewohl er sich dem Seitensatz unterordnet. Dieser wird von der Klarinette, dann von Flöte und erster Geige wiederholt; dazu vernimmt man jene in den Hörnern so ermuthigenden Töne,

aber es sind nicht Hörner, sondern die dunklern, gemüthsengern Fagotte, die sie geben, — durchaus weichere Stimmen und weichere Stimmung. Gerade zum Schluß, wo der Gesang ängstlich und quälerisch zu werden droht, bricht stralend von Muth und Kraft die Zuversicht auf endlichen Sieg hervor; wieder sind es die Violinen, und wieder im Niedersteigen, die führen. Es ist Kraft und Schwung, aber nicht Aufschwung, noch lange nicht Sieg.

Das ist der erste Theil.

Der zweite steht gleich wieder mitten im Ringen; nach kurzer Anmeldung stellt das Grundmotiv wieder den Hauptsatz her, dies= mal in F moll, mit Einmischung der warmen Klarinetten, überhaupt heißer werdend und größere Maaße annehmend, seine Bewegung in der einen Stimme auf vier, auf zwölf Takte weit erstreckend, wäh= rend andre wechselnde Stimmen bald mit dem Motiv, bald mit einem fast unvermerkt sich einschleichenden Gegensatze dawider an= kämpfen. Zunächst scheint ein Standpunkt in jenem Hornsatze ge= funden, der oben im vorletzten Notenbeispiel in den vier ersten Takten gezeigt ist; bald bleiben nur die langen Töne davon, und es entsteht zwischen den Chören der Bläser und der Saiten

ein schweres Drängen und Schieben, zuletzt treffen die Massen ein= ander Schlag auf Schlag, — man wird an den Schmerzruf des Propheten erinnert: „Die Last! die Last!" So schwer drängt und kämpft sich die zweite Entwickelung — der zweite Theil zu dem dritten durch.

Wenn dieser auf seinem Schlusse steht, der sich natürlich aus dem Grundmotiv, diesmal mit vollem Orchester und harmonievoll bildet, dann wendet sich noch einmal dieses unablässige Ringen in einem Anhang auf die Unterdominante, auf deren Untermediante Des, das, wie mit zornigem Schrei gefaßt, lang aushallt; dasselbe ge= schieht auf fis-a-c-es — und von diesem G moll ab eröffnet sich dem Blick auf einmal eine neue Aussicht. Wieder setzt jenes von den Hörnern zuerst eingeführte Motiv ein, diesmal in Fagotten, Bratschen, Violoncellen, starken aber trübern Klangs, von trotzigen Schlägen der Trompeten und Pauken gefestet. Aber es drängt sich

ein ängstlicher, schnell abreißender Lauf der Geigen dazu, der fast Verzagen ahnen läßt. Allein gerade hier tritt jener Gegensatz, der sich zuvor (S. 69) fast unvermerkt herbeigelassen hatte, in festem gemessenen Schritte vor, — er stellt Viertel gegen die breiten Akkorde ($\frac{4}{4}$) der Bläser und das Grundmotiv der Pauken, — und mit düsterm Ernst, aber unerschütterlichem Entschlusse wird der Weg durch das Leben, — das heißt der Kampf, denn Kampf ist Leben, — fortgesetzt.

Es ist die hohe Energie des Künstlers, mit dem einen Grundgedanken ein weites Lebensbild durchdrungen zu haben, und, wenn alles gesagt scheint, im Anhang aus demselben Grundmotiv eine neue Seite des großen Lebensbildes, in der alle bisher vorgeführten Gestalten zu neuer Bedeutung sich aufrichten, zur Anschauung zu bringen. Der Techniker wird nicht fertig, die Emsigkeit der Ausarbeitung zu bewundern*), wir Andern würden nicht fertig werden, den Reichthum und die Macht der künstlerischen Idee zu entfalten, die nicht blos jene Emsigkeit und Einheit im Motiviren bedingt, sondern auch nicht ruht, als bis jede Seite des Grundgedanken zur Anschauung gebracht ist, und die in jedem Gliede des umfassenden Ganzen wirkt und bedeutsam hervortritt. Instrumentation, Harmonie, jede Stimme giebt davon Zeugniß.

---

*) Er hat Recht, das Geschick und den Fleiß der Arbeit zu rühmen. Allein er darf nicht bei diesem äußerlichen Anblick stehn bleiben, er muß den Sinn zu erfassen trachten, der dies Motivengewebe hervorgerufen und in ihm lebt, sonst sieht er in der Kunst nur das Handwerk. Raphael hat einen wackern Pinsel geführt, um seine Bilder, — una certa idea, wie er sagt, — auszuführen; aber der Pinsel ist nicht Raphael. Der geschickte, oft so sinnige Ludwig Berger hat aus einem einzigen nichtsnutzigen Motiv eine ganze Sonate von drei Sätzen herausgesponnen. Es war Manufaktur.

Ein einziger Moment ist es, in dem der Dichter von der Strenge seiner Gedankenführung abläßt und, technisch genommen, ganz unmotivirt einem Gedanken sich hingiebt, der nur einmal hervortreten durfte, äußerlich genommen ohne Vorgang und ohne Folge. Wenn der dritte Theil den Vordersatz des Hauptgedankens mit Kraft auf der Dominante schließt, dann nimmt eine fein eindringliche Stimme den Faden des Gesanges auf, —

es kann natürlich nur die Oboe sein, — und führt ihn stillsinnend, weit hinweg von all dem Streit und Widerstreit, hinaus, — vielleicht ist es das kaum bewußte Sehnen nach Frieden! nach Erlösung von all diesem ermüdenden Kampf! — ohne bestimmtes Ziel. Es ist die schöne Menschlichkeit und die Dichtertiefe Beethoven's, die mitten in der harten Arbeit des Lebens ihm den Sinn noch zugänglich erhält für die zartern Gefühle, ja für die Kleinheit und Gebrechlichkeit des Menschen. Denn daß er sich aus dieser Kleinheit und Gebrechlichkeit so hoch aufrichtet, das ist des Menschen Ehre.

Es ist gerungen worden und gekämpft gegen das „Pochen des Schicksals", aber nicht gesiegt. Das war der erste Satz dieser Symphonie, deren Grundgedanken wohl Jeder ohne fremden Beistand hat fassen können, Jeder aber aus Beethoven's Munde gern bestätigt gefunden. Der zweite Satz nimmt seinen Gedanken mit innerer Nothwendigkeit aus dem ersten.

Man kann ihn Anrufung und Aufrichtung nennen; die Worte des Psalmisten: „Aus der Nacht wandt' ich mich zu dir! Und aus dem Dunkel rief ich zu dir empor!" könnten dem Sänger vorgeschwebt haben, — wir sagen nur: könnten. In der That erhebt sich (in As-dur) aus der Tiefe, über den dumpfen Pulsen des Piz-

zicato-Basses der Gesang einer vollen, aber dunklen Stimme (Brat=
schen und Violoncelle im Einklange) gebetartig oder hymnisch, und
breitet sich milder nach oben aus, und findet seine Vollendung in
dem hoch und zart und harmonisch voll erklingenden Chor der Blä=
ser. Ein zweiter Vers oder Gedanke, fester und selbstgewisser als
der erste, doch von verwandtem Sinne (im selben Ton und an das
erste Motiv anknüpfend), folgt, will sich in Erbangen und Beklom=
menheit verlieren, bricht aber gleich stralend in der Pracht der
Trompeten und Pauken und des vollen Orchesters durch nach dem
hellen Cdur und stellt sich da herrlich und heldenfest auf.

War das der Sieg? — Nein; nur der erste klare Gedanke
daran. Ein Riß durch das dunkle Gewölk hat auf einen Augen=
blick das sonndurchschimmerte Blau des Aethers gezeigt, im nächsten
Augenblick ist Alles wieder in Dunkel gehüllt, jene Beklommenheit,
die sich zuvor schon empfinden lassen, breitet sich weiter aus. Dies
sind die Grundzüge des zweiten, Andante con moto überschriebe=
nen Satzes; wie sie ihren fernern feierlichen Umgang halten, wie
jeder der Momente wächst, sich verwandelt und vertieft, das aus=
einanderzusetzen, fehlt Raum und Bedürfniß.

Die Anrufung hat also nicht erlöst, nicht Sieg gebracht; in
dir selber mußt du die Kraft erkennen und wecken, mit der dir zu
siegen beschieden. Das ist ein kühner, dunkler, zweifelvoller, nicht
auf einmal zu bewältigender Gedanke; es ist der des dritten
Satzes, der unmöglich noch Scherzo heißen kann; er ist einfach
Allegro überschrieben.

Die Bässe setzen an, —

die Violinen mit Bratsche, Bässen, Fagotten und g aushaltenden
Hörnern vollenden das Thema. Wir machen darauf aufmerksam,
daß es aus zwei mit A und B bezeichneten Abschnitten von je vier
Takten besteht, die beide auf der Dominante schließen.

Der Abschnitt A wiederholt und erweitert sich

auf sechs Takte, — der grüblerische Gedanke gräbt weiter,
B folgt, wie zuvor. Ein neuer Satz folgt, der mit seinem Pochen

entfernt an das Urthema der Symphonie erinnert; es sind aber
Hornstöße, die hier rufen und treiben, und das Ganze hat ein dür=
res, hartes Wesen, dem der Saft und die Wärme des Lebens ab=
geht, das selbst bei der Wiederholung unter dem beseelenden An=
hauch der Bläser nur zu trübsinnigem Klaggesang emporzuheben
vermag und sich mit schweren müden Seufzern auf der Dominante
des hohlen Esmoll niederläßt.

Auf dieser Dominante, die gleich als das trübe dumpfe Bmoll
aufgefaßt wird, kehrt der erste schon vorbereitete Gedanke wieder,
jeder Abschnitt (A und B) normal, zu vier Takten. Und wieder
erweitert sich A,

diesmal auf neun Takte und weiter; es findet kein Ende, sondern
führt in den andern Satz (der schlagenden Viertel) hinein, der dies=
mal zu noch höherer Stärke gelangt, nicht wieder weichen will, son=
dern sein Viertelmotiv auch gegen den zurückkehrenden Hauptsatz
anklingt, in eine fast spielende Unruhe geräth, — wie der innere
Zwiespalt sich oft unwillkührlich hinter verlegnem, trübem Lächeln
verbirgt, — und, zuletzt zerfallen, zuvor laut rufend, schließt.

Dem Sinnen folgt in einem ganz neuen Satze, der wie Trio
zum Hauptsatze steht, ein neuer Versuch, den Weg zum Ziele zu
finden. Mit rühriger, aber äußerlicher Geschäftigkeit setzen die Bässe
ein Thema

ein, das von Bratschen und Fagotten, von der zweiten, der ersten
Geige fugenartig (es ist eigentlich nur Nachahmung, nicht Durch=
führung) unter wachsender Orchesterfülle emporgeführt und muthig
geschlossen wird. Dies bildet einen liedförmigen ersten Theil; im
zweiten faßt der Baß mit dreimaligem Ansatze, die beiden ersten
werden auf dem sechsten Achtel abgebrochen, es ging noch nicht vor=
wärts, — wieder das Thema, es wird wieder, nur in andrer Weise,
mit Betonung der Unterdominante, durch= und emporgeführt und
regt und wiegt sich zuletzt (in der Wiederholung, denn auch der
zweite Theil wird wiederholt) hoch oben in der Flöte, über den
sanften Harmonien der andern Bläser. Es war ein flüchtiger Ge=
danke, er regte sich in frischer Thatkraft, befriedigen konnt' er nicht.

Sondern er senkt sich wieder nieder zum Hauptsatze. Der aber zaubert schon im Auftreten

pp

und wiederholt stockend Takt 5 und 6, was er in festerm Zusammenhalt Takt 3 und 4 gesagt, so daß er jetzt auf sieben Takte sich erstreckt. Auch der zweite Mollsatz kehrt wieder, aber leise, gebrochen, hülflos, wie in Nacht verloren. Das fällt wie in den Ton einer alten halbvergeßnen Ballade, die sich kaum hervorwagt, als gäb' es keine Zukunft mehr, kaum noch Gegenwart, — und singt sich leise weiter, wenn jener erste Gedanke noch einmal schüchtern vorübergezogen.

Hier scheint keine That, kein Ausweg, keine Regung mehr möglich. Leise, kaum hörbar — ppp — rieselt ein Klang langhin durch die Saiten, die alle

As-As-c-c

unbeweglich wie ein Leichentuch halten. Nur in der Pauke, ganz leise, pulsirt noch Leben und weckt endlich die Bäße aus der langen scheintodten Erstarrung. Und jenes erste zweifelvolle Sinnen auf Hülfe, auf Erlösung, regt sich ganz leis' in der ersten Saitenstimme, und dehnt sich aus und erhebt sich unter dem Anschwellen des Orchesters —

Und da endlich, da strömt der vollste Chor aller Instrumente, — es sind, jetzt erst! Posaunen und Kontrafagott und Oktavflöte zugetreten, — den erhabensten Triumphgesang, der jemals vom Orchester angestimmt worden. Mag auch, das ist menschennothwendig, eine flüchtige Rückerinnerung an jenen letzten bangen Augenblick vorüberziehn: der Sieg des Menschen, der nimmer dem hemmenden und beugenden Schicksal — in welcher Gestalt es auch drohe — thatlos sich unterwirft, er ist entschieden und überglänzt und überrauscht den Horizont.

Wir werden uns nicht dahin verirren, hier noch erläutern zu wollen, was nur gehört zu werden braucht, um von Allen verstanden zu sein. Wohl aber fodert die Wichtigkeit des Werks und die ehrfürchtige Liebe, die wir Alle dem Meister zollen, wenigstens auf einige Bemerkungen einzugehn, die dasselbe hervorgerufen hat. Bedarf auch das Werk und sein Meister nicht unsrer Vertheidigung, so geben jene Bemerkungen doch vielleicht zu mancher fruchtbaren Erwägung Anlaß.

Hier haben wir es in erster Reihe wieder mit Oulibicheff zu thun. Vielleicht mit Unrecht; vielleicht hält Mancher, von der Hoheit Beethoven'scher und überhaupt deutscher Kunst durchdrungen, es für höchst überflüssig, von den Raisonnements eines übermüthigen Dilettanten so sorglich Notiz zu nehmen. Allein erstens ist dieser Dilettant ein Mann von Geist, der selbst in die Beethoven-sche Musik bisweilen hellen Einblick gehabt. Zweitens hat dieser Mann durch sein Werk über Mozart und durch das über Beethoven selbst in Deutschland Aufmerksamkeit erregt; die Deutschen können es einmal, Dank ihrer einstweiligen politischen Verkommenheit, nicht lassen, vor allem Ausländischen Respekt zu haben und vor französischer oder französirender Suffisance zu verstummen, selbst wo ihre Ueberlegenheit dem fremden Raisonniren und Radotiren gegenüber sonnenklar ist. Und wäre sie es in der Musik etwa nicht? was hat Frankreich unsern Komponisten gegenüberzustellen?

Drittens ist Oulibicheff nicht ein Einzelner; er ist der Ausdruck aller derer — und sie zählen nach Millionen — die nicht über die Sphäre des Spiels und der sinnlichen Ergötzung hinaus können oder mögen und sich wohlgemuth herbeilassen, über die Priester des Idealen zu Gericht zu sitzen, recht wie Frösche, die den Flug des Adlers nach ihrem breitbeinigen Sprung bemessen. Diese Stellung Oulibicheffs, seine Unfähigkeit, sich auf dem Standpunkte deutscher Musik zu erhalten, kennzeichnet sich schon darin, daß er Beethoven den reindeutschen Musiker nennt und schon damit unter Mozart gestellt zu haben meint, der ihm als der universelle Musiker erscheint,

— oder darin, daß er als Gegensatz zur deutschen Musik die italienische oder europäische aufstellt.*) Die italienische Musik ist die von Europa, gewiß! nämlich für alle, die sich auf dem Lotterbett der Sinnlichkeit von ihren Comptoir= oder Tischbeschwerden ausruhn und der idealen Tonwelt fernbleiben wollen.

Vor Allem kommt Oulibicheff auf jene französische Auffassung zurück. In Paris — Roma locuta est! — hätten die Quartette und die ersten Symphonien-Beethovens kalt gelassen**), da hätte die Cmoll=Symphonie 1828 (1829) die Beethovensche Musik eingebürgert. Bei der Aufführung der Cmoll=Symphonie, erzählt er, sei es geschehn, daß das Finale einem alten Soldaten von der Garde seinen Kaiser offenbart, er habe mitten in der blühendsten Restauration im vollen Konzertsaal ausgerufen: Das ist der Kaiser! Vive l'Empereur! Und in der That — meint Oulibicheff — scheint das Finale mit dem Inhalt der vorigen Sätze nichts gemein zu haben; niemals sei die Sonne so glänzend über Beethovens Tagen aufgestiegen, nicht als Sieger sei er aus seinem entsetzlichen Kampfe mit dem Geschick hervorgegangen, sondern besiegt als Mensch und als Künstler. Oder wolle man, wenn das Finale nicht auf den lebenden Künstler anwendbar sei, es als Weissagung unermeßlichen Nachruhms betrachten? — dann würde der dunkle Gang (S. 75) der zum Finale führt, zur Darstellung des vielgequälten Daseins, und das Hereinbrechen des Finale stellte die allegorischen Trompeten der Fama dar, die aus den hundert Mündern der Göttin gleichzeitig ertönten — es fehlt nur noch das

---

*) Dabei widerfährt ihm aber, daß diese italienische oder europäische Melodie, mit diesem traurigen·und herzlichen (triste et cordial) Accent und diesem Schmack nach alten Volksweisen nichts anders ist, als das Minore des beethovenschen Thema's selber, — und daß er das weiß und sagt. Er nennt nur italienisch, was ihm wohl gefällt; zufälliger oder glücklicher Weise gefällt ihm die ebethovensche Melodie, folglich ist sie italienisch. Sie ist es nicht.

**) „Les dilettanti", sagt er, „et même les professeurs parisiens". Die Areopagiten von Paris, zu Gericht sitzend über Beethoven.

offizielle Feuerwerk, um die französische Selbsthulbigung vollständig zu machen — und .... bleiben wir ernsthaft.

Der Grundirrthum ist hier der, daß die Symphonie durchaus an Beethovens Individualität gekettet bleibt. Wohl meinen auch wir, daß sein persönliches Erlebniß die erste Anregung gegeben haben könne, denn unaufhörlich hatte er im Innersten gegen sein Verhängniß zu ringen. Allein ein Geist wie Beethovens erhebt sich, das ist eben Künstlers Art, über die persönliche Beschränktheit zum Ideal; sein Kampf erwächst ihm zum Kampfe des Menschen. Auch darin noch irrt Oulibicheff: Beethoven ist nicht besiegt worden. Denn seine Taubheit, die Verstoßung aus dem sinnlichen Dasein der Kunst, hat ihn nicht niedergeworfen und entwaffnet; er hat nach seinem energischen Ausdrucke „dem Schicksal in den Rachen gegriffen!" und weiter geschaffen. Das war der erste Sieg über sein Geschick, und jedes neue Werk war ein neuer. Nähmen wir selbst mit Oulibicheff an, daß so und so viel Einzelheiten in diesen Werken Fehlgriffe seien, die der Taubheit entsprungen, immer bleibt stehn: er hat geschaffen, folglich hat er gesiegt; immer zeigen sich neben den angeblichen Fehlern die mächtigsten und zartesten Züge, folglich hat die Taubheit ihn nicht besiegt.

Die übrigen Bemerkungen dieses wunderlichen Verehrers — denn Oulibicheff ist ein wahrer Kalmück, der seine Götzenbilder anbetet, dann aber, wenn sie ihm nicht den Willen thun, durchprügelt — wollen wir nicht allzu ernst nehmen. Dahin gehört, daß er vom zweiten Satze des Andante (das er sehr lobt), der, wie er sagt, „mit dem größten Effekt" in Cdur (in As, dann erst in Cdur) auftritt, — es ist dieser Satz,

sempre ff

(Trompeten und Oboen führen oben die Melodie mit ihrer Unterstimme, Hörner verdoppeln in der tiefern Octave, die Geigen führen die Triolenfigur, die Bratschen verdoppeln in der tiefern Octave, mit den Bässen gehn die Pauken), der bei seiner dritten Aufstellung seine Verkündigung noch pomphafter

(Pauken — mit den Bässen.)

mit erweitertem Rhythmus und dem Vollschall des ganzen Orchesters in die Welt sendet — daß er von diesem Satze meint: hier nehme die Melodie den Ton deutscher Volksthümlichkeit an (ja wohl!) der an die alten Lieder des Landes erinnere, z. B. — — den Großvater*)!

Ist dies grotesk, so muß, vieles Andre bei Seite gelassen, wenigstens noch eine Bemerkung erwähnt werden, weil er sich dabei auf einen Musiker, auf Berlioz beruft, der dieselbe Ansicht habe durchblicken lassen. Er hält mit Einem Worte, das Finale für zu lang, Beethoven habe aus dem Vollen angefangen, folglich nicht steigern können, daher müsse die Theilnahme des Hörers sinken. Er ist sogar nicht übel der Meinung, daß man „zum Vortheil des

---

*) . . . . qui rappelle les vieux chansons du pays, le _Grossvater_ par exemple.

Werks den Anhang (cette queue démesurée) streichen" solle.
Das hat er bei den Italienern gelernt.

Abstrakt über Länge oder Nicht=Länge streiten, führt zu nichts;
es steht Jedem frei, irgend etwas für sein subjektives Vermögen
und Interesse zu lang oder nicht lang genug zu finden. Anders ist
es, wenn man auf das Wesen der Sache eingeht.

Da findet sich denn, daß gerade dieses Finale in der festesten
und wohlgemessensten Weise vollkommen normal gestaltet ist; selbst
die Wiederkehr der Einleitung (oder Ueberleitung aus dem vorigen
Satze) ist nicht ohne Vorläufer; schon die Zauberflöten=Ouvertüre,
dann die pathetische Sonate kommen auf ihre Einleitungen zurück.
Alle Theile sind vollkommen ebenmäßig gebildet und gegen einander
abgewogen, nur treten sie, dem Inhalte gemäß, in größern Ver=
hältnissen auf.

Der erste Satz der Hauptpartie geht von Seite 120 bis
Seite 124 Takt 5 der Breitkopf = Härtelschen Partitur. Er ist der
jubelvolle und dabei erhabene Ausbruch oder vielmehr Durchbruch
des Triumphs durch die Nacht des Ringens und Zweifelns und
fast der Verzweiflung oder Aussichtlosigkeit. Drei Sätze haben den
vorhergehenden Zustand dargestellt, von Seite 1—120, die Wieder=
holungen ungerechnet; da muß der erste Gedanke des Finale seine
wohlerwogne Fülle haben; dreimal setzt er an (A)

zum Jubel des Siegs und dreimal (B) erschallt der glückliche Ruf.

Hier ist Jubel, Aufregung, Stoff zu einem feurigen, kurzgefaßten
Triumphmarsche; Abschluß und Krönung eines solchen Werks fodern
mehr. Es muß festgesetzt, bestätigt und aller Welt verkündet werden
der Sieg. Daher ist ein zweiter Satz der Hauptpartie

(dürre Skizze, die Ruhetöne stehen schwungvoller Baßbewegung gegenüber) nothwendig, wie wir schon in ganz kleinen Werken gefunden haben. Dieser zweite Satz hat zwei Seiten in der Partitur, oder achtzehn Takte.

Schon die allgemeine Form fodert einen Seitensatz; hier war er nothwendig für den Ausdruck der reinen, kindlich = unverholnen, herzlichen Freude; ohne ihn wäre das Finale bloße Fanfare, wo nicht Fanfaronade. Dann fodert die Form Ausgang und Schlußsatz. Der hohe Standpunkt des Werks findet so wenig bei dem Vergnügen am Sieg als bei der jubelvollen Verkündigung sein Genügen; die Freude muß zum erhabnen Aufschwung und mit Rührung muß auf die drohvolle Vergangenheit zurückgeblickt werden, das erst ist ein volles Lebensbild und ein ehrwürdiges. Diese ganze Ausführung vom Eintritte des Seitensatzes bis zum Schlusse des ersten Theils geht in der Partitur von Seite 128 bis 134, das Verhältniß von 7 zu 7 gegen den Hauptsatz.

Fassen wir uns kürzer. Der zweite Theil geht bis 147, hat also 13 Seiten gegen 14 des ersten, der $\frac{3}{4}$ Satz, die Erinnerung an die Ueberführung (S. 75) hat 4 bis 5 Seiten. Der dritte Theil geht von Seite 151 bis 168, stellt also 17 Seiten gegen 14 des ersten und 13 oder 17 bis 18 des zweiten Theils. Der Anhang*) geht von Seite 169 bis 182, hat also 13 Seiten, weniger, wie jeder der drei Theile. Das ganze Finale hat 62 Seiten gegen 120 Seiten der vorigen Theile, deren Resultat es ist.

Diese Betrachtungsweise ist eine unkünstlerische, todte. Kein Künstler zählt Seiten oder Takte ab, der Inhalt bestimmt das

---

*) Oulibicheff irrt, wenn er das Thema des Anhangs

ein neues nennt; es ist die energische Zusammenfassung des Hauptsatzes. Er irrt auch sehr komisch, wenn er den Triller der Oktavflöte, der sich so lusttrunken und muthig über den Gesang der andern Instrumente hinwirbelt, für einen Oboetriller anhört. Eine pirouettirende Nonne im Triumphzuge!

Maaß. Aber auf den abstrakten Vorwurf der Länge war jene Be=
trachtung die erste Antwort; die zweite würde Eingehn auf den In=
halt in allen seinen Theilen und Erwägung ihrer Nothwendigkeit
sein. Hierauf nach allem zuvor Bemerkten noch näher einzugehn,
scheint uns nicht nothwendig; und so nehmen wir von Herrn Ouli=
bicheff für immer Abschied. Es ist genug gethan (hoffen wir) diesen
ganzen dilettantischen Standpunkt, von dem aus der Erste Beste,
der ein wenig Klavier gespielt (und wer hätte es nicht?) in unsre
Kunst hineinspricht, zu kennzeichnen.

Noch eine wunderliche Diatribe hat sich an den dritten Satz der
Cmoll=Symphonie gehängt, die wir nicht übergehn dürfen, weil sie
von Sachkundigen, von Musikern geführt worden und einen Grund=
satz der Kunst zur Sprache bringt.

Im Winter 18$\frac{29}{30}$ lernten die Franzosen durch den Deutschen
H a b e n e c k die Cmoll=Symphonie kennen. Im Februar erklärte
F é t i s (damals noch in Paris, jetzt der verdiente und gelehrte Di=
rektor des Brüsseler Konservatoriums) im Temps: es seien im
dritten Satze zwei Takte zu viel und störten den im Stück
ausgesprochenen Rhythmus. Aecht französisch entblödete er sich
nicht, einem Beethoven gegenüber zuzusetzen: wenn Beethoven den zu
Anfang des Satzes so gut festgestellten Rhythmus absichtlich, um
originell zu sein, gebrochen habe, so sei diese Originalitätsucht
kindisch, und die überschüssigen zwei Takte seien von schlechtem
Geschmack*).

Lassen wir bei Seite, daß bei Beethoven an Originalitätsucht
gedacht wird, die naturgemäß nur die Nicht=Originalen plagt, —
daß ihm möglicherweise die Absicht zugetraut wird, durch eine solche
Kleinigkeit, wie eine rhythmische Verlängerung an sich ist, sich ori=
ginell zu zeigen, — daß endlich, wenn auch nur bedingt, das Wort

---

*) .... que si *B.* avait rompu à dessein et par originalité meditée le
rhythme periodique si bien établi au commencement du morceau, cette originalité forcée etait puerile et que ces deux mésures surabondantes étaient
de mauvais gout.

„kindiſch" mit ihm in Beziehung gebracht wird. Der ſchlechte Geſchmack, dieſe alleräußerlichſte und ſubjektivſte Kategorie, die wir in Deutſchland ein halb Jahrhundert weit hinter uns haben, bezeichnet den Standpunkt der franzöſiſchen Kritik, ganz abgeſehn vom Gegenſtande derſelben. Eher mag dem Beethoven ein Fehl= griff, als Originalitätſucht und Geſchmackstendenz beigemeſſen werden.

Damit war die Sache nicht abgethan. Sechszehn Jahre ſpäter, Pfingſten 1846, auf dem niederrheiniſchen Muſikfeſt zu Aachen, er= klärte Mendelsſohn: im dritten Satze der Cmoll ſeien zwei Takte in der Partitur zu beſeitigen.

Bald darauf, in No. 27 der allgemeinen muſikaliſchen Zeitung vom Jahre 1846, gaben die Verleger der Cmoll=Symphonie in Bezug auf dieſelbe nachfolgende Berichtigung.

„Die Vrgleichung der Originalhandſchrift der Partitur von Beethoven's Symphonie in Cmoll hatte ein Bedenken gegen eine Stelle des dritten Stückes, nämlich gegen den zweiten und dritten Takt der 108. Seite der gedruckten Partitur, angeregt. Dadurch fanden wir uns veranlaßt, Beethovens Briefe an uns durchzuſehn, und es fand ſich unter dieſen ein Brief vom 21. Auguſt 1810, welcher vollſtändigen Aufſchluß über dieſen Gegenſtand giebt. Wir laſſen ihn deßhalb, ſo weit er hieher gehört, im Facſimile folgen."

„„ — folgenden Fehler habe ich noch in der Sinfonie aus Cmoll gefunden namlich im 3ten Stück im $\frac{3}{4}$tel Takt wo nach dem dur ♮♮♮ wieder das moll eintritt ſteht ſo: ich nehme gleich die Baßſtimme nemlich

die zwei Takte, worüber das ⌣ iſt, ſind zu viel und müſſen aus= geſtrichen werden, verſteht ſich auch in allen übrigen Stimmen, die pauſiren —"""

„Die Sache ſelbſt bedarf keiner Erläuterung. Der Stichfehler aber ist, der Originalhandschrift nach, jedenfalls dadurch entstanden, daß Beethoven die Absicht gehabt hat, wie in mehreren andern Symphonien das Moll dreimal und das Dur zweimal zu wieder- holen. Es sind daher in der Handschrift die in dem Briefe aus- gestrichenen beiden Takte mit 1 und die beiden folgenden mit 2 be- zeichnet. Dies, so wie die mit Rothstift darüber geschriebene Be- merkung: *„Si replica con Trio allora 2"* ist beim Stich über- sehen worden.

(u. s. w.)

Leipzig, den 1. Juli 1846.

Breitkopf und Härtel."

Mendelssohns Foderung fand bei der Mehrzahl der auf jenem Musikfest Mitwirkenden entschiednen Widerspruch; ob sie demunge- achtet für das Fest erfüllt worden, ist uns unbekannt und gleich- gültig. Die Streichung ist ebenfalls unterblieben; die uns vor- liegende Partitur wenigstens (Härtelscher Verlag, zwischen 1820 und 1840 angekauft) hat die beiden Takte beibehalten, auch haben wir die Symphonie nie anders gehört. Wollte man übrigens auf Beethovens erste Absicht zurückkommen, so mußten nach der Här- telschen Mittheilung nicht die beiden Takte gestrichen, sondern es mußte von Takt 3 Seite 108 der Partitur auf Takt 4 Seite 85 zurückgegangen, Hauptsatz und Trio (man gestatte den formalen Namen) wiederholt und dann von Takt 1 Seite 108 auf Takt 4 und 5

übergegangen werden. Dann würde der ohnehin umfassende Satz (von S. 85 bis 119) um 23 Seiten länger, man hörte jeden Theil des Trio viermal und den Satz um den es sich handelt, die Erweiterungen natürlich mitgerechnet, vierzehnmal; nur neunmal wär' er bedeutungsvoll und nothwendig — wie sich gründlich be- weisen ließe, wenn der Raum es gestattete, so tief in die Werke einzugehn — jede andre Wiederholung war Last.

Schindler, in persönlichen Fragen über Beethoven ein Zeuge von Gewicht, erkennt natürlich die Authentizität des Briefs, die durch Inhalt, Handschrift und den weltbekannten Karakter der Mittheilenden unantastbar feststeht. Er macht aber darauf aufmerksam, daß Beethoven sich offenbar nach jenem Brief eines Andern besonnen haben müsse. Denn nach Herausgabe der Partitur sei die Symphonie mehrmals, wie sie herausgegeben, in Beethovens Gegenwart aufgeführt worden, ohne daß derselbe, der bekanntlich stets Alles haarscharf und genau nach seinen Angaben habe ausgeführt wissen wollen, jemals gegen jene zwei Takte ein Wort gesagt. Im Jahr 1819 sei ferner Beethoven die Partitur mit Gebauer und Piringer, den Gründern der *Concerts spirituels* in Wien, die die Symphonie hätten geben wollen, — deßgleichen im Jahr 1823 mit ihm (Schindler) zum Zweck einer Aufführung im josephstädtischen Theater genau durchgegangen — und nie habe er über jene zwei Takte eine Bemerkung gemacht.

Diese Thatsachen sind noch gewichtiger, wenn man festhält, daß es sich hier nicht einmal um zwei Takte handelt, — die möglicher- wenn auch nicht glaublicher Weise der Aufmerksamkeit entschlüpfen konnten, — sondern um die Wiederholung eines ganzen Hauptsatzes mit Trio.

Dies ist der Thatbestand zu der wunderlichen Diatribe, mit der wir zu thun haben, wunderlich schon deßwegen, weil Niemand den Streitpunkt eigentlich feststellt.

Fetis hat voraussetzlich, als er im Jahr 1830 schrieb, von dem Beethovenschen Brief und allem durch die Herren Härtel aus der Original-Partitur Mitgetheilten keine Notiz gehabt. Man muß annehmen, daß ihm die erste Wiederholung des Satzes Seite 85, 86 der Partitur aufgefallen ist; der Satz tritt (mit seinem Nachsatze) zuerst so, wie hier bei A,

mit 4 und 4 Takten auf, dann in der Wiederholung bei B mit
Erweiterung des Vordersatzes (oder ersten Abschnitts) auf 6 Takte,
so daß das Verhältniß beider Abschnitte

bei A = 4 : 4

bei B = 6 : 4

ist.

Mendelssohn, 1846 in Leipzig ansässig und mit dem Härtelschen Hause befreundet, kann von dem Beethovenschen Brief und
der Originalpartitur Kunde gehabt haben. Hat er sich nicht hierauf, sondern auf seine rhythmische Erkenntniß gestützt, so wird auch
auf ihn das über diese rhythmischen Verhältnisse zu Sagende Anwendung finden.

Schindler endlich läßt sich, nachdem er die obenerwähnten
Thatsachen mitgetheilt, ebenfalls auf die rhythmische Frage ein und
nimmt an, daß ein rhythmisches Verhältniß von 10 zu 10 Takten
zum Grunde liege. Dies können wir unsrerseits nirgends aus-
findig machen. Zuerst zeigt sich — man sehe das vorstehende Beispiel an — der Satz mit seiner Wiederholung im Verhältnisse
von 8 : 10, oder vielmehr von 4 + 4 : 6 + 4 Takten. Dann, an
der im Briefe bezielten Stelle im Verhältnisse von 11 : 10 oder
vielmehr von 7 + 4 : 6 + 4 Takten, auch sonst finden wir nirgends
das Verhältniß von 10 : 10 in dieser Komposition angewendet,
müssen also annehmen, daß der verdiente Mann das Richtige gefühlt, im Erweis aber leichter zu Werke gegangen ist.

Gehn wir endlich auf das im ganzen Streit Bedeutsame ein,
auf die rhythmische Frage, so scheint uns wieder wunderlich, daß
man allerseits bei den „zwei Takten zu viel" stehn geblieben ist.
Will man einmal messen und zählen, so ergeben sich ja offenbar

noch ganz andere Inkongruenzen des ersten Abschnittes gegen den zweiten; er tritt in den Verhältnissen von 4:4, 6:4, 9:4 und 7:4 auf.

„Folglich hat Fetis Recht! folglich ist die Stelle, die er tadelt, — oder vielmehr sind drei Sätze, deren ersten allein er hervorgehoben, falsch!"

Nicht im Mindesten. Es ist nur die Thatsache festgestellt,

> daß zu drei verschiedenen Malen das Gleichgewicht oder Gleichmaaß des Rhythmus in diesem Satz aufgegeben ist,

mehr nicht. Aber dergleichen ist ja nicht blos bei Beethoven in mehr als einem Werke, es ist bei Gluck, bei Bach, bei Händel, bei jedem nicht nach eingeschulten und aufgezwängten äußerlichen Normen, sondern nach dem Leben komponirenden Künstler, wer weiß wie oft, zu finden. Man hat nur nicht daran gedacht und den Beethovenschen Satz vielleicht lebhafter empfunden.

Wollen wir den Fall, der so achtungswürdigen Musikern auffallend geworden ist, richtig beurtheilen, so müssen wir auf den Grund der Sache zurückgehn.

Der Rhythmus, wie alle andern im Kunstwerke zusammentreffenden Elemente, ist an seinem Theil auch nichts Anderes als Aeußerung — folglich Ausdruck dessen, was den Geist des Künstlers eben erregt. Ist dieser Geist, ist das Gemüth des Künstlers in ruhigem Gleichgewichte seiner Kräfte und der Einwirkungen auf dieselben, so muß auch seine Aeußerungsweise eine gleichgewichtige sein. Dies ist der verständig, leiblich, sittlich normale, es ist der naturgemäße Grundzustand. Er findet seinen ganz gleichartigen Ausdruck im Gleichmaaß des Rhythmus.

Es ist also ganz richtig, dieses Gleichmaaß als Norm, als Grundgesetz oder erstes Gesetz für den Rhythmus anzusehn. So weit haben Fetis und Mendelssohn Recht.

Wie aber, wenn dieses Gleichmaaß im Gemüth des Künstlers erschüttert, durch Pathos, durch Leidenschaft aufgehoben ist? —

Dann kann ja das aus seinem Gleichmaaß gebrachte Gemüth unmöglich Gleichmaaß zeigen, unmöglich also sich im Gleichmaaß des Rhythmus bewegen! Vielmehr werden die innern, weniger oder gar nicht abgemessenen Bewegungen sich auch im Rhythmus ausprägen; wie die Leidenschaft rücksichtslos bei diesem Gegenstande verweilt, über jenen andern dahinstürmt: so wird sich mit innerer Nothwendigkeit dieser rhythmische Abschnitt ausdehnen oder verkürzen, jener nicht. Wer sich hier zum Gleichmaaß zwänge, würde der Natur Gewalt anthun, er würde Wahrheit und künstlerische Macht der dürftigen Konvenienz zum Opfer bringen.

Das war nicht Beethoven's Sache, — und gerade das ist es, was hier von ihm verlangt wird; er sollte die Tiefe und Macht und Wahrhaftigkeit seines Schauens zum Opfer bringen, um ja stets in konventioneller Zügelung einherzugehn, gleichmüthig und kühlbemessen im zugeknöpften Frack, wie vielleicht einem Lehrer ziemt und einem Manne der Gesellschaft. In ihm aber arbeitete jener dunkle, zweifelvolle Gedanke, der erst hoch emporstrebt, dann zagend — wie es menschlich ist in schwierigen Lagen — wieder zurücktritt, der wiederkehrt — um noch einmal und mit doppelter Scheu zurückzuweichen, der zum drittenmal (in B moll) sich erhebt und mit grüblerischer Unablässigkeit sich noch höher emporringt — und noch einmal zurückweicht. Denn die siegerische Entscheidung konnte erst später erfolgen; das Finale brachte sie.

Daher sind dort die rhythmischen Dehnungen, — man sieht ja, daß den Abschnitten von sechs, neun und sieben Takten ein Abschnitt von vier Takten zum Grunde liegt, dem sich Wiederholungen anfügen — entstanden, und daher ist im Finale die klarste Festigkeit und Gleichmäßigkeit des rhythmischen Baues. Der Sieg hat das Gemüth in Gleichgewicht aller seiner Momente gesetzt.

Aber Beethoven's eignes Zugeständniß? —

Es beweiset nur, daß Beethoven in jenem Augenblicke gar nicht bei der Sache war. Ihn trieb künstlerischer Drang und Bedürfniß von einem Werke zum andern. Während er in irgend einem andern Werke lebte, ward er äußerlich veranlaßt, einen Blick in die Cmoll=Partitur zu werfen, fand da den Abschnitt von sechs Takten und hielt ihn, — des Sinnes nicht mehr erinnerlich, der die Dehnung bedingt hatte, — für ein Versehn. Da wurde jener Brief an den Verleger erlassen — und offenbar von Beethoven gleich wieder vergessen, sonst wär' er auf der Aenderung bestanden.*) Das geschah aber nicht; vielmehr blieb, wie Schindler bezeugt, Beethoven allezeit der ursprünglichen Fassung treu.

---

*) Er war in solchen Dingen sehr scharf, wie sich auch ziemte. Ries erzählt einen Vorfall, der sich an die drei Sonaten Op. 31 knüpft, die er dem Buch= händler H. G. Nägeli (dem verstorbenen) in Zürich in Verlag gegeben hatte, einem wackern und sachkundigen Manne, der sich durch Lieder — sie leben zum Theil noch jetzt im Munde des Volks — seine Chorgesanglehre nach pestalozzi= schen Grundsätzen, seine Vorlesungen über Musik u. s. w. verdient gemacht, der sich aber (wie die Vorlesungen zeigen) auf dem Beethoven entgegengesetzten Stand= punkte gehalten.

„Als die Korrektur ankam (erzählt Ries) fand ich Beethoven beim Schreiben. Spielen Sie die Sonaten einmal durch, sagte er zu mir, wobei er am Schreib= pulte sitzen blieb. Es waren ungemein viele Fehler darin, wodurch Beethoven schon sehr ungeduldig wurde. Am Ende des ersten Allegro's, in der Sonate in G dur, hatte aber Nägeli vier Takte hineinkomponirt, nämlich nach dem vierten Takte des letzten Halts:

Als ich diese spielte, sprang Beethoven wüthend auf, kam herbeigerannt und stieß mich halb vom Klavier, schreiend: Wo steht das zum Teufel? — Sein Er= staunen und seinen Zorn kann man sich kaum denken, als er es so gedruckt sah. Ich erhielt den Auftrag, ein Verzeichniß aller Fehler zu machen und die Sonaten auf der Stelle an Simrock in Bonn zu schicken, der sie nachstechen und zusetzen sollte: Edition très - correcte. — Diese Bezeichnung findet sich noch heute auf dem Titelblatte. Es sind jedoch diese vier Takte in einigen andern nachgestochenen Ausgaben noch immer zu finden.

Hierher gehören nachstehende Billete Beethovens an mich:

Sein Sie so gut und ziehen Sie die Fehler aus und schicken das Verzeich= niß davon gleich an Simrock, mit dem Zusatze, daß er nur machen soll, daß sie bald erscheine, — ich werde übermorgen ihm die Sonate und das Konzert schicken.
                                                    Beethoven.

Ich muß Sie noch einmal bitten um das widerwärtige Geschäft, die Feh=

Wir wollen übrigens von diesem Werke nicht scheiden, ohne Franz Liszt's zu gedenken, der davon eine bewundernswürdige zweihändige Klavierbearbeitung gegeben, wie sie nur der größte Klavierspieler hat geben können.

ler der Zürichischen Sonaten in's Reine zu schreiben und dem Simrock zu schicken; das Verzeichniß der Fehler, welches Sie gemacht, finden Sie bei mir auf der Wieden.

Lieber Ries!

Es sind sowohl die Zeichen schlecht angezeigt, als auch an manchen Orten die Noten versetzt, — also mit Achtsamkeit! — sonst ist die Arbeit wieder umsonst. Ch'a detto l'amato bene?"

So weit Ries. — Und was hatte Nägeli zu der unglücklichen Verbesserung bewogen? Dieselbe Meinung von der Unerläßlichkeit des rhythmischen Gleichmaaßes, die sich gegen die Cmoll-Symphonie aufgelehnt hat.

Freudenfeste.

Als sollte der Kampf der Cmoll=Symphonie vergolten werden, brachte das folgende Jahr, 1808, drei der heitersten Schöpfungen, die Beethoven je vergönnt worden. Die erste ist das

Concerto pour Piano avec accompagnement de l'orchestre, Op. 58,

das vierte Klavierkonzert, 1808 komponirt.

Beethoven wollte oder konnte es wegen seiner Gehörkrankheit nicht selbst vortragen, sondern wandte sich an seinen Schüler Ries. "Eines Tages (erzählt dieser) brachte mir Beethoven sein viertes Konzert und sagte: nächsten Sonnabend müssen Sie dieses im Kärntherthor=Theater spielen. Es blieben nur fünf Tage Zeit. Zum Unglücke bemerkte ich Beethoven: die Zeit sei zu kurz, um es schön spielen zu lernen. Beethoven wurde aufgebracht und ging zum jungen Stein, den er sonst wenig leiden konnte. Stein war klug genug, den Vorschlag anzunehmen. Da er aber auch nicht mit dem Konzerte fertig werden konnte, mußte Beethoven nachgeben und er (Stein) spielte das Cmoll=Konzert. Später sagte mir Beethoven: ich glaubte, Sie wollten das Gdur=Konzert nicht gern spielen. Beethoven spielte seine eignen Sachen sehr ungern."

Und doch hätte das Gdur=Konzert vor allen andern verdient, von ihm der Welt vorgeführt zu werden. Es ist eines der schön= sten und dankbarsten Konzerte, aber es ist zugleich eine Dichtung, die in der Reihe der Konzerte nicht ihres Gleichen hat; es ist ein Konzert, von einem Tondichter geschrieben, und nur ein Tondichter ist würdig es vorzutragen.

Schon der erste Satz ist nichts als zartes Sinnen einer stillen, kindlich seeligen aber des feurigsten Aufschwungs fähigen Seele. Was für süße Gedanken sich eben ihr regen und die vertrauten Saiten des Flügels streifen und das erst schüchterne Orchester wecken, bis es erbraust in seiner Macht: wer vermag alle Tonräthsel, die vor dem Geiste des Dichters ihr anmuthig Spiel, ihm selber unauslegbar, üben, — wer vermag sie alle zu deuten? Und wer möchte, könnt' er auch, dieses reizvolle Schweben zwischen Traum und Wachen stören, das so oft schönstes Vorrecht des Tonlebens ist?

Bestimmter tritt im zweiten Satze (Andante con moto) der Geist des Dichters vor unser Bewußtsein. Hier sind wir sogleich inmitten einer dramatischen Scene. Ehern, mit schütterndem Schritt, unerbittlich tritt der Chor der Saiten im festgeschlossenen Einklang (Oktaven) daher. Es ist nicht zur Eroberung — dazu fehlt Aufschwung und Steigerung — es gilt Abwehr und unbeugsamen Widerstand. Gegen wen?

Schüchtern, schwach, sanftflehend erhebt das Piano seine Stimme zu dem übertrotzigen Gegner, der mit hartem Einherschritt den süßen Traum des ersten Satzes gestört, alle Blumen, die dort die Seele entzückt, niedergetreten zu haben scheint. Darf diese Stimme, gebrechlich wie sie organisirt scheint, vor der Uebermacht des orchestralen Chors bestehn? — In vollkommner, plastischer Ausprägung führen die beiden Gegeneinanderstehenden ihren Dialog; dem strengen Versagen des Orchesters gegenüber wird der Gesang des Piano nur flehender und inniger, geflügelte Worte drängen einander von hüben und drüben, und vor der Sanftmuth schmilzt der harte Sinn des Orchesters, der Anfangs so unbeugsam schien, wie — einst in Gluck's Orpheus das No! der Eumeniden vor dem Dringen des Gesangs und der Liebe dahinschmolz.

Kaum können zwei Gedichte der Grundlage nach nähere Verwandtschaft mit einander haben, als jener Gluck'sche Chor und das

Beethovensche Andante. Der Gegensatz einer einzelnen Person, die keine Waffe, keine Kraft hat, als die Tiefe ihres Gefühls und die Unwiderstehlichkeit ihrer Bitte, gegenüber der gesammelten Kraft eines weigernden, jeden Schritt vorwärts versagenden, zurückschel=tenden Chors: das ist der Inhalt des einen wie des andern Ton=gedichts. Allein, dringt man tiefer ein, so zeigt sich die Verschie=denheit beider. Bei Gluck ist der Eumenidenchor düsterer, gleich=sam von Trauer erfüllt über sich selbst und seine herbe Pflicht; bei Beethoven tritt der Chor energischer, nordländisch härter auf und doch menschennäher, eben weil er nicht die Marmorkälte und pla=stische Ruhe der hellenischen und gluck'schen Gestalt hat, sondern Partei nimmt mit Fleisch und Blut. Orpheus, als Sänger und Liebender, konnte sich kaum einer gewissen Weichlichkeit und Süßig=keit entziehn, während das Klavier schon seiner Organisation nach einen gewissen Idealismus an sich hat und bei Beethoven in idealer Reinheit edelstem, innigstem Flehen sich zum Ausdruck bietet. Was ist das einzelne Wesen gegen die übermächtige Masse? das Klavier gegen das Orchester? — wenn ihm nicht der beseelende Gedanke Kraft und Recht des Daseins und zuletzt die Herrschaft giebt?

Das nun ist erlangt. In dithyrambischem Rhythmus tanzt das Finale daher, —

in fieberischer Lust, die sich kaum zu bändigen weiß, und doch nicht einen Augenblick lang ihre anmuthvolle Gränze, die jede Wildheit ausschließt, überschreitend. Es ist die reinste Lust, in der das Dasein und der Sieg des Klaviers immitten des Orchesters gefeiert wird.

Selbstbewußter und in erhöhtem Gefühl seiner Macht stellt sich das Piano in einem spätern Werke dar, in dem

5me Concert pour Piano, Op. 73,

das im Jahr 1811 oder 1812 hervortrat und das sich hier füglich dem G dur-Konzert zugesellen läßt.

Zu drei Schlägen des Orchesters auf Es, As, B tritt im ersten Satze zu Anfang das Piano mit weit ergoßenen Kadenzen (das Wort uneigentlich genommen) präludirend auf, kündigt sich gleich als Herrn und Meister an, dem das Orchester mit all seinen überlegenen Kräften, wie eine Genienschaar dem Sterblichen, der das bindende Wort weiß, dienen muß. Das ganze Tongebiet des Instruments wird voller Feuer und Spiellust in Besitz genommen. Dann erst entfaltet sich der eigentliche Satz in bekannter Form breit und prächtig; der Geist des Instruments wiegt sich wohlig, träumerisch auf den Tonwellen, er fühlt sich den Ersten unter Gleichen (primus inter pares war der stolze Lehnsherr in der glänzenden Schaar der Vasallen) und ergeht sich freien Flugs, kühn, mannhaft gegen den Jüngling Mozart, und stets innerlicher Einheit getreu, in sich gefestet.

Folgt der zweite Satz, Adagio in H dur, — auf Es, das, als Dis genommen, die Brücke baut. Der Tuttisatz verbreitet nach dem stürmischen Erguß des nach allen Seiten überbrausenden ersten Satzes süße, wohlthuende Ruhe; das Piano spielt sich zartsinnig, phantasiefrei und lieblich hinein; der Satz ist von kluger Kürze.

Das Finale schließt dann das Freudenfest mit einem noch erregtern Freudentaumel. In übermüthiger Laune, in virtuosisch keckem, ganz eigenwilligem Schalten über den Rhythmus, zeichnet es gleich im Eintritt mit dem ersten Thema

seinen Karakter und weiß ihn ungeschwächt durchzuführen. Es ist wohl das glänzendste Konzert. —

Im vierten und fünften Konzert ist die geheime Aufgabe des Komponisten — nächst der Hauptaufgabe, die im Inhalte lag — gewesen, die Schwierigkeit der Konzertform durch die Bedeutsamkeit des Gehalts in der Form selber zu überwinden. Diese Schwierigkeit, die jeder Konzertspieler und Konzertsetzer empfindet, liegt darin, daß die Aufgabe, ein einzeln Instrument und seine Leistung als Hauptsache, und das ganze unverhältnißmäßig reichere und bedeutsamere Orchester als dienende Nebensache hinzustellen, im Grund' eine künstlerische Unwahrheit enthält. Dem Künstler ist, sobald er nicht willführliche Zwecke (z. B. Virtuosität zu zeigen, oder gerade dieses Instrument, weil er eben will, den andern vorzuziehn) verfolgt, ein Instrument so lieb und nah' als das andre, jedes ist nur eine Person im großen Ganzen, die das Ihrige zu thun hat, nichts Anderes und nicht mehr. Nun will aber der Konzertist sich bei seinem vornehmsten Auftreten in jeder Weise bewähren, im Vortrag des Allegro und des Adagio. Daher nehmen die Konzerte stehend die Form von drei Sätzen an: Allegro, Adagio, Allegro, — wenn sie nicht obenein noch einen vierten Satz, das Scherzo, einschalten, wie in neuerer Zeit Litolff gethan.

Die Bedenklichkeit liegt darin, daß jene künstlerische Unwahrheit, die der Konzertidee inwohnt, sich breit durch drei Sätze fortsetzt — und daß alle Konzerte im Ganzen genommen dasselbe thun.

Beethoven hat, mit vorausgefaßter Absicht oder nicht, in seinem G dur-Konzert die drei unvermeidlichen Sätze in ein Gedicht verwandelt.

Neuere (Weber, Mendelssohn) haben die drei Sätze aneinan=

der gehängt, was, abgesehn von gewissen Bedenklichkeiten, am Wesen der Sache nichts ändert.

Der glücklichste Wurf war Beethoven vergönnt in seiner

Fantasie für Piano mit Orchester und Chor, Op. 80,

die zum ersten Mal am 22. Dezember 1808 in Wien zur Aufführung kam. Beethoven selbst hatte die Hauptpartie übernommen.

Im Finale gerieth bei dieser Aufführung das Orchester ein wenig in's Schwanken. Vielleicht — wahrscheinlich hätt' es sich wieder hergestellt. Das empfindliche Kunstgefühl des Komponisten konnte die Unvollkommenheit nicht ertragen. Vor dem versammelten Publikum rief er „Halt!" — und fing den Satz noch einmal an.

Die Idee des Werks ist eben so einfach, als künstlerisch wahr und ergiebig, sie ist gleichsam eine Enthüllung jener, Vielen so unbegreiflichen Persönlichkeit: Komponist. Der Tondichter ist einsam am Flügel seinen unbestimmten Träumen überlassen. Da fliegt seinem innern Vernehmen, flüchtiger Erinnerung gleich, ein Anklang fremder Stimme vorüber, — es ist eine Stimme aus dem Paradies des Komponisten, aus dem Orchester, andere Stimmen werden wach, in festlichem Aufzuge nahen sie alle, das Piano tritt ihrem Anklang, ihrem Marsche fragend, hineingeworfen, selbstständig entgegen. Da wird denn jenes, Jedem, der es nur einmal vernommen, unvergeßliche Thema

„Freundlich=hold"

angestimmt; jedes Instrument, die unschuldige Flöte, das Fagott, das so possierlich vergnügt sein kann, wie der Schmiedegott Vulkan im braunen Bourgeois=Rocke, alle machen sich herzu und haben ihre Freude daran, — die Hörner locken ein Paar Sänger und noch ein Paar herbei und der volle Chor der Singstimmen und Instrumente singt das

Freundlich=hold!

so kindlich froh, so glücklich! und das Piano wirft, wie ein Springbrunnen, die Garben seiner sonnbeglänzten Töne so heiter und muthwillig hinein, — man möchte jene Anfangsworte des Gedichts überall

hineinrufen. So, erzählt hier Beethoven, entsteht mir oft ein Ton=
gedicht; es kommt mir, ich hab' es nicht vorhergewußt. — Daß es
auch anders kommen kann, hat er anderswo erzählt.

Man kennt Beethoven nur einseitig, wenn man blos seine ern=
sten und großen Gedanken gefaßt hat. Wir müssen ihn auch in
seiner unschuldvollen, harmlosen Kindlichkeit erfaßt haben, wenn wir
den ganzen Reichthum dieses vielbegabten Geistes begreifen wollen,
der gerade in dieser volksmäßigen Kindsnatur allerdings ein Sohn
seines Volks ist und ein Zeuge, daß dieses deutsche Volk seiner
Unschuld und Kindlichkeit und Naturwüchsigkeit noch nicht verlustig
gegangen.

Das war es auch, was sich in Beethovens Naturliebe aus=
sprach; mitten in den großen, transzendenten Gedanken, die seines
Lebens Kern bilden, weiß er diese Naturliebe und Naturnähe zu be=
wahren.

Er konnte nicht vorübergehn, ohne seiner ältesten Freundin, der
Natur, ein Denkmal zu weihen. War er doch alljährlich aus der
stäubenden, tosenden, anfremdenden Stadt zu ihr hinausgeflüchtet!

Dies Denkmal heißt

Sixième Sinfonie, pastorale,

und ist als Op. 68 herausgegeben.

Die Symphonie ist von Beethoven am 22. Dezember 1808,
in demselben Konzerte mit der Fantasie mit Chören, zum ersten=
mal unter seiner Direktion aufgeführt worden. Sie wurde damals
als fünfte und die Cmoll=Symphonie als sechste bezeichnet. Erst
seit 1810 zählt sie als sechste, ist auch auf dem Titel der Breitkopf
und Härtel'schen Original=Partiturausgabe als sechste aufgeführt;
endlich möchte man auch nach der in beiden Werken herrschenden
Stimmung aus psychologischer Anschauung seines Lebens die Cmoll=
Symphonie für das ältere Werk halten.

Beethoven hat die Symphonie selber die „pastorale" ge=
nannt; Landleben, Naturleben war ihr bestimmter Inhalt. Der
Komponist ist dabei nicht stehen geblieben, er hat die einzelnen Sätze

— Scenen sollte man sie hier nennen — bezeichnet, und zwar, wie man hier sieht,

Programm	Ueberschriften
des Konzerts vom 22. Dezember 1808.	der Partitur.

1. Angenehme Empfindungen, wel= Erwachen heiterer Empfindungen
   che bei der Ankunft auf dem bei der Ankunft auf dem Lande.
   Lande im Menschen erwachen.
2. Scene am Bach.
3. Lustiges Beisammensein der Landleute.

Fällt ein:

4. Donner und Sturm.   Gewitter. Sturm.

In welches einfällt:

5. Wohlthätige, mit Dank an die Hirtengesang. Frohe und dank=
   Gottheit verbundene Gefühle bare Gefühle nach dem Sturm.
   nach dem Sturm.

in der Partitur etwas zusammengefaßter, als im Konzertprogramm. Im letztern hat er unter der Ueberschrift bemerkt,

  „Mehr Ausdruck der Empfindung, als Malerei."

So beflissen war er, mit diesem Werke nicht mißverstanden zu werden.

  In der That regt auch diese Komposition zwei der wichtigsten Fragen an, die der Kunstwissenschaft gesetzt worden, wie denn überhaupt Beethovens Wirken kaum einen wesentlichen Punkt übrig läßt, den es nicht zur reifen Erwägung aller über Kunst Nachdenkenden hervordrängte.

  Die Fragen, die hier hervortreten, sind:

  darf die Musik sich auf objektive Darstellungen einlassen? darf sie sich auf Malerei, auf Darstellung des Aeußerlichen der Objekte einlassen? —

Fragen, von denen besonders die zweite Beethoven naheging, da er selber sich in Bezug auf haydn'sche Kompositionen (Th. 1. S. 280) sehr entschieden verneinend in dieser Hinsicht ausgesprochen hatte. Nun stand er selber vor einem Tongemälde, der Künstler Beethoven stand gegen den Kunstphilosophen und Kritiker Beethoven auf. Mochte der

Philosoph auch betheuern, es sei „mehr auf Ausdruck der Empfindung als auf Malerei" abgesehen! Der Komponist hatte in der „Scene am Bach" den Gesang der Nachtigall, den Wachtelschlag, den Kukuksruf nachgeahmt, das heißt: gemalt, und er hatte sogar in der Partitur die Worte „Nachtigall .... Wachtel .... Kukuk" der Flöte, Oboe, Klarinette, die die Vogeltöne geben, beigeschrieben; — und in der schon ominös genannten Gewittersturm=Scene hatt' er unleugbar Donner, Sturm, Regenguß, ja (wenn wir recht gehört) das Einschlagen des Wetters mit seinem Phosphor=Schwefel= dunst — — gemalt.

Man soll niemals Niemals sagen. Kein Kunstphilosoph kann vorauswissen, wozu ein Komponist noch gelangen mag, wären auch beide dieselbe Person*). Uebrigens kann zwar ein geschichtliches Werk auf die ihm begegnenden Fragen der Kunstwissenschaft nicht erschöpfend eingehn, aber es darf sie nicht bei Seite liegen lassen, es muß sich mit ihnen verständigen, wenigstens seinen Standpunkt ihnen gegenüber bezeichnen.

Warum darf sich die Musik nicht auf objektive Darstellungen einlassen? — Man hat zwei Gründe für diese Verneinung.

Einmal hält man an der Vorstellung fest, daß das musikalische Kunstwerk eine unbeabsichtigte Hervorbringung zu sein habe, die aus irgend einem Moment der Begeisterung oder einer Eingebung ent= springe. Dieser Vorstellung gegenüber achtet man objektive Dar= stellung für unkünstlerisch; sie sei nicht ein einiger Vorgang, sondern zerfalle in zwei Momente, in den Vorsatz und dann in die künst= lerische Verwirklichung.

Was hier vom musikalischen Kunstwerke gefodert wird, sollte doch — meinen wir — von jedem andern Kunstwerk ebenfalls gelten; wenigstens ist nicht abzusehn, warum das Musikwerk an die Bedingung der Unmittelbarkeit gebundner oder damit bevorzugter sein müsse, als jedes andere Kunstwerk. Nun wissen wir aber,

---

*) Kompos.=Lehre I, S. 550.

wie oft Dichter und Künstler mit einer von außen gegebnen oder
genommenen Absicht an ihre Werke getreten sind, — ein Goethe
an seinen Faust, das Werk von sechszig Lebensjahren, ein Michelangelo an sein jüngstes Gericht, ein Kaulbach an seine hochpoetische,
kühngedachte Hunnenschlacht. Wir sehen, daß auch die Musiker ihre
größern Werke von weitem her empfangen und keineswegs im
Augenblick, sondern im Laufe von Monaten und Jahren vollenden.
Der Opernkomponist erwartet oder sucht erst sein Gedicht, dann
vertieft er sich darein, macht und ändert seine Plane, zuletzt kommt
die umständliche Ausarbeitung. Warum soll nicht dasselbe bei In-
strumentalwerken ebenfalls statthaft sein? — Nur dann verdient
das Unternehmen des Künstlers keine Anerkennung, wenn der Vorsatz,
— das Programm oder musikalische spectre rouge — nicht
vollführt worden ist, oder hat vollführt werden können.

Zweitens sagt man, die Musik könne das eben nie, weil sie
Objekte nicht bezeichnen könne, weil .... Beethoven hat schon oft
darauf geantwortet und wird es gleich wieder.

Die andere Frage, ob die Musik malen dürfe, fällt mit der
ersten zusammen. Das Aeußerliche der Dinge malen, will kein
Künstler, nicht einmal der Portraitmaler, er müßte denn ein Denner
sein, — und kann die Musik nur in beschränktem Gebiete. Schon
vom Portrait sagt man, um 'es zu loben: es lebt. Also das
Leben, das Innere, Lebendige — künstlerisch gesprochen: die
Idee, — das ist der eigentliche Gegenstand, mit dem der Künstler
zu thun hat und haben will; das Aeußerliche ist ihm nur in so fern
werth, als in ihm die Idee erscheint. Das Aeußerliche ohne dies
innere Leben, das erst jenem Bedeutung giebt, ist unfruchtbare und
unkünstlerische materialistische Abstraktion.

Daher läßt jede mechanische Nachbildung der Natur das für
Kunst empfängliche Gemüth unberührt; daher spöttelte Beethoven
nicht ohne Grund über Haydn'sche Malereien, so weit sie Gegenstände zur Vorstellung bringen, in und hinter denen keine Idee
webt, deren das Gemüth in jenen Malereien sich bemächtigen könnte.

Dies ist es wohl, was Beethovens Worte, mehr Empfindung als Malerei, bezeichnen.

Auf der andern Seite ist aber der Kunst nichts ferner, als die andre Art der Abstraktion von der Natur der Dinge. Ihr ist so wenig mit dem abstrakten Begriff, als mit dem eben so abstrakten Aeußerlichen gedient, sie wendet sich an das volle geistkörperliche*) Leben. Die Musik würde ohne diesen Fortschritt, der sich in der Instrumentalmusik eben durch Beethoven (Th. I. S. 275) vollendet hat, nicht über die Sphäre des Spiels mit Formen oder unbestimmten Gefühlsregungen hinausgekommen sein. Um dies doppelseitige Streben der Kunst zu erkennen, hat man nicht einmal nöthig, den Künstler selbst zu beobachten. Jeder lebhaft angeregte Mensch fühlt sich getrieben, den Gegenstand seiner Darstellung durch Mienen und Geberden und durch den Laut seiner Rede gleichsam körperlich abzukonterfeien, während der Inhalt der Rede ihn mehr geistig uns vorzustellen trachtet.

Merken wir noch ein Letztes an. Wenn schon im Alltagsleben der lebhaft Darstellende sich bis in die entferntesten Aeußerlichkeiten hinein in seinen Gegenstand vertieft, weil er die volle Anschauung desselben in seiner Seele trägt und in unsere überzutragen sich gedrungen fühlt: wie sollte dem Künstler nicht dasselbe geschehn? Wir werden dies gleich bei der Pastoral-Symphonie zu beobachten haben.

Diese Symphonie, — beiläufig das erste wirkliche Kunstwerk, das sich nicht, gleich der Eroica, durch blos allgemeine Aufschrift zu bestimmtem Inhalt bekennt, sondern diesen Inhalt Satz für Satz näher bezeichnet, — sie ist ebensowenig eine Reihe von äußerlichen Abbildungen oder Malereien aus dem Landleben, als eine Folge von Gefühlen, die sich im Schooße des Landlebens regen. Das Erstere hätte Bilder, wie das Froschquaken und Hahnkrähen und ähnliche (meist sehr liebenswürdige) Kindlichkeiten Haydns ergeben; Beethoven aber war durch und durch ein Mann, wenngleich herzig,

---

*) „Die Musik des neunzehnten Jahrhunderts."

wie ein Kind. Das Andre .... ja, wie will die Musik es an=
fangen, uns eine Folge ländlicher Gefühle vor die Seele zu bringen,
ohne den Grund und Boden zu bezeichnen, aus dem sie entsprossen
und auf dem sie leben?

Die Symphonie ist weder das Eine noch das Andere. Sie
öffnet uns, wie jede seiner Dichtungen, Beethovens Seele und läßt
da inne werden, was die Rückkehr in den Schooß des Naturlebens
ihm gegeben hat. Es war ein seliger, reicher Tag! Alles
begab sich so einfach, so gelind' ohne Treiben, ohne Aufregung,
ohne den Qualm und Staub und das Durcheinanderwüsten der
großen Stadt, wo Jeder Jeden stört und drängt und kreuzt. Hier
kann man sich herstellen, hier sich selber leben, hier ist Muße nicht
Diebstahl, und Genuß die einzige Pflicht. Dort in der Stadt muß
man Geschäfte treiben, und arbeiten; hier kann man leben und ge=
nießen, hier lebt Alles und Alles lebt im Wohlgefühl seines Daseins.

Ganz still, wie man in den frühen Morgen hinaustritt, wenn
noch leichte Dunst=Schleier

sich am Boden hinbewegen, regt sich das erwachende Leben der
Natur. Noch einmal sei es gesagt, nicht abstraktes, inwendig wur=
mendes Gefühl, nicht abstrakte äußerliche Nachäfferei giebt es hier;
der Dichter lebt in der Natur, und wir können mit ihm leben.

Nirgends hat Beethoven, der Meister im organischen Ent=
wickeln der Zustände und Lebensmomente, so still und ruhig ent=
wickelt, so gelinde geführt, wie hier in diesem ersten Satze seiner
Naturdichtung. Sein Gedicht schreitet vor, wie der frühe Wandler,
der bei jedem Schritte weilen möchte, Brust und Auge vollzusaugen

am neuen, ewig frischen Lebensstrom. Jeder Moment, jede Er=
scheinung wächst und erfüllt sich; schon der ruhende Nebel (die
tiefe Quinte der Bratsche und des Violoncells in den ersten Takten)
bewegt sich bei der Wiederholung (Takt 5 bis 8), und das Leben
regt sich da und dort (zweite, erste Violin) bis ein stilles Dank=
gefühl alles erfüllt und nun auch die ehrwürdigen tiefen Bässe mit
den Hörnern (erst bei der Wiederholung) einstimmen.

Unterbrechen wir uns hier zu einer allgemeinern Bemerkung.

Bewunderungswürdig ist, von allem Sonstigen abgesehn,
Beethovens Oekonomie in der Verwendung der Mittel. Er geizt
fast mit ihnen, um sie für den rechten Augenblick frisch und bereit zu
halten; dann thun sie Wunder, eben weil man noch nicht für sie ab=
gestumpft ist. Beethoven hat darin seinen Lehrer Haydn zum Vor=
bild gehabt oder haben können, der mit seinen zwei kleinen Trom=
peten am rechten Orte tüchtiger lärmt und prahlt, als die Pariser
Schule mit ihrem unablässigen Gepraßel der Pauken und Trommeln,
der Pikkolflöten und Posaunen und der stupiden Tuben. Jener
Karakterzug der Beethovenschen Instrumentation spricht aus: immer
das zur Sache Gehörige! nichts weiter! Er hätte, wie die ganze
Meisterschaft der Instrumentation, schon an den bisher erwähnten
Werken gezeigt werden können; denn sie sind alle vollkommen in=
strumentirt, vergebens sucht der Kenner der Instrumentation eine
einzige Stelle, die man anders hätte instrumentiren können, ohne
den Sinn zu stören. Nur gab die Pastoral=Symphonie für diesen
Hinblick auf die Instrumentation den besten Anlaß, weil sie mehr
als die bisherigen Werke der reichsten und saubersten Farbenge=
bung für ihre Naturbilder bedurfte.

Merken wir vorläufig an, daß im ersten und zweiten Satz außer
den Saiten und vier Paaren der gewöhnlichen Bläser nur zwei Hörner
verwendet werden. Erst im dritten Satze, und da erst tief in dem
Mittelsatze, der im Scherzo Trio heißen würde, Seite 112 der
Partitur, treten zwei Trompeten zu, nun aber gleich in schlagendster
und ungeschwächter Bedeutsamkeit. Erst im folgenden Satze (Ge=

witter. Sturm) melden sich Pauken, Pikkolflöte und Posaunen, aber
nur zwei, — die Baßposaune war unnöthig, sie wäre falsch ge=
wesen; erst Seite 122 der Partitur treten die Pauken mit der
Pikkolflöte, erst Seite 137 oder vielmehr 138 die Posaunen ein.
Natürlich ist auch im Verlauf der Sätze jeder Eintritt wohler=
wogen; die Bässe und Hörner, die wir oben eintreten sehn, hätten
nicht früher und nicht später kommen dürfen.

Hier weilt nun und festigt sich das erwachte Leben, und be=
sinnt sich morgendlich, eh' es schüchtern und leise sich weiter empor=
wagt und die luftige Klarinett' und die Flöte weckt, der sich herb=
zart gleich die Oboe gesellt; schon ist mit diesen spezifischern
Stimmen aus der Stille zuvor jenes flötende und zirpende und
summsende Naturleben

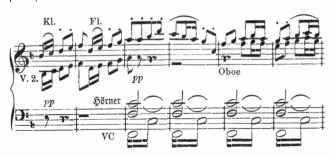

erwacht, das nun allmählig über Flur und Hügel, durch Busch
und Lüfte sich verbreitet und im Vollklang aller Stimmen sein
Freudenlied singt, und aus dem heraus neue Klänge, klar und frisch
hervorpollernd wie übervoller Quellensprung,

hinüberleiten in ein innerlich befriedigtes beschauliches Ergehn (das ist der Seitensatz), in dem jeder Gedanke, — es sind erst zwei, dann drei ausgesprochen, —

die Einkehr des Naturfriedens in das stillerquickte Gemüth ausspricht.

Vollständig kann die überreiche Dichtung doch nicht übersetzt werden, so wenig, wie viel früher, als wir versuchten, uns mit ältern Kunstphilosophen über sie zu verständigen. Mag denn dem frühern Versuche hier Wiederkehr gestattet sein; er bezeugt, mit wie unveränderlichen Zügen das Werk sich dem Uebersetzer eingeprägt hat. Es ist der Form nach eine Anrede an die Kunstphilosophen*), die über musikalische Malerei raisonniren, statt sich darüber erst aus den Werken gründlich zu unterrichten.

„...... Doch lassen Sie uns das Ganze mit Ordnung durchgehn. Es ist zwar Malerei und daher nicht zu loben. Aber erinnern Sie sich dabei wenigstens des Tondichters mit Interesse, der urkundlich so manche anmuthige Vorstellung bei diesen Noten hatte daß man es wunderseltsamer finden müßte, denn alle Malereien, wenn seine Vorstellungen sich nicht in den Tönen wiederspiegelten. Vielleicht, vergäßen Sie nur die Ueberschrift, könnte ich Sie auch überreden, daß Alles gar keine garstige Malerei, sondern nur schöne Empfindung bei bestimmtem Anlaß wäre, zum Beispiel in den ersten acht Takten ein sanftes Ergehen auf morgenblicher Flur, wo sich dem Städter, aus der Häuserwüste hinausgerettet, die Brust vollathmender mit stillem Dank hebt.

---

*) Ueber Malerei in der Tonkunst, ein Maigruß an die Kunstphilosophen. 1828.

„„Aber wo steht denn das?"""

Ich mag mich wohl irren; die erste Notenfigur treibt sich nur
lebendiger fort, und alle Stimmen erwachen zu lauterer reiner Lust,
und in den vollschwellend starken Ton ihres Lieds schlagen wie mit
jungen Flügeln die Flöten, und neuer Lebenspuls bebt überall,
überall schmiegt sich Anmuth und Reiz um die festen Säulen, die
Natur gegründet — man möchte den Lustruf aller entzückten Ge=
schöpfe unter die Noten schreiben, wenn die Instrumente nicht un=
endlich mehr zu sagen wüßten, und wenn die Rede in ein Wort
zusammenpressen könnte, was Hügel und Wälder und Reben und
alle glücklichen Bewohner der Flur voll harmonischer Freud' in ein=
ander rufen.   Auch haben wir nicht Muße; neue Ansichten tauchen
auf, bei neuen Wendungen des Morgenspaziergangs.   Wir schauen
vom Hügel, hinter dem wir das Spiel der Hirtenschalmei ver=
muthen, in das tiefe Stromthal, wo der Fluß dampft und durch
den gelupfteren Nebelflor Wiesenthau glitzert.

„„Aber wo sehen Sie denn das Alles?"""

Ich habe mich versprochen; nur auf die Benutzung einer Figur
aus dem ersten Thema wollte ich Sie Seite 17 aufmerksam machen,
unter der die Triolenfigur der Violen und Violoncelle in Oktaven
voll in die weiche Klarinetten=Fagottlage hineinbraust, die Bässe
den Grundton in ruhigen Pulsen wiederholen, und in der weiten
Quinte, aber tief drunten, die Hörner dröhnen, bis es heller, wie
goldiges Sonnenlicht auf Felshöh'n, hineinbricht, und Alles jauchzet,
Alles, Alles jauchzet, und in der Lebenslust des Seins die Hügel
zu beben scheinen — die Berge hüpfen wie die Lämmer, die
Hügel wie die jungen Schaafe — und nun Alles still wird in
schöner Ebbe und Fluth der Rührung und Freude.

„„Aber woher deuten Sie denn das Alles?"""

Ich besitze Salomo's Geheimniß der Vogelsprache. Aber alles
vermöchte ich doch nicht in unserer Wortsprache wiederzusagen; selbst
in Beethoven wallt (Seite 31) der übermächtige Strom von Leben,
Lust, Dank überschwenglich auf, bis Er in staunender Entzückung

still wird und nur mit Einer leiszarten Bewegung (Seite 57) nach dem klaren Aether hinaufdeutet.

Nun (zweiter Satz, Scene am Bach) in der brütenden Mittagswärme — haben Sie, Liebe, noch nie einen so heimlichen Bachgrund durchwallt, wo Feuchte und Wärme, Schatten und verstohlene Streiflichter sich vermählen, Blumen und Gräser, Hecken und Bäume sich in Lebensfülle überdrängen, unter den Gesträuchen blitzernde Käfer schwirren, Goldfliegen und seidene Schmetterlinge weben, auf dem Blütenzweige das Nestchen von der fluglüsternen Brut verlassen werden will, und dort die sorgende Mutter sich in das Netz der Baumwipfel hinabschwingt — haben Sie da nie sich verloren im Lauschen nach der Nachtigall und nach dem geheimnißreichen Lobe-Gott! aller Stimmen?

„„Aber wie wollen Sie das darthun?““

Ich, Geehrte! nicht, aber Wieland sagt irgendwo: Die Vögel verstehen einander durch eine gewisse Sympathie, welche ordentlicherweise nur unter gleichartigen Geschöpfen statt hat. Jeder Ton einer singenden Nachtigall ist der lebende Ausdruck einer Empfindung und erregt in der zuhörenden unmittelbar den Unisono dieser Empfindung. Sie verstehet also, vermittelst ihres eigenen inneren Gefühls, was ihr jene sagen wollte, und gerade auf die nämliche Weise verstehe ich sie auch." —

Die dritte Scene, man muß sich den Tag vorgerückt denken, ist „lustiges Zusammensein der Landleute" überschrieben. Wie man wohl, allmählig erst dem ländlichen Tanzplatz, der laubgeschmückten Tenne nahend, schon von Weitem ganz leise die Geigen herüberschwirren hört, so setzt hier bei Beethoven der Satz in F dur, in ländlicher Einfalt unison, ganz leise mit Geige und Bratsche ein, denen sich Violoncell und Baß nacheinander gesellen. Heiter und ungebunden wirft sich das Tanzlied von F (d-f-a bildet Halbschluß und Brücke) nach D dur; die lustige Flöte schließt sich der Geige an, die Fagotte summen dudelsackartig hinein, die ländliche Oboe läßt auch nicht warten. Wer kann alles erzählen? die

Hörner plaudern auch hinein, die gedrängte Schaar der ländlichen Schönen und Bursche macht Chorus

und schwungvoll geht's zu Ende.

Ja, wer fände der Lust ein Ende! schon macht sich ein burleskes Paar heran, die Oboe altjüngferlich in prickelndem Hoch-Pas und der steife gutmüthige Altgesell Fagott, der nicht recht in den Takt kommen kann und schwerfällig hineintappt. Die wohlige Klarinette kann auch nicht warten, sie muß zurücktreten und kommt doch wieder zu' früh; dann hat sie mit den beiden Fagotten ihr Tänzchen für sich, die andern ruhn. Auch nicht lange. Zum wohligen Ausschwung der Klarinette tritt schon der übermüthige Jägerbursch, das Waldhorn, mit gellem Hochgesang in die Reihe; er ist auch zu früh angetreten mit seinem hellblauen Aug' im sonngebräunten Gesicht; und nun wechselt der Gesang ungeschult und ungeordnet. Das Horn hallt durchdringend hoch oben, Oboe und Klarinette und wieder das Horn wechseln und gesellen sich, der ungeschickte Fagott tölpelt wieder dazwischen. Und nun erst drängt sich Alles durcheinander zum stampfenden, dampfenden, drängenden Tanz, Jeder wie er kann und durchkommt,

(erst ist der Satz zweimal ohne die tolle Flöte durchgemacht) und

nun endlich, wenn sich das unmittelbar nach dem B=Schluß in C wiederholt, blasen auch die Trompeten drein und der lauteste Jubel erschallt.

Genug von diesem Fest unschuldvoller Lust. Kein Teniers, kein Niederländer sonst hat so tief geschöpft aus dem Freudenrausch des ländlichen Sonntags.

Dann zieht das Gewitter auf und stört und schreckt den Tanz auseinander. Mit aller Pracht und allem Graus seines Wetterleuchtens, seines Sturms und des strömenden Regens und des schwefeligen zündenden Schlags (hier erst die Posaunen) zieht es dahin.

Natur und Menschen sind erfrischt, die Gefahr ist vorüber. Wieder ertönt die friedliche Schallmei des Hirten, von fern her antwortet durch die abendlichen Schleier

und über den Brodem des erquickten Erdreichs das Waldhorn. Natur und Menschen bringen dem Herrn, der im Wetter segnend vorüberzog, das Opfer ihres Danks.

So hatte Beethoven die Natur geschaut und geliebt, und so hatt' er ihr sein Danklied gesungen. Es ist Alles so einfach aus ihr genommen, ihr abgesehn und abgelauscht, so klar und folgerecht geordnet, daß man kaum begreift, wie es anders hätte kommen können. Es ist das Abbild der Natur, aber das beseelte, wie Beethoven es geschaut, empfunden, — „mehr Empfindung als Malerei,“ — in seine Seele genommen und aus ihr in voller Lebendig=

keit wiedergeboren hatte. Das Bild wird ganz besonders in der oben mitgetheilten Einführung des Finale, „Hirtengesang" über= schrieben, räumlich, wie Mittel= und Hintergrund der Landschaft= maler. Denn begreiflicher Weise ist es nicht der Gesang eines einzelnen Hirten; da und dort, näher und ferner erhebt sich das Lied; Alles athmet auf und dankt! das war auszusprechen.

Ungern begegnen wir gerade bei dieser lieblichsten der sympho= nischen Dichtungen unter den Zweiflern einem scharf= und freisinni= gen Musiker, dem unerschrockenen Berlioz, der in unserer Schätzung zu hoch steht für ängstliche, sich selbst mystifizirende Krittelei. Seine Zweifel richten sich besonders gegen die zuletzt angeführte Stelle und gegen eine andere der Sturmscene, in welcher Violoncell und Kontrabaß ihre Figuren tonisch und rhythmisch

ineinander zu wirren scheinen. Allerdings wollen sich Rhythmen von fünf Tönen mit Rhythmen von vier Tönen nicht zusammen= treffend ordnen lassen, allerdings gerathen da g mit fis, a mit g, b mit a, c mit b in Widerspruch — und, setzen wir hinzu, die Figur der Kontrabässe (sie ist hier eine Oktav tiefer notirt, so wie sie ertönt) bleibt in der Luft hängen, sie erreicht nicht den Akkord= ton c, nach dem sie zielte.

Berlioz sagt: .... „Muß man nach alledem durchaus von den Befremdlichkeiten der Ausarbeitung reden, denen man in diesem gigantischen Werke begegnet; von diesen Gruppen von fünf Noten in den Violoncellen gegen die Züge von vier Noten in den Kon= trabässen, die sich aneinander reiben, ohne sich jemals zu einem

wirklichen Einklang verschmelzen zu können? muß man diesen Ein=
saß der Hörner hervorheben, die den Dreiklang von C arpeggiren,
während die Saiteninstrumente den von F festhalten? In der That,
ich bin dazu nicht im Stande. Für eine Arbeit dieser Art muß
man kalt erörtern; wie soll man sich des Rausches erwehren, wenn
der Geist von einem solchen Gegenstand eingenommen ist?"*)

Und warum soll man denn, fragen wir den Künstler Berlioz
zurück, dieser Trunkenheit, diesem göttlichen Wahnsinn, wie die Al=
ten die Poesie nannten, entsagen, um mit kaltem Blute zu erörtern,
was nimmermehr mit kaltem Blute geschaffen ist und nimmermehr
mit kaltem Blute gefaßt werden kann? Der kalte Verstand sieht in
diesen Quartolen und Quintolen zwei Tonreihen, die sich unterein=
ander nicht vertragen; er fodert Verständlichkeit, eine ganz deutliche
Tonreihe fis g a b c, weil .... ja dies Weil läuft weit hinweg
vom Gegenstande, — weil, wenn man eine Tonreihe klar und deut=
lich vernehmen lassen will, man sie auch deutlich und klar geben
muß. Aber will denn Beethoven die Tonreihe fis g a b c ver=
nehmen lassen, und zwar klar und deutlich? er denkt nicht dran!
Der Sturm mit seinem hohlen Gebrause tobt um ihn her und in
ihm; den will — muß er tosen lassen, und der Sturm weiß nichts
von euren Tonreihen, der wühlt sich eine ganz besondre heraus und
zwischen hinein, denn er ist kein Sturm in Frack und Manschetten,
wie der aus Rossini's Wilhelm Tell. Das ist gar nicht der rechte
Verstand! denn er versteht nicht, worauf es ankommt.

Ebenso steht es mit der Hirtenscene. Der Verstand unter=
scheidet, wenn er die harmonische Grundlage hervorhebt, erstens

---

*) Après cela, faudra-t-il absolument parler des étrangetés de style,
qu'on rencontre dans cette oeuvre gigantesque; de ces groupes de cinq
notes des violoncelles, opposés à des traits de quatre notes, dans les contre-
basses qui se froissent sans pouvoir se fondre dans un unisson réel? Faudra-t-il signaler cet appel des cors, arpégeant l'accord de *ut*, pendant que
les instruments à cordes, tiennent celui de *fa*. En verité, j'en suis incapable.
Pour un travail de cette nature, il faut raisonner froidement, et le moyen
de se garantir de l'ivresse, quand l'esprit est préoccupé d'un pareil sujet.

zwei Akkorde nacheinander, c-e-g in den ersten vier Takten, und f-a-c in den folgenden vier Takten; dann zweitens wird er gewahr, daß der Ton g aus dem ersten Akkorde sich als Vorhalt von unten in den folgenden Akkord hineinzieht, so daß man bis zur Auflösung des Vorhalts, bis zum Fortschreiten des g nach a statt des Akkordes f-a-c die Vorhaltgestalt f-g-c, wie hier bei A,

hört, die sich Takt 8 — oder vielmehr Takt 9 — ganz normal auflöst. In alledem liegt selbst für den abstrakten Harmoniker nichts Auffallendes. Nun aber tritt auf dem zweiten Schlage von Takt 8 die zweite Violin mit f-a ein, auch die Bratsche faßt a, und jetzt findet sich drittens der Ton g, den das Waldhorn noch einmal ein Achtel lang angiebt, in Widerspruch mit dem Akkorde. Dieser Punkt, das Achtel g — oder wenn man will die drei Achtel bis zum folgenden a — ist der bedenkliche. Er ist oben bei B herausgestellt.

So wie wir jetzt die Sache fassen, ist also g ein Vorhalt, dessen Auflösung durch die dazwischengeschobenen c-c̄ verzögert ist, dann aber erfolgt; nur trifft der Vorhalt mit dem vorgehaltnen Ton gleichzeitig zusammen. Beethovens Weg scheint ein andrer gewesen zu sein. Nach der rhythmischen Anordnung seines Satzes hätte die Vorhaltsgestalt f-c-g vier Takte lang festgehalten und erst mit dem Eintritt des fünften Takts nach f-a-c aufgelöst werden sollen; dann wäre die harmonische Gestaltung vollkommen klar gewesen. Aus diesem Gesichtspunkte liegt das Befremdliche nicht in g, sondern in f-c. Wie man es auch nehmen will, der Widerspruch zwischen g und a ist klar.

Hätte Beethoven also sinnlichen Wohlklang und klare Auseinandersetzung der Harmonie gewollt, so hätt' er volle drei Achtel lang gefehlt. An alle das hat er gar nicht gedacht. Er lauscht über die getränkt ruhende Flur hin der Hirtenschalmei, und von fern her, über die aufsteigenden Dünste und Nebel, in denen Alles zu schwanken scheint, tönt ihm das Horn aus dem Forst oder vom Hügel nieder hinein. Das — das Alles fließt ihm zu Einem Bilde zusammen.

Er hat wohl gethan.

———

Aus der Gesellschaft.

Man darf nicht glauben, daß diese Werke sogleich und allgemein gebührende Anerkennung gefunden hätten. Die erste Aufführung der Pastoral=Symphonie nebst der Fantasie mit Orchester und Chor hatte am 22. Dezember 1808 bei sehr leerem Hause stattgefunden; wer weiß, was für Bälle oder Belustigungen gerade die Köpfe der leichtblütigen Wiener verdreht hatten, die nach Art aller Südländer des wärmsten Enthusiasmus, aber auch des leichtfertigsten Vergessens fähig sind, übrigens gegen Beethoven sich in ihrer vollen Liebenswürdigkeit gezeigt haben. Ihn kümmerte das wenig. War er ja einmal in übler oder spöttischer Laune, so nannte er das Publikum, besonders das rege Völkchen oben auf der Gallerie des Theaters: „die Opferthiere", — ein Ausdruck aus der musikalischen Zeitung, wo gelegentlich einmal die scharrenden, stampfenden Insassen dieses Käfigs so genannt wurden, als sie mit ihrem Lärm einen Fremden im Theater erschreckt hatten.

War er dann Abends in seiner Zeitungsstube und die Freunde hatten sich an ihn gemacht und plauderten vom tilsiter Frieden und der göttlichen Pastoralsymphonie, in der nur leider das Fagott aus dem Takte gekommen, und vom neuerfundenen Königreich Westfalen, wo die Kammerherrn weißseidne Schuhe trügen und silberne Helme die Leibwächter des kleinen Jerome, der sich täglich in Fleischbrühe und Wein bade (nachher würde das von der Dienerschaft verkauft) dann hatte Beethoven längst „auf alles vergessen", wie der Wiener sagt, hatte schon ganz andre Gedanken und nicht recht hingehört. Dann fuhr er wohl unversehens mit dem Ausruf „Also aus Bremen!" hinein. Das war wieder eins seiner Stichworte aus der musikalischen Zeitung.

Der wackere Benda nämlich war einmal nach Dessau gerathen und dort hatte der dortige Musikdirektor Rust ihm als Kunstgenoß die Honneurs gemacht und ihn zu einem splendiden Mittagsmahl geladen. Er floß, wie es seine Art war, über von rührungsvollen Ergießungen über die Ehre . . . . . und die Freude . . . . . und die schönen Empfindungen, die sich in der göttlichen Musik ausdrücken ließen. Benda ließ sich's unterdeß schmecken, besonders den Wein, und um doch auch was zu sagen, fragte er Rust, woher er diesen Wein beziehe. „Aus Bremen, werthgeschätztester Herr Konzert= meister!" war die Antwort; und nun ging's über die Wiesen nach dem Park von Luisium, und immerfort, über den grünen Wall hin, unter den prächtigen Eichen zählte der gute Rust lang und breit alle seine schönen Gefühle her und alle Krankheiten seiner Frau. Benda dachte daneben, wer weiß an was, bis er über seine Un= achtsamkeit erschrak. Er hatte nichts gehört, — wovon war doch die Rede? . . . . . ja, vom Wein! „Also aus Bremen!" fiel er mitten hinein in Rust's Herzens=Ergießungen.

Gab es auch einmal ein leeres Haus, im Ganzen und Großen machten sich seine Kompositionen immer mehr geltend, das bewies schon der Andrang der Verleger und die Steigerung des Honorars. Besonders die Wiener aller Klassen ließen es, wie ihre gute Art ist, soweit sie ihn nur zu fassen vermochten, an Verehrung und Liebe nicht fehlen. Namentlich waren es die Häupter des österreichischen Adels, der in bevorzugter Lage sich stets der Musik beflissen gezeigt hat, die sich um Beethoven bewarben, ihre Salons mit der Ge= genwart dieses „Genies" zieren und beleben wollten und ihm auf jede Weise huldigten.

Er gefiel sich in diesen Kreisen, wo allerdings damals feine

Bildung, Liebe und Bethätigung für Musik vorzugsweis' ihren Sitz hatten. Ja, es scheint, als sei er in dieser Zeit weniger ungeberdig gewesen, als einst beim Antritt seiner Wiener Laufbahn. Da war es vorgekommen, daß während seines Spiels ein junger Offizier mit der Dame seines Herzens in ein angelegentliches Geflüster gerathen war. Beethoven warf ein Paar finstre Blicke hin, sprang dann plötzlich auf, murrte: „Vor solchen Schweinen spiel' ich nicht!" und riß auch seinen jungen Schüler Ries mit sich aus dem Salon fort. Jetzt ließ er sich zu den Assembléen der Fürsten Lichnowski und Lobkowitz, der Grafen Thun, Browne, Brunswick, Erdödy willig herbei, und wenn die schöne Gräfin Fuchs ihn unter Theetassen-Geklapper und dem Serviren der Lakaien mit holdem Lächeln bat: „Nun, lieber Beethoven, spielen Sie uns doch etwas!" — so that er's. Sie soll sehr schön gewesen sein, — und Künstler sind schwach.

Sogar für das Vergnügen des Tanzes war Beethoven in diesen Kreisen nicht unempfindlich; noch lieber genoß er es aber auf den beliebten Maskenbällen. Hier suchte ihn Ries, als einst Beethoven ihn eine Zeit lang nicht vor sich lassen wollte, auf und war sicher, ihn zu treffen. So gern übrigens Beethoven tanzte, gelang es ihm doch nach Ries Versicherung nie, nach Takt zu tanzen. Sehr begreiflich. Der Tanz fodert arithmetisch abgezähltes Gleichmaaß des Taktes, Beethovens Rhythmus aber ist der lebendig aus dem Inhalt entsprungne, der zunächst im Accente sich erweist und die Bewegung nach Inhalt und Accent ordnet.

In alle diese Vergnüglichkeiten fiel plötzlich ein Ereigniß von Bedeutung hinein. Jener Jerome, eben König von Westfalen geworden, hatte von Beethoven gehört, daß er ein „distinguirter" Musiker sei. Der Ruf — denn schwerlich hatt' er, der die kleinen, süßlichen Notturno-Duette Blangini's über alles liebte, Sinn für Beethovens Musik — der Ruf bestimmte ihn, Beethoven anzutragen, mit einem Gehalte von 600 Dukaten als Kapellmeister nach Kassel zu kommen.

Dies Anerbieten mochte damals bedeutender erscheinen, als jetzt. Zudem haben wir erfahren, wie schnell das hochaufgebaute napoleonische Wesen zusammenfallen mußte, und können ermessen, welche üble Rolle der durch und durch deutsche — obenein rettungslos ertaubende Beethoven an jenem französischen Hofe gespielt haben würde. Allein damals war das keineswegs klar, und jener Antrag gewährte dem Künstler die erste Aussicht auf eine gesicherte Existenz. Er ist auch der einzige geblieben.

Aber nun erwachte der Wiener Adel zum vollen Bewußtsein der Lage. Wien sollte seinen Beethoven, die abligen Häuser sollten ihren Liebling verlieren? an diesen neuen König im kleinen Kassel? — Erzherzog Rudolf, ohnehin Beethovens Schüler, die Fürsten Kinsky und Lobkowitz traten zusammen und sicherten Beethoven, so lange er keine feste Anstellung im Lande habe, einen Jahrgehalt von 4000 Gulden in Bankzetteln, unter der einzigen Bedingung, daß er Oesterreich nicht verlasse. Kinsky trug 1800, Rudolf 1500, Lobkowitz 700 Gulden bei; der schriftliche Vertrag, vom 1. März 1809, ist in „Beethovens Studien" von Seifried mitgetheilt. Beethoven lehnte nun den Antrag aus Kassel ab und blieb Wien erhalten.

Daß es nichts Festes auf Erden gebe, konnte jedoch nicht gründlicher erfahren werden, als in der napoleonischen, zum Glück kurzen Periode. Auch Beethoven erfuhr es an seiner Rente; wir wollen die leidige Sache gleich hier bei Seite schaffen. Schon 1811 wurde durch das österreichische Finanz=Patent der Werth des Papiergeldes auf ein Fünftel herabgesetzt und Beethovens Rente fiel von 4000 Gulden auf 800. Vergebens war sein Bemühn, die Kontrahenten zur Vervollständigung der Summe zu bewegen, da er begreiflicherweise nicht für Zettel von unbestimmtem Werthe, sondern für den Werth von 4000 Gulden die einträglichere Stellung in Kassel abgelehnt habe. Das war ja nun vorbei, man hatte ihn nun und er mußte seinen Antheil am Staatsbankerott hinnehmen. Von Rechtswegen.

Nun aber machte auch Lobkowitz Bankerott und Kinsky starb. Die Erben weigerten die Fortbezahlung, nur durch Prozeß konnte Beethoven aus der Erbmasse 300 Gulden erlangen. — Genug, von den 4000 Gulden blieben endlich 900 übrig, etwa 600 Thaler; dafür — so mußte man damals die Sache betrachten — hatte er einer Anstellung mit 600 Dukaten Jahrgehalt entsagt. Niemals hat er, weder vom kaiserlichen Hofe noch vom Erzherzog Rudolf, der sich so viel darauf zu Gute that, sein Schüler zu heißen, ein Weiteres erlangt. Zur Erhebung dieser Rente mußte er, alles von Rechtswegen, noch ein jährliches Lebenszeugniß beibringen. Allerdings konnte das Zeugniß, was die ununterbrochne Reihenfolge seiner Werke von seinem Leben ablegte, amtlich nicht genügen. Ihm war aber dies ewige Beweisen, daß er wirklich noch nicht todt sei, sehr zuwider; gewöhnlich ließ er die Sache durch einen Bekannten besorgen. Einmal schrieb er in dieser Angelegenheit an Schindler ganz lakonisch: Lebenszeugniß: der Fisch lebt; vidi Pfarrer Romualdus; Schindler wußte, was geschehn solle. Der Ausdruck Fisch erinnerte in lustiger Selbstironie an sein unendliches Waschen und Baden.

Diese ganze westfälische Berufungsgeschichte sollte übrigens nicht vorübergehn, ohne noch andre Aergerlichkeiten nach sich zu ziehn.

Als Beethoven den Antrag, nach Kassel zu gehn, schon definitiv abgelehnt hatte, machte Kapellmeister J. F. Reichardt dem Schüler Beethovens, Ries, den Vorschlag, sich um die Stelle zu bewerben. Ries eilt zu Beethoven, um sich Rath zu holen. Beethoven läßt ihn nicht vor; denn schon hat man ihm die Sache im ungünstigen Lichte gezeigt. Drei Wochen lang wird Ries, werden seine Briefe abgewiesen. Er sucht den zürnenden Meister auf der Redoute, trifft ihn auch wirklich, kann es aber zu keiner genügenden Erklärung bringen. „So glauben Sie", sagt ihm Beethoven im schneidendsten Tone, „eine Stelle besetzen zu können, die man mir angeboten?" Endlich dringt er mit Gewalt, indem er den Diener zu Boden wirft, in das Zimmer des trotz alledem geliebten und verehrten Lehrers und weiß endlich volle Verständigung zu erzwingen.

„Man hatte mir hinterbracht," sprach der arme harthörige und darum argwöhnische Mann, „Sie hätten die Stelle hinter meinem Rücken zu erlangen gesucht." Nun that er reuevoll alles Erdenkliche, Ries zu der Anstellung zu verhelfen. Es war zu spät; die Stelle war unterdeß vergeben.

Es war nicht die erste Kränkung, die Ries unverdient erlitten. Lassen wir ihn selbst erzählen; es betrifft das als Nr. 35 heraus= gekommene Andante favori, das ursprünglich zum Mittelsatz der Sonate Op. 53 bestimmt war.

„Dieses Andante (sagt Ries) hat mir eine traurige Erinnerung zurückgelassen. Als Beethoven es mir zum ersten Male vorspielte, gefiel es mir auf's Höchste und ich quälte ihn, es zu wiederholen. Beim Rückwege, bei'm Hause des Fürsten Lichnowski vorbeikommend, ging ich hinein, um ihm von der neuen herrlichen Komposition zu erzählen, und wurde gezwungen, das Stück, so gut ich mich dessen erinnerte, zu spielen. So geschah es, daß auch der Fürst einen Theil lernte. Andern Tags ging er zu Beethoven und sagte, auch er habe etwas komponirt. Der Erklärung Beethovens ungeachtet: er wolle es nicht hören, spielte er einen guten Theil des Andante. Beethoven wurde hierüber sehr aufgebracht; er spielte nicht mehr in meiner Gegenwart; ich mußte immer das Zimmer verlassen. Trotz aller Vorstellungen Lichnowski's blieb er dabei."

Es spricht für beide Theile, daß dergleichen Vorfallenheiten nicht länger störten, als sie geschahn. Ries blieb seinem Meister treu ergeben — und Beethoven muß einen Schatz von Liebe und Liebenswürdigkeit in sich getragen haben, um so manche Herbigkeit vergessen zu machen, und in ihm das ehrfürchtige Bewußtsein sei= ner Ueberlegenheit ohne bittern Beischmack zu erhalten. Schon frü= her, in der Zeit der Märsche Op. 45, hatte man in Gesellschaft einen Ries'schen Marsch für einen Beethoven'schen genommen. Beethoven spottete gegen Ries selber über diese Urtheilslosigkeit — und Ries war einsichtig und ergeben genug, sich dadurch nicht verletzt zu fühlen.

Uebrigens darf man nicht übersehn, daß dergleichen Härten und Ungerechtigkeiten stets die Folge drängender Verhältnisse (so in der frühern Zeit, wo er sich emporzuarbeiten hatte) oder der Verletzung seines künstlerischen Selbstgefühls — wenn auch meist nur in der Einbildung waren.

Jetzt stand er als vollendeter und hochgefeierter Künstler da. Sein würdevolles, selbstbewußtes Benehmen, sein Humor, der sich bald liebenswürdig, bald schalkisch zeigen konnte, sein Spiel, seine hohen Schöpfungen, die, eine nach der andern, immer kühnern Flug nahmen über alles bisher in seinem Felde Geleistete zu gar nicht vorher berechenbaren Höhen, sein Ruhm: das Alles vereinte sich, ihm in der Gesellschaft den höchsten Rang zu ertheilen.

Schon seine Erscheinung sprach dies aus. Jeder Menschenkenner mußte gleich auf den ersten Hinblick eine außerordentliche Natur in ihm wahrnehmen. Sein Gang (sagt A. Schloßer) hatte lyrische Kraft, um den Mund spielte ausdrucksvolle Bewegung, das Auge verkündete unergründliche Tiefe der Empfindung, besonders war aber die herrliche Stirn ein wahrer Sitz majestätischer Schöpferkraft. Sobald sich sein Gesicht zur Freundlichkeit aufheiterte, so verbreitete es alle Reize der kindlichsten Unschuld; wenn er lächelte, so glaubte man nicht blos an ihn, sondern an die Menschheit; so innig und wahr war es in Wort, Bewegung und Blick.

Diese Schilderung läßt schon errathen, daß unter den Verehrenden, die sich von nah' und fern zu Beethoven drängten, die Frauen nicht zurückstanden. Ruhm, Musik, eine Schöpferkraft, die ihnen um so anziehender sein mußte, je geheimnißvoller sie ihnen erschien, je glücklicher sie sich mit hoher Virtuosität in jenen dem Nicht-Künstler doppelt räthselhaften Ergüssen freier Phantasie vermählte, — Alles, bis auf sein Leiden, war den Frauen an ihm hinreißend. „Wie schön, wie erhaben, wie geistvoll ist diese Stirn!" rief einst eine edle und schöne Dame im Kreise größerer Gesellschaft! Beethoven blieb nicht unempfindlich gegen solch' unbeabsichtigten Ausdruck tiefen Erkennens. Doch faßte er sich gleich und sprach mit mildem Lächeln: „Wohlan, so küssen Sie diese Stirn!" — und die weibliche Anmuth belohnte die männliche Geistesgegenwart auf der Stelle.

Einer andern Dame, die ihm ein Gedicht zu seinem Preis zugesandt hatte, schrieb er auf der Stelle nachfolgende Antwort:

„A Mademoiselle

Mademoiselle de

Gerardi."

„Meine liebe Fräulein G., ich müßte lügen, wenn ich Ihnen nicht sagte, daß die mir eben von ihnen überschickten Verse mich nicht in Verlegenheit gebracht hätten, es ist ein eigenes Gefühl sich loben zu sehen, zu hören und dann dabei seine eigene Schwäche fühlen, wie ich: solche Gelegenheiten betrachte ich immer als Ermahnungen, dem unerreichbaren Ziele, das uns Kunst und Natur darbeut, näher zu kommen, so schwer es auch ist. — Diese Verse sind wahrhaft schön bis auf den einzigen Fehler, den man zwar schon gewohnt ist bei Dichtern anzutreffen, indem sie durch die Hülfe ihrer Phantasie verleitet werden, d a s w a s s i e w ü n s c h e n z u s e h e n u n d z u h ö r e n, wirklich hören und sehen, mag es auch weit unter ihrem Ideale zuweilen sein. Daß ich wünsche d e n D i c h t e r o d e r d i e D i c h t e r i n kennen zu lernen, können Sie wohl denken, und nun auch Ihnen meinen Dank für ihre Güte, die sie haben

für ihren sie verehrenden

L. v. Beethoven."

Schreiberin und Gedicht sind uns unbekannt geblieben, die Antwort ist autographisch erhalten.

Unter den Frauen, die sich der Sonne zudrängten, um von ihren Lichtgluten erwärmt und entzückt zu werden und von ihrem Schimmer wo möglich selber ein wenig wiederzuleuchten, war denn auch Bettina von Arnim, aus dem angesehenen Hause Brentano in Frankfurt, durch ihren Goethe-Kultus („Goethe's Briefwechsel mit einem Kinde") und den Reichthum ihres Geistes, den sie im Um-

gang und in Schriften („Günderode" u. a.) ausbreitete, später be=
kannt und von Vielen bewundert, besonders von solchen, die Glanz
und Lieblichkeit des Ausdrucks und gewagte Pointen von gediegener
Geisteskraft nicht allzuscharf unterscheiden mögen. Sie zeigte schon
früh einen an empfindenden Geist, durch den sie sich, unterstützt
von der Bedeutung ihrer Familie und später ihres Gatten Achim
von Arnim, mit bedeutenden Persönlichkeiten, Goethe, Savigny,
jetzt Beethoven, in anziehendes Verhältniß zu setzen wußte. Ja ihr
Geist, ihre vielseitige Bildung, — sie zeichnete vortrefflich, kompo=
nirte sehr anziehende Lieder, sang mit ihrer schönen Altstimme Mar=
cello's Psalme höchst würdig und eindrucksvoll, — würde sie zu
noch bedeutendern, objektivern Leistungen befähigt haben, hätte sie
Selbstverleugnung genug besessen, den Gegenstand selber, um den
es ihr eben zu thun war, bestehn und wirken zu lassen, statt seinen
Reflex in ihrer Person — und die Person, die so schön reflektirte,
hervorzuheben. So glich sie einem allzureich umschmückten Spiegel;
man ist genüßigt, mehr den Spiegel zu sehn, als das Bild im
Spiegel.

Sie traf also 1810 in Wien mit Beethoven zusammen und
hat ohne Zweifel ihm anziehend erscheinen müssen, gleichviel, ob er,
der schon in so schöne Augen geblickt, aus den ihren Themate ge=
schöpft oder nicht.

Wie Beethoven ihr gegenüber gestanden, wollte sie vielleicht
schreiben; wie sie sich vorstellt, daß er gewesen und gesprochen, hat
sie an Goethe geschrieben.

„Es ist Beethoven, von dem ich Dir jetzt sprechen will, bei
dem ich der ganzen Welt und Deiner vergessen habe; ich bin zwar
unmündig, aber ich irre darum nicht, wenn ich ausspreche, was jetzt
vielleicht keiner versteht und glaubt, er schreitet weit der Bildung
der ganzen Menschheit voran, und ob wir ihn je einholen? — ich
zweifle. Möge er nur leben, bis das gewaltige und erhabene Räth=
sel, was in seinem Geiste liegt, zu seiner höchsten Vollendung her=
angereift ist; ja, möge er sein höchstes Ziel erreichen, gewiß, dann

läßt er den Schlüssel zu einer himmlischen Erkenntniß in unsern Händen, die uns der wahren Seligkeit um eine Stufe näher rückt.

Vor Dir kann ich's wohl bekennen, daß ich an einen göttlichen Zauber glaube, der das Element der geistigen Natur ist, diesen Zauber übt Beethoven in seiner Kunst; alles, wessen er Dich darüber belehren kann, ist eine Magie, jede Stellung ist Organisation einer höheren Existenz, und so fühlt Beethoven sich auch als Begründer einer neuen sinnlichen Basis im geistigen Leben. Wer könnte uns diesen Geist ersetzen? Von wem könnten wir ein Gleiches erwarten? — Das ganze menschliche Treiben geht wie ein Uhrwerk an ihm auf und nieder, er allein erzeugt frei aus sich das Ungeahnte, Unerschaffene; was sollte diesem auch der Verkehr mit der Welt, der schon vor Sonnenaufgang am heiligen Tagewerk ist, der seines Leibes Nahrung vergißt und von dem Strom der Begeisterung im Flug an den Ufern des flachen Alltaglebens vorübergetragen wird; er selber sagte: „Wenn ich die Augen aufschlage, so muß ich seufzen, denn was ich sehe, ist gegen meine Religion, und die Welt muß ich verachten, die nicht ahnt, daß Musik höhere Offenbarung ist, als alle Weisheit und Philosophie; sie ist der Wein, der zu neuen Erzeugungen begeistert, und ich bin der Bachus, der für die Menschen diesen herrlichen Wein keltert und sie geistestrunken macht, wenn sie dann wieder nüchtern sind, dann haben sie allerlei gefischt, was sie mit auf's Trockene bringen. — Noch keinen Freund hab' ich, ich muß mit mir allein leben; ich weiß aber wohl, daß Gott mir näher ist, wie den andern in meiner Kunst, ich gehe ohne Furcht mit ihm um, ich hab' ihn jedesmal erkannt und verstanden, mir ist auch gar nicht bange um meine Musik, die kann kein bös Schicksal haben; wem sie sich verständlich macht, der muß frei werden von all' dem Elend, womit sich die Andern schleppen." — Dies alles hat mir Beethoven gesagt, wie ich ihn zum erstenmal sah, mich durchdrang ein Gefühl von Ehrfurcht, wie er sich mit so freundlicher Offenheit gegen mich äußerte, da ich ihm doch ganz unbedeutend sein mußte; auch war ich verwundert, denn

man hatte mir gesagt, er sei ganz menschenscheu und lasse sich mit
Niemand in ein Gespräch ein. Man fürchtete sich, mich zu ihm zu
führen, ich mußte ihn allein aufsuchen, er hat drei Wohnungen, in
denen er abwechselnd sich versteckt, eine auf dem Lande, eine in der
Stadt und die dritte in der Bastei, da fand ich ihn im dritten
Stock; unangemeldet trat ich ein, er saß am Klavier, ich nannte
meinen Namen, er war sehr freundlich und fragte: ob ich ein Lied
hören wolle, was er eben komponirt habe; — dann sang er scharf
und schneidend, daß die Wehmuth auf den Hörer zurückwirkte:
„Kennst du das Land“, — „nicht wahr, es ist schön“, sagte er be=
geistert, „wunderschön!“ ich will's noch einmal singen, er freute sich
über meinen heiteren Beifall. „Die meisten Menschen sind gerührt
über etwas Gutes, das sind aber keine Künstlernaturen, Künstler
sind feurig, die weinen nicht“, sagte er. Dann sang er noch ein
Lied von Dir, das er auch in diesen Tagen komponirt hatte:
„Trocknet nicht Thränen der ewigen Liebe“. — Er begleitete mich
nach Hause, und unterwegs sprach er eben das viele Schöne über
die Kunst, dabei sprach er laut und blieb auf der Straße stehn,
daß Muth dazu gehörte zuzuhören; er sprach mit großer Leiden=
schaft und viel zu überraschend, als daß ich nicht auch der Straße
vergessen hätte — man war sehr verwundert, ihn mit mir in eine
große Gesellschaft, die bei uns zum Diner war, eintreten zu sehen.
Nach Tische setzte er sich unaufgefodert an's Instrument und spielte
lange und wunderbar, sein Stolz fermentirte zugleich mit seinem
Genie; in solcher Aufregung erzeugt sein Geist das Unbegreifliche
und seine Finger leisten das Unmögliche. — Seitdem kommt er
alle Tage oder ich gehe zu ihm. Darüber versäume ich Gesell=
schaften, Gallerien, Theater und sogar den Stephansthurm. Beetho=
ven sagt: „ach was wollen Sie da sehen! ich werde Sie abholen, wir
gehn gegen Abend durch die Allee von Schönbrunn.“ Gestern ging
ich mit ihm in einen herrlichen Garten in voller Blüthe, alle Treib=
häuser offen, der Duft war betäubend; Beethoven blieb in der drücken=
den Sonnenhitze stehn und sagte: „Goethe's Gedichte behaupten nicht

allein durch den Inhalt, auch durch den Rhythmus eine große Gewalt über mich, ich werde gestimmt und aufgeregt zum Komponiren
durch diese Sprache, die wie durch Geister zu höherer Ordnung
sich aufbaut und das Geheimniß der Harmonie schon in sich trägt.
Da muß ich denn von dem Brennpunkt der Begeisterung die Melodie nach allen Seiten hin ausladen, ich verfolge sie, hole sie mit
Leidenschaft wieder ein, ich sehe sie dahinfliehen, in der Masse verschiedener Aufregungen verschwinden, bald erfasse ich sie mit erneuter
Leidenschaft, ich kann mich nicht von ihr trennen, ich muß mit ra-
schem Entzücken in allen Modulationen sie vervielfältigen und im
letzten Augenblick da triumphire ich über den ersten musikalischen
Gedanken, sehen Sie, das ist eine Symphonie; ja Musik ist so recht
die Vermittelung des geistigen Lebens zum sinnlichen. Ich möchte
mit Goethe hierüber sprechen, ob der mich verstehen würde? —
Melodie ist das sinnliche Leben der Poesie. Wird nicht der geistige
Inhalt eines Gedichts zum sinnlichen Gefühl durch die Melodie? —
Empfindet man nicht in dem Liede der Mignon ihre ganze sinnliche
Stimmung durch die Melodie? und erregt diese Empfindung nicht
wieder zu neuen Erzeugungen? — Da will der Geist zu schranken-
loser Allgemeinheit sich ausdehnen, wo Alles in Allem sich bildet
zum Bett der Gefühle, die aus dem einfachen musikalischen Gedanken
entspringen und die sonst ungeahnt verhallen würden; das ist Harmonie, das spricht sich in meinen Symphonien aus, der Schmelz
vielseitiger Formen wogt dahin in einem Bett bis zum Ziel. Da
fühlt man denn wohl, daß ein Ewiges, Unendliches, nie ganz zu
Umfassendes in allem Geistigen liege, und obschon ich bei meinen
Werken immer die Empfindung des Gelingens habe, so fühle ich
einen ewigen Hunger, was mir eben erschöpft schien mit dem letzten
Paukenschlag, mit dem ich meinen Genuß, meine musikalische Ueberzeugung den Zuhörern einteilte, wie ein Kind von neuem anzufangen. Sprechen Sie mit Goethe von mir, sagen Sie ihm, er
soll meine Symphonien hören, da wird er mir Recht geben, daß
Musik der einzige unverkörperte Eingang in eine höhere Welt

des Wissens ist, die wohl den Menschen umfaßt, daß er aber
sie nicht zu faffen vermag. — Es gehört Rhythmus des Geistes dazu, um Musik in ihrer Wesenheit zu faffen, sie giebt
Ahnung, Inspiration himmlischer Wissenschaften und was der Geist
sinnlich von ihr empfindet, das ist die Verkörperung geistiger Erkenntniß. — Obschon die Geister von ihr leben, wie man von der
Luft lebt, so ist es noch ein Anders, sie mit dem Geiste begreifen,
— jemehr aber die Seele ihre sinnliche Nahrung aus ihr schöpft,
desto reifer wird der Geist zum glücklichen Einverständniß mit ihr. —
Aber wenige gelangen dazu, denn so wie Tausende sich um der
Liebe willen vermählen und die Liebe in diesen Tausenden sich nicht
einmal offenbaret, obschon sie alle das Handwerk der Liebe treiben;
so treiben Tausende einen Verkehr mit der Musik und haben doch
ihre Offenbarung nicht, auch ihr liegen die hohen Zeichen des
Moralsinns zum Grunde wie jeder Kunst, alle ächte Erfindung ist
ein menschlicher Fortschritt. — Sich selbst ihren unerforschlichen
Gesetzen unterwerfen, vermöge dieser Gesetze den eigenen Geist
bändigen und lenken, daß er ihre Offenbarungen ausströme, das
ist das isolirende Prinzip der Kunst; von ihrer Offenbarung aufgelöst werden, das ist die Hingebung an das Göttliche, was in
Ruhe seine Herrschaft an dem Riesen ungebändigter Kräfte übt
und so der Phantasie die höchste Wirksamkeit verleiht. Was wir
durch die Kunst erwerben, das ist von Gott, göttliche Eingebung,
die den menschlichen Befähigungen ein Ziel steckt, was er erreicht.

Wir wissen nicht, was uns Erkenntniß verleiht; das fest verschlossene Saamenkorn bedarf des feuchten elektrisch warmen Bodens, um zu treiben, zu denken, sich auszusprechen. Musik ist der
elektrische Boden, in dem der Geist lebt, denkt, erfindet. Philosophie
ist ein Niederschlag ihres elektrischen Geistes; ihre Bedürftigkeit, die
alles auf ein Urprinzip gründen will, wird durch sie gehoben; obschon der Geist dessen nicht mächtig ist, was er durch sie erzeugt;
so ist er doch glückselig in dieser Erzeugung, so ist jede ächte Erzeugung der Kunst unabhängig, mächtiger als der Künstler selbst, kehrt

durch ihre Erscheinung zum Göttlichen zurück, hängt nur darin mit dem Menschen zusammen, daß sie Zeugniß giebt von der Ver= mittelung des Göttlichen in ihm. Musik giebt dem Geist die Be= ziehung zur Harmonie. Ein Gedanke abgesondert hat doch das Gefühl der Gesammtheit, der Verwandtschaft im Geist; so ist jeder Gedanke in der Musik in innigster, untheilbarster Verwandtschaft mit der Gesammtheit der Harmonie, die Einheit ist.

Alles Elektrische regt den Geist zu musikalischer fließender, aus= strömender Erzeugung.

Ich bin elektrischer Natur. — Ich muß abbrechen mit meiner unerweislichen Weisheit, sonst möchte ich die Probe versäumen, schreiben Sie an Goethe von mir, wenn Sie mich verstehen, aber verantworten kann ich nichts, und ich will mich auch gern belehren lassen von ihm." — Ich versprach ihm, so gut ich's begreife, Dir alles zu schreiben. — Er führte mich zu einer großen Musikprobe mit vollem Orchester, da saß ich im weiten unerhellten Raum in einer Loge ganz allein; einzelne Streiflichter stahlen sich durch Ritzen und Astlöcher, in denen ein Strom bunter Lichtfunken hin= und her= tanzte, wie Himmelstraßen mit seligen Geistern bevölkert.

Da sah ich denn diesen ungeheuren Geist sein Regiment führen. O, Goethe! kein Kaiser und kein König hat so das Bewußsein sei= ner Macht, und daß alle Kraft von ihm ausgehe, wie dieser Beetho= ven, der eben noch im Garten nach einem Grund suchte, wo ihm denn alles herkomme; verstünd' ich ihn so, wie ich ihn fühle, dann wüßt' ich Alles. Dort stand er, so fest entschlossen, seine Bewegung, sein Gesicht drückten die Vollendung seiner Schöpfung aus, er kam jedem Fehler, jedem Mißverstehen zuvor, kein Hauch war unwill= kührlich, alles war durch die großartige Gegenwart seines Geistes in die besonnenste Thätigkeit versetzt. Man möchte weissagen, daß ein solcher Geist in späterer Vollendung als Weltherrscher wieder auftreten werde."

Der Brief, vom 28. Mai 1810 datirt, steht in der Bettinischen Dichtung „Goethe's Briefwechsel mit einem Kinde". Wieviel auch an ihm Dichtung oder Selbstvorspiegelung sei, immer verdient er als Zeugniß, welche Vorstellungen Beethoven in diesem eigenthümlich begabten Geist erweckt, Beachtung.

Diese ganz bestimmt umgränzte Bedeutung behält Bettinens Brief auch neben Schindlers Aeußerung über denselben, der wir unbedenklich beistimmen. Schindler schreibt:

„Wer immer in jenem Goethe's Briefwechsel Band II Seite 190 das liest, was die anscheinend überspannte Bettina in dem Briefe vom 28. Mai 1810 unsern Beethoven sagen läßt, der kann nicht umhin, sich in ihm einen Schöngeist und monströsen Worthelden zu denken, — und sehr irrig. Die Art und Weise Beethovens, sich in Allem und Jedem auszudrücken und zu erklären, war sein ganzes Leben hindurch die einfachste, kürzeste und bündigste, so in der Rede, so in der Schrift, wie letztere es überall dokumentirt. In schönen, gezierten Phrasen reden zu hören, oder so Geschriebenes zu lesen, war ihm schon als der Natur zuwider unangenehm, viel weniger ihm selber geläufig; überall einfach, schlicht, ohne Spur eines Gepränges, so war Beethoven ebenfalls in der Konversation. Daß er über seine Kunst so dachte, wie Bettina schreibt, daß er in ihr eine höhere Offenbarung erkannte und sie über alle Weisheit und Philosophie stellte, das war ein Thema, über das er wohl öfter sprach, aber es stets mit Wenigem beseitigte. Mit welcher Rücksicht er dabei noch auf andre Künste und Wissenschaften blickte, die er alle im nahen Zusammenhange mit s e i n e r Kunst hielt, war noch besonders bemerkenswerth. — Wie würde nun Beethoven staunen über all' das schöne Gerede, das ihm die angenehm schwatzende Bettina in den Mund legt, welches in einem p o e t i s c h e n Werke über den Meister recht wohl am Platze wäre, so aber in der That seinem ganzen n a t ü r l i c h e n Wesen entgegen ist! Er würde unbezweifelt sagen: meine liebe, wort- und gedankenreiche Bettina, Sie hatten einen „Raptus", als Sie jenes an Goethe schrieben."

Dasselbe Urtheil müssen wir über die nachfolgenden drei Briefe fällen, die Beethoven an Bettina geschrieben hat — oder geschrieben

haben soll*). Sie sind aus dem Supplement der englischen Ueber=
setzung von Beethovens Biographie genommen.

I.

Wien 11. August 1810.

Theuerste Bettina!

Kein schönerer Frühling als der heurige, das sage ich und
fühle es auch, weil ich Ihre Bekanntschaft gemacht habe. Sie haben
wohl selbst gesehen, daß ich in der Gesellschaft bin, wie ein Frosch
auf dem Sand, der wälzt sich und wälzt sich und kann nicht fort,
bis eine wohlwollende Galatea ihn wieder in's gewaltige Meer
hineinschafft. Ja ich war recht auf dem Trocknen, liebste Bettine,
ich ward von Ihnen überrascht in einem Augenblick, wo der Miß=
muth ganz meiner Meister war; aber wahrlich er verschwand mit
Ihrem Anblick, ich hab's gleich weggehabt, daß Sie aus einer an=
dern Welt sind, als aus dieser absurden, der man mit dem besten
Willen die Ohren nicht aufthun kann. Ich bin ein elender Mensch
und beklage mich über die andern!! — Das verzeihen Sie mir
wohl mit Ihrem guten Herzen, das aus Ihren Augen sieht, und
Ihrem Verstand, der in Ihren Ohren liegt; — zum wenigsten ver=
stehen Ihre Ohren zu schmeicheln, wenn sie zuhören. Meine Ohren
sind leider, leider eine Scheidewand, durch die ich keine freundliche
Kommunikation mit Menschen leicht haben kann. Sonst! — Viel=
leicht! — hätt' ich mehr Zutrauen gefaßt zu Ihnen. So konnte
ich nur den großen, gescheiten Blick Ihrer Augen verstehen, und
der hat mir zugesetzt, daß ich's nimmermehr vergessen werde. —

*) Unberechtigt wird Niemand den Zweifel an der Aechtheit finden, der sich
aus Riemers Untersuchungen über Bettinens Roman, „Goethe's Briefwechsel mit
einem Kinde", nämlich mit ihr, von der . . . . Phantastik oder Selbstbedichtung
überzeugt hat, die jene geistreiche Frau sich gestattete. Warum sollte nicht Beet=
hoven aus ihren Augen Themate schöpfen, wie Göthe aus ihren Briefen So=
nette, — aus denen sie die Briefe fabrizirt hatte. In dieser beglückenden Perso=
nen=Verwechslung mag sie Augen bei Beethovenschen Thematen gemacht haben,
bis sie sich endlich überredete, die Themate seien aus ihren Augen gemacht.

Liebe Bettine, liebstes Mädchen! — Die Kunst! — Wer versteht
die, mit wem kann man sich bereden über diese große Göttin! —
Wie lieb sind mir die wenigen Tage, wo wir zusammen schwätzten,
oder vielmehr korrespondirten; ich habe die kleinen Zettel alle auf=
bewahrt, auf denen Ihre geistreichen, lieben, liebsten Antworten
stehen. So hab' ich meinen schlechten Ohren doch zu verdanken,
daß der beste Theil dieser flüchtigen Gespräche aufgeschrieben ist.
Seit Sie weg sind, hab' ich verdrießliche Stunden gehabt, Schatten=
stunden, in denen man nichts thun kann; ich bin wohl an drei
Stunden in der Schönbrunner Allee herum gelaufen, als Sie weg
waren, und auf der Bastei: aber kein Engel ist mir da begegnet,
der mich gebannt hätte, wie Du Engel. Verzeihen Sie, liebste
Bettine, diese Abweichung von der Tonart; solche Intervalle muß
ich haben, um meinem Herzen Luft zu machen. Und an Goethe
haben Sie von mir geschrieben, nicht wahr? — daß ich mei=
nen Kopf möchte in einen Sack stecken, wo ich nichts höre
und nichts sehe von allem, was in der Welt vorgeht, weil
Du, liebster Engel, mir doch nicht darin begegnen wirst. Aber
einen Brief werde ich doch von Ihnen erhalten? — Die Hoffnung
nährt mich, sie nährt ja die halbe Welt, und ich hab' sie mein
Lebtag zur Nachbarin gehabt, was wäre sonst mit mir geworden? —
Ich schicke hier mit eigner Hand geschrieben: „Kennst du das Land",
als eine Erinnerung an die Stunde, wo ich Sie kennen lernte, ich
schicke auch das andere, was ich komponirt habe, seit ich Abschied
von Dir genommen habe, liebes, liebstes Herz! —

> Herz, mein Herz, was soll das geben,
> Was bedränget dich so sehr?
> Welch' ein fremdes, neues Leben!
> Ich erkenne dich nicht mehr.

Ja, liebste Bettine, antworten Sie mir hierauf, schreiben Sie
mir, was es geben soll mit mir, seit mein Herz ein solcher Rebelle
geworden ist. Schreiben Sie Ihrem treusten Freund

Beethoven.

II.

Wien am 11. Febr. 1811.

Geliebte, liebste Bettine!

Ich habe schon zwei Briefe von Ihnen und sehe aus Ihrem Briefe an Ihren Bruder, daß Sie sich meiner und zwar viel zu vortheilhaft erinnern. — Ihren ersten Brief hab' ich den ganzen Sommer mit mir herumgetragen, und er hat mich oft selig gemacht. Wenn ich Ihnen auch nicht so oft schreibe, und Sie gar nichts von mir sehen, so schreibe ich Ihnen 1000 mal tausend Briefe in Gedanken. — Wie Sie sich in Berlin in Ansehung des Weltgeschmeißes finden, könnte ich mir nicht denken; wenn ich's nicht von Ihnen gesehen hätte; vieles Schwätzen über Kunst ohne Thaten!!!!! Die beste Zeichnung hierüber findet sich in Schiller's Gedicht: „Die Flüsse", wo die Spree spricht.

Sie heirathen, liebe Bettine, oder es ist schon geschehen, und ich habe Sie nicht einmal zuvor noch sehen können! so ströme denn alles Glück Ihnen und Ihrem Gatten zu, womit die Ehe die Ehelichen segnet. — Was soll ich Ihnen von mir sagen! — „Bedaure mein Geschick" rufe ich mit der Johanna aus; rette ich nur noch einige Lebensjahre, so will ich auch dafür, wie für alles übrige Wohl und Wehe, dem alles in sich Fassenden, dem Höchsten danken. — An Goethe, wenn Sie ihm von mir schreiben, suchen Sie alle die Worte aus, die ihm meine innigste Verehrung und Bewunderung ausdrücken. Ich bin eben im Begriff ihm selbst zu schreiben wegen Egmont, wozu ich die Musik gesetzt, und zwar blos aus Liebe zu seinen Dichtungen, die mich glücklich machen; wer kann aber einem großen Dichter genug danken, dem kostbaren Kleinob einer Nation? — Nun nichts mehr, liebe, gute Bettine, ich kam diesen Morgen um 4 Uhr erst von einem Bacchanal, wo ich so gar viel lachen mußte, um heute beinahe eben so viel zu weinen; rauschende Freude treibt mich oft gewaltthätig in mich selbst zurück. — Wegen Klemens vielen Dank für sein Entgegenkommen. — Was die Kantate betrifft, so ist der Gegenstand für hier nicht wichtig genug, ein anderes ist sie in Berlin; was die Zueignung, so hat die Schwester diese so sehr eingenommen, daß dem Bruder nicht viel übrig bleiben wird, ist ihm damit auch gedient?

Nun lebe wohl, liebe, liebe Bettine, ich küsse Dich auf Deine Stirne, und drücke damit, wie mit einem Siegel, alle meine Gedanken für Dich auf. — Schreiben Sie bald, bald*) oft Ihrem Freunde   Beethoven.

Beethoven wohnt auf der Mölker Bastei im Pasqualati'schen Hause.

III.
Liebe gute Bettina!

Könige und Fürsten können wohl Professoren machen und Geheimräthe 2c. und Titel und Ordensbänder umhängen, aber große Menschen können sie nicht machen, Geister, die über das Weltgeschmeiß hervorragen, das müssen sie wohl bleiben lassen zu machen, und damit muß man sie in Respekt halten; wenn so zwei zusammenkommen, wie ich und der Goethe, da müssen auch große Herren merken, was bei unser Einem als groß gelten kann. Wir begegneten gestern auf dem Heimwege der ganzen kaiserlichen Familie. Wir sahen sie von weitem kommen, und der Goethe machte sich von meiner Seite los, um sich an die Seite zu stellen; ich mochte sagen was ich wollte, ich konnte ihn keinen Schritt weiter bringen; ich drückte meinen Hut auf den Kopf, knöpfte meinen Oberrock zu, und ging mit untergeschlagenen Armen mitten durch den dicksten Haufen. — Fürsten und Schranzen haben Spalier gemacht, der Erzherzog Rudolph hat den Hut abgezogen, die Frau Kaiserin hat gegrüßt zuerst. — Die Herrschaften kennen mich. — Ich sah zu meinem wahren Spaß die Prozession an Goethe vorbei defiliren. Er stand mit abgezogenem Hute tief gebückt an der Seite. Dann hab'

---

*) Höchst frauenzimmerlich und höchst unbeethovenisch diese ewigen Wiederholungen: „liebe, liebste . . . . liebe, liebe . . . . liebe, gute . . . . bald bald!" und diese zwei Jahr lange Liebeserklärung ohne Liebe!

ich ihm auch den Kopf gewaschen, ich gab keinen Pardon und hab ihm alle seine Sünden vorgeworfen, am meisten die gegen Sie, liebste Bettina! wir hatten gerade von Ihnen gesprochen. Gott! hätte ich eine solche Zeit mit Ihnen haben können, wie der; das glauben Sie mir, ich hätte noch viel, viel mehr Großes hervorgebracht. Ein Musiker ist auch ein Dichter, er kann sich auch durch ein paar Augen plötzlich in eine schönere Welt versetzt fühlen, wo größere Geister sich mit ihm einen Spaß machen. Was kam mir nicht alles in den Sinn, wie ich Dich kennen lernte, auf der kleinen Sternwarte, während des herrlichen Mairegens, der war auch ganz fruchtbar für mich, die schönsten Thema's schlüpften damals aus Ihren Blicken in mein Herz, die einst die Welt noch entzücken sollen, wenn der Beethoven nicht mehr dirigirt. Schenkt mir Gott noch ein paar Jahre, dann muß ich Dich wieder sehn, liebe, liebe Bettina, so verlangt's die Stimme, die immer Recht behält in mir. Geister können einander auch lieben, ich werde immer um den Ihrigen werben. Ihr Beifall ist mir am liebsten in der ganzen Welt. Dem Goethe habe ich meine Meinung gesagt, wie der Beifall auf unser Einen wirkt, und daß man von seines Gleichen mit dem Verstand gehört sein will; Rührung paßt nur für Frauenzimmer (verzeih' mir's), dem Mann muß Musik Feuer aus dem Geist schlagen. Ach liebstes Kind, wie lange ist's schon her, daß wir einerlei Meinung sind über alles!!! — Nichts ist gut, als eine schöne, gute Seele haben, die man in allem erkennt, vor der man sich nicht zu verstecken braucht. Man muß was sein, wenn man was scheinen will; die Welt muß einen erkennen, sie ist nicht immer ungerecht. Daran ist mir zwar nichts gelegen, weil ich ein höheres Ziel habe. — In Wien hoffe ich einen Brief von Ihnen, schreiben Sie bald, bald und recht viel, in acht Tagen bin ich dort, der Hof geht morgen, heute spielen sie noch einmal. Er hat der Kaiserin die Rolle einstudirt, sein Herzog und er wollten, ich solle was von meiner Musik aufführen, ich hab's beiden abgeschlagen, sie sind beide verliebt in chinesisch Porzellan, da ist Nachsicht von Nöthen, weil

der Verstand die Oberhand verloren hat, aber ich spiele zu ihren
Verkehrtheiten nicht auf, absurdes Zeug mach' ich nicht auf gemeine
Kosten mit Fürstlichkeiten, die nie aus der Art Schulden kommen.
Adieu, Adieu Beste, Dein letzter Brief lag eine ganze Nacht auf
meinem Herzen und erquickte mich da, Musikanten erlauben sich alles.

Gott wie lieb' ich Sie!

Teplitz, August 1812.

Dein treuster Freund und tauber Bruder
Beethoven."

Diese Briefe, — man hat vielleicht nicht das Recht, sie geradezu
für erdichtet zu erklären, wenigstens liegt kein juridischer Beweis der
Unächtheit, so wenig wie der Aechtheit vor, — wenn sie nicht erdich=
tet sind, so sind sie übersetzt ..... aus der Beethoven=Sprache in die
Bettinen=Sprache. Niemals, — man vergleiche alle Briefe und Auf=
sätze, die von Beethoven vorliegen, mit jenen Bettinensischen Epi=
steln, — niemals hat Beethoven so geschrieben. Er ist überall kurz=
gefaßt; nur in seinen Herzensergießungen läßt er sich weit gehn;
das Herz fließt ihm gut musikalisch über und kein Wort kann ihm
genügen, er wiederholt sich sogar, aber immer in kindlicher Herzens=
einfalt. Hat er an Bettina geschrieben, so hat sie seine Briefe über=
dichtet, — und nicht einmal geschickt; es ist dann Beethoven im
verwirrenden Spiegelrahmen Bettina.

Wir müssen uns hierin ungläubiger bezeigen als Schindler selbst,
der die Erzählung von Beethoven's und Goethe's Begegnen mit dem
kaiserlichen Hofe in Teplitz anerkennend hervorhebt. Gerade sie
scheint uns den Stempel der Unächtheit an sich zu tragen. So
zeigt sich nicht Unabhängigkeitssinn, der allerdings Beethoven eigen
war, sondern Renommisterei, — und die hat Beethoven niemals
blicken lassen. Auch geht man nicht mit untergeschlagenen Armen
(schon weil es unbequem und im August zu heiß ist), sondern Bet=
tine hat das Bild eines freien Mannes zeichnen wollen und es ist
ein Handwerksbursch geworden. Allerdings ist es selbst begabtern

Frauen, einer George Sand zum Beispiel, unmöglich, einen rechten Mann darzustellen.

Wie es sich auch mit jenen Briefen verhalte, so hat sich doch Frau von Arnim gegen Beethoven stets theilnehmend und selbst hülfreich zu nehmen gewußt. Sie war es, die seine Bekanntschaft mit Goethe im Sommer 1812 in Teplitz vermittelte (oder vermittelt haben soll) und ihn mit dem Hause Brentano in Frankfurt in Beziehung brachte, an welchem er mehr als einmal einen Freund in der Noth fand. Schindler bezeugt das, indem er einen Brief Beethoven's aus dem Februar 1823 mittheilt: „Sehen Sie doch einen Menschenfreund aufzutreiben, der mir auf eine Bankaktie leiht, damit ich erstens den Edelmuth meiner Freunde Brentano nicht zu sehr prüfen müsse, und selbst durch den Aufenthalt dieses Geldes nicht in Noth gerathe, welches ich den schönen Anstalten und Vorkehrungen meines theueren Herrn Bruders zu verdanken habe." Es waren ihm nämlich Gelder ausgeblieben.

Von höherer Bedeutung war das Verhältniß Beethoven's zur Gräfin Marie Erdödy. Dies Verhältniß, von ihrer Seite ganz selbstlose Verehrung, von seiner Seite Freundschaft, sollte sein Denkmal in den

Deux Trios pour Piano, Violon et Violoncelle, Oe. 70 finden, die 1809 erschienen und der Freundin gewidmet sind.

Ist bei ihrer Dichtung Beethoven's Phantasie jemals zu seiner Freundin hinübergeschwebt, oder hat sich durch die Erinnerung an sie angeregt gefühlt: so muß diese Marie Erdödy ein bedeutendes Wesen gewesen sein. Die Komposition verräth nichts, was sichern Anhalt gäbe. Allein es wär' ein kläglich beschränktes Mißverstehn des Dichterwesens, wollte man annehmen, es sei an persönliches Erlebniß gebunden, der Dichter schreibe nothwendig jederzeit aus seinem dermaligen Zustande heraus, weil das allerdings auch geschieht, wie die Cis moll-Sonate zeigt.

Die Trio's sind von verschiedener Natur. Das erste, D dur, ein machtvolles Idealstück, Seelenbild, fast ganz enthüllte Situation, während das andre, Esdur, nichts als unterhaltende und anregende Musik zu bieten scheint. Immer und immer wieder, bis in die letzte Zeit, kehrt Beethoven von idealen Schöpfungen mit Liebe und Nachdruck zu diesem reinen „Musikmachen" zurück; das ist die Muttererde, die den Wurzeln Halt und erste Nahrung giebt, damit die Pflanze nicht nach Art schwächlicher Orchideen in der Luft schwebe, die verhütet, daß der ohnehin leicht phantastisch angeregte Geist des Musikers sich nicht gar verflüchtige und statt fester Lebensgestalten haltlose Traumgebilde zeuge, herübergelogen aus dem Reiche des freien Geistes in das Leben der Tonwelt.

Jenes erste Trio nun, aus Ddur, ist sicher frei von jeder persönlichen Beziehung; und so gewiß es bestimmtern Anschauungen Leben giebt, ebenso gewiß wurzelt die Idee desselben sicher und fest im Leben der Tonwelt. Der Geist träumt nicht neben den Tönen, er hat sich seinen Leib gebaut aus diesen Tönen. Das ist diese **Geist=Leiblichkeit***), die auf der einen Seite das Phantasma des irren Geistes, auf der andern die Prosa des Materialismus und Formgespieles hinter sich zurückläßt.

Der erste Satz tritt sogleich rasch entschlossen

vor, stockt, sogar auf Moll, und zieht einen zweiten Satz (der Hauptpartie) erwägenden Sinnes

u. s. w.

---

*) „Musik des neunzehnten Jahrhunderts."

nach sich. Aber eben hier stählt sich die zu Anfang gezeigte Ener=
gie. Das Motiv des Bedenkens hat sich schon aus

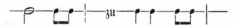

zu höherer Erregung gesteigert, es belebt sich zu

arbeitet unter heftigen Einschlägen des Piano auf die zweiten Vier=
tel und unter tiefem Sechszehntel=Arpeggio (F A c f) in Violin und
Violoncell

bis endlich der erste Gedanke zu Prachtklängen des Flügels

sich triumphirend emporhebt und unter Verdoppelung der Streich=
instrumente behauptet.

Hier bildet sich in A dur zu der fortwogenden Figur des vori=
gen Satzes

auf dem Flügel der Seitenfaß in dieser Rhythmik

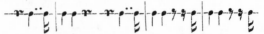

mit dem Sinn gespannter, unruhiger, gehemmter Erwartung. Zu dem bebenden Verklingen des Piano (unten die Quinte D—A, oben in der dreigestrichenen Oktave Trillerfigur) kommen die Saiteninstrumente auf den bedenkenvollen zweiten Hauptsatz

und bilden unter dem hinabfliegenden Arpeggio des Piano, den Schluß.

Durchweg liegen die Instrumente weitgespannt, das Piano — das Phantasie-Instrument, — oft um drei Oktaven weit, und die Bogeninstrumente zwischen inne.

Hier in diesem ganzen Vorgang ist kein offner Kampf, kein Ringerwerk, auch nicht mit dem Schicksal, (Beethoven kommt niemals auf Abgethanes zurück) überhaupt keine Tagesthat. Es ist ein großer Drang, ein dunkles Unterfangen, das im Lichte (E dur) sich nicht behaupten kann und doch nicht abläßt. Man wird an das alte Magna volvit in animo (große Entschlüsse wälzt er im Geist) erinnert.

Vier Nachschläge des a im ppp lassen den ersten Theil ganz verklingen; der zweite faßt vor allen Dingen den entschlußvollen Hauptsatz fester an

und wendet sich in der Wiederholung damit nach D. Hier drängt
sich wieder das erste Motiv des erwägungsvollen zweiten Haupt=
satzes, der ohnehin dem ersten entsprungen und verwandt ist, in
sanftem Hin und Her mahnend an,

und es steigt über dem in Sechszehnteln, in Oktaven ausschallen=
den Grundton F̲-F das Bedenkmotiv im Piano hinab, während in
den Saiteninstrumenten das andere entgegentritt

und sich sanft anbringend in diesen neugebildeten Satz

verwandelt.

Was sich weiter hier durchkämpfen will, wie der dritte Theil
urplötzlich nach B umschlägt bis zu der Rückkehr des triumphiren=
den Satzes, der diesmal auf A erscheint, — das Alles bleibe un=
erwähnt. Gern geben wir zu, daß jede Deutung des bisher Ge=
gebenen angezweifelt werden kann. Man kann — dies ist ja mei=
stens möglich — sich dabei zufriedenstellen, daß hier die drei In=
strumente ihr Tonspiel mit einander getrieben, nur in eigenthüm=
licher, bisweilen wunderlicher Weise. Dies sei, wird man dann
zufügen müssen, in aller Formgediegenheit und sehr stetiger Ent=
wickelung geschehn. Es sei darum.

Aber nun kommt der zweite Satz, Largo assai ed espressivo. Er hat dem ganzen Werk unter den Musikern von Alters her den Namen „das Fledermaustrio" erworben, denn im Largo wurden sie von der Ahnung seines unheimlichen Inhalts unversehens und unvermeidlich überschlichen. Ein gewiegter und sehr gescheuter Komponist, taghell wie die Prosa und sicher in seiner artigen Begabung und Geschicklichkeit, richtete sich bei diesem Largo höher und höher verwundert hinhorchend auf und fragte staunenvoll: „Was will er? wie kommt er dazu? Alles hab' ich verstanden, nur das nicht!" Er karakterisirte sich und das Nachtgedicht zugleich in dieser Frage; dergleichen

— es fehlt der Glaube! —

fand in ihm keine Stätte.

Denn hier, gleich vom ersten Einsatz der beiden Bogeninstrumente mit dem Piano an, der leis' an jenes bedenkenvolle Motiv des ersten Satzes erinnert,

thut sich für den, der schauen kann, das nächtige Reich auf, (il regno del pianto eterno,) mit thränennaher bleicher Angst von schreck = eindröhnenden unvorhergesehenen Donnern durchschüttert, ganz überfüllt von langhinabzitterndem leisen Stöhnen. Unter dem Beben des Piano setzten die Saiteninstrumente den Wechselsang der beiden Motive, die sich oben Takt 1 und 2 gezeigt, fort. Die Wiederholung des Anfangs, anders gewendet, kommt beinah' — aber doch nicht ganz im hellen C zur Ruhe, fast zu einer gewissen Kraft, die aber in langer Klage dahinstirbt. Es ist ein weiter Gang durch pfadlose Finsternisse. Dahin also zielte das Aufraffen, Entschlußfassen und Anstreben und zweifelvolle Zurücktreten des ersten Satzes!

Im Zusammenhang' erklärt Eins das Andere; Leben ist Zusammenhang und Folge haben, ohne Zusammenhang und Folge kann Leben nicht gefaßt werden.

Genug für die Verstehenden, für die Andern zuviel.

Der dritte Satz, das Finale D dur, hat sich frisch für's Leben ermannt. Aber nach solcher Nacht gelingt das nicht sobald; zweimal bricht das Thema zweifelhaft ab, einmal auf der Dominante von H moll unvollkommen, unbefriedigt, dann auf dem Dominantakkorde schließend, der auch nicht befriedigt.

Auch die Achtelwogen aus dem ersten Satze kehren wieder, jetzt aber mit frischerem Muth erfüllt; höhere Kraft ist errungen. Diesmal hat die Unterwelt ihre Beute nicht festgehalten, der Schlußsatz, wieder im Anklang an den E dur - Satz des ersten Allegro,

schaut weit hinaus in das Leben. —

Ueber das andere Trio wollen wir E. T. A. Hoffmann vernehmen, in dankbarer Erinnerung, daß er der Erste war, der über Beethoven, über die C moll-Symphonie, mit verstehendem Herzen gesprochen.

„Das fließende, in einem ruhigen Karakter gehaltene Thema des Einleitungssatzes wird von den drei Instrumenten in einer kanonischen Imitation vorgetragen. Unerachtet des Sechsachtel-Taktes, der sonst dem Hüpfenden, Scherzhaften so eigen ist, behauptet das Allegro einen ernsten abligen Karakter. Unwillkürlich ward ich an manche Mozartsche Komposition gleichen Schwunges, vorzüglich an das Allegro der herrlichen Symphonie in Esdur erinnert, die unter dem Namen des Schwanengesanges bekannt ist; ich spreche von dem Thema, nicht von der Ausführung und Struktur des Satzes, in der wieder der Beethovensche Genius auf die originellste Weise hervortritt. In den Sechsachtel = Takt umgeschrieben, tritt am Ende, wiederum kanonisch imitirt, das Thema des Einleitungssatzes auf. So wie der Satz hier gestellt ist, klingt er wie ein unerwartet eintretender Choral, der das künstliche Gewebe plötzlich durchbricht, und wie eine fremde wunderbare Erscheinung das Gemüth aufregt. Es beweiset den überschwenglichen Reichthum des genialen Meisters, der die Tiefen der Harmonie ergründet, daß einem einzigen Gedanken von ein paar Takten so viele Motive entsprießen, die sich ihm, wie herrliche Blüten und Früchte eines fruchtbaren Baumes, darbieten. Im zweiten Theil ist ein enharmonischer Uebergang aus Desmoll in Hdur. In dem Flügel und dem Violoncelle hat B. Cesdur vorgezeichnet, die Violine aber schon Hdur nehmen lassen. Offenbar, weil die Intonation nach den vorhergegangenen Pausen dem Spieler sehr erleichtert wurde. Das Allegretto Cdur hat ein gefälliges singbares Thema nach Art der Symphonien Haydn's aus variirenden Zwischensätzen im Minore, nach denen das Hauptthema immer wieder im Majore lichtvoll eintritt, gewebt. Das herrliche Thema des Allegretto in Asdur, das eigentlich der durch Haydn unter dem Namen Menuetto eingeführte pikante Mittelsatz ist, erinnert an den hohen edlen Adlerschwung Mozartscher Sätze ähnlicher Art. Im Trio modulirt der Meister in keckem Vertrauen auf seine Macht und Herrschaft über das Reich der Töne, höchst unerwartet. Man sieht da, welchen Reichthum pikanter Effekte das enharmonische System darbietet; aber Rezensent dürfte die Meinung jedes ächten, geschmackvollen Musikers für sich haben, wenn er den Gebrauch dieser Mittel nur dem tief erfahrenen Meister vertraut, und jeden, der noch nicht in den innersten Zauberkreis der Kunst getreten, recht sehr davor warnt. Nur der Künstler, der den excentrischen Flug seines Genie's durch das eifrigste Studium der Kunst zügelte, der so die höchste Besonnenheit erlangte, weiß es klar und sicher, wo er die frappantesten Mittel der Kunst mit voller Wirkung anwenden soll. Im Final ist wie im ersten Trio ein fortdauerndes, immer steigendes Treiben und Drängen; Gedanken, Bilder jagen in rastlosem Flug vorüber und leuchten und verschwinden wie zuckende Blitze — es ist ein freies Spiel der aufgeregten Phantasie. Und doch ist dieser Satz wieder aus wenigen kurzen Gedanken, aus innigst mit einander verwandten Figuren gewebt. Es giebt in diesen Trios, wenn von bloßer Fingerfertigkeit und halsbrechenden Passagen auf und ab mit beiden Händen, in allerlei seltsamen Sprüngen und possierlichen Capriccio's die Rede ist, im Flügel gar keine besondere Schwierigkeit und doch ist ihr Vortrag bedingt recht schwer."

Drittes Buch.

———

1818 — 1827.

Mit frischen Segeln.

So weit hatten eigne Kraft und glücklicher Erfolg Beethoven ge=
tragen, daß er Alles unternehmen konnte, daß sich Alles, was ein
glanzvolles Musikfest begehrte, gern an ihn wandte und man ge=
genseitig des Erfolgs sicher war.

Doch nicht immer. Das sollte das erste der hier zur Be=
trachtung kommenden Werke klar machen. Es war die erste Messe,
die Beethoven schrieb und die unter dem Titel

Messa a quattro Voci coll' accompagnamento dell' Orchestra

(Drei Hymnen u. s. w.)

als Op. 86 bei Breitkopf und Härtel in Partitur herauskam. Außer
dem Orchester ist auch auf Orgelbegleitung gerechnet, neben den
vier Chorstimmen kommen vier Solo=Stimmen zur Mitwirkung.

Wie kam Beethoven zur Komposition einer Messe? — Die
äußerliche Antwort ist: er hat sie auf Veranlassung des Fürsten
Paul Esterhazy oder in Rechnung auf ihn unternommen; in der
That wurde sie im Jahr 1810 zu Eisenstadt, der Sommer=Residenz
des Fürsten, vor demselben zum erstenmal unter Beethovens Leitung
in Gegenwart Hummels, der Kapellmeister des Fürsten war,
aufgeführt.

Ein solcher Anlaß genügt für die meisten Musiker; wie viele
gehen sogar ohne weitern Antrieb, als die Lust, sich einmal an den

10*

Chor= und Orchestersatz zu ersättigen, an kirchliche Komposition.
Es ist nichts dagegen zu sagen. Allein bei einem Beethoven darf
und muß man ernstlicher fragen; denn der Sinn, in dem ein Werk
unternommen wird, entscheidet zuerst über den Erfolg.

Hier muß man sich nun vor Allem sagen, daß in jener Zeit
weder die Inbrunst, zu der die lutherische Kirche sich einige Jahr-
zehnte zuvor in Bach und Händel erhoben, noch das Macht= und
Prachtgefühl, das die katholische Kirche ältern italischen und andern
Komponisten erweckt hatte, erwartet werden durfte. Nicht einmal
jene kindliche Eingewohntheit eines Haydn und Mozart, die lebenslang im Verband mit ihrer Kirche und in Thätigkeit für sie geblieben
waren, konnte Beethoven zu statten kommen. War er auch kein
Atheist, wie Haydn ihn einst gescholten, so war er doch eben so
wenig seinem Innern nach Katholik. Wandte sich sein Geist bisweilen den Vorstellungen des Göttlichen zu, so fand er nicht im Glauben
der Kirche seine Befriedigung, sondern im Sinnen oder im Staunen
über das Unendliche. Wir haben schon einmal (Th. I. S. 323) jener
Inschrift gedacht, die ihm so bedeutsam erschienen war. In den Händen
eines Handschriften=Sammlers hat sich ein Quartblatt gefunden,
von Beethoven mit großen kühnen Zügen geschrieben, buchstäblich
also beginnend:

„Gott ist immateriell; da er unsichtbar ist, so kann er keine Gestalt haben. Aber aus dem, was wir von Seinen Werken gewahr werden, können wir schlüßen, daß er ewig, allmächtig, all-
wissend und allgegenwärtig ist. Was frei ist von aller Gelüst
und Begier, das ist der Mächtige" u. s. w.

zwei Seiten voll theosophischen Inhalts dieser Art.

Das letzte Zeugniß von seinem Standpunkte legte er spät, im
April 1823 ab, also nach der Komposition seiner zweiten Messe.
Damals erhielt er den deutschen Text, den der Musikdirektor Scholz
aus Warmbrunn seiner ersten Messe untergelegt hatte; der Messen-
text und Gehalt ist da ganz beseitigt und die Musik ist zu „drei
Hymnen" verwendet. Bei der Parodie auf „qui tollis" floßen

ihm die Augen über und er sagte tiefgerührt: „Ja, so habe ich ge=
fühlt, als ich dieses schrieb!" Er beabsichtigte sogar, auch die
zweite Messe durch Scholz paraphrasiren zu lassen; nur der Tod
desselben machte das unausführbar.

Nun haben zwar allerdings Kunst und Kunstkritik im Allge=
meinen nicht nach dem Glaubensbekenntnisse zu fragen. Wenn man
aber einen Glaubenstext behandelt, ohne seinen Inhalt tief und innig
gefaßt zu haben, wenn man sogar sein Gefühl nicht in ihm, sondern
in ganz andern, später von fremder Hand herzugebrachten Worten
ausgesprochen findet: so muß ein tiefer Einklang von Wort und
Ton wohl bezweifelt werden.

Und das erweist sich, wie uns scheint, an dieser Messe von
Beethoven. Er steht zu hoch, als daß sein Andenken geschmälert
würde, wenn man wirklich an einzelnen Werken gewahr wird, daß
auch ihm wie jedem Menschen eine Schranke gesetzt war, die er nicht
hat überschreiten mögen oder können. Dergleichen muß ausgesprochen
werden und kann es, gegenüber den jüngern Kunstgenossen, nicht
stark genug. Sie müssen inne werden, daß selbst die eminente
Begabung eines Beethoven keinen vollen Ersatz bietet, wenn die
beiden andern Bedingungen vollkommenen Gelingens, Vorbildung
für die bestimmte Aufgabe und vollständige Hingebung an dieselbe,
nicht erfüllt sind. Beethoven — wir wagen es auszusprechen, weil
wir es für wahr halten müssen — fehlte für die Messe nicht blos
der konfessionelle Anschluß an ihren Inhalt und Zweck, sondern
auch das Einheimisch=Sein in der Chorkomposition, die, wie jede
Kunstgattung, ihre eigenen Bedingungen hat und namentlich ohne
kräftiges und treues Erfassen des Worts, das in den Stimmen
dramatisch wird und sie zu selbstständiger Persönlichkeit erhebt, nicht
vollkommen gelingen kann, aus diesem Grund auch vorzugsweis
polyphone — das heißt eben dramatische Fassung und wohlerwogne
bestimmte Gruppirung der Stimmen fodert.

Zum Glück ist es nicht unsers Berufs, hier eine Kritik zu
liefern; für die Gegenwart ist sie unnöthig, weil das Werk ohnehin

in ihr keine Stellung erworben hat, die dem Namen Beethoven entspräche, — für die Nachwelt noch mehr, die hat ganz andere Werke von Beethoven zu erfassen. Im Allgemeinen darf ausgesprochen werden: hier ist Beethoven nicht der, den wir lieben und verehren. In diesem homophonen, liedförmig angelegten Kyrie-Christe,

in der zweiten Melodifizirung derselben Worte, deren es nicht bedurft hätte, die unmöglich gewesen wäre, wenn die erste Fassung aus vollem Herzen gekommen wär' und das Herz ganz eingenommen gehabt hätte,

in diesen Fugato-Themen

in dem einschmeichelnden — mehr wüßten wir nicht zu sagen — Benedictus: in alle dem vernehmen wir nicht mehr, als alle lo-

benswerthen Messenkomponisten jener Zeit, die Hummel, und wie
sie alle heißen, auch gegeben. Sie alle, und hoch oben über allen
Haydn und Mozart, hatten den Vortheil vor Beethoven voraus,
daß sie sich dem damaligen, die Sache des Kultus leicht und gefällig nehmenden Sinn der Geistlichkeit und der Gemeinde anbe-
quemten, weil sie selber in der Gemeinde standen. In Beethoven
rang aber die nimmerruhende, stets und überall von bedeutsamen
Klängen erfüllte Phantasie, das Ihrige zu den Worten und Stimmen, mit denen sie sich eingelassen, hinzuzuthun. Wenn er im
benedicimus te den Chor so

bene - dicimus te, ado - ramus te, glo - ri - fi

aus der höhern in die tiefe Lage und wieder hinauf in jene führt,
so ist das ein rein musikalischer Zug, — die tiefe Lage soll den
Schauern der Andacht entsprechen, — wobei nur die Natur des
Gesanges und der Gesangsprache (man erwäge die Sprünge von
$\overline{e}$ nach $\overline{d}$, von $\overline{d}$ nach $\overline{f}$, von $\overline{c}$ nach B von B nach $\overline{h}$) unerwo-
gen und ungefühlt geblieben ist. Und wenn im Benedictus der
ganze Chor ohne irgend einen Anlaß im Texte auf g und c — g
ruht, während die melodische Bewegung in Flöte und Violin

Bene - di - ctus qui ve - - nit bene

liegt: so meint man jenen milden, geheimnißvollen Klang der Hörner zu vernehmen, den Beethoven so sehr liebt und so glücklich zu brauchen gewußt.

Seltsamer Weise zeigen sich hier auch Fälle jener Unbequemlichkeiten und Unangemessenheiten, die sich in der neunten Symphonie und zweiten Messe häufen sollten, wie z. B. das Zuhochsprechen,

o - sanna in ex - cel - sis

nämlich in Lagen, wo natürlicher Weise nicht gesprochen wird und, weil die meisten Stimmen (wo nicht alle) zum Falsett greifen müssen, nicht wohl gesprochen werden kann. Man würde gröblich irren, wenn man dergleichen aus einem Mangel an Kenntniß der menschlichen Stimme und Sprachweise erklären wollte; das Nöthigste darüber ist in einer Stunde zu lehren und in zweien zu lernen; und wie Herrliches hat, gerade in Bezug auf Gesanglichkeit, Beethoven vor und nach der Zeit geleistet, z. B. in den Gellertschen Liedern, in Adelaide, in Fidelio, in der Scene Ah perfido und vielen kleinern Gesängen, die wir nicht betrachten dürfen, dann später in den Ruinen von Athen und im Liederkreis an die ferne Geliebte!

Die höchst merkwürdige Erscheinung — denn sie wiederholt sich von jetzt an — ist auch, wie uns scheint, nicht physikalisch oder pathologisch, sondern nur psychologisch zu erklären. Folge der Gehörsabnahme kann es wenigstens nicht unmittelbar sein, denn Jeder, selbst der thätigste Musiker, hat weit mehr Sprache gehört, also seiner Erinnerung einprägen lassen müssen, als Musik. Auch sind Stimmumfang und Sprachton weit einfachere Erscheinungen als die zusammengesetzten der Harmonie und die weite Sphäre der Melodie und musikalischen Betonung, folglich leichter zu fassen und im Gedächtniß zu bewahren; gerade in der spätern Zeit seines Lebens und Leidens hat aber Beethoven den feinsten, bis dahin von ihm selbst nicht erreichten Sinn für Melodie und Rhythmus bewiesen.

Der Anlaß zu jener Erscheinung scheint vielmehr in Beethovens Grundrichtung zu liegen. Er war von Anfang an der Instrumentenwelt zugewendet, in ihr fand er das Unaussprechliche, das Mysterium, die eigentliche und reine Musik, den unmittelbaren Wiederschein seines eigenen Geistes. Sein Ertauben bestärkte und befestigte nur diese Neigung, indem es ihn vom lebhaftern Verkehr mit den Menschen ausschloß und in sein Inneres zurückwies, ihn gleichsam darin gefangen nahm. Wo nun der Fall eintrat, daß das Wort nicht in seiner Redekraft und besondern Bedeutung ihn faßte und hielt, wo es nur allgemeine Anregung und ein nicht selbständig bestimmender Anhalt für die Komposition ward, da gab er sich seiner Neigung hin, Wort und Stimme verloren ihre selbständige Bedeutung und gingen elementarisch in dem allgemeinen Musikwesen auf. Die Menschen wurden ihm Instrumente, wie die Instrumente ihm Personen geworden waren.

Dies hat sich zuerst in der ersten Messe gezeigt und mußte sich noch in merkwürdigster Weise später entwickeln.

Was nun jene Messe betrifft und ihr nächstes Schicksal, so wirkte noch ein besondrer Umstand auf die Entscheidung darüber ein. Der Fürst hatte besondre Vorliebe für Haydn's Kirchenmusik, hatte sich an sie gewöhnt, so lange Haydn Kapellmeister seines Hauses gewesen war; unmöglich konnte die neue Messe ihm zusagen. Als nun nach der Aufführung Beethoven zu ihm trat, richtete der Fürst im Beisein von Hummel und andern achtungswerthen Personen in gleichgültigem Ton die Worte an ihn: „Aber lieber Beethoven, was haben Sie da wieder gemacht?" Beethoven, schon über diese Anrede betreten, wurd' es noch mehr, als er Hummel neben dem' Fürsten stehn und lachen sah. Er verließ auf der Stelle Schloß und Stadt, hat auch die Messe nicht Esterhazy, sondern dem Fürsten Kinsky gewidmet. Auf Hummel aber richtete sich eine

Erbitterung, die in Beethoven ohne Beispiel ist, und erst auf seinem Sterbelager Versöhnung finden sollte.

Um der anziehenden Frage, die die Messe in Bezug auf Stimmbehandlung angeregt, festern Anhalt zu geben, gesellen wir der Messe gleich außer der Ordnung eine spätere Komposition zu: Meeresstille und glückliche Fahrt, Gedichte von J. W. von Goethe. In Musik gesetzt und dem Verfasser der Gedichte, dem unsterblichen Goethe hochachtungsvoll gewidmet von Ludwig von Beethoven. 112tes Werk.

So hat Beethoven eine der merkwürdigsten Kompositionen überschrieben. Merkwürdig ist sie vor allem schon in der Wahl des Gedichts. Das Gedicht — wir reden vorzüglich vom ersten —

> Tiefe Stille herrscht im Wasser,
> Ohne Regung ruht das Meer,
> Und bekümmert sieht der Schiffer
> Glatte Fläche rings umher.
> Keine Luft von keiner Seite!
> Todesstille fürchterlich!
> In der ungeheuern Weite
> Reget keine Welle sich.

ist eines von denen, die mehr noch durch das, was nicht ausgesprochen wird, als durch das ausgesprochne Wort ergreifen, wofern der Leser die stummen Gedanken zu errathen und zuzufügen weiß. Nicht die Beschreibung, nicht das Bild

> In der ungeheuern Weite
> Reget keine Welle sich.

ist der eigentliche Gedanke des Dichters. Der Geist des Sängers — des Schiffers fühlt sich allein, ein verlorner Punkt auf dem gleißnerisch glatten, tückisch lauernden Ungeheuer, seiner Willkühr hingegeben, die Pulse in der Todesangst stockend, in der ungeheuern Weite keine Flucht. Diese Todesangst des Einsamen, Aufgegebenen, nicht die Beschreibung, die wir lesen, ist die Seele des Gedichts. Ausgesprochen die Todesangst, das hätte ein klein elegisch Gedicht gegeben statt der stillen, in ungeheure Weite wachsenden Anschauung.

Ist das wahr, so muß man anerkennen, daß die Musik dem Gedichte nur nehmen, nicht geben kann. Denn unabänderlich legt sie ihr Gewicht in die Wagschale der Versinnlichung, und überbaut den verschwiegenen Gedanken noch mehr. Goethe's keusche Enthalt=samkeit wirkt mehr, als die glühendsten Farben sinnlicher Darstel=lung vermögen.

Allein nun hatte sich das Gedicht Beethoven's bemächtigt. Ein solcher Funke, in seine Brust geworfen, der in seiner Kunst bis an die äußerste Gränze der Ahnung und des Schweigens gedrungen war: wie mußte er zünden!

Das ganze Orchester, mit vier Hörnern, Trompeten und Pau=ken (vor dem heutigen Franzosenthum viel) und der Chor müssen sich zum Organ des Dichters hergeben. Unerhört gestaltet sich die Stimmlage und alles Uebrige, die glatte tückische Stille zu malen. Regungslos liegen die Saiteninstrumente weit auseinander gezogen, auf D-fis-fis, lauernd, auseinandergescheucht Ober= und Unter=stimmen,

Tie = fe Stil = le herrscht im Wasser

bewegen sich in hohler Oktavenfolge in den Schluß. Schon hier, wie überhaupt im ersten Satze, sind die Akkorde häufig unvollstän=dig gelassen; vierundzwanzig Takte durch wird der Gesang blos vom Pianissimo der Saiten getragen; das

> Keine Luft von keiner Seite,
> Todesstille —

ist von Pausen unterbrochen, mit stumpf abbrechendem Pizzicato begleitet. Erst im fünfundzwanzigsten Takte, zu dem

> Fürchterlich

mischen sich zu den Singstimmen die vier Hörner und die Fagotte;

die übrigen Instrumente schweigen, daß man ungestört die Tiefe dröhnen höre. So ist alles vereint, das bange Schweigen, die falsche Ruhe zu malen.

Wie tief Beethoven von der sinnlichen Vorstellung durchdrungen gewesen, zeigt sich in der an sich unbedeutenden Ausmalung des Wortes Welle, zu der sich jedesmal die Stimmen in leiser Bewegung heben,

Wel = le   Welle   Welle   Wel = le

dergleichen sich im ganzen Satze nicht weiter findet. *) Und damit

---

*) Auch an diesem Falle kann man gewahr werden, wie entblößt von allem Kunstsinne die Erörterung über musikalische Malerei meist geführt worden ist. Wie kann man, ohne das Wesen der künstlerischen Thätigkeit aus den Augen verloren zu haben, nur die Frage aufwerfen, was und wo gemalt werden dürfe? Dürfen setzt Wahlfreiheit voraus; jene Frage wäre daher nur statthaft, wenn es im Belieben des Künstlers stände, zu malen oder nicht. Aber das ist ja so ganz anders! Der Künstler malt nicht, weil er will, weil es ihm eben beliebt, sondern weil er muß, weil die sinnliche Vorstellung ihn durchdrungen, sich seiner bemächtigt hat und unwiderstehlich hervorbricht, wie der gezeitigte Keim durch die härteste Hülse. Der Künstler kann eben so wenig die Absicht haben zu malen, als nicht zu malen, sondern jedes Werk löset sich ihm in seiner Ganzheit aus dem Innern. — Welche Absicht hätte Beethoven bewegen können, das unbedeutende Wort Welle zu malen? Aber er mußte es, denn seine Seele war erfüllt von dem Bilde des Meeres, dies Bild brang in seiner Ganzheit hervor, und dazu gehörte auch das Bild der Welle.

Wer aber ohne diese innere Nothwendigkeit malt, vielleicht weil es Haydn oder sonst wer gethan, der irrt immer, er mag malen, was und wo und wann er will; denn es mangelt dem Wirken seines Geistes jene Einheit und Untheilbarkeit, aus der allein eine vollendete Kunstschöpfung hervorgehn kann. Man kann also für den Künstler nicht Regeln aufstellen, was gemalt werden dürfe, sondern nur das würde, wüßt' ers nicht schon, ihm zu sagen sein: laß dich von deinem Gegenstande ganz durchdringen und ihn dann frei heraustreten, ohne zuzuthun und ohne wegzunehmen.

der Schluß die Vorstellung ungestört fortwirken lasse, unterläßt der Baß seinen besiegelnden Schlußfall von A auf d und tritt in die schwindende nachhallende Tiefe nieder,

während nur das Violoncell das große D pianissimo darunter setzt.

Gleichwohl ist nicht die Schilderung, sondern die Grundidee, wie wir sie oben angedeutet, die Seele der Komposition; Beethoven ist das nicht entgangen; dies verräth sich in Einem, aber einem gewaltigen Zuge. Nach jenem oben beschriebenen

Todesstille fürchterlich

drängen sich zu den Worten

In der ungeheuren — — Weite

zum erstenmal die Singstimmen in enger Harmonielage ängstlich zusammen, um auf „Weite" vom Entsetzen auseinandergeschleudert zu werden.

Hier erst, zu diesem „Weite!" fällt das ganze Orchester (nur Trompeten und Pauken schweigen) mit einem Schrei ein — und die vorige Stille kehrt wieder. Nur dieser Aufschrei des Entsetzens in der angstbeklommenen Stille deutet den Sinn des Ganzen, und fürchterlich trifft er mit dem fürchterlichsten Zug des Gedichts zusammen, — diese ungeheure Weite, die kein Schrei überbringt, kein

Arm durchkämpft, kein Blick bis an's rettende Ufer überfliegt, zerreißt das Schweigen der Angst.

Von der Lebensfrische des zweiten Theils,

Die Nebel zerreißen!

schweigen wir. Wie hier allmählig Alles auflebt und strömt, wie die Instrumente brausen und wogen, wie sie drängen, wo die Sänger ruhn, wie alle Stimmen durcheinanderrufen und in froher Umarmung sich umschlingen, und wie das „Land! Land!" feiernd gerufen wird und zuletzt die Instrumente wie Friedensflaggen grüßen — das ahnet, wer die Gewalt der Tonkunst in Beethoven kennt. Uns lag vornehmlich daran, die tiefkarakteristische Wendung auf Beethovens Schöpferwege festzustellen, die, eine unausbleibliche Folge seiner Lebensrichtung, sich später noch entscheidender erweisen sollte. Wie diese überall, besonders bei dem zuletzt mitgetheilten entscheidenden Zuge hervortritt, bedarf keines Nachweises.

Wer über diese Erscheinung noch zweifelhaft sein, noch an äußerliche Ursachen für sie, wie Mangel an Kenntniß oder Gehör denken könnte, dem wüßten wir nicht besser zu helfen, als durch Hinweis auf ein späteres Werk, aus dem Jahr 1817 oder 1816,

An die ferne Geliebte, Liederkreis von Zeitteles. Op. 98, beiläufig der erste Liederkreis, der geschrieben worden.

Hier ist nichts als einfacher Liedgesang bis zum Schlusse, herzvolle Einfalt, treu und innig. Hier hat sich Beethoven ganz dem Gedicht hingegeben, nur in ihm leben und aus ihm heraus wirken können; Wort und Melodie sind Eins, Gesang und Deklamation nicht zu unterscheiden, man kann nicht besser singen und nicht treffender rezitiren. Wer diese unvergleichlichen Lieder, dies zarteste und innigste Idyll der Liebe geschaffen, dem hat weder Einsicht in das Sing= und Stimmwesen, noch sonst eine Befähigung zur gemäßesten Ausübung der Gesangkomposition gemangelt, und der muß, wenn er das Nicht=Gemäße thut, durch tiefer liegende Beweggründe bestimmt worden sein.

Wir kehren zur Zeitordnung zurück.

Ein Jahr später als die Messe, 1811, trat wieder ein erstes Werk seiner Gattung

Ouverture et entr'actes d'Egmont

als Op. 84 hervor, die allgemein bekannte Musik zu Goethe's Trauerspiel, zu allgemein bekannt und verstanden, als daß es nöthig wär', umständlicher auf sie einzugehn. Wenige Bemerkungen werden genügen, um das Werk als bedeutenden Moment im Entwickelungsgange des Künstlers zu bezeichnen.

Es war das zweite, oder, wenn man den Prometheus mitrechnen will, dritte Werk für die Bühne, das erste nach Fidelio, zwischen dessen zweiter und dritter Bearbeitung es eintrat. Daß es, beschränkt als bloßes Nebenwerk auf Ouvertüre, Zwischenakte und ein Paar kleine Lieder, an Musikreichthum und Musikentfaltung weit hinter der Oper zurückstehn mußte, versteht sich. Gleichwohl war es eine scenische Arbeit, sollte am Drama seinen Antheil nehmen. Wie hat sich Beethoven, der bis dahin an seiner Oper nur Leid erfahren, dieser neuen Aufgabe gegenüber erwiesen? — Dies scheint die wichtigste Frage.

Vor Allem war die neue Aufgabe ihm günstig, sie foderte nur Instrumentalmusik von ihm — und die zwei Lieder, die Klärchen singt. Gerade diese Lieder sind denn auch wirklich der Punkt, in dem Beethovens Auffassung, wie uns scheint, nicht gebilligt werden kann. Er hat diese Lieder ariettenhaft gesetzt, mit Orchester begleitet, — im ersten,

Die Trommel gerühret, das Pfeifchen gespielt!

wird auf Pauke und Pikkolflöte wirklich die Trommel gerührt und das Pfeifchen gespielt, — sie ungefähr in Operettenart behandelt. Allein Egmont ist keine Oper, mag auch seine Vision an das Opernhafte streifen. Und wenn er irgendwo in die phantastischere Sphäre der Oper übergeführt, wenn — nach der Fiktion des Operngenre's — die Musik gleichsam als höhere, übergewöhnliche Sprache zu seinem Idiom verwandt werden sollte, so konnte das nicht die untergeordneten, es mußte die höchsten Momente zuerst treffen, das Trauer=

spiel mußte wirklich Oper werden. Klärchen singt diese Liedchen für sich hin, wie wir alle im Leben thun, weil uns gerade so zu Muth ist, wie der liebe Text des Liederkreises anspruchlos sagt:

> Was mir aus der vollen Brust
> Ohne Kunstgepräng' erklungen. —

und nur so, geradezu ohne Begleitung, sogar ohne ausgeprägte Stimmung würden sie auf der Bühne die rechte Wirkung thun.

Sobald wir über dies Bedenken hinweg zur Hauptsache gehn, zur Ouvertüre und der weitern Instrumentalmusik, ist alles trefflich, wie man vom Meister erwarten muß, und mit vollkommner scenischer Einsicht gemacht.

Die Ouvertüre zeichnet in breiten kräftigen Zügen, was zur Einführung in das Drama gehört. Die Unabänderlichkeit des Geschicks, das sich durch Alba vollziehn soll, die vergebnen bedenkenschweren Seufzer, das Pathos in der Unterdrückung der Freiheit und im Fall ihres Helden, das wie auf düstern Stürmen heranzieht, das freundliche Dasein des Volks, das unterdrückt werden soll, zuletzt der Jubel des Triumphs, der verkündet, daß die Reaktion zuletzt dennoch unterliegen muß: das Alles findet seinen Ausdruck, und zwar im rechten Maaße; die Ouvertüre hat nur anzudeuten, was das Drama ausführt, sie ist Vorbereitung, nicht selbstständiges Werk. Hierin zeigt die Egmont=Ouvertüre den sichern Takt des Komponisten und übertrifft in diesem Punkte bei Weitem die zweite und dritte Leonoren=Ouvertüre, sowie die vierte an Bedeutsamkeit für das Drama.

Es kann auffallen, daß in der mittheilungsreichen Ouvertüre Klärchens Gestalt keinen Raum gefunden. Denn den ersten Seiten=Satz auf sie deuten wollen, würde reine Willkühr sein. Er ist zur Hälfte Wiederklang des ersten (oben angedeuteten) Zugs der Einleitung (A)

mit einem flüchtigen schmeichelnden Zusatze (B) und einem edler gezeichneten Aus= oder Uebergang zu entschloßnern Zügen, die man auf den Helden beziehen mag. Eben so wenig ist wohl der zweite Seitensatz,

zwischen Klarinette, Flöte und Oboe vertheilt und herrisch unter= brochen, auf Klärchens holde Gestalt zu beziehn; er kann, voraus= gesetzt, daß der Komponist bei ihm überhaupt an feste Bedeutung gedacht hat, nur auf den freundlichen Sinn des so lange vertrauenden Volks bezogen werden.

Hat Beethoven mit Bewußtsein jene liebliche Erscheinung von der Ouvertüre ausgeschlossen, so hat er Recht gethan. Ihm war nicht dieses episodische Bild, sondern der Kampf von Unterdrückung und Freiheit die Hauptsache. Sollte Klärchen eingeführt werden, so foderte das einen Seitensatz und hätte die Ouvertüre zwiespältig gemacht, ihr die einheitvolle Gedrungenheit geraubt. Für sie fanden sich ganz andere Räume, vom Dichter selbst bereitet.

Nämlich vor Allem in den Zwischenakten.

Die Zwischenakte hat Beethoven sinnreich so angelegt, daß sie Nachklänge des geschloßenen Akts mit Andeutungen des kommenden verknüpfen.

Der erste Akt hat bekanntlich die bewegungsreichen, bedenk= lichen Verhältnisse gezeigt, Klärchens erste Unruhe bei dem, was sich draußen begiebt, und zuletzt Brakenburg, der das Giftfläschchen betrachtet, das er für sich bestimmt hatte und später der verlornen Geliebten abtreten muß. Die Musik nimmt diese leisen Bedenken auf und scheint mit einem edelgeführten Zuge das liebende edel emporblickende Vertrauen des liebenden Mädchens auf die Un= verletzbarkeit des Geliebten zu zeichnen. Bald geht sie dann in ge= schäftige, haftig durcheinander treibende Rührigkeit über, die wie der

Funke zur Flamme bald angeblasen wird zum Sturm, in den die Fagotte seltsam

wie dumpfer Feuerruf in der Nacht hineinblasen. Und das geht so lustig! jeder Volkssturm erweckt frischeres Leben in Allen, gleich= viel, wie man darüber denken mag. Denn der folgende Aufzug bringt die Nachricht, „daß die Bilderstürmer gerade hierher ihren Lauf nehmen," und schon regt sich das Volk.

Dieser Aufzug hinterläßt den Nachhall der schweren Bedenken, die Oranien auf Egmonts und unsre Brust gewälzt hat, der Mah= nungen, der weissagungschweren Bitten, der Thränen, die dem freien Egmont als schon Verlornem fließen. Das Alles geht in die Zwischenmusik und von ihr in den dritten Aufzug über. Wie ernstlich Beethoven hier hineinreden wollen, zeigt sich, vom Haupt= inhalt abgesehn, in einem Nebenzug der Partitur. Sie zeigt neben vier Hörnern u. s. w. Trompeten. Nur ein einziges Mal, nur zu einem einzigen Schlag oder Schrei treten sie mit dem ganzen Or= chester zum Fortissimo zusammen, auch zwei der vier Hörner haben bis dahin gewartet, — vielleicht ist es Oraniens letzter Ruf, „Geh mit!" — dann treten die vier Instrumente zurück in Schweigen. Es ist dieser Fall ohne Beispiel in Beethovens Partituren. Ihm ist sonst jedes Instrument eine Person im orchestralen Drama, die, wenn sie eingeführt ist, auch an der fernern Handlung sich mitbetheiligen will, niemals blos als Mittel zur Verstärkung gebraucht wird. Diesmal mußten die Trompeten es sich gefallen lassen, es ging nicht anders.

Dagegen ist den Pauken eine ganz bedeutsame Rolle zuertheilt; von Anfang an mahnen und drängen sie und erinnern an Alba's finstre Söldnerschaaren. Sie haben das erste und haben das letzte Wort. Vergebens.

Im dritten Aufzug ist es Klärchens Liebe, die die Scene mit ihrem milden Scheine füllt, von ihrem ersten Auftreten („ein Lied zwischen den Lippen summend

Glücklich allein
Ist die Seele, die liebt.")

bis zu Ende. Beethoven hat, wie gesagt, das Lied ariettenmäßig und mit Orchesterbegleitung komponirt; dies muß als einmal gegeben gelten. Dann konnte der Zwischenakt nicht sinnvoller gesetzt werden. Nur Klarens Auflobern in Liebe — das sagt die Einleitung — kann uns ergriffen haben; und wie der Dichter mit dem Refrain des Liedes präludirt, so kann auch der Musiker ihn nicht aus dem Sinn lassen, der Refrain erzeugt den Zwischenakt, jenes „zwischen den Lippen summend" scheint der Fagott begriffen zu haben, die Flöte hebt das „Glücklich allein . . ." zum lichten blauen Himmel empor, Alles ist nur davon erfüllt.

Dann rücken die Spanier heran.

Zum fünften Akt schärft sich in der Zwischenmusik noch einmal jener Gewaltstreich ein, der auf Egmonts argloses Haupt gefallen ist, grausam sinnreich kehren jene Melodien wieder, — auch jener isolirte Schrei der Trompeten — die früher Oraniens Warnungen

wiedertönten; wohl mag in der Nacht seines Kerkers Egmont ih=
rer gedenken.

Hier aber ist nicht er, — nur Klara mit ihrer Liebe, ihrem
erhaben irrigen Vertraun, ihrem vergeblichen Heldenmuth, der nur
zu sterben ihr gewährt, nur Klara ist hier der Held und kann
unser Herz erfüllen.

Im Götz von Berlichingen heißt es einmal: „So fühl' ich denn
in dem Augenblick, was den Dichter macht, ein volles, ganz von
Einer Empfindung volles Herz!" Wenn das wahr ist, und es ist
wahr, dann darf der kleine Satz, der die zweite Hälfte des Zwischen=
satzes bildet, ein Meisterstück genannt werden.

Er ist ganz von Klara voll, von ihrem Irrgang zu den Menschen,
denen sie die Liebe und Opferwilligkeit aus dem eignen Busen an=
dichtet. „O Freunde! mit jedem Schritt der Dämmerung werd'
ich ängstlicher. Ich fürchte diese Nacht, ... seht mich nicht so
starr und ängstlich an! blickt nicht schüchtern hie und da bei Seite,
. . . . ist meine Stimme nicht eures Herzens eigne Stimme?" —
das Alles, und noch viel mehr, was der Dichter unausgesprochen
läßt, — den Kampf, die Hoffnungslosigkeit, den Tod im Busen
des Mädchens, — erzählt die einfache Melodie.

Und so einfach der Satz ist, so durchweg homophon, doch er=
weist sich an ihm diese ideale Bedeutung des Orchesters, die durch
Beethoven zum höchsten Ausdruck gekommen ist. Denn es ist zwar
der Gedanke, das Gefühl aus Klärchens Brust, das hier zur Sprache
kommt, aber die Ausdrucksweise ist eine durchaus chorische. Wie
der griechische Chor den Helden oder das Opfer — etwa die
äschyleische Kassandra umsteht und für sie und zu ihr spricht, so
hier bei dem stillern weiblichern Vorgange der Chor der Instrumente.
Gesetzt und ruhig, denn noch ist der Glaube nicht erschüttert, hebt
die erste Violin an, nur in der Begleitung verräth sich vielleicht
die innere Bewegung. Aber nicht die Violin allein. In die be=
gleitenden Saiten mischen sich die Fagotte,

Anfangs nur durch den Klang, allmählig durch Steigerung unter=
scheidbar, wie bedauernde Zeugen hinein. Der Satz senkt sich zu
wehmuthvollem Schluß in Gmoll; aber sogleich wird er von der wei=
chen Klarinett' und Flöte wieder aufgenommen, die Begleitung wird
voller, zu den Fagotten treten Oboe und Horn, zur Saitenbeglei=
tung die erste Violin. Dann (im zweiten Theil des Liedsatzes) ha=
ben Klarinett' und Fagott mit der Geige bedauernde Worte zu
wechseln, und die letzte hebt sich hoch, um anmuthig noch im Ver=
zagen zu sinken. Wieder erheben Klarinett' und Fagott gegenein=
andergeneigt die Wechselklage mit der Violin' und der Flöte, die der
weißen Taube gleich hoch oben schwebt, und wieder, nach schmerz=
hafter Erhebung, taucht die Geige tief unter — und die Klarinette,
vollblühend und herzig wie Klärchen, irrt hoch hinauf, und hin und
her, vergebens. Und wenn auch in weicher Theilnahme der Fagott
Klärchens Worte wiederholt und die Klarinette lebhaft hineinspricht,
es ist vergebens; unüberwindlich wälzt sich die erdrückende Masse
entgegen — und damit ist die Scene vorbereitet, die Geister des
Orchesters haben weissagend Alles vorauserzählt und auf luftiger
Scene vorgespielt, — und wenn dann Sie selber mit dem treuen
Brakenburg (der Vorhang hat sich gehoben) heraustritt in die wirk=
liche Scene, haben die Geister nur noch hohle Seufzer in die Luft
hinauszusenden.

Das war das Klärchen vom Egmont. Wie schauervoll ihr

Scheiden erzählt wird von jenen selben Luftgeschöpfen — und was sonst noch geschieht, bleib' unerörtert.

Das letzte dramatische Werk von Bedeutung, über das wir zu berichten haben, ist das Festspiel,

Die Ruinen von Athen, ein Fest- und Nachspiel mit
Chören und Gesängen,

zur Eröffnung des Theaters in Pesth von A. v. Kotzebue gedichtet und 1812 mit der Beethoven'schen Musik aufgeführt. Die Partitur ist später als Op. 114 erst unvollständig, dann vollständig herausgegeben worden.

Es scheint nicht, als hätte die Komposition große Gunst erlebt. Ries war unbedenklich der Meinung, die Ouvertüre sei Beethovens unwürdig. Dergleichen Mißurtheile würden nichts bedeuten, hätte nur nicht der Gegenstand weiterer Verbreitung im Wege gestanden. Erst spät ist die vollständige Partitur bei Artaria in Wien herausgekommen.

Bei alledem müssen wir dem Werke schon darum hohe Bedeutung beimessen, weil es den Komponisten von einer ganz neuen Seite zeigt, — und zwar gleich in hoher Vollkommenheit, — von der nur etwa die Pastoralsymphonie in ihrem dritten Satz Andeutungen giebt. Wir lernen Beethoven von einer neuen Seite kennen, ohne deren Anschauung man gar nicht meinen darf, ihn in der Fülle und Wahrheit seines Wesens erfaßt zu haben. Und doch ist er, auch von dieser Seite angesehn, derselbe, der er sich in seinen idealsten Werken erwiesen. Hier wie dort ist er der Künstler, der nur seiner Aufgabe gehört, nur die Sache nach ihrer Wahrheit und Leibhaftigkeit, wie sie ihm erschienen, wiederzugeben trachtet.

In den „Ruinen von Athen" stand er ganz realistischen Verhältnissen gegenüber. Kotzebue hatte bekanntlich, als ein umgekehrter König Midas in der Poesie, die einträgliche Gabe, daß sich ihm alles Gold, das er anfaßte, in — Prosa verwandelte, die er aber geschickt in klingend Kourant umzusetzen verstand. So trug er nun, um ein Theater in Pesth einzuweihn, Griechen und Türken, Götter und Regentenvergötterung, Altäre und Tempelruinen zusammen und — es war schon dafür gesorgt, daß man nichts zu hoch nehme; die Götter hatten sich zum Glück am Musikalischen des Festspiels gar nicht zu betheiligen.

Beethoven ging guten Glaubens auf die Aufgabe ein. Er nahm, was er fand, und ruckte an dem Gerümpel und den Holzpuppen hin und her -- und, siehe da, sie lebten. Wie einem ächten niederländischen Maler war ihm nur um das reale Leben zu thun, — und wie dem besten Niederländer ist es ihm gelungen.

Die Kotzebue'sche Fabel ist folgende.

Minerva hat den Sokrates aus Neid über dessen Weisheit nicht gegen seine Richter geschützt und ist von Zeus zur Strafe in zweitausendjährigen Schlaf versenkt worden. In einer rauhen Gegend auf dem Olymp ruht sie in einer Höhle, schwermuthvoll träumend. So zeigt sie die Bühne, wenn der Vorhang sich hebt.

Die zweitausend Jahre sind verflossen. Ein unsichtbarer Chor ruft ihr auf Zeus Befehl: „Erwache!" zu. Merkur naht ebenfalls, ihr Zeus Verzeihung anzukündigen und sie in das wache Leben zurückzuführen. Sie begehrt nach ihrem geliebten Athen; vergebens mahnt Merkur ab.

Nun sind sie in Athen. Die Stadt, das Parthenon, Alles liegt in Trümmern, das Volk ist verdumpft, entmannt in erniedrigender Sklaverei, wir sehen einen dieser Griechen Reis stampfend im Kapitäl einer Parthenon-Säule, ein griechisch Mädchen, Feigen feilbietend, beide voll Angst vor ihren Herrn, den Türken; denn schon lassen sich herannahende Derwische und Janitscharen, in Bornirtheit und Fanatismus furchtbar, vernehmen.

Minerva erträgt den Anblick nicht, sie verlangt nach Rom. Das muß Merkur widerrathen, auch Rom sei der Barbarei verfallen, die Musen seien zu andern Völkern entflohn und hätten in Ungarns Hauptstadt eine würdige Stätte gefunden. Dahin also wendet sich das Götterpaar.

Wir befinden uns in Pesth. Ein Greis fühlt sich verjüngt

im Anblick des Emporblühens seiner Stadt und im Gedanken an
den väterlichen Herrscher, Kaiser Franz. Minerva und Merkur
erscheinen, das nun Erfolgende zu betrachten. Denn schon wird
im Feierzuge Thaliens Bild auf einem Triumphwagen von Genien
herangeführt, Melpomenens Triumphwagen folgt. Hinter Altären
werden die Götterbilder aufgestellt, aber alsbald erhebt sich auch,
auf des Oberpriesters Flehen, unter rollendem Donner des Zeus
Franz des Kaisers Brustbild und Altar inmitten der Tragödie und
Komödie, und Preisgesänge wallen mit Opferweihrauch empor. —

Dies war die Aufgabe. Wo nur ein Samenkorn seine Stätte
fand, da gedieh dem Beethoven Alles, alles so sach= und bühnen=
gemäß, daß man die größten Hoffnungen für eine neue Opern=
komposition hätte fassen mögen, wenn nicht eine wirkliche Oper noch
ganz andere Bedingungen auferlegt hätte.

Die Ouvertüre deutet im ersten Zug ihrer Einleitung

auf den Moder und Wust, in den die entweihten Trümmer des
Parthenon gesunken sind, Anklänge an das weichliche Klagelied der
beiden Griechen und an die Altarweihe folgen. Im letzten Satze
(G dur) führt die Oboe prägnant, aber nicht des quellenden Lebens=
odems voll, den der Weihgesang später ausströmen wird, die Me=
lodie und verirrt sich kadenzirend über G, um sogleich den Haupt=
satz des Allegro ma non troppo

wieder auf G anzuſtimmen, den gleich das Orcheſter, die Geigen
obenan, in geräuſchvoller Freude wiederholt. Es iſt die kindliche
faſt kindiſch tändelnde, unſchuldvolle Heiterkeit eines unter väter=
licher Herrſchaft ruhenden Volks von Hirten und Winzern; nicht
ſtraff, nicht geiſtig, wie Germanen und Romanen, oder in großen
Tagen der edle Stamm der Magyaren, aber ſie freuen ſich ihrer
Fluren und der ſchnell darüberhinfliegenden Roſſe. Im zweiten
Hauptſatz und Gang iſt viel überſtürzende Lebendigkeit, Rührigkeit
ohn' Ende, Tokaierblut, aber ohne Tiefe der Leidenſchaft, blos
Naturell, aber ein reiches. Und ſie ſchämen ſich nicht, man ſehe
den Seitenſatz, in Cdur in der Unterdominante,

der ländlichen Schalmei und des Tanzes zum Wechſelgeſang, ſondern
werden noch eifriger und regſamer

und ruſtiker, man könnte ſich einbilden, das nußbraune Mädchen
entgegentanzen zu ſehn dem wilden Cziko, den ſie gern zähmt.

Unverſehens geht das folgende Geſtürme des zweiten Haupt=
ſatzes wieder los und der erſte tändelt hinterdrein. Das iſt die

Ouvertüre, ihre Form eine Art von zweiter Rondoform, besser verstehen sie es nicht auf dem Lande, dort bei den Reben.

Unterbrechen wir uns hier einen Augenblick.

Diese Ouvertüre scheint uns musterhaft, wie irgend eine von Beethoven, denn sie erfüllt wie irgend eine ihren Zweck. Sie deutet Alles an, was das Festspiel für die Musik bringt: die Verwüstung des ehemaligen Musensitzes, die Verkommenheit des Volkes dort, wo nichts zu hoffen scheint. Dann sagt sie voraus, daß die Musen in ein frisch bereites Land ziehen werden und zeigt uns sein naturfrisches Volk, das der höheren Kultur entgegenstrebt. Das Alles wird kurz abgethan, wie dem Prolog — und solchem Prolog ziemt; und Alles ungeschmückt und ungeschminkt, der Moder wie der Moderdunst, das junge Kulturvölkchen, wie es eben aus den Roßtriften und Keltern hervorkommt, nicht auf Römerstelzen, wie die Franzosen sich einzuführen lieben, und nicht sentimental-romantisch aufgezäumt, wie die deutschen Philister im Dichter- und Musikerlande ihr Steckenpferdchen zu reiten pflegen, Uns scheint das gerade die rechte Poesie, gleichviel ob in Worten, oder Tönen oder Farben. Denn der Poet, der rechte, erdichtet nicht, sondern dichtet oder tichtet und trachtet der Wahrheit nach; ein Goethe, ein Shakespeare, ein Beethoven sind die eigentlichen Wahr-Sager.

Warum also hat Ries diese Ouvertüre Beethovens unwürdig genannt? warum hat selbst Lenz, der wahren Enthusiasmus für den großen Tondichter mit überlegner Geistesbildung verbindet, jenem Urtheil des Musikers beigestimmt? und warum würde die Ouvertüre bei Konzertaufführungen hinter den meisten Beethoven'schen Ouvertüren zurückstehn?

Aus demselben Grunde, der nach unserer Ansicht ihren wahren Werth ausmacht. Weil sie sich ganz und rücksichtslos der Aufgabe, die ihr gesetzt ist, hingiebt, nur die Gegenstände und Zustände, die wir sehn sollen, mit ächten Lokalfarben nach dem Leben hinmalt, und sich dabei durch nichts beirren läßt, nicht durch Schön- und Großthuerei mit sogenannten schönen und großen Ideen. Beethoven hat

die großen oder umfassenden Ideen, wo sie hingehören, und da aus
dem Tiefsten geschöpft. Hier war ein Besonderes zu schildern oder
anzukündigen; wie will man, wenn man das nicht weiß oder aus
den Augen verliert, die Ouvertüre begreifen? wie soll das Publi=
kum auf das Werk eingehn, wenn es ihm da geboten wird, wo es
nicht hingehört und wo die Lösung des Räthsels, — jeder Prolog
und jede Ouvertüre ist ein Räthsel, das seine Lösung im nachfol=
genden Drama findet, — nicht gegeben wird?

Kennt man aber das Drama, so frage jeder Komponist sich,
was man wohl zu seiner Einleitung hätte Besseres oder Anderes
sagen können? — und jeder gebildete Liebhaber, z. B. Lenz, frage
sich: welche sonstige aller ihm bekannten Ouvertüren er wohl vor
diesem Drama passend finden würde? Niemand wird eine haltbare
Antwort geben.

Doch vielleicht ist mehr als ein sattelfester Komponist schon
mit seinem Ouvertürenheft bei der Hand, zwanzigzeilig, mit Posau=
nen u. s. w., mit einem Maestoso zur Einleitung, das languendo
auf der Dominante ausläuft, mit einem glänzenden Haupt= und
einem kantablen Seitensatz und tüchtiger „thematischer, ja kontra=
punktischer Arbeit" im „Mittelsatz" oder zweiten Theil und einem
höchst brillanten Schluß, — etwa wie die Freischütz=Ouvertüre, mit
Cdur nach Cmoll losplatzend, was Oulibicheff dem Finale der
Cmoll=Symphonie vorzieht. Wir kennen das schon. Das ist Ka=
pellmeistermusik, in der endlosen Geschäftigkeit um hundert fremde
Werke und Sachen zusammengehascht und der knappen Zeit abge=
stohlen und mit all den pfiffigen Praktiken der Bühnen=Erfahrung
effektfest und schußfest.

Es ist doch gut, daß Beethoven nicht Kapellmeister geworden.
Die Musik oder der Kapellmeister — oder beide wären am Ende
davongelaufen.

So blieb er unter anderm seinem Festspiel treu. Wenn der
Vorhang sich gehoben, ertönt, von Harmoniemusik eingeleitet, im
feierlichen Aufruf der Chor der Unsichtbaren

ganz angemessen, ohne nach Anderm, oder Mehrerm, oder irgend einem Reiz, als dem, der in der Sache liegt, zu streben. Die Stimmen individualisiren sich in sprechender Polyphonie, gerade so viel, als die Sache fodert und die Bühne erträgt. Dabei ist die Instrumentation bemerkenswerth. Sie ist Anfangs nur auf Harmoniemusik von Oboen, Klarinetten, Fagotten und Hörnern beschränkt; nach dem redenden Chorsatze

tritt dann eine Soloflöte auf, mehr melismatisch phantasirend, als mit fester Melodie, mit hochliegenden, feinklingenden Oboen und tiefliegenden Saiten (ohne Kontrabässe) begleitet. Es ist die Versöhnung und Hoffnung, die hier angedeutet werden soll; die Flöte ist Beethoven oft gleichsam Symbol höherer Verkündung, wiewohl er selbstverständlich daraus keine Manier werden läßt, sondern über alle Mittel frei schaltet.

Der Chor ist breit und würdig durchgeführt, angemessene Grundlage eines Festspiels, in dem Götter und Altäre aufgestellt werden.

Jetzt sind wir auf dem Trümmerfelde der Akropolis, jener Einleitungssatz der Ouvertüre kehrt wieder, den Wust, den wir sehn, noch mehr zu versinnlichen. Das Griechenpaar singt sein Duett, eine klagende weiche Liebweise, in Gmoll zwischen $\overline{d}$ und g ($\overline{d}$-$\overline{g}$) plagalisch*) ab- und aufschwebend, ein Ausdruck sclavischer Hingegebenheit, ganz national individualisirt, so sangbar, so einfältig und faßlich, daß es rührend ist, dem symphonischen Helden in diesem letzten Schlupfwinkel gescheuchter Seelen zu begegnen.

Und nun naht von Weitem und immer näher rückend der Chor der Derwische, in dumpfer pfäffischer Bornirtheit mit der Kraft wüthenden Fanatismus ausgerüstet, unüberwindliche Barbarei. Es ist ein Männerchor, Tenöre und Bäße im Einklang, blos von Saiten, Hörnern, Trompeten und Posaunen begleitet, — nichts weiter. Der Chor naht von Weitem,

wird in der oben angedeuteten Weise mit schwirren peitschenden Triolen der zweiten Violin und der Bratschen in der höhern Oktav, zum Nachspiel —

*) Authentisch heißen bekanntlich Melodien, die zwischen der Tonika und ihrer Oktave gespannt, daraus den Karakter der Festigung und Energie schöpfen, plagalisch, die um die Tonika herumwallend (z B. in Cdur zwischen G und F) den Karakter ungefesteter Beweglichkeit und Sanftheit an sich haben.

treten Kontrabaß und erste Violin zu, die Saiten schwingen durch
alle vier Oktaven ihren Wirbeltanz, die Posaunen wiegen sich bä=
rengleich in Oktaven auf $\frac{\overline{e-h}}{e-h}$ die C=Hörner blasen Takt 3 und
4 das $\overline{g-a}$ fanatisirt hinein.

Nun kommt es erst toll. Die Schaar der Glaubenswüthigen
ist nähergerückt, laut erschallt ihr Gesang, Baßposaune und Kontra=
baß singen mit, die Violinen in drei= und zweigestrichener, die
Bratschen in eingestrichener und kleiner Oktav wirbeln ihre Triolen,
dazu nun blasen Trompeten und Hörner in die dunkle Glut,

der Kontrabaß geht durchaus eine Oktav tiefer mit, von den Wor=
ten „den Mond" schließen sich Baß= und Tenorposaunen im Ein=
klang, die Altposaune in der Oktav an die Singstimmen. Das
Alles ist unendlich grob und roh, wird weiterhin

mit den launischen Einsätzen und Abbrüchen der Trompeten, mit dem tückischen Eigensinn der Hörner ungeschlacht und stierköpfig und steigert sich noch bis zur Verrücktheit der Opiumwuth.

Dergleichen giebt es gar nicht noch einmal an drastischer Kraft, wie das zuschlägt, wo es kann und nicht kann, wie das absetzt, ganz eigensinnwillig!

Dann kommt der Janitscharenmarsch, kindisch = vergnügt, Anklänge aus der asiatischen Steppe. Das Ganze ist wie lebendig aus dem Leben gestohlen.

Dann in Pesth zu der Rede des Greises Harmoniemusik (Oboen, Klarinetten, Fagotte in drei Oktaven übereinandergesetzt, dazwischen aushaltende Hörner) wieder durchaus lokal, ländlicher kulturjunger Sinn, nicht sichergegliederter Rhythmus.

Und dann dieser lieblichste aller Feierzüge, durchaus nichts als Wohlklang und sanfte Festlichkeit und süße Erhabenheit! —

Noch einmal kommen wir auf die Ouvertüre zurück und unsre Auffoderung, eine andre zu suchen.

Diese andre hat sich doch gefunden; Beethoven selbst hat sie gegeben.

Zur Eröffnung des neuen Theaters in der Josephstadt, zum Namensfest des Kaisers Franz sollte dieses Festspiel mit einem andern, dem diesmaligen Ort' angepaßten Texte von Karl Meisel, mit neuzugefügten Gesängen und einer neuen Ouvertüre am 30. Oktober 1822 gegeben werden. Beethoven machte sich im Juli, er hielt sich damals in Baden auf, an die Arbeit. Aber der Sommer war so heiß, er konnte nicht im Zimmer ausdauern und suchte den Schatten der Wälder. „Eines Tages gingen wir drei (Beethoven, sein Neffe und Schindler, Schindler erzählt's) in dem an Naturschönheiten überreichen Helenen = Thale bei Baden spazieren. Mit einem Male hieß uns Beethoven vorausgehn und ihn am Sommerpalais des Erzherzogs Karl erwarten. Nach einer halben Stunde ungefähr kam er und sagte, er habe so eben zwei verschiedne Motive zu dieser Ouvertüre notirt, deren Plan er so=

gleich näher entwickelte. Das eine Motiv sollte in seiner ihm eigenthümlichen Stylweise ausgearbeitet werden, das andere aber in Händelscher. Er fragte dann, welches von beiden Motiven uns am besten gefalle zu dem bewußten Zwecke. Ich entschied mich schnell für das im Händelschen Styl, ohne Rücksicht auf das andere ...... aus dem andern wäre auch ein großes Werk entstanden." Beethoven entschied, wie Schindler gewünscht.

Allein die Ouvertüre wurde zu spät fertig, die Stimmen wimmelten von Schreibfehlern, die Ausführung war höchst mangelhaft, selbst die spätere Aufführung durch das Orchester des Operntheaters in Beethovens Konzert 1824 war noch sehr unbefriedigend, so daß Beethoven nach der letzten Aufführung seinem Freunde sogar Vorwürfe machte, ihm den Rath ertheilt zu haben. Schindler benahm sich dabei durchaus würdig, und wir Alle sind ihm Dank schuldig für seinen Rath, der dazu beigetragen hat, die Welt um ein Meisterwerk eigenthümlicher Art (denn mit dem Händelschen Styl ist es gottlob nicht ernstlich gemeint) zu bereichern, das übrigens später aller Orten mit dem größten Beifall aufgenommen und als

Ouverture en Ut à grand orchestre,
als Op. 124 herausgegeben ist.

Nun also: ist unsre frühere Ansicht durch diese zweite Ouvertüre von Beethovens eigner Hand widerlegt?

Durchaus nicht.

Vor Allem muß festgehalten werden, daß Beethoven die neue Ouvertüre nicht etwa aus Unzufriedenheit mit der alten geschrieben hat, sondern auf Bestellung des josephstädtischen Theaters, und zwar zu einer Doppelfeier, zur Eröffnung des neuen Theaters — nicht in Ungarn, sondern in Wien, und zur Feier des kaiserlichen Namenstags, daß auch das Drama selbst dem diesmaligen Schauplatz angepaßt und sonst noch |verändert wurde. Da wär' allerdings die alte Ouvertüre, die ganz lokal und gar nicht hochfeierlich ist, sehr unangemessen gewesen.

Betrachten wir dann die neue Ouvertüre näher, so finden wir folgende Sätze.

Nach wenigen ankündigenden Schlägen tritt in Cdur ein sanft-feierlicher Marschsatz ein, der kräftiger wiederholt wird, vielleicht das Herantreten eines Festzugs andeutend. In lebhafterer Bewegung schließt eine muntere Trompeten-Fanfare mit rhythmischen Schlägen des Orchesters an. Sie wiederholt sich in gleicher Weise unter lebhaften, nicht gerade ernsthaft wirkenden Gängen der Fagotte,

bildet ganz in gleicher Weise, nur noch lustiger, ihren zweiten Theil, als würde zum neuerrichteten Freudentempel das Volk zusammentrompetet, — und nun beginnt in den Instrumenten, ähnlich wie zuvor in den Fagotten, ein Treiben der Stimmen, einer nach der andern, einer durch die andre, wächst wie ein Sturm ungeduldiger Freude und senkt sich in die Stille (Seite 14 der Partitur, vom letzten Takt an) sinniger Erwartung.

Nun beginnt ein anderes Treiben, geordneter, kunstmäßiger; es ist der Hauptsatz der Ouvertüre, der sich, natürlich sehr frei, als Doppelfuge oder Doppel-Fugato breit und glänzend, einmal (S. 45) sogar den Ton der bleichen Tragödie anklingend, zu Ende führt. Ist es ein „was wir bringen", das Beethoven vorgeschwebt zur Weihe der Bretter, die die Welt bedeuten? Jedenfalls ist dieser Satz und die ganze Ouvertüre ein herrlich Tonspiel.

Aber zu den Ruinen von Athen hat sie nicht mehr Bezug, als zu jedem Festspiel, das irgendwo gefeiert wird.

Hohe Flut.

———

Das Leben Beethovens erreicht in der Zeit, die wir jetzt betrachtend vor uns haben, den Höhenpunkt seiner Thätigkeit. In keiner Periode desselben drängen sich so viel bedeutende und ausgedehnte Werke, so viel Konzert-Unternehmungen im Verein mit eingreifenden Lebensereignissen zusammen, als in den Jahren 1808 bis 1814. Schon haben wir aus dieser Periode das Gdur- und Esdur-Konzert, die Fantasie mit Orchester und Chor, die Pastoral- und die achte Symphonie, die erste Messe, Egmont, die Ruinen von Athen, die Umarbeitung der Oper zur Betrachtung gezogen, auch einen flüchtigen Blick auf die Umgebung, die sich um Beethoven schaarte, geworfen.

Bettina hatte, wie es heißt, vermittelt oder der Zufall es gemacht, daß Beethoven 1812 im Sommer in Teplitz mit Goethe zusammentraf. Was die — wie soll man sagen? — Bettina = Beethovenschen Briefe, die von Bettina übersetzten oder fabrizirten Briefe darüber berichten, ist S. 129 — 134 mitgetheilt worden. Die beiden Dichter hätten, erzählt Lewes in seiner Biographie Goethe's, einige Tage mit einander verlebt und seien von einander geschieden, jeder mit der tiefsten Bewunderung für des andern Genie. Daß Beethoven diese Bewunderung für Goethe gehegt, ist begreiflich und sogar (S. 154) beurkundet. Möglich, daß Goethe Gleiches für Beethoven empfunden; Folge des teplitzer Zusammentreffens konnte es nicht sein. Ohne Zweifel hat schon Beethovens Taubheit leb= haftere Mittheilung gehindert; er selber hat nachgehends Goethe's Geduld mit ihm, wegen seiner Schwerhörigkeit, gepriesen. Ueber= dem war wohl auch des Musikers wortkarges Wesen, sein ana= choretenhaftes Eingesponnensein in die Tonwelt wenig geeignet, mit dem sonnigklaren Goethe in ein lebhaftes Verhältniß zu treten. Auf der andern Seite war Goethe's Verhältniß und Ver= trautsein mit Musik ein sehr allgemeines, schon Mozart mit seiner Entführung, „die Alles niederschlug", scheint ihm bei seinem Ver= hältniß zu dem nun längst vergessenen Kaiser befremdlich erschienen zu sein*).

Noch einmal, erzählt Schindler, seien Beide in Wien (wann aber?) zusammengetroffen. Goethe habe bei seinem Aufenthalt in Wien Beethoven aufgesucht. Beide gingen nach der ersten Begrü= ßung auf die Bastei. Beethoven war bereits ein stehender und allgemein beliebter Karakter, eine öffentliche Figur, ein Stück Wiener Leben; von allen Seiten gab es daher Schritt für Schritt bald ehrerbietige, bald vertraulich = freundliche Grüße. Goethe bezog das, im natürlichen Bewußtsein seiner Geltung, auf sich selber und konnte nicht umhin, sein Erstaunen über diese außerordentliche Höf= lichkeit auszusprechen. „Man grüßt nicht Sie, man grüßt mich," war Beethovens einfache Antwort, die wohl nur erläutern sollte. Ob Goethe sie so genommen, steht dahin. Gewiß ist, daß er Beetho= ven keinen persönlichen Antheil zugewendet. Als derselbe später, im Jahr 1822 Goethe bat, den weimarischen Hof zur Annahme eines Exemplars der zweiten Messe zu bewegen, blieb der Brief ohne Antwort und ohne Folge, so leicht es Goethe als Minister

---

*) Mendelssohn hatte bald vor oder nach seiner italischen Reise Goethe, ganz allein mit ihm, mehrere Bach'sche Compositionen vorgetragen, da der Dichter gern den Bach kennen lernen wollte. Goethe hatte sich in eine halbdunkle Ecke zurückgezogen und saß da ganz still; nur bisweilen bemerkte Mendelssohn eine aufzuckende Geberde. Als das Spiel geendet war, dankte Goethe dafür, ohne ein Wort über Bach oder den empfundenen Eindruck zu äußern.

und Liebling des Hofes hätte fallen müssen, den für Musik freigebigen Hof zu einer Ausgabe von funfzig Dukaten — das war die von Beethoven festgesetzte Summe — zu bewegen. Man muß annehmen, daß beide ausgezeichnete Männer nichts mit einander anzufangen wußten. Man kann in gewissem Sinne sagen: Goethe fing da an, wo Beethoven aufhörte; bei dem Musiker ist ein ewiges Werden, der Dichter hat es mit dem Sein, mit dem Gewordensein zu thun. Die Ruhe des Seins war in Goethe zur marmorfesten und marmorkalten Plastik der Hellenen gefestet.

Stellen wir diesem Marmor gleich eine der wärmsten Schöpfungen Beethovens aus derselben Zeit gegenüber,

Les adieux, l'absence et le retour;

Sonate pour le Pianoforte, Oe. 81,

eins seiner reizendsten Gebilde, merkenswerth, weil es, gleich der Pastoral-Symphonie, nicht blos im Ganzen, sondern Satz für Satz den ganz bestimmten Inhalt mit Worten angiebt, den Beethoven mit Bewußtsein in sich getragen und offenbaren gewollt.

Hier ist also wieder diese Programmenmusik, dieses spectre rouge der reaktionären Halbkritik, — aber es ist ein ausführbares Programm und ein wirklich ausgeführtes.

Den Formalisten unter den Kunstphilosophen, die nämlich der Musik nichts als Formenspiel zugestehn, sollten dergleichen zugleich thatsächliche und wörtliche Zeugnisse eines Mannes wie Beethoven doch Stoff zum Nachdenken geben. Und wenn sie dem Zeugnisse gegenüber behaupten, das Alles sei Einbildung, der Komponist habe die Gedanken wohl neben dem Kunstwerke gehabt, nimmermehr aber in das Kunstwerk hineinlegen können — immer diese naturwidrige Spaltung der Geistkörperlichkeit! — weil die Musik sich dem versage: so sollten sie wohl bedenken, daß alle großen Tondichter hier neben Beethoven stehn, mithin alle derselben Einbildung, demselben Irrthum in ihrem Fache verfallen sein müßten — und mit ihnen die Hunderttausende, die ihre Werke gefaßt haben.

Genug, diese Sonate ist ein solches Seelengemälde, das Trennung, — wir nehmen an, zweier Liebenden, — Verlassensein, — wir nehmen an, der Geliebten oder Gatten, — und Wieder= sehn der Getrennten vor die Seele bringt; wir lassen dahingestellt, ob wir recht gethan, indem wir den zweiten Gedanken, „l'absence“ von Beethoven bezeichnet, in das Persönliche hinübergezogen. Allein die ganze Komposition zeichnet Personen. Im Mittelsatze steht nur eine, ebenso festbestimmt stehn im ersten und letzten Satze zwei Personen vor uns, durchaus findet man die zwei Stimmen, und zwar Diskant und Tenor, Jüngling und Jungfrau, duett= mäßig klar geführt; es ist ein Duodram des Abschieds und ein zweites des Wiedersehns, die Zeichnung ist so sicher zweipersönlich, daß man sie schon äußerlich, ohne tieferes Eingehn, erkennen und verfolgen kann. Hier sehen wir also klar die „zwei Prinzipe“, wie Beethoven (Th. I. S. 178) seinen Gegensatz zweier Personen be= zeichnet, vor uns und können ermessen, wie weit jene frühern Fälle von dem gegenwärtigen abstehn. Seinen Gipfel erreicht der Aus= druck der Zweiheit, wenn das

Le = be = wohl,

das vom Eintritt der Einleitung durch den ganzen ersten Satz hindurch den Grundgedanken bildet, zuletzt ganz allein den Augen= blick des Scheidens erfüllt. Wie in der Wirklichkeit da die beben= den Stimmen ihr „Lebewohl!“ und ihr „Leb' wohl denn!“ mischen würden, so gestaltet sich ganz naturgemäß auch bei Beethoven

die Scene,*) idealisch und, nach dem Bedürfniß der Musik, chorisch wird jeder der Stimmen hier die Rede in Zweiklängen gewährt; vor- und nachher ist jede für sich monodisch gehalten.

Hier liegt nun wieder eines von den Beweisstücken für das Eindringen des bewußten Geistes in das Tonwesen vor uns. Dem abstrakten Harmoniker muß dies Ineinanderklingen grundverschiedener Akkorde, oben Takt 4 bis 7 als unbegreifliche, ja sinnlose Vermengung erscheinen; in der That ist hier nicht irgend eine einzelne Regel der Harmonie verletzt, etwa ein Vorhalt unrichtig (wie sie's nennen) geführt, sondern die Harmonie ist ihrem Grundbegriffe nach aufgehoben, indem zwei einander ausschließende Akkorde zu Einem Moment zusammenschmelzen. Solche Stellen sind es, bei denen Fetis ausruft: „Wenn man das Musik nennt, so ist es wenigstens nicht das, was ich Musik nenne." Aus abstrakt musikalischem Standpunkte hat er Recht. Allein der Ton oder Akkord ist in der Tondichtung so wenig das Wesentliche, als das Wort in der Poesie; der Geist des Dichters erfaßt und verwendet beide zu seinen Zwecken. Beethoven hat hier nicht mit Akkorden zu thun gehabt, sondern das Lebewohl von Ihm zu Ihr, von fern und nah ineinanderklingend, das hat er gegeben. Die Idee waltete, wie immer, bei ihm vor dem Materialismus vor.

Wären nur nicht die materialen Interessen auch im Leben, wo sie so nachdrücklich sich geltend machen, versäumt worden! Die Zahl der Werke war im Jahre 1812 auf nahe an hundert gestiegen, die Honorare hatten sich erhöht, kostbare Geschenke waren reichlich eingegangen. Wo waren diese Kostbarkeiten geblieben? Was war mit den Honoraren und sonstigen Einkünften geworden?

Sein Bruder Karl hatte sich einer förmlichen Bevormundung über ihn angemaßt, die bis zur Eigenmächtigkeit, ja bis zu Gewaltthätigkeiten ging. Beethoven widerstrebte, gab aber dann aus Gutmüthigkeit, oder weil er sich nicht allzu tief in diese Aeußerlichkeiten

---

*) Kompositionslehre I, 567.

einlaffen mochte, wieder nach, so daß der Aergerniffe, wie es scheint, kein Ende war. Ries erzählt einen solchen Vorgang aus früherer Zeit, 1803, der Nachfolger genug gehabt haben wird, da der Sinn beider Handelnden derselbe blieb.

„Beethoven hatte die drei Sonaten Op. 31 (erzählt Ries) an Nägeli in Zürich versagt, ... während sein Bruder Karl, der sich leider immer um seine Geschäfte bekümmerte, diese Sonaten an einen Leipziger Verleger verkaufen wollte. Es war öfters deßwegen unter den Brüdern Wortwechsel, weil Beethoven sein einmal gegebenes Wort halten wollte. Als die Sonaten auf dem Punkte waren, weggeschickt zu werden, wohnte Beethoven in Heiligenstadt. Auf einem Spaziergange kam es zwischen den Brüdern zu neuem Streite, ja endlich zu Thätlichkeiten. Am andern Tage gab er mir die Sonaten, um sie auf der Stelle nach Zürich zu schicken, und einen Brief an seinen Bruder, der in einen anderen an Stephan von Breuning eingeschlagen war. Eine schönere Moral hätte wohl keiner mit gütigerm Herzen predigen können, als Beethoven seinem Bruder über sein gestriges Betragen. Erst zeigte er es ihm unter der wahren, verachtungswerthen Gestalt, dann verzieh er ihm Alles, sagte ihm aber auch eine üble Zukunft vorher, wenn er sein Leben und Betragen nicht völlig ändre. Auch der Brief, den er an Breuning geschrieben hatte, war ausgezeichnet schön.“

Das Verhältniß der drei Brüder war, kurzgefaßt, dieses, daß der Musiker von den äußern Angelegenheiten allzuwenig Notiz nahm, sondern in seiner Tonwelt lebte, die Brüder aber nur für die niedern Interessen — nämlich ihre eignen niedern Interessen — Sinn hatten, und vom Wesen ihres berühmten Bruders nur so viel begriffen, daß er viel Geld machen könne — für sie. Wo waren alle Pretiosen hingekommen? Wenn man ihn fragte, schwieg er, wurde zuletzt auch unwillig, ohne darüber mehr Bescheid zu geben. Er fühlte, wie die vorige Geschichte andeutet, das Unbrüderliche in seinen Brüdern, ohne darum weniger brüderlich zu empfinden und zu handeln, außer daß er gelegentlich den andern

Bruder, Johann, den Hirnfresser (der von seinen, Ludwigs,
Geistesfrüchten zehre) nannte. Daß die Brüder nicht im Mindesten auf das Beste Ludwigs bedacht waren, spricht sich darin deutlich genug aus, daß der bevormundende Karl bei aller Hinwendung auf die materiellen Interessen nie daran dachte, seinen Bruder zu Ersparnissen für die Zukunft zu veranlassen.

Zum Glück fanden sich Fremde, die bessere Gesinnungen bethätigten. Nanette Streicher, geborne Stein, die Gattin des berühmten Pianoforte-Bauers, ist hier rühmlich zu nennen. Sie fand Beethoven im Sommer 1813 in seiner Oekonomie in höchster Verfallenheit; er hatte nichts gespart, er hatte keinen Rock, kein ganzes Hemd. Im Verein mit ihrem Gatten nahm sie sich des großen Unmündigen an. Sie begann bei der Garderobe und ordnete dann das Hauswesen, bewog ihn, für den nächsten Winter sich bei Pasqualati einzumiethen und einen Diener anzunehmen, der das Schneiderhandwerk verstünde und die Garderobe in gutem Stand erhalten könnte. Endlich bewog sie ihn, von seinen bedeutenden Einnahmen zurückzulegen. Beethoven fühlte die Wohlthat, bewies sich folgsam und fing an, soweit es jetzt noch und bei seinem Naturell möglich war, sich an eine geregeltere Lebensweise zu gewöhnen. Während sein Diener im Vorzimmer schneiderte, schrieb er im Arbeitszimmer die Schlacht bei Vittoria und die andern Werke, die sich ihr anschlossen.

Die genannte Komposition, die später als

Wellington's Sieg in der Schlacht bei Vittoria, Op. 91, herausgegeben wurde, sollte ihrem Schöpfer neben der unentreißbaren Lust am Schaffen und großem Erfolg' auch Widerwärtigkeiten und Aergerniß genug bereiten. Bevor wir auf das Geschichtliche eingehn, ist daran zu erinnern, daß jenes symphonische Werk aus zwei Theilen besteht, einem Schlachtgemälde und der Siegsfeier, und der Inhalt wenigstens im Allgemeinen zu bezeichnen.

Für den ersten Theil sind außergewöhnliche Mittel aufgeboten, um den ganzen Vorgang der Schlacht musikalisch anschaubar zu machen.

Man hat sich den frühen Morgen des Schlachttages vorzustellen. Von der einen Seite vernimmt man aus der Ferne, allmählig näher rückend, die Trommeln, dann die Feldmusik des englischen Heers. Es ist das englische Volkslied Rule Brittannia, das von einem besondern Bläserchor, (mit den Trommeln in einem zweiten Lokal hinter dem eigentlichen Konzertsaal aufgestellt) intonirt und vom großen Orchester mit mächtigem Refrain besiegelt wird. Eben so rücken höhergestimmte Trommeln von der französischen Seite herbei, der französische Marsch, Marlborough s'en va-t-en guerre, schließt sich an, wie zuvor der englische. Beide Märsche sind vollkommen karakteristisch gewählt und behandelt, der englische mild und feierlich, fast bürgerhaft, wie einem Volke ziemt, dem das Bürgerthum höher steht, als der Glanz der Soldateska, der französische eichtsinnig, verwegen und vor Allem höchst beweglich. Seltsam ungeschickt, ein wenig milizenhaft, macht sich im englischen Marsche die Trompete heran, während im französischen Alles, von den Pikkolflöten bis hinab zu den Fagotten, in Terzen durch alle Oktaven verdoppelt, geschlossen und rauschend, aber ein wenig gemein, einherzieht.

Trompetenfanfaren von beiden Seiten fodern zum Kampf auf und nun wird die Schlacht mit ihren verschiednen Momenten, dem Handgemenge, dem Sturmmarsch u. s. w. vom Orchester der Phantasie vorübergeführt. Kanonendonner und das Knattern des Gewehrfeuers, durch große Trommeln und Ratschen dargestellt, vollenden das Bild. Zuletzt tönt der lustige französische Marsch von Ferne wieder, aber in Moll (Fismoll) zerrissen, in fieberhaftem Frösteln. Die Schlacht ist den Franzosen verloren, das konnte nicht sinnreicher gesagt werden.

Der zweite Theil ist Siegsfeier, das englische Volkslied God save the King ist hineingeflochten. Bekanntlich ist dies Lied seitdem zum Nationallied aller möglichen Nationen erkoren und unzäh-

ligen Kompositionen eingeflochten worden, — beiläufig keiner so
geschickt und wirkungsvoll, als der Beethoven'schen. Daher sind
wir kaum noch im Stande uns von der Wirkung im Erstlingswerk
eine lebhafte Vorstellung zu machen. Ueberhaupt haben wir in
unsrer langen Friedenszeit nicht mehr den rechten Gesichtspunkt für
ein Schlachtenbild aus der napoleonischen Zeit, wo Alles in Kriegs-
und Schlachten-Vorstellungen lebte, und es kaum möglich war, sich
ihnen thätig oder leidend zu entziehn. Es war eben so natürlich,
daß damals Beethoven auch einmal zum Schlachtenmaler wurde,
als es jetzt wunderlich wäre, wenn ein Musiker sich auf Schlachten
einließe.

Die Symphonie — und die Adur-Symphonie, von der weiterhin zu reden sein wird — war vollendet in dem weltgeschicht-
lichen Jahr 1813. Auch Oesterreich hatte endlich gegen den un-
verbesserlichen Napoleon zu den Waffen gegriffen, die Schlacht bei
Leipzig war geschlagen, die Schlacht bei Hanau war gefolgt. Am
8. und dann am 12. Dezember führte Beethoven jene beiden
und noch andre Werke seiner Komposition im Universitäts-Saale
„zum Besten der in der Schlacht bei Hanau invalide gewordenen österreichischen und baierschen Krieger" auf.

Die Betheiligung aller irgend verwendbaren Musiker, die Theilnahme des Publikums war außerordentlich. Beethoven erließ ein
für das Intelligenzblatt der wiener Zeitung bestimmtes Danksa-
gungsschreiben, worin er aussprach: „Es war ein seltener Verein
vorzüglicher Tonkünstler, worin ein jeder einzig durch den Gedanken begeistert war, mit seiner Kunst auch etwas zum Nutzen des
Vaterlandes beitragen zu können, und ohne alle Rangordnung, auch
auf untergeordneten Plätzen zur vortrefflichen Ausführung des Ganzen mitwirkte...... Mir fiel nur darum die Leitung des Ganzen
zu, weil die Musik von meiner Komposition war; wäre sie von
einem Andern gewesen, so würde ich mich eben so gern wie Herr
Hummel an die große Trommel gestellt haben, da uns alle nichts
als das reine Gefühl der Vaterlandsliebe und des freudigen Opfers

unserer Kräfte für diejenigen, die uns so viel geopfert haben, erfüllte..... Herr Schuppanzig stand an der Spitze der ersten
Violin, Herr Spohr und Herr Maiseder wirkten an der zweiten und dritten Stelle mit, der erste Hofkapellmeister Herr Salieri gab den Trommeln und Kanonaden den Takt, und die Herren
Siboni und Giuliani standen gleichfalls an untergeordneten
Plätzen."

Das war die Lichtseite des Ereignisses*), und sie war stralend
genug. Die Schattenseite sollte nicht fehlen, dafür sorgte Mälzel,
den Beethoven seines Umgangs gewürdigt und in einem Kanon
(S. 26) besungen hatte.

Mälzel, geschickter Mechanikus, der Erfinder des Metronoms
und Erbauer musikalischer Automate, war mit Beethoven befreundet,
versprach im Jahr 1812, Gehörmaschinen für ihn zu konstruiren
und veranlaßte ihn dadurch, für das von Mälzel erbaute Panharmonikon (ein Automat, das alle Orchesterstimmen darstellen sollte)
„ein Stück Schlacht-Symphonie", so drückte Beethoven sich aus, zu
setzen. In der That fertigte Mälzel nacheinander vier Gehör-
apparate, von denen Beethoven nur einen brauchbar fand und eine
Zeit lang anwendete. Jenes „Stück Schlacht-Symphonie" war
übrigens eine sehr werthvolle Gabe für Mälzel, der den Plan
hatte, nach England zu reisen und dort sein Panharmonikon hören
zu lassen; denn Beethoven stand bereits bei den Engländern in
hohem Ansehn und ein Werk von ihm mußte ziehen.

Selbstverständlich hatte Beethoven damit nicht das Eigenthum

---

*) Beethoven schickte die Schlacht- und Siegssymphonie auch dem dama-
ligen Prinzregenten, nachherigem König von England, George IV., mit einer Dedikation. Lange hörte er nichts in der Sache, als daß die Musik mehrere Abende
hintereinander im Drurylane-Theater mit ungeheuerm Beifall aufgeführt worden
sei. Auch ein Brief, den man endlich in die Hände des Königs zu bringen
wußte, blieb unbeantwortet. Beethoven schrieb darüber an Ries: „Der König
hätte mir doch wenigstens ein Schlachtmesser oder eine Schildkröte verehren
können!" George IV. liebte bekanntlich viel und lecker essen.

des Werks, einer Komposition für wirkliches Orchester, auf Mälzel übergehn lassen, sondern nur dessen Uebertragung auf die Leier-kasten=Walzen des Panharmonikons gestattet. Anders suchte Mälzel die Sache zu wenden.

Als jene beiden Konzerte beschlossen waren, unterzog er sich den äußern Anordnungen unter dem Anschein freundschaftlicher und patriotischer Theilnahme. Beethoven ließ ihn arglos gewähren. Allen unerwartet benutzte dies nun Mälzel und kündigte die ganze Symphonie als sein ihm von Beethoven geschenktes Eigenthum an. Beethoven protestirte auf der Stelle und nun nahm Mälzel das Werk als Entgeld für die gelieferten Hörmaschinen und eine be-deutende Geldschuld — er gab sie auf 400 Dukaten an — in Anspruch. Ja, er wußte sich auf Schleichwegen eines Theils der Orchesterstimmen, nicht aller, zu bemächtigen, ließ daraus eine Par-titur zusammenstellen, das Fehlende von irgend einem Musiker, so gut der es verstand, zusetzen und führte das verfälschte und ver-stümmelte Werk in München auf, mit der Absicht, dasselbe in London, wohin er sich begab, zu thun.

Das Benehmen erregte in Wien allgemeine Mißbilligung und hatte gerichtliche Schritte zur Folge, bei Gelegenheit derer Beet-hoven erklärte, daß er allerdings dem Mälzel 50 Dukaten schulde und ihm versprochen habe, diese Schuld entweder in Wien zu zahlen, oder ihm das Werk nach London mitzugeben (um sich, wie man ergänzen muß) durch Aufführungen bezahlt zu machen) oder endlich mitzureisen, wenn er könne, das Werk dort zu verkaufen und ihn auf den englischen Verleger anzuweisen. Der Hofgerichts=Advokat Dr. von Adlersburg und Baron Pasqualati stellten unter dem 20. Oktober 1814 eine Erklärung aus: Beethoven habe sich seines Eigenthumrechts auf jenes Werk in nichts begeben. Beet-hoven hatte schon unter dem 25. Juli den Londoner Tonkünstlern den unbefugten Schritt angezeigt, den Mälzel sich in München mit der Aufführung der Schlacht=Symphonie erlaubt; er erklärte: „Die

Aufführung dieser Werke*) durch Herrn Mälzel ist ein Betrug gegen das Publikum und eine Beeinträchtigung gegen mich, indem er sich ihrer auf einem widerrechtlichen Wege bemächtiget hat" — und warnet vor der Aufführung des „verstümmelten" Werkes.

Widrig an sich schon, mußte der ganze Vorgang noch den widrigsten Einfluß auf Beethovens ohnehin reizbares, dem Argwohn zugeneigtes Wesen haben. Mißtrauisch schon durch sein Gebrechen, ward er es nun in einem Grade, der den Umgang mit ihm auf längere Zeit fast unmöglich machte. Besonders war er gegen Noten=schreiber, die vielleicht seine Stimmen in Mälzels Hände gespielt hatten, argwöhnisch; so viel wie möglich ließ er in seiner eignen Behausung kopiren; war das nicht ausführbar, so wurden sie in der ihrigen bald durch ihn, bald durch Abgeordnete unaufhörlich beaufsichtigt.

Dennoch wagte dieser Mälzel wenige Jahre nachher, in einem Briefe vom 19. April 1818, Beethoven um sein förderndes Gut=achten über den von ihm erfundenen Metronomen anzugehn und von einer Gehörmaschine zum Dirigiren, die er für ihn in Arbeit habe, ihm vorzufabeln — denn die Maschine ist niemals zum Vorschein gekommen. Und Beethoven war gutmüthig genug, ihm zu will=fahren. — Richtiger war seine spätere Erklärung: „Gar kein Me=tronom! Wer richtiges Gefühl hat, der braucht ihn nicht, und wer das nicht hat, dem nützt er doch nichts, der läuft doch mit dem ganzen Orchester davon."

Betrübend ist der Einblick, der sich bei dieser Gelegenheit in die finanzielle Lage Beethovens aufthut. In der seinem Advokaten

---

*) Er meint die beiden Theile der Symphonie, 1. das Schlachtgemälde und 2. die Siegssymphonie. Allein das Erstere, — mit dem englischen Marsch in Es dur oder mit dem Beginn der Schlacht in H dur anhebend und mit dem Rückzug der Franzosen in Fis moll mit einem vollkommnen Hinsterben und fern verhallenden Kanonenschlägen endend, — kann nicht als selbständiges Werk gelten. Es erwartet erst den befriedigenden Abschluß nach seinem Ende und erhält ihn in der Siegesfeier. Beethovens Ausdrucksweise deutet nur darauf hin, daß er für Mälzels Panharmonikon blos den einen Theil des Ganzen bestimmt hatte.

ertheilten Auskunft sagt er, von sich und Mälzel redend: „Wir
kamen überein, zum Besten der Krieger dieses Werk (die Schlacht-
symphonie) und noch mehrere andere von mir in einem Konzert zu
geben. Während dieses geschah, kam ich in die schrecklichste Geld-
verlegenheit. Verlassen von der ganzen Welt hier in Wien,
in Erwartung eines Wechsels u. s. w. bot mir Mälzel 50 Dukaten
in Gold an. Ich nahm sie....." Man rechne ihm immerhin seine
doppelten Wohnungen an, — wie gering ist diese Verschwendung
für einen Mann von seinem Verdienst, der überdem des Wechsels
in der Unruhe seines stets im Feuer arbeitenden Geistes bedarf!
Wieviel Vorwürfe seine Oekonomie auch verdienen kann, sie kommen
gegen seine Schuldlosigkeit und das, was er der Welt gegeben, nicht
in Betracht. Aber es bleibt einmal wahr:

> Die Welt, sie will euch schlecht,
> Sie will euch niederträchtig!

wie Goethe sagt. —

Wenn auch der kaiserliche Hof zu Wien niemals etwas für
Beethoven gethan, so war doch nun die glänzende Zeit der Kaiserstadt gekommen. Der unvergeßliche wiener Kongreß brachte wenigstens etwas Gutes für Beethoven. Unter den vornehmen Gästen,
die zu ihm zusammenströmten, waren nicht wenige, die der Ruhm
Beethovens und vielleicht auch Kenntnißnahme von seinen Werken
anzog. Alles was Sinn für Kunst und geistige Größe hatte,
drängte sich damals zu Beethoven. Besonders in den Gesellschaften
bei dem russischen Gesandten, Fürsten Rasumowski, und in den Gemächern des Erzherzogs Rudolf sah sich Beethoven von einem Kreise
höchstgestellter und vornehmer Persönlichkeiten umgeben, die ihm in
der herzlichsten und rührendsten Weise Theilnahme und Bewunderung zu erkennen gaben. Besonders war Beethoven von einer
Zusammenkunft mit der Kaiserin von Rußland gerührt, erzählte
überhaupt noch später gern halb scherzweise, wie er sich von all'
diesen hohen Häuptern habe „die Cour machen" lassen und wie
„vornehm" er sich stets dabei benommen. Die Kaiserin von Ruß-

land ließ ihm ein Geschenk von 200 Dukaten zustellen. Die Zukunft des außerordentlichen Mannes sicher zu stellen und behaglich zu machen, ihn für seine allbewunderten Arbeiten zu erfrischen und sorgenfrei zu erhalten, — das fiel weder damals noch jemals irgend einem von all den vielen Vermögenden ein.

Und doch hatte er sogar für diesen wiener Kongreß gearbeitet! er hatte in Auftrag des wiener Magistrats eine Kantate des Dr. Weißenbach in Musik gesetzt. Sie hieß „der glorreiche Augenblick" und wurde zur Bewillkommnung des Kongresses aufgeführt. Von dieser Wiener-Kongreß-Kantate läßt sich nichts sagen, sie war zu gering. Der barbarische Text hatte natürlich Beethoven eben nicht begeistern können. Der Magistrat ertheilte ihm dafür das wiener Ehrenbürgerrecht. Die Kantate ist später mit parodischem Text unter dem Titel „Preis der Tonkunst" herausgegeben worden.

Die philarmonische Gesellschaft in London verehrte ihm aus Dankbarkeit für den Genuß, den auch ihr seine Werke gewährt, einen prächtigen Flügel von Broadwood, damals dem berühmtesten Instrumentenfabrikanten Englands.

Das wichtigste Ereigniß dieses Abschnitts aus Beethovens Leben ist die Komposition der A dur-Symphonie, die, als

Siebente große Sinfonie, 92stes Werk,

bei Haslinger herausgekommen, ebenfalls im Jahr 1813 komponirt und, wie S. 186 erzählt, am 8. und 12. Dezember aufgeführt worden war.

Es hängt sich an diese glorreichen Tage eine Erinnerung, die den unablässigen Kampf bezeichnet, den Beethovens Geschick ihm auferlegt hatte.

Er dirigirte die siebente und die Schlacht-Symphonie, obgleich die Gehörfähigkeit schon in bedenklicher Weise abgenommen hatte. An die Spitze der ersten Geige hatte er, vor Spohr und Maiseder (damals den berühmtesten deutschen Geiger) seinen Freund Schuppanzigh (den trefflichen Quartettisten) gestellt. Dieser war in alle beethovenschen Intentionen eingeweiht, beide verstanden sich so

leicht und innig, daß Beethovens Gebrechen keine schlimmen Folgen
für die Haltung des Orchesters haben konnte. Die Massen mag
Beethoven noch gehört haben, und er hielt sie durch sein über-
irdisches Feuer in Blick und Geberden beim Taktiren zusammen;
die feinern Partien dirigirte er mit einer Ruhe und einem Seelenaus-
drucke, als hörte er sie alle; die sorgfältigen Proben, die das Orchester mit unermüdlicher Ausdauer gehalten hatte, steigerten die
Ausführung zu hinreißender Vollkommenheit. „Ich bemerkte (erzählt Schindler als Augenzeuge), daß wenn Beethoven sich im Verfolgen von gewissen Violinfiguren während der Aufführung nicht ganz
sicher fühlte, er nach Schuppanzigh's Bogenführung blickte und dieser folgend taktirte."

Er hatte es vorausgesagt: ganz niederbeugen sollte sein Geschick ihn nicht. Noch stand er, von demselben Bewußtsein gehoben, an der Spitze seines Heers und erfocht mit ihm einen Dop-
pelsieg.

Einen Sieg vor dem Volke, der nicht glänzender sein konnte.
Die Aufnahme in jenen Konzerten war enthusiastisch, die siebente
Symphonie ist seitdem ein Gegenstand unerschöpflicher Liebe und
Bewunderung im deutschen Volke geblieben und das Ausland hat
sich angeschlossen. Wir sagen nachdrücklich: im Volke, nicht in
demjenigen Theile desselben allein, den man als das Konzertpubli-
kum, als die Gebildetern oder als „die Gesellschaft" hervorzuheben
pflegt. In Berlin, wo noch bis zum Jahr 1824 eine beethovensche Symphonie zu den äußersten Seltenheiten gehörte, bis die
Berliner allgemeine musikalische Zeitung durch unablässiges Mahnen und Dringen Bahn machte und den damaligen Konzertmeister
Möser bewog, von seinen jährlichen 24 Quartettabenden 12 in
Symphonieabende zu verwandeln, — der Anfang der Berliner
Symphoniekonzerte, — in Berlin werden die Symphonien Beethovens, und namentlich die siebente, alljährlich in jenen Konzerten
unter der feinen Leitung des Kapellmeisters Taubert und in begeisterter Betheiligung der vortrefflichen Kapelle musterhaft unter

unerschöpflichem Andrang des Publikums ausgeführt; es fehlt stets an Plätzen. Für das Volk aber ist Winters und Sommers der treffliche Musikdirektor Liebig beschäftigt und läßt keins seiner zahlreichen wöchentlichen Konzerte ohne Beethovensche Symphonie. Da ist es denn merkwürdig, mit welcher Stille und Andacht die Tausende, die sich im weiten Gartenraum aus allen Ständen zusammenfinden, zuhören, sobald die Beethovensche Symphonie beginnt, während sie vorher bei leichtern Sätzen laut und fröhlich genug sich durch einander bewegten, und wie emsig und still jede Störung beseitigt wird.

Gerade hier findet neben der fünften die siebente Symphonie die regste Theilnahme, — um so merkwürdiger, da beide Werke der höhern Poesie angehören; wieder ein Beweis, wieviel Empfänglichkeit in unserm Volke verbreitet ist und nur der Anregung harrt, um der Bildung entgegen= oder selbst vorauszueilen, — zur Beschämung aller der Bezweifler und Verhöhner, die auf ihre glückbegünstigtere Stellung pochen und daraus ein Privilegium machen möchten. Oft vernimmt man aus den Gruppen der Zuhörer Erörterungen, was wohl diese oder jene Symphonie bedeute; denn daß sie bloßes Getön sei, will man nicht gelten lassen.

Die siebente, mit der wir uns hier näher zu beschäftigen haben, kündigt sich sogleich als ein Werk von hoher Bedeutung an.

Schon die Einleitung bereitet auf Außerordentliches vor.

Aus einem mächtigen Akkordschlag entwickelt die Oboe einen feierlich leisen Gesang, dem sich aus einem zweiten Schlage die Klarinetten, aus einem dritten die Hörner, aus einem vierten die Fagotte, in Oktaven ausgebreitet, anschließen. Das Orchester tritt feierlich auf die Dominante, die Violinen streben, während in den Bläsern das erste Motiv fortklingt, in leisen leichten Schritten (Sechszehntelgänge) aufwärts in feierlicher dreimaliger Wiederholung, es hört sich wie „Weit hinaus" an, nicht wie Aufschwung. Nun erst vereinen sich beide Motive

im sausenden Aufschwung der Bässe und Geigen und zu feierlichen
Prachtakkorden des ganzen Orchesters. Es ist Großes, Gewaltiges
zu erwarten.

Der Sturm der Töne läßt sich „weit hinaus" vom ersten
Standpunkte nieder in Cdur. Oboen, Klarinetten, Fagotte, sanft
und leise wie von fern, intoniren einen ganz neuen Gesang,

aufzug= oder marschmäßig in der Bewegung und feierlich wie Ver=
kündung. Dieser Satz ist, damit seine Bedeutung unverkennbar
werde, von dem gleichsam nagenden Hineinklang der Bratschen, von
den in Oktaven darüber hingelegten Violinen, die sich in leiswin=
kenden Figuren weiter bewegen, überschleiert. Der Satz tönt dann
in der Tiefe, wie Verkündigung von Oben in der Sphäre der
Erdbewohner, wieder, Bläser, bald aushallend, bald anregend,

locken darüber hinaus.

Dies sind die Elemente der Einleitung. Jener Sturm des

Orchesters kehrt wieder und führt noch ferner hinaus nach
F dur, wo der Verkündigungssatz in erhöhter Feierlichkeit, unter den
Pulsen der Pizzikato = Bässe wiederkehrt und abermals die Tiefe
weckt. Mit Macht stellt sich nochmals das Orchester auf der Do=
minante fest, um gleich wieder geheimnißvoll leise einzuladen, —
wohin? —

> „Zum Ritt in's alte romantische Land!"

— so klingt der Ausgang. Jene Sechszehntel der Bläser oben
locken, abwechselnd in den Flöten und Oboen und in den Geigen,
und verzögern sich und säumen; es klingt das hohe e märchenhaft und
weit hinaus, man könnte träumerisch aufblicken, wie zur Morgen=
sonne, die hoch oben durch das grüne Netz der Wipfel und Zweige
des Waldes hereinblitzert.

Wir wollen nicht unbemerkt lassen, daß schon in der Intro=
duktion sich Doppelchörigkeit zwischen Bläsern und Saiten deutlich
gezeichnet hat.

Jener Wechselschlag des e verdichtet sich nun zu punktirter
Achtelbewegung und führt damit in den ersten Satz, Vivace,
ein. Der Hauptsatz tritt auf, voll anmuthiger Lebendigkeit,
voller Lust und Wärme, ein eigen Gemisch von zuckender Regsam=
keit und weicher Ruhe,

nur von Bläsern intonirt, oben die Flöte allein an der Melodie,
unten die A = Hörner ihren Grundton in Oktaven aushallend, in

der Mitte die Oboen auf $\overline{\overline{e}}$ — $\overline{e}$ feſtſtehend; Klarinetten und Fa=
gotte füllen, bewegen ſich dann im Gegenſatze gegen die Melodie,
dann mit ihr, — fernere vier Takte vollenden den Satz, dem man
ſo, wie wir ihn bis hierher angeſehn, einen durchaus ländlichen,
hirtenartigen und höchſt erregten Karakter beilegen müßte.

Allein wir haben nur die Hälfte beachtet. Der ganze Chor
der Saiten ſteht, ungeduldig einzutreten, zur Seite. Er ſchlägt an,
— dreimal, ſetzt zum Schluß an, ſucht in den zweiten Theil des
Satzes einzudringen   (Takt 9 u. ſ. w.)

bemächtigt ſich übermüthig des Schluſſes und brauſt nun ſiegreich
hinauf, den Satz in ungebändigter Kraft mit wilden Trompeten und
Pauken in fieberhafter Erregung zu wiederholen und im kühnen
Ringerſpiel der Stimmen

mit immer losgebundenern, anſtürmenden Bäſſen fortzuführen in
weite Ferne, nach H, nach Gis, nach Cis, nach Es, nach E, wo
der Satz auf cis und h ſtutzt und ſtockt, wie ein ſcheues Roß —
und wo dann Klarinetten, Oboen, Fagotte, wieder unter Gegenſetzung
des Saitenchors, ſanft, aber kriegeriſch muthig, den Seitenſatz
einführen.

Das ist kein idyllisch Bild, wie dem ersten und einseitigen Hinblick scheinen konnte. Das ist ein aufgeregteres Leben, — man könnte, wär der' Phantasie freier Lauf gegönnt — und warum wär' er's nicht im Reiche der Poesie? Der Dichter hat sein Wort verloren, wenn es nicht die Phantasie des Hörers weckt und zu sich emporzieht! — man könnte sich das Leben eines Volks denken, im Schooß erregender Natur ein reiches, vielerwecktes Dasein genießend in leichter Müh' und schäumender Lust, ein Volk in Thälern und Rebenhügeln, des Rosses froh und der Waffen, dem Kampf und Krieg ein Spiel ist; einst hatten die Mauren in Spanien ein solch Leben geführt. Ob Beethoven davon gewußt? — Belesen war er in Geschichte und Poesie; — ob er daran, oder an Verwandtes gedacht? — wer weiß es? — Mitgetheilt hat er nichts darüber; aber das beweiset bei seiner Wortkargheit nichts dagegen; wie unzutreffend seine Mittheilungen sogar waren, haben wir bereits gesehn.

Indeß — das Alles ist nur ein Traum; wer wollte davon einen Buchstaben beweisen? Aber wild genug und fremd genug wirft sich eben hier der Seitensatz aus seinem Edur in das bleiche Cdur ihnab und stockt wieder und abermals, und wird still, fast stumm. Und nun hebt auf dem haltlosen dis - fis - a - c ein Treiben und Wehn des Orchesters an, aus dem Leisesten immer schwellender, die Melodie aus dem Hauptsatze motivirt, die Bässe immer drängender, bis sie unter dem schallenden Ruf des Orchesters mächtig von der Höhe zur Tiefe walten, und nach zweimaligem Zurückschauern der Schluß=Satz sich

(Oktav tiefer, die Bässe)

siegreich aufstellt.

Schon die Ueberführung zur Wiederholung dieses ersten Theils

und dann in den zweiten Theil ist wildtrotzig. In diesem zweiten
Theile sind wir wieder nach C entrückt, der Baß knüpft in der
Tiefe ganz heimlich am Grundgedanken (Hauptsatz) an und tanzt
wie zum Waffentanze weit, durch zwei Oktaven, hinauf und wieder
hinab; ihm folgt bald, nachahmend und begegnend, die erste Violin;
der schließt sich die zweite mit der Bratsche an, der die Oboe, die
Klarinette mit dem Fagott, es ist wie ein fressendes Steppenfeuer
der Kriegslust, das sich durch die Lager weckend verbreitet und den
alten Satz der pochenden Bässe, jetzt in Ober= und Unterstimmen
vertheilt,

(Oktav tiefer, die Bässe)

wiederbringt, durch einen Nachruf wie Waffengeklirr zu sechstak-
tigem Prachtrhythmus ausgebreitet und auf der Dominante wiederholt. —

Es ist unthunlich, den Satz weiter zu verfolgen, der zu immer
heißerm Kampfesdrang entbrennt und im dritten Theil zwar
den Hauptsatz zurückbringt, — aber wie verwildert über den wüh-
lenden Bässen und dem Einschrei der Bläser. Auch hier und bei
dem unablässig aus der Tiefe emporwühlenden Anhang müssen
wir das Nähere der Nachlese des Theilnehmenden überlassen.

So viel ist gewiß. Aus dem Kern des Hauptsatzes hat sich
ein Leben entfaltet, das zuerst leicht, luftig, lieblich idyllisch begann,
dann sich energischer, kämpfend erhob, streitsüchtig bis zum Ingrimm
entzündete, selbst seinen Grundgedanken bei der Rückkehr dazu mit
kriegerischem Ungestüm durchbrannte und triumphirend für jetzt
abschließt.

Nun: dem Dichter ist ungemäß, im Abstrakten zu leben, er
weiß nichts von einem Dinge, das man „Idyll, Lust, Streit"
nennt; er schaut das Leben, das heißt: Wesen, die vor seinem

Geistesauge leben, die er in's Leben gerufen. Wollen wir ihn im Geist und in der Wahrheit verstehn, nicht blos die Vokabeln und Konstruktionen in den Kopf pfropfen: so müssen wir dem Anblick des Lebens nachtrachten, das er vor Augen gehabt. Wir müssen Zug um Zug dieses Leben anschaun und aus seinen einzelnen Momenten seinen Begriff, der alle jene Momente zu Einem vernunftgemäßen Ganzen, zu einem wahrhaftigen geistigen Dasein zusammenschmilzt, erfassen.

Es giebt eine andre Betrachtungsweise, die sich an dem Spiel der Formen genügen läßt, — wir haben ihrer schon gedacht. Sie ist in ihrem Bereiche so begründet, wie Anatomie, Osteologie, organische Chemie; aber an das Leben des Kunstwerks reicht sie nicht. Vielmehr ist ihr mit andern materialistischen Anschauungen das gemein, daß sie unversehens sich selber zum Besten zu haben scheint, besonders einem Beethoven gegenüber. Denn wenn man dieses Spiel der Formen für das Wesen nimmt, was kommt im Grunde dann darauf an, daß der Spieler diesmal gerade diese Formen gefangballt hat? wer wird den Umschüttelungen eines Kaleidoskops nachgrübeln und nachrechnen? und warum hat Beethoven so garstig gespielt, wie z. B. S. 59 bis 61, wo er das Baßmotiv

gar nicht los werden kann? Karl Maria Weber (man sehe seine Schriften) hat schon darüber gespöttelt, weil er es nicht hat begreifen können, und gleich nach den ersten Aufführungen der Symphonie hat man über sie berichtet: „Nun haben die Extravaganzen dieses Genie's das Non plus ultra erreicht, und Beethoven ist nun ganz reif für das Irrenhaus."*) Diese Leute spielen und zerren

*) „O diese armen Leute! (sagt Schindler) Hätten sich nur nicht auch Männer von Fach unter ihnen befunden, die Alles hervorsuchten, um Beethoven zu kränken, selbst mit Gewalt den Parnaß erklimmen wollten, und kaum einige

an einem Buche herum, das sie nicht lesen können, sie verstehn die Sprache nicht und merken nur, daß das Buchstaben sind, die sie vor sich haben. Das genügt ihnen, um zu urtheilen.

Wir andern, Künstler und Freunde, trachten dem Leben nach, ringen dem Geist in Kunst und Kunstwerk nach, folgen Schritt für Schritt, Punkt für Punkt der Spur des schaffenden Geistes, damit wir nicht was uns zufällig beigekommen, sondern was er gewollt, aussagen und erhärten mögen. Und irrten wir auch da und dort und oft: dennoch ist nicht zu verzweifeln daran, daß der Geist des Menschen zu faffen vermöge, was der Menschengeist geschaffen. —

Nun kommt der zweite Satz der Symphonie, jenes weltberühmte Allegretto, das selbst den Franzosen einst so imponirte, daß sie es in ihren Konservatorien-Konzerten der D dur-Symphonie einsetzten, weil sie es „bedeutender" fanden, als die liebliche Ruhe in A dur. Die Nase des Belveder-Apollo im Antlitz der Anadyomene!

Wundersam wird der Eintritt des Allegretto durch einen vorerst ohne alle Folge bleibenden schwanken Quartsextakkord der Bläser angekündigt; es ist wie ein „Hört!", das uns auffodert, mit gespanntem Sinn dem nun Kommenden zu folgen, das in dies Hört!

Stufen erstiegen, den Schwindel bekamen, und rücklings herunterfielen. Einer jener Selbstirren bückte und beugte sich nach einem solchen Falle bis in den Staub vor Beethoven, bittend, ihm wieder emporzuhelfen, wozu es aber schon zu spät war. Herr K. Maria v. Weber war es, der nach dem Durchfall seiner Oper „Euryanthe" (1824) die Partitur dieses Werkes in tiefster Devotion Beethoven mit der Bitte vorlegte, er möge nach seinem Gutdünken Aenderungen darin vornehmen, er unterwerfe sich hierbei ganz seiner Meinung. Beethoven, wohl wissend, welch' bittere Rezensionen Herr v. Weber von Prag aus über einige seiner Werke in deutsche Journale sandte, empfing ihn auf's freundlichste, und erklärte sich, nachdem er Einsicht in die Partitur genommen, in meinem

hineintritt. In Abschnitten von 8 und 8 Takten, deren jeden eine Viertelpause abschließt, in unabänderlichem Rhythmus entwickelt sich dieser Satz in dreimal acht Takten (derselbe ist zweitheiliger Liedsatz mit Wiederholung des zweiten Theils), ein feierlicher Aufzug, trüb durch die tiefe Lage, durch die Unbeweglichkeit oder Kaumbeweglichkeit der Oberstimme, durch den Klang (Bratschen, Violoncelle, Bässe), durch die Gebundenheit der Stimmen. Es ist wie ein Aufzug gefesselter, in Trauerschleier gehüllter Gestalten. Dies ist das Thema.

Es wiederholt sich. Aber die Melodie (wenn dies e ee | e e so heißen darf) tritt eine Oktav höher in der zweiten Violin an, die zweite Stimme des Thema's, dieses c cc | H H, verwandelt sich

in einen rührenden Klagesang (Violoncell und Bratsche), der den letzten Athem in langen Seufzern voll Leid und Sehnsucht aus der Brust zieht; der Baß ragt in dumpfen, stetig gemessenen Pulsen halb trüb, halb bedrohlich hinein.

Zum drittenmal kehrt das Thema in der ersten Violin, abermals eine Oktav höher, wieder, die zweite Violin, zarter als zuvor die beiden vereinten Instrumente, wiederholt die Klage, dazu gesellen sich mit eingreifender Achtelbewegung Violoncell und Bratsche, und der Baß tritt mit weiten Schritten und zutreffenden Accenten überragend heran. Schon bei dem dritten Abschnitt (Wiederholung des zweiten Theils) melden sich Bläser in kurzen Anfätzen und nun

Beisein gegen ihn, daß er dieses Ansuchen vor der Aufführung seiner Oper hätte machen sollen, außer Herr v. Weber wolle damit eine solche Reform vornehmen, wie er (Beethoven) es mit seinem Fidelio gethan."

tritt mit voller Macht das ganze Orchester an zur vierten Durchführung dieser unablässigen Klage, die Alles, Leidtragende und Um-
stehende, in den Durst ihres Leids hineinzuschlürfen droht; die
Bläser haben das Thema, die erste Violin hoch oben in den schärfsten
Tönen und scharfen Zügen die Melodie, die untern Saiten wogen in
dreifacher harmonischer Figurirung, Trompeten und Pauken haben gewaltig hineingeschlagen. Nun mildert sich der Gesang, rührend schließt
die erste Violin, allein von allen Saiten, zu Bläserakkorden.

Was ist hier Gegenstand der Klage gewesen? — Ist ein Held
gefallen? oder was haben wir uns sonst vorzustellen? —

Vor Allem, wenn hier so oft von Kampf und jetzt von Trauer-
aufzug zu reden gewesen, welch' ein ganz anderer Sinn und Klang
hier, gegen das, was wir einst in jener Heldensymphonie vernommen! Wie Süd und Nord, wie Kinder des Morgenlands und
Abendlands, wie die bunte Abentheure des Mittelalters mit dem
Gemisch von Stahl und weichen persischen Binden, Reiherbüschen
und Blumen gegen das strenge, bleiche Römergesicht des letzten der
Imperatoren! Auch hätt' es sich nicht geziemt, zweimal eine Eroica
zu schreiben, so wenig wie zweimal eine Pastorale*).

---

*) Dies ist nichts weniger, als ein willkührlicher Einfall. Außerdem, daß
irgend ein ästhetisirender Freibeuter von Buchhändler oder Klaviermeister der
Sonate Op. 28 den Spitznamen Sonate pastorale angehängt hat, ist auch richtig
der siebenten Symphonie zugemuthet worden, eine zweite Pastoral-Symphonie
zu sein. Welch eine enge Vorstellung von Beethoven, daß er in großen Schöpfungen zwei- oder dreimal auf denselben Gedanken zurückgekommen sei!

Diesmal ist der Urheber sogar ein ganz achtungswerther Kunstfreund, kein
geringerer als Lenz. Er hat sogar 1855 Schindler über den Einfall befragt, der
ihm etwas brüsk antwortet: „Ihre Frage, die siebente Symphonie betreffend, die
man für eine zweite Pastoral-Symphonie nehmen soll, kann ich nicht beantworten,
weil es ein eklatanter Unsinn ist, sie dafür zu halten. Ich höre sie zum ersten
Mal.“ Dies ist eine Abfertigung, keine Widerlegung; eine Abfertigung übrigens,
zu der Schindler vollkommen berechtigt war, da das Mißverständniß und der
rein dilettantische Standpunkt gar zu blos lag und der Mann von Beruf nicht
Zeit haben kann, sich auf jeden Einfall eines Sachfremden einzulassen.

Auch wir wollen nicht auf Widerlegung ausgehn; das einzelne Mißverständniß
oder seine Beseitigung sind nicht die Hauptsache, sondern die Aufdeckung des Ursprungs dieses und vieler anderer Mißgriffe, das ist die Hauptsache.

Der Tod eines Helden ist es nicht, der hier im Gesange ge=
feiert wird; eher haben wir die Aufführung hoher Gefangner uns
vorzustellen. Denn nun ertönt milder, in A dur, von Trost, von

---

Der Ursprung aber ist kein andrer, als diese Selbstgenügsamkeit, vom rein
dilettantischen Standpunkt aus über Dinge entscheiden zu wollen, die den Höchst=
begabten, z. B. einem Beethoven oder einem Winkelmann, die Arbeit eines
ganzen Lebens abgefodert haben. Diese Selbstgenügsamkeit stützt sich hier auf das
Bewußtsein wirklicher, vielleicht langgehegter Liebe, und auf die Wahrnehmung,
daß viele Männer vom Fach (die Techniker und Pedanten) der Verständniß des
eigentlichen Inhalts gar fern stehn. Allein die Schwäche des Einen beweist noch
nicht die Kraft des Andern; und die Liebe mag wohl bisweilen zur einbringenden
Erkenntniß reizen, sie ist aber noch nicht Erkenntniß, für sich ist sie, nach altem
Sprüchwort, blind. Erkenntniß fodert helle Augen und unabläßiges Betrachten
von allen Seiten und Eindringen in alle Tiefen, die Arbeit eines ganzen Lebens.
Ohnedem ist kein Urtheil, keine haltbare Auffassung möglich, sondern nur Nach=
sprechen oder Zusammentragen, oder das Willkührspiel mit einzelnen Einfällen.
Es zeugt für die Jugendlichkeit der Musiklitteratur, daß diese Wahrheiten überall
anerkannt sind, nur nicht im Gebiete der Musik: der erste beste Philologe, Jurist,
Jeder fühlt sich hier mitberechtigt und berufen.

Herr von Lenz nun hat ganz sicherlich Empfänglichkeit, dauernde Liebe,
einen Geist, der fähig ist, Beethovens Größe zu erkennen. Allein jenes beharr=
liche Eindringen in alle Tiefen, jenes Zusammenbringen und Festhalten aller
Momente der Erkenntniß, — das wahre Kunststudium, das war nicht seines Be=
rufs. Er freut sich des einzelnen Blicks, des einzelnen Erkennens; darauf fußt
er, und von da — phantasirt er weiter, von da giebt er nicht mehr Beethoven,
sondern nur sich Gehör. Das aber ist der ächt dilettantische Standpunkt.

So hier. Für ihn ist das Thema des ersten Satzes entscheidend gewesen —
und geblieben, an dem auch wir S. 196 den „durchaus ländlichen, hirten=
artigen (nur höchst erregten) Karakter“ erkannt haben; Lenz bezeichnet die „Idee
des Dichters ..... als eine pastorale, liebt man nicht das Wort, als eine idyl=
lische.“ Das Wort — war es nicht, gegen das Schindler in Harnisch gerathen
war, und ein andres, synonimes Wort macht die Auffassung nicht haltbarer.
Auf jenem ersten Gedanken faßt nun Lenz Fuß, daran hält er unverbrüchlich fest
und bildet ihn zu einer ganzen Reihe von Vorstellungen aus, nach seinem Wohl=
gefallen. Dann biegt und dreht und wendet er die ganze Symphonie hin und
her, daß sie doch endlich um jeden Preis in diese Reihe von Vorstellungen passe,
wenn auch alle Glieder ächzen und dawider schrein. Da findet er denn schon in
der Einleitung nach der Oboe (die „das Orchester wie an einem Fädchen über
der Oboe des Dichters“ hält) ein zweites Instrument „mit pastoralem Karakter“
(armes Wort für die vielseitige Klarinette!) empfindet „ahnungsvollen Schauer,
zu dem die Größe der Natur die Menschenseele verzückt ..... Wir stehen in ei=
nem Hain, vor dem die Sonne aufgeht, die Nebelschleier der Morgenstunde in
seine heiligen Schatten zurückdrängend, unter Bäumen, die an's Licht streben,

Versöhnung überfließender Gesang, — unter dem gleichwohl jene Pulse des Basses, wenn auch gesänftigt, fort und fort mahnen und treiben. Zuerst ist es vollquellender sanfter Chorgesang, dann sind

---

wie die mächtigen Terzengänge des Orchesters, die uns weiter hinaufführen." Im Vivace „erwacht die Geschäftigkeit des Dorfs." Im Allegretto findet sich „das elegische Moment, der Hintergrund des Schicksals, es wäre die Ueberschrift

> Namen nennen dich nicht,
> Dich bilden Griffel und Pinsel
> Sterblicher Künstler nicht nach!

anwendbar gewesen .... In der Ideenverbindung des Ganzen ist dieses zarte Gewebe wie ein endlicher über die zürnenden Mächte errungener, in Erinnerungen ernster Kirchengang des geprüften Paares, über welches das Schicksal seine Knoten schlang. Wie der Zweig einer Trauerweide am Grabmale des ländlichen Friedhofs einen theuren Namen verdeckt, so schwankt zögernd die Triolenfigur des Maggiore in diese Trauer hinüber. Mit Rückblicken auf die verdorrten Blumen des Lebens" — das getraute Paar scheint etwas gealtert — „in tröstender Voraussicht der noch gebliebenen Hoffnungen sehen diese Töne den Zuhörer mit dem Augenpaar an, aus dem die Weltseele ihm zulächelt." — — „Was das Band der Kirche dem Schicksal abzuringen vermocht, feiert in dem lebensfrohen Scherze die Dorfjugend im Tanz.... Das junge Paar in die Mitte nehmend, tritt der Hochzeitzug in D dur auf, seine Bläser an der Spitze macht er die Runde im Ballsaal der beglückenden Tenne .... recht bäuerlich stolpern die Bässe über ihre eignen Füße. .... Aber schon steht die feuchte Mondsichel über dem dunkeln Walde, mahnt auf dem Grunde des Sees" (es ist das Horn mit in Fis-G oder Gis-A gemeint) „die Unke. .... Der Schlußsatz hat die Bedeutung, welche ungebändigte Freudigkeit im Leben behauptet." —

Es ist zum Glück nicht unsers Berufes, in diese Juristenpoesie (gerade den lebhaftern und schöngeistig angeregten Köpfen keimt und sprießt dergleichen bekanntlich öfter zwischen den modrigen Aktenstößen, die nicht befriedigen wollen) tiefer hineinzuschauen, um das urwäldliche Durcheinander von Vorstellungen und Gedanken zu lichten. Wir haben es nur mit Beethoven zu thun, und der hat sich von der Geschäftigkeit des Dorfs, von errungenen Kirchengängen und Trauungen, von der Trauerweide seines süßtröstenden Trios, vom Zulächeln der Weltseele, von der Tenne und Unke nicht ein Wort träumen lassen. Auch handelt es sich gar nicht um diese Lenzschen Eröffnungen, sie sind nur ein gelegnes Beispiel für alle diese Willführlichkeiten poetisirender Auslegung, die den Einblick verwirren und redliche Verständigung durch die äußerliche Aehnlichkeit verdächtigen. Auf einem Gebiete, wo statt direkter Beweisführung so oft nur Induktion und Wahrscheinlichkeitsbeweis möglich sind, ist solche Willführ verwirrender und nachtheiliger, als sonst wo.

Herr von Lenz mußte vor Andern wissen, daß man, um zu urtheilen, die Akten vollständig vor Augen haben müsse. Nicht der einzelne Satz entscheidet, sondern er im Zusammenhange mit allen andern. Faßte er also den

es die herzigen Stimmen von Klarinette und Waldhorn, denen andre nachfolgen; denn auch dieser Satz dehnt sich weiter aus — unter andern nach Cdur gewendet, — als wir hier auseinander= setzen dürfen, so wenig, als der Wiederkehr des Hauptsatzes in neuer Gestalt folgen, die in ein Fugato übergeht, dem jene frieden= bringende Gegenstrophe anschließt.

Der Trauerchor verklingt. Wie er verklingt, wie über dem Pizzikato der Saiten — „unsere Harfen hingen wir an die Weiden, die darinnen sind" — der Gesang durch die Gruppen der Bläser irrt, der Flöten und einer Oboe, dann der Klarinetten mit einer Oboe als Mittel, der Fagotte mit den Hörnern, — die Saiten schließen, dann wieder einer Flöte und einer Oboe, der Klarinetten mit der Mitteloboe — und so ferner, bis jenes anfängliche „Hört!!" das Ganze cyklisch schließt: das ist eine der tiefbedeutendsten und zugleich reizvollsten Tonbildungen, die je geschaffen worden. Wie Alle sich betheiligt, in Allen die Flamme des Leids und Mitgefühls entbrannt war, so erlischt sie gleichsam Funke für Funke. Die Stille der Nacht, aus der der Zug langsam hervorgetreten war, hat ihn in sich zurückgenommen.

War, was wir schüchtern und ganz ungewiß und unbestätigt zu enträthseln — nein, zu errathen gewagt, kein ganz leerer Traum: so wissen wir, daß diese Klage Erhörung, diese Trauer Beschwich= tigung und Frieden gefunden.

Hoch auf jubelt nun der dritte Satz, Presto, und tanzt da= hin, wie Naturkinder sich freuen, ungebunden, wild und sanft, wie das heiße Blut des Südländers eben aufgährt oder leichter die Adern durchströmt. Denn südlich durchaus ist diese Lust mit ihrem Aufjauchzen und ihrer Kindsfreudigkeit und dieser wilden Unstetheit,

---

Gedanken, die Symphonie sei vielleicht ein Pastorale und der erste Satz die Geschäftigkeit des Dorfs, so mußte er bei jedem Schritte ganz aufrichtig, ohne Vorurtheil oder Vorliebe für den ersten Einfall fragen: was bedeutet das? wie verhält sich das zur Voraussetzung? Aber das hätt' ihn zu immer tiefer reichen= den Fragen, auf das Urwesen der Musik und aller Kunst geführt, — und dann wär' er vielleicht nicht Dilettant geblieben.

die in F dur antritt und den Theilschluß nach A dur hinüberwirft,
so heftig in den zweiten Theil hineinreißt und sich dann, wie zwit=
schernde Vögel in den Zweigen, hoch oben wiegt und die Tiefe vom
Wiederhall dunkel erdröhnen läßt — wer vermöchte sie zu zählen
und alle zu verdeutschen, diese Spiele der Lust!

Aus dem Thema heraus

wird am Schlusse das erste Motiv vier= fünfmal mit Kraft gesetzt
— und nun liegen alle Saiten auf A und der Schall mindert sich,
nur die Violinen ziehen hoch und still die Oktave a-a hinaus und
ein ganz neuer Satz, mäßiger, nicht blos dem Tempo (Presto meno
assai, der Metronom stellt das Verhältniß auf 80:116) sondern
auch der rhythmischen Gestaltung nach,

ertönt unter den deckenden Geigen wie von fern herüber, ganz an=
ders geartet wie der Hauptsatz, ja sogar ohne innere musikalische
Motivirung oder Beziehung, aus Klarinetten, Hörnern und Fagot=
ten in D dur, ein durchaus andres Element.

Dürfte man nur jenem Traum — denn wer kann beweisen?
— von maurischem Leben in der Halbinsel nachhängen, jenem bun=
ten Leben, wie der eiserne Cid es noch gesehn und der Jugendheld
Musa gelebt, wenn er sich in seinem Zelt Gefangene vorführen ließ
und die Zitternden mild begnadigte: dürfte man Glauben dafür
hoffen, so wären das die Feldklänge der über die fernen Hügel

friedlich heimkehrenden Nordlandskrieger. Denn Frieden ist! die hinsterbenden tiefen Hörner unter dem Friedenslied der sanften Bläser und unter dem „Weit, weit hinaus" der ziehenden Geigen verkünden's, und der Feierklang des ganzen Instrumentenchors unter hellem Trompetenklang und dem rastlosen Donner der Pauken bestätigt es.

Wie das sich herrlich hinausführt und im Finale das Südvolk in bacchischem Taumel das Spiel seines bunten Lebens weiter spielt in unerschöpflicher, unermüdlicher Lust, soll nicht weiter erzählt werden. Es bedarf deß nicht.

Trübe Zeit.

Ein Jahr etwa nach der Adur=Symphonie war die aus Fdur, die achte, hervorgetreten, von der S. 16 berichtet worden, die heiterste aller Beethovenschen Symphonien.

In gleicher, brausender Lebensfülle folgte das

Grand Trio pour Piano, Violon et Violoncelle, Op. 97, der große Liebling aller Trio spielenden Musiker, ihnen schon als wahre Musterarbeit vor andern werth, funkelnd von Lust und Genuß, breit und behaglich, wie die Tafel des Reichsten.

Der ganze erste Satz ist voll unerschöpflicher Lebenslust, die sich bald behaglich auf breiten Klängen der Bogeninstrumente wiegt,

umspielt von den Spritzwellen des jugendfrohen Piano, bald kindlich sanft sich heranschmeichelt (Seitensatz) bald übermüthig aufbraust. Es ist ein Behagen des Gestaltens und Gelingens aus diesem Satze fühlbar, das recht klar macht, wie wohl dem Meister

in diefem reinen Mufif=Element gewefen. Je tiefer er anderswo
in die dunkeln Gründe des menfchlichen Gemüths eingedrungen und
je kühner er, Allen voran und von Niemand erreicht, in die Sphäre
des bewußtern Geiftes vorgedrungen, defto erquicklicher war ihm,
das fühlen wir diefem Trio an, Rückkehr zum reinen Element der
Töne. Er badete fich darin gefund nach der zehrenden Arbeit des
Gedankens.

In gleichem Sinne folgt das Scherzo, wieder ein Mufter
fogenannter thematifcher Arbeit, nämlich der Ausführung und
Umgeftaltung der Säße. Das blickt und wandert fo keck und fo
weit in das Leben hinaus! und das Leben ift fo weit und fchön!

Wirklich? — Wäre nur das Gefpenft des fterbenden Ohrs
nicht!

In all' die Luft und Freudigkeit kriecht das Trio, tief am
Boden geduckt, aus dem Dunkel, in Dunkel gehüllt, grüblerifch na-
gend hervor

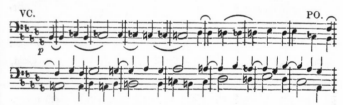

der heimliche Gedanke bemeiftert fich (es ift vierftimmige Nachah=
mung, alla Fuga) aller Stimmen, bruftbeklemmend.

Das Gewebe wird durchgeriffen! ein muthvoller Satz, an den
Hauptfatz anklingend, reißt fich hervor, in Desdur, nicht ohne peinlichen Beiklang. Wieder kriecht jenes Grübeln heran, und wieder
bricht der Lichtftral des Muthes durch, diesmal im funkelnden Edur.
Zum drittenmal breitet fich die Verfinfterung weithin aus und wird
in Bdur durchbrochen.

Der Hauptfatz kehrt wieder, aber der grüblerifche Gedanke
will nicht ablaffen. Zuletzt fiegt doch die Lebensluft, die das Ganze
gefchaffen.

Und nun ist der Geist des Dichters mit sich allein, schaut nieder auf all diese Stürme und Abgründe, hoch über Luft und Leid des Lebens erhoben. Das Andante ist erhaben und ruhig, wie die Sternennacht, still wie ein Gebet, das, ohne Wünsche, blos Hinschauen ist auf das Ewige, in das einzugehn der Geist als letztes Verlangen denkt. Der Musiker Beethoven hat „Variationen" auf dies „Thema" folgen lassen. Jede ist edel und großsinnig, jede tief empfunden und in treuester Widmung ausgeführt, wie nur Beethoven vermocht, keiner außer ihm. Aber keine reicht an das Thema; denn das war und bleibt unmöglich, so wenig Fackeln und Kerzen und flackerndes Gas die Sternennacht und den mild heraufziehenden Mond überdichten können.

Die Kenner nennen das Ausführung und sprechen vom Gleichgewicht der vier Theile; denn nach dem Andante folgt noch das Rondo-Finale, aus dem Frösteln der ersten Frühe nach jener Sternennacht glanzvoll emporsteigend wie der sonnerwärmtere Morgen

O Nachtgebet! in dir ruhte Beethovens Seele.

Dieses Trio ist das letzte, das Beethoven öffentlich vorgetragen. Es geschah am 11. April 1814 im Verein mit Schuppanzigh und Linke im Saal zum römischen Kaiser und bald nachher noch einmal in einer Matinée im Prater. Das war das letztemal, daß er öffentlich gespielt; sein weit vorgeschrittenes Taubwerden machte öffentliche Ausführung allzubedenklich, wiewohl man im engern Kreise die Abnahme des Gehörs seinem Spiel in den Jahren 1816 und 1817 nicht anmerkte und er im Stande war, den später als Lehrer der Technik vielbethätigten Pianisten Charles Czerny, der drei Winter hindurch einen Kreis von Künstlern und Kunstfreunden zum Vortrag Beethovenscher Sachen um sich versammelte, mit Rath und Anleitung zu unterstützen. Zum letztenmal geschah es 1819 mit der Sonate Op. 106. Da muß er also noch Czerny's Spiel scharf genug gehört haben, um ihm Winke zu ertheilen. Noch 1822 soll er in gesellschaftlichen Kreisen meisterlich fantasirt haben.

Aber jener Wirkenskreis des Musikers, das öffentliche Spiel, war ihm von nun an verschlossen.

Neben dies Trio, mit dem wir uns zuletzt beschäftigt, ist die wenig jüngere

Grande Sonate pour Piano, Oe. 106,

zu stellen, an Lebensfülle jenem gleich, an Macht alle Klavierkom=positionen überragend. Die Musiker nennen sie die Riesensonate und man denkt dabei zunächst an den Umfang, 58 Seiten, und das Aufgebot technischer Spielkraft, das sie in Anspruch nimmt. Der Name rechtfertigt sich noch besser durch die Macht und Zahl der Gedanken, die sich in diesem kolossalen Werke zusammenstellen und in Fülle der Ausarbeitung vollenden. Eine Folge davon ist das reichste, durch alle Oktaven ausgebreitete Tonspiel; hierin — und nur hierin ist das Aufgebot höchster Technik bedingt. Diesem Spiel der Töne betrachtend hier zu folgen, mangelt nach allem Voran=gegangenen so Raum, wie Nothwendigkeit; wer für sich unternimmt, was wir hier unterlassen müssen, wird abermals jene vollkommne Herrschaft über den Stoff zu bewundern haben, die den Meister im weitesten Raum eben so sicher walten und gestalten läßt, als im enger gemessenen*).

---

*) An diesem Werke, das allen Klavierwerken an umfassendem Plan über=legen ist, und das Heer seiner großen Gedanken mit einer Klarheit ordnet und bewegt, die in den kleinsten Gebilden nicht hat größer sein können, — wenn auch dem an große Verhältnisse nicht gewöhnten Blicke faßlicher: an diesem Werke kann man sich deutlich machen, woher die Mißurtheile so manches redli=chen und sachverständigen Mannes ihren Ursprung nehmen. „Liebes Kind," sagte Goethe bei ähnlichem Anlaß, „ich kann nicht populär werden, denn ich bin ihnen zu profund." Jene Urtheilsfasser (Th. I. S. 240) in Mozarts und der Aeltern oder gar in französischen und welschen Begriffen aufgewachsen und festgeworden, muß=ten seine Harmonie und Modulation anfechten, weil allerdings nicht die alte Glätte, Zierlichkeit und Weiche des Tonspiels, sondern früher ungeahnte Ideen zur Geltung gekommen waren. Uebrigens hätte hierin und in der Stimm=führung Beethovens Waffenbruder, Seb. Bach, sie orientiren können. Sie vermißten Melodie, weil allerdings Beethovens Melodie, wieder gleich der Bach's, im Fortschreiten seines Geistes transzendent geworden war, und sich ihrem zerstreuten und flüchtigen Hinhorchen eine Kantilene, wie die des Adagio der B - Sonate oder der ganzen Sonate Op. 101, nicht so zugänglich erwies, als die

Auch zwei andern Werken, obwohl sie zu den tiefsinnigsten des
Meisters gehören, der

Sonate für das Pianoforte, Op. 90.

und der

Sonate für das Hammerklavier, Op. 101.

aus den Jahren 1815 bis 1817, müssen wir uns versagen; wer
kann all' diese Schätze — oder vielmehr, wer darf sie ausbreiten?
nur die Wege müssen geöffnet, die Richtungen gewiesen werden; das
Einzelne findet jeder lieber selbst.

Die erste der beiden Sonaten, Emoll, besteht nur aus zwei

Kantilenen eines Rossini. Das schrieben sie dann entschuldigend dem Gehörmangel und schwindenden Tongedächtniß zu, während gerade die spätern
und letzten Werke den feinsten Tonsinn und die umfassendste Vorstellungskraft
für Tonverhältniße (man sehe die neunte Symphonie und die letzten Quatuors)
in hundert Zügen beweisen, wie er selber sie früher nicht besessen. Sie schreiben
ihm Formlosigkeit zu, während seine Meisterschaft sich in der leichten und
klaren Führung der größten Massen immer überlegener entfaltet. Sie sehen
Willkühr und Originalitätsucht, ohne ein einziges Mal gestrebt zu haben, seine Ziele und Werke zu erkennen und offen zulegen. Undum ihrer Un-
erkenntniß das Ansehen überlegner Einsicht zu geben, tranchiren sie das ein-
heitvollste Leben und Schaffen bald in zwei bald in drei Portionen
und meinen damit etwas bewiesen zu haben, weil es allerdings leichter gelingt,
sich ein Paar periodische Abschnitte zu merken, als den Ueberreichthum und die
stetige Entwicklung eines solchen Lebens zu fassen. Sie gewahren dabei nicht
einmal, wie jeder Lebensabschnitt — ja, fast jedes Werk Beides, was sie billi-
gen und was sie ablehnen, nebeneinander stellt. So sagt Fetis: Dans les
dernières productions de Beethoven, les nécessités de l'harmonie s'effacent
dans sa pensée devant des considerations d'une autre nature. Les redites
des mêmes pensées furent poussées jusqu'à l'éxcès; le developpement du
sujet alla quelque fois jusqu'à la divagation; la pensée mélodique devint
moins nette, à mesure, qu'elle était plus rêveuse, l'harmonie fut empreinte
de plus de dureté et sembla de jour en jour témoigner de l'affaiblissement
de la mémoire des sons; enfin B. affecta de trouver des formes nouvelles,
moins par l'effet d'une soudaine inspiration, que pour satisfaire aux con-
ditions d'un plan médité. Les ouvrages faits dans cette direction des idées
de l'artiste composent la 3e periode de sa vie et sa dernière manière.
Und die ersten Symptome dieser „Manier" findet er im Bbur-Trio, Op. 97 in
der Abur Symphonie, auch in der Sonate Op. 54!
Die Formel müßte so heißen: Beethoven hat geirrt, wo Ich ihn nach
Meinen Grundsätzen und Voraussetzungen nicht fassen kann.

Sätzen. Im erften ift Alles Nerv, Energie, Pathos einer zu Großem entfchloßnen Seele; Entfagung und ungeftümes Andringen
wechfeln, durchaus waltet großfinnige Haltung und edelfte Freifinnigkeit. Der wäre höchft geehrt, deffen Spiegelbild man in diefem
Satz erkennte. Der zweite Satz (das Finale) ift zart, innig, ein
wenig zerfloffen, durchaus ftill und aus Einem Gefühl, ohne Gegenfatz, herausgegangen.

Es ift eines der Gebilde, die uns mit fprechendem, fragendem
Blick anzufchauen fcheinen, die ganz Beftimmtes ausfprechen möch-
ten — und denen das Wort fehlt. Der wunderbaren Ottilie gleich,
die fich in ihrer tiefften Verlaffenheit mitten unter theilnehmenden
Wefen dem Verftummen weiht, hat auch unfre Kunft Augenblicke,
wo fie zwifchen dem reinen Dafein im Ton und dem bewußten
Worte mitten inne fchwebt, wo man jeden Augenblick das löfende
Wort zu vernehmen wartet und immer wieder es fich verfagt.

Man erzählt fich fogar eine Gefchichte davon. Die Sonate
ift dem Grafen Moritz Lichnowski gewidmet. Dem fcheint eine be-
ftimmte Idee darin ausgefprochen und er fragt Beethoven darum.
Diefer giebt ihm unter fchallendem Gelächter (fo wird erzählt) den
Befcheid: er habe ihm die Liebesgefchichte mit feiner Frau, — einer
Tänzerin, deren Stand der Verbindung viel Hinderniffe in den Weg
gelegt, — in Mufik fetzen wollen; er möge über den erften Satz
fchreiben: Kampf zwifchen Kopf und Herz. Hat Beethoven alfo
gefprochen, fo ift es begreiflicherweife ein Scherz gewefen, von dem
die Sonate nichts weiß, ein Scherz, weil er etwas ernftlich Zutref-
fendes nicht zu fagen gehabt. Denn wir wiffen ja längft, daß bei
Weitem nicht allen Tonwerken ein beftimmterer und deßhalb aus-
fprech- und andeutbarer Inhalt inwohnt. Für einige Werke hat
Beethoven den beftimmtern Inhalt mit Worten angezeigt; im Jahr
1816 faßte er bei Gelegenheit einer Gefammtausgabe feiner Werke
(zu der es indeß nicht kam) den Entfchluß, „die, vielen derfelben
zum Grunde liegende poetifche Idee anzugeben"; bei andern

hätte er es nicht vermocht, weil eben eine aussprechbare Idee nicht vorhanden war*).

In dieser Zeit rüstigsten Wirkens trafen unsern Meister drei harte Verluste, deren einer besonders ihm trübe Tage für sein ganzes ferneres Leben bereiten sollte.

Zuerst verlor er am 15. April 1814 seinen ersten und, Schindler ausgenommen, nächsten Wiener Freund, den Fürsten Karl Lichnowski, Bruder des Grafen Moritz. Am 15. November 1815 starb dann sein Freund und Landsmann, der berühmte Violinist Salomon aus Bonn, in London, wo er als Mitglied des philarmonischen Vereins früher Haydns, jetzt Beethovens Symphonien eingebürgert hatte. Doch blieben noch zwei Freunde, Ries und Moscheles, für Beethoven dort thätig.

Schwerer traf ihn der dritte Todesfall durch seine Folgen. Ebenfalls im November 1815 starb sein Bruder Karl. In seinem Testamente vom 14. November bat er seinen Bruder Ludwig, die Vormundschaft über seinen hinterlassenen Sohn anzunehmen. Beethoven, der welt- und geschäftsfremde, der seine eigenen Angelegenheiten versäumte, eine Vormundschaft!

Er nahm sie an, den Willen des Bruders zu ehren und die

---

*) Dies ist der Fall unter anderm bei dem besprochenen B dur-Trio. In einem der Konversationshefte finden sich Bruchstücke einer Unterredung Schindlers mit Beethoven über dieses Werk, leider ohne die Aeußerungen Beethovens. Schindler sagt: „Ich bin sehr gespannt auf die Karakterisirung im B dur-Trio. .... Der erste Satz träumt von lauter Glückseligkeit. Auch Muthwille, heiteres Tändeln und Eigensinn (mit Permission — Beethovenscher) ist darin. Nicht wahr? .... Im zweiten Satz ist der Held auf dem höchsten Gipfel der Seligkeit. .... Im dritten Satz verwandelt sich das Glück in Rührung, Duldung, Andacht u. s. w. .... Das Andante halte ich für das schönste Ideal von Heiligkeit und Göttlichkeit. .... Worte vermögen hier nichts, sie sind schlechte Diener des göttlichen Wortes, das die Musik ausspricht." — Es war, wie dort weiter bemerkt wird, spät geworden, Beethoven mußte Medizin nehmen und man weiß nicht, wieweit er überhaupt gestimmt war, sich unter so ungünstigen Umständen einzulassen. So gewiß Schindler darin Recht hat, das Wort für einen nicht vollgenügenden Ausleger der Tonsprache zu halten, so wenig hat er ihm entsagen mögen. Daß er nichts Bestimmteres hat aussagen können, war nicht seine Schuld; das Werk selber sagte nichts Bestimmteres.

Waise zu retten. Es war nicht das erste Opfer, das er dem
Bruder brachte. „Um ihm das Leben leichter zu machen“, schrieb
er am 22. November 1815 an Ries in London, „kann ich wohl
das, was ich gegeben, auf 10,000 Gulden W. W. anschlagen.....
Er hatte ein schlechtes Weib.“ Eben von dieser schlechten Mutter,
galt es, den Sohn loszureißen. Aber bei alledem war sie die
Mutter. Beethoven beschwor, indem er das unternahm, ein schwer
Geschick herauf. Das verletzte Mutterrecht, wie auch die Mutter
und wie gut die Absicht Beethovens war, sollte gerächt werden.

Beethoven nahm seinen Neffen, einen schönen, gutbegabten
Knaben, zu sich und faßte den Entschluß, ihn an Sohnesstatt anzunehmen, um ihn der übelberufenen Mutter zu entziehn und vor
ihrem Einflusse sicher zu stellen. Hierzu galt es, einen eigenen
Hausstand zu ordnen. Beethoven, der seine eigne Oekonomie stets
vernachläßigt hatte, machte gleich Ernst, sobald er Pflichten gegen
Andre übernommen. Vor Allem unterrichtete er sich bei einem erfahrenen Hauswirth über die Einzelheiten des Haushalts; es wurde
eine Art von Protokoll abgefaßt, links die Fragen Beethovens, z. B.:

1. „Was giebt man zwei Dienstleuten Mittags und Abends zu
essen, sowohl in der Qualität, als in der Quantität?

2. Wie oft giebt man ihnen Braten? Geschieht dies Mittags und
Abends zugleich?

3. Das, was den Dienstleuten bestimmt ist, haben sie dieses gemein mit den Speisen des Herrn, oder machen sie sich solche
besonders, d. h. machen sie sich hierzu andere Speisen, als der
Herr hat?

4. Wie viel Pfund Fleisch rechnet man für drei Personen?“
rechts die ausführlichen Antworten enthaltend. So war er denn
doch aus den Partituren zur Erde niedergekommen. Wird er sich
da finden lernen?

Die Mutter des Knaben war aber keineswegs gewillet, ihren
Sohn von sich zu lassen. Sie protestirte gegen die Adoption, und
da Beethoven sich auf den letzten Willen des Vaters stützte, wurde

sie klagbar. Das war im Jahr 1816. Der Prozeß aber wurde vor dem Adelsgerichtshof, „das niederösterreichische Landrecht," anhängig; der Gerichtshof hielt Beethoven wegen seiner Vorsilbe „van" für adlig, ohne Ausweis des Adels zu fodern.

Beethoven mußte die Nothwendigkeit der Trennung des Knaben von seiner Mutter darthun, das heißt in diesem Falle: den schlechten Lebenswandel der Mutter, die gleichwohl seinem Bruder und dem Namen Beethoven angehörig gewesen, vor Gericht enthüllen und beweisen. Das war für sein reinsittliches und für sein Ehrgefühl schwer zu ertragen, nahm ihm fast die zur Arbeit nöthige Sammlung; zum Glück war die achte Symphonie schon vor Beginn des Prozesses entworfen und theilweis' ausgearbeitet. Er konnte sie vollenden und 1817 aufführen; so gingen ideale Freude und niedre Sorge und Qual nebeneinander.

Im Laufe der Verhandlungen kam denn doch dem Gerichtshofe zur Kenntniß, daß das Vorwort „van" in Holland kein Zeichen des Adels ist. Folglich foderte er Beethoven auf, seinen Adel nachzuweisen. Hierin konnte von Gerichts wegen, wenn einmal der Legitimationspunkt nicht früher berichtigt und die Klägerin (denn nicht Beethoven, die Mutter hatte den Prozeß anhängig gemacht) nicht gleich vor das bürgerliche Forum gewiesen worden war, nicht anders verfahren werden. Beethoven aber, in Prozessualien ganz fremd, fand sich tief gekränkt, gleichsam auf einer Adelsanmaßung betroffen. Er erklärte, auf Brust und Kopf deutend, mit hohem Nachdruck: hier und hier sei sein Adel. Das konnte natürlich der Gerichtshof nicht gelten lassen. Der Prozeß ging an den Stadtmagistrat als das bürgerliche Forum über, nachdem das Urtheil erster Instanz die Vormundschaft dem Beethoven zuerkannt hatte. Dies geschah 1819, im dritten Prozeßjahre.

Beethoven fühlte sich trotz des günstigen Ausgangs durch jenen für den Sachkundigen ganz gleichgültigen Kompetenzpunkt auf das tiefste verletzt; er meinte seine Künstlerehre angetastet, sich erniedrigt zu dem wiener Pöbel hinabgesetzt zu sehen; kaum hielten die Aus-

einandersetzungen seines Anwalts (Hof= und Gerichtsabbokat Dr.
Bach) und das Zureden der Freunde ihn ab, Wien und Oester=
reich zu verlassen. In den Konversationsheften findet sich noch eine
Unterredung Beethovens und seines Mitvormundes, Hofrath Peters,
aus der Folgendes zu jener leidigen Angelegenheit gehört.

Peters: Sie sind heute so unzufrieden wie ich.

Beethoven: Abgeschlossen soll der Bürger vom höhern Men=
schen sein, und ich bin unter ihn gerathen.

Peters: In drei Wochen haben Sie mit dem Bürger und dem
Magistrat nichts mehr zu thun. Man wird Sie noch um
Ihre Unterstützung ersuchen und Ihnen von der Appellation
die freundlichste Zustellung machen. — Lassen Sie den Bart
absengen.

Beethoven: Sollte es geschehen, so will ich lieber in einem
solchen Lande nicht bleiben. Es wird weder Vormünder
noch Oheime geben meines gleichen — Denkschrift!

Die Unterhaltung wendet sich dann auf andre Persönlichkeiten
und auf den Ungarwein des „Herrn Selig“; sie fand nämlich in
dessen Weinhandlung „zur Stadt Triest“ statt.

Die Sache war noch nicht aus, sondern wurde vor dem Ma=
gistrat fortgesetzt, während der Knabe, sehr zu seinem Schaden,
aus einer Hand in die andre ging und nicht wußte, wohin er ge=
höre. Obendrein verwarf nun der Magistrat das Urtheil des Adels=
gerichts und ernannte die Mutter des Knaben zu dessen Vormün=
derin. Beethoven mußte jetzt, es geschah am 7. Januar 1820, den
Rekurs an das Appellationsgericht nehmen, und hier wurde das
erste Urtheil bestätigt.

Die Rekursschrift ist von Beethoven selbst verfaßt. Folgende
Stelle aus derselben karakterisirt ihn.

„Mein Wille und Streben geht nur dahin, daß der Knabe
die bestmöglichste Erziehung erhalte, da seine Anlagen zu den fro=
hesten Hoffnungen berechtigen, und daß die Erwartung in Erfül=
lung gehen möge, die sein Vater auf meine Bruderliebe baute.

Noch ist der Stamm biegsam, aber wird er noch eine Zeitlang ver=
säumt, so entwächst er in krummer Richtung der Hand des bilden=
den Gärtners, und die gerade Haltung, Wissenschaft und Karakter
sind für ewig verloren. Ich kenne keine heiligere Pflicht, als die
der Obsorge bei der Erziehung und Bildung eines Kindes. Nur
darin kann die Pflicht der Obervormundschaft bestehn, das Gute
zu würdigen und das Zweckmäßige zu verfügen; nur dann hat sie
das Wohl des Pupillen ihrer eifrigen Aufmerksamkeit gewidmet;
das Gute aber zu hindern, hat sie ihre Pflicht sogar übersehen." *)
— Man kann nicht rechtlichere Gesinnung und graderes Urtheil
beweisen.

Welchen Dank Beethoven für alles das ärndten sollte, werden
wir später erfahren. Einstweilen entwickelten sich die Anlagen des
Knaben nach Wunsch und zur großen Genugthuung des Oheims.
Dieser aber war durch all dies Getreibe mit seiner Oekonomie sel=
ber mehr als früher ins Gedränge gekommen. „Ich war derwei=
len," schreibt er am 25. Mai 1819 an Ries (mit dem er öfter
verabredet, nach London zu kommen), „mit solchen Sorgen behaf=
tet, wie noch mein Leben nicht, und zwar durch übertriebene Wohl=
thaten gegen andere Menschen."

Am schmerzlichsten ist dabei die Nachgiebigkeit auf Kosten sei=
ner Werke und seines Künstlergefühls. Er, der seine Kompositio=
nen so gewissenhaft im Sinne trug, daß er in seiner Oper zahl=
reiche Sätze drei= und viermal umkomponirte**), und bei der Her=
ausgabe der großen B = Sonate Op. 106 sechs Monate nach der
Komposition einen Brief nach London an Ries schrieb, um zwei
Noten (den ersten Takt des Adagio, allerdings einen bedeutungs=

---

*) Auf diese Schrift bezieht sich das zusammenhanglose Wort „Denkschrift"
im Gespräch mit Peters.

**) Auch die achte Symphonie ist umgearbeitet worden und die siebente hat
im Scherzo dasselbe erlebt. Nach Rußland hat er an Fürst Galitzin geschrieben,
um in den demselben gewidmeten Quatuors ein Legato=Zeichen im Violoncell
nachtragen zu lassen.

schweren Zug) nachtragen zu lassen: er schreibt in dieser Bedrängniß am 19. April 1819 in Bezug auf dieselbe Sonate an Ries:
.... „Sollte die Sonate nicht recht sein für London, so könnte ich
eine andre schicken, oder Sie können auch das Largo auslassen
und gleich bei der Fuge im letzten Stück anfangen, oder das erste
Stück Adagio und zum dritten das Scherzo und das Largo und
Allegro risoluto. — Ich überlasse Ihnen dieses, wie Sie es am
Besten finden..... Die Sonate ist in drangvollen Umständen geschrieben. Denn es ist hart, beinah um des Brodtes willen zu
schreiben; so weit habe ich es nun gebracht.

Wegen nach London zu kommen*), werden wir uns noch schreiben. Es wäre gewiß die einzige Rettung für mich, aus dieser
elenden Lage zu kommen, wobei ich nie gesund und nie das wirken
kann, was in bessern Umständen möglich wäre."

Wohl war es hart. Das Genie, man muß es wiederholen,
ist der Paria der modernen Gesellschaft. Er büßte auch seine
Schuld dabei,

Denn alle Schuld rächt sich auf Erden,

auch die Schuld des guten Herzens und der versagten Erziehung
zum Haushalten und unbedingten Hingebung an den höhern Beruf.
Im Leben hat ihm Niemand, keiner von den Gästen des wiener
Kongresses, wahrhaft geholfen. Später haben sie Medaillen auf
ihn geschlagen und ihm ein Denkmal gesetzt.

---

*) Die philarmonische Gesellschaft in London hatte ihn schon 1817 einge-
laden, dorthin zu kommen, einige Symphonien zu komponiren und aufzuführen.
In Briefen Beethovens an Ries vom 9. Juli 1817, 5. März 1818 und 3. April
1819 ist davon wiederholt die Rede. Er glaubte in der londoner Unternehmung
den einzigen Weg aus seinen ökonomischen Bedrängnissen zu sehn; seine Gesund-
heitsverhältnisse hinderten sie.

Das Hochamt.

Beethovens Lage war bedenklich und sein Geschick war hart. Aber ein Karakter wie der seinige ist nicht zu bewältigen. Mochte dem Künstler schwül um's Herz sein, er drang vorwärts. Ja, wenn man ihn von einem Riesenwerk, wie die B=Sonate nach Umfang, nach Ideenreichthum, nach kernfester Lebensfrische und höch= stem Lebensmuthe ist, wenn man ihn von einem solchen Werke sagen hört, es sei „in drangvollen Umständen geschrieben": dann — kann man nicht etwa an der Aufrichtigkeit des Mannes zwei= feln, muß aber annehmen, daß seine Leiden, so gewiß sie nur gar zu handgreiflichen Grund hatten, doch mehr Phantasieleiden waren, die gleich dem Speer des Achilles zugleich verwunden und heilen. Er hatte doch mitten in seiner Bedrängniß ein solches Werk schaf= fen können und mehr als eins.

Ja, man muß sich fragen, ob nicht seine Verhältnisse und Schmerzen nothwendig gewesen, damit er ein solcher würde, tief erweckt und tief bis in den innersten Grund seines Nerven= und Ge= fühlssystems aufgereizt und wund, um so zu empfinden und zu schaffen, wie er gethan. Denn allerdings konnte nur in einer so gestimmten Seele die erregteste, ja heiterste Lebenskraft sich dieses Hineinschaun und Niedertauchen in die nächtigsten Tiefen des Da= seins gestatten. Jenes heitre Bdur=Trio hat davon zu erzählen gehabt, vom Adagio der Riesensonate wäre dasselbe zu sagen gewesen — und noch von manchem Werk.

So von der zweiten der

Deux Sonates pour Piano et Violoncelle ou Violon, Oe. 102.

(wohl nur für Piano mit Bioloncell gedacht und in Rücksicht auf größere Verbreitung auch für Biolin eingerichtet), die um 1818, also in jener wirren Zeit, hervortraten. Nur von der zweiten Sonate, aus D dur, kann hier berichtet werden.

Der erste Satz ist eine jener durchbrechenden Energien,

die wie ein plötzlich entstandener Entschluß voll Kühnheit und Schlagfertigkeit hervorbrechen und die Spannkraft der Seele, der sie entsprungen, bezeugen. Man könnte zwischen diesem Satz und dem ersten der B=Sonate geheime Verwandtschaft der Geister fühlen, wenn auch äußerlich kein Zug der Aehnlichkeit nachweisbar ist. So fühlt man bisweilen aus den ganz abweichenden Zügen des jüngern, bleichen, nervös reizbaren Bruders die Verwandtschaft mit dem ältern, in seiner Kraft und Gesundheit sicher beruhenden heraus.

Wenn dieser erste Satz nichts anders, als subjektive Stimmung in sich zu tragen scheint, so ist man dem zweiten Satze gegenüber fast gezwungen, objektiven Inhalt anzunehmen; denn handgreiflich tritt hier ein Dualismus des Inhalts, eine Zweiheit hervor, deren Momente sich ganz bestimmt von einander scheiden. Dieses „Adagio con molto sentimento d'affetto" hebt einen choralartigen Satz an,

(die Oberstimme hat das Violoncell) der vor Allem typisch wirkt;
schon seine äußere Gestaltung, diese Gleichmäßigkeit der Bewegung,
die strophischen Schlüsse und Absätze, das Alles weckt die Erinnerung an so manchen Gesang der Andacht, dem wir in der
Schwüle des Lebens unsre trostbedürftige, bange Seele geöffnet.
Bestimmter wirkt der Inhalt, und hier wieder choralartig, besonders
der harmonische Theil desselben. Es ist ein tiefes In sich gehn,
das uns von außen anspricht und innen die Seele füllt. Dieser
Choral ist aber nur die eine Seite des Inhalts; er wird vernommen von außen nach innen, wie man etwa auf nächtiger Wan-
derung aus ferner, gar nicht sichtbarer Kirche das ernste Lied der
Andächtigen von Buße und Furcht vor ewigem Tod leise herüber-
hallen hört, und im Innersten mitfühlt, was Jene singen.

Nun erst treten ganz unabhängig von jenem Choral zwei
Stimmen, zwei Einzelne ganz deutlich gezeichnet, hervor mit einem
Gesang,

(geschrieben, wie es ertönet)

zuckend im Weh, im irdischen Leid; auf schwankendem Grunde treten sie daher, eine der andern eng angedrängt folgend in Bangigkeit (sie sind oben mit I, II bezeichnet) dann ganz einmüthig. Wie dieses zweite Moment, gleich mit dem fünften Takt, wieder von dem Choral zurücktritt, mit ihm wechselt, ihn mit jenen zuckenden Eingriffen, die (oben im Baße) die Begleitung der Klage waren, — wie solchem Hauptsatze dann der Seitensatz in Ddur folgt, wie sich da die Stimmen gemildert, getröstet, lächelnd — während die Thräne noch an der Wimper blinkt, einander umschlingen, sei nicht näher erörtert.

Der Satz geht in das Finale über, ein Fugato, das sich weit ausgreifend und im unermüdlichen Ringen der Stimmen zum Ziele durchkämpft.

Zum Ziele; — zur Ruhe, zur Befriedigung kommt es nicht.

Die Bestimmung dieses Menschen, der das schrieb, war, nicht zur Ruh' und Befriedigung zu kommen.

Auch dieses Tonbild ist Marien Erdödy gewidmet, derselben, der die Trio's Op. 70 zugehören. Zwischen dem Adagio dieser Sonate und dem des D-Trio's ist unverkennbare Verwandtschaft. Sind die beiden Widmungen nicht Spiel des gedankenlosen Zufalls, so muß ein seltsamer Ideenaustausch zwischen jener Freundin Beethovens und ihm stattgefunden haben; er war, wie wir aus seinen Kompositionen und seinen theosophischen Aufzeichnungen wissen, jener Mystik, die in Byron's Manfred und Kain geschäftig ist, dem alten „facilis descensus averni" keineswegs fremd. Wie sollt' er? ist nicht die Kunst überhaupt ein Mysterium? Welche Gedanken müssen gar ihn in seiner Abgeschiedenheit überschlichen haben immitten seines lebensfrischen Muthes und jener heitern Energie, die der Grundton seines Lebens war. Je mehr er sich dem Ende nähert, desto häufiger scheinen Nachtgedanken und dunkle Ahnungen, daß abgeschlossen werden müsse, in seine Musik zu treten.

Was aber längst in ihm geschlummert haben mag, sollte jetzt

wach werden und hervorwachsen. Das war die Komposition der Messe.

Vor Jahren hatte er die Messe für Esterhazy's Schloßkapelle komponirt, offenbar in der ganz äußerlichen Absicht, eine Kirchen= komposition für den gewohnten Gebrauch in gewohnter Weise zu liefern. Er war bei der Komposition von tiefem Gefühl erfüllt ge= wesen, das bezeugt der weit spätere, S. 148 erzählte Vorgang. Indeß dies Gefühl war weniger dem besondern Inhalt der Messe und Kirche zugewendet, das bezeugt die Komposition; es war das Gefühl allgemeiner — sagen wir deistischer Andächtigkeit.

Bietet aber dieser Messentext mit seinem Glaubensartikel vom Christ, mit seiner Segensverkündigung von oben, mit der Vor= stellung der himmlischen um den Vater versammelten Heerschaaren und der auf Knieen versammelten Gemeine der alleinigen katholi= schen Kirche nicht unendlich Höheres und Reicheres für die Phan= tasie eines Beethoven? Selbst für den Nicht=Katholiken ist diese Vorstellung, zumal aus künstlerischem Gesichtspunkt, eine hocher= habne; Sebastian Bach, der treue Sänger des Evangeliums und der lutherischen Kirche, hatte das bei seiner hohen Messe wohl er= fahren. Einmal mußte jene Vorstellung in ihrer Erhabenheit und Fülle auch vor Beethoven treten, welches auch sein Verhältniß zur Kirche war.

Dies geschah jetzt, in jener trüben Zeit der Bedrängniß. Der äußerliche Anstoß war die Ernennung seines Schülers, des Erz= herzogs Rudolf, zum Erzbischof von Olmütz. Die Installation sollte am 9. März 1820 statthaben. Beethoven faßte den Ent= schluß, die Musik zum feierlichen Hochamt zu schreiben, und begann die Arbeit, die seiner zweiten Messe, im Winter von 1818 zu 1819. Schon bei dem ersten Satze wuchs das Werk zu solchen Verhält= nissen an, daß man gar nicht absehn konnte, wann es vollendet sein würde. In der That war es, als der Erzherzog sich zur Fahrt nach Olmütz rüstete, noch nicht zum dritten Theil fertig, konnte auch nicht zur beabsichtigten Verwendung kommen, sondern wurde erst im Sommer 1822 in Baden bei Wien nach dreijähriger Arbeit, zwei Jahre nach der Installation vollendet. In einem Brief an Ries vom 6. April 1822 wird die Messe als „unlängst geschrieben" erwähnt; dem Musikhändler Peters in Leipzig wird sie in einem Briefe vom 26. Juli 1822 zugesagt, mit der Angabe, er solle die Partitur wohl abgeschrieben bis Ende Juli erhalten.

Uebrigens darf man nicht glauben, daß Beethoven sich seinem großen Werk ausschließlich habe hingeben können. Abgesehen von Kompositionen, die innerlich und äußerlich mit Unabweislichkeit Vollendung foderten, — es sind die Sonaten Op. 109, 110, 111 —, schrieb er Bagatellen für Honorar, weil er Geld brauchte, und setzte, gerade in der Zeit, wo er mit dem Credo der Messe beschäftigt war, aus Gutherzigkeit für herumziehende Musikanten, die in einem Gasthofe „in der Briel" bei Möbling zum Tanz aufzuspielen pflegten, eine Reihe von Walzern, schrieb auch selber die Stimmen dazu aus.

Widriger war die Plage mit der Oekonomie, die er nun einmal nicht loszuwerden verstand. Ein von ihm geführtes Tagebuch gewährt, gerade für jene wichtige Zeit, einen Einblick in seine häuslichen Wirren. Es heißt da

1819.   Den 31. Januar der Haushälterin aufgesagt.

Am 15. Februar die Küchenmagd eingetreten.

= 8. März hat die Küchenmagd mit 14 Tagen aufgesagt.

= 22. desselben Monats ist die neue Haushälterin eingetreten.

= Am 12. Mai in Möbling eingetroffen.   Miser et pauper sum.

= 14. Mai ist die Aufwärterin eingetreten, mit monatlich sechs Gulden.

= 20. Juli der Haushälterin aufgesagt.

= 17. April die Küchenmagd eingetreten.

1819.   Am 19 April schlechter Tag, (d. h. er bekam nichts,

weil bereits alle Speisen durch das lange Warten
verdorben waren.)

= 16. Mai dem Küchenmädchen aufgesagt.

= 19. Mai die Küchenmagd ausgetreten.

= 30. Mai die Frau eingetreten.

= 1. Juli die Küchenmagd eingetreten.

= 28. Juli Abends ist die Küchenmagd entflohen.

= 30. Juli ist die Frau von Unter = Döbling ein=
getreten.

Die 4 bösen Tage, 10., 11., 12., 13. August in Ler=
chenfeld gegessen.

Am 28. der Monat von der Frau aus.

= 6. September ist das Mädchen eingetreten.

= 22. Oktober das Mädchen ausgetreten.

= 12. Dezember das Küchenmädchen eingetreten.

= 18. Dez. dem Küchenmädchen aufgesagt.

= 27. Dez. das neue Stubenmädchen eingetreten.

An jenen „4 bösen Tagen" hatte er gar kein baares Geld
gehabt und als Mittagbrod nichts als einige Brödchen und ein
Glas Bier. —

Die Sache wird nicht gebessert, sondern schlimmer, wenn man
erfährt, daß im Grunde seine Lage nicht so bös war, als er sie
nahm. Er hatte seine Pension, er hatte für die Bagatellen ein
Honorar von 10 Dukaten stipulirt, für die Sonaten und andre
Kompositionen gute Honorare theils erhalten, theils zu erwarten,
endlich besaß er Bankaktien. Allein die letztern betrachtete er als
Erbtheil seines Neffen und das Geld ging großentheils für dessen
Erziehung und die unvermeidlichen Wohnungswechsel — (oft zu
erheblichem Zins) auf. Und zuletzt — verstand sich der einsame
Künstler nicht auf Geld; hatte er doch schon früher einmal, um sich
ein wenig Geld zu verschaffen, Bankaktien verkaufen wollen, und
erst belehrt werden müssen, daß die dabei befindlichen Koupons
genügten, sein Bedürfniß zu decken. Was half ihm das Geld,

wenn er nicht damit umzugehen verstand? er plagte sich, als hätt' er keins.

Und er hatte keins zur rechten Zeit und in tröstlicher Weise. Am 6. April 1822 schrieb er in einem Brief an Ries: „Noch immer hege ich den Gedanken, doch noch nach London zu kommen, wenn es nur meine Gesundheit erlaubt, vielleicht nächstes Frühjahr. Sie würden an mir, lieber Ries, den gerechten Schätzer meines lieben Schülers, nunmehrigen großen Meisters *) finden; und wer weiß, was noch anders Gutes für die Kunst entstehen würde in Vereinigung mit Ihnen. Ich bin, wie allezeit, ganz meinen Musen ergeben und finde nur darin das Glück meines Lebens." Und in einem Brief an Peters finden wir einen Theil der Aufklärung dieser Wirrsale. „Die Konkurrenz (heißt es da) um meine Werke ist gegenwärtig sehr stark, wofür ich dem Allmächtigen danke, denn ich habe auch schon viel verloren. Dabei bin ich der Pflegevater meines mittellosen Bruderskindes. Da dieser Knabe von 15 Jahren so viel Anlage zu den Wissenschaften zeigt, so kostet nicht allein die Erlernung derselben und der Unterhalt meines Neffen viel Geld, sondern es muß auch für die Zukunft an ihn gedacht werden, da wir weder Indianer noch Irokesen sind, welche bekanntlich dem lieben Gott alles überlassen, und es um einen pauper immer ein trauriges Dasein ist." Demselben schreibt er noch am 20. Dezember 1822: ..... Es ist mir unmöglich, in allen Fällen nach Prozenten zu handeln. Fällt es mir doch schon schwer, öfter als es sein muß, danach zu rechnen. Meine Lage ist übrigens nicht so glänzend, als Sie glauben. Ich bin außer Stande, allen Anträgen sogleich Gehör zu geben. Es sind deren zu viele; manches ist nicht zu versagen. Nicht immer ist das, was man verlangt, dem Wunsche des Autors gemäß. Wäre mein Gehalt nicht gänzlich o h n e Gehalt, so schriebe ich nichts als große Symphonien, Kirchenmusiken, höchstens noch Quintetten." Und etwas später, am

*) Wer die damaligen Werke des braven Ferdinand Ries kennt, muß sich fragen: ist das freundschaftliche Selbsttäuschung? oder Dankbarkeit? oder was sonst?

25. April 1823, schreibt er an Ries: „Meine beständig traurige Lage fodert aber, daß ich augenblicklich das schreibe, welches nur so viel Geld bringt, daß ich es für den Augenblick habe. Welche traurige Entdeckung erhalten Sie hier!!"

So stand er nun, wie einer der Drei im feurigen Ofen der unabläßigen Arbeit und Bedrängniß, und war dennoch ganz voll vom Lobgesang! Die Messe ward ihm das Gefäß, in dem er Alles, was von Andacht in ihm längst heraufwogte, was von Anschauung jener geweihten Glaubensworte in ihm emporgestiegen war, als ein würdig Opfer darbringen wollte. Mit hohem Ernste ging er an das Werk, das bezeugt schon die durchaus rücksichtslose Zeitverwendung. Seine Gesundheit, über die er schon im April 1822 wieder zu klagen hatte, hielt fest aus unter der langen Arbeit. Gleich vom Beginn an „schien (erzählt Schindler) sein ganzes Wesen eine andere Gestalt angenommen zu haben, welches besonders seine ältern Freunde wahrnahmen, und ich muß gestehen, daß ich Beethoven niemals vor und niemals nach jener Zeit mehr in einem solchen Zustande absoluter Erdenentrücktheit gesehen habe, als dies vorzüglich im Jahre 1819 mit ihm der Fall gewesen." —

Dieses Werk liegt nun unter dem Titel

Missa composita ...... a Ludovico

van Beethoven Op. 123

aus dem Verlag von Schott in Mainz uns in Partitur vor. Es ist dem Kardinal Erzherzog Rudolf vom Meister gewidmet, eines der größten Werke desselben. Er selber nennt es, wie wir weiterhin genauer erfahren werden, sein größtes und gelungenstes Werk; und in der That war diese Ueberzeugung in ihm eine vollkommen berechtigte, ja nothwendige, da von seinem Standpunkt aus eine höhere Auffassung der großen Aufgabe nicht veranlaßt war. Hiermit ist aber ausgesprochen, daß das Werk im Lebenslaufe Beethovens und in dem der Kunst von hoher Bedeutung sein muß und daß uns, wie allen Künstlern und Kunstfreunden, höchste Achtsamkeit obliegt, zumal das Werk weniger in die Oeffentlichkeit ge-

drungen und verstanden worden ist, als die Mehrzahl der übrigen
Werke des Meisters.

Sprechen wir noch Eins aus, bevor wir zum Werke treten.
Ist dem Geschichtschreiber überhaupt Wahrhaftigkeit höchste Pflicht,
so ist sie es doppelt, gegenüber den höchsten und entscheidenden
Momenten. Wer, selbst einem Beethoven gegenüber, den Muth
dieser Wahrhaftigkeit nicht in sich findet, der ist gerade solcher Aufgabe nicht würdig oder gewachsen. Uns unsererseits steht Beethoven
zu hoch, als daß ihm gegenüber etwas Anderes als die wahrhaf-
teste Ueberzeugung geziemend wäre, selbst wenn uns etwas Anderes
ziemte. Wir werden daher rückhaltlos unsere Ueberzeugung aussprechen, sicher, daß Zweifel und Verneinung so wenig den unsterblichen Meister antasten, als er unsers Lobes bedürfen kann. Wohl
aber wissen und beherzigen wir, daß Ihm gegenüber jeder Urtheilende
sich selbst auf die Bank der Angeklagten setzt.

Beethoven war mit der vollen Macht seines Geistes und seiner genialen Begabung an das Werk getreten. Wäre sie nicht
schon vollbewährt, man würde sie da in voller Bewährung gefunden
haben, in gewissem Betracht in höherer, als je zuvor. Er trat
ferner mit rücksichtloser Hingebung und innerlichster Spannung und
Erhebung an das Werk; dafür haben wir das Zeugniß seines Freundes und das noch wichtigere des Werks.

Dies alles steht fest. Es fragt sich also jetzt: in welchem
Sinne hat Beethoven seine Aufgabe gefaßt? —

Zunächst scheinen sich dem Komponisten der Messe, wer er
auch sei, nur zwei Wege zu öffnen.

Der erste ist der, sich unbedingt und rücksichtlos dem Text
der Messe anzuschließen und denselben Schritt für Schritt durch
die Musik zu Geltung zu bringen. Hier ist das Wort und seine
Bedeutung das vorzugsweis Bestimmende; es kommt darauf an,
diese Bedeutung Satz für Satz zu voller Geltung zu bringen. Die
Bedeutung kann keine andere sein, als die das Wort im Munde
der Kirche oder des Glaubensbekenntnisses hat, das folgt schon aus

dem allgemeinen Auslegungsgesetze, jedes Wort im Sinne des Redenden zu verstehn. Dies aber ist die einzige Rücksicht auf die Kirche, und sie ist keine fremde, sondern liegt logisch in der Sache.

Der zweite Weg ist der, die tonkünstlerische Handhabung des Textes nach den kirchlichen Gebräuchen zu bemessen, die große Reihe der Textsätze z. B. in gewisse Partien zusammen zu fassen, die sich gewohnheitsmäßig, nicht ohne Rücksicht auf den Inhalt, fest-gestellt haben, ein gewisses Maaß der Ausdehnung festzuhalten, das liturgisch, oder selbst nach den Gewohnheiten der Zeit und des Ortes zusagend befunden wird. Hier waltet also sach= und kunstfremde Berücksichtigung, und es ist vorauszusehn, daß darunter die voll-kommne Ausprägung des Inhalts mehr oder weniger leiden wird, gleichviel, welchen Gewinn die liturgische Handlung daraus für sich zieht.

Das äußerliche Unterscheidungszeichen beider Richtungen ist also die Anordnung des Textes. Liturgisch wird derselbe in sechs Hauptstücke zusammengefaßt: Kyrie, Gloria, Credo, Sanctus, Be-nedictus, Agnus, deren jedes mehrere, das Gloria und Credo viele Sätze verschiedenen Inhalts in sich faßt, die dann natürlich zusammengedrängt, nicht sowohl dem besondern Inhalt als vielmehr der gemeinsamen Stimmung nach geltend gemacht werden.

Das Letztere ist bei der Mehrzahl der Messen (z. B. bei denen von Haydn, Hummel, Cherubini) der Fall; nur einzelne Sätze wer-den dann noch mit besondrer Vorliebe hervorgehoben, namentlich das Crucifixus mit dem Gefühl tiefen Leids. Den erstern Weg dagegen finden wir nur einmal verfolgt, von Seb. Bach in der hohen Messe. Bach bildet z. B. das Kyrie zu drei ganz abgesonderten Sätzen aus: Kyrie, Christe, Kyrie, — das Gloria zu sechs — oder zehn Sätzen: Gloria mit et in terra, Laudamus, Gratias, Domine mit qui tollis, Qui sedes, Quoniam mit in gloria und cum sancto. Sechs Sätze sind vollkommen von einander geschie-den und in sich abgeschlossen; die andern sind es nicht durch voll-kommnen Abschluß, wohl aber durch Inhalt und Form; Quoniam

z. B. ist eine Baßarie, das anschließende in gloria ist Chor, das wieder eng anschließende cum sancto Chorfuge, nach Form und Inhalt durchaus selbstständig. Daß erst hiermit für den vollständigen Ausdruck des gesammten Textes erst genügender Raum und klarste Auseinandersetzung gewonnen wird — man kann ja beliebig weiter oder anders gliedern — leuchtet ein. Ob Bach überall das Rechte getroffen? ob die verdeutlichende Gliederung nicht anderweit Nachtheil bringt? das sind Fragen, die hier nicht eingreifen. Der Messentext ist theilweise so vollkommen unmusikalisch, daß es kaum möglich scheint, überall genug zu thun, wie man ihn auch anfasse.

Welchen der beiden Wege man einschlage, das Wort ist nicht blos Anhalt für die Komposition, es ist unabänderliches Glaubenswort, Gesetz und Kern des Ganzen; die Komposition kann tausendfach verschieden erfolgen, kann sogar entbehrt werden, das Wort besteht unabänderlich. Hieraus folgt sogleich, daß von den musikalischen Kräften, die bei der Messenkomposition zur Anwendung kommen, der Gesang die vorwaltende ist, — denn er enthält das Wort in sich, — das Instrumentale nur die mitwirkende. Der Gesang aber, — dessen müssen wir eingedenk bleiben, — ist nicht bloßes Klang= und Tonmaterial, es ist Weise und Wort und entspricht damit dem Gefühl und Bewußtsein im Menschen; in ihm spricht sich der Mensch oder sprechen sich menschlich vorgestellte Wesen (Engel, Geister, — wir haben für sie keine höhere Anschauung, als die des Menschen) aus. Der Gesang ist das Organ der positiv menschlichen oder menschengleich Vorgestellten, während das Phantastische in der Musik dem Reiche des Instrumentalen zufällt. Die Macht des Worts oder des bestimmtern Bewußtseins ist es, die den Karakter des Gesanges begründet. Spontini hat in seiner Oper Nurmahal selige Geister ohne Text, blos auf A singen lassen, um den reinen Stimmenklang nicht durch Beimischung der Mitlaute zu trüben. Er hat damit nicht Uebermenschliches, sondern Untermenschliches gegeben, denn er hat seinen Geistern das Wort, das heißt das klare Bewußtsein entzogen.

Dazu kommt, aber erst als Zweites, daß wir im Gesang auch dem Klange nach die Stimme des Menschen vernehmen, des bewußtesten und höchsten Wesens, von dem wir Anschauung haben, natürlich auch des Gegenstands unserer innigsten Sympathie. Die Menschenstimme bewegt uns schon als Schallmaterial am tiefsten. Aber daraus folgt auch, daß ihre ungemäße Behandlung uns auch am empfindlichsten verletzt. So ziehen sich doppelte, sehr bestimmte Gränzen um den Wirkungskreis des Gesangs, engere als um das phantastische Reich des Instrumentalen, und gefährlicher zu verletzende. Das Naturreich außerhalb des Menschen ist weiter, mannigfaltiger, leichter zu handhaben, ungestrafter sagar zu verletzen, als das Menschenthum.

Jene bestimmende Macht des Wortes nun, jener Positivismus des Gesangs greift überall ein. Alle Kunstformen, in denen sich der Gesang bewegt, werden vom Wort oder Text aus theils geradezu geschaffen, theils wenigstens wesentlich mitbestimmt. Namentlich entspringt jenem Einflusse des Worts, das den Gesang zur bewußtvollen Musik, zum Ausdruck des bewußtvollen Menschen macht, die Nothwendigkeit, im mehrstimmigen, besonders im Chorgesange jede Stimme zu selbstständigem Inhalt und zu dramatischem Gegensatz gegen die andern Stimmen zu erheben. Alle Stimmen, denen dies versagt ist, hören auf, künstlerische Verkörperung des selbständigen und selbstbewußten Menschen zu sein, sinken zu bloßem Schall = und Klangmaterial herab. Bei leichtern Aufgaben oder bei scenischen aus Rücksicht auf die Bühnenverhältnisse, mag das hingehn; wo Mehrstimmigkeit, wo Chorgesang ernstlich und ungehemmt eintritt, ist jene dramatische Karakteristik und Gegeneinanderstellung, — mit dem Kunstworte zu reden: ist Polyphonie die schlechthin unerläßliche Kunstform. In ihr kommen alle Stimmen zum vollen Recht selbständiger Karaktere, in ihr vollenden sich die höchsten Begriffe, die man im Chor zur Erscheinung kommen läßt: einer Gemeine, eines Volks, der Menschheit, die in allen Gliedern, — symbolisch dargestellt durch die typischen Karak-

tere der Jungfrau, der Matrone, des Jünglings, des Mannes*),
— selbstständig, frei und theilnahmvoll zusammentritt.

Hierzu genügt nicht jene Schein=Polyphonie des Quartett=
und Triosatzes, in der eine Stimme der andern nur gleichsam spie=
lend das Wort aus dem Munde nimmt, weil hinter jeder und hinter
allen (Th. I. S. 111) der subjektive Gedanke des Komponisten steht.
Es müssen wesentlich verschiedne, selbstständige Karaktere geschaffen
und gegeneinandergestellt werden in einer einigen Handlung. Alle
polyphonen Formen haben diese Bestimmung als gemeinsamen
Grundgedanken in sich; am freiesten und zugleich einheitvollsten ist
er in der Fuge (Th. I. S. 97) verwirklicht, in der ein einiger Gedanke
das Ganze in all seinen Stimmen, alle Stimmen als selbstständige
Karaktere oder ideale Persönlichkeiten gefaßt, durchbringt, und zwar
in durchaus freier, das heißt vernünftiger und selbständiger Weise.
Wer dies Letztere an der Fuge noch nicht begriffen hat, versteht
sie noch gar nicht; und wer nach flacher Oulibicheff=Weise sie ver=
kennend für ein pedantisches Schulmachwerk ansehn will, lästert da=
mit alle Meister von Bach bis Beethoven, die Vorgänger und Nach=
folger dazu; denn alle haben sich thatsächlich zu dieser Form bekannt,
Beethoven mit steigendem Eifer.

Hiermit wenden wir uns zu ihm zurück und zu unsrer Frage:
in welchem Sinne hat Er die Aufgabe der Messenkomposition
gefaßt?

Fragen wir besser: in welchem Sinne hat er sie fassen können?

Er war, wir wissen es, weder nach äußerer Stellung, noch
innerer Richtung ein Mann der Kirche. Seit der ersten Messe
hatte er sich auf Kirchenkomposition nicht eingelassen, sein Oratorium
kann dafür nicht gelten, er selbst (Th. I. S. 254) ist dieser Ansicht
gewesen. Daher fand er auch keinen Anlaß zu Chorkomposition, näm=
lich zu solcher von dramatisch=polyphoner Ausgestaltung, wie wir sie
oben bezeichnet haben; die Chöre seiner beiden dramatischen Werke,

---

*) S. die Kompositionslehre, Th. I.

sowie kleinere ähnlich gestaltete Werke (Meeresstille u. s. w.) kön=
nen hier nicht mitzählen, so wunderschön sie zum größten Theil auch
sind. Vergleichen wir mit jenen Leistungen die Hunderte von Chor=
sätzen eines Bach oder Händel, oder auch Haydn's, Mozart's, Che=
rubini's, so dürfen wir unbeschadet aller Ehrfurcht und Liebe für
Beethoven aussprechen: er hatte sich im Leben des Chors und in
der Kirchenmusik nicht eingelebt. Das Wissen thut es nicht, und
das allgemeine Vermögen, wie groß es sei, eben so wenig. Wo
Beethoven einheimisch und eingelebt, wo er Gebieter, ein Herr der
Herren war, das wissen wir. Eben deßwegen konnte er es hier
nicht sein. Nur das Talent kann alles und allenthalben zu Hause
sein, kann aber eben darum nirgends das Vollendete geben; das
Genie kann nur den einen Beruf erfüllen, für den es gesandt ist;
aber den vollendet es.

Beethovens Heimat war die Welt der Instrumente, sein Be=
ruf war gewesen, diese Welt mit dem bewußten Geiste zu durch=
dringen und der künstlerischen Idee zu durchleuchten. Diese Welt
war durch ihn zum Bewußtsein gekommen, diese hölzernen und ble=
chernen Instrumente waren Stimmen, lebendige, beseelte, durch=
geistete, karakteristisch gezeichnete Wesen geworden; wie die Schrift
den Menschen „das Ebenbild Gottes" nennt, so können wir jene
Stimmen und Wesen „Ebenbilder der Menschenstimme und des
Menschengeistes" nennen, und doch — wie verschieden! wie weit
ab, wo man jemals wähnen könnte, sie wären „als unser einer!"

Beethovens schöpferische Phantasie webte hier, in dieser phan=
tastisch=entbundenen, schrankenfreien Welt der Instrumente. Hier
hatte er unablässig gewirkt, hier hatte seine ganze Kunst, wir wollen
sagen: sein ganzes Kunstgeschick sich entfaltet und bewährt, in allen
Formen, von dem obligaten Akkompagnement, mit dem er (nach
seinem Ausdrucke) geboren, bis zur Gipfelform der Polyphonie, zur
Fuge.

Diese letzte Form fodert nach ihrem Rang und der Bedeutung
der Polyphonie für Chorsatz besondre Betrachtung. Beethoven hat

die Fuge (Th. I. S. 25) studirt, Anfangs weniger angewendet, allmählig immer tiefer an ihrem Wesen theilgenommen und sie öfters als die für gewisse Aufgaben ganz unerläßliche und unersetzliche Form erkannt. Das Letztere gilt z. B. ohne Widerrede von der Sonate Op. 106, für deren Abschluß gar keine Form tief und mächtig genug gewesen wär', außer der Fuge. Unübertrefflich hat der Meister sie, wenn auch mehr als Fugato*) und bald kurzgefaßt, bald mit sehr freier Ausführung der Zwischensätze im Cdur=Quatuor Op. 59, in der heroischen, in der siebenten Symphonie, in der Sonate Op. 101, in der Ouvertüre Op. 124, in den 33 Variationen angewandt, — es ließe sich hier noch Vieles anführen. Allein, wenn er die Bedeutsamkeit dieser Form klar erkannt und dieselbe mehr und mehr liebgewonnen: so verlor sich doch der im Instrumentale fessellose Flug seiner Phantasie**) leicht von der kernhaften Durchführung der einzelnen Stimmen hinweg, konnte sich auch nicht immer räumlich so beschränken, wie für die gedrungne Kraft der Fu e rathsam ist. Daher geräth die Beethoven'sche Fuge bisweilen in ein gewisses Geschiebe der Stimmen, ohne festen Anhalt (so im Finale der Ddur=Sonate Op. 102), bald wenden die Stimmen sich zur Homophonie zurück und bilden, gegenüber dem Thema, eine sich unterordnende Masse (so öfters in der Sonate Op. 110), oder der Satz nimmt Dimensionen an (z. B. in der Sonate Op. 106 und in der Quartettfuge Op. 133***), die mit energischer Durchführung der Form nicht vereinbar sein können.

---

*) Fugato ist der Name für Sätze, die nicht sowohl den Begriff der Fugenform streng erfüllen, als nur „nach Art der Fuge" gebildet sind, nur theilweis sich der Fugenform anschließen.

**) Auch Seb. Bach hat bisweilen (z. B. in der Emoll= und Amoll=Fuge, Th. IV der petersschen Ausgabe) die Fugenform phantastisch=frei behandelt. Allein ihm stand die ungemeßne Uebung und die in ihm webende Anschauung der Grundform der Fuge (s. die Kompositionslehre, Th. II) festigend zur Seite.

***) Diese Fuge, mit der Einleitung 35 Seiten Partitur füllend, ist das ursprüngliche Finale des Quatuors Op. 130. Beethoven hat sie auf des Verlegers, Artaria, Wunsch losgelöset (damit das Quatuor nicht — zu lang sei) und statt ihrer im November 1826 das etwas kürzere jetzige Finale gesetzt. Dieses ist, beiläufig gesagt, die letzte Komposition, die Beethoven vollendet hat.

So erscheint uns die Sache. Haben wir recht gesehn, so ist der Hoheit Beethovens nicht ein Haar gekrümmt, sondern nur seinem Karakterbild ein Zug zugefügt, der (wie uns scheint) mit dem Ganzen wohl im Einklang steht. Denn, was Beethoven im Gebiete der Fuge gethan und was er ungeschehn lassen wollen, steht mit seiner Grundrichtung auf das Instrumentale und dessen tiefen Sinn in vollkommnem Einklang; fand seine Kunst hier eine Gränze, so war es die seines eigentlichen Berufs. Es ist aber Begränzung nicht Gränzenlosigkeit das Wesen des gediegnen Karakters und (S. 236) des Genies. Haben wir aber geirrt, so würde Er selber, der in früher Zeit*) unserm Streben Aufmerksamkeit geschenkt, wenn er noch lebte, Liebe und Aufrichtigkeit gewichtiger in die Wagschale fallen lassen, als einzelnen Irrthum**).

So durch und durch, nach jeder Richtung hin, Instrumentalist, faßte er den Entschluß zur Messenkomposition.

Von jenem ersten Wege (S. 230), den Bach allein gegangen, konnte bei ihm gar nicht die Rede sein; er lebte nicht in der Kirche — und seine Zeit auch nicht.

Den zweiten Weg zu gehn, sich den liturgischen Foderungen zu bequemen, war offenbar sein erster Vorsatz; denn er hatte ja

---

*) Siehe den Brief Beethovens an Herrn Moritz Schlesinger in den Beilagen.

**) Herr von Lenz, der die Idee und Form der Fuge so wenig begriffen hat, wie Oulibicheff, meint: Beethoven habe aus der alten oder klassischen Fuge, die ihm als verrottetes Herkommen und Schulfüchserei erscheinen mußte, — Schulfüchse wären unter andern: Haydn, Mozart 2c., — ein neues Wesen geschaffen, die romantische Fuge. Wieder soll das unglückliche Wort romantisch die Unbestimmtheiten des Redenden — oder auch des Künstlers selber bemänteln, wie vor einem halben Jahrhundert in der deutschen Poesie, dann bei den Franzosen, die die Romantik in E. T. A. Hofmann entdeckten, zuletzt in der musikalischen Kritik. Ja! es ist wahr; sogar in der Fuge kann der wahrhaft romantische Sinn seine Stätte finden — und hat sie bereits bei Händel und Bach, nicht erst bei Beethoven gefunden. Aber von der strengsten Fuge bis zum lockersten Fugato und zur Phantasiefuge stellt sich eine so weite Reihe und Stufenfolge von Gestaltungen auf, daß man vergebens den sichern Standpunkt für jenen Halbbegriff „romantische Fuge" suchen wird.

seine Komposition für den Kirchendienst, für die Intronisation des Erzbischofs zu Ollmütz bestimmt. Allein schon im ersten (wie Schindler annimmt), jedenfalls im zweiten Satze ward er vom Geiste weit hinausgeführt über jede äußerliche Rücksichtnahme; den zweiten Weg kann man nur gehn, wenn man der Kirche, oder recht eigentlich dem Kirchendienst angehört, oder wenn man auch künstlerisch sich indifferent, unentschieden für jede Anbequemung bereit findet. Und das war am wenigsten Beethovens Sache.

Ihm öffnet sich ein dritter Weg. Wir wollen ihn den phantastischen nennen, nicht im tadelnden Sinne des Worts, sondern in jener Bedeutung, die zur Zeit der Kirchenverbesserung solche Texte zu Kirchenmusiken als phantastische bezeichnete, die weder der Bibel noch den anerkannten Kirchendichtern entnommen, sondern nur nach dem subjektiven Gefühl und Schauen des Dichters und Komponisten gewählt worden waren.

Nicht eigne Gläubigkeit und nicht Hingebung an den Kirchendienst, sondern die ganz freie, schöpferische Phantasie konnte einzig Beethovens Messe hervorbringen. Damit aber war entschieden, daß nicht der Glaube und Sinn der Kirche und des Kirchenworts, noch weniger ihre äußerlichen Bedingnisse für die Komposition bestimmend wurden, sondern vor Allem das eigne Schauen des Tondichters, durchglüht von seiner, wenn auch nicht konfessionellen doch andachtvollen — Wort und Werke bezeugen es — Hingebung an den Gedanken des Ewigen. Dem Schüler und Freunde wollt' er die hohe Kirchenwürde mit seinen Tönen weihen; da schaut er den weiten Dom, bis in die Wölbungen von Orgelklang und frommen Gesängen und dem Jubel und Sturm der Instrumente durchrauscht; da standen vor seinem innern Auge geweihte, das Mysterium verkündende Priester; da bekannte sich alles Volk, in blöder Frommheit das unbegreifliche Wort nachsprechend, zu den ewigen Glaubenssprüchen und Bitten. Beethoven hätte nicht Künstler sein müssen, wär' ihm nicht das Alles zur lebendigsten Anschauung gekommen, hätt' er sich nicht in die Seele jener Andachterfüllten versetzt und

ihren Glauben in seine Brust genommen und aus seiner Brust gedeutet und laut bekannt.

So schrieb er die Messe Beethovens. Ein Anderes konnt' er
nicht. Er waltete des Hochamts, wie Ihm gegeben war, ihm, dem
Herrscher und Schöpfer im Reiche der phantastischen Instrumentenwelt.

Dazu stellt er neben dem Chor vier Solostimmen auf, die
bald wirkliche Solostimmen sind, nämlich individualen Inhalt einzelner besondrer Personen haben, bald die Stelle eines zweiten
Chors, dem ersten gegenüber, einnehmen. Das Erstere findet sich
gleich im ersten Satz, im Kyrie, in dem die Solostimmen nach der
Anrufung des Chors einzeln, nach priesterlicher Weise, intoniren;
das Andre tritt gleich im zweiten Satz, im Christe, hervor. Allein
Solostimmen werden nimmermehr einen Chor ersetzen, wäre selbst
ihre Schallkraft der vieler vereinter Chorsänger gleich, sie stellen
Einzelne, der Chor stellt Massen dar, und das muß sich nach Inhalt und Form bezeigen.

Dem Gesang gesellt er großes Orchester zu; neben die Saiteninstrumente und die gewöhnlichen vier Bläserpaare mit Trompeten und Pauken treten vier Hörner, Posaunen und Kontrafagott.
Dazu kommt die Orgel. Sie ist zwar durch die leblose Unbeweglichkeit ihres Schalles dem Gesang und besonders dem Orchester
erdrückend nachtheilig, besonders wenn sie mit voller Kraft wirkt,
— und Beethoven schreibt S. 54 der Partitur und anderwärts
ausdrücklich volles Werk, „Pleno Organo con Pedale" vor, —
durfte aber nach kirchlichem Ritus und nach der fortwirkenden Vorstellung des Komponisten, der sich in das Hochamt der Kirche versetzt hat, nicht fehlen, wurde ein Grundzug in seinem Bilde.

Alle diese Mächte der Tonkunst werden zu dem einen Organ
zusammengeschmolzen, das sein Schauen und tiefeigenstes Empfinden verkünden soll; diesem einen Zweck muß sich Alles fügen.

Es ist dabei vor Allem merkenswerth, wie ganz anders der
Meister sein Orchester hier behandelt, als anderswo, und zwar

der kirchlichen Bestimmung und dem Verein mit der Orgel gemäß.
Die individualisirte Führung der Stimmen ist seltner geworden,
das Orchester wirkt, namentlich die Bläser wirken mehr massenhaft,
bald in orgelmäßigen Akkorden, z. B. gleich Anfangs bei den In=
tonationen des Kyrie, bald in weit ausgeführtem Einklang
aller oder der meisten Instrumente, z. B. im Gloria und bei
quoniam tu solus sanctus; gegen solche Schallmassen sind dann
oft nur Trompeten und Pauken rhythmisirend. Diese Mächtigkeit
des Orchesterschalls wirkt dann in den großen Gegensätzen vom
Bläser= und Saitenchor, so im Eingange des Credo, wo alle
Bläser (ohne Trompeten und Pauken) von Einschlägen der Saiten
und Posaunen und der Orgel rhythmisch unterstützt in breiten Af=
korden und dann in mächtigem Einklange, jetzt mit den Posaunen,
intoniren und bei ihrem Ausgange (Takt 4)

der volle Saitenchor mit Orgel und Kontrafagott einschreitet, um
das Credo des Chorbasses festzustellen. Derselbe Sinn wirkt so=
gar in der Behandlung der einzelnen Instrumente weiter, alle sol=
len in voller Mächtigkeit mitwirken, daß der Schall sich gewaltig
um die Säulen des Doms schwinge und zum Gewölb' emporschlage.
Unbedenklich werden die Kontrabässe (S. 27 u. a.) bis zum hohen
a̅ hinaufgetrieben, und finden da härteste Kraft und hellsten Klang,
oder werden bei dem pochenden Behaupten des Deum de deo
(S. 126) kühnlichst

hin und hergeworfen, überhaupt (z. B. im Gloria S. 47, im Credo bei patrem omnipotentem S. 116, 118) stets ihrer entscheidungsvollen Kraft gemäß behandelt. Die Fagotte gehn dagegen mehr wie je in Oktaven, um an Breite des Schalls zu gewinnen, was ihnen an Gediegenheit desselben gebricht. Dem Kenner der Instrumentation fällt, vieles Andern zu geschweigen, noch die öftere Verbindung von Oboe und Horn in derselben Melodie (S. 7, 21, 23, 24 u. s. w.) auf, zweier Instrumente, die (Th. I. S. 214) nicht zusammenschmelzen; es scheint Beethovens Absicht an diesen Stellen, das Horn ähnlich einer Menschenstimme von der Oboe gleichsam begleiten zu lassen.

Die Orgel wird nur begleitend verwendet (ganz dem Ritus und ihrem Karakter gemäß, sobald Orchester neben ihr steht), aber dem jedesmaligen Zweck entsprechend bald stärker (volles Werk) bald schwächer. Bisweilen tritt das Orchester an ihre Stelle, so bei dem Gratias S. 48 und S. 209 bei dem „Präludium," das nach dem Sanctus das Benedictus einleitet, — und gerade diese Stellen zeigen vor andern, wie ganz erfüllt der Meister vom Anschaun jenes Doms und jener Feier war, die sich ihm im Geist auferbaut hatten.

Auch der Gesang mußte sich unbedingt dem mächtigen Willen unterwerfen, der hier schaltete, wie inneres Schauen ihm eingaben. Der Sinn des Worts wurde mit Energie ergriffen, das Körperliche desselben mußte sich gelegentlich beugen nach dem rein subjektiven Bedürfniß des Sängers, so, wenn S. 73 das fromme Gebet um Erbarmen (miserere nobis) dem überschwänglichen Drange des Sängers nicht genügt und zuletzt in den Solo= und Chorstimmen abwechselnd zu O! miserere und ah miserere ausgeweitet, oder S. 156 der Satz cujus regni non erit finis mit einem dreimaligen emphatischen non! geschlossen wird. Wird hier dem lateinischen Texte willkührlich begegnet, so muß sich gelegentlich auch die Singstimme Gleiches gefallen lassen; sie aber mit größerm Nachtheil. Wenn der Chor=Diskant das Gloria in excelsis S. 109 so

und ein andermal, S. 167, in einer weit ausgeführten Fuge das Thema in freiem Einsatze so

vorführen muß: so werden nicht blos viele Stimmen ausbleiben, andre Schaden leiden, sondern der Gesang wird nothwendig den Karakter der Gewaltsamkeit annehmen, während der Gedanke des Komponisten leicht und licht und mühelos auf und niederschwingen will. Es handelt sich hier nicht um Textreinheit und Latinität, so wenig wie um Lehren der Stimmbehandlung; der Stimmumfang ist in einer Stunde für die Lebenszeit einzuprägen, und Beethoven hat vor der Messe hundertmal bewiesen, wie wohl er verstanden, mit der Singstimme umzugehn. Aber eben deßwegen, weil er in

Text und Stimmbehandlung vollkommen sichergestellt war, deuten jene Abweichungen auf die Macht der einen Idee hin, die ihm jede Rücksichtnahme verweigerte. In der Verwendung des Chors selbst werden wir genügende Beläge dieses Standpunktes finden.

In solchem Sinn', mit höchster Erhebung und Bewegung seines Wesens, trat Beethoven an sein Hochamt, so stimmte er zuerst das Kyrie an. Nach orgelmäßiger Einleitung von Orgel und Orchester strömt aus dem Munde des Chors in dreimaligem Anrufe das Kyrie mit Orchester und Orgel hernieder, und im Aushall jedes dieser Rufe setzt im Sinne priesterlicher Intonation eine Solostimme (erst Tenor, dann Diskant, dann Alt) das Kyrie ein, die letzte lenkt mit dem eleison in melodische Bewegung ein und zieht damit den Chor sich nach. Bis dahin ist derselbe nur Aushall, mit Orgel und Orchester zu Einer Schallmasse zusammengeschmolzen, — dies spricht sich schon im Ansatz

Assai sostenuto, mit Andacht.

aus, der offenbar anschwellend gedacht ist, da er im Auftakt' erfolgt, der Niederschlag aber mit Trompeten und Pauken und bei dem dritten Mal (oben die drei letzten Takte) durch den Aufschritt der Mittelstimmen verstärkt wird. Das Ganze bis hierher ist Schallwirkung der Orgel, im Verein von Chor und Orchester*),

---

*) Mit den Chorsätzen im obigen Beispiel vereinen sich die vollen Akkorde der Orgel (die mit F, p, FF, p, also mit verschiedner Registrirung wirken soll) der Bläser und der Saiten in Doppelgriffen, Alles auf Schallwirkung berechnet. Takt 3 des obigen Beispiels setzt der Solotenor ein, von Klarinetten, Fagotten, Hörnern und Violoncellen orgelmäßig begleitet; Hörner, Violoncelle und Orgelbaß (piano!) halten d aus.

erst mit dem eleison beginnt der eigentliche Chorgesang durchaus homophon, mehr präludienhaft als festmotivirten Inhalts. Es ist Kirche! Diese Vorstellung kommt andachtvoll, gleich dem Aushauch der Brust in Gebet zur Anschauung und zum Gefühl. Es ist die hochwürdige Aufstimmung zum großen Werke, weniger die selbständige Ausführung des Gedankens Kyrie eleison in irgend einem bestimmtern Sinne.

Individualisirter und lebhafter schließt das Kyrie eleison

in den vier Solostimmen an, denen nach achtzehn Takten der Chor

gegenübertritt, Chor= und Solostimmen von gleichem Inhalt. Offenbar ist nicht der besondre Inhalt der einzelnen Stimmen, auch

nicht das Stimmgewebe, sondern der Ineinanderschall der Stimm-
massen hier das wesentlich Wirkende; dies wird noch einleuchtender,
wenn weiterhin, gegenüber den figurirenden Solostimmen, der Chor
sich noch massenhafter

(sechsstimmig, wenn man so sagen will) ausbreitet, ohne die mindeste harmonische oder kontrapunktische Nothwendigkeit, durchaus
nur für Schallwirkung und zwar im pp, dem noch ein ppp folgt.
Gleiche Chordisposition zeigt sich S. 239 u. f., um das peccata
mundi (im „Lamm Gottes, das die Sünden der Welt trägt")
durch den düstern Tiefhall zu bezeichnen.

Nach dem Christe kehrt das Kyrie (anders und weiter ausgeführt) wieder und beschließt den ersten Satz. Wir haben bei
demselben länger verweilen müssen, um die Weise der Chorbe-
handlung zu bezeichnen, zu der Beethoven durch seinen instrumentalen Geist sich gelegentlich hat bestimmen lassen.

Der zweite Abschnitt der Messe, das Gloria (Allegro vivace)
hat zur Grundlage einen mächtig emporschwingenden Gang des
Saitenchors (gleich Anfangs von S. 27 bis 35, dann oft und
stets in breiter Ausführung wiederkehrend), dem die Bläser mit
Hörnern und Trompeten und die Orgel sich thunlichst anschließen,
im ganzen Instrumentale der eine Gedanke des Aufschwungs. Von
Takt 5 treten je zwei Chorstimmen mit heroldsmäßiger Auskündi-
gung des Gloria in excelsis Deo zum Sturm des Orchesters,
erst Alt und Tenor auf der Tonika,

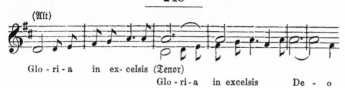

(Alt)

Glo - ri - a   in ex - celsis (Tenor)

Glo - ri - a   in excelsis   De - o

dann, Takt 11, Baß und Diskant, zu denen sich gleich wieder die
Rufe des Alts und Tenors gesellen, auf der Dominante. Der
Aufschwung der Stimmen, die hallende Quinte Takt 7,*) Alles ist
freudige Verkündigung, freudig = trotziger Ruf (S. 30, 31), der an
Gregors des Großen Vorschrift erinnert: der Introitus solle „mit
Heroldstimmen" gesungen werden. Die Stille des „Friede auf
Erden" folgt auf den höchsten Aufschwung des Orchesters in der
stillen Tieflage des Chors,

pax ho - mi - ni - bus   ho - mi - ni-

Et in ter - ra pax - - - ho - mi - ni-

dessen Baß vom Hornklang in sanfter Füllung gestützt wird;
Takt 2 und 3 schlagen die Saiten zweimal leise dazu im Pizzikato
und schließen sich dann dem Gesang an.

Dem still und ruhig ausgebreiteten Satze folgt das Laudamus
zum Motiv des Gloria, diesem, wieder still, leis' und tief, gleich
Schauern der Andacht vor dem Anzubetenden das adoramus te,

---

*) Den Sinn der Quinte haben wir Th. I. S. 121 zu bezeichnen gesucht; sie
schwebt über dem Grundton, entschwebt ihm. Die Quarte kehrt das Verhältniß
um; die Quinte (in der Tonreihe 2:3:4) hat ihren Erzeuger, den Grundton
unter ihr (die 2) verloren und bebt verlangend zu dessen Oktav (der 4) empor.
In der Quarte klingen S. 29 Baß und Diskant zusammen in gesteigertem
Anschall; in Verdoppelung und verdoppelter Kraft kehrt der Zug S. 33 wieder.

benedi-ci-mus te, a - - - do-ra-mus te

wieder auf den oben erwähnten Quintenklang zurückkommend und so das reine Element des Zusammenklangs abermals als Ausdrucksmittel bedeutsam herausstellend.

Glorificamus wird fugatomäßig durchgeführt und nach einer Wiederkehr des adoramus fortgesetzt bis zu einem vom Orchesterbaß großartig besiegelten Schluß in Cdur.

Mit stillem Orgelton (Klarinetten, Fagotte, Hörner, Bässe) wird das Gratias eingeleitet, von den Solostimmen sanft und fromm intonirt, vom Chor in gleicher Weise weitergeführt, worauf zu dem Satze Domine deus das erste Motiv des Gloria wiederkehrt und zu dem Anruf omnipotens das Orchester sich in höchster Schallmacht, — hier, S. 54 der Partitur, treten zum erstenmal die bis dahin aufgesparten Posaunen ein, Alles ist mit FFF bezeichnet die Orgel mit „Pleno Organo con Pedale" — nieder= und wieder aufschwingt.

Es ist weder ausführbar noch nothwendig, dem reichen Abschnitte Schritt für Schritt zu folgen. Der Grundzug des Karakters, Schauen und Verkündung, verleugnet sich nicht, weder bei dem heroldartigen Anrufe (S. 245) des Domine deus, dessen Weise sich dann in die Worte agnus Dei hineinzieht, — noch in dem sanften Satze qui tollis bei dem Worte peccata, das (S. 65) mit einem Tremolo FF des Saitenchors bezeichnet wird, als faßte Schauder und Erbeben bei dem Gedanken an die Sündenlast der Welt, — noch in dem Spiel der Geigen und Bratschen zu den Worten miserere nobis, S. 69 bis 71; jenes Tremolo übrigens ist nach dem hohen Anrufe dessen, der „zur Rechten des Vaters" sitzt, wiedergekehrt. Der höchste Glanz und die größte Macht, — wie seit Händel nur Beethoven es vermocht, — umstralt das Quoniam tu solus sanctus. Der Schluß, In gloria dei patris, rollt in weit= und reichgeführtem Fugensatze dahin; auf der drei= zehnten Seite des Satzes tritt gegen den wirbelnden Jubelgesang der Solostimmen und ihren besiegelnden Amen = Ruf erst der Baß, dann der Tenor des Chors in jenen „großen Pfundnoten", die Beet= hoven einst (Th. I. S. 141) so lockend vorgeschwebt waren, mit den Worten cum sancto spiritu in der Weise eines cantus firmus*) auf. Fast unerschöpflich, noch funfzehn Seiten weit, strömt der Chor und findet erst in der Rückkehr zum ersten Anfang des Gloria seine endliche Genugthuung. —

Faßt man, was diese beiden Messen=Abschnitte auf 113 Par= titurseiten enthalten, in einem Ueberblicke zusammen, so muß man gelten lassen, daß das Wort der Kirche als solches wohl tiefer oder sinn= getreuer gefaßt, der Chor nach seinem eigentlichen Wesen gerechter be= handelt werden kann, und daß Beides wenigstens in einzelnen Partien von großen Meistern, namentlich Seb. Bach, wirklich geschehn ist. Man muß sich eingestehn, daß diese Gesänge mehr von der indi= viduellen Anschauung des Tondichters, als vom Sinn der Kirche in sich tragen; daß dieser Chor nicht durchweg jener ideale Verein typischer Stimmen ist, als den wir ihn in Händel und Bach kennen, sondern oft sich zum Organ und zum Werkzeug des Dichters hat hergeben müssen, — eine Bestimmung, die sich in den häufigen Unisono's des Chors (der Chor wird Ein Mund!) ohne nähern Anlaß (z. B. S. 7, 143, 144, 156, 161) und in den eben so häufigen Sätzen, wo der Chor redeförmig das Sprechen, etwa der Gemeine, darzustellen, oder den Sinn recht verdeutlicht einzuprägen

---

*) Der feste, d. h. von der Kirche wenigstens seit Gregor I. festgesetzte Gesang zu bestimmten Gebetformeln.

hat (z. B. S. 139, 144, 157—160, 200—201, 222, 224, 230) kund giebt.

Aber dieser Chorführer, dieser Sänger des Hochamts, der Chor und Messe in sein korinthisches Ich einschmolz, das war Beethoven, der zaubergewaltige Begeistiger und Herrscher der Instrumentenwelt, der auszusagen hatte, in welchen Konfigurationen sich, über die Gränzen des Chors und des Bekenntnisses hinaus, jene geheiligten Vorgänge darstellten im freien, gränzunbewußten Reiche der Tonphantasie. Und das ist geschehn. Was Beethoven, wie wir ihn bewundernd erkannt, zu schauen, was er in reinmenschlicher und künstlerischer Andacht zu geben vermocht, ist hier gegeben. Er hätte, wär' er zu neuen Arbeiten dieser Klasse gelangt, Gleiches geben müssen, aber nicht Höheres oder wesentlich Anderes geben können. Diese zweite Messe war seine letzte — und mußte es sein. Denn es ziemt einem Beethoven nicht, sich zu wiederholen.

Es war seine letzte Messe, aber sie durfte nicht fehlen; er, der sich in den Tiefen des menschlichen Gemüths und in großen Anschauungen aus Natur= und geschichtlichem Leben erwiesen, mußte zeigen, wie Er die Weise verständ', in der ein großer Theil des Menschengeschlechts sich zu dem Ewigen bekennt.

Es stirbt Niemand, ehe denn er sich vollendet und sein Lebenswerk abgeschlossen hat. Dann stirbt er.

Jene Auffassung stützt sich auf die Gesammtanschauung des Beethovenschen Gehalts. Sie wird mächtig verstärkt durch den folgenden dritten Abschnitt der Messe, das Credo.

Denn die vorhergehenden Sätze sind — zusammengefaßt in große Massen, wie Beethoven nach Kirchenbrauch gethan — Ausdruck allgemeiner Andächtigkeit, in der es eigentlich auf die Persönlichkeit des Andächtigen noch nicht wesentlich ankommt. Ein Beethoven wird inniger, begeisterter singen, als ein Cherubini oder Hummel, einst sein Nebenbuhler bei Esterhazy; aber wer der eine oder

Andere gewesen und was sie gedacht, das kommt hier noch nicht zum vollen Ausdruck.

Das kommt im Credo zur Geltung.

Im Credo legt jeder Komponist, ohne gerade darum zu wissen, sein persönlich Glaubensbekenntniß den Worten des allgemeinen unter. Aus Palestrina tönt die Salbung und Weihe der päpstlichen Kirche, die im Gedanken der Einen Gemeine unter Einem Hirten sich als die allein seligmachende festhält. Bach faßt in evangelischer Weihe und lutherischer Treue jedes Wort, — von dem Wort Credo an, das er durch alle Welten herdurchführt, — nach seinem besondern und tiefen Sinn und Bekenntniß in höchster Sicherheit und Ruhe des Bewußtseins.

Beethoven steht in einer Zeit, die jener Erfülltheit und Sicherheit fern ist, er selber seiner ganzen Gemüths- und Geistesrichtung nach nicht katholischer Christ. Glaube ich? — glaubt Ihr? — Ein Denker, nämlich der in philosophischem Erörtern seinen Lebensberuf findet, würde das gründlich durchgefochten haben. Beethoven, den Künstler, den Schauenden, ergreift die allgemeine Vorstellung des Ich glaube! mit allen Kräften und Befriedigungen und all' der Beseligung, die sie dem Glaubenden gewährt. Was seit Jahrtausenden für Millionen und aber Millionen gegolten: es muß wahr sein; Ich muß glauben! Ihr müßt glauben! — Daß der Glaube nach der Schrift selber eine Gnade ist, zu der wir nichts thun können, beruhigt ihn nicht; das Credo muß gelten.

In diesem Sinne hat Er es gefaßt. Der Zweifel selbst, das Ich glaube nicht! in der eigenen Brust, muß die künstlerische Macht, mit der er das Ich glaube! verkündet, erhöhn.

Mit kühnem Einschlag des Orchesters (man sehe den Einsatz S. 239) eröffnet sich in hoher dichterischer Weihe der Vorgang des Glaubensbekenntnisses, Stimme auf Stimme behauptet das Credo! Credo! in gewaltiger Rüstigkeit der hinab in die Tiefe greifende

Baß, der emporrauschende Flug der Geigen das Credo in unum deum, das der Chor fest und stark ausfündigt und bei patrem

in trotziger Emphase schließt. Schließt, um gleich fortzuschreiten zu dem: Ich glaube an den allmächtigen Vater, Schöpfer Himmels und der Erden". Das ist ja auch Beethovens Glaube, den er sich aus der Weisheit Aegyptens (Th. I. S. 323) geholt zu haben meinte! Da ist es nun ganz göttlich, wie unter dem hohen Ruf und Aushall der hohen Stimmen der Baß sein Glaubenswort festhält, und über alle Menschenstimmen hinaus*)

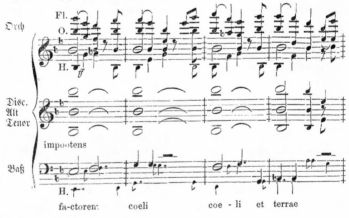

---

*) Die dürftige Skizze kann, zumal sie den Satz nicht zu Ende bringt, von der Fülle und Pracht des Orchesters und dem festen Gepräge des Satzes kaum eine Vorstellung geben.

die himmlischen Heerschaaren ihr ewiges Triumphlied erschallen lassen mit Macht. So war dem Johannes, als er ausrief:

„Und siehe, ich sah den Himmel offen!"

Allerdings hat er für dieses Hosianna über den Wolken und den Glaubensgesang der Erdbewohner — für diesen nur die Menschenstimmen, für jenes nur den Chor seiner Instrumente. Allerdings kann man leicht herausklügeln, daß die Instrumente nicht über, sondern unter dem Menschenwesen stehn. Das Alles ist wahr, — und bedeutet doch gar nichts, beweist nicht das Mindeste gegen die Höhe des Beethovenschen Gedankens, sondern bezeugt nur abermals, daß für den höchsten Ausdruck der Idee die materialen Mittel keiner Kunst ausreichen, und wir aus dem Geist ergänzen müssen, was kein sterblicher Mund auszusagen vermag.

Das Credo tönt abermals in gleicher Weise; milder, von freudiger Rührung bewegt, folgt das Bekenntniß zum Herrn Christ, dem Sohn Gottes. Wie nach dem stillen, tief und leis' erklingenden ante omnia saecula der freudige Eifer im deum de deo sich in wetteifernd einander nachdrängenden Stimmen entzündet und, daß Christ wahrer Gott, vom wahren Gott geboren, mit Rednerschwung und streitfertiger Selbstgewißheit

deum   deum verum de de - o vero   genitum

festgehalten, — wie dann das consubstantialem in würdevoller Ausbreitung durch alle Stimmen für wahr bekannt wird, — wie er mit homerischer Kühnheit das descendit zeichnet: — wer kann das und alles Sonstige aussagen? Das Wunder der Menschwerdung (incarnatus de spiritu sancto) wird von bangbefremdeten

Einzelstimmen über den weichen Schallpulsen von Klarinetten und Fagotten erzählt; wenige Saiten=Instrumente („nur einige Violinen, zwei Violoncelle", schreibt er vor) gehen schattengleich neben den Singstimmen einher. Eine Flöte, ganz leise, spielt wundersam hin= ein. In ihrem Trillern und Läufern blinzelt und lächelt unversteckt Delirium der Vision, es ist der Irrsinn, es sind die Wirbel des Geistes, der vor dem Unbegreiflichen festgebannt steht. —

In dieser Zeit war es, wo nach langem Ausbleiben, tief in der Nacht, im furchtbarsten Unwetter Beethoven mit bloßem Haupte, das halbergraute Haar von Regen triefend, einmal erstarrt in seine Wohnung zurückkehrte. Er hatte das Unwetter nicht bemerkt, der Hut war ihm abhanden gekommen, er wußte nichts davon. —

Wenn jene Solostimmen enden, sagen die Chorstimmen — sie singen nicht, sondern sie sagen, sie sprechen — das Unbegreifliche jenen Verkündigern nach. Es ist die Gemeine, die mit blöder Zunge das vom Priester ausgekündigte Mysterium nachstammelt.

Und hiermit scheiden wir von dem wunderreichen Werke. Diese Schätze auszubreiten und durchzuzählen, ist hier unausführbar, sie zu bezeichnen war allein Pflicht. Fahl, wie nächtens der Feuer= schein über versunkenen Schätzen, leuchtet das beschreibende Wort, wo Beethoven nicht Stimmen auf Erden gefunden hat, seine Ge= sichte zu verkünden. —

Das Werk war vollendet, und der Schöpfer desselben darbte. Er mußte für den Neffen und sich Geld schaffen und beschloß im Winter zu 1823, das Werk den Höfen Europa's als Manuscript gegen Zahlung von 50 Dukaten anzutragen; sein Freund und treuer Beistand, Schindler, übernahm die langwierige Ausführung. In der Einleitung zur Subscription erklärte Beethoven (S. 228) die Messe für sein „größtes und gelungenstes Werk", in der Zuschrift an den König von Frankreich wurde es „l'oeuvre le plus ac= compli" genannt.

An Goethe schrieb Beethoven vergebens; er erhielt keine Antwort.

An Cherubini schrieb er folgenden Brief:

„Hochgeehrtester Herr!

Mit großem Vergnügen ergreife ich die Gelegenheit mich Ihnen schriftlich zu nahen. Im Geiste bin ich es oft genug, indem ich Ihre Werke über alle andere theatralische schätze. Nur muß die Kunstwelt bedauern, daß seit längerer Zeit wenigstens in unserem Deutschland, kein neues theatralisches Werk von Ihnen erschienen ist. So hoch auch Ihre anderen Werke von wahren Kennern geschätzt werden; so ist es doch ein wahrer Verlust für die Kunst, kein neues Produkt Ihres großen Geistes für das Theater zu besitzen. Wahre Kunst bleibt unvergänglich, und der wahre Künstler hat inniges Vergnügen an großen Geistesprodukten. Eben so bin ich auch entzückt, so oft ich ein neues Werk von Ihnen vernehme, und nehme größeren Antheil daran, als an meinen eigenen; kurz ich ehre und liebe Sie. Wäre nur meine beständige Kränklichkeit nicht Schuld, Sie in Paris sehen zu können, mit welch' außerordentlichem Vergnügen würde ich mich über Kunstgegenstände mit Ihnen besprechen! Glauben Sie nicht, daß, weil ich jetzt im Begriff bin, Sie um eine Gefälligkeit zu bitten, dies blos der Eingang dazu sei. Ich hoffe und bin überzeugt, daß Sie mir keine so niedrige Denkungsweise zumuthen.

Ich habe so eben eine große solenne Messe vollendet, und bin Willens, selbe an die europäischen Höfe zu senden, weil ich sie vor der Hand nicht im Stich herausgeben will. Ich habe daher durch die französische Gesandtschaft hier auch eine Einladung an Se. Majestät den König von Frankreich ergehen lassen, auf dieses Werk zu subscribiren, und bin überzeugt, daß der König selbe auf Ihre Empfehlung gewiß nehmen werde. Ma situation critique demande, que je ne fixe pas seulement comme ordinaire mes voeux au ciel, au contraire, il faut les fixer aussi en bas pour les necessitées de la vie. Wie es auch gehen mag mit meiner Bitte an Sie, ich werde Sie dennoch alle Zeit lieben und verehren, et vous resterez toujours celui de mes contemporains, que je l'éstime le plus. Si Vous me voulez faire un extrème plaisir, c'etait, si Vous m'écrivez quelques lignes, ce que me soulagera bien. L'art unit tout le monde, wie viel mehr wahre Künftler, et peut-être Vous me daignez aussi, de me mettre auch zu rechnen unter diese Zahl.

Avec le plus haut éstime

Votre ami et serviteur
Beethoven."

der in französischer Ueberjetzung an Cherubini abgesandt wurde und ebenfalls ohne Antwort blieb. Cherubini verficherte später, den Brief nicht erhalten zu haben.

In gleicher Angelegenheit wandte sich Beethoven an Zelter, damals Direktor der Berliner Singakademie. Folgender Briefwechsel fand statt.

Beethoven an Zelter.

Wien, den 8. Februar 1823.

Mein wackrer Kunstgenosse!

Eine Bitte an Sie läßt mich schreiben, da wir einmal so weit entfernt sind, nicht mit einander reden zu können, so kann aber auch leider das schreiben nur selten sein — ich schrieb eine große Messe, welche auch als Oratorium könnte (für die Armen) (eine jetzt schon gute [unleserlich; vielleicht hier?] eingeführte Gewohnheit) gegeben werden, wollte aber selbe nicht auf die gewöhnliche Art im Stich herausgeben, sondern an die ersten Höfe nur zukommen machen, das Honorar beträgt 50 Duk. außer denen Exemplaren, worauf subscribirt ist, wird sonst keins ausgegeben, so daß die Messe nur eigentlich Manuscript ist, aber es muß doch schon eine ziemliche Anzahl sein, wenn etwas für den Autor herauskommen soll. ich habe allhier der königlich preußischen Gesandtschaft ein Gesuch überreicht, daß Se. Majestät der König von Preußen geruhen möchten ein Exemplar zu nehmen, habe auch an Fürst Rad-

ziwill geschrieben, daß selbe sich darum annehmen — was sie hier=
bei wirken können, erbitte ich mir von ihnen, ein d. a. Werk
könnte auch der singakademie dienen, denn es dürfte wenig fehlen,
daß es nicht beinahe durch die Singstimmen allein ausgeführt wer=
den könnte, jemehr verdoppelter und vervielfältigt selbe aber mit
Vereinigung der Instrumente sind, desto geltender dürfte die Wir=
kung sein — auch als Oratorium, da die Vereine für die Armuth
d. g nöthig haben, dürfte es am Platze sein — schon mehrere
Jahre immer kränkelnd und daher eben nicht in der glänzendsten
Lage, nahm ich Zuflucht zu diesem Mittel. Zwar viel geschrieben
— aber erschrieben — beynahe 0 — mehr gerichtet meinen
Blick nach oben — aber gezwungen wird der Mensch oft um sich
und anderer willen, so muß er sich unten senken, jedoch auch die=
ses gehört zur Bestimmung des Menschen — mit wahrer Hoch=
achtung umarme ich Sie mein lieber Kunstgenosse ihr Freund

Beethoven.

Zelter an Beethoven.

Berlin, den 22. Februar 1823.

Ihren Brief vom 8. d., mein hochverehrter Freund, habe ich
am 15. ejusd. erhalten, und wenn ich mit tiefem Leide an Ihrer
fortdauernden Kränklichkeit Antheil nehme, so ist meine Bewunde=
rung um so größer, indem Sie trotz Ihres Zustandes, die Welt
mit einem neuen großen Werke Ihrer Meisterhand bereichern.

Ihr Unternehmen habe ich in meinem Kreise bekannt gemacht
und muß, wie jeder Ihrer Verehrer, selbigem einen ungetheilten
Success wünschen.

Damit ist denn aber so viel als nichts geschehen, wenn nicht
Personen von guten Mitteln und eben so gutem Willen dazu thun.

Was unsre Singacademie betrifft, so ist Ihnen solche durch
eigne Erfahrung bekannt. Sie haben sie bei Ihrem Hiersein schon
vor etwa 25 Jahren Ihrer, mir unvergesslichen Gegenwart gewür=
digt *) und wenn sie jetzt auch nicht mehr leistet, so darf ich doch

---

*) Vergl. Th. I, S. 287.

sagen, daß man nicht zurückgekommen ist. Eine solche Gesellschaft nun (wiewohl eine harmonische), die weit über die Hälfte aus Fraun, Töchtern, Jünglingen und Kindern besteht, von welchen ein bedeutender Theil auch von dem geringen Beitrag befreit ist, zu einem pecuniären Zweck zu vereinen, ist eine Aufgabe, und wer viel fragen muß, der hat viele Antworten zu hoffen.

Dessen ungeachtet denke ich ein Exemplar Ihres edlen Werkes für den bestimmten Preis von 50 Dukaten auf meine eigene Gefahr zu erstehen, wenn Sie, würdiger Freund, sich folgenden Vorschlag wollen gefallen lassen.

Sie wissen, daß in unserer Academie nur Capellstücke (ohne Instrumentalbegleitung) geübt werden. Nun heißt es in Ihrem Briefe, daß Ihre Messe beinahe durch die Singstimmen allein aufgeführt werden könnte. Demnach müßte es Ihnen geringe Mühe machen, das mir bestimmte Exemplar gleich so einzurichten, daß das Stück gradezu für uns brauchbar wäre.

Der Vortheil, welcher für Ihren dauernden Ruhm daraus hervorgehen muß, indem ein solches Stück bei uns Jahr aus, Jahr ein 4 bis 5 mal neu eingeübt wird, wäre es nicht allein; Sie würden Ihr Werk dadurch für alle ähnlichen Gesellschaften, deren es im Preußischen allein eine bedeutende Anzahl gibt, brauchbar machen, indem an kleineren Orten wie Berlin die Instrumentalbesetzung immer dürftig zu sein pflegt. Was uns betrifft, so hätten Sie ausser einem Singechor von 160 klingenden Stimmen, welche wöchentlich zweimal zur Uebung kommen, auf 4 — 8 gute Solostimmen zu rechnen und was die Ausführung anbelangt, so werde ich an meinem Theile dabei zu wirken suchen, was ich einem Kunstgenossen wie Sie, schuldig zu sein mich stets verpflichtet gehalten habe.

Sagen Sie mir hierüber bald ein bejahendes Wort. Das Geld soll Ihnen pünktlich übermacht werden. Mit inniger Verehrung und Liebe Ihr

Zelter.

Beethoven an Zelter.

Wien, den 25. März 1823.

Euer Wohlgebohren!

Ich ergreife diese Gelegenheit, um ihnen alles gute von mir zu wünschen — die überbringerin bat mich Sie ihnen bestens zu empfehlen, ihr Nahme ist Cornega. Sie hat einen schönen *Mezzo Soprano* und ist überhaupt eine kunstvolle Sängerin ist auch in mehreren Opern aufgetreten mit Beyfall.

ich habe noch genau nachgedacht ihrem Vorschlag für ihre Singakademie, sollte dieselbe einmal im Stich erscheinen, so schicke ich ihnen ein Exemplar ohne etwas dafür zu nehmen, gewiß ist, daß sie beinah blos *a la capella* aufgeführt werden könnten, das ganze müßte aber doch hierzu noch eine Bearbeitung finden und vielleicht haben sie die Geduld hiezu. — übrigens kommt ohnehin ein Stück gantz *a la capella* bey diesem Werke vor und möchte grade diesen Styl vorzugsweise den einzigen wahren Kirchen = Styl nennen — Dank für ihre Bereitwilligkeit von einem Künstler, wie sie mit Ehren sind, würde ich nie etwas annehmen — ich ehre sie und wünsche mir Gelegenheit zu haben, ihnen dieses thätlich zu beweisen. Mit Hochschätzung Ihr Freund und Diener

Beethoven.

Daß diese Unterhandlung weitere Folgen gehabt, ist nicht bekannt.

Beethovens eigenhändiges Schreiben an den König von Schweden, der als französischer Gesandter Bernadotte ihn einst zur Komposition der Heldensymphonie angeregt hatte, blieb unbeantwortet. Auch der Fürst Esterhazy wies seinen Antrag zurück.

Von allen Höfen nahmen blos vier, der preußische, russische, sächsische und französische an; außerdem unterzeichneten Fürst Anton Radzivil, der Komponist des goetheschen Faust, und Schelble, Stifter und Director des Cäcilienvereins in Frankfurt am Main. Der König von Preußen war der erste Unterzeichner. Der preufische Gesandte ließ bei Beethoven anfragen, ob er nicht einen königlichen Orden den 50 Dukaten vorzöge? „Funfzig Dukaten!" war Beethovens schallend nachdrückliche Entscheidung. Der König von Frankreich, Ludwig XVIII., übersandte Beethoven eine schwere goldne Medaille mit seinem Brustbild und auf der Rückseite mit der Inschrift: „Donné par le Roi à Monsieur Beethoven." Dem österreichischen Hofe hatte Beethoven keinen Antrag gemacht; derselbe hatte nie für ihn etwas gethan.

Doch im Februar 1823 gelang es den unabläßigen Bemühungen des Grafen Moritz Lichnowski, die Bestellung einer Messe für den Kaiser bei dem damaligen Hofmusikgrafen, Grafen Moritz von Dietrichstein anzuregen. Der letztere schrieb am 23. Februar an Lichnowski:

„Lieber Freund!

. . . . . „Ich schicke Dir hier zugleich die Partitur einer Messe von Reutter, welche Beethoven zu sehen wünschte. Wahr ist es, daß Se. Majestät der Kaiser diesen Styl liebt, indessen braucht Beethoven, wenn er eine Messe schreibt, sich nicht daran zu halten. Er möge nur seinem großen Genie folgen, und blos berücksichtigen, daß die Messe nicht zu lang noch zu schwer in der Ausführung werde; — daß es eine Tutti-Messe sei, und bei den Sing-stimmen nur kleine Sopran- und Alto-Solos vorkommen (wofür ich zwei brave Sängerknaben habe) — doch weder Tenor- noch Baß- noch Orgel-Solos. — Bei Instrumenten könnte ein Violin- oder Oboe- oder Clarinett-Solo angebracht werden, wenn er es wollte.

Fugen lieben Se. Majestät sehr, gehörig durchgeführt, doch nicht zu lang; — das Sanctus mit dem Hosanna möglichst kurz, um nicht die Wandlung aufzuhalten; und — wenn ich etwas für mich beisetzen darf: das Dona nobis pacem mit dem Agnus Dei ohne besondern Absprung verbunden, und sanft gehalten, was bei zwei Messen von Händel (aus dessen Anthems zusammengesetzt), bei zwei

Messen von Naumann, und von Abbé Stadler eine besonders schöne Wirkung macht.

Dies wären in Kürze, meiner Erfahrung gemäß, die zu beobachtenden Rücksichten, und ich würde nur dem Hofe und der Kunst Glück wünschen, wenn unser großer Beethoven bald Hand an's Werk legen wollte."

Beethoven ging bereitwillig auf den guten Willen der beiden Grafen ein, begab sich mit Lichnowski zu Dietrichstein, um das Nähere zu besprechen, wollte sogleich an's Werk gehn, — allein es sollte nicht sein. Krankheiten, Augenübel, Widerwärtigkeiten traten dazwischen, zuletzt, im Herbste, die Idee der neunten Symphonie.

Die letzte Symphonie.

————

Mittlerweile war eine andre Zeit herangekommen. Die Restaurationsperiode wäre nur unvollkommen begriffen, wenn man ihr blos auf dem politischen Gebiete zu begegnen meinte. Das Ringen um Freiheit war mit dem Heldenthum des Eroberers, alle die großen Thaten, dieser Sturz und diese Herstellung von Thronen und Reichen waren nun vorüber; und es war das Bedürfniß des Ausruhens, des Genießens, für die Besitzenden und Bevorzugten des Schwelgens im süßen Halbvergessen und Halbträumen hervorgestiegen. In der Musik fand diese Zeit sinnlichen Kitzels ihren höchsten Ausdruck in Rossini, und Rossini mit seiner Schaar welscher Singvirtuosen (unter ihnen auch die deutsche Henriette Sontag und die Unger) übrigens alle für Bühnenstücke, wie „die Gesellschaft" und die erschlafften Völker sie brauchen konnten, vortrefflich, — Rossini mit seinen verführerischen Mitteln fand in der Welt keine offnere Aufnahme, als bei den lebens= und genußsüchtigen Wienern.

Sie wollten sich einmal wieder recht wohl sein lassen nach alter Art, ihre Nerven beruhigen, ihren Geist entspannen. Rossini wurde ihr Abgott, Beethoven wurde verlassen, vergessen.

Aus dieser Zeit giebt der einsichtige und feinbeobachtende Rochlitz anziehende Kunde.

Er war im Sommer 1822 nach Wien gekommen, hatte Beethoven, den man ihm als menschenscheu schilderte, am dritten Orte zu treffen gewußt und sich ihm, der eben in Unterhaltung begriffen

war, vorstellen laffen. Unter dem 9. Juli berichtet er darüber
einem Freunde:

„Beethoven schien sich zu freuen, doch war er geftört. Und
wär' ich nicht vorbereitet gewesen, sein Anblick würde auch mich
geftört haben. Nicht das vernachläffigte faft verwilderte Aeußere,
nicht das dicke schwarze Haar, das struppig um seinen Kopf hing,
und dergleichen, sondern das Ganze seiner Erscheinung. Denke Dir
einen Mann von etwa 50 Jahren, mehr noch kleiner, als mittler, aber
sehr kräftiger, stämmiger Statur, gedrängt, besonders von starkem
Knochenbau — ungefähr wie Fichte's, nur fleischiger und besonders
von vollerm, runderm Gesicht; rothe gesunde Farbe; unruhige,
leuchtende, ja bei fixirtem Blick faft stechende Augen, keine oder
haftige Bewegungen; im Ausdruck des Antlitzes, besonders des geift-
und lebensvollen Auges eine Mischung oder ein, zuweilen augen-
blicklicher Wechsel von herzlichfter Gutmüthigkeit und von Scheu; in
der ganzen Haltung jene Spannung, jenes unruhige, besorgte Lauschen des Tauben, der sehr lebhaft empfindet; jetzt ein froh und
frei hingeworfenes Wort; sogleich wieder ein Verfinken in düfteres
Schweigen."

Etwa 14 Tage darauf führte Franz Schubert Rochlitz an die
Tafel des Gafthauses, wo Beethoven speifte. Rochlitz erzählt:
„Beethoven saß, umgeben von mehrern seiner Bekannten, die mir
fremd waren. Er schien wirklich froh zu sein. . . . . Es war nicht
eigentlich ein Gespräch, das er führte, sondern er sprach allein,
und meiftens ziemlich anhaltend wie auf gut Glück in's Blaue hinaus. Er philosophirte, politifirte auch wohl, in seiner Art. Er
sprach von England und den Engländern, wie er nämlich Beide in
unvergleichlicher Herrlichkeit dachte — was zum Theil wunderlich
genug herauskam. Dann brachte er mancherlei Geschichten von
Franzosen aus der Zeit der zweimaligen Einnahme Wiens. Diesen
war er gar nicht grün. Alles das trug er vor in höchfter Sorg-
lofigkeit und ohne den mindeften Rückhalt, alles gewürzt mit höchft
originellen, naiven Urtheilen oder poffirlichen Einfällen. Er kam

mir dabei vor, wie ein Mann von reichem, vordringendem Geist, unbeschränkter, nimmer rastender Phantasie, der als herumreisender, höchstfähiger Knabe mit dem, was er bis dahin erlebt und erlernt hatte, oder was an Kenntnissen ihm angeflogen, auf eine wüste Insel wäre ausgesetzt worden, und dort über jenen Stoff gesonnen und gebrütet hätte, bis ihm seine Fragmente zu Ganzen, seine Einbildungen zu Ueberzeugungen geworden, welche er nun getrost und zutraulich in die Welt hinaus rufte."

Dann trat Beethoven zu Rochlitz, sprach ihn freundlich an, äußerte sich aber um so unzufriedner über die dermalige Richtung des Wiener Musikwesens. „Von mir hören Sie hier gar nichts. Was sollten Sie hören? Fidelio? den können sie nicht geben und wollen ihn auch nicht hören. Die Symphonien? Dazu haben sie nicht Zeit. Die Konzerte? da orgelt Jeder nur ab, was er selbst gemacht hat. Die Solosachen? die sind hier längst aus der Mode, und die Mode thut Alles. Höchstens sucht der Schuppanzigh manchmal ein Quartett hervor."

„Unsere dritte Zusammenkunft," erzählt Rochlitz weiter, „war die heiterste von allen. Er kam hierher nach Baden, und zwar diesmal ganz nett und sauber, ja elegant. Doch hinderte ihn dies nicht (es war ein heißer Tag) bei einem Spaziergang im Helenenthal — und das heißt, auf dem Wege, den Alles, selbst der Kaiser und sein hohes Haus geht, und wo Alle auf meist schmalem Pfade hart an einander vorbei müssen, — den feinen schwarzen Frack auszuziehn, ihn am Stocke auf dem Rücken zu tragen, und blosarmig zu wandern. Er blieb von ungefähr Vormittags 10, bis Nachmittags 6 Uhr. . . . Diese ganze Zeit über war er überaus fröhlich, mitunter höchst possirlich, und Alles, was ihm in den Sinn kam, mußte heraus; „ich bin nun einmal heute aufgeknöpft," so nannte er's, und bezeichnend genug. Sein ganzes Reden und Thun war eine Kette von Eigenheiten, und zum Theil höchst wunderlichen. Aus allen leuchtete aber eine wahrhaft kindliche Gutmüthigkeit, Sorglosigkeit, Zutraulichkeit gegen Alle, die

ihm nahe kamen, hervor. Ist er einmal in Bewegung gesetzt, so
strömen ihm verbschlagende Witzworte, possirliche Einfälle, über-
raschende, aufregende Kombinationen, Paradoxien unerschöpflich zu;
er erscheint selbst liebenswürdig, ... der dunkle ungeleckte Bär
hält sich so treumüthig und zutraulich, brummt auch und schüttelt
die Zottelchen so gefahrlos und kurios, daß man sich freuen und
ihm gut sein müßte, sogar wenn er nichts wäre als solch ein Bär,
und nichts geleistet hätte, als was nun eben ein solcher kann."

Rochlitz theilte ihm auch Härtel's Vorschlag mit, eine Musik
zu Goethe's Faust zu schreiben, ungefähr in der Weise, wie die
zu Egmont. Das zündete bei dem leicht erregbaren Künstler.
„Ha!" rief er aus, und warf die Hand hoch empor, „das wär'
ein Stück Arbeit! da könnt' es was geben!" — und sah dabei
zurückgebeugten Hauptes starr an die Decke. — „Aber ich trage
mich schon eine Zeit her mit drei anderen großen Werken. Viel
dazu ist schon ausgeheckt, im Kopfe nämlich. Diese muß ich erst
vom Halse haben: zwei große Symphonien, und jede anders, jede
auch anders als meine übrigen, und ein Oratorium. Und damit
wird's lange dauern; denn, sehen Sie, seit einiger Zeit bring' ich
mich nicht mehr leicht zum Schreiben. Ich sitze und sinne und
sinne, ich hab's lange, aber es will nicht auf's Papier. Es grauet
mir vor'm Anfang so großer Werke. Bin ich drin, — da geht's
wohl."

In der That drängten sich um diese Zeit Plane und Anträge
zu den verschiedenartigsten großen Unternehmungen, die kleinern
Arbeiten gar nicht zu erwähnen. Er selber trug zwei Symphonien
im Sinne, die neunte und eine zehnte. Die Oper Melusine und
eine andere, der Taucher, waren ihm (Th. I. S. 379) angetragen,
zu einem zweiten Oratorium, „der Sieg des Kreuzes," Gedicht von
Bernard, war er entschlossen, hatte ohnehin den Antrag erhalten,
um jeden Preis ein Oratorium für Boston zu liefern. Doch als
ihn 1823 ein Freund (Bühler) erinnernd fragte: „das Oratorium
nach Boston?" mußte er antworten: „Ich schreibe nur das nicht,

was ich am liebsten möchte, sondern des Geldes wegen, was ich brauche. Es ist deßwegen nicht gesagt, daß ich doch blos um's Geld schreibe. Ist diese Periode vorbei, so hoffe ich endlich zu schreiben, was mir und der Kunst das Höchste ist, Faust."

Diese Periode sollte nicht vorbeigehn; wir schreiben nicht, was wir wollen, sondern was wir zu schreiben berufen und gedrungen sind. Das erfährt jeder Künstler in sich; und wenn es ihm selber nicht zum Bewußtsein kommt, so vermögen die Umstehenden es zu erkennen. Von all jenen Planen und Vorsätzen sollte nur ein einziger sich verwirklichen: die Idee der neunten Symphonie. Sollte Beethoven von seiner Leonore, dem tondichterischen Ideal der deutschen Gattin, zu dem Zauberweib Melusine hinabsteigen? oder mit Weigl (Th. I. S. 379) Kompagnie machen zu einer Hochzeits-Oper von Biedenfeld? oder sollt' er den lange nach ihm wiederholten Irrthum durchkosten, daß Faust „das Höchste" für die Musik sei, weil er das größte Dichterwerk der Deutschen ist? —

Aber die Idee der neunten Symphonie mußte zur Ausführung kommen. Sie war für ihn eine Nothwendigkeit, wenn sein Leben und Schaffen sich harmonisch abrunden und schließen sollte; sie war eben so gewiß ein nothwendiges Moment in der Entwickelung der Kunst. Sie mußte geschrieben werden. Und die andern Werke sollten nicht geschrieben werden; denn sie wären nur Wiederholungen, sei es auch vergrößerte, des schon Gegebnen geworden. Beethoven aber, dem Schöpfer der Idee in der Instrumentenwelt, ziemte, sich selber die Gränze zu setzen durch seines Berufs Vollendung.

So schuf er mit Nothwendigkeit seine letzte Symphonie, die unter dem Titel

Sinfonie mit Schlußchor über Schillers Ode: „An die Freude"
für großes Orchester, 4 Solo und 4 Chorstimmen
als 125stes Werk bei Schott in Mainz herausgegeben ist. Welche Bestimmung das Werk in sich trug, ist ihm selber nicht klar

bewußt gewesen, denn er hat zu einer zehnten Symphonie vorgear=
beitet.

Wohl mag zu allererst nur der Vorsatz bestanden haben, noch
eine Symphonie (oder vielmehr zwei) zu schaffen, größer, mäch=
tiger als alle bisherigen. Dann mag der Gedanke zugetreten sein,
sie, wie noch der Titel andeutet, mit einem Schlußchor aus Schil=
ler's Gedicht zu krönen; wörtlich darf wohl der Titel nicht genom=
men werden, wenigstens wüßten wir nicht zu erkennen, daß die
Symphonie von Anbeginn an die schillersche Ode — oder auch nur
ihr Grundgefühl wiedergäbe. Vielmehr deutet der erste Text, der
die Ode an die Symphonie knüpfen sollte und der sich in den
Skizzenbüchern*) findet: „Laßt uns das Lied des unsterblichen
Schiller singen!" nur auf ganz äußerliche Anknüpfung, — auch
das Rezitativ der Kontrabässe lag, wie Schindler bezeugt, noch
nicht im Plane, — und zwar Anknüpfung eines neuen und fremden
Elements an die schon im Innern wachsende Symphonie. Neu
aber und fremd, das müssen wir festhalten, war es, ja, damals
ohne Beispiel, der Symphonie — einer wirklichen Symphonie, eine
Kantate, dem vorherrschend elegischen Instrumentalwerke den Freu=
denhymnus anzuschließen.

Zuletzt ward, was werden sollte; der Schlußstein ward gesetzt
zu dem Wunderbau der beethovenschen Symphonien. Daß er sein
Werk nicht in diesem Sinne gefaßt, beweisen schon die Ansätze zur
zehnten Symphonie. Ob ihn nicht demungeachtet dunkle Ahnungen
vom Ende der Laufbahn angeweht, — wer kann es wissen? nur
das ist sicher, daß ein eigenthümlicher Grundklang aus dem Werk'
uns anweht; es ist so mächtig, so riesengewaltig! und dabei so
weich und trauervoll.

> Eine Gestalt, den Engeln ähnlich,
> Doch mit dem finsterern und trübern Ausdruck
> Erhaben geistiger Natur. —**)

---

*) Siehe Beilage B.
**) Byron im Kain.

Und er hatte schon so viel geschaffen, geschöpft aus dem Mark seines Lebens! und so Vieles hatte ihn milde machen können! mehr als Alles sonst hatte doch wohl an ihm die Vereinsamung gezehrt mitten in der lauten, fröhlichen Welt, die athemlose Stille, die ihn gefangen hielt, wo Alles sich heiter begrüßte und vernahm und vertraute. Er, er arbeitete fort, und schuf um seinen einsamen Geist Welten voll Gesichte und Erinnerungen, und blieb einsam. Denn selbst den nächsten Freunden, das war der Fluch der Taubheit, entzog er sich im Argwohn, weil das traute Wort fehlte, das schon halbvernommen unter Guten Alles sagt und Alles ausgleicht.

Noch eine eigenthümliche Spur leitet im Werke selbst auf jene Ahnungen eines Letzten, die mitgewirkt und mitgewebt haben können an der letzten Symphonie. Sie ist ganz anders gearbeitet, als alle frühern, als alle Orchesterwerke. Die Gedanken, namentlich auch die Nebengedanken sind weiter geführt als jemals, gleichsam um sie nach allen Richtungen hin zu erschöpfen: und dies ist nicht ein bloßes Mehr im Vergleich zu den frühern Arbeiten, sondern es ist eine Verbreitung, deren Nothwendigkeit keineswegs durchaus im Gedanken selber liegt. Ist dies schon der bisherigen Weise des Meisters fremd, so wird es noch bezeichnender, wenn man Schritt für Schritt sich überzeugt, daß nirgends die weite Ausführung an Dehnung oder Zerflossenheit rührt, nirgends sich Nachlassen zusammenfassender Energie spüren läßt, sondern nur der klare Vorsatz heraustritt, nach allen Seiten Alles zu sagen. Es ist diese nachsinnende Emsigkeit der Umständlichkeit zu vergleichen, die liebevolle Vorsorge bei der Abfassung des letzten Willens aufwendet.

Dasselbe läßt sich an der Behandlung des Orchesters wahrnehmen. Wenn bisher in Beethoven's Werken mit der dramatischen Individualisirung (Th. I. S. 215) klare, gewalthaberische Massenbildung wechselte, in der Schlacht= und Siegssymphonie sogar vorwaltete: so löst sich in der letzten Symphonie das Orchester gleichsam in seine einzelnen Stimmen auf, jede will sich selbständig ganz aussprechen, damit nur von allen Seiten Alles gesagt werde, jede geht ihren eigenen Gang, als wäre sie nur für sich da. So schreiten sie frei und in höchster Individualisirung neben und durch einander, wie noch nie zuvor (und nachher auch nicht) gewagt, nothwendig befunden war; der Stylist könnte sagen: Beethoven habe sich hier dem Quartettstyl genähert, wie er ihn in den letzten Quatuors ausgebildet. Es versteht sich übrigens, daß diese Weise nicht ausnahmslos waltet; aber sie herrscht, namentlich im ersten Satze, der den Karakter des Ganzen feststellt, so entschieden vor, daß sie sogar in die machtvollsten Entwickelungen, z. B. S. 25, eindringt.

Was auch in seinem Innersten gewebt und gewaltet haben mag: die letzte Symphonie sollte werden. Die letzte mußte es schon deßwegen sein, weil es nicht möglich (künstlerisch! — technisch ist alles möglich) ist, in der Ausarbeitung und Individualisirung weiter zu gehn, wie jeder Kompositionsverständige erkennt und die Bruchstücke zur zehnten Symphonie vollends erweisen.

Noch einmal, zur letzten Symphonie, rief der Meister sein Heer auf, die Instrumente. Noch einmal sollten wir aus dem Element des Schalls eine Welt beseelter, handelnder Wesen hervorgehn sehen, die das ewige Kampf= und Klagelied singen, das Leben heißt, und den einzigen Trost finden: sich untereinander zu lieben, wie Kindlein des heiligen Johannes.

Aus dem Unbestimmten — die Quinte

bebt in den zweiten Violinen und Violoncellen, vom leisen Anhauch der Hörner geschwellt, — aus der zitternd gebährenden Nacht zucken

Blitze des Entstehens, bis in die Tiefe hinab. Im langsamen, ängstlicher dringenden Werden steigt eine mächtige, düstere Gestalt auf,

ein Geschöpf, mehr des gebietenden Willens, als des wallenden Gemüths. Denn der Wille spricht sich im Rhythmus aus; da gestaltet er dies unabänderliche düstere D—F—A, daß es jetzt! wie zornmüthig-fest einschlage, jetzt! niederzucke, jetzt stehe und sich fester einwurzele.

Diese innerlich, im Gemüth einfache, im Heraustreten unwiderstehlich willensmächtige Gestaltung des Hauptsatzes ist von höchster Bedeutung für die ganze Komposition. Vor Allem ist hiermit jeder Gedanke ausgeschlossen, daß der Sinn der Symphonie mit dem Sinn der Schillerschen Ode irgend in Beziehung stehe; die Symphonie hat ihren finstern Gang einsam angetreten in diesem einsam mächtigen Einklang ihrer Stimmen.

Die Unterdominante, wieder mit dem Stempel eigenmächtigsten Willens (Takt 2)

wird herbeigezogen, diese Gestalt noch mehr zu festigen, die nun, unter dem Schall von Trompeten und Pauken, weit hinaus ihr Klagedasein verkündiget und in trotziger Eigenwilligkeit

zurückstürzt in die Nacht. Diese trotzige Starrheit, die sich doch zweimaligen Klagerufs (Takt 1—5 S. 3 der Part.) nicht erwehren kann, dieses Beharren auf dem schiefen Quartsextakkorde (Takt 4 und 5 des Beispiels), der sich in den Schlußakkord hineinrenkt mit Verschmähung des schlußbildenden Dominantakkordes, dieser regellose, losgebundne Niederschwung der Violinen, das Alles mahnt an titanische Geberdung, an Zaubergewaltigkeit.

Und ist Beethoven nicht der zaubergewaltige Schöpfer und Herr in der Welt der Instrumente, die jetzt zum letztenmal sein Gebot vernimmt?

Noch einmal, jetzt fester gegründet auf der Tonika, erbebet, wie zuvor, die Tiefe, zucken die schnell verschwindenden Ansätze der Geigen und Bässe, greifen sie, wie zuvor, ängstlich und unruhvoll in Geigen und Bratschen umher, und jene große Gestalt tritt zum zweitenmal aus der Nacht hervor, sicherer und angehellt in Bdur,

um bald in die Trübniß von D moll sich zurückzuwenden. Dies
erfolgt in schwertreffender Erörterung, schwer nach dem besin-
nungsreichen und dann schwertreffenden Rhythmus,

schwer durch die Gegenstellung der vollen Massen, alle Bläser gegen alle Saiten.   Dann geräth das Ganze, in enger Folge des
Sechszehntelmotivs, in drängende Bewegung, aus der schlußsatzartig
(Schlußsatz für den Hauptsatz) ein elegischer Gesang der ersten
Violin (die zweite, Bratsche und Baß strömen voll) hervortritt, den
mit den Bratschen und Bässen die Fagotte in Oktaven, einen Takt
später nachahmend die Flöten, Oboen und Klarinetten in Doppel-
oktaven wiederholen.

In schnellentschiedner Wendung wird die Dominante von B dur
(Tonart des Seitensatzes) ergriffen und unter dem elegischen Wechsel-
sang der Fagotte, Klarinetten und der Flöte gegen Oboen und
Hörner festgehalten bis zum Seitensatze,

*) S bedeutet Saiteninstrumente, Bl. Bläser; das bbbb gehört den tiefen
B-Hörnern und ertönt eine Oktav tiefer, als oben geschrieben ist.

der wieder Wechselgesang von Klarinette und Fagott (a) ist gegen Flöte und Oboe (b), und vom Gegensatze des Saitenchors, mit den Kontrabässen getragen. Von hier strömen die Stimmen, fließen sie, — kaum durch ein Paar willensstarke Schläge einen Augenblick lang festgehalten — über nach H dur, wenden sich zurück nach B, schwingen sich aus den Sechszehnteln in verdoppelte Bewegung und bilden endlich, auf der fünfundzwanzigsten Zeile, den Schlußsatz aus dem festen Kern des Hauptsatzes kühn und stark in B dur aus. Das ganze Treiben bis dahin war tief jener elegischen Klage dahingegeben, die den Grundton des ganzen Satzes bildet und nach der selbst der muthvolle Schluß nicht zu freudiger Wirkung gelangt; auch in ihn hinein, wenigstens in seinen Anfang, reicht die Spaltung der Stimmen, die Violinen schreiten voran, das Orchester folgt, erst im vierten Takte gleicht der mächtige Unisono-Satz auch rhythmisch sich zu vollkommner Einheit aus.

Ein Schritt von B nach A und der Anfang (S. 267) steht wieder da. Aber es ist nicht Wiederholung des ersten Theils, sondern Einführung in den zweiten, der A moll-Akkord wendet sich in den überschwankenden Sextakkord Fis-d-a, dieser nach dem Akkord der Unterdominante; diese Tonart (G moll) erweist sich nach ihrem besondern Karakter weicher und klagenvoller, aber nicht so finster, wie der Hauptton. Uebrigens geschehen beide Schritte der Modulation wieder in der Taktmitte; dieses vorzeitige Hinüberschieben, dem man im ganzen Satze so oft begegnet, dieses Hintreten auf den Neben- statt Hauptpunkt des Taktes ist für den elegischen Zug, der durch das Ganze vorherrscht, bedeutsam.

In G moll breitet sich der Anfangsgedanke durch nachahmende Stimmen aus; zu den aushaltenden Hörnern, Flöten, Klarinetten und Oboe, und unter den Bebetönen der zweiten Violinen und der Violoncelle schreitet die erste mit der Bratsche voran,

das Fagott, dann Flöte, Oboe und Klarinette vereint folgen, der
Kontrabaß schwindet hinein, der Schlußsatz tritt abermals aus die=
sen Elementen mit Macht, aber zu dem Schmerzensakkorde c-fis-a-es
hervor und zieht einen neuen Klagesatz nach sich, aus dem Sechs=
zehntelmotiv des trüben aber starkgewaltigen Hauptsatzes gewon=
nen. Beide Sätze wechseln in weiter Ausbreitung nochmals, der
klagende erweitert sich zu weiter Ausführung (den Kern bilden
Takt 3 und 4 des Hauptsatzes) erst durch die Bässe, dann durch
erste, zweite Geige, Bläser — es ist schlechthin unausführbar, den
Gang und Wechsel dieser klagenvollen und dabei so mächtigen, oft
so zarten (S. 21) und dann wieder so aufgeregt wie in Fassungs=
losigkeit (die Violin S. 19, 20, das Violoncell S. 21, 23) um=
hergreifenden Stimmen vollständig zu entwickeln. Ohnehin drängt
die Entscheidung.

Diese Entscheidung (S. 24) ist gar nichts Anders als jener
Ruf, jenes erste Hervorblitzenlassen; das kehrt jetzt als Anfang des
dritten — das heißt Wiederkehr des ersten Theils zurück, wie es
der herrschende Gedanke des zweiten Theils, wie es der Grundge=
danke des ersten gewesen ist, dem es Hauptsatz und Schlußsatz ge=
geben. Jetzt ist die Herrschermacht des Gedankens entschieden;
er spricht sich aus in höchster Kraft aller Violinen und Bratschen,
steht unter dem aushallenden Schrei aller Bläser, unter dem un=
aufhörlichen Donnerpochen (A)

der Pauken, unter dem drei Oktaven durchwaltenden Schüttern der Bässe (B) zwölf Takte lang, unbeweglich wie ein Schreckensphantom, wie der trübflammende Erdgeist vor Faust stand, der ihn heraufbeschworen und nicht ertragen konnte, auf Fis-a-d, um sich im zwölften Takte — wieder auf dem Nebenmoment des vierten Achtels — nach Esdur und drei Takte weiter endlich nach dem Hauptton, nach Dmoll zu wenden und da als Hauptsatz zu vollenden. Vollenden — das gewährt der trübe Riesengeist nicht. Schon jener Eintrittsakkord (fis-a-d) kann nach dem Sinne des Ganzen und des gegenwärtigen Moments nicht rein als Ddur gefaßt werden, es mahnt (als erklänge d-fis-a-c) an Gmoll, an die Unterdominante. Die kehrt jetzt auf dem Schlußton des Hauptts (aus d-f-a wird c-d-fis-a) unter den Nachstürmen des Unwetters zurück, bevor nach sechszehn Takten ein freundlich Streifchen blauen Himmels durch die Wetterwolken herniederblinkt. Es war der Seitensatz, der trostvoll vorüberglitt, trostvoll, ohne die Accente seiner Wehmuth zu verhehlen.

So zieht der erste Satz der letzten Symphonie vorüber. Wir dürfen der übermächtigen und überreichen Entwickelung nicht weiter in das Einzelne folgen, müssen darauf verzichten, alle diese zusammenstimmenden Züge, deren jeder beweisend für unsere Auffassung erscheint, aufzusammeln. Reicher, aber trüber als irgend ein Satz der vorausgegangenen Werke, rollt dieser seine mächtigen Wellen vorüber gleich dem trüben Strom der Unterwelt. Wo Beethoven sonst die rüstigste, heiterste Kraft zu entfalten liebt, — im Anhange, — da vollendet sich hier das düstre Riesenbild, richtet sich noch höher auf in seiner dunkeln Gewalt, als zuvor.

Nach dem gebieterischen Schlußsatze nämlich

Bläser und Bässe, diese in Oktaven mitgehend,

ruht die Modulation still auf der Schlußharmonie, faßt (die Bedeutsamkeit der Nebenstimmen müssen wir übergehn) die erste Violin, tief unten vom Fagott schattengleich begleitet, noch einmal den
ersten Gedanken und enthüllt nun erst ganz unwidersprechlich

das leidvolle Herz, das in dieser mächtigen Brust pocht, und kann
kein Ende finden der großsinnigen Klage, und die Flöte mischt ihre
unschuldvollen Töne mahnend in phantasieartiger Freiheit ein.   Noch
einmal führen die Stimmen, wie im ersten Theil, ihre stillen Rei-
gengänge durcheinander gemischt vorüber,   noch einmal kehrt jener
aus Takt 3 und 4 des Hauptsatzes gebildete Satz (S. 272) wieder,
aber diesmal wie von fern herüberhallende Trostesstimme des Wald-
horns, dem das zweite Horn

die dunkle Grundlage bildet; das klingt hier so anmuthig ermuthigend in seinem D dur und dieser naturgefunden Stimme, was dort
im zweiten Theile (S. 272) in den Bässen, in C moll so trüb be=

gonnen hatte, so klagenvoll in G moll fortging und sich nimmer er=
hellen wollte. Auch hier trübt es sich bald wieder in seiner Wie=
berholung in D moll und im düstern Piano = Einklang der Saiten
mit den Kontrabässen, und wieder führt der Gang auf den
Schlußton.

Hier aber zieht, zur letzten Gewißheit, ein neues Bild wie
aus dem Schattenreich' empor. Bratschen, Violoncelle, Bässe,
Fagotte beginnen ganz leise (die erstern im Tremolo) den unheim=
lichen Zug, die zweiten Geigen, die ersten schließen nach einander
dem Tremolo der andern sich an, unter Klagerufen der Bläser
wühlt mit durchbebender Unablässigkeit der tiefe Strom

sein düsteres, alles Dasein unterhöhlendes Bett, und breitet sich
durch alle Oktaven aus, und schwillt aus seiner Heimlichkeit an zur
Donnerstärke, und greift mit weitgestreckten Armen umher, und es
tönt herdurch wie Hülferuf der Nothglocken. —

Dieses Leben der instrumentalen Tonwesen birgt düstere Ge=
heimnisse in seinem Schooße. Was muß der Schöpfer desselben in
seiner verhängnißvollen Abgeschiedenheit durchlebt haben und im
ewigen Stummbleiben in der eigenen Brust verschlossen! für die
Räthsel des eignen Innenlebens nichts als Räthselsprache der
Tonwelt, — ein Mysterium zum Aufschluß über ein anderes! —
Aber er stand ungebeugt, wenngleich tief erschüttert. Wie mächtig
und festgegründet, bezeugt unter Anderm diese vollkomme Freiheit
aller Stimmen, deren jede nur für sich dazusein scheint, während

er alle mit sicherm Zügel auf seinen Wegen hält und lenkt; bezeugt bei der Tiefe und dem Reichthum der Gedanken diese vollkommen fest und klar durchgeführte Gestaltung. Wenn die modernen Formbrecher sich belehren wollten, statt sich und den Vertrauenden den Blick zu verwirren: dieses letzte und große Werk böt' ihnen sichersten Anhalt. —

Der erste Satz ist in jeder Symphonie für den Gedanken des Werks entscheidend, in der neunten ist er es mehr, wie je. Und was hat er ausgesprochen? Diese endlose Klage ewiger Unbefriedigung, der sich in seinem Reich der Instrumentenwelt Er nicht mehr zu entziehen vermag, der es mit Seinem Geist erfüllt und beseelt hat. Mögen jene Stimmen der Instrumente die ganze Natur herbeizaubern, mögen sie mit Geistertönen uns umflüstern, mögen sie, — wie er dort im Benedictus seiner zweiten Messe gewollt — als englischer Gruß vom Himmel niederschweben zu den Menschenkindern: immer ist dem Menschen der Mensch das Nächste, die Menschenstimme die trauteste und gefühlteste und verständlichste. Das ist allgemeine Wahrheit. Und das kam dem Meister inmitten dieser Welt, die er so reich bevölkert, jetzt zum Bewußtsein.

Da war der Scheidepunkt. Hat, was man nicht wissen kann, eine Ahnung von der Nähe des Lebensendes den edlen Geist angeweht, so mußte sie jenes Gefühl wecken und sich mit ihm verschmelzen. War er nicht einsam in der lauten Menschenwelt, wie einsam in der Welt seiner Instrumentenstimmen und Gesichte? Und wie verlangte sein offen, liebefähig, von Grund aus arglos Gemüth nach der trauten Gemeinschaft der Menschen! wie zieht dieser Sinn der Brüderlichkeit, der Liebe für die Menschen durch sein ganzes Leben, durch seine Werke, seine Briefe! wie wirkt er als Grundbedürfniß des Vertrauens und der Treue selbst durch seine argwöhnischen Aufwallungen und Ungerechtigkeiten hindurch zur Versöhnung.

Hier mußte der äußerliche Vorsatz, der Symphonie durch einen Schlußchor eine neue Gestaltung zu geben, zum innern Bedürfniß

werden. Was allgemeine Wahrheit, was besondres Erlebniß Beethovens, ward jetzt Idee der neunten Symphonie.

Der erste Satz hat in sich keine Befriedigung geboten; aber er
hat auch keine in Aussicht gestellt, wie etwa der der Cmoll=Sym=
phonie. Der Cmoll=Satz konnte begreiflich nicht die siegerische Ent=
scheidung bringen, aber er führt die Kräfte zusammen und vorwärts,
die den Sieg verbürgen. Der erste Satz der neunten Symphonie
schwillt zu titanischer Kraft an, aber sein Herz ist voll Trauer.

Noch einmal trifft der Schlag des lebenweckenden Zauberstabes
mit Macht, —

und alsbald beginnen die Tongeister, dem Wink ihres Meisters ge-
horsam, den luftigen heimlichen Reigen. Die zweite Violin ist
voran, die Bratsche folgt,

dann das Violoncell, dann die erste Violin, dann der Baß, Alles
leis' und heimlich, Alles in rastloser gleichtrittiger Hast (nur daß
die ersten Takttöne durch einzelne Bläser im Einklang mit den
stimmführenden Instrumenten geschärft werden, z. B. oben die Violin durch die Oboe, dann sie und die Bratsche durch Oboe und
Klarinette), alles in athemraubender Endlosigkeit. Nicht die Melodie,
nicht diese oder jene Stimme — denn sie schweben, wie schon der

---

*) Die Pauke spielt, wie in der achten Symphonie, auf F—f.

Anfang andeutet, in verwirrender Unterschiedlosigkeit des Rhythmus durcheinander — sind hier geltend; die Bedeutung liegt in der Unerschöpflichkeit des Lebens und der geisterhaften unabläſſigen Regsamkeit; geiſterhaften, denn menſchlichem Regen wär' ſolche Gleichmäßigkeit haſtiger, unbemeſſener Bewegung nicht gemäß. Dieſe Reigenwirbel ſteigern ſich aus dem heimlichen Beginn zu wildem lautſchreiendem Uebermuthe (S. 47 der Part.), in den die ſchiefgeſtellte Pauke verwegen hineinſchlägt, wie es gehn will; die Geſtalten, ohne von ihrer Regſamkeit abzulaſſen, ſchwinden nach dem lärmenden Triumph ihres Gaukeltanzes verblaſſend

hin, es ſcheint flüchtig ein zweifelnd Bedenken überhinzuwehn; — da ſtellt ſich in Kraft und mit merkenswerther Aenderung (A)

(der erſte Takt iſt aus dem zweiten des vorletzten Beiſpiels hervorgegangen, — er iſt zu merken) der Satz wieder feſt, und behauptet ſich unter dem trotzigen Pochen aller Saiten (B) durch alle Oktaven — ſechszehnmal ſchlagen ſie vor dem Schlußſchlage, — und jenes heimliche Bedenken bleibt doch nicht aus.

Jetzt endlich (Schluß des erſten Theils, der wiederholt wird) ſtockt und ſtockt abermals der Schwindeltanz, — um ſich zum Eintritt des zweiten Theils noch schwindelnder zu wiederholen; zu dieser Modulation

lösen sich Takt auf Takt die Chöre der Saiten und Bläser mit dem Schlagmotiv ab, und nun schwindet wieder leise der Hauptsatz in gesteigerter Hast (aus viertaktigen Rhythmen sind dreitaktige geworden) vorüber.

Es ist endloses, athemraubendes Schwindeleben, heimlichkeitvoll, die Grundgleichheit von Geistesblitzen durchzuckt und gekörnt, ein Leben, unerschöpflich — und unbefriedigt; es hat kein Ziel in sich und weiset auf keines außer sich; das aufgeregteste Spiel dieser Gaukelwesen, die sich in den Instrumenten geborgen ducken und elfengleich daraus hervorblitzen und hervorlachen, es befriedigt nicht das letzte Verlangen der Seele, das Verlangen des Menschen nach Menschen.

Da drängt sich Alles zweimal viertrittig (aus $\frac{3}{4}$ werden $\frac{4}{4}$) eiligst hinweg und ein neues Lebensbild ist zauberschnell erstanden, eine neue Welt des Daseins, ganz ungeahnt aus allem Vorhergegangenen, öffnet sich und winkt zutraulich den Schwindelwirren in ihren friedlichen Kreis. Traulich, wie Erinnerung aus der Jugend, balsamisch wie der reine Odem der Fluren und Wälder, einfältig im Reize ländlicher Unschuld spricht diese Weise dich an,

von verschmolzenen Oboen und Klarinetten und den Fagotten in Behaglichkeit zu wohlthuendem, ruhigem Genügen ausgeführt; ein Anklang von Feier, von ländlicher Andacht in der Abendruhe nach wackerm Tagewerk weht im zweiten Theile. Mit liebendem Verweilen wird das Bild ausgemalt, weit, so weit Gemüth und Kunst dem Meister gewähren. Alles muß herbei, sich am friedlichen Dasein zu laben! Die Hörner mit ihrem sanften Fernhall, von der feinen Violin hoch oben begleitet (vorher waren es in der Tiefe die Fagotte), lassen das Lied von Neuem ertönen, ihnen folgen die Fagotte mit der begleitenden spitzen Oboe; Alle müssen heran, zuletzt auch die Posaunen (die dem riesigen ersten Satze versagt geblieben) mit ihrem zehnfachen Hornesklang, — denn so wirken sie hier. Es ist ewig dasselbe Bild, das dich anlächelt mit demselben Lächeln, und ewig Gestalt und Farben zu wechseln scheint. Es ist Zauberwesen.

Ist hier Genügen in diesem zweiten Satze? — schon deßwegen nicht, weil aller Seelenzusammenhang mit dem Vorherigen und mit dem ersten Satze, trotz der Anknüpfung des dritten Melodietaktes mit dem S. 278 gewiesenen, durchaus fehlt. Und so hat es Beethoven empfunden. Das Bild schwindet, jener Reigen sucht wieder zu beginnen und schwindet, das Lied schwebt noch einen Augenblick lang heran, ein Wink! und Alles ist verstoben. —

Nun ist es entschieden. Diese Welt der Instrumente, so reichbelebt, so tausendgestaltig, so geistberauschend, die Phantasie so weit hinübertragend über die Schranken des Menschlichen, wie sonst keine Kunst vermag, sie kann für sich nicht volles Genügen gewähren. Er, der sie für den bewußten Geist erschlossen, dem sie mit überschwenglichen Gaben sich dienstfertig und dankbar erwiesen, er ist jetzt an ihrer Gränze angelangt, er wird von ihr scheiden, weil in ihr sein letztes Verlangen nicht Befriedigung finden kann. Das ist nicht Vermuthung oder Folgerung aus irgend welchen Voraussetzungen, — Er selber wird es mit Worten, die er selber ausspricht, bezeugen. Dies einstweilen für wahr angenommen, begreift sich nun vollkommen der Ideengang des Werkes, wie wir ihn zu fassen gesucht, begreift sich der Sinn jedes einzelnen Satzes, begreift sich die Zusammenhanglosigkeit und Beziehungslosigkeit der Sätze untereinander. Wir wollen nur gleich zusetzen, daß, was von den ersten Sätzen in dieser Hinsicht gesagt ist, auch von dem nun folgenden Adagio gilt.

Zusammenhang und Beziehung fehlen diesen Sätzen nicht; sie sind nur nicht in ihnen selber zu entdecken gewesen; sie enthüllen sich erst nach dem dritten Satze.

Dieser dritte Satz, Bdur, Adagio molto e cantabile überschrieben, ist das Scheidewort. In Liebe getaucht und großsinnig und voll unausschöpflicher Wehmuth, wie selbst ein großer und starker Karakter von diesem Leben voll unendlicher Erinnerungen scheidet.

Zwei Chöre, der Bläser und der Saiten, lösen einander, ihre Trauerweisen mischend, ab. Und zwei Gedanken, die Gegenwart mit dem Abschiedswort und die Vergangenheit mit ihren Erinnerungen und diesem Lächeln unter Thränen, folgen einander und wechseln, nach außen klar geschieden, wie dem verklärten Blicke Beethovens ziemend war, und innen Eins, zwei Seiten desselben Antlitzes.

Die Bläser leiten mit weichen Klage = Accenten ein, von den tiefern Saiten bald unterstützt, dann beginnen die Saiten, ohne Kontrabaß, das zart in Wehmuth und Andacht getauchte Abschiedslied, Bläser (Klarinetten, Fagotte, Hörner)

hallen den Schluß nach; so zieht die erste Strophe, so die zweite
vorüber, so, immer in feierlicher Gemessenheit bei tiefster Herzens-
bewegung, die dritte und vierte. Hier wiederholen die Bläser den
Schluß, aber dann — die überquellend seelenvolle Klarinett' ist
Chorführerin — die ganze Schlußstrophe, die sich hoch, als könnt'
es die Brust nicht fassen, hebt.

Hier treten die Saiten, nun erst mit den dumpffüllenden Kon-
trabäßen, zu, in Würfen, wie Harfenklang des Vor- oder Nach-
spiels; die Modulation schwindet mit erlöschendem Klang von
f-a-c-es auf fis-a-d hinüber, das als D dur gelten soll, und hier
setzt die zweite Weise ein,

Andante moderato:

Zug für Zug von der ersten verschieden, doch in der Stimmung
ihr verwandt. Kein willführlicher Ausdruck war es, wenn oben
dieser Weise „Erinnerungen" zugeschrieben wurden; in der Melodie
wie im Baße fühlt sich (gerade wie Th. I S. 147 bei der Cis moll-
Sonate vom Trio bemerkt wurde) etwas wie Nachklang aus fried-
lich-schönen Stunden durch, hier aber von Wehmuth überschleiert
durch den schattigern Klang der Bratsche mit der zweiten Violin
bei der Melodie, durch den weilendstockenden Gang des Baßes,
durch das still auf A brütende Violoncell (es hat oben nicht mitgetheilt werden können), durch die einschneidenden Seufzer des ersten Fagotts, der Klarinette, nach ihnen der Oboe, dann der Flöte.

Wir können den Satz nicht weiter verfolgen. Er hat, kurz
gesagt, die Variationenform herbeigezogen, um seinen Inhalt inniger

und inniger uns in das Herz zu graben. Zuletzt (S. 89 und 91 der Partitur) richtet sich hoch und in ungebrochner Kraft, sei auch der Blick von Thränen umflort, der Wille des Meisters auf. Aber das Lied schließt in dem Sinne, den es begonnen. —

Und nun müßte nach dem wohlbegründeten Symphonie = Bau (Th. I. S. 124) der vierte Satz beginnen. Dann wäre die neunte Symphonie geschlossen und vollendet worden in der Weise der acht vorhergegangenen.

Ein ganz Anderes war tief beschlossen im Schicksal und Geiste des Meisters.

Da stand er nun an der Scheide seines symphonischen Reiches. Sein Verhängniß hatt' ihn von den Menschen geschieden, und er hatte sich dies Reich gegründet, hatte gelebt in diesem Instrumentenleben, das er mit Seinem Leben und Geist erfüllt. Dieses Leben hat er zaubergewaltig dem Eintritt der Idee erschlossen; diese Wesen, die Andern blos Werkzeuge von Holz und Metall scheinen, Er hatte sie zu unserm Ebenbilde gemacht, menschenähnlich, menschengeistig, daß man oft erwartet: nun! nun müsse der Mund sich erschließen zum Worte, zu menschlichem Worte.

Das Alles — dennoch war es nicht Mensch, dennoch nicht seines Gleichen, dennoch nicht Befriedigung für sein liebevoll und liebebedürftig, für sein oft irrendes, oft getäuschtes, immer liebeverlangendes Herz. Menschen! Menschen bedurft' er, der traulichen Gemeinschaft, die er einst im Testament*) und stets ersehnt, des brüderlichen Arm in Arm. Mehr als alle Zauber jener fremden Welt wäre die traute Gemeinsamkeit, aus der das Verhängniß ihn unerbittlich ausgeschlossen.

Das bekennt er jetzt.

Wo das Finale seiner Symphonie herantreten sollte, zerreißt ein wilder Aufschrei des Orchesters die Harmonie, reißt wie zertrümmernder Zauberschlag in den Frieden dieser Welt hinein. Ein

*) Th. I S. 246.

mächtiges Rezitativ der Bässe*) folgt in hoher Emphase, — sollen die Instrumente reden? Noch einmal schreit das empörte Orchester hinein, und die Bässe reden weiter, unverstandene Worte. Und nun fliegen, gleich Schatten vorübergewehter Wolken, diesen Redenden die Traumgestalten des vergangnen Lebens vorüber: das Werde! des ersten Satzes, gegenüber der mildern Rede der Bässe, — der Gaukeltanz des Daseins, gegenüber der dringlichern Rede, — jener gebetstille Abschied, — und nun stimmen diese Redenden, die ersten aus der Instrumentenwelt jetzt zum Wort erweckten, die Weise jenes

> Freude, schöner Götterfunken,
> Tochter aus Elysium!

an, nicht im Ton der hohen Hymne, die da weiter spricht:

> Wir betreten feuertrunken,
> Himmlische, dein Heiligthum!

sondern im Volkston. Menschen! nur Menschen! im brüderlichen Verein, dunkel und anspruchlos, Arm in Arm mit ihnen dahinzuwandeln! Das ist sein ganz Begehr jetzt, des Herrschens in menschenferner Abgeschiedenheit ist er so müde!

In den dumpfen Bässen geht diese Weise

so dunkelheimlich und zutraulich still dahin, wie langverschüttete und übertäubte Jugenderinnerungen. Es ist wie ein halbvergessen Lied, das man im Vorsichhinsummen sich wieder zusammensucht. Dann findet sich, wenn das Lied in allem Behagen mit den Wiederholungen jedes Theils in den Bässen (mit Violoncellen) vorübergezogen ist und nun von verschmolznen Violoncellen und Bratschen in höherer Oktave wiederholt wird, wie zufällig, bequem nebenherschlendernd, eine zweite Stimme dazu, auch noch eine, —

---

*) In der Partitur S. 96 ist bei den Kontrabässen bemerkt: „Selon le caractère d'un Recitative mais in Tempo."

sempre piano.

es ist wahrhaft weisheitvolle Intuition eines Künstlergeistes, dem höchsten Aufschwung der Phantasie, den mächtigsten und zartesten Empfindungen diese unschuldvoll einfältige Volksweise gegenüberzustellen. Sie sagt Alles! bestätigt Alles, was wir zuvor zu enträthseln und zu deuten gewagt, mit der Unwidersprechlichkeit des Kinderglaubens. Die dafür keine mitklingende Saite in ihrer Brust finden, denen muß gesagt werden, was dort der erhabenste Lehrer zu seinen Jüngern sprach: „Es sei denn, daß ihr euch umkehrt und werdet wie die Kinder, so werdet ihr nicht in das Himmelreich kommen!“ —

Nun erst wird auch der Gedanke jenes Lebensbildes ganz verständlich, das im zweiten Satz uns (S. 279) so traulich anheimelte, das glänzend und lieblich sich vor uns ausbreitete, wie dem lang und weit umhergetriebenen Wanderer von der letzten Höhe herab ganz unerwartet die holde Heimat im Abendsonnenschein in freundlicher Ueberraschung sich vor dem feuchten Auge hingelagert zeigt. „Das haben wir durchlebt, durchstürmt! und da hin ruft es uns!“ Es ist eine wundersame Einheit in diesem Werke. Denn es ist kein gemachtes, sondern ein erlebtes.

Allmählig finden sich dann Stimmen auf Stimmen herbei, die Volksweise erblüht und wächst an zu freudigem Triumph, aus dem nach allem Jubel ein Blick zärtlicher Rührung (S. 109 der Partitur unten bei dem „poco ritenente“) zurück auf das Vergangne fällt. Immer haben wir Beethoven rein=menschlich gefunden, niemals in abstrakter, gemachter Exaltation.

Zum drittenmal schmettert der Schrei des aufrührerischen Orchesters hinein.

Aber jetzt sind jene Bässe Menschenstimme, jenes Instrumentenrezitativ ist Menschenwort, Menschenrezitativ geworden.

> „O Freunde, nicht diese Töne! sondern laßt uns
> angenehmere anstimmen, und freudenvollere!"

ruft Beethoven aus verlangendem Herzen. Hier[*] ist das entscheidende Wort; der Meister selbst hat es gefunden und gesprochen. Mäkle Niemand mit wohlfeiler Altklugheit am Ausdrucke des Gedanken! wer ihn hat fassen können und „mit Zungen geredet", wie Er in dieser Symphonie, dem gebührt, die Worte zu fassen, wie sie das tiefbewegte, einfältige Gemüth ihm fand.

Und nun rufen Stimmen, — Menschenstimmen rufen

> „Freude! Freude!"

und Menschenstimme ist es, die den Freudenhymnus anstimmt, —

> Freude, schöner Götterfunken,
> Tochter aus Elysium!
> Wir betreten feuertrunken,
> Himmlische, dein Heiligthum!

anstimmt in jener Volksweise. Denn das Tiefste und Größte, es findet stets seine letzte Weihe und Bestätigung im Herzen und Munde des Volks.

Der weitere Gang der Symphonie fodert keine eingehende Betrachtung. Die Volksweise wird zuerst von einer Solostimme (Barhton) gesungen und vom Chor, ohne Diskant, refrainartig geschlossen, dann bei

> Wem der große Wurf gelungen,
> Eines Freundes Freund zu sein,

von Solostimmen wiederholt und wieder vom Chor, diesmal vierstimmig, refrainartig geschlossen. Wie ganz Beethoven dem Gedanken des einfachen Volksliedes hingegeben war, bestätigt sich hier; die Worte

> Ja, wer auch nur eine Seele
> Sein nennt auf dem Erdenrund.
> Und wer's nie gekonnt, der stehle
> Weinend sich aus diesem Bund.

---

[*] S. 280.

werden gemüthsruhig zu derselben Weise gesungen, — und das vom einsamen Beethoven. Die folgenden Verse werden von den Solostimmen, wieder mit anschließendem Refrain des Chors, zu derselben, aber variirten (oder figural ausgeführten) Weise gesungen, die Worte

Und der Cherub steht vor Gott!

geben aber dann dem Gesang eine feierliche Wendung, die Modulation stellt sich auf die Dominante von B dur.

Hier führt ein höchst feierlich, ja geheimnißvoll intonirter Marschrhythmus, — Variation derselben Weise, — in weiter Ausbreitung zu den Versen

Froh, wie seine Sonnen fliegen
Durch des Himmels präch'gen Plan
Laufet, Brüder, eure Bahn,
Freudig wie ein Held zum Siegen,

von der Heldenstimme des Tenors mit zutretendem Männerchor gesungen. Weit und prachtvoll, fugatomäßig, führt das Orchester für sich allein den Festzug zum Siege weiter, bis endlich (auf der sechszehnten Partiturseite) zum Sturmflug aller Saiten und den rhythmischen Rufen der Bläser der Volkschor wieder den ersten Vers in der einfachen Weise anstimmt und im bacchischen Jubelton durchführt.

Höchst weihevoll und mächtig, ein Chor erweckter Priester der Bruderliebe aller Menschen, wird vom Männerchor das

Seid umschlungen, Millionen!

intonirt. Wenn die höhern Chorstimmen zutreten und alle Bläser, auch die Posaunen, sich in breiten Lagen darüber vernehmen lassen und die Bässe mit den andern Saiten in festlicher Durchführung ihres daktylischen Rhythmus ihren Umzug durch die Räume der großsinnigen Harmonien halten: da ist Einem, wie bei Orgelklang und Chorgesang im weiten, noch leeren, vom Sonnenlicht durch die hohen Fenster breit durchgossenen Dome, still und festlich im Gemüth.

In dithyrambischem Aufschwunge krönt, in reicher Durchfüh=
rung der ersten Weise, der Schlußchor das Ganze.

Der Schwerpunkt liegt nicht in all diesen einzelnen Momenten,
nicht in den Wundern der Instrumentation und überhaupt der Er=
findung, die sich erzählen ließen. Er liegt im Grundgedanken, und
dieser kommt bei der Ueberführung des Instrumentalen und Sym=
phonischen in die Menschenmusik, den Gesang, zur Entscheidung.
Wer sich erst dazu erzogen hat, in der Musik Gedanken zu erken=
nen, der wird diese Ueberführung, diese Verschmelzung der Gegen=
sätze, — in der das Instrument zum Worte sich heranringt und
die Menschenrede, das Rezitativ, sich noch nicht der instrumentalen
Weise hat entwinden können, — eben so künstlerisch=genial befin=
den, als im Faust die Ueberführung des Schattens der Helena in
neue Leibhaftigkeit, oder in den Fröschen des Aristophanes die
Fahrt des Dionysos zur Unterwelt. Man sieht mit Augen die
Unmöglichkeit, und doch glaubt man. Das ist der Triumph der
Kunst.

Der Grundgedanke dieses Werks aber ist von dreifacher Be=
deutung. Er ist zuerst ein biographischer: Beethovens Lebenswerk
in all seiner Herrlichkeit und Weite — und daneben unabweisbar
das nimmergestillte Verlangen des Einsamen in den Kreis der
Menschengemeinschaft. Sodann ein künstlerischer: die beiden Hälf=
ten des Tonreichs werden gewogen in gerechter Wage, und
werden vereint mit gleichem Rechte für jede, so weit sie es hat und
haben kann. Endlich die rein humane: das Menschliche im Gegen=
satze zu der Welt außer ihm bewährt sein höchstes Anrecht am
Menschen, und von da erst tritt auch das Außermenschliche, ver=
söhnt und verschmelzend mit jenem, in sein gebührend Recht. Wir
können weder die Natur, noch was an geistigem Leben neben oder
über uns wesen mag, liebend und gerecht erfassen, als durch das
Menschenthümliche hindurch.

Das war die neunte Symphonie. Sie wurde vom November 1823 bis Februar 1824 komponirt. Sie mußte die letzte sein. Denn sie war ja das ausgesprochene Scheidewort; was noch Symphonisches hätte nachfolgen können, würde Rückschritt zum Vorherigen geworden sein.

Beethoven selbst fehlte dieses Bewußtsein, wie begreiflich. Ein ächter deutscher Faust sann er auf neue Werke, bis er hinsank.

Er trug sich mit einer zehnten Symphonie. In einem seiner Skizzenbücher finden sich Entwürfe zum Scherzo Seite 2, — Seite 1 ist nicht sicher lesbar, —

ferner Seite 3 zum Finale,

dann zum Trio des Scherzo;

dabei findet sich ein Bruchstück zu einer Ouvertüre über den Namen Bach,

mit der Bemerkung: „diese Ouvertüre mit der neuen Symphonie,
so haben wir eine Akademie im Kärnthnerthor.

Diese Skizzen zur zehnten Symphonie scheinen uns für den
Abschluß mit der neunten mehr zu beweisen, als wäre von einer
zehnten noch gar nicht die Rede gewesen.

Die letzten Werke.

Neigt ein reiches Leben sich zum Ende, so giebt es keine erhebendere Betrachtung, als die, welche in dem Ende Vollendung der Lebens= aufgabe erkennt. Nicht das nackte, leere Dasein, sondern das Hinausleben dessen, was in uns gelegt war in rüstiger That, ist uns Allen Trost und Preis des Lebens, und das begreift sich am besten im Anschaun bevorzugter Menschen, deren Beruf und Lebens= aufgabe bedeutend genug ausgeprägt ist, um klar erkannt und sicher ermessen zu werden. Eines solchen Mannes Vollendung beklagen mit dem Bedauern, was er möglicherweise noch hätte leisten und spenden können, scheint klein und schwächlich, denn es beruht auf einem Verkennen dessen, was im Scheidenden Kern und Preis des Lebens war.

In solchem Sinne haben wir auf die letzte Symphonie nicht mit egoistischem Bedauern, in ihr schon die letzte empfangen zu haben, sondern mit freudiger Erhebung geblickt. In gleichem Sinne schauen wir auf die Werke, die nach Inhalt, Stimmung oder Zeit die letzten des Vollendeten sind.

Das erste der hier zusammenzustellenden Werke, schon vor der neunten Symphonie, im Sommer 1823, geschrieben, heißt

33 Veränderungen über einen Walzer
für das Pianoforte, 120. Werk

und ist bei dem Komponisten des Walzers, dem ansehnlichen Verleger Diabelli erschienen.

Dieses Werk hat seine eigne kleine Geschichte. Der ehrliche
Bourgeois=Walzer im braunen Frack mit bauschigen Schößen und
seinem breitlächelnden Gesicht voll altbackner Verschmitztheit war
nun einmal zu hohen Ehren erkoren. Eine ganze Schaar von
Tonsetzern (irren wir nicht, so waren es ihrer funfzig Pianisten)
hatten sich um ihn und Diabelli's Tafel versammelt, und jeder
hatte Eine Variation beigesteuert. Es war gutes, duftiges Heu.
Dem glücklichen Walzervater und Verleger wuchs der Muth; er
machte sich an Beethoven und bat ihn um sechs bis sieben Variationen für 80 Dukaten. Beethoven besah sich den Walzer und ging
lachend darauf ein. Was war damit zu machen? — Jene Pria-
miden hatten funfzigmal darauf geantwortet, alle in Glacéhand-
schuhen. Nun hatte Beethoven das Ding in Händen, — es war
eigentlich wegen seiner Breitschweifigkeit und Wichtigthuerei nicht
allzugut für Variationen geeignet, — er drehte und wendete es,
daß bald diese, bald jene Seite hervortrat. So wurden aus den
7 Variationen 10, dann 20, dann 25, zuletzt 33, eins der gehalt-
vollsten und geistreichsten Klavierwerke, noch bis auf diesen Tag
nur Wenigen bekannt, aber den Besten. Hans von Bülow
hat es im Winter 1857|8 zum erstenmal öffentlich in Berlin aus
dem Gedächtniße gespielt und für die geistvolle Darstellung gerechte
Bewunderung geärntet.

Schon früher hatte Beethoven 32 Variationen über einen Satz
von acht Takten (Th. I. S. 78) geschrieben; es war eine Studie, wie
sich das Klavier munter benutzen lasse. Jetzt gab Beethoven eine
andre Studie: er zeigte, was sich von Seinem Standpunkt' aus
mit einem Variationenthema anfangen lasse, — und wir wissen,
daß die Variation die ihm eigenthümliche, stets geliebte, stets am
fleißigsten von ihm angebaute Form war; in ihr schritt dieser Gedanke, den er innig und unabänderlich umfaßt hatte, fort. Bach

hatte einst *) eine Reihe von Fugen gegeben über ein und dasselbe Thema, um zu zeigen, was sich aus einem Thema machen ließe. So that jetzt Beethoven mit der Variation. Beide Meister konnten begreiflich nicht an Erschöpfung der Aufgabe denken; die ist un= möglich, man kann Alles aus Allem machen. Beide gaben in großen Zügen das Bedeutendste mit dem Unvorherzusehenden; sie setzten, jeder in seinem Gebiete, Säulen des Herkules; die Meilen= steine und Wegeruthen waren nicht ihre Sache.

Beethovens Werk ist also nicht ein Werk der Begeisterung, der Eingebung, so wenig wie Bach's; es ist nicht einer treibenden Idee entsprossen, das Hinausleben dieser Idee. Aber es ist das Werk eines Künstlers, eines Mannes, der überall, wohin sein Auge blickt, Leben schaut und Leben weckt. Und in dieser Eigen= schaft ist es karakterisirend nicht blos für Beethoven, sondern über= haupt für das Wesen und Geschäft des Künstlers. Es darf nirgends unbeobachtet bleiben, wo Beethoven begriffen werden will, und ist für Künstler und Kunstjünger, wenn sie es richtig anfassen, eine unschätzbare Lehre. Daß es daneben dem Kunstfreund' eine Reihe zum größten Theil entzückender, nie gesehener Bilder schenkt, ver= bürgt der Name des Bildners.

Beethoven also schaut diesen Diabelli=Walzer an, der so

ansetzt. Er bemerkt, daß die Oberstimmen ruhen, der Baß schreitet, der Satz im Auftakt anhebt. Diese triviale Wahrnehmung über= trägt er (Var. 1) in seine Sprache. Also der Baß schreitet — er

---

*) In der „Kunst der Fuge."

muß kräftig und stolz schreiten, das gebührt ihm. Der Auftakt muß hineinschlagen in den nächsten Takt, dazu muß der Rhythmus aus seiner Gleichgültigkeit hervor; die stillliegenden Oberstimmen mögen sich noch zurückhalten, aber dann müssen sie vor= und emporbrin= gen. Und so wird aus dem ledernen Bourgeois ein Mann, aus dem schlendrigen Walzer ein stolzer, frei und kühnschreitender Marsch,

Alla Marcia maestoso.

Alles hat Mark, hat Straffheit in den Sehnen, bald erwacht auch die Melodie und regt, wie der Schmetterling, der sein Puppenge= fängniß bricht, Glieder und Flügel und hebt sich fest empor über dem immer nach unten rückenden Basse. Wenig so treffende Karakter= bilder vermag unsere Litteratur aufzuweisen.

Das Bedeutsame des Werkes liegt aber nicht blos darin, daß jeder Lebenskeim entdeckt ist, sondern auch darin, daß dieselbe Wahr= nehmung, einfach wie die oben ausgesprochenen, zu den mannigfach verschiedensten Gestaltungen benutzt wird. Dies aufzudecken, darf der Lust und dem Scharfblicke des Kunstfreundes überlassen bleiben*). Es folgt eine eigenthümlichste, reizvollste, launenhafteste, tiefsinnigste, tiefgefühlte Gestaltung der anderen; der üppige reiche Blütenkranz, den der Meister sich hier auf das Haupt gesetzt, bezeugt seine all= fertige und allbelebende Meisterschaft reicher, als manches seiner idealen Werke in seinem fester geschlossenen Kreise vermocht hat.

Es war das letzte Variationenwerk: von der Form selber hat er nimmer scheiden mögen.

---

*) Die Kompositionslehre giebt dazu einige Winke.

Noch früher, als die Variationen, in der Zeit der Messenkomposition, im Winter 1821 zu 1822, wurden die drei letzten Sonaten gesetzt.

Nicht blos die Gleichzeitigkeit der Entstehung und die Folge der Herausgabe ist es, was diese Sonaten verbindet, sondern eine gewisse Einheit der Grundstimmung und Grundrichtung. Noch steht der Meister in Kraft da, noch hat er Großes zu vollenden und mancherlei zu durchleben. Dem allen ungeachtet klingt durch alle diese Sonaten das Wort

Scheiden!

herdurch, ganz gewiß dem Komponisten selbst — wenn nicht die tiefwühlende Arbeit an der Messe ihm, wie wohl geschieht, Bilder des Sterbens vorgespiegelt hat, — unbewußt, und unbeschadet der Mannigfaltigkeit des Inhalts, der sich in den drei Werken näher kundgiebt.

Wer übrigens diesen Grundton der drei Sonaten vernommen hat, wird gestimmt sein, ähnliche Ahnungen, die wir (S. 276) bei der neunten Symphonie mitwirkend vermutheten, nicht als ganz willführliche Voraussetzungen anzusehn. Man muß ein so tiefes und reiches Leben im Zusammenhang der innersten, meist nicht apodiktisch nachweisbaren Vorgänge mit den nach außen tretenden Thatsachen auffassen.

Das erste dieser Werke, wenigstens nach der Werkzahl,

Sonate für Piano, Op. 109.

deutet keinen Bezug auf Beethovens Person an.

Der erste Satz spielt so lieblich und sanft, so harmlos, fast gaukelnd.

eine zarte, schöne Seele bewegt sich vor uns. Doch das Leben ist
nicht immer so harmlos, als es scheint, es trägt oft unheimliche,
schnell emporschießende Keime in der Brust; ein schmerzlicher Ein-
schnitt (das Adagio espressivo) wie ein Stich im Innern durchzuckt jäh (schon nach 11 Takten des Allegro) das sanfte Wesen, an
dem wir uns eben erfreut, —

(Takt 11 des Allo. *Adagio espressivo.*

das sich in seiner Lieblichkeit aus den Windungen des Leids
lächelnd wieder hinwendet zum harmlosen Dasein. Weiter spinnt
sich das hin, aber nun beunruhigter, andringender in der Bewegung, ja zuletzt überspannt; oft ist es, als verriethe ein großer,
hohler Blick das innere Leiden, das sich gern verbürge, uns nicht
zu kränken. Wieder trifft das jähe Weh — und wieder, sanfter,
schüchterner will tiefe, liebenswürdigste Seelengüte alle Angst hin-
weglächeln. Es gelingt kaum; das heiter begonnene Spiel sinkt
andachtvoll aber zögernd in eine choralmäßige Akkordfolge, —

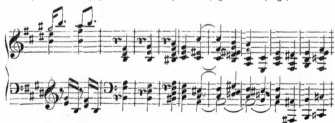

der schwindenden Hoffnung schleicht Ergebung nach, — spielt dann
sich weiter aus auf dem still und tief ruhenden Grundton (Orgelpunkt) und ein leis' aber festgegriffener Schlußakkord

hallt (es ist für ihn allein „Ped." vorgeschrieben) lang und weit aus.

Auch Beethoven hatte einst (Th. I. S. 249) dem Tod' entgegen zu seh'n geglaubt und aus tiefster Brust geseufzt: „Komm, wann du willst! ich gehe dir muthig entgegen."

Der erste Blick auf diesen ganzen Satz findet ein Räthsel, diesen wiederholten jähen Wechsel zweier ganz verschiedner Gedanken. Tiefer eindringende Verständniß findet gerade im Gegensatze beider die tiefe Einheit auf und löset das Räthsel; es ist der Kampf heitern lieblichen Daseins gegen den zerstörenden Eingriff. Das Leben, es kann und es will den Gedanken der Zerstörung nicht fassen, es will sich festhalten, es will sich heiter fortführen, es birgt unter Lächeln den Schmerz, dessen Zahn heimlich innen fortnagt und das Lächeln Lügen straft und die Maske der Heiterkeit, die letzte Zufluchtstätte, zerreißt. Das Glück ist entflohn, der Schmerz bleibt, und Ergebung — ist das letzte Wort.

Nicht das letzte.

Ein ganz neuer, weithinflatternder Emoll=Satz, Prestissimo

schließt sich voll ängstlicher Hast an, dazwischen wie tiefernsttönender, halbunverstandener Zuspruch, der liturgischen Anklang hat, von andern Stimmen (Umstehender?)

wiederholt. Das treibt wie sinnverwirrend, in geflügelter, un=
verstandner Rede schier endlos, athemraubend fort, dazwischen
Accente, —

in ängstlich übertriebener Höhe, leise, unterbrochen, wie „helft, o
helft .... mir!" — dann angstvoll Laufen, und wieder kirchen=
gesangliche Anklänge. Es ist eine Scene aus dem Sterbezimmer,
— oder ein Traum daher.

Vielleicht, — wir können kein Wort des Zeugnisses für uns auf=
bringen, wer könnte und wollte auch alles beweisen? — vielleicht schilt
man, was wir angedeutet, unsern eignen Traum. Es sei darum. Aber
dem Kunstwerk gegenüber sind wir alle, Wollende oder Nichtwollende,
Traumdeuter. Der wache Verstand ist es nicht, der das Kunst=
werk geschaffen, so ist er es auch nicht, der das Räthsel löst, wie
der Geist seine Idee in diesen sinnlichen Stoff eingesenkt hat und
aus ihm sich offenbart. Das ist das ewige Räthsel, wie Geist und
Stoff, Gott und Welt Eins sind. In jedem Kunstwerke wieder=
spiegelt sich das Wunder dieser Einheit; jedes an sich ist ein
Räthsel, an dem sich unser Sinn, unser Mitgefühl, unsre Phan=
tasie, unsre Psychologie zu betheiligen selig sind. Wer mehr
verlangt, fodert die Klarheit der Wissenschaft, eine Foderung,
auf die kein Kunstwerk und keine Kunstbetrachtung sich einzu=
lassen hat.

Allerdings kann darum (Th. I. S. 286) niemand den Künstler
besser verstehn, als der Künstler.

Und wie, wenn wir doch ein Zeugniß fänden? — Ueber die Sonate, wie wir schon gesagt, nicht. Aber ein Zeugniß Beethovens selber über sein Quatuor Op. 132 Man wird bald sehn, wie nahe das hier einschlägt.

Der zweite Satz nach diesem seltsamen ersten ist eine von jenen, heiliger Andacht vollen Melodieen, wo die Seele still und tief in sich versunken staunt, auf das Vorübergeflossene zurücksinnt, — nicht sinnt, sondern die Bilder der Vergangenheit, im krystallhellen Strome dahinziehend, noch einmal schaut. Mancher Nachgedanke und mancher halbverlorne Seufzer folgt ihnen.

Soweit hat der Dichter Beethoven geschrieben. Der Musiker Beethoven (S. 210) hat Variationen folgen lassen. Sie sind sehr schön.

Das zweite Werk ist die

Sonate pour le Pianoforte, Op. 110,

aus As Dur. Sie hat zu ihrem ersten Satze ein wie ein Adagio oder Andante redendes Allegro, näher als Moderato cantabile molto espressivo bezeichnet, und für den Vortrag noch mit dem Zusatz „Avec Amabilita", vielleicht Stich- vielleicht Schreibfehler, was kommt darauf an? Es ist in offianischem Sinne der Abschied vom trauten Saitenspiel. Noch einmal irrt die müde Hand über die Saiten der Harfe (dieser Gang ist höchst auffallend, nämlich gegen Beethovens Art sehr früh, schon mit Takt 11 eintretend und gar nicht aus dem Vorhergehenden motivirt), und sanfte Melodieen hauchen zart hinein; es ist etwas von wehmüthiger Rückerinnerung und nervöser Ueberspannung in ihnen. Der ganze erste Satz ist Ein Erguß in diesem Sinne.

Wild folgt in hastiger Kürze der zweite Satz, unerwartet ein wüstes Volkslied („ich bin lüderlich, du bist lüderlich", vergl. S. 23) in seine Hast hineinreißend. Hat selbst den reinen Sänger einmal eine Unzufriedenheit mit dem geführten Leben, ein Hohn über das Narrenspiel, das sie Leben nennen, überschlichen? — Harfenklang, wieder ganz unmotivirt, wie im erften Sate, füllt den Schlußakkord.

Einleitung und Rezitativ führen dann, — Alles geftaltet fich hier perfönlich, individuell, — zu einem „Arioso dolente" benannten Klagegefang, fo zartgefühlt oder zartgeftaltet, wie nur Er gekonnt. Ihm fchließt eine ftill dahinwandelnde Fuge, — wie das Leben gleich verfließt, fo hoch auch feine Wellen oft fich gehoben, — an, fteigert fich und finkt zurück in das noch fprechender wiederkehrende Ariofo. Sein Verklingen führt die Fuge zurück, jetzt in der Verkehrung, — hier wie dort, hin wie her das ftille Leben, das in fich felber, wie es fich auch wende (alle Formen der Fuge, Vergrößerung, Verkleinerung, doppelte Verkleinerung, Verkehrung, Engführung treten herbei) nicht mehr Befriedigung findet.

Das ift der dritte — oder dritte und vierte Sat. Auch der letzte Schluß, in die höchfte Höhe fublimirt zur raufchenden Tiefe (erhebt fich der Geift über das Leben?) erklingt in Harfenart.

Die dritte

Sonate pour le Pianoforte, Op. 111,

in As dur tritt mit einer gewaltig Alles zufammenfaffenden Einleitung auf und rollt im erften Sate, Fugato, ein mächtig durchkämpftes Leben im Bilde der Rückerinnerung vor uns auf. Der zweite Sat (die Sonate hat nur zwei) bringt als Thema eine „Arietta", einen volksmäßigen Gefang, deffen feltfam auseinander gelegte Stimmen, deffen tief hinabwandelnder Baß, deffen Wendung (im zweiten Theile, der erfte war Cdur, die Taktart $\frac{9}{16}$ Takt) nach A moll mit den hindurchklingenden Schlägen auf e...e..., deffen ganze Führung an jene Liederweifen letzten Geleits erinnert. Variationen führen die Anregungen der Arietta weiter, — wer kann Alles fagen? und wer vermöchte Alles zu beweifen? „Ich habe da viel hineingeheimnißt!" hat einmal Goethe bei folchem Anlaß gefprochen.

In der Zeit nach diefen Kompofitionen, am 28. September 1823, befuchte ihn ein Engländer, von einem Freunde H... eingeführt, übrigens von früher her ihm bekannt. Er gewährt uns einen lebendigen Anblick von Beethovens damaligem Sein.

„Er sah mich erst starr an, gleich darauf aber schüttelte er mir herzlich die Hand, wie einem alten Bekannten; denn er erinnerte sich deutlich meines ersten Besuchs im Jahr 1816, obgleich dieser damals nur sehr kurz gewesen war, — ein Beweis seines vortrefflichen Gedächtnisses. — Ich fand zu meinem tiefen Bedauern eine große Veränderung in seinem Aeußern, und es fiel mir augenblicklich auf, daß er sehr unglücklich sein müsse. Seine späteren Klagen gegen H... bestätigten meine Besorgniß. Ich fürchtete, daß er kein Wort von dem, was ich sagte, verstehen würde. Ich irrte mich jedoch, denn er begriff alles, was ich ihm laut und langsam sagte..... Erwähnen muß ich jedoch, daß, wenn er Klavier spielte, er in der Regel so aufschlug, daß 20 bis 30 Saiten es büßen mußten. Es giebt übrigens nichts Geistreicheres, Lebendigeres und, um einen Ausdruck zu gebrauchen, der seine eignen Symphonien so gut bezeichnet, nichts Energischeres, als seine Unterhaltung, wenn man ihn einmal in gute Laune versetzt hatte. Aber eine ungeschickte Frage, ein übelangebrachter Rath, z. B. in Bezug auf die Kur seiner Taubheit, reichen hin, ihn für immer zu entfremden.... Er stellte mir seinen Neffen vor, einen schönen jungen Mann von 18 Jahren, den einzigen Verwandten, mit dem er auf freundschaftlichem Fuße lebte..... Die Geschichte dieses Verwandten setzt die Herzensgüte Beethovens ins hellste Licht. Der liebevollste Vater hätte nicht größere Opfer für ihn bringen können, als er gethan.“

Später gehn sie in's romantische Helenenthal, um da zu speisen. Der Engländer fährt fort:

„Beethoven ist ein tüchtiger Fußgänger und hat seine Freude an mehrstündigen Spaziergängen, besonders durch eine wildromantische Gegend; ja man erzählte mir, daß er ganze Nächte auf solchen Exkursionen zubringe, und oft mehrere Tage von Hause wegbliebe. Auf unserm Wege nach dem Thale blieb er oft plötzlich stehen und zeigte mir die schönsten Punkte, oder bemerkte die Män=

gel der neuen Gebäude. Ein andermal schien er wieder ganz in sich versunken und summte blos auf unverständliche Weise vor sich hin. Ich hörte jedoch, daß dies seine Art zu komponiren sei und daß er nie eine Note niederschreibe, als bis er sich einen bestimmten Plan vom ganzen Stücke gemacht habe. — Da der Tag ausnehmend schön war, so speisten wir im Freien, und was Beethoven besonders zu gefallen schien, war, daß wir die einzigen Gäste im Hotel und den ganzen Tag für uns allein waren. Die für uns bestellte Mahlzeit war so luxuriös, daß Beethoven nicht umhinkonnte, Bemerkungen darüber zu machen. „Wozu so viel verschiedne Gerichte?" rief er. „Der Mensch steht doch wenig über andere Thiere erhaben, wenn sein Hauptvergnügen sich auf die Tafel beschränkt." Solcher Betrachtungen machte er noch mehrere während der Mahlzeit. Von Speisen liebt er blos Fische, und darunter ist die Forelle sein Liebling. Er haßt allen Zwang, und ich glaube nicht, daß es noch Jemand in Wien giebt, der von allen, selbst politischen Gegenständen mit sowenig Zurückhaltung spricht, wie Beethoven. Er hört schlecht, aber er spricht außerordentlich gut und seine Bemerkungen sind so karakteristisch und originell wie seine Komposition.

Während des ganzen Verlaufs unsers Tischgesprächs war nichts interessanter als was er von Händel sagte. Ich saß neben ihm und hörte ihn ganz deutlich auf deutsch sagen: „Händel ist der größte Komponist, der je gelebt hat!" Ich kann es nicht beschreiben, mit welchem Ausdruck, ich möchte sagen, mit welcher Erhabenheit er über den Messias jenes unsterblichen Genius sprach. Jeder fühlte sich ergriffen, als er sagte: „Ich würde mein Haupt entblößen und auf seinem Grabe knieen." Wiederholt suchte ich das Gespräch auf Mozart zu lenken, aber umsonst. Ich hörte ihn nur sagen: „In einer Monarchie wissen wir, wer der erste ist", — was sich auf diesen Gegenstand beziehen mochte oder auch nicht. Ich hörte später, daß Beethoven bisweilen unerschöpflich im Lobe Mozarts sei. Bemerkenswerth ist, daß er es nicht hören kann, wenn man seine frühern Werke lobt, und ich erfuhr, daß man ihn am sichersten ärgerlich machen könnte, wenn man ihm über sein Septuor und seine Trios Komplimente machte. Seine letzten Schöpfungen hat er am liebsten, darunter seine zweite Messe, die er für sein bestes Werk hält. Er ist jetzt beschäftigt, eine neue Oper, Namens „Melusine" zu schreiben, deren Text von dem Dichter Grillparzer ist."......

„..... Noch viel könnte ich von diesem außerordentlichen Manne erzählen, der nach dem, was ich gesehn und erfahren habe, mich mit der tiefsten Verehrung erfüllt hat. Die freundliche Weise, womit er mich behandelt und mir Lebewohl gesagt, hat einen Eindruck gemacht, der für das Leben dauern wird."

In Geistesfrische stand er noch da, das erfahren wir hier von einem wohl beobachtenden Zeugen; und seine Rüstigkeit war, wenn auch durch viel Erlebtes und die aufreibende Arbeit solchen Schaffens angetastet, doch noch keineswegs gebrochen.

Dies giebt dem Grundton solcher Werke, wie wir eben betrachtet, eine mehr geistige und darum höhere Bedeutsamkeit. Dasselbe gilt von dem, was noch zu betrachten bleibt.

Es sind das die letzten Quartette, die theils neben der letzten Symphonie, theils nach ihr hervortreten und sich von allen frühern durch ein nervös oft bis zur Krankhaftigkeit geschärftes Gefühl und durch eine nirgend Befriedigung findende Unruhe kenntlich genug unterscheiden, übrigens neben diesem einen hervorgehobenen Zuge so viel Züge der Kraft und des innigsten Gefühls in sich schließen, daß sie den Quartettisten mit gutem Grund als Unschätzbarkeiten gelten.

Das merkwürdigste von ihnen allen ist das

Quatuor Op. 132,

das funfzehnte der Quartette, eins von den drei dem Fürsten Galitzin zugeeigneten; deßhalb das merkwürdigste, weil es urkundlich das Zeugniß bestimmten Inhalts an sich trägt (wie wir schon an einigen frühern Werken gefunden), und weil sein äußerlicher

Anlaß bekannt ist. Es ist nämlich im Frühling 1823 nach langer
Krankheit geschrieben.

Die Erinnerungen daran hat Beethoven im Quatuor nieder=
gelegt; man kann sie Schritt für Schritt verfolgen. Der Schau=
platz des ganzen Tongedichts ist das Siechbett, Nervosität, reiz=
barste, krankhafteste, ist der Grundton, die Saiten=Instrumente
mit dem nagenden Beiklang des Bogenstrichs sind hier das einzig
geeignete, spezifische Organ.

Die Einleitung schon

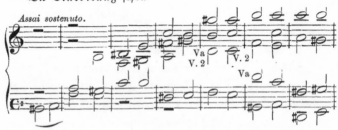

ist ein Bild der leis', unheimlich schleichenden Krankheit mit ihren
schmerzhaften Dehnungen; man beobachte nur den Gang der ein=
zelnen Stimmen, z. B. der Bratsche.

Fieberhaft hastig bricht im ersten Satz (Allegro) die erste
Violin hinein, weilt ängstlich gespannt, wendet sich in leisem Klag=
gesänge, rafft (Hauptsatz) sich in Kraft, die noch im Grunde des
Daseins unausgetilgt weilt, empor. Der Seitensatz kann natür=
lich nicht nach dem allgemeinen Tongesetz im hellen C dur auftreten,
er wählt das schattige weiche F dur zu seinem trostvollen und doch
beunruhigten und unterbrochenen Zuspruch,

dem sogar die Schlußwendung in das frischere C gewährt ist. Aber gleich verräth der Nachsatz, in überspannter Höhe nach B gewendet,

wieder kränkelnde Nervosität. Im Gange darauf läßt sich frischerer Kräfte Zuströmen und — nicht schmerzloses Aufraffen spüren.

Man könnte dem Tonbau mit pathologisch=psychologischer Bestimmtheit*) nachgehn und würde durchaus jeden Schritt gerechtfertigt finden. Von Allem, was hier zu entwickeln wäre, sei nur auf die Stellung des Seitensatzes hingewiesen. Im ersten Theile konnte er nicht in Cdur, nur im weichern Fdur auftreten. Im zweiten Theil stellt er sich in Cdur auf, dieser Theil zeigt erfrischtere Kräfte. Im dritten Theil ergreift er sogar Adur, aber gleich folgt Amoll und da wird auch geschloßen.

Dem zweiten Satz fühlt sich das keimende Wohlgefühl der Genesung an, wenn auch noch in kurzen Athemzügen, zerstreut da und dort anknüpfend; es ist noch kein gefesteter Zustand, das zeigt besonders der zweite Theil. Nachdem Theil I in Edur geschlossen, tritt jener in Cdur auf, geht über Fdur fröstelnd nach Gmoll, wieder nach Fdur und Gmoll, um sich doch noch an C festzuhalten. Der dritte Theil und der Anhang bringt den Haupt=ton wieder.

Wundersam tritt nach solchem Schwanken das Trio abermals in Adur auf, Umhergreifen und nicht von der Stelle Kommen; es ist wieder krankhaft aufgeregte Nervosität, die sich hier in den höchst=gespannten Chorden,

---

*) Daß Beethoven hier solchen Vorstellungen nachgehangen (er hat mit Worten darauf hingewiesen, wie wir gleich finden werden; mag den Vermuthungen über die Sonate Op. 109 zu Statten kommen; es bezeugt wenigstens die Möglichkeit solcher Vorstellungen. Und warum sollten sie dem Tondichter verschlossen sein?

(Die Violinen allein)

bie ſich in der weitgezogenen und doch nicht von der Stelle kommenden Melodie fühlt. Nach den vorhergegangenen kurzgemeßenen
Sätzen von je 2 Takten fällt ſchon die Weite dieſer neuen Weiſe
auf; es ſind 11 Takte, die ſich ſogleich wiederholen (wobei nacheinander Bratſche und Violoncell ſich, wie zuvor die zweite Violin,
einführen und die Oktav A-a aushalten) alſo zweimal 11 Takte,
worauf der erfriſchtere zweite Theil weit ausgeſponnen an den erſten
Anfang (Krankheit, Adagio des erſten Satzes) leiſ' erinnert und
Theil 1 abgekürzt als Th. 3 wiederkehrt.

Das Alles, und was man ſonſt herausleſen mag, kann angezweifelt, als willkührliche, nämlich unbeweisbare Phantaſie zurück-
gewieſen werden. Es ſei darum.

Aber Beethoven wenigſtens ſteht unſrer Auffaſſung zur Seite.
Mit ganz beſtimmten Worten bezeichnet er den dritten Satz,
Molto Adagio, als

„Canzona di ringraziamento in modo lidico, offerta alla
  divinità da un guarito.”

und auf dem, dem Fürſten Galitzin überſandten Manuſcript hat
er eigenhändig das Adagio als

„Heiliger Dankgeſang eines Geneſenen an die Gottheit.“

überſchrieben. Und daß das nicht etwa ſpäter hinzugethane Gedanken ſind, beweiſt nicht blos der Inhalt, ſondern das Ergreifen
der alten, ſelbſt krankhaft-weichen lydiſchen Tonart. *) Und daß
endlich nicht blos eine allgemeine Stimmung angedeutet, ſondern

---

*) Kompoſitionslehre, Theil I.

ein Zuſtand durch ſeine verſchiedenen Momente verfolgt werden ſoll, beweiſt nicht allein wieder der Inhalt, ſondern die zweite Inſchrift,

„sentendo nuova forza."

zu dem zweiten Gedanken.

In dieſem dritten Satze wechſeln zwei Gedanken. Der erſte iſt der „Dankgeſang", choralartig, mit nachahmenden Vor- und Zwiſchenſpielen.

ſtreng im lydiſchen Ton, alſo mit Vermeidung des b, das die Tonart, nach dem Syſtem der Kirchentonarten, in das ioniſche genus molle verwandelt haben würde. Es verſteht ſich, daß Beethoven hierbei nicht auf Alterthümerei oder Gelehrtthuerei ausgegangen, ſondern nur durch künſtleriſche Intuition geleitet worden iſt.

Die Wiederholung der letzten Choralſtrophe führt auf a-cis-e und damit auf den zweiten Gedanken, Ddur $\frac{3}{8}$,

ber mit sentendo nuova forza überschrieben ist. Wunderlich zeichnet sich hier die mehr geistige Kräftigung; es ist nicht stoffige Gedrungenheit, nicht Muskel, sondern Nerv, kühner Umblick und doch noch Nachgefühl nervöser Gereiztheit. Die erste Violin übernimmt vereint, gemischt mit der zweiten (ja für Augenblicke sinnvoll ineinandergewirrt mit ihr) den Gesang, bis sie ihn in unnachahmlicher Anmuth, ja mit der Ueberschwenglichkeit verjüngter Lebenskraft, die alle Pulse durchzittert,

zu Ende führt, — nicht ohne Nachgefühl der Dumpfheit überstandner Leiden; diese letzte Wendung ist cantabile espressivo (S. 28 der Partitur) überschrieben, man beachte für unsre Bedeutung das Violoncell.

In D dur, im più piano, erlischt der Satz; pianissimo klingt e-g-c (statt e-g-b-c) nach und der erste Gedanke kehrt wieder, die Choralmelodie hochliegend, hochgespannt, das Einleitungs-Motiv mit synkopirender rhythmischer Aenderung, wird als Figuralmotiv*) gegen den Choral durchgeführt; die Synkopen und Pausen treten ein, wo Gefühl oder Nerv die Ruhe und Festigkeit ausschließt.

Der zweite Gedanke kehrt wieder in höherer Spannung; es

---

*) Figuration des Chorals ist eine polyphone Kunstform, in der die der Choralmelodie (cantus firmus) zugesellten Stimmen nicht blos unselbständige Begleitungsstimmen sind, sondern selbständigen Inhalt haben, der sich gewöhnlich aus einem einzigen Motiv (Figuralmotiv) entwickelt. Beethoven hat diese Form nur hier angewendet, daher sie hier und nicht Th. I. S. 96 zur Sprache gekommen ist.

ist eine von diesen Beethovenschen Veränderungen aus dem Innigen in das Innerlichste.

Zuletzt schließt der Choral, „con intimissimo sentimento" überschrieben. Aus jenem Motiv ist ein beweglicheres hervorgebildet, das nachahmungsweise, gegenüber dem Choral, der ebenfalls nachahmungsweise durch alle Stimmen geht, eine zweite Figuration bildet.

Als vierter Satz tritt ein Allegro marcia assai vivace, A dur, auf; es ist der Einherschritt des der Genesung Nahen und Sichern, frische Kraft, wenn auch nicht Vollkraft, aber fester Schritt.

Ein Rezitativ (Selbstgespräch, Entschlüsse) schließt an, setzt hell und fest im hellen C dur ein und führt mit einem kadenzartigen dezisiven, rasch ergriffenen Schluß, in den

fünften Satz, Allegro appassionato, A moll, $\frac{3}{4}$ Das ist nun wieder ein wunderwahres Tonbild. Es geht hinaus zu neuem Leben und Wirken. Aber das jugendfrische, ungebrochene Leben ist es nicht. Das Siechthum ist überwunden; aber, was es geraubt, ist unvergessen, und jene ursprüngliche, unberührt frische Kraft hat nicht wiederkehren können. Das spricht sich in der Molltonart und in der Hast und Unruhe der Bewegung, gleich zu Anfang' im Hauptsatz,

und durch den ganzen Verlauf des Satzes auf das Deutlichste aus. —

Ueberblickt man dieses ganze Quatuor mit sinniger Aufmerksamkeit, so stellt sich an ihm der gemeinsame Karakter aller dieser letzten Quatuors (Op. 130 bis 135) klar heraus. Die Melodie

ift in ihnen auf das Höchste, Freiefte und Feinste zur geistigen
Sprache ausgebildet, fo überlegen gerade in der Feinheit des Rhythmus und der Tonfügung, daß die Annahme des Herrn Fetis und
feines Nachfprechers Oulibicheff, der Gehörmangel*) habe nachtheilig auf die fpätern Kompofitionen gewirkt und ihnen jene „hors
de grammaire” ftehenden Züge eingefchmuggelt, die die Schulkritik
(Th. I. S. 240) nicht müde geworden ift, anzumäkeln, in ihrer vollen
Grundlofigkeit nackt und bloß daliegt.

Diefe Ausbildung der Melodie bethätigt fich aber nicht in
einer einzigen, der fogenannten Hauptftimme. Sie durchdringt alle
Stimmen, jede geht in höchfter Freiheit daher, als wäre fie ganz
allein da, es ift die vollkommenfte Dramatik, in der ebenfalls kein
Karakter um der Andern willen, fondern jeder für fich in freiefter
Entwickelung feines Dafeins auftritt. Unter den Mufikern hat einzig nur Seb. Bach Tieffinn und Muth zu gleicher Freiheit für alle
Perfonen (Stimmen) gefunden. Ja, — wir müffen es wiederholen,
— diefe wahrhaft republikanifche Freifinnigkeit führt Beethoven wie
Bach zu großartiger Unbekümmertheit um einzelne harmonifche Härten, — und hierin haben eben jene Befchwerden der Schulgerechten
ihren Anlaß. Jenen großen Männern war aber vollkommen klar
geworden, daß das Leben der Mufik in der Melodie — oder in
den mehrern Melodieen enthalten ift, die miteinander gehn und fich
neben und gegen einander zu behaupten haben. Denn in der Dra-

---

*) Es ift überhaupt etwas Räthfelhaftes mit diefer Taubheit Beethovens.
Schon 1816 findet man ihn unfähig, feine Werke felbft zu dirigiren, 1822 zeigt
fich das auf das Schmerzlichfte, 1824 vernimmt er den Beifallfturm des vollen
Haufes (wir werden das Nähere noch hören) nicht. Gleichwohl ift 1816 und
1817 fein Gehörmangel im Klavierfpiel noch nicht zu bemerken, 1822 phantafirt
er noch meifterlich in gefelligen Kreifen, 1824 im April ftudirt er den Sängerinnen Sontag und Unger ihre Partien in der Meffe und neunten Symphonie,
1825 im Auguft das A moll-Quatuor Op. 132 ein. Man muß annehmen, daß
in folchen dringenden Fällen fein Wille den allmählig abfterbenden Gehörnerven
neue Spannkraft verliehen (er foll mit dem linken Ohr noch einzelne oder wenige
Stimmen, nicht aber Maffen haben auffaffen, d. h. in ihre Einzelheiten eindringen können) habe, während das in gleichgültigern Momenten, wie die Konverfa-
tionshefte zeigen, längft nicht mehr der Fall war.

matik wie im Leben kommt es vor Allem darauf an, daß Jeder er selber, ein ganzer Mensch sei, mag es dann auch zwischen Einem und dem Andern gelegentlich Anstoß, ja harte Stöße geben; „Aergerniß muß kommen!" hat der friedseligste der Menschen schon gesagt. Das können aber die Franzosen in ihrer durchaus konventionellen und konversationellen Kunst nimmer fassen, nur die Deutschen und die Britten sind dieses Gedankens mächtig worden.

Noch ein zweiter gemeinsamer Zug jener Quartette wird an dem oben Besprochenen anschaulich: die Vielheit der Sätze, — das heißt aber der Gedanken oder Vorstellungen. Das A moll = Quartett hat seine Einleitung und den ersten Satz, dann seinen zweiten Satz (sonst Scherzo benannt) mit einem dritten (sonst Trio) und der Wiederholung des ersten. Das Adagio mit seinem zwiespaltigen Inhalt ist der vierte oder dritte Satz, der Marsch jedenfalls der vierte; das Rezitativ haben wir als Ueberleitung zum Finale, dieses als fünften Satze genommen, man könnte gleichwohl nicht ohne eine gewisse Berechtigung statt der fünf Sätze sieben annehmen. Und zwar, was wohl zu merken, handelt es sich hier nicht um eine beliebig zu erweiternde Reihe von Unterhaltungs= Sätzen, wie im Septuor; hier tritt Alles mit innerer Nothwendigkeit auf für die Idee des Tongedichts. Gleiche Satzzahl zeigt sich auch in dem Quatuor Op. 130.

Die Vielheit ganz verschiedner, nur in der Einheit der Grundidee zusammengehöriger Gedanken läßt sich sogar bis in das Innere der einzelnen Sätze verfolgen, wozu die Kanzone (S. 306) ein schlagendes Beispiel giebt.

Wie wär' es anders möglich gewesen? Der einsame, welt= verschloßne Künstler versank immer tiefer in sein innerlich Leben, gleich dem Anachoreten, der in der thebaischen Wüste mit sich allein und von den Sendboten seines Gottes und dem Versucher mit seinem Gelichter beschickt und im Dämmerschein heiliger Gesichte der Welt und ihrer festen Gestalten längst vergessen ist. Lange genug hatte Beethoven diese Gestalten und Welterlebnisse gebildet, und das war in plaſtiſcher Feſtigkeit geſchehn, wie es mußte. Jetzt, gegen das Ende, — das Quatuor in A ſteht auf dem Uebergangs=Punkte, gleichviel, ob die Zeitrechnung es beſtätigt, — ſind es Gedanken, Anſchauungen, Träume, die ſich nicht plaſtiziren laſſen. Es giebt Gedanken, Erinnerungen, Geſichte, die herantaſten an die zagende Seele, nebelhaft vergehn — aber wiederkehren, hart anſchlagen und erſchrecken und unabweislich nachdrängen, und in Bangniß nach= zittern bis zum Lebensende. Der edle Geiſt ergiebt ſich dann in Anmuth, faſt in Freudigkeit. Es giebt Gedanken, die man nicht ausdenken kann, denen man ahnend bald, bald zweifelnd nachſtaunt.

Dergleichen viel regt ſich in den letzten Quatuors, ſo nament= lich auch in dem letzten

Quatuor pour 2 Violons, Alto et Violoncelle, Op. 135, das Beethoven ſeinem Freunde Wolfmeier gewidmet. Wer unter= finge ſich überall den geiſtigen Inhalt und Zuſammenhang in die= ſen Werken mit beſtimmtem Worte zu faſſen. Selbſt das Wort wird zum Räthſel. Ueber dem Finale des wolfmeierſchen Qua= tuors ſteht

„Der ſchwergefaßte Entſchluß“

und die Motive werden werden im Finale weiter verwendet. Kaum erklären die Worte das Finale*), dem man vielleicht eine andre Ueberſchrift,

*) Nichts iſt vielen Menſchen annehmlicher, als wenn ein räthſelhaft, ja un= begreiflich Erſcheinendes auf einen ganz natürlichen und alltäglichen Vorgang zu= rückgeführt werden kann; dann iſt aller Mühſal des Nachſinnens ein Ende und die Nachſinnenden ſind Thoren gegenüber den Bequemen. So erzählt Schindler, daß jene Frage „Muß es ſein?“ mit der Antwort und der muſikaliſchen Formu= lirung nichts ſeien, als Nachklänge aus Beethovens Junggeſellen=Wirthſchaft. Die Haushälterin habe Geld verlangt, er habe gefragt, muß es ſein? und ſie habe geantwortet: es muß ſein. Oder auch — alſo ſchon zweierlei Urſprung! welcher iſt der erdichtete? oder ſind ſie es beide? — es beziehe ſich die ganze

„Ergebung!"

beifügen könnte; schwerlich erhellt das Finale den Inhalt des
Tonwerks. Vieles erscheint hier, man weiß nicht, woher es kommen
und stammen mag. So in der zweiten Partie des zweiten Satzes
(nach früherm Renngebrauch des Trio zum Scherzo) deren Melodie
so leicht und anmuthig Anfangs hinauftanzt aus dem Baß in die
erste Violin (S. 14. der Partitur) die grollende Wiederholung des
ersten Motivs über der luftigen Schwebe der Melodie (das Motiv
ist hier mit ⌣ bezeichnet)

die in dreifachen Oktaven 47mal hintereinander geschieht. Hat sich
dies Tonbild, vielleicht aus den kranken Hörnerven (es wäre die
einzige Spur eines unmittelbaren Einflusses des Physischen auf
das Psychische bei Beethoven) im Geiste sausend eingenistet? ist es
äußerstes Beharren in irgend einer Verstellung? —

Aufschrift auf einen Hergang ähnlichen Inhalts mit einem Musikverleger. Beide
Ueberlieferungen „betreffen den Artikel Geld, und sind nichts als unschuldige
Scherze."

Mögen beide Sagen wahr sein, oder nur eine: was beweisen sie? nichts
und gar nichts. Ist dieses Quatuor, oder auch nur das Finale Scherz? sind
auch nur die Motive, besonders das erste scherzhafter Natur? Wenn hierauf unbedenklich Nein auf Nein geantwortet werden muß, so mögen jene Sagen wahr
sein, oder nicht; immer bleibt die Frage: was bedeuten die Motive, was bedeutet
das Quartett? was muß im Geiste des Künstlers vorgegangen sein, um die angeblich ganz äußerlich gefundnen Motive und Worte in dieses Werk und seinen
Zusammenhang zu bringen? Auch Schindler wird den wesentlichen Punkt gleich
bei der Erzählung gewahr. Er schließt sie mit den Worten: „Welchen Pallast
aber hat Beethoven auf diese unschuldige Basis aufgebaut, die gleichwohl etwas
prosaischen Ursprungs ist!"

Sehr ernste, schicksalsergebene Gedanken eines edlen Geistes reden zu uns aus dem folgenden dritten Satze, Lento assai e cantante tranquillo überschrieben. Es war Beethovens letztes Quatuor, das muß man im Auge behalten.

Alle diese Werke scheinen uns, neben ihrem besondern Inhalte zu sagen:

Er stand an der Gränze seiner Aufgabe; ihm ziemte dann, zu sterben.

Der Ausgang.

Wohl mag man das Ende des Lebens, wenn es in würdiger Gestalt erscheint, ein letztes Glück preisen. Als Aeschylus im Greisenalter sich, da seine Zeit vorüber war, aus dem Vaterlande verbannt hatte, zu Gela in Sizilien seine letzten Tage zu leben und einst vor den Mauern der Stadt saß, sich an der heitern Sonne zu laben, da flog hoch über ihn hin ein Adler mit der geraubten Schildkröte in den Fängen. Um sie am Fels zu zerschmettern, ließ er irrend sie auf die glänzende Scheitel des Dichters hinabfallen. So starb Aeschylus, dem geweissagt war, ein himmlisch Geschoß werde ihn fällen.

Nicht Jedem, der es verdient, ist das Ende so bezeichnend und dem Lebensinhalt entsprechend beschieden. Der Tod, dieser Hohn des Lebens, tritt den Menschen wohl auch in schadenfroher Verneinung der Lebensrichtung an, so den Philosophen Hegel, den Kämpfer um den absoluten Geist, in stofflich-widrigstem Siechthum. Dagegen giebt es für den Scheidenden und die Ueberlebenden nur eine Wehr: Festhalten am wahrhaften Inhalt des Lebens.

Beethovens Ausgang war vielfach getrübt, sein Tod ihm durch Wassersucht, diesen widrigen Ausdruck organischer Erschlaffung, bestimmt; wir werden nur noch Trübes zu berichten haben. Er selber hielt straff und tapfer am Bewußtsein seines Lebens und Schaffens fest; nach einer schmerzhaft ängstigenden Punktur hatte er noch Laune genug, auszurufen: Besser, Wasser aus dem Bauch', als in den Werken.

Wenden wir uns ohne Weiteres an den Verlauf der letzten Freuden und Leiden.

Nachdem Beethoven bereits im Herbst 1822 zum Ehrenmitglied der stockholmer Akademie der Künste und Wissenschaften ernannt worden war, fand auch „die Gesellschaft der Musikfreunde des österreichischen Kaiserstaats" im Jahr 1823, nach zehnjährigem Bestehen und nachdem sie bereits mehrere einheimische und auswärtige Künstler zu Ehrenmitgliedern ernannt hatte, sich veranlaßt, Beethoven das Diplom eines Ehrenmitglieds zuzusenden. Beethoven, durch die Verspätung verletzt, war kaum zu bewegen, das Diplom nicht zurückzuschicken; die in solchen Fällen übliche Antwort unterblieb.

Verhängnißvoller sollten die Folgen einer andern Ehrenbezeigung sein. Im Herbst 1823 ward Beethoven von der Administration des Hofopern=Theaters eingeladen, den Fidelio, der wieder einmal in Scene gehen sollte, zu dirigiren. Beethoven war sogleich bereit. Zwar war schon ein Jahr früher, am 3. Oktober 1822, die Aufführung der „Ruinen von Athen" mit der neuen Festouvertüre in Cdur (S. 176) nichts weniger als glücklich abgelaufen; aber Beethoven war sich nicht bewußt worden, daß er selber durch die Unzulänglichkeit seines Gehörs, durch unabläſſiges Hinlauschen und Zurückhalten des Taktes den größern Theil der Schuld getragen hatte.

Jetzt begab er sich in Schindlers Begleitung zur Probe des Fidelio. Aber schon bei den ersten Nummern zeigte sich die Unmöglichkeit, fortzufahren. Er nahm nicht nur die Bewegung bald schneller, bald langsamer, als Sänger und Orchester gewohnt waren, sondern wieder führte seine Schwerhörigkeit jenes unabläſſige, Alles verwirrende Zögern und Taktverschleppen herbei. Der anwesende Kapellmeister Umlauf vermittelte so lange wie möglich; endlich ward die Unmöglichkeit klar, so fortzufahren, es mußte Beethoven gesagt werden: es geht nicht. Aber wer sollte das harte Wort aussprechen? Weder Umlauf noch der gegenwärtige Administrator

Duport, beide von Verehrung und Mitleid erfüllt, vermochten es. Zuletzt ward Beethoven auf allen Gesichtern die Verlegenheit gewahr und foderte Schindler auf, ihm aufzuschreiben, was das Alles zu bedeuten habe. Schindler that es und bat ihn, nicht weiter fortzufahren. Beethoven verließ sogleich schweigend das Orchester. Welche Gefühle er stumm in sich verschloß gegenüber diesem: Es geht nicht mehr, — das ermißt Jeder.

Die letzte Ehren= und Liebesbezeigung von Seiten der Wiener, — das treue Ausharren und Liebeerweisen der persönlichen Freunde unerwähnt, — erlebte er im folgenden Jahre. Jener Verwelschung der Musik, die durch Rossini hereingebrochen war, gegenüber gedachte man der edlern Zeit, in der Beethoven die Geister erhoben hatte. Die Freunde des Künstlers und seiner Kunst beschlossen, ein Weihe= und Erinnerungsfest für ihn, eine Wiedererweckung der hohen Kunst zu veranstalten, — uneingedenk oder trotz dem, daß gegen die Strömung der Zeit der Einzelne oder eine Handvoll Einzelner nichts vermögen. Sie erließen eine Zuschrift *) an ihn

---

*) Die Zuschrift, die die Unterzeichner ehrt und Beethoven erfreut hat, darf nicht verloren gehn. Sie lautet so:

„An den Herrn Ludwig von Beethoven.

Aus dem weiten Kreise, der sich um Ihren Genius in seiner zweiten Vaterstadt in bewundernder Verehrung schließt, tritt heute eine kleine Schaar von Kunstjüngern und Kunstfreunden vor Sie hin, um längst gefühlte Wünsche auszusprechen, lange zurückgehaltenen Bitten ein bescheiden freies Wort zu geben.

Doch wie die Anzahl der Wortführer nur ein geringes Verhältniß ausdrückt zur Menge derer, die Ihren Werth, und was Sie der Gegenwart und einer kommenden Zeit geworden sind, freudig erkennen, so beschränken auch jene Wünsche und Bitten sich keineswegs auf die Zahl der Sprecher für so viele Gleichgesinnte, und es dürfen diese Namen Alle, denen Kunst und Verwirklichung ihrer Ideale mehr als Mittel und Gegenstand des Zeitvertreibes sind, behaupten, daß, was sie wünschen, von Unzähligen gewünscht, was sie bitten, von Jedem, dessen Brust ein Gefühl des Göttlichen in der Musik belebt, laut und im Stillen wiederholt wird.

Vorzüglich sind es die Wünsche vaterländischer Kunstverehrer, die wir hier vortragen, denn ob auch Beethovens Name und seine Schöpfungen der gesammten Mitwelt und jedem Lande angehören, wo der Kunst ein fühlendes Gemüth sich öffnet, darf Oestreich ihn doch zunächst den Seinigen nennen. Noch ist in seinen Bewohnern der Sinn nicht erstorben für das, was im Schooß ihrer Hei-

und luden ihn ein, seine neuen Werke, namentlich die zweite Messe und die neunte Symphonie, „im Kreise der Seinen" zur Aufführung zu bringen.

math Mozart und Haydn Großes und Unsterbliches für alle Folgezeit geschaffen, und mit freudigem Stolze sind sie sich bewußt, daß die heilige Trias, in der jene Namen und der Ihrige als Sinnbild des Höchsten im Geisterreich der Töne stralen, sich aus der Mitte des vaterländischen Bodens erhoben hat.

Um so schmerzlicher aber müssen sie es fühlen, daß in diese Königsburg der Edelsten fremde Gewalt sich eingedrängt, daß über den Hügeln der Verblichenen und um die Wohnstätte des Einzigen, der aus jenem Bunde uns noch erübrigt, Erscheinungen den Reihen führen, welche sich keiner Verwandtschaft mit den fürstlichen Geistern des Hauses rühmen können, daß Flachheit Namen und Zeichen der Kunst mißbraucht, und im unwürdigen Spiel mit dem Heiligen, der Sinn für Reines und ewig Schönes sich verdüstert und schwindet.

Mehr und lebendiger als je zuvor fühlen sie daher, daß gerade in diesem Augenblick ein neuer Aufschwung durch kräftige Hand, ein neues Erscheinen des Herrschers auf seinem Gebiete, das Eine sei, was Noth thut. Dieses Bedürfniß ist es, was sie heute zu Ihnen führt, und Folgendes sind die Bitten, die sie für Alle, denen diese Wünsche theuer sind, und im Namen vaterländischer Kunst an Sie richten.

Entziehen Sie dem öffentlichen Genusse, entziehen Sie dem bedrängten Sinne für Großes und Vollendetes nicht länger die Aufführung der jüngsten Meisterwerke Ihrer Hand. Wir wissen, daß eine große kirchliche Komposition sich an jene erste angeschlossen hat, in der Sie die Empfindungen einer, von der Kraft des Glaubens und vom Licht des Ueberirdischen durchdrungenen und verklärten Seele verewigt haben. — Wir wissen, daß in dem Kranz Ihrer herrlichen noch unerreichten Symphonien eine neue Blume glänzt. Seit Jahren schon, seit die Donner des Sieges von Vittoria verhallten, harren wir und hoffen, Sie wieder einmal im Kreise der Ihrigen neue Gaben aus der Fülle Ihres Reichthums spenden zu sehn! Erhöhen Sie den Eindruck Ihrer neuesten Schöpfungen durch die Freude, zuerst durch Sie selbst mit ihnen bekannt zu werden! Geben Sie es nicht zu, daß diese Ihre jüngsten Kinder an Ihrem Geburtsorte einst vielleicht als Fremdlinge, vielleicht von solchen, denen auch Sie und Ihr Geist fremd sind, eingeführt werden! Erscheinen Sie baldigst unter Ihren Freunden Ihren Verehrern und Bewunderern! — Dies ist unsere nächste und erste Bitte.

Aber auch andere Ansprüche an Ihren Genius sind laut geworden. — Die Wünsche und Erbietungen, die vor länger als einem Jahre von der Leitung unserer Hof-Opernbühne, dann von dem Vereine östreichischer Musikfreunde an Sie gelangten, waren zu lange der stille Wunsch aller Verehrer der Kunst und Ihres Namens, erregten der Hoffnungen und Erwartungen zu viele, als daß sie nicht nahe und ferne die schnellste Verbreitung gefunden, nicht die allgemeinste Theilnahme erweckt hätten. — Die Poesie hat das Ihre gethan, so schöne Hoffnungen und Wünsche zu unterstützen. Ein würdiger Stoff von geschätzter Dichterhand gewärtiget, daß Ihre Phantasie ihn in's Leben zaubere. Lassen Sie

Schindler kam nach der Einhändigung der Schrift zu Beethoven. „Ich fand (erzählt er) Beethoven mit dem Promemoria in der Hand. Nachdem er mir mitgetheilt, was sich so eben zugetragen (die Schrift war ihm feierlich überreicht worden), und nachdem er das Blatt nochmals durchflogen, überreichte er es mit un-

jene innigen Auffoderungen zu so edlem Ziele nicht verloren sein! Säumen Sie nicht länger, uns die entschwundenen Tage zurückzuführen, wo Polyhymniens Gesang die Geweihten der Kunst, wie die Herzen der Menge gleich mächtig ergriff und entzückte!

Sollen wir Ihnen sagen, mit wie tiefem Bedauern Ihre Zurückgezogenheit längst gefühlt worden? Bedarf es der Versicherung, daß, wie alle Blicke sich hoffend nach Ihnen wandten, Alle trauernd gewahrten, daß der Mann, den wir in seinem Gebiete vor Allen als den Höchsten unter den Lebenden nennen müssen, es schweigend ansah, wie fremdländische Kunst sich auf deutschem Boden auf den Ehrensitz der deutschen Muse lagert, deutsche Werke nur im Nachhall fremder Lieblingsweisen gefallen, und wo die Trefflichsten gelebt und gewirkt, eine zweite Kindheit des Geschmackes dem goldenen Zeitalter der Kunst zu folgen droht?

Sie allein vermögen, den Bemühungen der Besten unter uns einen entscheidenden Sieg zu sichern. Von Ihnen erwarten der vaterländische Kunstverein und die deutsche Oper neue Blüten, verjüngtes Leben und eine neue Herrschaft des Wahren und Schönen über die Gewalt, welchem der Modegeist des Tages auch die ewigen Gesetze der Kunst unterwerfen will. Geben Sie uns Hoffnung, die Wünsche Aller, zu denen je die Klänge Ihrer Harmonien gedrungen sind, baldigst erfüllt zu sehen! Dies ist unsere angelegentlichste zweite Bitte. — Möge das Jahr, das wir begonnen, nicht endigen, ohne uns mit den Früchten unserer Bitten zu erfreuen, und der kommende Frühling, wenn er der ersehnten Gaben eine sich entfalten sieht, für uns und die gesammte Kunstwelt zur zwiefachen Blüttenzeit werden.

Wien im Februar 1824.

Gezeichnet:

Fürst C. Lichnowski.
Artaria et Comp.
v. Hauschka.
M. J. Leidesdorf.
J. E. von Wayna.
Andreas Streicher.
Anton Halm.
Abbé Stadler.
v. Felsburg, Hofsekr.
Ferd. Graf von Stockhammer.
Anton Diabelli.

Ferd. Graf v. Palffy.
Eduard Freiherr von Schweiger.
Graf Czernin, Oberst-Kämmerer.
Moritz Graf v. Fries.
J. F. Castelli.
Prof. Deinhardstein.
Ch. Kuffner.
F. R. Nehammer, ständ. Sekretär.
Steiner von Felsburg, Bank-Liquidator.

M. Graf v. Dietrichstein.
Ig. Edler v. Mosel, k. k. Hofrath.
Karl Czerny.
Moritz Graf v. Lichnowski.
v. Zeneskall.
Hofrath Kiesewetter.
L. Sonnleithner.
D. Steiner et Comp.
Lederer.
J. N. Bohler.

gewöhnlicher Ruhe mir, sich an's Fenster stellend und nach dem Zug der Wolken blickend. Daß er innerlich tief bewegt war, konnte mir nicht entgehn. Nachdem ich gelesen, legte ich das Blatt bei Seite und schwieg, abwartend, ob er nicht zuerst die Konversation beginnen werde. Nach langer Pause, während seine Blicke unabläßig die Wolken verfolgten, wendete er sich um und sagte in ganz hohem Tone, der seine innere Bewegung verrieth: „Es ist doch recht schön! — Es freut mich!"

Nicht leicht wurd' es Schindler, ihn zur Annahme der Einladung zu bewegen; er hatte den Sinnentaumel, der sich des Publikums bemächtigt, wohl erkannt und erachtete Publikum und Künstler für Großes nicht mehr empfänglich. Dennoch wollte er sich nicht versagen.

Schindler übernahm das Geschäftliche. Man beschloß, daß die Aufführung auf dem Hoftheater nächst dem Kärnther = Thore stattfinden solle. Große Schwierigkeiten erhoben sich durch die Versuche des Administrators D., der Kasse seines Theaters aus dem Beethovenschen Unternehmen einen Vortheil zuzuwenden; die Unterhandlungen wollten nicht fortrücken, weil D. sowohl wie Beethoven sich hartnäckig erwiesen und obenein täglich ihre Ansichten und Foderungen änderten. Endlich verabredeten Schindler, Graf Lichnowski und Schuppanzigh, sich zu bestimmter Zeit gleichsam zufällig bei Beethoven zusammenzufinden, ihn zu bestimmten Erklärungen zu bewegen, sie niederzuschreiben und Beethoven zur Unterzeichnung zu bewegen.

Die Absicht war gut; aber sie hatten den Karakter des Freundes und seinen zur andern Natur gewordenen Argwohn nicht erwogen. Beethoven merkte die Verabredung, schöpfte Verdacht und erließ folgende Absageschreiben.

„An den Grafen Moritz Lichnowski.

Falschheiten verachte ich. Besuchen Sie mich nicht mehr. Akademie (das Konzert) hat nicht statt.

Beethoven.

„An Herrn Schuppanzigh.

Besuche Er mich nicht mehr. Ich gebe keine Akademie.

Beethoven."

„An Herrn Schindler.

Besuchen Sie mich nicht mehr, bis ich Sie rufen lasse. Keine Akademie.

Beethoven."

Die Freunde waren edel genug, demungeachtet für sein Bestes zu sorgen und das Konzert nicht aufzugeben.

Es hatte in der That am 7. Mai statt. Das Haus war gedrängt voll und brachte eine Einnahme von 2220 Gulden W. W. Davon nahm die Administration des Theaters 1000 fl. vorweg, die Kopiatur kostete 800 fl., folglich blieben für Beethoven 420 Gulden W. W. Dafür hatte er den Verdruß der Unterhandlungen, alle Mühen eines solchen Unternehmens, den Streit mit den Sängern, die ihre Partien (mit Recht!) unausführbar hoch fanden, ertragen. Vergebens hatten die Sängerinnen Sontag und Unger, die Beethoven zu sich beschieden, um ihre Partien mit ihnen durchzugehn, ihm darüber Bemerkungen gemacht und die Unger ihn einen „Tyrannen aller Singorgane" genannt. Er erwiederte: sie seien nur beide durch die italienische Musik verwöhnt. „So quälen wir uns denn in Gottes Namen weiter!" machte die Sonntag.

Umlauf dirigirte. Beethoven stand in der Mitte des Orchesters, den Rücken gegen das Publikum gewandt. Er hörte nichts von Allem, auch nicht den ungeheuern Beifallssturm am Schluße der Symphonie. Die Unger mußte ihn herumdrehn, damit er den Jubel des Volks wenigstens sehe.

Das Konzert wurde in der zweiten Hälfte des Mai im großen Redoutensaale wiederholt. Nur mußte Beethoven sich gefallen lassen, daß die im ersten Konzert allein aufgeführten Messensätze

Kyrie, Credo, Agnus und Dona wegfielen und dafür von Signor Davidde Rossini's Di tanti palpiti, von der Sonntag eine
Roulade des Merkadante, auch ein verlegenes Terzett von ihm
selber, Empi, tremate, nebst der Fest=Duvertüre eingeschoben
würden.

Der Saal war nicht zur Hälfte gefüllt. Wohl hatte Beethoven das Publikum richtig beurtheilt; seine Zeit war vorüber. Die Unsterblichkeit erwartete ihn. Was er für sie
weiter noch geschaffen, haben wir wenigstens im Allgemeinen angedeutet.

Doch — wir haben geirrt, wenn wir jene wohlgemeinte Unternehmung der Kunstfreunde oben die letzte Ehren= und Liebesbezeigung genannt. Im Volke lebte für den außerordentlichen
Mann mit dem Seherblick, mit der Weltvergessenheit eines Propheten scheue Verehrung und stumme Liebe fort. Man hat eine
Reihe Kohlenträger unter ihrer schweren Bürde stillstehn sehn, um
den daherwandelnden, in sich versunkenen, seltsamen Mann ja nicht
in seinem Sinnen zu stören.

Im Herbst 1825 bezog er seine letzte Wohnung vor der aller-
letzten, im sogenannten Schwarzspanierhause. Dort suchte ihn im
Herbst 1826 Dr. Spieker aus Berlin auf. Er erzählt: „Beethoven wohnte in der Vorstadt am Glacis vor dem Schottenthore in
einer freien Gegend, von wo man einer schönen Aussicht auf die
Hauptstadt mit allen ihren Prachtgebäuden und der Aussicht dahinter
genoß, in freundlichen sonnigen Zimmern. Im Wohnzimmer lagen
in ziemlich genialer Unordung Partituren, Bücher u. s. w, aufein-
andergehäuft, in der Mitte stand ein Flügel von Graff mit einem
Schallapparat, einem Behälter, der die Schallwellen zusammenfassen
und dem unter ihm sitzenden Spieler zuführen sollte. Das Meuble-
ment war einfach und das ganze Ansehn des Zimmers so, wie
man es wohl bei Manchem findet, der in seinem Innern mehr auf
das Regelrechte hält, als im Aeußern. Beethoven empfing uns sehr
freundlich. Er war in einen einfachen Morgenanzug gekleidet, der zu

seinem fröhlichen jovialen Gesicht und dem kunstlos geordneten Haare
sehr gut paßte*).

Schwere Kränkung sollte dem ehrwürdigen Meister noch am
Ende seiner Tage von dem kommen, für den er so treue Sorg=
falt**) geübt, so viel Opfer gebracht, von seinem Neffen.

---

*) Auf diesen Besuch bezieht sich der nachfolgende Brief vom 27. Oktober
an Wegeler, Schindler in die Feder diktirt.

— — — Von meinen Diplomen schreibe ich nur kürzlich, daß ich
Ehrenmitglied der K. Gesellschaft der Wissenschaften in Schweden, ebenso in
Amsterdam und auch Ehrenbürger von Wien bin. — Vor Kurzem hat ein ge=
wisser Dr. Spieker meine letzte große Symphonie mit Chören nach Berlin mit=
genommen; sie ist dem Könige gewidmet, und ich mußte die Dedication eigen=
händig schreiben. Ich hatte schon früher bei der Gesandtschaft um die Erlaubniß,
das Werk dem Könige zueignen zu dürfen, angesucht, welche mir auch von ihr
gegeben wurde. Auf Dr. Spieker's Veranlassung mußte ich selbst das korrigirte
Manuscript mit meinen eigenhändigen Verbesserungen demselben für den König
übergeben, da es in die K. Bibliothek kommen soll. Man hat mich da etwas
von dem rothen Adler=Orden 2ter Klasse hören lassen; wie es ausgehen wird
weiß ich nicht; denn nie habe ich derlei Ehrenbezeugungen gesucht, doch wäre sie
mir in diesem Zeitalter wegen manches Andern nicht unlieb.

Es heißt übrigens bei mir immer: Nulla dies sine linea, und lasse ich
die Muse schlafen, so geschieht es nur, damit sie desto kräftiger erwache. Ich
hoffe noch einige große Werke zur Welt zu bringen, und dann, wie ein altes
Kind, irgendwo unter guten Menschen meine irdische Laufbahn zu beschließen. —
Du wirst bald durch die Gebrüder Schott in Mainz einige Musikalien erhalten.
— Das Portrait, welches Du beiliegend bekömmst, ist zwar ein künstlerisches
Meisterstück, doch ist es nicht das letzte, welches von mir verfertigt wurde. —
Von Ehrenbezeugungen, die Dir, ich weiß es, Freude machen, melde ich Dir
noch, daß mir von dem verstorbenen König von Frankreich eine Medaille zuge=
sandt wurde, mit der Inschrift: Donné par le Roi à Monsieur Beethoven
welche von einem sehr verbindlichen Schreiben des premier gentilhomme du Roi
Duc de Châtres begleitet wurde.

Mein geliebter Freund! nimm für heute vorlieb; ohnehin ergreift mich die
Erinnerung an die Vergangenheit, und nicht ohne viele Thränen erhältst Du
diesen Brief. Der Anfang ist nun gemacht, und bald erhältst Du wieder ein
Schreiben; und je öfter Du schreiben wirst, desto mehr Vergnügen wirst Du mir
machen. Wegen unserer Freundschaft bedarf es von keiner Seite eine Anfrage.
und so lebe wohl; ich bitte Dich, Dein liebes Lorchen und Deine Kinder in
meinem Namen zu umarmen und zu küssen, und dabei meiner zu gedenken.
Gott mit Euch Allen!

Wie immer Dein treuer, Dich ehrender wahrer Freund

Beethoven.

**) Wie väterlich treu und edelsinnig diese Sorge gewesen, bezeugen unter

Der Jüngling kehrte jetzt, 17 Jahr alt, aus dem Erziehungs-
hause zum Oheim zurück und besuchte den philosophischen Lehrkurs
auf der Universität. Kaum im Besitze seiner Freiheit, suchte er

---

Anderm neunundzwanzig Briefe, die Beethoven allein im Sommer 1825
aus Baden an den Neffen geschrieben. Schindler theilt ihrer 12 mit, von
denen wenigstens einige hier Raum finden sollen.

"Am 18. Mai.
..... Einem nun bald 19jährigen Jüngling kann es nicht anders als wohl
anstehen, mit seinen Pflichten für seine Bildung und Fortkommen auch jene gegen
seinen Wohlthäter, Ernährer zu verbinden. Habe ich doch dieses auch bei meinen armen Eltern vollführt. Ich war froh, wie ich ihnen helfen konnte. Welcher Unterschied in Ansehung Deiner gegen mich!
Leichtsinniger!
Leb' wohl.

"Am 22. Mai.
Bisher nur Muthmaßungen, obschon mir von Jemand versichert wird, daß
wieder geheimer Umgang zwischen Dir und Deiner Mutter. — Soll ich noch
einmal den abscheulichsten Undank erleben?! Soll das Band gebrochen werden,
so sei es, Du wirst von allen unparteiischen Menschen, die diesen Undank hören,
gehaßt werden. Die Aeußerung des Herrn Bruders, und Deine gestrige Aeußerung in Ansehung des Dr. S....r, der mir natürlich gram sein muß, da das
Gegentheil bei den Landrechten geschehen von dem, was er verlangt; in diese
Gemeinheiten sollte ich mich noch einmal mischen? Nein, nie mehr. — Drückt
Dich das Paktum? In Gottes Namen! Ich überlasse Dich der göttlichen Vorsehung, das Meinige habe ich gethan, und kann deßwegen vor dem Allerhöchsten
aller Richter erscheinen."

(Aus dem September.)
..... "Ich wünsche nicht, daß Du den 14. September zu mir kommest.
Es ist besser, daß Du diese Studien endigst. — Gott hat mich nie verlassen.
Es wird sich schon noch Jemand finden, der mir die Augen zudrückt. — Es
scheint mir überhaupt ein abgekartetes Wesen in dem Allen, was vorgegangen, wo
der Herr Bruder (Pseudo) eine Rolle mitspielt. — Ich weiß, daß Du später auch
nicht Lust hast bei mir zu sein, natürlich, es geht etwas zu r e i n zu bei mir....
Du brauchst auch Sonntag nicht zu kommen, denn wahre Harmonie und Einklang wird bei Deinem Benehmen nie entstehn können. Wozu die Heuchelei?
Du wirst dann erst ein besserer Mensch; Du brauchst Dich auch nicht zu ver-
stellen, nicht zu lügen, welches für Deinen moralischen Karakter endlich besser ist.
Siehst Du, so spiegelst Du Dich in mir ab! Was hilft das liebevollste Zu-
rechtweisen!! Erboßt wirst Du noch obendrein. — Uebrigens sei nicht bange,
für D i c h werde ich immer wie jetzt unausgesetzt sorgen. Solche Scenen bringst
Du in mir hervor! ....

gegen das ausdrückliche Verbot des Oheims seine unglückliche Mut=
ter auf. Brachte dies schon ärgerliche Stunden, so wurde die Sache
noch viel schlimmer, als der junge Mensch begann, seine Studien
zu vernachlässigen, und zwar so unverantwortlich, daß er von der
Universität entlassen werden mußte. Auf seinen Wunsch brachte
ihn der Oheim, der allmählig erkannte, daß er „noch einmal den
abscheulichsten Undank erleben" sollte, am polytechnischen Institut
unter. Auch hier versäumte der Neffe seine Pflichten und kam im
August 1826 dahin, durch Selbstmord enden zu wollen. Er wurde
von Amtswegen in Gewahrsam gebracht, damit dort für seine re=
ligiöse Erziehung Sorge getragen würde. Welche Kränkung für
Beethoven, seinen Neffen so gesunken und seinen eignen Namen
— wie er die Sache nahm — angetastet zu sehen!

Gegen Ende des Oktober wurde der junge Mensch seinem
Oheim wieder übergeben, jedoch mit der bestimmten Weisung von
Seiten der Obrigkeit, daß ihm nur ein Tag gewährt sei und der
junge Mensch dann Wien verlassen müsse.

Einstweilen bot Beethovens Bruder Johann, der Gutsbesitzer,
dem tiefgebeugten Bruder und seinem Neffen Unterkunft auf seinem
Gut an, dem Hofrath von Breuning aber gelang es, den jungen

Leb' wohl! Derjenige, der Dir zwar nicht das Leben gegeben, aber gewiß
doch erhalten, und was mehr als alles Andre, für die Bildung Deines Geistes
gesorgt hat, väterlich, ja mehr als das, bittet Dich innigst, ja auf dem einzigen
wahren Wege alles Guten und Rechten zu wandeln.
Dein treuer, guter Vater."

In Vielem mag Beethoven geirrt haben. Vor Allem in der Uebernahme
der Vater= oder Vormunds=Pflichten; dazu war er bei seinen Arbeiten, seiner
Weltfremde und Harthörigkeit nicht geeignet, und so fehlt' es an steter Leitung,
wahrer Erziehung des jungen Menschen. Dann in dem Eingreifen in das kind=
liche Verhältniß zur Mutter, deren sittliche Stellung bedenklich gewesen sein mag,
nimmer aber das natürliche Band lösen konnte. Gegen Natur und frühzeitige
Versäumung, was vermögen da briefliche und mündliche Ermahnungen? sie er=
müden nur. Dann endlich scheint Beethoven nicht begriffen zu haben, daß Wohl=
thaten um so weniger Dankbarkeit finden, je größer sie sind.

Er hat seine Irrthümer (wenn es Irrthümer waren, wer kann von Wei=
tem sicher urtheilen?) schwer gebüßt, mit dem Tode, kann man sagen.

Menschen als Kadetten in dem Regimente des Feldmarschall-Lieutenants von Stutterheim unterzubringen. Beethoven hat dem General aus Dankbarkeit sein Cismoll-Quatuor Op. 131 gewidmet.

Die Jahreszeit und die unglaubliche Rücksichtslosigkeit, die Beethoven auf dem Gute von Bruder und Neffen zu erdulden hatte, zwangen ihn, nach Wien zurückzukehren, und zwar bei rauhem Wetter in offnem Wagen, weil der Bruder sich weigerte, ihm seinen verschlossenen Wagen anzuvertrauen.

Am 2. Dezember kam Beethoven krank in Begleitung seines Neffen nach Wien zurück; er war von der Lungenentzündung ergriffen.

Seine beiden frühern Aerzte, Braunhofer und Staudenheim, wurden wiederholt vergebens gebeten, seine Behandlung zu übernehmen.

Nun erhielt der Neffe Auftrag, einen Arzt herbeizuschaffen. Der Neffe zog vor auf das Billard zu gehn. Doch fiel ihm bei'm Spiel der Auftrag des Oheims ein und er übertrug dem Kellner, sich nach einem Arzt für den kranken Oheim umzusehn. Der vergaß es.

Zufällig erkrankte der Kellner selbst und mußte in die Klinik des Professor Wawruch geschafft werden. Hier fiel ihm nach mehreren Tagen der Auftrag ein, den er von Beethoven's Neffen erhalten hatte. Er entledigte sich desselben und Dr. Wawruch eilte nun sogleich zu dem so lange hülflos Gebliebenen. Es war zu spät.

Gleichwohl hat Beethoven diesen Neffen zum Universalerben ernannt. Er hat gehalten, was er im Briefe vom 22. Mai versprochen.

Die Krankheit, so lange vernachläßigt, war in Wassersucht umgeschlagen. Schon am 18. Dezember mußte die erste Punktion unternommen werden, am 8. und 28. Januar 1827 die zweite und dritte. Am 27. Februar fand die vierte Operation statt. Zehn

Tage vorher gedachte er seiner Jugendfreundschaften und diktirte den letzten Brief an Wegeler. *)

Gegen Ende des Januar hatte sich auch Dr. Malfatti, Beethovens ehemaliger Freund, endlich nach langem Bitten und Flehen bereit finden lassen, sich des Leidenden in Gemeinschaft mit Dr. Wawruch anzunehmen. Beide Aerzte gaben dem durch die drei ersten Operationen tief erschöpften Kranken zur Erweckung der Lebenskraft Punsch=Eis in bedeutender Menge. Seine Kraft schien sich zu heben; schon warf er die bisherige Lektüre Walter Scotts mit den Worten: „Der Kerl schreibt doch blos für's Geld!" weg und begann, gegen das Verbot der Aerzte, sich wieder geistig zu bethätigen, an einer vierhändigen Sonate für Diabelli weiter zu arbeiten.

Selbst in diese letzten Tage hinein verfolgte ihn die Sorge um seine und des Neffen Subsistenz, für den er zu sorgen sich gedrungen fühlte und sogar gesetzlich verpflichtet war. Wie, wenn das Krankenlager ihn lange vom Erwerb abhielt? wo sollte er

---

*) Wien, den 17. Februar 1827.

Mein alter, würdiger Freund!

Ich erhielt wenigstens glücklicher Weise Deinen zweiten Brief von Breuning; noch bin ich zu schwach, ihn zu beantworten; Du kannst aber denken, daß mir alles darin willkommen und erwünscht ist. Mit der Genesung, wenn ich es so nennen darf, geht es noch sehr langsam. Es läßt sich vermuthen, daß noch eine vierte Operation zu erwarten sei, obwohl die Aerzte noch nichts davon sagen. Ich gedulde mich und denke: alles Uebel führt manchmal etwas Gutes herbei. — Nun aber bin ich erstaunt, als ich in Deinem letzten Briefe gelesen, daß Du noch nichts erhalten. -- Aus dem Briefe, den Du hier empfängst, siehst Du, daß ich Dir schon am 10. Dezember v. J. geschrieben. Mit dem Portrait ist es der nämliche Fall, wie Du, wenn Du es erhältst, aus dem Datum darauf wahrnehmen wirst. „Frau Steffen sprach". — Kurzum, Steffen verlangte Dir diese Sachen mit einer Gelegenheit zu schicken, allein sie blieben liegen, bis zum heutigen Datum, und wirklich hielt es noch schwer, sie bis heute zurück zu erlangen. Du erhältst nun das Portrait mit der Post durch die Herren Schott, welche Dir auch die Musikalien übermachten. — Wie viel möchte ich Dir heute noch sagen; allein ich bin zu schwach; ich kann daher nichts mehr, als Dich mit Deinem Lorchen im Geiste umarmen. Mit wahrer Freundschaft und Anhänglichkeit an Dich und an die Deinen

Dein alter, treuer Freund
Beethoven.

Hülfe finden? Bei seinem Bruder Johann? — Der hatte eben, als die Aerzte ein Heu=Dunstbad für nöthig erachteten und er, der Gutsbesitzer, um Heu ersucht wurde, sich geweigert, unter dem Vorwande, sein Heu sei zu schlecht.

So wandte sich Beethoven in zwei Briefen, vom 22. Februar und 14. März, an Moscheles und G. Smart, um durch sie Unterstützung von der philarmonischen Gesellschaft in London zu er= halten. Im zweiten Briefe schreibt er: „Am 27. Februar wurde ich zum vierten Mal operirt, und jetzt sind schon sichtbare Spuren da, daß ich bald die fünfte zu erwarten habe. Wo soll das hin, und was soll aus mir werden, wenn es noch einige Zeit so fort= geht?! Wahrlich ein sehr hartes Loos hat mich getroffen! Doch ergebe ich mich in die Fügung des Schicksals, und bitte Gott stets nur, er möge es in seinem göttlichen Rathschluß so lenken, daß ich, so lange ich noch hier den Tod im Leben erleiden muß, vor Man= gel geschützt werde. Dies würde mir so viel Kraft geben, mein Loos, so hart und schrecklich es immer sein möge, mit Ergebenheit in den Willen des Allerhöchsten zu ertragen.

Der Verein sandte unter dem 1. März 100 Lstr. und erklärte sich zu Weiterm bereit, und Beethoven konnte noch unter dem 18. März einen Dankbrief diktiren.

Uebrigens erwies sich später seine Sorge ungegründet. Es befanden sich beim Eingang des englischen Geldes noch 100 Gul= ben in Kasse, und im Nachlaß fanden sich Bankaktien im Betrage von 10,232 Gulden. Allein hat er darum die Sorge weniger empfunden? und konnte er, der nie gerechnet, unter den Zerrüttun= gen der Krankheit und Angesichts des Todes die Verhältnisse klar überschauen?

In diesen Tagen vernahm er, Hummel werde in Wien er= wartet. Der einstige Groll war längst vergessen; er freute sich der Ankunft des Kunstgenossen und rief: „Ach, wenn er mich nur be= suchen wollte!" Und Hummel kam, und weinte beim Anblick der Leidensgestalt bitterlich. Beethoven aber suchte ihn zu beruhigen,

zeigte ihm ein eben erhaltenes Bild von Haydn's Geburtshaus und
sprach: „Sieh, lieber Hummel, das Geburtshaus von Haydn;
heut habe ich's zum Geschenk erhalten und es macht mir große
Freude. Eine schlechte Bauernhütte, in der ein so großer Mann
geboren wurde!" Hummel besuchte ihn mehrmals und sie versprachen einander, sich nächsten Sommer in Karlsbad wieder zu sehn.

Noch am 18. März war er eines seiner würdigsten Freunde,
des Kaufmanns Wolfmeier, eingedenk und bestimmte, daß sein
letztes Quatuor demselben als Ehrengeschenk gewidmet werde.
Ueberhaupt sah er dem nahen Tode mit der Fassung eines Weisen
entgegen.

Denn nahe stand ihm nun der Tod.

„Als ich am Morgen des 24. März (erzählt Anselm Hüttenbrenner, ein Musikfreund und Komponist aus Grätz, der herbeigeeilt war, Beethoven noch einmal zu sehen) zu ihm kam, fand
ich sein ganzes Gesicht verstört und ihn so schwach, daß er sich
unter der größten Anstrengung nur mit zwei bis drei Worten verständlich machen konnte." Der Arzt kam herzu und erklärte, daß
Beethoven mit schnellen Schritten seiner Auflösung entgegen gehe.
Das Testament war schon Tags zuvor gemacht; jetzt baten Hüttenbrenner und Wawruch ihn, sich mit den Sterbesakramenten versehen
zu lassen. Gegen 12 Uhr kam der Pfarrer und „die Funktion ging
mit der größten Auferbauung vorüber. Nun erst schien er selbst
an sein nahes Ende zu glauben; denn kaum war der Geistliche fort,
als er zu mir und den umstehenden Freunden sagte: Plaudite
amici, comoedia finita est! Hab' ich's nicht immer gesagt, daß
es so kommen wird?"

„Gegen Abend verlor er das Bewußtsein und fing an zu phantasiren. Dieser Zustand dauerte fort bis zum 25. Abends, wo sich
schon sichtbare Todesspuren zeigten." Der furchtbarste Kampf zwischen Tod und Leben begann in diesem urkräftig angelegten Organismus, und währte bis zum 26., ein Viertel vor sechs Uhr Abends.

Der Geist entfloh unter einem furchtbaren Gewittersturm, der das Firmament durchtoste.

Hüttenbrenner schloß ihm die Augen. Seine nächsten Freunde, Schindler und Breuning, waren gegangen, das Grab in Liebespflicht zu besorgen. Sie dankten mit lauter Stimme Gott, als jener bei der Rückkehr ihnen zurief: es ist vollbracht!

Unermeßlich war die Theilnahme und das Leichengefolge bei der feierlichen Bestattung, die am 29. März, Nachmittags 3 Uhr, statt hatte.

Ein Jahr später, am 29. März 1828 wurde das Grab mit einem einfachen Denkmal bezeichnet. Ein Trauerchor sang nach einer Weise des Geschiednen:

> Du, dem nie im Leben
> Ruhstätt ward und Heerd und Haus:
> Ruhe nun im stillen
> Grabe, nun im Tode aus!

Ende.

Druck von G. Hickethier (vorm. J. Petsch) in Berlin.

Anhang.

I.

Einige Bemerkungen

über

Studium und Vortrag der Beethovenschen Klavierwerke.

---

1. Lage der Sache.

In Bonn haben sie ihm ein herrliches Denkmal*) gesetzt, von Erz ein Bild, wie er sinnend gestanden und innerlich neue Ton=welten vernommen, nachdem die Außenwelt ihm stumm geworden.

Das rechte Denkmal, dauernder als Erz, sind doch nur seine Werke; aber nicht die papiernen Drucke, die alle Verlagshandlungen um die Wette vor uns ausbreiten, sondern ihr Lebendigwerden und

---

*) Hähnel, in Dresden, hat es geformt, das Bild ist 10, das Fußgestell 15 Fuß hoch. Der nach oben gewandte Blick verräth das Aufblitzen des schöpfe=rischen Gedanken, die Rechte hebt sich, denselben in dem von der Linken gehalte=nen Notenbuch aufzuzeichnen, Kraft des innerlichen Schauens, des Willens und gestaltenden Vermögens sind den Zügen und der ganzen Haltung aufgeprägt. Sinnbilder schmücken das Fußgestell: vorn die Phantasie, auf dem Rücken einer Sphinx dahingetragen; auf der Rückseite die Symphonie, eine schwebende von vier Genien (die vier Sätze) umgebene weibliche Gestalt, der erste Genius hält das Schwerdt, der zweite die Schlange und die umgekehrte Schlange, der dritte Thyrsus und Kastagnetten, der vierte den Triangel. Rechts und links bezeichnen weibliche Gestalten, die eine vor der Orgel sitzend, die andre mit den Masken des antiken Theaters Kirchenmusik und Drama.

A*

Fortleben in uns und durch unsre Theilnahme. Buchstab' und Noten=
schrift sind todte Zeichen; aber auch Herunterspielen der Noten wie
Hersagen der überlieferten Worte, das ist todtes Gewerkele, wenn
nicht der Geist, der sich in ihnen hat offenbaren wollen, von uns
gefaßt und durch uns wirksam wird, — derselbige Geist, kein
anderer, nicht unser eigen=persönlicher, nicht der Sinn allgemeinen
Uebereinkommens, oder herkömmlicher Schulsatzung, sondern der
Geist Beethovens.

Beethoven kann nicht in uns und durch uns fortleben, wenn
wir nicht seinen Geist erkannt, den Sinn seiner Dichtungen in uns
aufgenommen haben. Dasselbe gilt allerdings für jeden Tonkünstler.
Bei ihm aber hat die allgemeine Foderung ungleich weitere Be=
deutung, wie bei der größten Mehrzahl der Komponisten. Denn
er war, das haben wir im Anschaun seines Lebens und seiner
Schöpfungen erkannt, ein durch und durch eigenthümlicher Geist;
er war nicht wie die Andern. Er will für sich begriffen sein,
während die Andern untereinander gar Vieles gemeinsam haben,
so daß Einer von ihnen ungleich mehr auf den Andern vorbereitet
und hinführt, als auf Beethoven. Haydn führt auf Mozart, so
gewiß der Letztere hohe Eigenthümlichkeit bewährt und einen mäch=
tigen Fortschritt über Haydn hinausgethan; selbst Clementi kann
im Klavierfach einigermaßen auf Mozart vorbereiten. Beethoven,
so gewiß er der Erbe und Fortführer seiner großen Vorgänger ist,
fodert einen neuen Standpunkt der Auffassung und Ausführung,
weil er selber einen neuen in der Komposition einnimmt; man
muß von der Verständniß Mozarts oder aller Andern noch eine
große Strecke vorrücken, um zu ihm zu gelangen.

Es kommt noch etwas hinzu. Wer einige Werke anderer
Komponisten gefaßt, hat im Grund' alle Werke derselben Komponi=
sten sich angeeignet. Dasselbe gilt keineswegs von Beethoven. Man
kann einen Theil seiner Werke sich angeeignet haben, ohne darum
der übrigen versichert zu sein. Die Symphonien 1, 2, 4, 8 sichern
keineswegs die Verständniß der Symphonien 3, 5, 7, 9; die Quar=

tette Op. 59 gehen so weit über die Op. 18 hinaus, wie sie (ungefähr!) hinter dem Quatuor Op. 132 zurückbleiben; die Sonaten Op. 22, 54, 53 stehen von denen Op. 28, 27, 81 so weit ab, wie diese von Op. 106, 90, 101, 109 bis 111. Jede dieser nur unvollständig und ungenau zusammengestellten Reihen macht besondre Ansprüche, ja jedes Werk will für sich gefaßt sein. Der Grund liegt darin, daß — wohl zu merken, in der Instrumentalmusik — die frühern und die Mehrzahl aller Komponisten Tonspiel und allgemeine Stimmung, Beethoven aber Ideen zum Inhalt ihrer Werke gab; jene sind allgemeiner Natur, diese wollen jede an sich gefaßt sein.

Allerdings ist der Preis auch im Verhältnisse mit der aufgewendeten Arbeit; er ist kein geringerer, als der Eintritt in das Reich der Idee.

Hierauf kommt es an.

Daher hat aber auch Beethoven, besonders in der Klavierkomposition, von Anfang an bis jetzt keine beharrlichern Widersacher gehabt, als diejenigen Musiker, deren Standpunkt außerhalb diesem Reiche liegt, die sich ausschließlich oder überwiegend der Technik statt dem Idealen in der Kunst ergeben haben: die Virtuosen — „da orgelt Jeder nur ab, was er selbst gemacht hat" — die Virtuosen und die „Klaviermeister," wie Beethoven sie, bezeichnend für den technischen Standpunkt, nennt. Eine Zeitlang — lange genug — lehnte man Beethovens Werke als „nichtklaviermäßig" ab, weil sie allerdings nicht in den herkömmlichen Müllerklapp der Etüden und sonstigen Handwerke passen. Man kann in Etüden, in Konzert- und Salonsachen wohlgeübt und sattelfest sein — und stößt im Beethoven, selbst in technisch-leicht angelegten Sachen (z. B. in der Sonate Op. 90) auf unvorhergesehene Schwierigkeiten, die — immer aus dem technischen Standpunkte betrachtet — nicht einmal „dankbar" sind, das heißt: weder auffallen und Bewunderung eintragen, noch irgendwo wiederkehren, daß die Mühe sich vielseitig verwerthe.

Jetzt helfen dergleichen Ausreden nicht mehr; Beethovens Geist ist zu mächtig geworden in den ächten Musikern und im Volke. Nun wird also von den geistesträgen oder unkünstlerischen, indealitätslosen Lehrern das System der Hinhaltungen versucht. Man verspricht Beethoven und sein ernstliches Studium; aber erst müsse der Schüler „für ihn reif werden," — wodurch? an welchen andern Werken? in welcher Zeit? wird nicht gesagt. Oder man läßt sich wirklich zu Beethovenschen Kompositionen — zwischen Massen von allerlei andern Sachen herbei. Da figuriren denn vor allen andern jene Sonaten Op. 49 und 79, die*) kaum für Beethovensche gelten können. Später kommt dann die Sonate pathétique an die Reihe; wer nichts von Beethoven gespielt, hat wenigstens die pathétique gespielt. Die geschicktesten Schüler werden dann endlich von den Etüden und Konzertstücken aus zu der Cismoll= und Fmoll=Sonate (Op. 27 und 57) geführt; darf man von der Darstellung auf die Absicht zurückschließen, so verdanken beide Werke diesen Vorzug dem Glanze, den die Technik in den Finale's verbreiten kann.

Mit ihnen hat die Gewohnheit begonnen, Beethovensche Sonaten in Konzerten vorzutragen; der Wunsch, Neues zu bringen, allerdings auch die Vorliebe und der umfassendere Gesichtskreis der Künstler unter den Virtuosen hat dann auf andre Werke geführt. Diese ganze Richtung hat neben dem unverkennbar Vortheilhaften auch ihre bedenkliche Seite. Bedenklich ist die Verpflanzung der Beethovenschen Sonaten in den zerstreuungsvollen Konzertsaal. Die meisten sind zu innerlichen Inhalts, zu sehr auf Sammlung des Gemüths und stille Versenkung in ihr ideales Leben hingewiesen, als daß sich im Ausführenden und in den Zuhörern stets die rechte Stimmung voraussehn ließe. Daß es glorreiche Widerlegungen dieser allgemeinen Annahme giebt (wie denn eben, am 11. Oktober, Herr von Bülow die Sonate Op. 101, diese Sensitive unter den Tongedichten Beethovens, öffentlich mit bewundernswürdiger Auffassung

---

*) Man lese Th. 1. S. 74 nach.

und unter der innigsten und enthusiastischen Theilnahme des Publikums vorgetragen) wird Niemand freudiger anerkennen als wir. Wie erwünscht es auf der andern Seite ist, so Viele, denen kein anderer Zutritt zu Beethoven offen steht, auf diesem Wege mit ihm bekannt zu machen, leuchtet ein.

Möge nur Niemand bei dieser Konzertbekanntschaft sich beruhigen, der nähere Bekanntschaft machen kann! Die wenigsten Konzertisten oder Virtuosen haben sich (wie schon Schindler bemerkt) bis jetzt für Beethoven verständnißvoll gezeigt; und wenn! vertrauliche Mittheilung im engen Kreise, über alles aber eigne Beschäftigung gewähren unendlich mehr, als dies einmalige Ueberhinhören an fremder Stelle. Haben wir doch sogar hören müssen: „nur der Virtuos sei im Stande, Beethoven zu spielen!" Weh' ihm und uns, wenn wir auf die Virtuosen hätten warten müssen! Nein. Wie Jeder seinen Goethe für sich liest und lieben gelernt, ohne erst auf deklamirende Schauspieler und Rhetoren zu warten, so soll Jeder, der es vermag — und so weit er es vermag, selber seinen Beethoven spielen und immerfort spielen. Und wer das nicht vermag, der soll sich an seinen nächsten Freund wenden und von dem sich vortragen und wiederholen lassen, was er selber nicht zu Gehör zu bringen vermag. Schließt sich dann der wiederholten Darstellung trauliche Erörterung an, so wird erhöhter Genuß und erhöhte Empfänglichkeit und Bildung nicht ausbleiben.

Wer auf diesem Weg über den Künstler oder auch nur über einzelne Werke bestimmte Anschauungen gewonnen, der lasse sie sich nicht durch den Glanz überlegner Virtuosität, durch das Gewicht eines berühmten· Namens oder durch den Beifall des Salons rauben. In der Kunst giebt es keine Autorität, Jeder, Künstler und Kunstfreund, ist da zuletzt auf sich selber zurückgewiesen; man kann so wenig ein Kunstwerk durch einen Andern auffassen, als man durch einen Andern lieben kann. Sich nicht abschließen, alles hören, aber dann auch alles prüfen und zuletzt sich aus eignem künstlerischem Gewissen entscheiden: das ist hier allein das Rechte.

2. Der Anspruch an die Technik.

Wir haben nicht gelten lassen dürfen, daß nur der Virtuos im
Stande sei, Beethoven zu spielen; in der That — so geistreich und
künstlerisch der Virtuos ist, der es ausgesprochen — ein übereiltes
Wort, da das Maaß der technischen Schwierigkeit in den verschiedenen Werken so äußerst verschieden ist. Daß eine bestimmte technische Vorbildung für Beethovens Werke, wie für alle andern erfoderlich sei, wer wollte das verkennen? Nur ist das Maaß derselben,
wie gesagt, für die verschiedenen Werke höchst verschieden. Für
einige, z. B. für die Cmoll- und Fdur-Sonaten, Op. 10, für die
Sonaten Op. 14 und andre, genügt ungefähr der Standpunkt der
mozart-clementischen Technik; andre Werke, z. B. die Sonate Op.
106, fodern die höchste technische Ausbildung; ja nehmen eine viel-
seitigere in Anspruch, als alle Virtuosensachen zusammengenommen.
Selbst die für den Schauplatz des Virtuosenthums bestimmten Konzerte stellen sich in ähnlicher technischer Verschiedenheit dar; man
vergleiche nur das Es-dur-Konzert mit allen übrigen, besonders
den ersten.

Vor Allem gewährt diese Verschiedenheit der technischen Ansprüche die sehr wichtige Ueberzeugung, daß es keineswegs nothwendig ist, irgend einen hochgelegenen Standpunkt technischer Bildung abzuwarten, bevor man sich zu Beethoven heranwagt, sondern
daß seine Werke sich ohne Schwierigkeit in eine Stufenfolge bringen
lassen, die von einem mittlern oder noch tiefern Standpunkte technischen Geschicks beginnt und allerdings bis zu der höchsten technischen Ausbildung hinanreicht, dies aber in wohlbemessenem Fort-
gange. Beginnen wir mit den vierhändigen Märschen Op. 45 und
erwählten Sätzen aus den Bagatellen, so würden sich ihnen mit
Uebergehung der Sonaten Op. 6, 49 und 79 und der meist un-
einträglichen Variationenhefte die 32 Variationen Nr. 36 (Th. 1 S. 1)
die Sonaten Op. 14, 13, 2, 10, 22, 26, 28, 7, 54, 31, 90,
27, 81, 101, 110, 57, 109, 53, 111, 106 in stufenweisem Fort-

schritte der technischen Schwierigkeit aufschließen. Man bemerke, daß wir hier nur andeuten wollen, nicht einmal die Werke vollständig zusammenstellen. Genaue Feststellung ist nicht möglich, da die einzelnen Werke mannigfache Geschicklichkeiten in Anspruch nehmen, die verschiedentlich unter den einzelnen Spielern vertheilt sind, und dem Einen leicht erscheinen lassen, was dem Andern schwer ist.

Diese Bemerkung ist von großer Wichtigkeit. Es handelt sich keineswegs blos darum, dem Einzelnen ein Paar Jahr früher zum Genuß Beethovenscher Werke zu verhelfen, sondern überhaupt die rechte Bildungszeit für diese Werke nicht zu versäumen. Auch in geistiger Beziehung bieten dieselben nämlich eine wohlabgemessene lange Stufenfolge. Wer die leichtfaßlichern Werke, z. B. Op. 22, 14, 2, 54, 53 u. s. w. sicher aufzufassen vermag, ist darum noch nicht für die tiefern Werke, z. B. 28, 27, 109 u. s. w. geistig reif; er kann sich auch diese Reife nicht sprungweise, sondern nur durch allmählige Erhebung an den geistig zugänglichern Werken erwerben. Und die geistige Aneignung in der Kunst ist, was Viele vergessen, nicht ein Anlernen, sondern Hineinleben, fodert Hingebung, Sichgehnlassen, Muße. Soll nun ein mehrjährig geübter Spieler mit jenen technisch für ihn leicht gewordnen Werken beginnen, so wird er äußerlich schnell mit ihnen fertig, sie wecken und fesseln seinen Spieleifer nicht, er glaubt sie abfertigen zu können und abgefertigt zu haben, wie die andern Sachen, die bisher ihn beschäftigt haben — und streift über sie hin, sucht technisch Bedeutenderes, bevor er jene Werke, die Vorschule der tiefern, geistig sich angeeignet hat.

Ja, wer sich allzulange mit technischen Werken beschäftigt, allzulange seinen Geist von der geistigern oder tondichterischen Bahn zurückgehalten, dem ist, was er so lange geübt, zur Natur geworden und die Empfänglichkeit für wahre Tondichtung verloren gegangen, so daß endlich selbst der ernstliche Vorsatz an der innerlich anerzognen Unfähigkeit scheitert. Dies kann man häufig an Virtuosen beobachten, die nach langer, oft glänzender Bethätigung auf

ihrer Laufbahn zuletzt auch zu Beethovenschen Werken greifen, natür=
lich gleich mit den „technisch=dankbarern" anfangen und dann gründ=
lich beweisen, wie fern sie für immer dem Geiste des Tondichters
stehn*).

Diese Ansicht stimmt mit der Beethovens selber vollkommen
überein. Er selbst, in der frühern Zeit (bis Taubheit ihn hemmte)
Konzertspieler, sprach von den Virtuosen aus: „Mit der Geläufig=
keit der Finger laufe solchen Herren gewöhnlich Verstand und Em=
pfindung davon." Ja er war der Meinung: „der gesteigerte Me=
chanismus im Pianofortespiel werde zuletzt alle Wahrheit der Em=
pfindung aus der Musik verbannen**);" eine Meinung, in der ver=
hältnißmäßig noch unschuldvollen Zeit der Ries, Hummel, Moscheles,
Kalkbrenner ausgesprochen, in unsre Zeit mit der Macht einer
Prophezeihung hinübertönend. Es will sogar scheinen, daß Beet=
hoven sich früh genug bisweilen Vernachlässigungen der Technik
habe zu Schulden kommen lassen***). Ries rühmt den „unnach=
ahmlichen Ausdruck" des Beethovenschen Spiels, setzt aber hinzu:
„obgleich er am reinen Spiel Manches zu wünschen übrig ließ;"
und das fällt in die Jahre 1800 bis 1805. Auch Schindler giebt
(aus der Zeit von 1810 oder 1813 an) gleiches Zeugniß. Wir dür=
fen übrigens, wenn der überlegene Meister dies oder jenes vernach=
lässigt hat, selbstverständlich nicht hierin ihm nachthun, sondern
müssen alle Kraft und Sorgfalt aufbieten, darin, worin er uner=
reichbar hochsteht, uns ihm näher zu ringen. Aber wir erkennen

---

*) Der Verf. darf sich hier im Interesse der Sache wohl auf langjährige Er=
fahrung und Beobachtung berufen. Früher eine Reihe von Jahren Klavierlehrer,
später im Kompositionsunterricht von Kunstjüngern umgeben, die ihre Klavier=
Studien anderswo gemacht, ihm aber beständig darlegen müssen, — dazu sechs
Jahre lang Mitdirector des Konservatoriums, bekannt mit den vorzüglichsten Spie=
lern von Ries und Hummel bis Liszt und Bülow, hat ihm wenigstens die Ge=
legenheit, zu beobachten, nicht gefehlt.

**) B's Brief an Ries vom 16. Juli 1823.

***) Vergl. Th. 1. S. 137.

doch an diesem Zuge, wo er selber den Entscheidungspunkt gesehn; und hiernach werden wir mit Zutrauen zu der Kraft in uns, die nach Beethoven verlangt, aber auch mit sorgfältigster Wahrnehmung der technischen Seite herantreten.

3. Ein Mangel der heutigen Technik.

In Bezug auf diese Technik ist aber noch ein sehr wichtiger besonderer Punkt zu erwägen.

Allerdings hat nämlich der Mechanismus des Klavierspiels in den letzten Jahrzehnten große Fortschritte gemacht, aber nur ein= seitige; Glanz und Macht des Instruments sind als vornehmstes Ziel angesehen worden, Vieltönigkeit — und dazu Vorherrschen des Ar= peggio als vornehmstes Mittel. Diese Richtung hat mit Noth= wendigkeit dahin geführt, die Hand mit ihren Fingern mehr als ein Ganzes, als ein einziges Organ zu behandeln. Mit gleicher Nothwendigkeit hat die Selbständigkeit der einzelnen Finger gegen jene Richtung auf das Ganze zurücktreten müssen. Sie leisten bei den guten Spielern jeder in der Reihe, im Verein mit den andern, was man nur verlangen kann; in den Laufern, Arpeggien und im gleichzeitigen Anschlag der Akkorde thut jeder seine Schuldigkeit, das Tonspiel aller zusammen kommt zart oder stark, fließend oder per= lend heraus, wie es verlangt wird. Soll aber ein Theil der Hand in anderm Sinne wirken, als der andre, sollen die Finger sich in= dividualisiren: so zeigt sich, daß dies außer der Richtung des heuti= gen Klavierspiels liegt; die Finger fallen in Gleichmäßigkeit und Unterschiedlosigkeit untereinander auf die Tasten. Man darf uns nicht die Allseitigkeit in der Handbildung eines Liszt und Bülow, — das sind Männer, die nach Dante's Wort können, was sie wol= len, — und die feinen und befriedigenden Leistungen einiger andern Einzelnen als Widerlegung entgegenhalten. Wir reden von der übergroßen Mehrzahl, in deren Gesammtheit sich die Richtung der

Zeit auf Materialismus und Uniformität oder Unisonität ausprägt; und unter dieser Mehrzahl sind neben den Dilettanten auch ausnehmende Virtuosen, z. B. der glatte Thalberg, begriffen.

Diese Bildung zur Unisonität (wenn man so sagen darf) kann aber für Werke nicht genügen, in denen ein lebendiger Geist jede Stimme, jeden Ton durchdringt und allaugenblicklich die einzelne Tonreihe ja den einzelnen Ton zu individualer Wirksamkeit, in Gegensatz zu den andern gleichzeitig auftretenden Stimmen und Tönen auffodert. Dies ist bei allen nicht materialistischen sondern geistigen Tonwerken der Fall, folglich bei denen Beethovens (wie früher Bachs) vor allen andern.

Wer sich vor Allem diesen Anspruch klar machen will, der betrachte und zergliedere die Komposition ohne Rücksicht auf die technische Schwierigkeit, die sich in der Sonderung einer Hand von der andern und eines Fingers von den andern zeigen kann, um nur erst die Nothwendigkeit dieser Sonderung vom freien künstlerischen Gesichtspunkte zu erkennen. Stellen wir, ohne sonderlich abgewogene Auswahl, einige Beispiele zusammen, vom Einfachsten und Einleuchtendsten beginnend.

In der Gdur-Sonate Op. 14 tritt der zweite Satz der Hauptpartie so

auf und fodert nach seinem Sinn und dem des Ganzen (Th. 1. S. 175) zarte Behandlung. Die Melodie möchte man im Gegensatze zu der vorangehenden und allen folgenden eine sprechende, beredsam eindringende nennen, die Wiederholungen des d, der Fortschritt von der Achtelbewegung zur Sechszehntelbewegung ist geradezu Redeton, im Gegensatz zu der eigentlichen Melodie, die Tonwechsel vorzieht. Folglich muß diese Melodie, namentlich die Wiederholung des d, fein, wie zarterregte Seelenbewegung, andringend wie lebhaft Begehren und dabei frei wie freie Rede vorgetragen werden. Gegenüber steht die Begleitung. Sie ist nur Begleitung, obwohl in bewegter und ganz gemäßer Form, kann und soll nur durch ihr Dasein oder Dabeisein wirken, nicht durch eigne That. Folglich muß sie sich in vollkommenster Ruhe unterordnen, sich gleichsam verleugnen (elle doit s'effacer, sagt nachdrücklicher der Franzose) muß in dumpfer Gleichheit des Schalls, in vollkommner Gleichheit der Bewegung, in Enthaltsamkeit von jeder absichtlichen Betonung dahinfließen, während über dieser Gleichmüthigkeit ihrer Sechszehntel die Sechszehntel (und vorher die Achtel) der Melodie gleich lebhaft angeregtem Gemüthswort bald vordringen möchten, bald zögern. So würde die Melodie von einem seelenvollen Mädchen zu rücksichtsvoller Begleitung gesungen werden — und so müssen beide Hände des einen Spielers den Satz geben; die Linke muß nicht wissen, was die Rechte thut.

Zu tieferer oder vielmehr phantastischer Bedeutung kann die Selbstständigkeit beider Hände im Anfang der großen Fmoll=Sonate Op. 57 benutzt werden. Wer mit uns über das geisterhafte Wesen im ersten Satze dieser Dichtung (Th. 1 S. 29) einverstanden ist, der versuche, das Haupt=Motiv

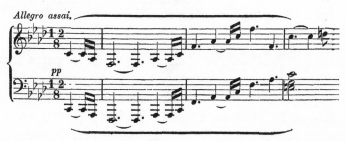

zwar in der rechten Hand ganz leise, wie vorgeschrieben ist, zu spielen, in der mitgehenden linken Hand aber noch viel leiser und accentlos — gleichsam leblos mitgehn zu lassen; die Unterstimme muß

gleich einem gespenstigen Schatten daherschweben neben der Ober=
stimme. Es versteht sich, daß Auffassung und Darstellung den ein=
zelnen Zug in Einklang setzen müssen mit dem Ganzen, oder viel=
mehr das Ganze in Einklang mit der Grundidee und ihrem ersten
Ausdrucke.

Wir wollen diesen Vorschlag nicht näher begründen, sondern
nur eine allgemeine Bemerkung machen. „Wenn,“ — kann man
fragen — „dieser Vorschlag und so mancher ähnliche, der sich noch
anschließen wird, begründet ist: warum hat ihn nicht Beethoven
selbst bei der Komposition angedeutet?“ — Unsere Antwort ist:
deßwegen, weil man es unmöglich und obenein unzweckmäßig finden
muß, Alles, was zum vollkommnen Vortrag gehört, aufzuzeichnen.
Das Papier würde nicht Raum genug bieten, das Auge des Spie=
lers würde verwirrt — und sein Geist unterjocht und unfrei.

Die Lösung der Hände von einander ist das Leichteste, jedem
Spieler hoffentlich längst Eigne, was hier in Betracht kommt. Mehr
Aufmerksamkeit fodert schon die Sonderung der Melodie, wenn die
melodieführende Hand an der Begleitung Theil nimmt. Das An=
dante der Gdur=Sonate Op. 14 legt (wie viele Kompositionen mehr)
die Melodie mit der Harmonie zusammen, erst (bei A)

mit lockerm Anschlag, dann (bei B) gebunden in allen Stimmen;
wieder ist die Begleitung vollkommen unselbstständig. Wir fodern,
daß die Melodie (die Oberstimme) vor der Begleitung hervorgehoben
werde, natürlich mit Mäßigung, ohne Affektation, während die drei
begleitenden Stimmen mehr in Schatten zurücktreten. Unter diesen
drei Stimmen würde bei A der Baß nächst der Oberstimme ein

wenig hervortreten, bei B der festgehaltne Ton g (weiterhin c) ein wenig gehoben werden müssen.

Ein verwandter Fall, schon ein wenig schwerer, zeigt sich in der Fantasiesonate aus Es, Op. 27 (Th. 1. S. 152) bei der zweiten Melodie. Auch sie

liegt mit der obern Hälfte der Begleitung in derselben Hand, muß aber, während die Begleitung beider Hände in vollkommner Gleichmäßigkeit und Stille in Achtelschlägen fortschallend erhalten wird, nicht blos wohlgesondert, sondern mit allen in ihr selber erfoderlichen Schattirungen hervortreten. Das Hervorheben der Melodie durch gleichgültig=mechanische Betonung gelingt leicht und wird überall beobachtet; wer hat nicht seit Thalberg dieses Hervorstoßen der Melodie in einer Mittelstimme durch die wechselnden Daumen beider Hände gehört und geübt bis zum Ueberdrusse? Seltner findet man in solchen Fällen seelenvolle Betonung und Führung; man erkennt erst ihre Nothwendigkeit und wird ihrer mächtig, wenn man vorerst ohne Rücksicht auf Technik sich zum Bewußtsein bringt, wie die Melodie für sich vorgetragen sein will.

Gleicher Vortrag gebührt der Melodie, wenn sie in derselben Hand mit figurirter Begleitung zusammentrifft, z. B. im ersten Satze der andern Fantasiesonate. Nach dem Vorspiel tritt bekanntlich die Melodie mit dieser Begleitung

ein und wird sehr weit fortgeführt; wir haben den Satz Th. 1. S. 146 zu karakterisiren versucht. Selten hört man denselben anders als mit gleichmäßig auf die Tasten fallender Hand ausführen, so daß die Begleitungstöne, die mit den Melodietönen zusammenfallen, als Verstärkungs-Oktaven hervortreten. Nichts scheint uns dem Sinn des zarten, einsamen Gesangs weniger entsprechend. Die Melodie muß in vollendeter Zartheit, aber dabei ganz für sich hervortretend und Ton für Ton nach ihrem eignen Inhalte modellirt durchgeführt werden; die Triolen der Begleitung müssen vollkommen von der Melodie abgesondert und ihr untergeordnet dahinfließen; sie müssen im Verein mit dem Basse die sinnig schonende Begleitung gegenüber der Melodie bilden, als wäre Gesang und Begleitung zwei verschiednen Ausübenden zuertheilt. So allein kommt der Gesang in voller Reinlichkeit zum Vorschein, kommt der später so bedeutsame Baß zu seinem Rechte und kann man der sinnigen Entwickelung der Triolenpartie folgen, die der Mitte und dem Schlusse des Satzes zufällt.

Wir haben uns absichtlich leichtfaßlicher und leicht ausführbarer Beispiele bedient. Wie wichtig die Gegenstellung der Melodie gegen die Begleitung in tiefer oder schwieriger zu fassenden Fällen ist, leuchtet ein; es sei nur auf das Adagio der Bdur-Sonate Op. 106 verwiesen, wo der erste Takt die ganz stille Begleitung einführt (una corda und mezza voce) und die Melodie mit dem zweiten Takt äußerlich angesehn blos als Oberstimme der Harmonie, in Wahrheit aber als Sprache des tiefsten, nervöserregten, ganz in sich versunkenen Gemüths aus dem dunkeln Innern hervortritt. Auch hier muß die ganze Begleitungsmasse sich fest zusammengehalten unterordnen, die Melodie muß Ton für Ton mit ihr auf das pünktlichste zusammentreffen, dabei aber Ton für Ton sich hervorheben. Dasselbe muß von Takt 28 an beobachtet werden, wenn dieselbe Hand, der die Melodie zufällt, neben ihr Synkopen und andre Figuren auszuführen hat.

Aehnliche Beläge ließen sich überall herausgreifen; wir schließen mit diesem

aus dem zweiten Satze der Emoll-Sonate Op. 90, der mit „Nicht zu geschwind und sehr singbar vorgetragen" bezeichnet ist. Hier leuchtet ein, daß die zwei obersten und die zwei untersten Stimmen zusammengenommen eine einige Masse bilden, aus der jedoch die Oberstimme eine Begleitungsfigur in Sechszehnteln, die scheinbar Ton für Ton (h gegen cis, cis gegen h, Septime: None) miteinander in Widerspruch stehn. Aber gerade hierin liegt die Aufklärung. Weder die eine, noch die andre Stimme soll geltend hervortreten, beide sollen in einander verklingen, wie leiser Hauch der Abendlüfte säuselnd durch die Büsche streift. Wir fodern leisern, betonungslosen Vortrag für diese Mittelpartie, also drei Abstufungen im Spiel der rechten, zwei im Spiel der linken Hand.

Das Alles, was bisher erwähnt, und was sich dem Gleichartiges anschließen ließe, steht begreiflicherweise weit hinter den Ansprüchen zurück, die bei wirklich polyphonen Sätzen an den Vortrag zu machen sind, — und es giebt kaum eine Komposition von Beethoven, in der nicht solche Sätze hervortreten. Hier muß jede Stimme, die selbstständigen Inhalt hat, von den andern gesondert und ihrem eignen Sinne gemäß durchgeführt werden. Wenig Schwierigkeit hat dies, wenn ein Theil der Stimmen sich zu einer

Masse gegen eine hervortretende Stimme vereinigt (so in der Schluß=
fuge der Asdur=Sonate Op. 110) oder die Stimmen sich paarweise
(wie S. 7 und 8 des ersten Satzes der großen Bdur=Sonate Op.
106) chorisch zusammenstellen. Die Schwierigkeiten wachsen mit
dem Reichthum oder der Freiheit — will sagen durchdringendern
Individualisirung der Arbeit; das Erstere kann man im Finale der=
selben Sonate, das Andre im Finale der von Geist und zarter Em=
pfindsamkeit beseeligend durchdrungnen Adur=Sonate Op. 101 oder
auch in der Fughette, der vierundzwanzigsten Variation zu dem
Diabelli=Thema (Op. 120.) beobachten, und an noch viel andern
Sätzen, fugirten und nicht fugirten. Hier tritt die Unzulänglichkeit
der auf Unisonität gerichteten modernen Spielweise (S. XII.) un=
widersprechlich hervor.

Wer nun die Musik blos aus Salon=Interessen pflegt, mag
sich an jener Spielweise genügen lassen; wer nach der wahren Kunst,
nach den Werken Beethovens und der Gleichstrebender Verlangen
trägt, muß für sein Spiel die unersetzliche Fähigkeit, Hände und
Finger zu individualisiren, erringen. Die technischen Mittel sind
leicht herzuzählen. Der Fingersatz muß vielfach von seinen allge=
meinen Gesetzen abweichend darauf eingerichtet werden, die Finger
dahin zu bringen, wo jeder am zweckmäßigsten neben den andern
oder im Gegensatz zu ihnen eingreifen kann. Die Handhaltung
muß, so gewiß ruhige, gleichabgewogene Horizontallage als Grund=
gesetz gilt, durch ihre Hinneigung und ihr Gewicht den Fingern im
Hervorheben der entscheidenden Töne beistehn. Selbst die Spiel=
weise (der Gegensatz von gestoßnem und gebundnem Spiel, von
Stärker und Minderstark beider Hände gegen einander oder zweier
Stimmen in derselben Hand — und zwar dies Alles zu gleicher
Zeit) muß mitwirkend werden.

Daß diese Ergänzung übrigens auf die Darstellungskunst auch
einzelner Melodien zurückwirken muß, leuchtet ein. „In allen be=
deutenden Melodien*) treten einzelne Momente, ja einzelne Töne,

---

*) Auswahl aus Seb. Bachs Kompositionen vom Verf.

als das Entscheidende, als Lichtpunkte des Ganzen hervor, die für sich auf das Bestimmteste und Feinste empfunden und dargestellt sein wollen. Hier wird das Gegentheil von jener Gemeinsamkeit und Gleichmäßigkeit des Fingerwerks Bedürfniß. Man muß so zu sagen nicht mehr mit der Hand im Ganzen spielen; jeder Finger muß den Empfindungston für sich allein in dem erforderlichen Grade von Zartheit oder Betonung, von Sonderung oder Verschmelzung mit dem nächsten zu fassen verstehn, — muß gleichsam für sich eine Seele haben und ein selbstständig Wesen werden, um durch seinen Nerv hindurch die Seele des Spielers auf die Taste zu leiten. Wie weit auch das Piano an melodischem Vermögen, hinsichts der Stärke= grade und Tonverschmelzung, hinter Saiteninstrumenten (mit ihren feinunterschiednen Stricharten) und Bläsern zurückstehn: doch ist weit mehr, als man allermeist hört und glaubt, zu leisten, wenn die Taste mit Zartheit und Liebe angefaßt, statt gewischt oder geschla= gen wird, wenn der Finger sich gleichsam mit Verständniß in sie hineinfühlt, wenn selbst die höchste Kraft nicht in rohen Schlägen sich äußert, sondern aus dem Machtgefühl des Tongehalts hervor= tritt. Die Taste muß gefühlt, nicht gestoßen oder geschlagen, sie muß mit Gefühl angefaßt werden, wie man die Hand des Freun= des nur mit Theilnahme drückt, — und das im Momente mächtig= ster wie zartester Erregung; anders wird Beethovens und Bachs Poesie niemals zu voller Aussprache kommen."

Ja, diese — Poesie der Technik (wenn man so sagen darf) macht sich bei Beethoven oft selbst in der einfachsten Begleitung geltend. So in der Triolenbewegung des Finale der kleinen Fmoll= Sonate Op. 2. (Th. 1. S. 120) besonders zum Schlußsatze, —

wo die Triolentöne gar nicht einzeln vernommen werden, sondern ineinander schallen sollen (das Zeitmaaß macht es möglich) und die zweimal acht Takte dem Sturmwind gleich aus dem leisesten Wehen zu donnernder Kraft anwachsen. So in dem Minore der Esdur-Sonate Op. 7 (Th. 1. S. 309) wo die Triolen beider Hände ebenfalls zu einem einigen Tonstrom zusammenschmelzen, anschwellen und wieder verklingen müssen.

So viel in Bezug auf die Technik, als Vorbedingung jedes Vortrags. Das Nähere bleibt dem eignen Nachdenken jedes Spielers und dem Rath des Lehrers überlassen. Wir wenden uns nun zu dem geistigen Theil der Aufgabe, die Beethovens Werke dem Spieler stellen.

4. Allgemeine Auffassung des Werks.

Niemand kann ein Werk sinngemäß darstellen, der dessen Sinn nicht in sich aufgenommen hat; Niemand kann seiner Auffassung sicher sein, der nicht wiederholt das Werk auf sich hat wirken lassen, dann über sein Empfinden und alles, was er im Einzelnen gefunden, sich Rechenschaft gegeben, endlich über das Einzelne und Ganze sich zu klarem Bewußtsein gebracht hat. In diesem Bewußtsein aber muß seine künstlerische Glut, seine Liebe zum Werke fortleben und fortwirken; das erkaltete Herz ist unfruchtbar.

Man bemerke wohl, daß hiermit die ganze Entscheidung einzig in das künstlerische Gewissen jedes Einzelnen gelegt ist. Selbst den Schüler nehmen wir bei dieser Freigebung Aller nicht aus. Er wird schon, so lange das nöthig ist, den Rath des Lehrers benutzen, Jeder, dem es Ernst um seine Leistungen ist, wird sich bemühn, von den Aussprüchen Kundiger und vom Vorbild ausgezeichneter Spieler Vortheil zu ziehn. Aber in Sachen der Kunst liegt die letzte Bestimmung durchaus in der Persönlichkeit; zuletzt entscheidet, wie Ich fühle, wie Ich die Sache ansehe, — auch, was Ich zu leisten vermag. Diese Wahrheit ist nirgends wichtiger, als in Anwendung auf Beethoven, dessen Schöpfungen zum größten Theil der innerlichen Welt des Gemüths und der Phantasie zugehören. Kein Vorbild, keine Autorität kann hier entscheiden, wofern man nicht vom Anfang an auf wahrhaft künstlerische Bethätigung verzichten will. Und nirgends ist Nachthuerei (wär' auch der größte Spieler das Vorbild) und äußerliche Folgsamkeit ungenügender. Nur das Mechanische, Unkarakteristische läßt sich äußerlich nachmachen, — Etüden, Salon=, Konzertsachen, — nicht das, was als eigenthümliches Leben sich mit unserm Leben verschmelzen und aus unsrer hingegebenen Seele wiedergeboren werden soll.

Ein besonderer Grund, wir leugnen es nicht, bewegt uns, auf diese wohl im Allgemeinen anerkannte Wahrheit besondern Nachdruck zu legen: das ist die Beobachtung, wie weit die Mehrzahl der durch glänzende Leistungen bestehenden Virtuosen und viele für Technik trefflich befähigte Lehrer von der Verständniß Beethovens entfernt sind. Ihrem Beispiel und ihren Anweisungen sich hingeben, heißt oft, sich von Beethoven entfernen. Man höre Jeden, der hörenswerth ist, allein mit dem Vorbehalt eigner Prüfung.

Indeß auch der selbstische Geist und Wille, wir haben es schon Anfangs (S. IV) gesagt, ist hier nicht Gebieter. „Ich fühle so, Ich will so!" das gilt hier ebenso wenig, wie: „Der faßt es so! Der bestimmt so!" Nicht was mein und dein Geist will, entscheidet, sondern was Beethovens Geist gewollt.

Und hierüber giebt es nur ein einzig, ganz unerschütterliches Zeugniß: das Werk selber. Nur das Werk, nicht einmal die mündlichen Aeußerungen Beethovens, die uns von seinen Freunden überliefert worden. So wichtig uns jede Eröffnung des Meisters ist, so haben wir doch erkennen müssen (Th. 1. S. 176, 288), daß er bei seinen Mittheilungen oft schon dem Werke, dem sie galten, fern gestanden, oder sonst mehr einer Laune, einer unbestimmten Vorstellung, als dem Anspruch der Sache Folge gegeben, — was bei dem rastlosen Weiterstreben seines Geistes gar nicht anders hat sein können. Und so gewiß seine Freunde, Ries und Schindler, besonders der letztere, volles Vertrauen zu ihrer Aufrichtigkeit und Sachkunde verdienen, so gewiß liegt es doch unvermeidlich in der menschlichen Natur, daß jede Mittheilung sich mehr oder weniger nach unserer Persönlichkeit umfärbt. Wer das in Bezug auf Beethoven ganz unbefangen beobachten will, blicke nur auf Beethoven= sche Aeußerungen in Seyfrieds Mittheilungen. Gewiß hat Seyfried wahrhaft sein wollen; gleichwohl hat er den Beethoven in das Sey= friedsche übersetzt; wer von Seyfried gelesen hat*), wird das gleich gewahr. So werden wir auch weiterhin, in Bezug auf Beobachtung des Taktmaaßes Ries und Schindler mit einander in Widerspruch finden. Ganz gewiß sind beide dabei wahrhaft gewesen; aber sie haben von verschiednen Standpunkten aus berichtet, — und, ohne Frage, Schindler von dem höhern, Beethoven nähern. Was also Schindler und Ries berichten (besonders der erstere) muß uns höchst beherzigenswerth sein, darf aber Niemand von eigner Prüfung und Entscheidung abhalten; Schindler selbst fodert nach seiner Ein= sichtigkeit dazu auf. Beiläufig bemerken wir, daß es unter den Klaviersachen vornehmlich die beiden Sonaten Op. 14 sind (unter den Symphonien die aus Ddur, Esdur, Cmoll, Nr. 2, 3, 5), auf die Schindlers Bemerkungen näher eingehn.

Ja, in einem eigenthümlichen Punkte müssen wir sogar ge= wissen Anordnungen Beethovens unbedingte Folgsamkeit versagen, nämlich in der Bestimmung des Zeitmaaßes durch metronomische Feststellung. Zum Glück finden wir hierin volle Gewähr in Schindlers Mittheilungen.

Beethoven hat aus Gutmüthigkeit Mälzels Erfindung, den Metronomen, in Schutz genommen. Sein eigentliches Urtheil hat

---

*) Z. B. in der ehemaligen Berl. allg. musikal. Zeitung. Seyfrieds etwas aufgestelzte Manier erkennt man Th. 1. S. 32 und 63; nicht unwahrscheinlich ist dem, der Seyfrieds Ansicht von Cherubini's Messen kennt, daß er bei dem „ad notam nehmen" seine Meinung eingeschmuggelt hat, um Beethovens Autorität für Cherubini's Werke zu benutzen.

er aber in den Worten niedergelegt: „Gar kein Metronom! Wer richtiges Gefühl hat, der braucht ihn nicht, und wer das nicht hat, dem nützt er doch nichts, der läuft doch mit dem ganzen Orchester davon." In der That sind die absoluten Zeitmaße des Metronomen weit weniger dem Wesen der Kunst gemäß, als die bekannten, allerdings weit unbestimmtern, die man durch die Ueberschriften Allegro, Andante u. s. w. andeutet. Das Ungegefähre geben, unter Beirath des künstlerischen Herkommens, diese Worte ganz gut, absolute Bestimmung aber ist künstlerisch unzulässig, weil es kein absolutes Zeitmaß giebt, sondern Persönlichkeit, Stimmung, bei chorischen und orchestralen Werken die Stärke der Besetzung, Weite des Lokals u. s. w. mitbestimmend eingreifen.

Daher ist es gerade den tiefern Komponisten oft gar nicht leicht, das rechte Zeitmaß metronomisch genau anzugeben. Beethoven (von dem übrigens nach Schindlers Versicherung kaum fünf Sonaten, darunter Op. 106, 109, 110, 111, und zwei oder drei Symphonien, nämlich die Nr. 7, 9 und vielleicht Nr. 8 metronomisirt sind) war in den Angaben selbst schwankend. Er hatte die neunte Symphonie für den Verleger metronomisirt und wiederholte „das Geschäft" (wie er's nannte) einige Monate darauf für die philharmonische Gesellschaft in London; da fanden sich alle Tempi anders angegeben, theils langsamer, theils geschwinder. Auch den zweiten Satz der A dur-Symphonie, bekanntlich Allegretto überschrieben, fand er später in einer Aufführung zu schnell genommen und wollte ihn für die Zukunft mit Andante quasi Allegretto*), MM $\mathbf{\downarrow} = 80$ bezeichnet wissen.

Was hiernach von den metronomischen Bezeichnungen aus der Feder von Virtuosen zu halten ist, deren Name die immer neu auftauchenden Ausgaben Beethovenscher Werke beglaubigen soll,

---

*) Beiläufig ein authentischer Hinweis, daß Beethoven keine besondre Form, sondern nur das Zeitmaß mit dem Namen Allegretto hat bezeichnen wollen. Lenz hat eine besondre Form hypothetisirt, natürlich, ohne sie in bestimmten Umrissen zeichnen zu können.

leuchtet ein. Wir kennen Beethovens Ansicht (S. X) und erfahren durch Schindler, wie unzufrieden er namentlich mit der virtuosischen und modernen Uebertreibung des Zeitmaaßes war. Wohl zu beherzigen ist auch der Ausspruch Schindlers (der übrigens einige Metronomisirungen von Moscheles „doch etwas mehr der Wahrheit nahe" findet, als die wiener) über die Virtuosen: „Laßt euch von keinem Virtuosen, der sein Lebelang nur bemüht gewesen, schwere Passagen zu üben, um die Mechanik der Finger auszubilden, Sonaten von Beethoven vorspielen, die nicht gerade auf Bravour berechnet sind (deren Gottlob nur sehr wenige*) sind), um auch daran ein Muster im Vortrag und in der Auffassung zu nehmen."

Wie soll man also zu einer richtigen Auffassung Beethovenscher Werke gelangen? — Wie soll man, — nach Allem, was uns von Andern zufließen kann, auf sich selbst als letzten Entscheidenden zurückgewiesen, — sich gegen Irrthum und Fehlgriffe möglichst sicher stellen?

Dies ist die wichtige Frage. Wir wissen nur Folgendes zu antworten:

Vor Allem setzen wir geistige Reife und technische Geschicklichkeit für das Werk, dem es gilt, voraus. Das technische Geschick erweiset oder ergänzt sich; darüber bedarf es hier keines Raths. Das erste Zeichen geistiger Reife ist die Empfindung für das Werk und die Lust zu seiner Aneignung.

Sodann geben wir zu beherzigen, daß ein so tiefer Geist, wie der Beethovens, nicht im Vorbeigehn und nicht an einem einzelnen Werke, oder ein Paar Werken ergründet werden kann. Man muß, von allem Bedürfniß der Technik abgesehn, anhaltende und ausgebreitete Beschäftigung daran setzen, gewiß überzeugt, daß der Gewinn in gleichem Maaße wächst. Wer hierbei die Selbstüberwindung übt, in einer gewissen methodischen Ordnung vom Faßlichern zum Tiefern zu schreiten, dem wird jedes vorhergehende Werk die

---

*) Nur Op. 53 und 54, kaum Op. 22 und 47 dürfte man dahin rechnen.

Verständniß der folgenden anbahnen. Wir stellen hier eine Reihenfolge der Sonaten auf,

> Op. 2, 13, 14, 22, 54, 53, 78,

dann

> Op. 26, 10, 7, 28, 31, 27, 57,

dann

> Op. 81, 90, 106, 101, 110, 109, 111,

die als Beispiel methodischer Ordnung dienen soll, keineswegs als
allgemeingültige Vorschrift. Eine solche ist schon deßwegen ganz
unzulässig, weil es bei jedem Einzelnen von dessen Vorbildung und
Geistesrichtung abhängt, was in jedem gegebenen Zeitpunkte für
ihn erreichbar und zuträglich sein mag. Daher ist hier nicht einmal
auf den sehr verschiednen Standpunkt Rücksicht genommen, den die
einzelnen unter Nr. 2, 14, 10, 31, 27 vereinten Sonaten inne
haben. Die technische Abstufung ist ganz bei Seite geblieben; die
mag Jeder selbst in Betracht ziehn.

Soviel im Allgemeinen.

Soll nun ein bestimmtes Werk studirt werden, so rathen wir,
es zuerst ohne Rücksicht auf technische Schwierigkeiten und vorkom-
mende Fehlgriffe ununterbrochen ein- oder ein paarmal gerade durch-
zuspielen, und zwar in dem Maaße der Bewegung, das man —
wir wiederholen: ohne Rücksicht auf Technik — für das Rechte hält.
Dieses erste Durchgehen des Werks, wie mangelhaft auch die Darstellung bleibe, gewährt einen Ueberblick des gesammten Inhalts;
ohne diesen Ueberblick bleibt vor Allem das einstweilen nach der
Ueberschrift und noch willkührlichem Gutdünken ergriffene Tempo,
dann aber auch der Sinn aller einzelnen Theile durchaus im Dunkeln. Dies gilt von jeder Komposition, von Beethovenschen aber
mehr, wie von der Mehrzahl der andern, weil in seinen Werken
ein viel innigerer Zusammenhang aller Theile stattfindet, Eins sich
aus dem Andern folgerechter entwickelt und nichts ohne Rücksicht
auf diesen Zusammenhang vollkommen begriffen werden kann. Man
wird, um nur ein Paar Beispiele zu geben — und nicht einmal

die schlagendsten, in der Ddur-Sonate Op. 10 den dritten Satz mit seiner süßen Beschwichtigung, mit dem Hineindrohn finsterer Gedanken (Th. 2) und dem erneuten rüstigen Aufraffen lebendiger Kraft (im sogenannten Trio) nicht vollkommen verstehn, folglich nicht vollkommen karakteristisch darstellen, wenn man diesen Satz nicht im Zusammenhang mit dem vorhergehenden Largo auffaßt. Man wird in der Sonate Op. 110 nicht wissen, was mit der Fuge anzufangen ist, wenn man sie nicht im Zusammenhang mit dem Arioso und mit den vorhergehenden Sätzen zu fassen weiß.

Diese allgemeine Bekanntschaft mit dem Werke wird zunächst zur Berichtigung des Zeitmaaßes dienen, das vorerst nur nach der äußerlichen Vorschrift, ohne innerliche Gewißheit hat ergriffen werden können. Haben wir oben (S. XXII.) die absolutistischen Vorschriften des Metronomen abgelehnt, so können wir doch auch die Unbestimmtheit der herkömmlichen Tempobezeichnungen nicht übersehn, mag man sie auch noch so umständlich anwenden und anhäufen. Wie viel Abstufungen lassen die Bezeichnungen Allegro, Adagio zu! wie sehr sind die Allegretto= oder die Andante=Sätze der Bewegung nach verschieden! Nur der innere Sinn giebt den Maaßstab für die Bewegung: es kommt also bei jedem Satze darauf an, die Vorzeichnung nach diesem Sinn zu bemessen. Ein allgemeiner Rath läßt sich indeß hier ertheilen. Jemehr der Inhalt eines Satzes in das Feine und Einzelne ausgearbeitet ist, desto weniger verträgt er übereilte Bewegung. Technische Ausführbarkeit darf durchaus nicht zu schnellem Zeitmaaß verleiten; die ersten Sätze der Sonaten Op. 13 (der pathetischen Sonate) 28, 90, 101 sind gar wohl noch einmal so schnell ausführbar, als ihr Inhalt gestattet. Schindler wird nicht müde, Beethovens und seine Unzufriedenheit mit diesen Uebertreibungen des Zeitmaaßes auszusprechen; auch Mozart hat schon zu seiner Zeit dagegen geeifert. Wenn Schindler erwähnt: „Was namentlich die Sonate pathétique unter Beethovens Händen wurde (obgleich er am reinen Spiel manches zu wünschen übrig ließ), das mußte man gehört und wieder gehört haben, um sich genau orientiren zu können, daß es dasselbe, schon bekannte Werk sei": so wird Jedermann sich sagen, daß Beethoven durch ganz andre Vortragsmittel gewirkt haben müsse, als durch Schnelligkeit des Zeitmaaßes.

Besonders trägt die Beziehung der einzelnen Sätze, die Bedeutung derselben im Sinne des Ganzen dazu bei, das Zeitmaaß für jeden sicherer festzustellen. Die Dmoll=Sonate Op. 31 giebt dafür zwei Beläge. —

Erstens: wie soll der dritte Satz genommen werden? Sein rastlos fließender Inhalt überredet zu rascher Bewegung im Dahinstürmen oder in anmuthvoller Lebhaftigkeit; in einer oder der andern Weise wird er meist gefaßt und haben wir ihn von geschickten Konzertspielern mehrmals öffentlich gehört; die Vorzeichnung, Allegretto ³/₈, ist dem nicht entgegen. Wer aber zuvor den tiefernsten, pathetischen ersten Satz, die sanftere aber eben so ernste Weise und Sammlung des zweiten Satzes in sich aufgenommen, wird jene beiden Darstellungsweisen für den dritten Satz ablehnen und die Bewegung ein wenig zurückhalten, um all den seelenvollen Betonungen, die aus der raftlosen Unruhe hervortauchen, Dasein und Wirkung zu gewähren. Denn es kommt ja nicht blos darauf an, daß alle Töne gespielt und äußerlich abgehört, sondern daß sie, daß namentlich die tiefer bedeutsamen empfunden werden, in der Seele nachklingen, — und dazu gehört Zeit.

Der zweite Belag ist im ersten Satz der Sonate enthalten. Hier wechseln Largo und Allegro anscheinend schroff miteinander, das Largo enthält den Keim zum Hauptsatze, das Allegro den zum Seitensatze. Die meisten Spieler, alle die wir öffentlich gehört, bleiben bei den Ueberschriften stehn und spielen das Largo, wie sich gebührt, das Allegro geschwind, und zwar sehr geschwind. Allein so hat es keinen Sinn. Woher nach dem ruhigen, in sich versunkenen Einsatz des Largo dieses Herausfahren mit einem Allegrosatze, der zu kurz ist (drei Takte, denn der vierte ist schon wieder als Adagio bezeichnet), um, mag man ihn nun stürmisch, oder leicht,

oder sonst wie nehmen, zur Wirkung zu kommen? Und was be=
deutet nach dem Allegro diese Wiederkehr des Largo und dies aber=
malige Herausfahren des Allegro, diesmal mit zwölf Takten, offen=
bar ohne Abschluß, ohne festen Kern, während erst mit dem näch=
sten Takte der festgebildete Hauptsatz auftritt, nicht aus dem Allegro,
sondern aus dem Largo entspringend? —

Nur der Zusammenhang des Ganzen giebt Antwort. Das Largo
zeigt sich immer mehr als Grundgedanke, als Kern des ganzen
Satzes. Zuerst schon darin, daß es den Hauptsatz begründet, —
hier aber von jenem einstweilen unbegreiflichen Allegro zweimal
unterbrochen. Dann zu Anfang des zweiten Theils, wo der Ge=
danke tonisch erweitert und in dreimaliger Wiederholung, diesmal
ohne Unterbrechung durch das Allegro, auftritt. Endlich zu Anfang
des dritten Theils, wo zwar das unterbrechende Allegro, (die drei
Takte mit dem vierten, Adagio) wiederkehrt, der Haupt=Gedanke
aber sich jetzt — zu einem tiefgefühlten Rezitativ erweitert und da=
durch vollendet. Das also (so wird hier endlich enthüllt) hat Beet=
hoven sagen, diese tiefernsten Betrachtungen haben sich in ihm zum
Wort hervorringen wollen! Hiermit ist auch die Bedeutung des
dazwischentretenden Allegro's enthüllt; es ist Zwischenspiel zum Re=
zitativ, malt, nach der Bestimmung dieser Zwischenspiele, was im
Rezitative nicht hat zum Worte kommen können, alles das Beiläu=
fige, das im erregten Gemüthe stumm aber nicht bedeutungs= und
einflußlos vorgeht, im Leben der Wirklichkeit höchstens in Miene
und Geberde sich verrathen würde, — oder auch die Aeußerlichkeiten
in ihrer Einwirkung auf das Gemüth des Handelnden oder Empfin=
denden. Diese unbestimmt bleibende Erregung muß sich zwar leb=
haft äußern, verträgt aber in ihrer Unbestimmtheit und Unfertigkeit
gar kein festes Zeitmaaß; die Ueberschrift Allegro deutet das Erstere
an, der Sinn des Ganzen ergiebt das Andre. Festes (sagen wir:
festeres) Zeitmaaß tritt erst mit dem Hauptsatze (Takt 21) ein; im
Seitensatze gelangt auch der Allegrogedanke zu fester Ausprägung
und damit zu festem Zeitmaaß.

5. Eindringen in das Werk.

Ist eine allgemeine Anschauung vom Werke gewonnen, so muß nun tiefer und sorgfältiger in dessen Inhalt, in den Inhalt und die Bedeutung der einzelnen Partien eingedrungen werden, stets mit Rücksicht auf den Sinn derselben im Zusammenhang des Ganzen. Dieser zweiten Aufgabe kommt Kenntniß der Kunstformen (die wir deßhalb Th. 1. S. 86 u. s. f. wenigstens in Umrissen gezeichnet) ungemein zu statten. Sie hilft, den Inhalt in seine natürlichen Glieder auseinander zu legen und mit größerer Bestimmtheit jedes dieser Glieder abgesondert anzuschauen. Blicken wir beispielsweise den ersten Satz der Sonate Op. 7 an.

Die Sonate zeigt in ihrem ersten Satz oder Allegro:

1. in der Hauptpartie (Esdur)

   a. einen ersten Satz, bis Takt 13,

   b. dessen Kern wiederholt, bis Takt 17,

   c. eine gangartige Ueberführung,

2. in der Seitenpartie (Bdur)

   a. einen ersten Satz, der Bewegung der Hauptpartie anschließend,

   b. einen zweiten Satz (den in punktirten Vierteln),

   c. dessen Wiederholung mit figurirter Ober= dann Unterstimme,

   d. einen dritten Satz, den in Cdur,

   e. einen vierten in Bdur,

   f. dessen Wiederholung in Sechszehntel=Figurirung,

   g. einen Sechszehntelsatz (statt des Ganges, der nach so reicher Modulation und Entwickelung nicht angemessen war)

3. den Schlußsatz;

daß der zweite und dritte Theil denselben Inhalt weiter verwenden, ist bekannt.

Hiermit erst ist der gesammte Inhalt unterscheidbar auseinander-
gelegt, ein deutlicher Grundriß gewonnen, der selbstverständlich über
den zweiten und dritten Theil weitergeführt werden muß. Beiläufig
finden sich bei dieser Zergliederung diejenigen Partien, die technischer
Vorbereitung bedürfen. Die Hauptsache ist aber, daß man nun mit
größerer Schärfe den Inhalt auffaßt, mit Gefühl und Gedanken
den Sinn der einzelnen Glieder zum Bewußtsein bringt und sich
bereits eine ziemlich sichere Vorstellung von der für jedes geeigneten
Vortragsweise macht. Wie verhält sich der erste Seitensatz unsers
Beispiels zum ersten Hauptsatze? wie sind beide bei ihrer Aehnlichkeit durch den Vortrag zu unterscheiden? wie ist der zweite und
dritte Seitensatz, und im entschiednen Gegensatze zu ihnen der vierte
vorzutragen? — Wir wollen aus Erfahrung zusetzen, daß diese
Uebersicht nach ein Paar Versuchen leicht erlangt wird. Schwierige
oder fragliche Punkte mag, wer nicht näher in Komposition unterwiesen ist, dahingestellt sein lassen.

Nach der Zergliederung des ersten Theils ist der Inhalt des
zweiten und dritten leicht festzustellen. Hierbei ergiebt sich, auf
welche Sätze der Komponist öfter oder nachdrücklicher zurückkommt,
welche ihm also besonders wichtig sind. Nun wird es äußerst förderlich für Auffassung und Vortrag, jeden Satz abgesondert durch die
ganze Komposition zu verfolgen und sich klar zu machen, wie sein
Inhalt sich fortschreitend entwickelt hat. Der zweite Seitensatz unserer Sonate z. B. tritt zuerst einfach auf, Alt und Baß in Dezi-
men (also chorisch vereint) gegen den Diskant, der Tenor (F a b g)
durchweg mehr unterschieden, alle Stimmen in sanfter Bewegung.
Die Wiederholung (gleich danach) figurirt den Diskant in seelenvoll
sprechender Weise. Im zweiten, aufgeregtern Theile kann dieser
Satz keine Stätte finden. Im dritten Theile kehrt er wieder, natürlich im Hauptton Esdur, muß also, wenn er nicht heftig einsetzen
soll, eine Quinte tiefer, dumpfer als im ersten Theil beginnen;
erst jene beredsame Figuration greift zur höhern Oktave. Das alles
war recht, nothwendig, — aber es befriedigt nicht den Satz. Ein

Anhang muß ihn wiederbringen, und zwar in der höhern Lage $(\overline{\overline{g}} \ \overline{\overline{f}} \ \overline{\overline{es}} \ \overline{\overline{c}})$ feiner und klingender. Nun endlich muß auch der Tenor zur Geltung kommen; er wird Oberstimme, die Figuration tritt in den Alt, dann in Sextenverdopplung in die Unterstimmen — und nun erst ist dem Gedanken sein volles Recht geworden. Wer das erkannt und durchgefühlt, der kann erst hoffen, den Satz wahrhaft gefaßt zu haben. Wir wiederholen aber, daß alle diese Studien nicht bloße Verstandesarbeit sein dürfen, sondern aller Beobachtung und Erörterung beseelte Theilnahme, Gefühl und Phantasie vorangehn und zur Seite bleiben müssen.

Daß dieses Verfahren nicht blos auf Beethovens, sondern auf alle Kompositionen anwendbar ist, leuchtet ein; allein bei den seinigen ist es wichtiger, ja fast unentbehrlich bei der großen Energie, mit der er seine Sätze entwickelt und verknüpft und in der Wiederholung gesteigert oder anders gewendet hat.

Bei diesem Eindringen in die einzelnen Sätze trifft man nun auch auf die Punkte, die mehr wie bei andern Komponisten die volle Umsicht und Vertiefung des Vortragenden und alle Vortragsmittel, die das Klavier gewährt, in Anspruch nehmen. Wenigstens einige Andeutungen über diese Punkte dürfen hier nicht fehlen.

Das Erste, worauf wir hier die Aufmerksamkeit lenken, ist die feine Ausbildung der Melodie. Jeder Ton in der Beethovenschen Melodie hat Bedeutung, jeden hat der Meister mit innerer Nothwendigkeit gesetzt, jeden mit seiner Seele erfüllt und zwar stets im Sinne des Ganzen; wenigstens von den bedeutendern Werken gilt das geradezu, — das heißt, von der Mehrzahl aller Werke. Hier ist von Zuthaten, von Verzierungen, — anmuthigen oder feingefühlten, wie wir oft bei Mozart, überwuchernd bei Hummel und Chopin finden, — nicht die Rede; Alles gehört zur Sache und will im Zusammenhang und Sinn des Ganzen gegeben sein.

Es ist schwer, hierzu Beispiele zu geben, weil fast jedes Werk deren in Fülle bietet. Man blicke zuerst auf das Largo der Sonate Op. 7, und zwar auf den Anfang des zweiten Theils des

Hauptsatzes, Takt 9 bis 15, der, der Grundlage nach, aus einer
dreimaligen Wiederholung von zwei Takten besteht. Die Einfüh=
rung dieser drei Abschnitte von je zwei Takten wird in der Ober=
stimme

zweimal geändert, äußerlich angesehn: verziert. Man würde gleich=
wohl Beethoven schlecht verstehn, wollte man die Aenderungen so
verstehn, nicht jede Note dem Sinn des Ganzen gemäß vortragen.
Es giebt dafür sogar einen äußerlichen Beweis. Verzierungen,
z. B. bei Hummel und selbst bei dem weniger ausgebildeten aber
feiner besaiteten Chopin lassen sich ändern, allenfalls mit andern
vertauschen, ohne daß das Ganze wesentlich darunter litte. Nun
versuche man dasselbe mit dieser kleinen Stelle, nehme talentvolle
Musiker, nehme Reminiszenzen aus Chopin und selbst andern Wer=
ken Beethovens zu Hülfe: da wird sich die Unabänderlichkeit jeder
Note herausstellen, folglich die Nothwendigkeit, sie dem Sinne des
Ganzen gemäß darzustellen. — Ein tieferes Beispiel giebt das
Arioso (S. 13 und 17 der Originalausgabe) der Sonate Op. 110.
Es tritt gleich das erstemal in feinempfundner Ausbildung der Me=
lodie auf, einer der zartesten und seelenvollsten, die es giebt. Bei
der Wiederholung (S. 17) wird die Melodie geändert, äußerlich
angesehn, und handwerkerlich zu reden: verziert. Wie weit steht
diese Vorstellung von Beethovens Sinn ab! Die Klage des Ari=
oso, — die Ueberschrift: Arioso dolente, ist nur äußerlicher Finger=
zeig, die Töne sprechen, jeder! — hat zu entsagungsvollem Dahin=
wallen durch das Leben (Fuge) gebracht, das nur noch die letzte
Aussicht zu bieten scheint. Dieser Gang muß zur verinnigten, tiefer,
entathmender in den Lebensnerv eingreifenden Klage zurückführen;
dann irrt das Leben hierhin, dorthin, bis die Harfenklänge wieder
aufzurauschen scheinen, die zu Anfang der Sonate schon erwacht
waren, die einstmals auch Ossians scheidende Seele emporgetragen

hatten. Solche Vorstellungen müssen die Seele für die Wandlungen im Arioso stimmen.

Das Zweite, worauf wir hinweisen, ist die Umfänglichkeit der Beethovenschen Melodie. Ganz in seine Idee vertieft, nur sie wollend, aber mit der vollen Energie seines Wesens, bedarf der Meister weiten — man möchte sagen, unbeschränkten Raum nach Ausdehnung und Tongehalt. Dieses Adagio sostenuto der Sonate Op. 106 räumt seinem ersten Satze für den ersten Theil neun, für den zweiten achtzehn Takte ein. Aber, was wir hier (vielleicht unrichtig) als zwei Theile bezeichnen, ist so innig zu einem Ganzen zusammengeschmolzen, daß man erst Takt 26 ein Ende deutlich fühlt, — und kaum da. Wie viel dem Meister an der richtigen Auffassung gelegen, zeigt sich in den unerschöpflichen Vorschriften; der Satz soll una corda und mezza voce gespielt werden, übergeschrieben ist: Appassionato e con molto sentimento.

Dergleichen zeigt sich nicht blos in langsamen Sätzen. Gleich der erste Satz der Sonate Op. 90, ebenfalls sehr angelegentlich für den Vortrag mit der Ueberschrift (statt der übel-herkömmlichen italienischen Tempobezeichnungen) „Mit Lebhaftigkeit und durchaus mit Empfindung und Ausdruck" bezeichnet, stellt einen Hauptsatz von 24 Takten auf. Während in jenem Adagio die athemraubende Länge der Kantilene den Vortrag erschwert, ist es hier die kurze Gliederung, die wohl abgewogen sein will. Viermal wird ein Abschnitt von zwei Takten im Fortschreiten wiederholt, dann folgt ein ganz anders gestalteter Satz von acht (zweimal vier) Takten, der vordersatzartig schließt und abermals einen aus dem Anfang entsprossenen Satz von acht Takten (zweimal vier) nach sich zieht. Diese vierundzwanzig Takte bilden, über alle Gliederung hinweg, ein eng zusammengehöriges Ganze.

Mag dieser Satz gleich einen Beleg für die tonische Umfänglichkeit geben. Er beginnt auf dem eingestrichenen g, hebt sich langsam auf $\overline{\overline{g}}$, dann auf $\overline{\overline{e}}$, und von diesem $\overline{\overline{e}}$ greift er zweimal

auf fis hinab, selbstverständlich in vollkommner Einheit und tief=
begründeter Nothwendigkeit.

Setzen wir drittens hinzu, daß diese Weite sich naturgemäß
auch in der Bildung der Gänge, Orgelpunkte und Partien zeigt.
Schon die Ddur=Sonaten Op. 10 und Op. 28 geben für Gang
und Orgelpunkt genügende, wenngleich nicht die stärksten Beispiele.
Die erstere gesellt ihrem Seitensatz ein aus dem Hauptsatz genomme=
nes Motiv, a | gis fis e zu und verfolgt in der gangartigen Fort=
führung des Seitensatzes das Motiv vierzehnmal durch eben so viel
Takte, dann aber noch sieben Takte lang in andersgestalteter Füh=
rung, um es am Schlusse des ersten Theils noch zehnmal und zur
Ueberführung in den zweiten Theil noch weitere vier= oder fünfmal
zu bringen, alles das mit innerer Nothwendigkeit und ohne Er=
müdung, wenn nur der Vortragende seine Sache versteht. — Die
andre Sonate bildet im ersten Satz ihren Orgelpunkt auf Fis acht=
unddreißig Takte lang, größtentheils mit einem einzigen Motiv

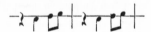

beschäftigt*), einer der tiefsinnigsten Momente in der Klaviermusik.

Endlich mag die Sonate Op. 106 das durchgreifende Beispiel

---

*) Solche, allerdings nur der tiefen Versenkung eines Beethoven nothwendig
werdende Momente sind es denn, die den nichtbegreifenden Janhagel unter den
Musikern und Kennern in Harnisch jagen und sogar witzig machen. So hat bei
der Aufführung der A=dur=Symphonie einer dieser lieben Franzosen, die nach ihrer
eben so artigen wie unerschöpflichen Versicherung an der Spitze der Intelligenz
stehn, herausgezählt, daß im Uebergang zum Allegro nun schon zum vierzigsten
Mal e anschlage, — und hat Echo's in Deutschland gefunden, ohne daß Einer
geprüft, ob nicht vielleicht die Wiederholung bis auf die letzte Note zur Sache
gehöre. — Selbst K. M. Weber hat über die Wiederholungen des d͡d cis
his | cis gespöttelt, — im Gasthofe hat er die Bässe das intoniren gehört, sich
erkundigt, ob und wo Konzert sei, sei die Treppen hinabgestiegen, über den Markt
in das Konzertgebäude gegangen, habe sich ein Billet gekauft — und als er ein=
getreten, hätten die Bässe immer noch d͡d cis his | cis gespielt. Aber spotten
ist oft leichter, als begreifen.

für die Weite der Partienanlage hergeben. Die Hauptpartie des ersten Satzes umfaßt einen ersten Gedanken von zweimal zwei, einen zweiten von vier und acht, einen dritten von viermal zwei Takten, der zehn Takte weiter geführt wird; dann kehrt der erste Satz wieder und wird noch vierundzwanzig Takte weiter geführt, bevor die Seitenpartie eintritt. Es ist freilich „die Riesensonate."

All das will in seiner innern Einheit gefaßt und dargestellt sein. Daß dafür das unaufgeklärte Gefühl für die Einzelheiten keine Gewähr leistet, bedarf wohl keines Erweises; zu dem Gefühl muß klare Durchschauung des Ganzen kommen, die jedes Einzelne nach dem Zusammenhang im Ganzen erfaßt und für jedes die gemäßen Mittel der Darstellung in Bereitschaft hält.

In diese Mittel näher einzugehn, ist hier nicht Beruf; jeder Spieler muß wissen oder von seinem Lehrer erfahren, was durch die verschiednen Vortragsmittel, durch Binden und Trennen u. s. w. geleistet werden kann.

Nur auf eins derselben muß mit Nachdruck hingewiesen werden auf das wechselnde Maaß der Stärke. Im Großen ist es hülfreich, die Gegensätze des Mächtigen und Nachgiebigen oder Untergeordneten zu bezeichnen. Aber noch geschäftiger und belebender ist es in der Durchführung der Kantilene, bei der es jedem Ton in der Melodie den ihm gebührenden Nachdruck ertheilt.

Ist eine Melodie kalt, von gleichgültigem Inhalte, so bleibt der Betonung nur das Geschäft, die rhythmische Gestaltung, also das Formelle, die Grundzüge des Baues zu bezeichnen. Daß dieses Spiel der Accente ebenfalls seine Feinheiten und seinen Reiz hat, ist gewiß; der rhythmische Vortrag wohlgebildeter Verse und der feinere Tanz geben dazu Vorbilder, — nur weit ärmere, als die reichabgestufte Rhythmik der Musik. Hiervon ist indeß weiter nicht zu reden; schon die Musiklehre giebt das Nöthige an die Hand.

Etwas ganz Anderes ist es um die Betonung einer innerlich beseelten Melodie. Hier ist, darf man als Grundsatz sagen, auch nicht ein Ton dem andern an Bedeutung und Schwere gleich. Die

C*

bewegte Seele lebt in jedem Ton, liebt jeden, schont und verhehlt diesen, schlägt und treibt hervor jenen, wogt von der leisesten Anregung zur Machtfülle empor und von der zurück bis zu völligem Erlöschen (die Pausen, die Beethoven so oft und bedeutungsvoll in den noch unvollendeten Lauf seiner Melodie streut) wiegt sich auf dem unberechenbaren Spiel linderer oder schwellenderer Wogen, streut über dieses Wechselspiel die Lichtpunkte der einzelnen Betonungen und weiß zu gleicher Zeit der festgezeichneten rhythmischen Gestaltung und dem unendlich wechselvollen Gefühle zu genügen.

Die Aufgabe ist schwer, so lange man sich noch nicht in Beethoven hineingelebt hat. Aber sie ist unabweislich. Hier steht uns Beethovens Vortragweise selbst als vollgenügender Beweis zur Seite. „Es war (nach Schindlers Zeugniß) die deutlichste faßlichste Deklamation, wie sie in dieser hohen Potenz vielleicht nur aus seinen Werken herauszustudiren sein dürfte.“ Wieder ein Beweis, daß er nicht mit Tönen hat spielen wollen, sondern reden. Die Aufgabe ist schwer selbst für den, der Sinn und Gefühl für den Inhalt mitbringt, wegen der Unvollkommenheit des Klaviers für melodisches Spiel. Aber viel vermag man dennoch diesen einsiedlerischen Tonhölzern abzulisten und dem Hörer vorzuspiegeln, viel mehr, als die Meisten meinen und vermögen. Wer Gelegenheit hat, einen Laub, Wieniawski, Joachim (und wie sie sonst heißen, die beseelten und beseelenden Geiger oder Violoncellisten) zu hören, der hat in ihren feinen, wechselreichen Bindungen, Betonungen u. s. w. ein Vorbild dessen, was man dem Klavier abzugewinnen trachten muß. Noch fördernder wird denen, die singen können (gleichviel mit welcher Stimme) das eigne Singen der Melodie. Gefühl drängt zum Gesang, Gesang spiegelt jenes zurück.

Durch das bloße Stärkemaaß, auch im Verein mit Bindung und Lösung der Töne, kann aber dem Anspruch des ewig wechselnden und wogenden Gefühlslebens nicht genügt werden; schon die Stufenleiter der Stärkegrade selbst auf den besten Instrumenten erweist sich unzulänglich. Geistig, wie Beethovens Schöpfung, ener gisch, wie sein Wollen, frei, wie sein Wesen ist, bedarf es geistiger Mittel des Vortrags, des Ausdrucks jener freischaltenden selbstbestimmungsvollen Willenskraft, des durchaus freien Einherschritts, wo und soweit die künstlerische Vernunft sie der jedesmaligen Aufgabe gemäß fordert. Man muß

6. Taktfreiheit

als unbedingte Nothwendigkeit für den vollkommnen Vortrag Beethovenscher Komposition anerkennen.

Daß Taktfestigkeit für den Musiker eine ganz unerläßliche Eigenschaft ist und in den ersten Perioden der Musikbildung unbedingt festgehalten werden muß, ist gewiß, kommt aber hier nicht in Betracht. Wir haben hier das künstlerische, nicht das Schulbedürfniß im Auge.

Daß ferner ein Theil der Beethovenschen Kompositionen der Taktfreiheit nicht bedarf, oder sie sogar ablehnt, ist gewiß, beweist aber nichts gegen das Bedürfniß der andern Kompositionen, sondern weiset nur darauf hin, daß jedes Werk seinem besondern Sinne gemäß behandelt sein will. Als Kompositionen, die der Taktfreiheit nicht gar, oder in geringem Maaße bedürfen, wüßten wir nur die Sonaten Op. 22, 54, 53 (Werke, die dem Tonspiel gewidmet sind) zu bezeichnen, und ganz gewiß die Variationen Nr. 36, auch das Finale der Sonate Op. 26 und einige andre einzelne Sätze. Als Werke, die Taktfreiheit ihrem Inhalte nach ablehnen, würden die Märsche Op. 45 und der Trauermarsch der Sonate Op. 26 zu bezeichnen sein. Nur bedingen wir für den letztern aus, daß er nicht in der schleppenden, flennenden Weise vorgetragen werde, wie man am Klavier und mit gemietheten Posaunen sich angewöhnt hat, wenn ein weichmüthiger Bürgersmann seine Muhme begräbt, oder seine Muhme den Bürgersmann. Hier, bei Beethoven, wird ein Held bestattet (die Ueberschrift sagt es, aber die Noten auch, und zwar nicht blos in den dumpfen Trommelwirbeln des Trio und dem

Einschrei der Bläser) und seine Heldenschaar, die, dürfen wir an=
nehmen, mit ihm gefochten, neben ihm ihre Narben sich geholt und
an ihrer Seite ihn fallen gesehn, die Krieger mit finstern, zorn=
bleichen Gesichtern sind es, die ihm das Geleit geben. Da gebührt
strenge Haltung und fester, straffer, trotziger Einherschritt, von den
Schlachten her gewohnt, kein wankender Leichenbittergang; da muß
das Heranwachsen aus der Ferne bis zum Gipfel Alles thun. Und
wer weiß, ob man nicht da und gegen das Ende doch noch wider
Willen zögert.

All diese Ausnahmen bei Seite gesetzt, fodern wir für den
freiesten Geist freieste Bewegung, Taktfreiheit. Ist doch das Ge=
müth in jedem Augenblick anders gestimmt und anders entschieden,
weilt es bei dieser Regung, eilt es über jene hinweg zu dritten,
mag auch die Grundstimmung und Bewegung im Ganzen eines
Vorgangs dieselbe oder ungefähr dieselbe bleiben. Man beobachte
nur sich selber oder Andre! wo wäre Gleichmaaß im Verlauf der
Rede, der Geberden, des freien Gangs zu finden, wenn nicht inne=
rer oder äußerer Zwang es hervorruft?

Naturgesetz ist Taktfestigkeit (Gleichmaaß der Bewegung) nicht,
Taktfreiheit ist Naturgesetz. Taktfestigkeit ist nur Forderung des
Verstandes, der für die ohnehin wellende und schwankende, innerlich
unentschiedne und unbestimmte Tonsprache der rhythmischen Festigkeit
als äußern Anhalts bedarf. Diese Foderung des Verstandes hat
ihr großes Recht, und so weit muß sie gewährleistet werden. Aber
ihr gegenüber steht das höhere Recht, das in der Natur der Sache
liegt, nämlich in der Wellennatur des Gemüths. Es kommt also
darauf an, nach beiden Seiten gerecht zu werden.

Wo Gleichmüthigkeit vorherrscht, wird man Gleichheit der Be=
wegung festhalten oder vorwalten lassen, nach dem Maaße der
Gleichmüthigkeit.

Wo das Gemüth erregter, aus dem Gleichgewicht herausgehoben
in Unruhe geworfen, dem Wechselspiel von Verlangen und Scheu,
von Macht und Ermatten — und wie die Gegensätze sonst heißen —

hingegeben ist, da würde Gleichmaaß zur Lüge, da ist Wechsel der Bewegung Naturgebot. Der Vortrag ist nur dann wahr, wenn er dem Inhalt entspricht.

Bekanntlich hat die Kunst selbst eine Reihe von Bezeichnungen (accelerando u. s. w.) für den Wechsel der Bewegung im Verlauf eines Tonsatzes. Wir sind aber keineswegs der Ansicht, daß hierin ein Genügen zu finden sei; die Bezeichnungen sind in sich selber unbestimmt und können nur für die entscheidendsten Momente verwendet werden. Es ist eben unausführbar, Alles zu bezeichnen; man muß dem Sinn des Werks Gehör geben. Hiermit fällt auch das Bedenken weg, ob man nicht gegen den Willen des Komponisten verstoße, da vom Taktmaaß abzuweichen, wo er es nicht selbst angeordnet.

Auch hier steht uns Beethovens eigne Vortragsweise nach dem Zeugnisse seiner Schüler und Freunde zur Seite. Ja, ein theilweiser Widerspruch in den Aussagen wirft nur noch helleres Licht auf die Sache selbst.

Ries erzählt nämlich: „Im Allgemeinen spielte er selbst seine Kompositionen sehr launig, blieb jedoch meistens fest im Takte und trieb nur zuweilen, jedoch selten, das Tempo etwas. Mitunter hielt er in seinem crescendo mit ritardando das Tempo zurück, welches einen sehr schönen und höchst auffallenden Effekt machte." Hier ist also Taktfreiheit mit ihrer Wirkung bezeugt; nur soll („meistens") Taktfestigkeit vorgewaltet haben.

Schindler dagegen spricht aus: „Was ich selbst von Beethoven immer vortragen hörte, war mit wenig Ausnahme stets frei alles Zwanges im Zeitmaaße, ein tempo rubato*) im eigentlichsten Sinne des Worts, wie es Inhalt und Situation bedingte, ohne

---

*) Das tempo rubato war eine Mode des achtzehnten Jahrhunderts, aus dessen letzter Hälfte und aus Italien von den Sängern herstammend; es sollte jene entbundnere, tiefere Fühlung ersetzen, die den Kompositionen selber mangelte, war aber eben deßhalb eine Unwahrheit und mußte bald der Reaktion des Verstandes erliegen.

aber nur den leisesten Anklang an eine Karrikatur zu haben." Hier erscheint also Taktfreiheit als das Vorwaltende in Beethovens Spiel. Dies muß auch nach dem freien und wechselvoll angeregten Inhalt der Beethovenschen Werke vorausgesetzt werden*), gäb' es selbst gar kein Zeugniß dafür.

„Und Ries Zeugniß?" — Der Widerspruch klärt sich auf, sobald man Zeit und Personen berücksichtigt. Ries kam als Jüngling 1800 zu Beethoven und war bis 1805 dessen Klavierschüler. Damals war Beethovens Wesen selbst noch nicht zu vollster Freiheit entwickelt, wie der unausgesetzt und unberechenbar steigende Fortschritt in seinen Werken beweist. Voraussetzlich hat auch Beethoven bei seinem Vortrag auf den Klavierschüler Rücksicht genommen und sich nicht frei gehen lassen, um jenem kein irreleitend Beispiel zu geben. Endlich ist Ries in sich selber nicht zu jener hohen künstlerischen Freiheit gelangt, die der geistigen Bewegungsfreiheit bedurft hätte, oder zugänglich gewesen wäre; das beweisen seine sonst schätzbaren Werke und Leistungen am Klavier, wie sein Verhalten (Th. 1. S. 299) der sinfonia eroica gegenüber. Schindler dagegen, ohnehin von überlegner Geistesbildung, trat acht oder neun Jahr später zu Beethoven und blieb bis an das Ende bei ihm, konnte daher den vorgeschrittenen Meister beobachten. „Seine ältern Freunde (bezeugt er), die der Entwickelung seines Geistes nach jeder Richtung hin aufmerksam gefolgt sind, versicherten, daß er diese Vortragsweise erst in den ersten Jahren seiner dritten Lebensperiode (von 1813 ab) angenommen, und von der frühern weniger nüanzirten ganz abgewichen sei."

Was noch mehr: Schindler hat Beethovens eignen Grundsatz formulirt. Er berichtet, daß Beethoven ..... „behauptete: Gleichwie der Dichter seinen Monolog oder Dialog in einem bestimmt fortschreitenden Rhythmus führt, der Deklamator aber den-

---

*) Der Verf. hat seine Ueberzeugung gebildet und durch Wort und Schrift bekundet lange vor dem Erscheinen des Schindler'schen Werkes, freut sich aber der gewichtigen Bestätigung.

noch zur sichern Verständlichkeit des Sinnes Einschnitte und Ruhe=
punkte sogar an Stellen machen muß, wo der Dichter sie durch
keine Interpunktion anzeigen durfte; eben so ist diese Art zu dekla=
miren in der Musik anwendbar, und modifizirt sich nur nach der
Zahl der Mitwirkenden bei einem Werke." Schindler führt auch
einige Stellen an, bei denen Beethoven ein wenig gezögert, und
eine an, einen Akkord aus dem Allegretto der Edur=Sonate Op. 14,
„auf dem er sehr lange verweilte." Indeß wollen wir ihm hierin
nicht folgen, da das Einzelne nur im Zusammenhang des Ganzen
festgestellt werden kann. Es kommt vor Allem auf Feststellung des
Grundsatzes an: Taktfreiheit ist zulässig, wo und soweit sie im Sinne
der Komposition erfoderlich erscheint. Für sie spricht das psycholo=
gisch feststehende Wallen (Vorwärtsdrängen oder Zögern) der Ge=
müthsbewegungen; für sie der oft (immer und überall ist es, wie
schon gesagt, nicht ausführbar) ausgesprochene Wille der Komponisten,
die selber ritardando, accelerando, più stretto u. s. w. vorzeichnen;
für sie Beethovens ausgesprochne und bezeugte Meinung und Vor=
tragsweise.

Was gegen die Foderung der Taktfreiheit (die Lehrbedenklich=
keit bei Seite gelassen) angeführt wird, läßt sich auf drei Punkte
zurückführen. Um bei dem Kleinsten anzufangen, so ist es

Erstens der Zweifel, ob man auch durch solche selbständige
(nicht vom Komponisten angeordnete) Abweichungen vom Taktmaaß
nicht gegen den Sinn der Komposition verstoße. „Wer weiß (fragen
die Unselbständigen) ob wir damit nicht gegen den Willen des Kom=
ponisten handeln?" — Allerdings kann das im gegebnen Fall ge=
schehn, aber es kann schlechthin durch Alles, was wir thun oder
unterlassen, gleichermaßen eintreten. Und da doch einmal Sinn und
Wille des Komponisten unmöglich ganz vollständig durch Schrift
vorgezeichnet werden kann, so müssen wir, wie wir uns auch an=
stellen, zuletzt eignes Gefühl, eignes Nachdenken zu Rathe ziehn, um
die Unvollständigkeiten in der Schrift zu ergänzen, — oder wir müssen
überhaupt darauf verzichten, daß ein Werk durch uns lebendig werde.

Zweitens sind Spieler der strengen Observanz schnell mit der Beschuldigung bei der Hand: dieses Eilen und Zögern, besonders das Letztere, sei eitel „Sentimentalität" und bei „klassischen Werken" am wenigsten wohlangebracht. —

Lassen wir vor allen Dingen diese unbestimmten Stichworte „klassisch, romantisch, modern" hier bei Seite, unter denen Jeder etwas Anderes versteht und andre Reihen von Werken zusammenstellt. Vom alten Bach und von Händel sind Schöpfungen höchster Romantik aufzuweisen, Beethoven ist mit höchstem Recht als Klassiker und als Romantiker zu bezeichnen, hierin dem Goethe und dem „Stern der Sterne," Shakespeare zur Seite stehend. Wenn dagegen dilettantische Kunstbesprecher die Romantik als neuere Erfindung preisen, hierin französischen Dichter- und Musikerrichtungen zur Seite tretend, so mögen sie deß froh sein. Es kommt bei solchem Schematisiren und Rubriziren kein freier, hoher Baumwuchs heran, höchstens Spaliergewächs.

Gehn wir gerade zur Sache. Wo der Vortrag, wo Taktfreiheit aus Sentimentalität, aus herangekünstelter oder überreizter Empfindung (Sensiblerie, nennt es Beethoven) hervorgeht, da sind sie vom Uebel, wie jede Unwahrheit. Diese wollen wir meiden. Aber auch das wollen wir meiden: aus Furcht vor Uebertreibung oder Lüge die Sache selbst, die Wahrheit verhehlen und ihren Ausdruck abschwächen oder gar unterdrücken. Geben wir die Sache, wie wir in Wahrheit sie fühlen. Mag dann der Kältere oder anders Fühlende von unsrer Auffassung und Darstellung zurücktreten, sie übertrieben oder sentimental schelten: wir wollen lieber das ertragen, als gegen unsre Ueberzeugung handeln. Nur muß diese Ueberzeugung eine wahrhaft gründliche sein, beruhend auf Gefühl, Ueberlegung, Studium des Meisters und wiederholter Prüfung.

Drittens endlich besorgt man, mit dem Taktmaaße der Ordnung und Haltbarkeit der Musik selber verlustig zu gehn. Diese Besorgniß beruht auf einem guten Rechte. — nur daß sie leicht zu weit getrieben wird. Wir müssen hier gründlicher eingehn.

Das sich selbst überlassene Gemüth unterliegt dem Wellenspiel der Regungen, die bald heftiger bald schwächer, bald eilender bald zögernder treffen und treiben. Für alle freien Gemüthsäußerungen giebt es daher kein äußerlich Maaß; die Geberde des Redenden folgt in ihrer Richtung und Heftigkeit, wie in ihrer Schnelligkeit ganz dem innern Antriebe, die Sprache steigt und fällt, verstärkt und erhellt sich, wird stiller und dunklerklingend ganz nach diesem selben innern Antriebe, den kein von außen herangebrachtes Gesetz hemmen oder wenden darf. In diesem Sinne haben wir oben (S. XXXVIII) ausgesprochen, daß nicht Taktfestigkeit Naturgesetz sei, sondern Taktfreiheit.

Allein nun treten wir zur Musik, das Gemüth will sich durch sie offenbaren, kann sich also dem, was ihr Gesetz und Bedürfniß ist, nicht entziehn, wenn es nicht jener selbstgefaßten Bestimmung zuwider handeln will. Es fragt sich also: wenn Taktfestigkeit (Gleich= maaß der Bewegung) auch nicht Naturgesetz ist, ist es nicht wenig= stens Kunstgesetz, das heißt Nothwendigkeit für die Kunst? für die Musik?

Unbedingte Nothwendigkeit ist jenes Gleichmaaß gewiß nicht; dies wird schon offenbar durch das taktfreie Rezitativ, durch die taktfreien Kadenzen, durch die Halte, durch die vorgeschriebenen Momente des Eilens und Zögerns, durch die Mischung von zwei- und dreitheiliger Ordnung, durch Synkopen und andre die Klarheit des Maaßes verdunkelnde Setzweisen, die Beethoven so sehr geliebt, und immer mehr, je weiter er auf seiner Bahn vordrang.

Aber ein mächtiger Helfer zur Verständniß der Musik ist das Gleichmaaß der Bewegung ganz gewiß, ein im Ganzen unentbehr= licher, weil die Sprache der Töne ohne Vergleich unbestimmter und zutreffender ist, als die des Worts; das Wort giebt blitzschnell seinen Sinn heraus, die Musik braucht Reihen von Tönen, um dasselbe zu erreichen. Damit nur erst eine solche Reihe von Tönen als zu= sammengehörig für den einen Sinn erfaßt werde, bedarf es der deutlichen Zusammenordnung dieser Reihe und der Sonderung der=

selben von andern Reihen, — und dabei fällt dem Rhythmus die vornehmste Arbeit zu; daher strebt er (abweichend vom Rhythmus der Dichtkunst) zur Festigkeit und Gleichmäßigkeit des Taktmaaßes hin, um jener Pflicht auf das Sicherste und Zutreffendste zu genügen.

Dieses Bedürfniß der Musik, am Rhythmus, am Taktmaaß Anhalt zu finden, ist ebensowohl berechtigt, als das Bedürfniß des Gemüths, sich der Wellenbewegung seiner steigenden und nachlassenden Antriebe zu überlassen.

Folglich muß beiden Foderungen genügt werden.

Gleichmaaß der Bewegung ist für die Musik als Grundgesetz anzuerkennen.

Abweichungen davon können nur als Ausnahmen gelten; nur wo, und nur so lange der Inhalt eines Tonwerks sie fodert, sind diese Ausnahmen statthaft. Sobald ihre Nothwendigkeit aufhört, kehrt die Bewegung in ihr ursprüngliches Grundmaaß zurück, — oder wenigstens zum Gleichmaaß, wenn der Tonsatz bleibend lebhaftere oder ruhigere Bewegung fodert.

Die Abweichungen folgen der Natur der Gemüthsbewegung, aus der sie hervorgehn, auch darin, daß sie nicht in ordnungsloser Heftigkeit hervorspringen (seltne Fälle bei Seite gelassen, wo dies geboten scheint), sondern in Allmähligkeit, gleichsam unmerklich im ersten Augenblick, aus dem Grundmaaß der Bewegung hervortreten und eben so zu ihm zurückkehren.

Endlich, wo die Bewegung treibender oder nachlassender und dadurch das rhythmische Zeitmaaß unbestimmter wird, da muß die rhythmische und taktische Betonung um so geschäftiger sein, die Glieder des ganzen Tongebildes klar und bestimmt zu bezeichnen, damit man selbst unter den Wandelungen des Zeitmaaßes noch das ordnende Gesetz durchfühle und an ihm seinen Anhalt finde.

Daß ein solcher Verein von Gleichmaaß und Freiheit höhere allgemein geistige und musikalische Durchbildung fodert, daß hier neben der vernünftigen Freiheit Ausschweifung und Willkühr, neben dem Streben nach voller Wahrheit Uebertriebenheit und Karrikatur

liegt, ist gewiß. Eben deßwegen muß dem Fortschritt zu vernünf=
tiger Freiheit tüchtige Schulung zur Taktmäßigkeit und sonstige Bil=
dung vorangehn; eben deßwegen mag auch Beethoven dem jungen
Ries gegenüber (S. XL) sich nicht so frei haben gehn lassen, als
fortgeschrittnern Personen gegenüber. Aber das Alles hebt das
Recht und Bedürfniß der Freiheit nicht auf.

7. Beispiele an einzelnen Werken.

Zuletzt liegt uns ob, zu den allgemeinen Andeutungen, nament=
lich in Bezug auf die Foderung der Taktfreiheit — dann aber auch
auf andre Momente des Vortrags, wenigstens einige bestimmter
durchgeführte Beispiele und Beläge zu geben.

Nicht ohne Besorgniß treten wir an diese letzte Aufgabe.

Alle Werke durchzugehn, ist räumlich unausführbar, würde
auch den Forschungsbegierigen eher beeinträchtigen, als fördern. Die
Auswahl aber wird, wie man sie auch treffe, nicht ohne Willkühr
(oder den Anschein derselben) zu bewerkstelligen sein, und unmöglich
den begründeten Wünschen jedes Einzelnen entsprechen können.

Ferner zeigt sich, je näher man den Einzelheiten der Sache
tritt, allerdings die Unzulänglichkeit der Sprache, wo kaum das
lebendige Vorstellen der Sache selbst genügt. Nur Jean Pauls
Vult (aus den Flegeljahren) hatte das Recht, sich zu brieflichem
Unterricht im Flötenblasen zu erbieten; wir andern müssen hoffen,
daß Verständniß, Sympathie und Kunstbildung unserm Stammeln
zu Hülfe kommen.

Endlich könnten wir gar wohl im einzelnen Beispiel irren,
während die Grundsätze, die wir aufgestellt, richtig wären. Möge
man durch etwaige Irrthümer oder Zweifelhaftigkeiten an jenen
Grundsätzen, ihre Prüfung und Anerkenntniß vorausgesetzt, nicht
irre werden!

a. Sonate Dmoll, Op. 31.

Erster Satz.

Das über diese Sonate S. XXVII Gesagte vorausgesetzt, würden wir die 6 Töne des ersten Akkordes in nicht überstürzendem aber vordringendem Arpeggio geben, den sechsten Ton (a) als Anfang und Stützpunkt der Melodie hervorheben, mit leisem Zurückhalten über c͞is und .. e͞ nach .... a͞ schreiten und hier gleichsam sinnend weilen. Der unterbrechende Zwischensatz (ag | gf fe ed) würde unruhig bewegt vordringen, nur auf den Tönen 1 und 2 angehalten, der dritte Ansatz (dc | cb) würde in das Adagio überzuführen sein. Das Largo kehrt in gleicher Vortragsweise, vielleicht mit längerm Weilen auf dem letzten Ton (c͞) wieder, der Zwischensatz (Allegro) ebenfalls wie zuvor, nur vom ersten zum zweiten Takte treibender und vom dritten mit entschiedner Betonung des ersten und fünften Achtel; aus zweitöniger Motivirung wird viertönige. Das Hinabsteigen vom f͞͞ hat volle Allegro=Bewegung, oder noch lebhaftere, stets bei scharfer Betonung der ersten und fünften Achtel bis zum dreimaligen b auf dem siebenten Achtel, dessen sf. durch Anhalten verstärkt wird.

Diese ganze Partie zeigt also mancherlei Schwankungen in der Bewegung. Aber, aller besondern Gründe zu geschweigen, sie ist Einleitung, die Gedanken und Gestalten sind noch nicht festgestellt, sie schwanken noch embryonisch zwischen Werden und Sein.

Nun endlich (Takt 21) tritt der Hauptsatz mit Ungestüm aber voller Entschiedenheit auf. Hier eisenfeste Haltung des Zeitmaaßes, feurige aber ernstvolle Bewegung, die erst in den drei letzten Takten vor dem Seitensatze dringender wird und damit dem Letztern das Bewegungsmaaß zuführt, in dem er, mit scharfer Betonung des ersten Achtels in jedem Takte sich unruhig (agitato) gleichsam athemlos weiterschlingt, bis zum letzten f͞͞, von wo er, mit einschneidender Heftigkeit das erste Achtel jedes Viertel fassend, ingrimmig gleichsam hinab sich schwingt zu jenen Machtschlägen,

die nur bei bedeutendem Zurückhalten zu voller Wirkung kommen. Verweilen und Kraft gebühren am Meisten dem ersten Auftreten, gemildert wird der Gedanke bei jedem Aufschritt in die höhere Oktave, die Bewegung wird gleicher, ungefähr im Maaße des Hauptsatzes, bis zum Schluß in Amoll.

Die nächste Folge (von A—B an) muß in Besinnung weilen, ganz still wirkt das Motiv jener Machtschläge weiter. Vom Achtelgang treibt die Bewegung wieder allmählig vorwärts und stellt sich im Schlußsatze (zu den Halbtaktschlägen) wieder im ersten Maaße des Hauptsatzes fest. Die Rückführung zum Anfang und der Uebergang zum zweiten Theil erfolgt mit zurückhaltendem Vortrag.

Das Weitere versteht sich nach diesen Andeutungen von selber. Nach dem Rezitativ setzt das Allegro wieder fest in der ersten Bewegung ein; die Achteltriolenstelle gewinnt, wenn man sie zögernd beginnt und dann mit Ungestüm hinaufwirft, abermals zögernd hinab= und schwungvoll hinaufgeht.

b. Sonate Fmoll, Op. 57.
Erster Satz.

Dieser Satz hat mit dem ersten der vorhergehenden Sonate den einleitungsartigen Anfang gemein.

Wir würden auf dem ersten Ton ein wenig länger, als der Takt fodert, weilen, deßgleichen auf den ersten Tönen (f und $\overline{f}$) der folgenden Takte 1 und 2, würden Takt 3 zögern und die Pausen des folgenden Takts zu einem förmlichen Halt ausdehnen; dann überschleicht der Wiederbeginn auf des mit der Macht eines neuen Ereignisses. Die folgenden Takte werden wie bange Fragen zögern, das seltsam unheimlich anpochende Des-Des-Des-C jeden Ton mit zögerndem Bedacht in die Wagschaale fallen lassen. Dann zuckt das a tempo im festen Zeitmaaß (Allegro assai) und voller Schärfe des Anschlags nieder; nur die Rückwendung nach oben und die beiden Akkorde zögern fragweis.

In der folgenden Wiederholung des Hauptsatzes würde das Zeitmaaß bei den Fortissimostellen, dann von der Ueberleitung in den Seitensatz ($\overline{es}$ $\overline{\overline{es}}$ $\overline{\overline{es}}$ $\overline{\overline{es}}$ ....) festgehalten bis zur Unterbrechung des Gesangs bei

wo, besonders zum zweiten Viertel, mit schmerzlichem Ausdrucke gezögert wird. Die Triolenbewegung bringt das feste Zeitmaaß wieder, das sich bis zum Theilschlusse behauptet.

Das Thema, mit dem der zweite Theil beginnt, hat wieder besinnende Momente; erst mit dem festen Eintritt in Emoll tritt auch wieder festes Zeitmaaß ein. Die quälerischen Quintolen würden in der Bewegung gehemmt beginnen; am meisten träfe das die erste, während bei der dritten oder vierten das feste Zeitmaaß hergestellt sein müßte; so hätte die linke Hand, so gleichfalls die rechte zu beginnen.

Das Weitere folgt dem hier Angedeuteten.

c. Sonate Emoll, Op. 90.

Erster Satz.

In den beiden zuvor betrachteten Sätzen begründeten sich die Abweichungen vom festen Zeitmaaß zunächst in dem einleitungs- oder vorspielartigen Einsatze; die Sätze waren gleichsam noch nicht, sie wurden vor unsern Augen. Diese Weise der Entspringung kann Beweggrund für Freiheit des Zeitmaaßes sein, ist aber keineswegs der einzige Beweggrund. Die Emoll-Sonate tritt mit festen Sätzen auf und fodert dennoch Taktfreiheit.

Denn der erste dieser Sätze (Takt 1 bis 8) tritt energisch, kurz entschlossen auf, wiewohl sich im Abbruch jedes Abschnitts, besonders

Takt 1 zu 2, 5 zu 6 — und auch im Wiederabbrechen des ersten Anschlags zum ersten und dritten Abschnitt ein leises Gefühl von Zweifelmüthigkeit verräth. Macht sich dies nur leise geltend, so spricht der Nachsatz (Takt 9 bis 16) entschieden einen ganz andern Gedanken aus; schon die gebundne Schreibart und das weite Hinabsteigen der Melodie beweist es. Wir würden diesen Satz, besonders auf den ersten Tönen der Takte, zurückhalten und im vorgeschriebnen Ritardando bis zur Andantebewegung hinabsteigen. Der mit in tempo bezeichnete zweite Nachsatz oder Anhang würde gleichmäßige Bewegung (wenn nicht von Takt 3 zu 4 und 7 zu 8 ein leises Zögern) erhalten, aber mindere, als der Vordersatz.

Erst der folgende Satz führt zur ersten Bewegung zurück, die hinabtauchenden Sechszehntelgänge werden gegen den Schluß zögernder; nach ihnen wird die Bewegung gesteigert und zum Seitensatz hin, sowie für diesen selbst, das erste Bewegungsmaaß wiederhergestellt, vielleicht um ein Weniges überboten, mit leisem Verweilen auf den zweiten Vierteln der Takte und Vorwärtstreiben der folgenden sieben Sechszehnteln. Der Schlußsatz sinkt mehr und mehr in Zögern hinab.

———

Und hiermit genug der Andeutungen für diesmal! genug für die, welche Liebe für den Dichter und Hingebung für sein Studium mitbringen und in sich den Sinn für seine Sprache geweckt und erzogen haben, — zuviel für die Andern.

Es kam hauptsächlich darauf an, für die unerläßliche Foderung der Taktfreiheit einige nähere Beläge zu bringen, mit deren Hülfe (wenn wir nicht fehlgegriffen haben) jeder rechte Spieler sich über andre Sätze des Meisters seine Ansicht und seinen Spielplan bilden, oder wenigstens (wenn wir fehlgegriffen haben) sich über unsre Foderung aufklären könne.

Daß die Mittheilungen, wenn wir sie auch um das Zehnfache ausbreiteten, nicht in den Lebensfluß des Ganzen hinabreichen, daß es schlechthin unausführbar ist, das feine Geäder der Lebensströmung, die sich im Grunde von Ton zu Ton ändert, das ewige Wechselspiel der Accente, die sonstigen Färbungen und Umfärbungen des Vortrags durch Bindung und Lösung der Töne und die Art des Anschlags, kurz das eigentliche Seelenleben des Spiels in Worten oder Maaßen zu fangen und auszuliefern: das ist uns, wie jedem Andern, der einen lebendigen Begriff von der Kunst hat, wohl bewußt.

Weiter reicht das lebendige Wort und Beispiel des Lehrers. Hier aber werden gar viele Lehrer von ihrem Eifer hingerissen, ihre Auffassung und Darstellungsweise dem Spieler aufzudringen und aufzuzwingen. Dies kann nicht Kunstbildung, sondern nur Nachäfferei zur Folge haben. In der eignen Brust allein ist die Lebenskraft zu finden; das geschriebne wie das gesprochne Wort, das Wort und die vorbildende That können keiner andern Aufgabe sich widmen, als diese Lebenskraft, — Sinn, Gefühl, Bewußtsein im Andern zu wecken und zu läutern. Keine dieser Mittheilungsformen ist für sich zureichend, keine zu entbehren. Alle müssen sich mit der eingebornen Kraft und dem feurigen Willen dessen verbinden, in dem des Meisters Geist lebendig werden soll.

II.

Verzeichniß der Beethoven'schen Werke.

(Nach dem Katalog von Lenz in deffen B. et ses trois styles.)

I. Kompofitionen, die als opus, oeuvre, Werke bezeichnet find.

Opus

1. Drei Trios für Piano, Violin und Violoncell. Es, G-dur, C-mol.
2. Drei Sonaten für Piano. F-mol, A-dur, C-dur.
3. Trio für Violin, Bratsche und Violoncell. Es.
4. Quintett für zwei Violinen, zwei Bratschen und Violoncell. Es.
5. Zwei Sonaten für Piano und Violoncell. F-dur, G-mol.
6. Sonate für Piano zu vier Händen. D-dur.
7. Sonate für Piano in Es.
8. Serenade für Violine, Bratsche und Violoncell. D-dur.
9. Drei Trios für Violine, Bratsche und Violoncell. G-dur, D-dur und C-mol.
10. Drei Sonaten für Piano. C-mol, F-dur und D-dur.
11. Trio für Piano, Clarinette (oder Violine) und Violoncelle in B.
12. Drei Sonaten für Fortepiano mit Violine. D-dur, A-dur, Es.
13. Sonate pathetique für Piano. C-mol.
14. Zwei Sonaten für Piano. E-dur, G-dur.
15. Konzert (erstes) für Piano und großes Orchester. C-dur.
16. Quintett für Piano, Klarinette, Oboe, Fagott und Horn in Es.
17. Sonate für Piano und Horn. F-dur.
18. Sechs Quatuors für zwei Violinen, Bratsche und Violoncelle. F-dur, G-dur, D-dur, C-mol, A-dur und B.
19. Konzert (zweites) für Piano, mit Begleitung des Orchesters. B.
20. Großes Septuor für Violine, Klarinette, Horn, Fagott, Bratsche, Violoncelle und Kontrabaß. Es-dur.
21. Symphonie (erste) großes Orchester. C-dur.
22. Große Sonate für Piano. B.

23. Sonate für Piano und Violin. A-mol.

24 Sonate für Piano und Violin. F-dur.

25. Serenade für Flöte, Violin und Bratsche. D-dur.

26. Sonate für Piano. As-dur.

27. Sonate quasi una Fantasia für Piano, No. 1. Es-dur, Nr. 2. Cis-moll

28. Sonate für Piano. D-dur.

29. Quintett für zwei Violinen, zwei Bratschen und Violoncell. C-dur.

30. Drei Sonaten für Piano und Violin. A-dur, C-mol, G-dur.

31. Drei Sonaten für Piano. G-dur, D-mol, Es-dur.

32. Sechs geistliche Lieder von Gellert, mit Klavierbegleitung.

33. Bagatelles für Piano.

34. Sechs Variationen für Piano.

35. Variationen für Piano.

36. Symphonie (zweite). D-dur.

37. Konzert (drittes) für Piano mit Begleitung des Orchesters. C-mol.

38. Trio für Piano, Klarinette (oder B.) und Violoncell.

39. Zwei Präludien durch alle Dur- und Molltonarten für Piano ob. Org

40. Romanze für B. mit Begleitung des Orchesters. G-dur.

41. Serenade für Piano und Flöte (oder B.) D-dur.

42. Notturno für Piano und Bratsche. D-dur.

43. Die Geschöpfe des Prometheus. Ballet von Vigano.

44. Vierzehn Variationen für Piano, Violin und Violoncell. Es-dur.

45. Drei Märsche für Piano, zu vier Händen. C-dur, Es-dur, D-mol.

46. Adelaide.

47. Sonate für Piano und Violin, seinem Freunde Kreutzer gewidmet.

48. Scene und Arie: Ah! perfido sperjiuro, für eine Sopranstimme mit gleitung des Orchesters.

49. Zwei leichte Sonaten für Piano. G-mol, G-dur.

50. Romanze für Violin mit Begleitung des Orchesters. F-dur.

51. Fehlt.

52. Lieder mit Begleitung des Piano. Text von Claudius, von Sophie A reau, von Göthe, Bürger, Lessing.

53. Große Sonate für P. C-dur.

54. Sonate für Piano. F-dur.

55. Symphonie eroica (dritte). Es-dur.

56. Großes Konzert für P., B. und Violoncell mit Begleitung d. Orchesters. C-dur.

57. Große Sonate für P. F-mol.

58. Konzert (viertes) für Piano mit Begleitung des Orchesters. G-dur.

59 Drei Quatuors für zwei Violinen, Bratsche und Violoncell. F-e E-mol, C-dur.

60. Symphonie (vierte). B-dur.

61. Konzert für Violin mit Begleitung des Orchesters. D-dur.

62. Ouvertüre zu Koriolan. C-mol.

63. Sonate für Piano, Violin und Violoncell.

64. Sonate für Piano, Violin und Violoncell.

65. Gleichbedeutend mit 48.

66. Variationen für Piano und Violoncell (oder Violin). F-dur.

67. Symphonie (fünfte). C-mol.

68. Pastoralsymphonie (sechste). F-dur.

69. Sonate für Piano und Violoncell. A-dur.

70. Zwei Trios für Piano, Violin und Violoncell. B-dur, D-dur.

71. Sextuor für zwei Klarinetten, zwei Hörner, zwei Fagotte. B-dur.

72. Lenore (Fidelio).

73. Konzert (fünftes) für Piano mit Begleitung des Orchesters. B-dur.

74. Quatuor (zehntes) für zwei Violinen, Bratsche und Violoncell. B-dur.

75. Sechs Lieder mit Begleitung des Piano. Text von Goethe.

76. Variationen für Piano. D-dur.

77. Fantasie für Piano.

78. Sonate für Piano. Fis-dur.

79. Sonatine für Piano. G-dur.

80. Fantasie für Piano, Orchester und Chor.

81. Les adieux, l'absence et le retour. Sonate für Piano. Es-dur.

82. Vier Arietten und ein Duett mit Piano.

83. Drei Lieder mit Begleitung des Piano. Text von Goethe.

84. Ouvertüre und Zwischenaktmusik zu Egmont.

85. Christus am Oelberge. Oratorium.

86. Messe, vierstimmig, in drei Hymnen. C-dur.

87. Variationen für Piano zu vier Händen. C-dur.

89. Polonaise, brillante, für Piano. C-dur.

90. Sonate für Piano. E-mol.

91. Schlacht bei Vittoria.

92. Symphonie (siebente). A-dur.

93. Symphonie (achte) F-dur.

94. An die Hoffnung. Melodie mit Begleitung des Piano. B-mol.

95. Quatuor (elftes) für zwei Violinen, Bratsche und Violoncell. F-moll.

96. Sonate für Piano und Violin. G-dur.

97. Trio für Piano, Violin und Violoncell. B-dur.

98. An die ferne Geliebte, ein Liederkreis von Jeitteles f. Gesang u. Piano.

99. Der Mann von Wort für Gesang und Piano. G-dur.

100. Merkenstein nächst Baden, für eine od. zwei Singstimmen mit Piano. F-dur.

101. Sonate für Piano. A-dur.

102. Zwei Sonaten für Piano und Violoncell (ob. Violin). C-dur, D-dur.

103. Fehlt.

104. Quintett für zwei Violinen, zwei Bratschen und Violoncell. C-mol.

105. Sechs variirte Themata für Piano und Flöte (oder Violin).

106. Große Sonate für Piano. B-dur.

107. Sechs variirte russische, schottische und tyroler Themate f. Piano und Flöte (oder Violin).

108. Fünfundzwanzig schottische Melodien für Gesang mit Begleitung v. Piano, Violin, Violoncell und obligatem Chor, oder für Gesang mit Begleitung des Piano allein.

109. Sonate für Piano. E-dur.

110. Sonate für Piano. As-dur.

111. Sonate für Piano. C-mol.

112. Zwölf Bagatellen für Piano.

113. Ouvertüre zu den Ruinen von Athen und vier Gedichte von Diabelli mit Begleitung des Piano.

114. Märsche und Chöre zu den Ruinen von Athen.

115. Große Ouvertüre. C-dur.

116. Terzett: tremate empì für Sopran, Tenor und Baß.

117. Ouvertüre (Es-dur) Märsche und Chöre zum Prolog von Kotzebue: König Stephan.

118. Elegischer Gesang: Sanft wie du lebtest; an die verklärte Gemahlin meines Freundes, für vier Singstimmen, zwei Violinen, Bratsche und Violoncell oder Piano.

119. Fehlt.

120. Dreiunddreißig Veränderungen über einen Walzer.

121. Opferlied für eine Sopranstimme, Chor und Orchester. E-dur.

122. Bundeslied: In allen guten Stunden, von Goethe, für zwei Stimmen u. einem Chor in drei Partien, m. Begleitung von zwei Klarinetten, zwei Hörner und zwei Fagotte. B-dur.

123. Messe.

124. Ouvertüre in C-dur mit großem Orchester.

125. Symphonie mit Schlußchor, An die Freude. Für Orchester, vier Solo und vier Chorstimmen. D-moll. Neunte und letzte Symphonie.

126. Sechs Bagatellen für Piano.

127. Quatuor (zwölftes) für zwei Violinen, Bratsche und Violoncell. Es-dur.

128. Der Kuß. Ariette für eine Sopranstimme mit Piano. A-dur.

129. Rondo capriccioso.

130. Quatuor (dreizehntes) für zwei Violinen, Bratsche und Violoncell. B-dur.

131. Quatuor (vierzehntes). Cis-moll.

132. Quatuor (funfzehntes). A-moll.

133. Große Fuge für zwei Violinen, Bratsche, Violoncell. B-dur.

134. Große Fuge.

135. Quatuor (sechszehntes). F-dur.

136. Fehlt.

138. Fuge für zwei Violinen, zwei Bratschen und Violoncell. D-dur.

138. Ouvertüre caractéristique (erste zu Leonore). C-dur.

II. Kompositionen, die statt Opus=Zahlen einfache Nummern haben.

Nummer

1. Variationen für Piano und Violin auf ein Thema aus Mozarts Figaro.

1b. Variationen für Piano (es war einmal ein alter Mann, aus der Oper: Das rothe Käppchen). A-dur.

1c. Rondo für Piano. C-dur.

2a. Variationen für Piano. Adur.

2b. Rondo für Piano. G-dur.

3a. Variationen für Piano (mich fliehen alle Freuden).

3b. Zwei Menuets für Piano zu vier Händen.

4. Variationen für Piano. C-dur.

5a. Variationen für Piano (das Waldmädchen). A-dur.

5b. Variationen für Piano u. Violoncell (ob. B.) auf ein händelsches Thema.

6. Variationen für Piano und Violoncell (ob. B. (ein Mädchen ob. Weib=chen). F-dur.

7. Variationen für Piano, verschiedene Themata. C-dur.

8. Variationen für Piano. Bdur.

9. Variationen für Piano (Kind willst du ruhig schlafen). F-dur.

10a. Variationen für Piano (tändeln und scherzen).

10b. Variationen für Piano und Violoncell (ob. B.), (über „Bei Männern, welche Liebe fühlen"). Es-dur.

11. Variationen (très-faciles) für Piano. G-dur.

12. Variationen (faciles) für Piano (ob. Harfe) üb. eine Schweizerarie. F-dur.

13. Variationen für Piano, auf ein Motiv von Rhigini. D-dur.

14—23 fehlt.

24. Der Wachtelschlag. Melodie mit Begleitung des Piano. F-dur.

25. Variationen für Piano auf: God save the King. C-dur.

26. Variationen (favorites) für Piano auf: Rule Brittania. D-dur.

27. Variationen für Piano zu vier Händen. E-dur. Originalthema: „ich denke Dein, wenn mir der Sonne Schimmer."

28. Menuet für Piano. Fs-dur.

29. Präludium für Piano. F-moll.

30—31 fehlt.

32. An die Hoffnung, von Tiedge. Melodie mit Begleitung des Piano. Es dur.

33—34 fehlt.

35. Andante (favori) für Piano. F-dur.

36. Variationen für Piano, Originalmotiv. C-moll.

37. Fehlt.

38. Die Sehnsucht. Vier Melodien mit Begleitung des Piano, auf einen Text von Goethe. Drei sind in G-moll, eine in Es-dur.

III. Kompositionen, die durch Buchstaben bezeichnet sind.

A. Instrumentalmusik.

a. Trio in einem Satze f. Piano, Violin, Violoncell. An meine kleine Freundin M. B. zur Aufmunterung im Klavierspielen. B-dur.

b. Rondo für Piano und Violin. G-dur.

c. Andante für Piano in G.

d. Sonate (facile) für Piano in C.

e. Zwei Sonatinen (très faciles) für Piano. G- und F-dur.

f. Drei Sonaten für Piano, komponirt im Alter von 10 Jahren.

g. Rondo für Piano. A-dur.

h. Aufgabe von L. v. B. gedichtet. Andante auf den Text: O Hoffnung, du stählst die Herzen.

i. Marsch (favorite) des Kaisers Alexander. F-dur.

k. Variationen für Piano. Ich habe ein kleines Hüttchen nur. B-dur.

l. Variationen für Piano auf einen Marsch von Dreßler. C-moll. Im Alter von 10 Jahren.

m. Variationen für Piano zu vier Händen. Originalmotiv.

n. Variationen für Piano zu vier Händen. A-dur.

o. Triumphmarsch mit großem Orchester. C-dur.

p. Zweite und dritte Ouvertüre in C zu Leonore (Fidelio).

q. Ouvertüre von Fidelio (Leonore). E-dur. Die vierte.

r. Triumphmarsch mit großem Orchester. G-dur.

s. Drei Duos für Clarinette und Fagot. C-dur, F-dur, B-dur.

t. Menuet für Piano. Arrangement des Menuets aus dem Septuor.

ʊ. Quintett (Manuscript) f. zwei Violinen, zwei Bratschen u. Violoncell. F-dur.

B. Tanzmusik.

Zwölf Contretänze.

Zwölf Menuets f. großes Orch. (für den k. k. Redoutensaal in Wien gesetzt).

Sechs Menuetts für Piano.

Zwölf deutsche Tänze für zwei Violinen und Baß.

Sieben ländlerische Tänze für Piano.

Sechs ländlerische Tänze für Piano.

Zwölf Ecossaisen für Piano.

Sechs Allemanden für Piano und Violine.

Zwölf Walzer mit Trios für Orchester.

Sechs Walzer für zwei Violinen und Baß.

Zwei Menuets für Piano zu vier Händen.

Sechs Contretänze für Piano.

Zwei Walzer (favorites) für Piano. B-dur, F-moll.

C. Vocalmusik.

a. Sechs Gedichte aus Reißigs „Blümchen der Einsamkeit."
   1. Sehnsucht. E-dur.
   2. Kriegers-Abschied. Es-dur.
   3. Der Jüngling in der Fremde. B-dur.
   4. An den fernen Geliebten. G-dur.
   5. Der Zufriedene. A-dur.
   6. Der Liebende. D-dur.

b. Drei Gesänge.
   1. An die Geliebte. B-dur.
   2. Das Geheimniß. G-dur.
   3. So oder so! Nord oder Süd!

c. Italienische und deutsche Gesänge. 4 Hefte.
   1. La partenza: „ecco quel fiori." 2. Trinklied. 6. Liedchen von der Ruhe.
   4. An die Hoffnung. 5. Ich liebe dich, so wie du mich! 6. Molly's
   Abschied. 7. Ohne Liebe. 8. Wachtelgesang. 9. Marmotte. 10. Mai=
   gesang. 11. Feuerfarbe. 12. Ecco quel fiori istanti.

d. Gesänge, ein= u. mehrstimmige, mit und ohne Piano, frei nach Shakespeare
   Byron, Thomas Moore.

e. Der glorreiche Augenblick, für 4 Singstimmen und Orchester.

f. Lied aus der Ferne.

g. Drei Lieder von Tiedge.

h. Drei Lieder.

i. Drei Lieder.

k. O daß ich dir vom stillen Auge.

l. Sehnsucht nach dem Rhein.

m. Die Klage: mein Glück ist entflohen!

n. Drei Andanten.

o. Ruf vom Berge.

p. Der Bardengeist.

q. Als die Geliebte sich trennen wollte. Fs-dur.

r. Elegie auf den Tod eines Pudels.

s. Ariette. As-dur.

t. Kanon. Es-dur.

u. Zärtliche Liebe.

v. Resignation. E-dur.

w. Kanon für 6 Singstimmen.

x. Kanon für 4 Singstimmen.

y. Kanon für 3 Singstimmen.

z. Kanon, dem Musikdirektor Neide in's Stammbuch geschrieben.

tz. Gesang der Mönche, aus Schillers Wilhelm Tell.

a3. Der Gesang der Nachtigall.

b2. Germania's Wiedergeburt, für 4 Singstimmen und Orchester.

c2. Abschiedsgesang an Wiens Bürger.

e2. Schlußgesänge aus 1. Die Ehrenpforte. D-dur. 2. Die gute Nachricht.

f2. Andenken von Mathisson, Allegretto. D-dur.

g2. Dreistimmiger Gesang.

IV. Kompositionen, nach dem Tode herausgegeben, ohne Opuszahlen und Nummern.

a. Beethovens Heimgang, für eine Singstimme mit Piano.

b. An Sie. Lied. As-dur.

c. Zwei Lieder. 1. Seufzer eines Ungeliebten. 2. Die laute Klage.

d. Die Ehre Gottes in der Natur, für 4 Singstimmen und Orchester oder Piano. C-dur.

e. Cantate: „Europa steht."

f. „Gedenke mein, ich denke dein. Lied mit Piano.

g. „Empfindungen bei Lydia's Untreue. Es-dur.

h. „Equali", zwei Stücke für vier Posaunen.

i. Allegretto für Orchester.

k. Drei Quartette.

l. Rondo für Piano, mit Begleitung des Orchesters.

m. Großes Ottett.

n. Rondino für achtstimmige Harmonie.

o. Zwei Trios für Piano, Violin und Violoncell.

p. Militärmarsch für Piano.

q. Trauerklänge an Beethovens Grabe.

r. Letzter musikalischer Gedanke.

III.

Beilagen.

A. Die ägyptische Inschrift (Th 1. S. 323) in Abschrift von Beethoven, mitgetheilt von Schindler.

B. Aus Bs. Notizbüchern, in der Berliner Bibliothek befindlich.

Mit „meilleur" werden Verbesserungen angedeutet.

C. Eine Zuschrift Beethovens an Herrn Moritz Schlesinger, von diesem dem Verf. für das vorliegende Werk zugesandt.

Der Verf. hatte 1824 die mit 1831 aufgegebene „Berliner allgemeine musikalische Zeitung" eröffnet und sich mit Vorliebe und Ehrfurcht den Werken Beethovens zugewandt. Hierauf bezieht sich die freundliche, scherzhafte Aeußerung Beethovens, der mehr auf die Gesinnung und Empfänglichkeit des Schreibers, als auf den fraglichen Werth der Mittheilungen gesehen zu haben scheint.

‖ Ich bin Herr der ist ‖

‖ Ich bin aller, herr ist, herr
herr und herr Schneider,
mein sterblicher Mensch
hat meinen Schlegel
Entschließung

‖ Das ist einzig von ihm selbst
u. diesem Einzigen sind
allen Menschen ist Ledighen schuldig ‖

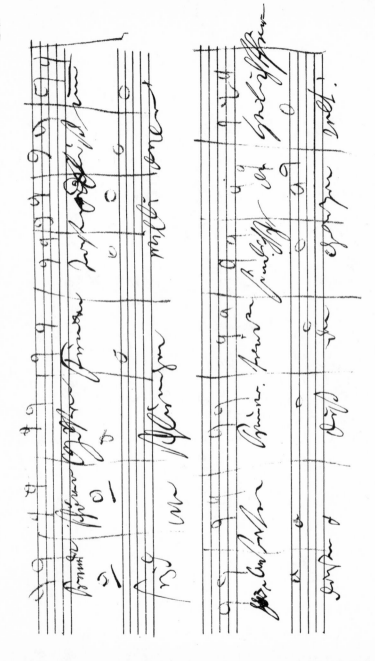

B 2

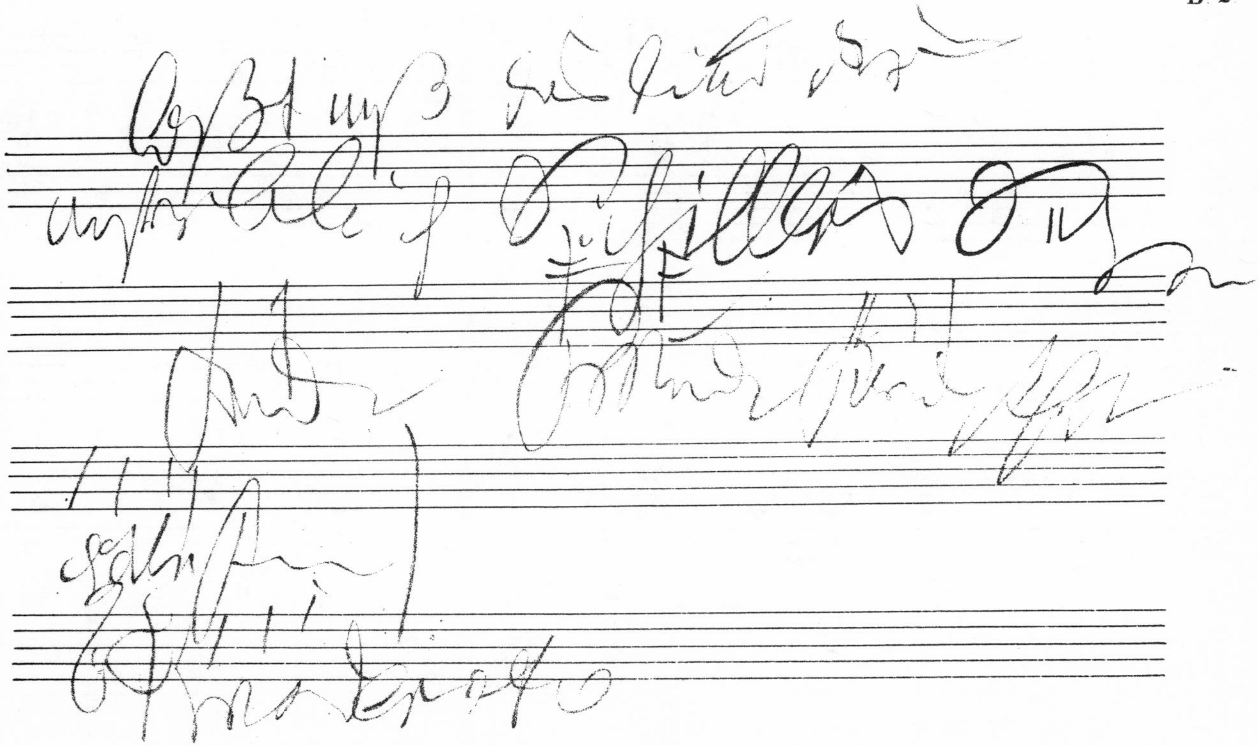

B.3.

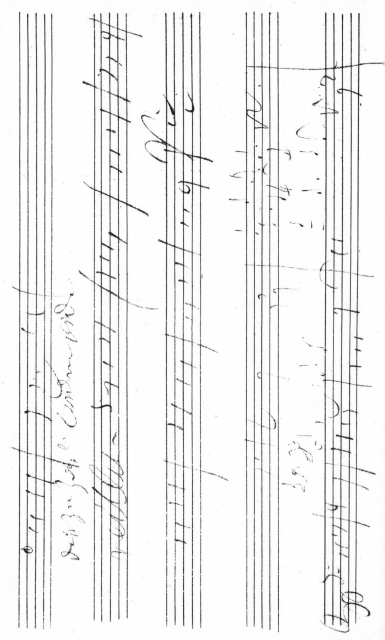

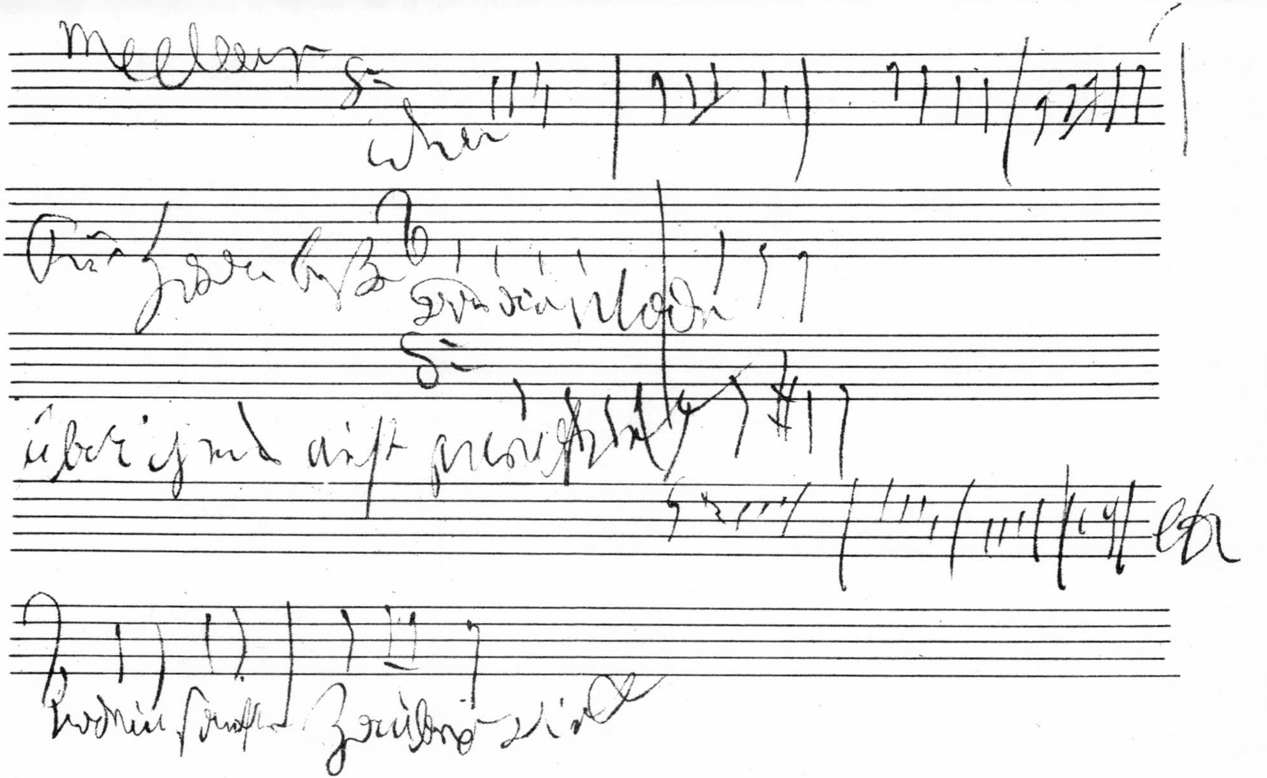